LA CONSTITUTION DE LA V^E RÉPUBLIQUE

Droit constitutionnel contemporain tome 2

COURS DALLOZ

Série Droit public

Sous la direction de Dominique Chagnollaud de Sabouret
Professeur à l'Université Panthéon-Assas (Paris II)

LA CONSTITUTION DE LA V[E] RÉPUBLIQUE

Droit constitutionnel contemporain tome 2

8e édition

2017

Dominique Chagnollaud de Sabouret
Professeur au département de droit public et science politique
de l'Université Panthéon-Assas (Paris II)

DALLOZ

DALLOZ

31-35, rue Froidevaux - 75685 Paris Cedex 14

ISBN 978-2-247-16995-5

À la mémoire de mon père

« Les lois et les institutions sont comme des horloges ;
de temps en temps, il faut savoir les arrêter, les nettoyer,
les huiler et les mettre à l'heure juste. »
Lord Byron

« On ne peut pas étudier les règles qui gouvernent les
institutions sans connaître le *modus operandi* de ces institutions
et même les présupposés les plus difficiles à exprimer de leurs
agents [...] pour être un bon juriste,
il faut donc être un bon politiste. »
Ivor Jennings, The Law and the Constitution, *5e éd., University
of London Press, 1959*

Abréviations

AIJC	*Annuaire international de justice constitutionnelle*
AJDA	*Actualité juridique Droit administratif*
AN	Assemblée nationale
C. élect.	Code électoral
Cah. Cons. const.	*Cahiers du Conseil constitutionnel*
CE	Conseil d'État
Cons. const.	Conseil constitutionnel
Const.	Constitution
D.	*Recueil Dalloz*
DDH	Déclaration des droits de l'homme et du citoyen de 1789
Décis.	Décision
Dr. adm.	*Droit administratif*
JCP	*Juris-Classeur Périodique, édition Générale*
L. org.	Loi organique
Lebon	*Recueil des arrêts du Conseil d'État*
LPA	*Les Petites Affiches*
PFRLR	*Principes fondamentaux reconnus par les lois de la République*
Pouvoirs	*Revue Pouvoirs*
PUF	Presses universitaires de France
RD publ.	*Revue du droit public et de la science politique en France et à l'étranger*

Règl.	Règlement
Rép. pén.	*Répertoire de droit pénal et de procédure pénale Dalloz*
RFDA	*Revue française de droit administratif*
QPC	Question prioritaire de constitutionnalité

AVANT-PROPOS

Empruntant la facture classique des manuels de droit constitutionnel, ce tome 2 s'en distingue cependant de façon originale par le commentaire qu'il propose, article par article, de la Constitution de la Ve République, dans un esprit identique à celui du *Code Junior*, que nous avons initié voici plus de 10 ans. Nous suivrons donc l'ordre des titres de la Constitution et le plus souvent l'ordre des articles qu'ils contiennent, sauf exception dans un but pédagogique. Enfin, si chaque titre enferme le plus souvent l'ensemble du sujet traité, il ne l'épuise pas toujours. Dans ce cas, on a simplement renvoyé aux autres titres ou articles qui le complètent. Enfin, en Annexes, on trouvera de même un commentaire du Préambule de notre Constitution, qui renvoie à la Déclaration des droits de l'homme et du citoyen de 1789, au Préambule de 1946, et à la Charte de l'environnement de 2004, adossée à la Constitution en 2005.

DCS

tion » de ce droit est un phénomène patent qui oblige l'analyste à se référer souvent à la jurisprudence du Conseil constitutionnel, même si celle-ci est encore loin, et heureusement, d'enserrer dans un étau juridique la liberté d'action politique des acteurs constitutionnels.

INTRODUCTION

SECTION 1
GENÈSE : DE LA IVE À LA V^E^ RÉPUBLIQUE

L'incapacité de la IVe République à régler le problème colonial ainsi que l'éclatement de la représentation politique, rendant impossible la formation de majorités stables, ont conduit à sa chute. Elle va donner naissance à une nouvelle République, qui rompt avec le passé, mais dont le fondateur, dans la rédaction de la Charte fondamentale, a dû nouer des compromis.

§ 1. La transition politique

1 Elle s'opère à la faveur des événements d'Algérie, l'insurrection du 13 mai 1958, qui permettent le retour du général de Gaulle.

En 1958, la guerre d'Algérie déclenchée le 1er novembre 1954, et entamée depuis plusieurs années, divise l'opinion entre les partisans du *statu quo* et ceux d'une évolution vers un statut d'autonomie ou d'indépendance. Sur place, ce conflit scelle l'alliance entre une partie de l'armée, traumatisée par ses échecs coloniaux, et les Français installés en Algérie, qui refusent l'idée d'une négociation avec le Front de libération nationale algérien. La politique française tergiverse tandis que l'opinion internationale la condamne.

La crise gouvernementale va durer cette fois un mois et René Coty se tourne successivement vers la droite puis le centre mais sans succès. Entre-temps, l'activisme gagne à Alger avec des personnages comme Lagaillarde ou Martel prêts à agir sur la foule. L'ambiance générale est d'ailleurs aux complots. Une minorité de Pieds-noirs entend en effet par tous les moyens maintenir l'Algérie française, quitte à épouser parfois une idéologie d'extrême droite, notamment dans sa dimension raciste et anti-arabe. Mais ce groupe exprime aussi l'angoisse d'une population qui craint d'être abandonnée par la métropole et souhaite un pouvoir fort à Paris. Elle n'attend qu'un signe de l'armée. Celle-ci, coupée de la métropole depuis la Libération, est largement persuadée que la défaite de la France en 1940 comme en Indochine est due aux politiciens. En outre, elle s'est vue déléguer au fil des ans de plus en plus de pouvoirs au point qu'on a pu parler de l'Algérie comme « province militaire » (Raoul Girardet). Enfin, des gaullistes s'emploient à préparer les esprits au retour du général de Gaulle.

Déjà le 26 avril, une manifestation en faveur de la formation d'un gouvernement de salut public, interdite par Robert Lacoste, a été tolérée par l'armée. Surtout, alors que Pierre Pflimlin, MRP, mais acquis à une politique libérale, est finalement appelé en consultation par le président Coty, les quatre officiers généraux d'Algérie font part au chef d'état-major des armées de leur « trouble ». Or, le 13 mai 1958, jour du débat d'investiture du gouvernement Pflimlin, une insurrection éclate à Alger et le siège du gouvernement général est pris par la foule. Un « Comité de salut public » est créé et présidé par le général Massu. L'Assemblée, en réaction, investit néanmoins le gouvernement le soir même par 274 voix (SFIO, UDSR, MRP, radicaux et un quart d'indépendants) contre 129 voix et 137 abstentions. Il y a désormais deux pouvoirs, l'un à Paris, l'autre en Algérie.

Le général Salan, commandant en chef en Algérie, est nommé par Pflimlin délégué général du gouvernement avec les pleins pouvoirs, tandis que les socialistes entrent au gouvernement, au nom de la défense républicaine. Au forum d'Alger, Salan lance le 15 mai un « *vive de Gaulle !* », qui lui est soufflé par un activiste gaulliste, Léon Delbecque. De Gaulle le même jour se dit « *prêt à assumer [...] les pouvoirs de la République* », sans pour autant cautionner à aucun moment l'insurrection. Le 19, il déclare dans une conférence de presse « *Croit-on qu'à soixante-dix-sept ans, je vais commencer une carrière de dictateur ?* ». Pinay se rallie. Guy Mollet hanté par l'éventualité d'une dictature militaire ou celle d'un Front populaire dominé par les communistes pense que de Gaulle peut permettre d'éviter ces deux écueils. Mais il doit convaincre son parti. Le 24 mai, la Corse se rallie à Alger. À Paris, les administrations ne répondent plus. Le temps presse et des militaires ont préparé un coup d'État, l'opération « résurrection ».

Démarches, visites, conciliabules : de Gaulle rencontre secrètement Pflimlin dans la nuit du 26 au 27 et l'entretien est peu concluant. Pourtant, le matin du 27 mai de Gaulle fait savoir dans un communiqué qu'il a « *entamé le processus régulier nécessaire à l'établissement d'un gouvernement républicain* ». Le gouvernement Pflimlin démissionne dans la nuit sans que les manifestations de gauche contre Alger et « la prise de pouvoir » par le général de Gaulle mobilisent beaucoup : au premier rang de celles-ci, Mendès-France et Mitterrand. Les présidents des deux Assemblées, M. Le Troquer et Monnerville, rencontrent le général, le 28 à 22h, sur la procédure d'investiture. Le 29 mai, dans un message au Parlement, Coty annonce qu'il va faire appel « *au plus illustre des Français* » et menace implicitement de démissionner s'il n'est pas investi. Coty voit de Gaulle en secret le 29 au soir. Et le 31 le futur président du Conseil reçoit à l'hôtel La Pérouse tous les chefs de parti, sauf les communistes, pour leur exposer son programme. Le même jour, la SFIO adopte le principe de la liberté de vote.

De Gaulle est investi conformément aux règles constitutionnelles le 1er juin 1958 par 329 voix contre 224 : ce sera le dernier gouvernement de la IVe République. La totalité du PCF, la moitié de la SFIO, et la plupart des députés mendésistes ont voté contre. Le gouvernement comprend seize membres et quatre ministres d'État représentant les partis : Guy Mollet (SFIO), Pierre Pflimlin

(MRP), Félix Houphouët-Boigny (UDSR-RDA) et Louis Jacquinot (indépendant), mais aussi, fait presque inédit sous la IVe République, quatre hauts fonctionnaires.

§ 2. La transition juridique : les trois lois du 3 juin 1958

2 Le 2 juin, le gouvernement obtient les pleins pouvoirs qui vont se matérialiser par trois lois distinctes.

- la première, Loi n° 58-520 relative aux pleins pouvoirs, l'autorise à prendre pendant six mois, par ordonnances, « *les dispositions nécessaires au redressement de la Nation* » ;

- la deuxième, Loi n° 58-521 portant reconduction de lois antérieures, proroge pour la même durée, au profit du gouvernement présidé par le général de Gaulle, les pouvoirs spéciaux accordés aux gouvernements antérieurs en Algérie ;

- la troisième, d'ordre constitutionnel, lui donne mandat « *d'élaborer puis de proposer au pays par la voix du référendum les changements indispensables* » s'agissant de la réforme des institutions. Cette loi constitutionnelle est adoptée, par dérogation transitoire à la procédure de révision définie à l'article 90 de la Constitution du 27 octobre 1946. Le principe de la révision de cet article avait fait l'objet dès 1955 de résolutions concordantes des deux chambres. Ainsi, par dérogation aux règles établies en 1946, une nouvelle procédure exceptionnelle de révision de la Constitution est instituée, le gouvernement ayant désormais en charge la rédaction du projet. Mais la loi du 3 juin 1958 conserve au profit du titulaire de la souveraineté, le peuple, le pouvoir d'approuver ou de rejeter en dernier ressort (comme en 1946) ce projet et ne délègue donc pas au gouvernement, comme en 1940, le pouvoir constituant. Elle lui transfère seulement le pouvoir de préparer un projet.

Cette loi écarte le Parlement de la procédure d'élaboration même si elle prévoit que « *pour établir le projet, le gouvernement recueille l'avis du comité consultatif où siègent notamment des membres du Parlement désignés par les commissions compétentes de l'Assemblée nationale et du Conseil de la République* ». Il s'agit d'une concession du général de Gaulle faite à Guy Mollet et Pierre Pflimlin. Le nombre de parlementaires devait être au moins égal au tiers des membres de ces commissions, et représenter les deux tiers des membres du comité, le tiers supplémentaire étant choisi par le gouvernement. Par ailleurs, le Conseil d'État est aussi consulté.

§ 3. Les bases de la nouvelle Constitution

3 Elles reposent sur la loi constitutionnelle du 3 juin 1958 dont l'élaboration souligne la pensée gaullienne et les influences à la fois de la Résistance et du courant de réforme des années trente.

La loi constitutionnelle du 3 juin 1958 portant dérogation transitoire aux dispositions de l'art. 90 de la Constitution du 27 octobre 1946

La loi du 3 juin 1958 comporte des conditions de fond en prescrivant à la future Constitution le respect de plusieurs principes.

> « *Article unique. Par dérogation aux dispositions de son article 90, la Constitution sera révisée par le gouvernement investi le 1er juin 1958 et ce, dans les formes suivantes :*
> *Le gouvernement de la République établit un projet de loi constitutionnelle mettant en œuvre les principes ci-après :*
> *1° Seul le suffrage universel est la source du pouvoir. C'est du suffrage universel ou des instances élues par lui que dérivent le pouvoir législatif et le pouvoir exécutif ;*
> *2° Le pouvoir exécutif et le pouvoir législatif doivent être effectivement séparés de façon que le gouvernement et le Parlement assument chacun pour sa part et sous sa responsabilité la plénitude de leurs attributions ;*
> *3° Le gouvernement doit être responsable devant le Parlement ;*
> *4° L'autorité judiciaire doit demeurer indépendante pour être à même d'assurer le respect des libertés essentielles telles qu'elles sont définies par le Préambule de la Constitution de 1946 et par la Déclaration des droits de l'homme à laquelle il se réfère ;*
> *5° La Constitution doit permettre d'organiser les rapports de la République avec les peuples qui lui sont associés.*
> *Pour établir le projet, le gouvernement recueille l'avis d'un comité consultatif où siègent notamment des membres du Parlement désignés par les commissions compétentes de l'Assemblée nationale et du Conseil de la République. Le nombre des membres du comité consultatif désignés par chacune des commissions est au moins égal au tiers du nombre des membres de ces*

> *commissions ; le nombre total des membres du comité consultatif désignés par les commissions est égal aux deux tiers des membres du comité. Le projet de loi arrêté en Conseil des ministres, après avis du Conseil d'État, est soumis au référendum. La loi constitutionnelle portant révision de la Constitution est promulguée par le président de la République dans les huit jours de son adoption.* »

L'élaboration de la Constitution de 1958

Alors que le gouvernement est investi le 1er juin, la première réunion de travail autour du garde des Sceaux, Michel Debré, assisté de membres du Conseil d'État et de représentants des ministres d'État, a lieu le 13 juin. Le comité consultatif est saisi de l'avant-projet le 29 juillet et doit transmettre ses observations dans un délai de 15 jours. Puis, le texte soumis au Conseil d'État le 27 août est approuvé officiellement le 3 septembre en Conseil des ministres et soumis à référendum le 28 septembre. La Constitution sera promulguée le 4 octobre. Cette promptitude s'explique par le caractère gouvernemental de l'élaboration, mais aussi par sa discrétion. Seul le rapport du comité consultatif sera rendu public.

La méthode de travail est bien tracée. Pour rédiger un premier texte, Michel Debré s'entoure d'un groupe d'experts composé de membres du Conseil d'État et des représentants des ministres d'État. Puis, le texte est soumis à un comité restreint présidé par le général de Gaulle, son directeur de cabinet, Georges Pompidou, les quatre ministres d'État, le secrétaire général du gouvernement, et, en tant que de besoin, le vice-président du Conseil d'État. Le texte fait donc l'aller-retour entre ces deux instances, nonobstant les contacts informels. La mouture finale sera mise au point dans la nuit du 17 au 18 août 1958 par Michel Debré et trois autres hauts fonctionnaires.

Quant à la phase consultative, le comité est constitué de deux groupes de travail, l'un consacré à la métropole, l'autre à l'outre-mer. C'est sur ce dernier point que le comité consultatif constitutionnel parviendra à influencer le texte final, s'agissant notamment de la création de la « Communauté française ». Cette « invention » par analogie avec le Commonwealth permet en fait de trancher le conflit fédération-confédération par une formule souple et vague (qui laisse en particulier en suspens le problème algérien). Enfin, l'apport du Conseil d'État relève de la technique juridique.

Les origines intellectuelles de la Constitution

Les travaux préparatoires aujourd'hui rendus publics confirment différentes inspirations de la Constitution, les unes lointaines, les autres directement liées à la pensée du général de Gaulle, pour les grandes orientations, et à Michel Debré et les ministres d'État pour le « parlementarisme rationalisé ».

- *Les origines lointaines*

Ce sont celles du courant de réforme de l'État à l'esprit réformateur d'une partie de la Résistance, précédemment étudiées (v. t. 1, n° 610). Elles trouvent en 1958 un large aboutissement.

- *Les idées constitutionnelles du général de Gaulle* (v. t. 1, n° 616 s.)

Le général de Gaulle, s'il a plus réagi que rédigé, a veillé à façonner la clef de voûte présidentielle, s'attachant en outre à ce que soit mise en œuvre une véritable « séparation des pouvoirs » – essentiellement organique – entre le Parlement et le gouvernement, c'est-à-dire pour lui, entre les partis et l'État. Les idées constitutionnelles du général de Gaulle, exprimées lors des discours de Bayeux le 16 juin 1946 et d'Épinal le 29 septembre 1946, ont d'abord été façonnées par l'expérience.

- *Un compromis nécessaire*

Le général de Gaulle a dû nouer des compromis avec les tenants d'un parlementarisme rénové issu de la IVe République comme Guy Mollet, Pierre Pflimlin et Paul Reynaud afin de ne pas briser l'élan de réforme constitutionnelle. Ce « compromis » se lit aussi dans les premières versions de certains articles (v. ss 27, 38, 39). Et, une fois adoptée, la Constitution sera moins conforme à la lettre qu'à l'esprit initial que le fondateur de la Ve République voulait lui donner. Dès lors, le texte constitutionnel représente une véritable transaction, visible dans sa rédaction même, opérée avec la classe politique issue du régime défunt – mais peut-être aussi avec les idées de Michel Debré plaidant pour un régime parlementaire authentique –, dont l'ambiguïté sera levée dès janvier 1959.

- *L'apport de Michel Debré et des ministres d'État*

Michel Debré s'est attaché à mettre en œuvre les mécanismes du « parlementarisme rationalisé » (organisation du travail des assemblées sur direction gouvernementale, distinction de la loi et du règlement, etc.) avec le large concours des ministres d'État : Guy Mollet et Pierre Pflimlin, anciens présidents du Conseil. Ceux-ci ont apporté leur expérience et contribué en particulier à peaufiner techniquement les mécanismes propres à conforter la stabilité gouvernementale (renversement de la charge de la preuve s'agissant de la motion de censure, Const., art. 49 al. 2 ; adoption implicite d'un projet de loi sur engagement de la responsabilité du gouvernement sauf censure, le fameux article 49 alinéa 3).

Section 2
Les caractères initiaux du régime

4 Le projet de Constitution soumis au référendum populaire le 28 septembre 1958 est approuvé par 17 668 790 de oui contre 4 624 511 de non, soit par 66 % des électeurs inscrits contre 17,38 % et par 79,25 % des suffrages exprimés contre 20,75 %.

La Constitution est précédée d'un court Préambule se référant aux droits de l'homme et aux principes de la souveraineté nationale auxquels « *le peuple français proclame solennellement son attachement [...]. Tels qu'ils ont été définis par la Déclaration de 1789 et confirmés et complétés par le Préambule de la Constitution de 1946* ». Le titre Ier, en son article 3, proclame que « *la souveraineté nationale appartient au peuple qui l'exerce par la voie de ses représentants et celle du référendum* ». La redécouverte de ce procédé souligne la volonté de dépasser le régime représentatif. Enfin, la République demeure indivisible, laïque, démocratique et, du fait du Préambule de 1946, sociale.

Marquée par la conception gaullienne de la séparation des pouvoirs – qui, dans la loi du 3 juin, fait de l'exécutif un pouvoir au même rang que le législatif –, la Constitution est largement structurée selon ce principe, pris dans un sens plus organique que fonctionnel. Le texte de 1958 donne une assise juridique au pouvoir présidentiel en le dotant de compétences propres, mais aussi une assise politique en élargissant la base de sa légitimité démocratique. Le gouvernement, s'il est responsable devant le Parlement, procède du chef de l'État. De même, la délimitation des compétences entre le domaine de la loi (Const., art. 34) et celui du règlement (Const., art. 37) découle de l'idée de séparation. Et l'institution d'un contrôle de conformité des lois et des règlements des assemblées à la Constitution avec la création du Conseil constitutionnel est destinée à faire respecter ce partage tout en s'assurant que le Parlement ne s'émancipe pas du cadre constitutionnel. Enfin, de l'idée de séparation des pouvoirs découle l'incompatibilité du mandat parlementaire et des fonctions ministérielles. Ce principe, contraire à la tradition parlementaire, a pour but de mettre un terme aux allers et retours entre Parlement et gouvernement, les parlementaires se livrant à une course aux portefeuilles, favorisant ainsi l'instabilité ministérielle. (v. « La séparation des pouvoirs », *Traité international de droit constitutionnel*, t. 1, Titre IV, Chap. V).

Le pouvoir exécutif tire d'abord sa force de la Constitution

Dans un régime parlementaire classique, l'exécutif, incarné par le gouvernement, tire sa force des partis, de leur discipline et du soutien qu'ils apportent au Parlement. Faute de système de partis à l'anglaise, structurés et stables, d'enracinement réel des partis dans la société, et donc en l'absence potentielle de « majorité », l'intention du général de Gaulle et de Michel Debré a été d'abord de fonder, par la Constitution, un véritable pouvoir exécutif scindé en deux branches. Certes, l'évolution politique a consacré le phénomène majoritaire. Il n'en reste pas moins que les dispositions constitutionnelles propres au parlementarisme rationalisé sont en mesure de pallier son absence, de contraindre les partis à soutenir le gouvernement, et laissent au chef de l'État un champ de compétences qui semblent, en 1958, irréductibles.

ministre, après délibération du Conseil des ministres, engage devant l'Assemblée nationale la responsabilité du gouvernement sur son programme ou éventuellement une déclaration de politique générale». Dans ce cas, seule est requise, au profit du gouvernement, la majorité relative des suffrages exprimés. La seconde procédure (Const., art. 49, al. 2) de mise en jeu de la responsabilité politique du gouvernement transfère l'initiative aux députés. Lorsque le Parlement est en session, 1/10e au moins des députés peut déposer une motion de censure. Et si elle est adoptée, le Premier ministre doit, aux termes de l'article 50 de la Constitution, remettre la démission du gouvernement. L'article 49, alinéa 3, de la Constitution établit bien une troisième procédure de mise en jeu de la responsabilité politique du gouvernement. Selon cette procédure, le Premier ministre peut engager la responsabilité gouvernementale sur le vote d'un texte, mais à défaut de motion de censure votée dans les 24 heures, la confiance est présumée acquise au gouvernement et le texte est considéré comme adopté. Seuls sont recensés les votes favorables à la motion de censure, qui ne peut être adoptée qu'à la majorité absolue des membres composant l'Assemblée.

Le statut des assemblées parlementaires et la maîtrise de la procédure législative.

Souveraine sous la IIIe et la IVe Républiques, l'Assemblée nationale a fait l'objet, dans la rédaction du texte constitutionnel, d'un véritable « déclassement », souligné par sa relégation au titre IV de la Constitution.

Limitée dans l'exercice du pouvoir législatif, elle est encadrée par les techniques du parlementarisme rationalisé et n'a progressivement recouvré une compétence législative étendue qu'à la grâce de la jurisprudence du Conseil constitutionnel créé pour la surveiller ! Mais elle n'exerce cette compétence législative, à l'image de la plupart des Parlements européens, qu'en tant que « comité législatif du gouvernement » (Jean-Claude Colliard, *Les régimes parlementaires contemporains*, Paris, Presses de la FNSP, 1978, 379 p.). Quant au contrôle de l'exécutif, qui se mesurait avant 1958 à l'aune de l'instabilité ministérielle, il se manifeste principalement en dehors des procédures restrictives de la mise en jeu de la responsabilité de celui-ci. Un seul gouvernement, le premier gouvernement Pompidou, formé le 14 avril 1962 et succédant à celui de Michel Debré, sera censuré sous la Ve République, le 5 octobre 1962.

Un bicamérisme inégalitaire

La Constitution établit un bicamérisme inégalitaire. Dans l'exercice du pouvoir législatif, cette inégalité s'exprime à travers la faculté donnée au gouvernement de demander à l'Assemblée nationale, sauf en matière constitutionnelle, de statuer en dernier ressort. Cependant, tant que le gouvernement n'en décide pas autrement, le bicamérisme est égalitaire dans l'exercice du pouvoir législatif (Const., art. 45). En matière financière, l'inégalité se traduit par l'obligation imposée au gouvernement de déposer en premier lieu les projets de loi de finances sur le bureau de l'Assemblée nationale, et par la procédure d'examen de ces projets qui accorde à la première chambre plus de temps pour se prononcer qu'à la seconde. Enfin, s'agissant du contrôle politique du gouvernement, la primauté de l'Assemblée nationale s'affirme à travers le monopole que lui confère l'article 49 de la Constitution pour sanctionner la responsabilité politique de celui-ci. Sur un point seulement, l'autorité du Sénat l'emporte sur celle de l'Assemblée : son président est appelé, en cas de vacance de l'Élysée, à assurer l'intérim du président de la République. Et sans être supérieur à l'Assemblée, le Sénat dispose d'un droit de veto en matière constitutionnelle (Const., art. 89, al. 2) et sur les lois organiques relatives à son organisation et son fonctionnement (Const., art. 46, al. 4).

La fin de la souveraineté de la loi

Expression de la volonté générale, la loi était perçue, sous la IIIe et la IVe Républiques, comme l'expression par excellence de la souveraineté de la Nation. De cette suprématie découlaient l'impossibilité d'en fixer les limites et l'interdiction d'en organiser le contrôle. La souveraineté de la loi, corollaire de la souveraineté du Parlement, semblait constituer un dogme intangible.

Sous les IIIe et IVe Républiques, la loi se définit seulement comme l'acte voté par le Parlement. La révolution juridique opérée par la Constitution de 1958 a bouleversé – au moins dans un premier temps – la notion de loi, qui se reconnaît désormais à son domaine d'intervention (Const., art. 34), en circonscrit le cadre sans pour autant lui faire perdre sa qualité d'acte voté par le Parlement. L'article 34 différencie les règles que la loi fixe des principes fondamentaux que la loi détermine.

Surtout, le Parlement tient en 1958 sa compétence de la Constitution. Il ne dispose, par conséquent, que d'une compétence d'attribution. Le texte de la Constitution et des lois organiques s'impose aux chambres, et singulièrement à leur règlement intérieur, sous le contrôle du Conseil constitutionnel. Initialement pensé comme le « surveillant » du Parlement en 1958, celui-ci s'est largement émancipé du rôle que lui avait assigné le fondateur de la Ve République (v. ss 540).

La réhabilitation du référendum

« *La souveraineté nationale appartient au peuple qui l'exerce par ses représentants et par la voie du référendum* », la Constitution de 1958 réhabilite clairement cette procédure prévue à l'article 11 (référendum législatif) et à l'article 89 (référendum constituant). C'est l'esprit du nouveau régime d'instituer une participation directe du peuple à l'exercice de la souveraineté.

Section 3

L'ÉVOLUTION DU RÉGIME : VERS LA « PRÉSIDENTIALISATION »

Bénéficiant d'un contexte économique et social très favorable à sa naissance et dès l'origine d'une forte adhésion populaire à travers son fondateur, le nouveau régime est en rupture avec la IVe République mais les dispositions constitutionnelles sont suffisamment « souples » pour faciliter son adaptation. Et, contrairement, à la plupart des régimes politiques français, la Ve République s'inscrit dans la durée. Ainsi, les analyses consistant à la considérer comme une parenthèse qui devait se refermer avec le départ du général de Gaulle ou même avec la fin de la guerre d'Algérie ont été démenties.

La Ve République naît donc sous les meilleurs auspices. Puis l'élection du président de la République au suffrage universel direct en 1962, l'alternance politique de 1981 et les périodes de cohabitation achèveront de l'enraciner dans le temps. De nouveaux équilibres ont été recherchés, issus en particulier de la révision constitutionnelle de 2008. Ils n'ont cependant pas mis fin au débat relatif à la nature du régime.

§ 1. Les facteurs de l'enracinement de la prééminence présidentielle

5 La notion de « présidentialisation » n'a rien de juridique si ce n'est parfois la tentation hasardeuse d'en faire un concept explicatif. Elle traduit simplement l'idée de l'affirmation de la primauté du président de la République élu au suffrage universel direct, et la lecture extensive des fonctions qui lui sont dévolues. Mais elle n'est possible que du fait de l'existence d'une majorité parlementaire.

La lecture gaullienne de la Constitution

> *« Le général de Gaulle a convoqué hier, à 16 heures, M. Michel Debré, garde des Sceaux, et s'est entretenu avec lui de l'ensemble des affaires du pays. Au terme de l'entretien, le général de Gaulle a chargé M. Michel Debré de lui faire des propositions au sujet de la composition éventuelle du gouvernement. À 17 h 30, M. Michel Debré a été de nouveau reçu à l'Élysée. Il a soumis à l'approbation du général de Gaulle ses conceptions en ce qui concerne la politique générale et le nom des personnalités qui deviendraient, le cas échéant, ses collaborateurs. Le président de la République a nommé Premier ministre M. Michel Debré. Sur la proposition du Premier ministre, il a nommé les membres du gouvernement... »*
> Communiqué de la présidence du 9 janvier 1959 lors de la nomination du premier gouvernement formé par Michel Debré.

Dès l'origine, c'est la lecture gaullienne des textes qui commande leur interprétation. Ainsi, le général de Gaulle refuse en 1960 de convoquer le Parlement en session extraordinaire, demande pourtant formulée par la majorité des membres composant l'Assemblée nationale – le chef de l'État arguant à la fois des dispositions de l'article 30 de la Constitution, prévoyant que « *les sessions extraordinaires sont ouvertes et closes par décret du président de la République* », et de celles prescrivant que « *tout mandat impératif est nul* » (Const., art. 27, al. 1er. En l'espèce, les parlementaires demandaient une session extraordinaire sur un ordre du jour relatif au monde agricole en réponse aux pressions des organisations paysannes). Le chef de l'État apparaît donc déjà comme le seul interprète autorisé de la Constitution.

La guerre d'Algérie conforte la suprématie présidentielle

C'est la crise algérienne qui va permettre au général de Gaulle de fonder la suprématie présidentielle en l'enracinant par la légitimité populaire. En 1960 et 1961, le recours aux ordonnances de l'article 38 puis à l'article 16 de la Constitution, face à la rébellion des généraux d'Algérie, renforce l'autorité présidentielle. Surtout, en vertu de l'article 11 de la Constitution, trois référendums sont organisés de 1960 à 1962. Ils permettent tout à la fois de régler le conflit algérien et d'asseoir la légitimité présidentielle en faisant approuver par le peuple l'élection du chef de l'État au suffrage universel direct à laquelle il songeait depuis longtemps, même si l'attentat du Petit Clamart en a été le prétexte.

L'élection du président de la République au suffrage universel direct adoptée en 1962 : la « conclusion logique du système »

Depuis quand le général de Gaulle pensait-il à faire élire le président de la République directement par les citoyens ? Se pose là une question cruciale sur laquelle bien des auteurs se sont interrogés sans parvenir à la trancher. Pourtant, il suffit de lire le général de Gaulle lui-même, qui affirme dans le tome III des *Mémoires de guerre*, écrit en 1957-1958 et publié en 1959 : « *Suivant moi, il est nécessaire que l'État ait une tête, c'est-à-dire un chef en qui la nation puisse voir, au-dessus des fluctuations, l'homme en charge de l'essentiel et le garant de ses destinées. Il faut aussi que l'exécutif, destiné à ne servir que la seule communauté, ne procède pas du Parlement qui réunit la délégation des intérêts particuliers. Ces conditions impliquent qu'il soit désigné par le peuple* » (C. de Gaulle, *Mémoires de guerre, Le Salut (1944-1946)*, p. 287).

Il y pensait donc au moins avant 1959 mais sans imaginer que l'exercice du pouvoir présidentiel devrait être conditionné par une majorité parlementaire. D'ailleurs, Léon Blum, commentant le discours de Bayeux dans le journal *Le Populaire* le 21 juin 1946, écrivait : « *Le discours de Bayeux se déduit tout entier du principe de la séparation des pouvoirs, c'est-à-dire du partage de la souveraineté entre un exécutif et un législatif également délégataires du peuple bien qu'à des titres différents. Dans ce système, le président de la République sera le chef effectif du gouvernement et de l'administration, le président du Conseil se trouvant, par contre, réduit au rôle d'un fondé de pouvoir, d'un homme de confiance, d'un porte-parole vis-à-vis du Parlement. J'ajoute que, pour que le chef de l'exécutif ainsi conçu, l'élargissement du collège électoral ne saurait suffire. Toute souveraineté émanant nécessairement du peuple, il faudrait descendre jusqu'à la source de la souveraineté, c'est-à-dire remettre l'élection du chef de l'exécutif au suffrage universel. Là est la conclusion logique du système* ».

Dans son discours du 20 septembre 1962, il explique pourquoi cette réforme était inenvisageable en 1958, outre le fait que la « citoyenneté à part entière » accordée en Afrique et en Algérie aux populations aurait eu pour effet de rendre minoritaire la population de la métropole, sans compter avec l'existence d'un puissant parti communiste. Mais la raison principale est ailleurs :

« *Permettez-moi de dire qu'en reprenant la tête de l'État en 1958, je pensais que pour moi-même et à cet égard, les événements de l'histoire avaient déjà fait le nécessaire. (...). Je n'ai donc pas attaché alors une importance particulière aux modalités qui allaient entourer ma désignation, puisque celles-ci étaient d'avance prononcées par la force des choses. D'autre part, tenant compte de susceptibilités politiques dont certaines étaient respectables, j'ai préféré à ce moment-là qu'il n'y eut pas à mon sujet une sorte de plébiscite formel. Bref, j'ai consenti à ce que le texte initial de la Constitution soumît l'élection du Président à un collège relativement restreint d'environ quatre-vingt mille élus. Mais si ce mode de scrutin non plus qu'aucun autre ne pouvait fixer les responsabilités à l'égard de la France, ni exprimer à lui seul la confiance que veulent bien me faire les Français ; il n'en serait pas* finit par arriver... C'est en effet autour de l'élection présidentielle que le système de partis s'est progressivement restructuré, les principales formations politiques tendant par ailleurs à devenir des machines à fabriquer des candidats. La structure même des partis s'est « présidentialisée » (Hugues Portelli), fonctionnant autour d'un leader ne laissant de chance qu'aux deux partis dominants au sein de chaque tendance politique. Enfin, les primaires ont en quelque sorte bouclé la boucle du système mais en permettant non plus que ce soit les partis qui désignent un candidat mais les sympathisants d'un courant politique, avec des effets pervers qu'a soulignés l'élection présidentielle de 2017 (v. ss 127).

§ 3. Les limites de l'enracinement : la « cohabitation »

7 La formule a été inventée par Édouard Balladur dans le quotidien *Le Monde* du 16 septembre 1983. Il envisage la coexistence institutionnelle entre un chef de l'État et un chef du gouvernement issu de la majorité parlementaire opposée à lui. La formule n'est pas forcément exacte dans la mesure où, dans son sens courant, la cohabitation désigne le fait pour deux ou plusieurs personnes de vivre ensemble et prend fin automatiquement du fait du mariage ou d'une séparation. Sur le plan constitutionnel, la cohabitation ne précède pas le mariage mais suit le divorce... Elle s'est produite par trois fois : de 1986 à 1988 et de 1993 à 1995 sous les septennats François Mitterrand et de 1997 à 2002 sous celui de Jacques Chirac. Le parti du président défend dans l'opposition ses prérogatives constitutionnelles même au-delà du possible, tandis que le parti majoritaire dominant préserve la fonction (sans ménager son titulaire) dans l'attente qu'elle soit occupée par l'un des siens. Si de Gaulle n'avait pas été, dit-on, hostile au principe de la cohabitation – ce dont on n'a cependant aucune trace sérieuse –, Georges Pompidou s'est gardé de dire ce qu'il ferait à la veille des élections législatives de 1973. C'est Valéry Giscard d'Estaing qui, le premier, indiqua à Verdun-sur-le-Doubs le 27 janvier 1978 que si les Français n'effectuaient pas le « bon choix », il n'aurait pas les moyens constitutionnels de « *s'opposer*

à la mise en œuvre du programme commun de la gauche». Quant à François Mitterrand, tout en rappelant ses prérogatives constitutionnelles, il s'est prononcé dans le même sens en 1986 (Allocution télévisée de François Mitterrand, 17 mars 1986). Il s'ensuit qu'en cas de cohabitation, le champ de compétences et d'influence du président de la République est fort réduit.

Aucun des présidents de la Ve République n'a considéré dans les faits que des élections législatives défavorables – y compris anticipées – devaient le conduire à démissionner. Tous, dans ce cas, ont nommé, plutôt que choisi, un gouvernement en conformité avec la nouvelle majorité issue des urnes. Ils ne peuvent s'opposer à lui sauf en exerçant leurs pouvoirs non partagés (à l'exception de la nomination du Premier ministre, pouvoir neutralisé dans ce cas) et surtout celui de codécision (refus de signer les ordonnances de l'article 38 de la Constitution, nominations de hauts fonctionnaires en vertu de l'article 13 de la Constitution). Ils se sont dans l'ensemble préservés des incursions du gouvernement dans le domaine de la défense et de la politique étrangère ou ont au moins cogéré avec lui certains dossiers. Enfin, leur liberté de parole a été utilisée avec plus ou moins d'efficacité pour contrer l'action du gouvernement.

La première cohabitation (1986-1988)

> « *Vous avez élu dimanche une majorité nouvelle de députés à l'Assemblée nationale. Cette majorité est faible numériquement mais elle existe. C'est donc dans ses rangs que j'appellerai demain la personnalité que j'aurai choisie pour former le gouvernement selon l'article 8 de la Constitution [...]. Je mesure l'importance du changement qu'implique dans notre démocratie l'arrivée aux responsabilités d'une majorité politique dont les choix diffèrent de ceux du président de la République. Il n'y a de réponse à cette question que dans le respect scrupuleux de nos institutions et la volonté commune de placer au-dessus de tout l'intérêt national.* »
> (Allocution télévisée de François Mitterrand, 17 mars 1986)

Au lendemain des élections législatives de mars 1986, François Mitterrand prend acte de la victoire de l'opposition. La « cohabitation » selon la formule d'Édouard Balladur, s'installe. En fait ce terme désigne la coexistence d'un président de la République initialement élu par une tendance politique et d'un gouvernement soutenu par une majorité parlementaire de tendance adverse.

La troisième cohabitation (1997-2002)

Le président Chirac ayant provoqué lui-même des élections législatives en exerçant son droit de dissolution et s'infligeant ainsi son propre désaveu s'est trouvé dans une situation analogue à celle de son prédécesseur. Le Premier ministre, Lionel Jospin, élu au suffrage universel quasi direct, dispose d'une marge de manœuvre égale sinon supérieure à celle d'Édouard Balladur, devenant le plus puissant Premier ministre que la Ve République ait connu depuis 1958. Certes, le chef de l'État a, en juillet 1997, tenté de définir son rôle de façon très large : la place de la France dans le monde (sécurité, défense, parts de marché...), acquis européen, modernisation (enseignement, recherche, hautes technologies), équilibre de la société (acquis sociaux, cohésion, solidarité...), la Constitution lui donnant selon lui dans ces domaines, aux termes d'une lecture audacieuse, « *un peu le dernier mot* » (interview télévisée de Jacques Chirac, 14 juill. 1997). Ce à quoi Lionel Jospin lui avait répondu qu'« *il n'y a pas de domaine de la politique française où le président de la République aurait le dernier mot* » (Conseil des ministres, 23 juill. 1997). En matière de nominations, il a dû, la plupart du temps, se rendre aux exigences du gouvernement. Dans des domaines clefs comme la politique étrangère où le consensus sur les questions européennes a permis une gestion commune, Jacques Chirac a concédé au gouvernement une modification partielle de la politique africaine de la France traditionnellement « réservée » au chef de l'État. En matière de défense nationale, il a dû renoncer aux ambitions budgétaires du gouvernement Juppé, mais la « guerre » du Kosovo a été gérée en commun par les deux têtes de l'exécutif. S'agissant des révisions constitutionnelles dans l'ordre interne, la cohabitation n'a pas fait obstacle et a même favorisé celle concernant la parité mais bloqué celle concernant la justice.

L'institution du quinquennat, antidote supposé à la cohabitation (2002-...)

La réforme du quinquennat et le renversement du calendrier électoral en 2002 (plaçant les élections législatives juste après celles des présidentielles) qui, tel un boomerang, se sont retournés contre leur auteur, Lionel Jospin – comme nous l'avions pressenti –, suffiront-ils à empêcher la cohabitation ? C'est fort probable mais non certain. Cet alignement des mandats a, en tous les cas, facilité un retour à la logique majoritaire de la Ve République dans sa version classique tout en contribuant à affaiblir la fonction de Premier ministre. Mais ce retour au modèle des années 70 indui par le quinquennat (un président et une majorité qui le soutient) a souligné la nécessité moins de changer la République que de rééquilibrer nos institutions.

§ 4. La recherche de nouveaux équilibres : les propositions du comité Balladur et ses suites

8 Plusieurs comités ou commissions ont, après la commission Vedel en 1993, et depuis 2008, réfléchi à l'avenir des institutions.

Genèse de la révision constitutionnelle du 23 juillet 2008 issue du comité Balladur

Un comité présidé par Édouard Balladur – dont fut membre le signataire de ces lignes – avait été chargé par Nicolas Sarkozy de réfléchir à la modernisation et au rééquilibrage des institutions. Ce sont donc 77 propositions qu'a formulées le comité, proposant de modifier (voire de créer) 41 articles de la Constitution sur 102 (107 aujourd'hui), avec la volonté de rendre la Ve République plus démocratique. La révision constitutionnelle ainsi proposée aux pouvoirs publics est la plus importante, par sa teneur et par son volume, de celles qui sont intervenues depuis plus de 40 ans. C'est sur la base des orientations arrêtées par le comité que le projet du gouvernement a été présenté en Conseil des ministres le 23 avril 2008 par François Fillon, Premier ministre. Il est largement inspiré du rapport Balladur qu'il s'agisse de l'encadrement du pouvoir de nomination du président de la République, de l'exception d'inconstitutionnalité, de la création d'un Défenseur des droits, de la saisine directe par les citoyens du Conseil supérieur de la magistrature et plus largement du desserrement de l'étau du parlementarisme rationalisé sur les assemblées (limitation de l'usage de l'article 49 alinéa 3, encadrement de la procédure d'urgence, institution d'un délai minimum entre le dépôt d'un texte et son examen en séance publique, partage de l'ordre du jour entre le gouvernement et le Parlement, discussion en séance du texte adopté en commission et non plus celui du gouvernement, droits de l'opposition, obligation pour le gouvernement d'informer le Parlement sur les opérations militaires et de lui en demander l'autorisation en cas de prolongation). Quelques-unes des propositions du comité Balladur n'ont cependant pas été conservées dans le projet de loi constitutionnelle. C'est le cas en particulier de la nouvelle répartition des compétences entre le président de la République et le Premier ministre, qui préconisait d'inscrire dans la Constitution que le chef de l'État « définit » la politique de la nation (Const., art. 5, c), proposition n° 1, rapport *Une Ve République plus démocratique*, 2007, p. 13). N'ont pas non plus été retenues : l'interdiction du cumul avec une fonction élective pour les ministres, l'introduction d'une part de proportionnelle dans l'élection des députés, la modification du système des parrainages pour l'élection présidentielle ou encore l'attribution à la proportionnelle des présidences de commissions parlementaires, la modification du mode d'élection des sénateurs, la suppression des membres de droit du Conseil constitutionnel. Elles sont reprises pour l'essentiel dans le rapport Jospin (rapport *Pour un renouveau démocratique*, 2012, 131 p.). Mais plusieurs de ces propositions n'étaient pas d'ordre constitutionnel. À ces dispositions suggérées par le comité Balladur, le gouvernement a ajouté la limitation à deux mandats consécutifs pour le président de la République, à laquelle tenait particulièrement Nicolas Sarkozy, ainsi que la limitation du droit de grâce du chef de l'État aux cas individuels (le comité prévoyait simplement l'avis du Conseil supérieur de la magistrature).

Les assemblées ont aussi enrichi la révision d'amendements importants. Au cours des débats parlementaires, certaines dispositions ont ainsi été modifiées, en particulier la venue du président au Parlement qui aura lieu devant les deux Assemblées réunies en Congrès. D'autres ont été ajoutées : l'inscription des langues régionales comme appartenant au patrimoine de la nation, introduite par les députés à l'article 1er de la Constitution, a été supprimée par les sénateurs puis réintroduite dans le titre XII de la Constitution, la reconnaissance par la loi de « *l'égal accès des femmes et des hommes aux responsabilités professionnelles et sociales* », la compétence législative s'agissant de la liberté, du pluralisme et de l'indépendance des médias, le référendum d'initiative conjointe des électeurs et du Parlement (il figurait dans les propositions du comité Balladur, mais pas dans le projet de loi). Le Parlement a d'autre part renforcé l'encadrement du pouvoir de nomination du chef de l'État en instituant un droit de veto des commissions compétentes des Assemblées à la majorité qualifiée des 3/5e. Et il a supprimé, à la demande du Sénat, la mention selon laquelle la composition de son collège électoral tenait compte de la population.

Le Parlement a, à plusieurs reprises, modifié la rédaction de l'article relatif à la ratification de l'entrée de nouveaux États dans l'Union européenne. Le projet de loi, suivant le comité Balladur, avait suggéré de supprimer le référendum obligatoire pour la ratification de tout élargissement de l'Union européenne. Le système finalement adopté prévoit un référendum obligatoire sauf si le président de la République, saisi par les deux Assemblées, choisit la ratification par le Congrès. Les députés avaient d'abord institué une formule qui réservait l'obligation de référendum aux États représentant plus de 5 % de la population de l'UE, c'est-à-dire en fait à la Turquie, ce que le Sénat avait refusé. Il demeure que cette révision est une œuvre collective à laquelle le parti socialiste, après avoir voté le « quinquennat sec », c'est-à-dire sans accompagnement, et réclamé à l'époque le rééquilibrage des institutions, n'a pas souhaité finalement s'associer, au motif principal de la non-modification du mode de scrutin sénatorial.

L'adoption du texte

Le projet de loi a été adopté en première lecture par l'Assemblée nationale le 3 juin 2008 et par le Sénat, avec modification, le 24 juin 2008. Lors de la seconde lecture, il a été adopté avec modification par l'Assemblée nationale le 9 juillet 2008 puis par le Sénat, sans modification, le 16 juillet 2008, les rapporteurs du projet étant les présidents des commissions des lois, le député Jean-Luc Warsmann à l'Assemblée nationale et le sénateur Jean-Jacques Hyest au Sénat. Le Congrès a adopté le projet de révision le 21 juillet 2008, par 539 voix (majorité requise 538) contre 357, sur 905 votants, soit la majorité requise des 3/5e des suffrages exprimés – plus une voix. En cette circonstance solennelle, le président de l'Assemblée nationale, Bernard Accoyer, a pris part au vote – pour. L'UMP a voté de façon presque unanime en sa faveur avec une large partie des centristes, une fraction des radicaux de gauche et Jack Lang tandis que le parti socialiste, les Verts et les communistes votaient contre ainsi que quelques parlementaires UMP.

La loi constitutionnelle a été promulguée le 23 juillet 2008 par le président de la République.

Les grandes lignes de la révision du 23 juillet 2008

Elles seront développées tout au long du présent volume, on en dégage ici seulement les grandes lignes.

L'encadrement du pouvoir exécutif	Aucun président de la République ne pourra accomplir plus de deux mandats consécutifs (Const., art. 6). Des avis émis par les assemblées parlementaires sont requis pour les nominations auxquelles procède le président de la République (Const., art. 13). Des garanties juridiques renforcées ont été mises en place afin d'encadrer la mise en œuvre des pouvoirs exceptionnels du président de la République, en vertu de l'article 16, en cas de crise grave menaçant la Nation et les institutions (Const., art. 16). Interdiction est faite au président de la République de prononcer des grâces collectives (Const., art. 17). Le chef de l'État pourra désormais s'exprimer directement devant le Congrès réuni spécialement. Cette faculté ouverte au président de la République peut être appréciée – ou non – comme un moyen de revaloriser la place du Parlement (Const., art. 18).

L'organisation du Parlement	La représentation des Français établis hors de France est désormais prévue non seulement au Sénat, mais également à l'Assemblée nationale (Const., art. 24) ce qui n'est pas forcément un progrès… Le plafonnement du nombre de parlementaires et les garanties d'un « découpage » électoral transparent par la création d'une commission indépendante (Const., art. 24 et 25). Les membres du gouvernement issus d'une des assemblées peuvent retourner y siéger lorsqu'ils démissionnent sans qu'il soit besoin d'organiser une élection partielle (Const., art. 25). La reconnaissance d'un statut de l'opposition (Const., art. 4, 48 et 51. 1). Le nombre des commissions permanentes est porté de six à huit (Const., art. 43). Un partage de l'ordre du jour du Parlement de la Constitution est institué (Const., art. 48). Une semaine de séance sur quatre est réservée par priorité à l'évaluation des politiques publiques et au contrôle de l'action du gouvernement (Const., art. 48). Un jour de séance mensuel est réservé à un ordre du jour arrêté par chaque assemblée sur proposition des groupes d'opposition et des groupes minoritaires (Const., art. 48).
La fonction législative	Un domaine de la loi précisé et étendu au champ des lois de programmation (Const., art. 34). La mission de favoriser l'égal accès des femmes et des hommes aux responsabilités professionnelles et sociales de la même façon qu'elle doit favoriser, depuis 1999, un égal accès aux mandats électoraux et fonctions électives (Const., art. 1er). La ratification explicite des ordonnances prises sur le fondement de l'article 38 de la Constitution (Const., art. 38).

	La loi fixe désormais les règles concernant « *la liberté, le pluralisme et l'indépendance des médias* » (Const., art. 34). L'examen en séance publique des projets et propositions de loi s'effectue non plus, comme depuis 1958, sur la base du texte déposé par le gouvernement ou transmis par l'une des assemblées à l'autre, mais sur la base du texte tel qu'il sera issu des travaux de la Commission saisie au fond (Const., art. 42). L'institution de délais minimaux d'examen et l'aménagement de la procédure accélérée (Const., art. 45). Fixation au préalable de règles formelles de délai et de présentation des amendements (Const., art. 44).
La fonction de contrôle	Limitation de la procédure de l'article 49, alinéa 3 aux projets de loi de finances et de financement de la sécurité sociale ainsi qu'à un autre texte par session. Information du Parlement sur toute intervention des forces armées dans les plus brefs délais, ainsi qu'une autorisation parlementaire pour toute intervention excédant quatre mois (Const., art. 35). Des commissions d'enquête en matière de contrôle et d'évaluation (Const., art. 51-2). Extension du champ des documents transmis et des documents sur lesquels les assemblées parlementaires peuvent prendre position par voie de résolution, et consécration de l'existence d'une commission chargée des questions européennes (Const., art. 88-4). Consécration du rôle général d'assistance de la Cour des comptes au Parlement en matière de contrôle de l'action du gouvernement (Const., art. 47-2). Droit de résolution (Const., art. 34-1).

La participation des citoyens	La création d'un référendum d'initiative conjointe – parlementaires et citoyens – (Const., art. 11). L'élargissement du domaine référendaire aux questions environnementales (Const., art. 11). Référendum rendu facultatif sur les futurs élargissements de l'Union européenne (Const., art. 88-5). L'élargissement des missions du Conseil économique et social : sa saisine directe par voie de pétition et élargissement de sa compétence aux questions d'environnement (Const., art. 69).
La protection des droits	L'extension des compétences du Conseil constitutionnel (question prioritaire de constitutionnalité) : possibilité de demander que la juridiction qui juge l'affaire d'un justiciable puisse transmettre à la juridiction suprême de son ordre une question sur la constitutionnalité d'une disposition législative dont l'application lui est opposée. Si le Conseil d'État ou la Cour de cassation estime que cette question est sérieuse et nouvelle, alors cette juridiction suprême pourra la transmettre au Conseil constitutionnel. Si ce dernier constate le caractère inconstitutionnel de la disposition en cause, alors sa décision vaudra pour tous, *erga omnes*, et la disposition disparaîtra de l'ordre juridique (Const., art. 61-1). La réforme du Conseil supérieur de la magistrature : suppression de la présidence et de la vice-présidence de droit par le président de la République et le garde des Sceaux ; majorité de personnalités extérieures à la magistrature en son sein ; possibilité au justiciable de saisir le CSM dans les conditions prévues par une loi organique (Const., art. 65). La mise en place d'un Défenseur des droits ayant compétence pour connaître des réclamations de toute personne s'estimant lésée par le fonctionnement d'un service public (titre XI *bis* nouveau).

Des valeurs partagées	La loi, à l'instar de l'accès aux responsabilités politiques, peut favoriser un égal accès aux responsabilités professionnelles et sociales (Const., art. 1er). La diversité des opinions : la loi doit s'attacher à garantir la participation des partis et groupements politiques à la vie démocratique de la Nation et la participation équitable des partis (Const., art. 4). La diversité linguistique : les langues régionales appartiennent au patrimoine de la Nation (Const., art. 75-1) ; la République participe désormais au développement de la solidarité et de la coopération entre les États et les peuples ayant le français en partage (Const., art. 87).

La poursuite de la réflexion constitutionnelle : de la commission Jospin à la commission Bartolone (2012-2017)

La commission Jospin.

Créée à l'initiative du président Hollande, la Commission de rénovation et de déontologie de la vie publique présidée par Lionel Jospin, ancien Premier ministre, a été constituée par le décret n° 2012-875 du 16 juillet 2012. Ses propositions ont été remises au président de la République le 9 novembre 2012 :

« *I. Une représentation politique rénovée*

Chapitre 1. Une élection présidentielle modernisée

Proposition n° 1	Instaurer un parrainage des candidats à l'élection présidentielle par les citoyens.
Proposition n° 2	Modifier les modalités de calcul du remboursement public.
Proposition n° 3	Substituer la règle de l'équité à celle de l'égalité pour les temps de parole des candidats pendant la période "intermédiaire".
Proposition n° 4	Fixer à 20 heures la fermeture des bureaux de vote sur l'ensemble du territoire métropolitain.

Proposition n° 5	Avancer dans l'année la tenue de l'élection présidentielle et des élections législatives.
Proposition n° 6	Réduire le délai entre l'élection présidentielle et les élections législatives.

Chapitre 2. Un Parlement plus représentatif

Proposition n° 7	Introduire une part de proportionnelle pour l'élection des députés.
Proposition n° 8	Réformer les modalités de l'élection des députés représentant les Français de l'étranger.
Proposition n° 9	Éviter les seconds tours à un seul candidat dans le cadre du scrutin majoritaire.
Proposition n° 10	Assurer une représentation plus juste des collectivités territoriales au Sénat par une pondération des voix des grands électeurs et retirer les députés du collège électoral.
Proposition n° 11	Étendre le recours au scrutin proportionnel pour l'élection des sénateurs.
Proposition n° 12	Abaisser à 18 ans l'âge minimal d'éligibilité au Sénat.
Proposition n° 13	Compléter les effets de l'extension de la proportionnelle sur le respect de la parité en renforçant le dispositif de modulation des aides financières aux partis politiques.

II. Un exercice des responsabilités exemplaire

Chapitre 1. Une rupture avec la pratique du cumul des mandats

Proposition n° 14	Interdire le cumul de fonctions ministérielles avec l'exercice de tout mandat local.
Proposition n° 15	Rendre incompatible le mandat de parlementaire avec tout mandat électif autre qu'un mandat local simple à compter des prochaines élections locales.

Chapitre 2. Un statut juridictionnel du chef de l'État et des ministres plus respectueux du principe d'égalité

Proposition n° 16	Mieux affirmer le caractère politique de la procédure de destitution du président de la République.
Proposition n° 17	Mettre fin à l'inviolabilité du président de la République en matière pénale.
Proposition n° 18	Mettre fin à l'inviolabilité du président de la République en matière civile.
Proposition n° 19	Supprimer la Cour de justice de la République.

Chapitre 3. Une stratégie globale de prévention des conflits d'intérêts

Proposition n° 20	Renforcer le régime des incompatibilités pour les membres du gouvernement.
Proposition n° 21	Prévoir pour les membres du gouvernement une obligation légale de souscrire une déclaration d'intérêts et d'activités.
Proposition n° 22	Prévoir pour les membres du gouvernement une obligation légale de donner un mandat de gestion de leur patrimoine mobilier.
Proposition n° 23	Étendre aux ministres le contrôle des départs vers le secteur privé et vers certains organismes publics et incriminer la prise illégale d'intérêts à l'issue des fonctions gouvernementales.
Proposition n° 24	Étendre aux collaborateurs du président de la République et aux membres des cabinets ministériels les règles d'incompatibilité applicables aux agents publics.
Proposition n° 25	Prévoir pour les collaborateurs du président de la République et pour les membres des cabinets ministériels une obligation légale de souscrire une déclaration d'intérêts et d'activités.

Proposition n° 26	Prévoir une obligation légale de souscrire une déclaration d'intérêts et d'activités pour les titulaires d'emplois supérieurs de l'État particulièrement exposés au risque de conflit d'intérêts.
Proposition n° 27	Améliorer l'efficacité du contrôle relevant actuellement de la Commission de déontologie de la fonction publique : modifier les conditions de saisine d'office et étendre le champ du contrôle aux départs vers tous les organismes publics exerçant une activité économique.
Proposition n° 28	Harmoniser et renforcer le régime des déclarations d'intérêts et d'activités applicable aux membres des collèges et responsables des autorités administratives indépendantes.
Proposition n° 29	Étendre aux départs vers tous les organismes publics exerçant une activité économique le champ du contrôle relevant actuellement de la Commission de déontologie de la fonction publique pour les membres des collèges et responsables des autorités administratives indépendantes.
Proposition n° 30	Prévoir une obligation légale de déclaration d'intérêts et d'activités pour les parlementaires.
Proposition n° 31	Renforcer le régime des incompatibilités professionnelles applicable aux parlementaires.
Proposition n° 32	Supprimer la catégorie des membres de droit du Conseil constitutionnel et interdire l'exercice de toute activité de conseil à ses membres.
Proposition n° 33	Créer une Autorité de déontologie de la vie publique.
Proposition n° 34	Confier à l'Autorité de déontologie de la vie publique un rôle de validation des règles de bonne conduite applicables aux représentants d'intérêts.
Proposition n° 35	Mettre en place un dispositif ouvert d'"alerte éthique" ».

On aura l'occasion de revenir sur ces propositions qui, sur le plan institutionnel, s'inscrivent pour la plupart dans la continuité des propositions inabouties du comité Balladur mais innovent en matière de déontologie de la vie publique. Deux voies s'offraient au gouvernement pour traduire ces propositions en dispositions juridiques : la voie constitutionnelle et la voie législative (ordinaire ou organique).

En ce qui concerne la voie constitutionnelle, faute de majorité des 3/5e au Congrès – prévisible –, seuls quatre projets de loi tendant à réviser la Constitution ont été présentés le 13 mars 2013 en Conseil des ministres. Ces projets portaient sur la réforme du Conseil supérieur de la magistrature, la démocratie sociale, la responsabilité juridictionnelle du président de la République et des membres du gouvernement, ainsi que sur les incompatibilités applicables à l'exercice de fonctions gouvernementales et la composition du Conseil constitutionnel. Finalement, seule la réforme du Conseil supérieur de la magistrature fut discutée au Parlement, mais le gouvernement dut l'enterrer face aux réticences du Sénat, tant la réunion d'une majorité des 3/5e paraissait illusoire.

En revanche, plusieurs propositions, plus ou moins altérées, ont pu aboutir par la voie législative. C'est le cas des réformes relatives à l'élection des sénateurs : les lois des 23 juillet et 2 août 2013 étendent le scrutin proportionnel aux départements de trois sénateurs et plus, augmentent le nombre de délégués pour les grandes villes et modifient la représentation sénatoriale des Français établis hors de France. Il en va de même pour l'interdiction du cumul des mandats qu'organisent deux lois organiques du 14 février 2014 qui n'entreront toutefois en vigueur qu'à compter du 31 mars 2017 : sera alors interdit le cumul de fonctions exécutives locales avec le mandat de député, de sénateur ou de représentant au Parlement européen. Enfin, si la réforme constitutionnelle du Conseil supérieur de la magistrature a été avortée, une loi du 25 juillet 2013, dans un esprit sensiblement proche de la commission Jospin, a modifié les rapports entre le ministère public et le garde des Sceaux, en limitant le pouvoir hiérarchique de ce dernier : le ministre de la Justice ne peut adresser désormais que des instructions générales au parquet et non plus des instructions individuelles sur des affaires déterminées.

Dans le prolongement des conclusions de la commission Jospin, et à la suite de « l'affaire *Cahuzac* », plusieurs lois relatives à la moralisation et à la transparence de la vie publique ont été adoptées. Il s'agit tout d'abord des lois organique et ordinaire du 11 octobre 2013, qui instaurent une Haute autorité pour la transparence de la vie publique – à l'origine du contrôle fiscal qui a conduit à la démission du secrétaire d'État chargé du commerce extérieur, Thomas Thévenoud, en septembre 2014 –, présidée par Jean-Louis Nadal, chargée de contrôler les déclarations de patrimoine et d'intérêt remises en début et en fin de mandat par les membres du gouvernement, les parlementaires nationaux et européens et d'autres titulaires de fonctions électives ou politiques importantes. Elles prévoient par ailleurs la mise en place d'un système répressif (amende, inéligibilité) en cas d'infraction portant atteinte à la moralité publique (corruption, trafic d'influence, fraude électorale ou fraude fiscale) et un système de déport pour éviter tout conflit d'intérêts. Enfin, les lois organique et ordinaire du 6 décembre 2013 instaurent un parquet financier, avec à sa tête un procureur de la République financier près le tribunal de grande instance de Paris – à compétence nationale toutefois –, et confortent les dispositions en matière de lutte contre la fraude fiscale en aggravant les peines et en renforçant les pouvoirs de l'administration fiscale.

La commission Bartolone.

« Restaurer le lien entre les citoyens et leurs représentants », tel était l'objet du groupe de travail sur l'avenir des institutions, présidé par le président de l'Assemblée nationale Claude Bartolone. Le rapport qui en est issu a été adopté par l'Assemblée nationale le 2 octobre 2015. Intitulé « Refaire la démocratie », il formule 17 propositions parmi lesquelles on retiendra les suivantes :

tandis que la Chambre des députés est élue au suffrage universel direct. Cette affirmation plus large du Parlement et l'évolution précoce de la IIIe République vers un régime moniste dans lequel le gouvernement est responsable face au seul Parlement souligne bien en quoi la source du pouvoir est le véritable critère définissant un régime.

Un régime présidentiel dualiste

10 Dans un régime parlementaire le pouvoir émane de l'Assemblée à laquelle l'exercice de la souveraineté est délégué pour un temps. Dans le régime présidentiel, chacun, président et Assemblées, détient, en vertu d'un mandat du peuple, une délégation et des compétences particulières pour l'exercice de la souveraineté.

En adoptant des critères plus politiques et organiques que juridiques, on aperçoit clairement que la structure de la Ve République correspond mieux à l'hypothèse du régime présidentiel, ce d'autant mieux qu'on s'accorde à souligner que le centre de gravité des régimes politiques s'est déplacé du Parlement vers l'exécutif. En s'attachant, après la source du pouvoir, à son ordonnancement, le régime présidentiel américain peut être qualifié de moniste puisque le pouvoir exécutif y est confié tout entier au chef de l'État, absorbant les fonctions de chef de gouvernement dont les membres ne sont responsables que devant lui et non devant le Congrès. Comme l'a montré, le premier, Jean-Louis Quermonne, la notion de dualisme n'a jamais été transposée au concept de régime présidentiel, rien n'interdit de le faire alors que le dualisme de l'exécutif constitue la singularité du régime de la Ve République. Et dans les différentes conjonctures (cohabitation ou concordance des majorités présidentielle et parlementaire), le dualisme du pouvoir reste une variable indépendante de la compréhension du régime. C'est pourquoi la notion de régime présidentiel dualiste rend compte à la fois de la structure de la Ve République en même temps qu'elle intègre les variations de la pratique institutionnelle à laquelle elle a donné lieu depuis sa création.

Bibliographie

AFSP (éd.), *L'écriture de la Constitution de 1958*, Economica, 1992.

Avril (P.), *La Ve République, histoire politique et constitutionnelle*, PUF, coll. « Droit fondamental », 1987 ; « Violations et conventions de la Constitution », in *France Forum* 1998, n° 322, p. 217.

Berlia (G.), « Le problème de la constitutionnalité du référendum du 28 octobre 1962 », *RD publ.* 1962. 936.

Balladur (E.), *Rapport du Comité de réflexion et de proposition sur la modernisation et le rééquilibrage des institutions de la Ve République*, Paris, Doc. fr., Fayard, 2008.

Cercle des constitutionnalistes, *Les 50 ans de la Constitution*, préf. É. Balladur, Litec, 2008.

Chagnollaud (D.), « Sherlock Holmes et le casse-tête chinois : classification des régimes et élection concurrentielle », *Mélanges Benoît Jeanneau*, Dalloz, 2002.

Chagnollaud (D.), Quermonne (J.-L.), *La Ve République*, Champs, Flammarion, 2000, t. 1.

Chapsal (J.), *La vie politique sous la Ve République*, PUF, coll. « Thémis », 1993, 2 t.

Colliard (J.-C.), « Les registres annexes de la Constitution », in Cercle des constitutionnalistes, *Les 50 ans de la Constitution*, Litec, 2008.

Comité consultatif pour la révision de la Constitution, présidé par le doyen G. Vedel, *Propositions pour une révision de la Constitution*, Paris, Doc. fr., 1993.

Debré (M.), *Refaire une Démocratie, un Pouvoir, un État*, 1958.

De Lacharrière (R.), *La Ve, quelle République ?*, PUF, 2000.

Denquin (J.-M.), *La genèse de la Ve République*, PUF, 1988 ; « Sur le respect de la Constitution », in Cercle des constitutionnalistes, *Les 50 ans de la Constitution*, Litec, 2008.

Documents pour servir à l'histoire de l'élaboration de la Constitution de 1958, Doc. fr., 1987, vol. 1, 1988, vol. 2, et 1991, vol. 3.

Donegani (J.-M.), Sadoun (M.), *La Ve République, naissance et mort*, Paris, Calmann-Lévy, 1998.

Duhamel (O.), *La gauche et la Ve République*, PUF, 1980.

Duhamel (O.), Parodi (J.-L.) (éd.), *La Constitution de la Ve République*, Presses de la FNSP, 2e éd., 1988.

Duverger (M.), *Échec au Roi*, Albin Michel, 1978 ; *Les régimes semi-présidentiels*, PUF, 1986.

Hamon (F.), « Regards nouveaux sur les origines de la Ve République », *RD publ.* 1975. 415 s.

Hayward (J.), Hall (P.), Machin (H.), *L'évolution de la vie politique française*, PUF, 1992.

Hollande (F.), « Les socialistes et la réforme de la Ve République », in Cercle des constitutionnalistes, *Les 50 ans de la Constitution*, Litec, 2008.

Lavroff (D.-G.), *Le droit constitutionnel de la Ve République*, Dalloz, 3e éd., 1999.

Lauvaux (Ph.), « La Constitution de 1958 : généalogie et stratification », in Cercle des constitutionnalistes, *Les 50 ans de la Constitution*, Litec, 2008.

Le Divellec (A.), « Un ordre constitutionnel confus. Indicibilité et incertitudes de la Constitution française », in Cercle des constitutionnalistes, *Les 50 ans de la Constitution*, Litec, 2008.

Pinon (S.), *Les réformistes constitutionnels des années trente. Aux origines de la Ve République*, LGDJ, 2003.

Magnon (X.), « La composition de la commission Balladur : brèves réflexions sur l'expertise en matière constitutionnelle », *RFDC* 2008, no 2.

Prélot (P.-H.), « La Ve République à l'anglaise ou la fin du "présidentialisme" », in Cercle des constitutionnalistes, *Les 50 ans de la Constitution*, Litec, 2008.

Saint-Bonnet (F.), « De la longévité de la Ve République. Le nouveau droit constitutionnel et ses gardiens », in Cercle des constitutionnalistes, *Les 50 ans de la Constitution*, Litec, 2008.

Savonitto (F.), *Les discours constitutionnels sur la "violation de la constitution" sous la Ve République*, LGDJ, 2013.

Thiers (É.), « La majorité contrôlée par l'opposition : pierre philosophale de la nouvelle répartition des pouvoirs », *Pouvoirs*, 2012, no 143, p. 61-72.

Titre introductif

Préambule et article 1er

Section 1

Le Préambule

> **Préambule**
> *« Le peuple français proclame solennellement son attachement aux Droits de l'homme et aux principes de la souveraineté nationale tels qu'ils ont été définis par la Déclaration de 1789, confirmée et complétée par le Préambule de la Constitution de 1946, ainsi qu'aux droits et devoirs définis dans la Charte de l'environnement de 2004.*
> *En vertu de ces principes et de celui de la libre détermination des peuples, la République offre aux territoires d'outre-mer qui manifestent la volonté d'y adhérer des institutions nouvelles fondées sur l'idéal commun de liberté, d'égalité et de fraternité et conçues en vue de leur évolution démocratique. »*

11 Le Préambule comprend deux alinéas.

Le second n'a plus aujourd'hui de pertinence juridique après la disparition de la Communauté française associant la France et les États de son empire colonial, du fait de l'indépendance de tous les États membres acquise en 1960. Ce n'est cependant qu'en 1995 que les dispositions constitutionnelles la concernant sont officiellement abrogées pour laisser place au présent alinéa auquel le Conseil constitutionnel se référera une seule fois pour fonder la consultation de la population de Mayotte (Cons. const., déc.

peuples d'outre-mer auxquels est reconnu le droit à la libre détermination, que la référence faite au peuple français figure d'ailleurs depuis deux siècles dans de nombreux textes constitutionnels ; qu'ainsi le concept juridique de peuple français a valeur constitutionnelle » (Cons. const., décis. nº 91-290 DC, cons. 12 et 13). C'est pourquoi il a jugé contraire à celle-ci la mention faite par le législateur du « *peuple Corse, composante du peuple français [...] composé de tous les citoyens Français sans distinction d'origine, de race ou de religion* » (Cons. const., décis. nº 91-290 DC, 9 mai 1991, *Loi portant statut de la collectivité territoriale de Corse*, cons. 13). Le Conseil a ainsi refusé la conception d'une France multiculturelle, mosaïque d'identités diverses prétendant chacune à des droits particuliers. C'est aussi dans cet esprit que le Conseil constitutionnel a censuré (Cons. const., décis. nº 2000-435 DC, 7 déc. 2000, cons. 8), dans la loi pour l'orientation de l'outre-mer, la référence « *au pacte qui unit l'outre-mer à la République* » comme étant contraire au principe d'indivisibilité. De même, pour clore le débat sémantique, lors de la réforme constitutionnelle de 2003 portant sur la décentralisation, a été adjointe de l'expression « *La République reconnaît, au sein du peuple français, les populations d'outre-mer, dans un idéal commun de liberté, d'égalité et de fraternité* » (Const., art. 72-3, al. 1ᵉʳ), populations d'outre-mer qui ne sont donc clairement que des composantes du peuple français.

Une seule loi pour un même territoire

Associé à l'exercice de la souveraineté nationale affirmée à l'article 3 de la Constitution, le principe d'indivisibilité s'oppose à la reconnaissance de tout pouvoir normatif autonome aux collectivités territoriales mais aussi de pouvoir d'auto-organisation propre. Il exclut ainsi tout système fédéral. Et si lors la révision constitutionnelle de 2003, l'article 1ᵉʳ de la Constitution a été complété par la phrase : « *Son organisation est décentralisée* », cet ajout ne remet aucunement en cause le principe d'indivisibilité de la République).

Le Conseil constitutionnel est très attentif à tout démembrement du pouvoir normatif national. Il a considéré « *qu'en ouvrant au législateur, fût-ce à titre expérimental, dérogatoire et limité dans le temps, la possibilité d'autoriser la collectivité territoriale de Corse à prendre des mesures relevant du domaine de la loi, la loi déférée [était] intervenue dans un domaine qui ne relève que de la Constitution* » (Cons. const., décis. n° 2001-454 DC, 17 janv. 2002, cons. 21). La réforme constitutionnelle du 28 mars 2003 a néanmoins permis, mais encadré strictement, le droit à l'expérimentation. Auparavant, s'agissant de la Nouvelle-Calédonie, par dérogation au principe d'indivisibilité depuis la révision constitutionnelle de 1999, lui a été conféré un pouvoir normatif initial lui permettant d'adopter des « lois de pays » et dont la conformité à la Constitution est contrôlée par le Conseil constitutionnel (L. org. n° 99-209, 19 mars 1999).

Indivisibilité et autodétermination

Le territoire de la République est indivisible mais non intangible : un droit de sécession est ainsi admis et c'est au nom du droit des peuples à disposer d'eux-mêmes que la Constitution de 1958 a laissé à ses anciennes colonies africaines le choix, pendant un temps donné, de se déterminer librement, optant pour l'indépendance ou l'association dans le cadre d'une « Communauté française » (après l'indépendance de ces États, ces dispositions sont devenues caduques). Par la suite, le principe d'autodétermination a été appliqué dans plusieurs cas : l'Algérie (en 1961 et 1962), Djibouti, les Comores (en 1985 et 1987), la Nouvelle-Calédonie (en 1988). Le Conseil constitutionnel statuant sur le référendum d'autodétermination en Nouvelle-Calédonie a précisé que « *le droit à l'autodétermination devait être rattaché au Préambule de la Constitution, à savoir aux principes de la libre détermination des peuples et de la libre manifestation de leur volonté (ayant) valeur constitutionnelle* » (Cons. const, déc. n° 87-226 DC, 2 juin 1987, cons. 5).

Notons que cette autodétermination ne s'oppose donc pas au principe d'indivisibilité de la République et d'intégrité de son territoire puisque « *nulle cession, nul échange, nulle adjonction de territoire n'est valable sans le consentement des populations intéressées* » (Const., art. 53.3). Le Conseil constitutionnel a ainsi décidé (Cons. const., décis. n° 75-59, 30 déc. 1975, *autodétermina-*

tion des Comores, cons. 2 et 5) que l'exercice de ce droit s'apparentait à une cession de territoire, organisée par une loi et recueillant l'assentiment des populations par une consultation référendaire, et non à une « sécession », celle-ci n'étant pas prévue explicitement par la Constitution. Dans sa décision du 4 mai 2000 au sujet de Mayotte, le Conseil constitutionnel a assimilé le droit à consultation, qui ne lie pas en droit le législateur. Il est désormais régi par le nouvel article 72-4 de la Constitution (Cons. const., décis. n° 2000-428 DC, 4 mai 2000, cons. 5 et 6).

Le principe de laïcité

14 La définition la plus claire de ce principe émane du Conseil constitutionnel, éclairée par la jurisprudence de la Cour européenne des droits de l'homme (CEDH) et mise en œuvre par le Conseil d'État.

La jurisprudence du Conseil constitutionnel

C'est dans sa fameuse décision du 19 novembre 2004, relative au traité établissant une Constitution pour l'Europe, que le Conseil constitutionnel a donné la définition la plus claire de la laïcité : « *En vertu de l'article 1er de la Constitution, la France est une République laïque. Cette disposition interdit à quiconque de se prévaloir de ses croyances religieuses pour s'affranchir des règles légales régissant les relations mutuelles entre personnes de droit public et particuliers* » (Cons. const., décis. n° 2004-505 DC, 19 nov. 2004, cons. 18). Sur ce point, la Charte des droits fondamentaux et les explications du praesidium qui l'accompagnent précisent que le droit garanti par l'article II-70 a le même sens et la même portée que celui garanti par l'article 9 de la Convention européenne des droits de l'homme. Le Conseil renvoie à un arrêt récent (CEDH 29 juin 2004, *Leyla Sahin c. Turquie*, req. n° 4774/98) par lequel la Cour européenne des droits de l'homme a jugé que l'interdiction faite, en application du principe de laïcité, aux étudiantes turques d'avoir la tête couverte n'est pas contraire à l'article 9 de la Convention. Le Conseil constitutionnel – qui vise cette décision – en déduit que le principe de la liberté de pensée, de conscience et de religion énoncé par le traité établissant une Constitution pour l'Europe n'est donc pas en contradiction avec l'article 1er de la Constitution française. Toutefois, le Conseil constitutionnel s'est appuyé sur les travaux préparatoires du projet de Constitution du 27 octobre 1946 relatifs à son article 1er et sur ceux du projet de la Constitution du 4 octobre 1958 qui a repris la même disposition. En proclamant que la France est une « République [...] laïque », la Constitution n'a pas ainsi entendu remettre en cause les dispositions législatives ou réglementaires particulières applicables dans plusieurs parties du territoire de la République lors de l'entrée en vigueur de la Constitution et relatives à l'organisation de certains cultes et, notamment, à la rémunération des ministres du culte. Il a donc déclaré conforme à la Constitution le maintien en Alsace-Moselle de la loi du 18 germinal an X, relative à l'organisation des cultes (Cons. const., décis. n° 2012-297 QPC, 21 févr. 2013, *Association pour la promotion et l'expansion de la laïcité*) dès que par la même décision, le principe de laïcité fait partie de droits et libertés que la Constitution garantit.

La jurisprudence du Conseil d'État

Le Conseil d'État, véritable artisan de la construction juridique du principe de laïcité issue de la loi du 9 décembre 1905 concernant la séparation des Églises et de l'État, en définissait de façon lumineuse les principes élémentaires dans son rapport de 2004 : « *Laïcité et neutralité : le principe de laïcité impose des obligations au service public, la neutralité à l'égard de toutes les opinions et croyances. La neutralité est la loi commune de tous les agents publics dans l'exercice de leur service. Laïcité et liberté religieuse : la laïcité ne se résume pas à la neutralité de l'État, ni à la tolérance. Elle ne peut ignorer le fait religieux et implique l'égalité entre les cultes. Dans la ligne de sa jurisprudence classique sur les libertés publiques, le juge administratif s'efforce de concilier liberté religieuse et respect de l'ordre public. Laïcité et pluralisme : si le législateur, en 1905, a fait disparaître la catégorie des cultes reconnus, et si l'État ne doit donc désormais "reconnaître" aucune religion, il ne doit en méconnaître aucune. Parmi les acquis de la laïcité, figurent l'affirmation que toutes les religions ont droit à l'expression et, contrepartie de la précédente, celle qu'il ne doit*

1991, l'article 1er de la loi qui consacrait l'existence d'un « *peuple Corse, composante du peuple français* » (Cons. const., décis. n° 91-290 DC, 9 mai 1991). Il a encore jugé « *si les traitements nécessaires à la conduite d'études sur la mesure de la diversité des origines des personnes, de la discrimination et de l'intégration peuvent porter sur des données objectives, ils ne sauraient, sans méconnaître le principe énoncé par l'article 1er de la Constitution, reposer sur l'origine ethnique ou la race* » (Cons. const., décis. n° 2007-557 DC, 15 nov. 2007, *Loi relative à la maîtrise de l'immigration, à l'intégration*).

Pour le reste, le principe d'égalité est appliqué avec rigueur là où la loi doit être aveugle. Il en va ainsi des droits politiques (électorat et éligibilité) où les seules différenciations admises par la Constitution de 1958 (Const., art. 3) touchent à l'âge, à la possession des moyens intellectuels ou à certaines condamnations. Cette rigueur vaut aussi en matière d'égalité des citoyens devant la justice en matière pénale.

Les différenciations imposées par des exigences constitutionnelles

Il en va ainsi de la progressivité de l'impôt. En vertu de l'article 13 de la Déclaration de 1789, « *la contribution aux dépenses d'administration doit être répartie entre tous les citoyens en raison de leurs facultés* ». Le principe de progressivité de l'impôt sur le revenu a ainsi reçu valeur constitutionnelle (Cons. const., décis. n° 93-320 DC, 21 juin 1993, *Loi de finances rectificative*, cons. 18). Elle ne doit toutefois pas être manifestement disproportionnée.

Les autres domaines autorisant les différenciations objectives

Dans les autres domaines, c'est-à-dire dans la plupart des cas, le Conseil accepte les différences de traitement dans les conditions rappelées par un « considérant de principe » qu'il ne manque jamais de rappeler. Le Conseil rappelle souvent, dans un considérant de principe qui n'a plus changé depuis 1988, que « *le principe d'égalité ne s'oppose ni à ce que le législateur règle de façon différente des situations différentes, ni à ce qu'il déroge à l'égalité pour des raisons d'intérêt général, pourvu que, dans l'un et l'autre cas, la différence de traitement qui en résulte soit en rapport direct avec l'objet de la loi qui l'établit* » (Cons. const., décis. n° 1996-

375 DC, 9 avr. 1996, *Loi portant diverses dispositions d'ordre économique et financier* ; Cons. const., décis. n° 87-232 DC, 7 janv. 1988, *Loi relative à la mutualisation de la Caisse nationale de Crédit Agricole*).

La différenciation doit être fondée sur un critère objectif, raisonnable, « pertinent » au regard du but poursuivi. Une fois établi ce lien, elle sera d'autant mieux admise que le but poursuivi sera d'intérêt général et susceptible de se rattacher à une exigence constitutionnelle. Alors que d'autres cours constitutionnelles exercent un véritable contrôle de proportionnalité sur ces mesures, le Conseil constitutionnel se limite, dans l'ensemble, à la sanction de l'« *erreur manifeste d'appréciation* » quoique la tendance est aujourd'hui de faire droit au premier type de contrôle.

Le principe d'égalité suppose que chacun, quels que soient son origine sociale ou son lieu de naissance, puisse avoir les mêmes chances de s'élever dans la société, par son propre mérite. Sa mise en œuvre implique donc des mesures concrètes pour corriger et compenser dans une certaine mesure des inégalités manifestes dont souffre une population particulière mais aussi territoire. C'est ici que la différence de traitement intervient sans qu'elle puisse être fondée sur les origines, au sens « ethnique » du mot, la « race », ou la religion, à l'image du concept de discriminations positives d'origine américaine (« *affirmative action* », « action positive », « mesures positives », etc.). En France, de telles mesures sont contraires à la Constitution. Le Conseil constitutionnel admet donc certaines exceptions au principe d'égalité, strictement encadrées, et ayant pour but de compenser un handicap social ou territorial. Cette idée traduit ainsi une conception française des « discriminations positives ».

S'agissant des individus, il en va ainsi de la fameuse « troisième voie » ouverte à l'ENA à certains candidats salariés issus du secteur privé qui a été admise par le Conseil constitutionnel dès lors que « *le principe de l'égal accès aux emplois publics proclamé par l'article 6 de la Déclaration de 1789 impose que, dans les nominations de fonctionnaires, il ne soit tenu compte que de la capacité, des vertus et des talents, il ne s'oppose pas à ce que les règles de recrutement destinées à permettre l'appréciation des aptitudes et des qualités des candidats à l'entrée dans une école de formation ou dans un corps de fonctionnaires soient différenciées pour tenir compte tant de la variété des mérites à prendre en considération que de celle des besoins du service public* » (Cons. const., décis. n° 83-153 DC, 14 janv. 1983). De même, des critères sociaux peuvent permettre de protéger particulièrement, par exemple, des salariés âgés (Cons. const., décis. n° 89-257 DC, 25 juill. 1989, cons. 12) ou faciliter l'embauche de personnes au chômage « *eu égard aux difficultés et aux handicaps qui peuvent affecter l'insertion professionnelle des personnes concernées* » (Cons. const., décis. n° 94-357 DC, 25 janv. 1995). Ces mesures positives pourront également revêtir la forme de subventions spéciales aux établissements d'enseignement confrontés aux problèmes les plus difficiles d'encadrement, d'avantages de carrière pour leurs personnels et de bourses spéciales pour leurs élèves. Il s'agit en effet non de « réserver des emplois » par avance à une population prédéfinie sans tenir compte de ses mérites mais d'accorder des bourses d'études permettant justement de restaurer l'égalité des chances. C'est la différence essentielle avec la conception américaine. Ainsi, en 2003, le législateur accordait, pour l'accès aux postes d'« assistants d'éducation », une priorité aux étudiants boursiers. Le Conseil constitutionnel a admis cette priorité mais seulement dès lors que cette dernière ne jouerait qu'à aptitudes identiques et pour un « profil » attendu déterminé (Cons. const., décis. n° 2003-471 DC, 24 avr. 2003, cons. 10).

S'agissant des territoires, il en va notamment des mesures d'aides ou d'incitations en matière économique, éducative, de santé ou d'aménagement du territoire, fondées sur la nécessité de compenser un handicap individuel, social ou géographique. Ces mesures peuvent prendre aussi la forme de dispositions fiscales favorables aux entreprises s'établissant dans les quartiers en difficulté ou dans les zones rurales déshéritées. D'autres types de discriminations positives existent en fonction de la localisation géographique sur le territoire national. L'insularité (Cons. const., décis. n° 94-350 DC, *Statut fiscal de la Corse*, 20 déc. 1994, cons. 2) ou l'éloignement de la métropole justifie tout autant l'application de droits différents sur le territoire national dans un but d'intérêt général. Plus largement, sur le territoire métropolitain, la loi d'orientation et d'aménagement du territoire du 4 février 1995 pose clairement le principe « *à territoires inégaux, régime social et fiscal inégal* » (zones franches, etc.), principe validé par le Conseil constitutionnel qui considère que « *le principe d'égalité ne fait pas obstacle à ce que le législateur édicte, par l'octroi d'avantages fiscaux, des mesures d'incitation au développement et à l'aménagement de certaines parties du territoire dans un but d'intérêt général* » (Cons. const., décis. n° 94-358 DC, 26 janv. 1995).

Les « discriminations positives » et la question de la parité homme/femme

Tandis que l'égalité consiste à traiter également chaque citoyen par rapport à un objet déterminé, la parité se fonde sur ce principe pour revendiquer un partage égal des responsabilités entre hommes et femmes. Le débat sur la parité a aussi une dimension philosophique : les femmes sont-elles – comme le laisse supposer le principe de parité – la moitié d'une humanité universelle (laissant d'ailleurs libre cours aux préjugés essentialistes ou substantialistes sur la « *nature féminine* ») ou au contraire, dans une vision universaliste, la partie féminine de l'humanité (Élisabeth Badinter) ? Ainsi, la Constitution portugaise modifiée en 1997 a clairement fait référence au principe d'égalité disposant en son article 9 que les pouvoirs publics s'attachent à « *promouvoir l'égalité entre les hommes et les femmes* », l'article 112 énonçant également que la « *loi doit promouvoir l'égalité dans l'exercice des droits civiques et politiques* ».

Mais comment mettre en œuvre la parité ? La question fut bien posée par la Cour constitutionnelle italienne le 13 septembre 1995, annulant une loi disposant que dans les listes de candidats aux élections municipales « *aucun des deux sexes ne peut être en principe représenté dans une proportion supérieure à deux tiers* ». Dans ses considérants, la Cour indiquait à propos de cette loi « *on ne se propose pas d'écarter les obstacles qui empêchent les femmes d'atteindre des résultats mais on leur attribue directement ces résultats* ».

un homme est obligatoire du début à la fin de la liste. Pour les élections municipales, régionales et à l'Assemblée de Corse, la parité devra être respectée par tranche de six candidats.

Saisi par plus de 60 sénateurs de la loi « *tendant à favoriser l'égal accès des femmes et des hommes aux mandats électoraux et fonctions électives* », le Conseil constitutionnel a reconnu, pour l'essentiel, sa conformité à la Constitution (Cons. const., décis. n° 2000-429 DC, 30 mai 2000). On rappellera simplement qu'il a constaté que l'intention claire du constituant, telle qu'elle ressortait des débats parlementaires préalables à l'adoption de la loi constitutionnelle du 8 juillet 1999, était non sans doute d'obliger, mais assurément d'autoriser le législateur à instaurer des règles contraignantes quant au sexe des candidats aux élections politiques dont le mode de scrutin se prêtait à une telle réglementation.

La portée de la révision constitutionnelle est ainsi de permettre à la loi, dans la mesure jugée utile par le législateur pour favoriser l'égal accès des femmes et des hommes aux mandats électoraux, de déroger aux exigences constitutionnelles sur le fondement desquelles le Conseil constitutionnel avait, tant en 1982 (à propos des conseils municipaux) qu'en 1999 (à propos des conseils régionaux), censuré la prise en compte du sexe par les règles relatives aux candidatures. La révision a ainsi permis dans les années récentes l'institution d'un binôme (homme/femme) pour l'élection des conseillers départementaux validée par le Conseil constitutionnel (Cons. const., décis. n° 2013-667 DC, 16 mai 2013).

Le Conseil a également reconnu la constitutionnalité des dispositions réduisant l'aide financière de l'État aux formations politiques qui ne présentent pas aux élections législatives un nombre égal de candidates et de candidats. Il a analysé ce mécanisme non comme une sanction, mais comme une modulation de l'aide publique aux partis politiques, destinée à inciter ces derniers à concourir à l'objectif constitutionnel d'égal accès des femmes et des hommes aux mandats électoraux.

L'élargissement du domaine de l'objectif de parité : la révision constitutionnelle du 23 juillet 2008 (Const., art. 1er, al. 2 nouveau). S'agissant de l'égalité d'accès des femmes et des hommes aux fonctions publiques électives non politiques, le Conseil a jugé que le constituant n'avait entendu déroger aux exigences découlant de l'article 6 de la Déclaration de 1789 que pour les élections politiques et non, par exemple, pour l'élection du Conseil supérieur de la magistrature (Cons. const., décis. n° 2001-445 DC, 19 juin 2001, *Loi organique relative au statut des magistrats et au Conseil supérieur de la magistrature*). Quant à l'égalité d'accès des femmes et des hommes aux fonctions non publiques, le Conseil constitutionnel a censuré en 2006, comme contraires au principe d'égalité et non couvertes par les normes constitutionnelles relatives à la parité en matière d'élections politiques, des dispositions de la loi relative à l'égalité salariale entre les femmes et les hommes instaurant des règles de composition contraignantes entre sexes dans divers organismes et commissions délibératifs de caractère privé (Cons. const., décis. n° 2006-533 DC, 16 mars 2006, *Loi relative à l'égalité salariale entre les femmes et les hommes*). C'est pour élargir au domaine non politique l'égal accès des hommes et des femmes que la révision constitutionnelle a modifié la Constitution qui dispose désormais que « *La loi favorise l'égal accès des femmes et des hommes aux mandats électoraux et fonctions électives, ainsi qu'aux responsabilités professionnelles et sociales* ». Cette mention est faite non plus à l'article 3 qui traitait de la souveraineté mais complète désormais l'article 1er relatif à l'indivisibilité de la République.

Les « discriminations positives » opérées outre-mer, décision n° 2004-490 DC du 12 février 2004 (statut de la Polynésie française)

> **Extrait de la décision**
>
> « *(...)*
>
> *8. Considérant, en premier lieu, que rien ne s'oppose, sous réserve des prescriptions des articles 7, 16 et 89 de la Constitution, à ce que le pouvoir constituant introduise dans le texte de la Constitution des dispositions nouvelles qui, dans les cas qu'elles visent, dérogent à des règles ou principes de valeur constitutionnelle ; que, toutefois, la mise en œuvre de telles dérogations ne saurait intervenir que dans la mesure strictement nécessaire à l'application du statut d'autonomie ; qu'il en est ainsi des dispositions édictées en faveur de la population locale en vertu du dixième alinéa de l'article 74 de la Constitution.* »

Elles supposent une base constitutionnelle expresse. À propos de la Nouvelle-Calédonie, le Conseil constitutionnel a admis des entorses au principe d'égalité en raison de leur fondement constitutionnel mais les a interprétées dans la stricte mesure nécessaire à l'application de prescriptions constitutionnelles dérogatoires (il s'agissait en 1999 de l'accord de Nouméa « constitutionnalisé » par l'article 77 de la Constitution issu de la révision du 20 juillet 1998). La « population » en faveur de laquelle des mesures justifiées par les nécessités locales peuvent être prises en matière d'accès à l'emploi, de droit d'établissement pour l'exercice d'une activité professionnelle ou de protection du patrimoine foncier ne peut être définie que comme regroupant les personnes justifiant d'une durée suffisante de résidence dans la collectivité d'outre-mer concernée, sans fondement « ethnique » (par exemple par le lieu de naissance d'un parent). S'agissant des modes d'acquisition du statut civil coutumier, le Conseil constitutionnel a en effet considéré que cette disposition, qui précise qu'a le statut civil coutumier l'enfant dont le père et la mère ont eux-mêmes ce statut, devait être entendue comme s'appliquant également à l'enfant dont la filiation n'est établie qu'à l'égard d'un seul parent de statut civil coutumier (Cons. const., décis. n° 99-409 DC, 15 mars 1999, *Loi relative à la Nouvelle-Calédonie* et n° 99-410 DC, *Loi organique relative à la Nouvelle-Calédonie*). De même, le Conseil constitutionnel a censuré la notion de « *corps électoral restreint* » appelé à désigner les membres du congrès et des assemblées de provinces. Celui-ci comprenait notamment les électeurs « *inscrits sur le tableau annexe et domiciliés depuis dix ans en Nouvelle-Calédonie à la date de l'élection au congrès et aux assemblées de provinces* », excluant du corps électoral restreint les personnes inscrites au tableau annexe après 1998. Cet obstacle a été surmonté par la révision constitutionnelle du 23 février 2007 (art. 77, dernier al.).

De même, la révision constitutionnelle de mars 2003 permettait d'instituer en Polynésie une forme de « préférence locale » pour l'accès aux emplois et pour les transferts de biens fonciers : les articles 18 et 19 de la loi organique sur le statut de la Polynésie française entendent mettre en œuvre les dispositions du 10e alinéa de l'article 74 de la Constitution qui habilitent désormais les collectivités d'outre-mer dotées d'un statut d'autonomie à prendre certaines mesures « *de discrimination positive* » en faveur de leur population, en vue d'assurer la protection du marché du travail local et celle du patrimoine immobilier local. Pour autant, le Conseil constitutionnel a fait une stricte interprétation de ces dispositions constitutionnelles en vérifiant que la préférence jouerait à mérites égaux pour l'accès aux emplois et en censurant un critère renvoyant indirectement à l'appartenance ethnique pour les transferts de propriété (Cons. const., décis. n° 2004-490 DC, 12 févr. 2004, *Loi organique portant statut d'autonomie de la Polynésie française*).

Bibliographie

VIGUIER (J.), « La primauté de la langue française sur les langues régionales », *RD publ.* 2009. 1635.

CONSEIL D'ÉTAT, *Rapport public 2004, Un siècle de laïcité*, Paris, Doc. fr.

ÉCHAPPÉ (O.), « La laïcité de la République : entre Constitution et passion », in Cercle des constitutionnalistes, *Les 50 ans de la Constitution*, Litec, 2008.

FATIN-ROUGE STEFANINI (M.), « Les "discriminations positives" en matière électorale aux États-Unis et en France », *Cah. Cons. const.* févr. 2008, n° 23, dossier « La citoyenneté ».

JOUANJAN (O) « Le Conseil constitutionnel, gardien de l'égalité ? », Jus Politicum, n° 7 [http://juspoliticum.com/article/Le-Conseil-constitutionnel-gardien-de-l-egalite-459.html]

LEMAIRE (F.), « L'outre-mer, l'unité et l'indivisibilité de la République », *Nouveaux Cah. Cons. const.* avr. 2012, n° 35, dossier « La Constitution et l'outre-mer ».

TITRE I

DE LA SOUVERAINETÉ (CONST., ART. 2 À 4)

La notion de souveraineté a été précédemment développée (v. t. 1, n° 236). Elle s'entend comme celle d'un État qui n'est soumis à aucune autorité, détenteur de l'ensemble des compétences, distribuées entre différentes fonctions. Cette souveraineté est inaliénable, même si elle doit être conciliée avec l'appartenance de la République française à l'Union européenne (v. Titre XV). Le souverain – à savoir le pouvoir constituant et le pouvoir législatif –, qui détient cette autorité, en organise son exercice en vertu de la Constitution. Sous la Ve République, le souverain est le peuple. Le titre premier de la Constitution énonce les symboles de la souveraineté à l'article 2 et à l'article 3 en donne une définition et précise les modalités de sa mise en œuvre.

Section 1
Langue, symboles, devise et principes de la République (Const., art. 2)

> **Article 2 de la Constitution**
> *« La langue de la République est le français.*
> *L'emblème national est le drapeau tricolore, bleu, blanc, rouge.*
> *L'hymne national est La Marseillaise.*
> *La devise de la République est "Liberté, Égalité, Fraternité".*
> *Son principe est : gouvernement du peuple, par le peuple et pour le peuple. »*

Cet article chargé d'histoire s'inscrit dans la tradition républicaine et donne lieu, pour l'essentiel, à peu de discussions sur le plan juridique. L'hymne, le drapeau et la devise appartiennent à la symbolique républicaine, seule la langue française dispose d'un statut constitutionnel.

Le statut constitutionnel de la langue française (Const., art. 2, al. 1er)

16 Avant comme après la constitutionnalisation de la langue française, le Conseil constitutionnel a dégagé un certain nombre de principes. Mais son aboutissement le plus approfondi demeure dans sa décision précitée sur la compatibilité de la Charte des langues régionales avec la Constitution (Cons. const., décis. n° 99-412 DC, 15 juin 1999).

Les principes dégagés par le Conseil constitutionnel avant la constitutionnalisation de la langue française

Le Conseil constitutionnel s'est prononcé sur l'enseignement de la langue corse dans le cadre des horaires normaux des écoles maternelles et élémentaires, et avait précisé que « *si l'enseignement de la langue corse est prévu "dans le cadre de l'horaire normal des écoles maternelles et élémentaires", il ne saurait revêtir pour autant un caractère obligatoire ni pour les élèves, ni pour les enseignants ; qu'il ne saurait non plus avoir pour effet de soustraire les élèves aux droits et obligations applicables à l'ensemble des usagers des établissements qui assurent le service public de l'enseignement ou sont associés à celui-ci* » (Cons. const., décis. n° 2001-454 DC, 17 janv. 2002, *Loi relative à la Corse*). Il en va de même pour le tahitien (Cons. const., décis. n° 96-373, 9 avr. 1996, *Polynésie française*) d'autant mieux que la révision constitutionnelle de juin 1992 a érigé le français en langue de la République.

Les principes dégagés par le Conseil constitutionnel depuis la constitutionnalisation de la langue française

Le Conseil s'est prononcé à six reprises sur la portée du nouvel article 2 (Cons. const., décis. n° 94-345 DC du 29 juill. 1994, *Loi relative à l'emploi de la langue française*, cons. 5 à 15 ; décis. n° 96-373 DC du 9 avr. 1996, *Loi portant statut d'autonomie de la Polynésie française*, cons. 90 à 94 ; décis. n° 99-412 DC du 15 juin 1999, *Charte européenne des langues régionales ou minoritaires* ; décis. n° 2001-452 DC du 6 déc. 2001, *Loi portant mesures urgentes de reformes à caractère économique et financier (MURCEF)* ; décis. n° 2001-456 DC du 27 déc. 2001, *Loi de finances pour 2002* ; décis. n° 2006-541 DC du 28 sept. 2006, *Accord de Londres relatif au brevet européen*). On peut en dégager les principes suivants :

- l'usage du français s'impose aux personnes morales de droit public et aux personnes de droit privé dans l'exercice d'une mission de service public ;
- les particuliers ne peuvent se prévaloir, dans leurs relations avec les administrations et les services publics, d'un droit à l'usage d'une langue autre que le français, ni être contraints à un tel usage ;
- l'utilisation de traductions n'est pas interdite.

La Charte des langues régionales et minoritaires et l'invisibilité de la République

Le projet de Charte des langues régionales. Le Conseil constitutionnel a été saisi, le 20 mai 1999, par le président de la République, sur le fondement de l'article 54 de la Constitution, de la question de savoir si la ratification de la Charte européenne des langues régionales ou minoritaires, signée à Budapest le 7 mai 1999, devait être précédée, compte tenu de la déclaration interprétative faite par la France et des engagements qu'elle entendait souscrire dans la partie III de cette convention, d'une révision de la Constitution.

À cette question, le Conseil constitutionnel a répondu, dans sa décision du 15 juin 1999 – fort remarquable – que « *la Charte européenne des langues régionales ou minoritaires comporte des clauses contraires à la Constitution* » (Cons. const., décis. n° 99-412 DC, 15 juin 1999, *Charte européenne des langues régionales*).

L'examen du Conseil ne porte pas sur la déclaration interprétative formulée par le gouvernement français. En effet, « *une telle déclaration unilatérale n'a d'autre force normative que de constituer un instrument en rapport avec le traité et concourant, en cas de litige, à son interprétation* » et pour l'essentiel, les réserves sont prohibées par l'article 21 de la Charte. Surtout, il n'appartenait pas au Conseil constitutionnel, qui dispose d'une compétence d'attribution, de se prononcer sur la validité d'une telle déclaration.

Dans sa décision, le Conseil constitutionnel rappelle d'abord les normes de références. Il s'agit en premier lieu de l'article 1er de la Constitution qui proclame que « *la France est une République indivisible, laïque, démocratique et sociale. Elle assure l'égalité devant la loi de tous les citoyens sans distinction d'origine, de race ou de religion. Elle respecte toutes les croyances* ». Et, dans la stricte continuité de la décision du 9 mai 1991 relative au statut de la Corse, il ajoute que « *le principe d'unicité du peuple français, dont aucune section ne peut s'attribuer l'exercice de la souveraineté nationale, a également valeur constitutionnelle* ». En conséquence : « *ces principes fondamentaux s'opposent à ce que soient reconnus des droits collectifs à quelque groupe que ce soit, défini par une communauté d'origine, de culture, de langue ou de croyance* ».

En outre, au nombre des normes de référence applicables, figure également la liberté proclamée par l'article 11 de la Déclaration des droits de l'homme et du citoyen de 1789, aux termes duquel : « *La libre communication des pensées et des opinions est un des droits les plus précieux de l'homme : tout citoyen peut donc parler, écrire, imprimer librement, sauf à répondre de l'abus de cette liberté dans les cas déterminés par la loi* », ainsi que le 1er alinéa de l'article 2 de la Constitution selon lequel « *La langue de la République est le français* ».

La non-conformité à la Constitution de certaines dispositions de la Charte. Le Conseil constitutionnel s'est ensuite prononcé sur la conformité de la Charte à la Constitution. Il relève d'abord que si le Préambule de la Charte n'a pas force obligatoire, il n'est pas dépourvu d'effets juridiques puisqu'il constitue un instrument d'interprétation du traité dont il précise l'esprit et l'objet. Par ailleurs, la partie II, qui comprend le seul article 7, énonce les « *objectifs et principes poursuivis conformément au § 1 de l'article 2, en vertu duquel "chaque partie s'engage à appliquer [ces] dispositions à l'ensemble des langues régionales ou minoritaires pratiquées sur son territoire". En conséquence, relève le Conseil constitutionnel, la partie II a une portée normative propre* ».

Sont déclarées contraires à la Constitution, certaines dispositions de la Charte, tant son Préambule, qui proclame un « droit imprescriptible » à pratiquer une langue régionale ou minoritaire non seulement dans la « vie privée » mais également dans la « vie publique », mais aussi les dispositions de l'article 7 de la partie II selon lesquelles : « *En matière de langues régionales ou minoritaires, dans les territoires dans lesquels ces langues sont pratiquées et selon la situation de chaque langue, les Parties fondent leur politique, leur législation et leur pratique sur les objectifs et principes suivants : (...) b) le respect de l'aire géographique de chaque langue régionale ou minoritaire, en faisant en sorte que les divisions administratives existant déjà ou nouvelles ne constituent pas un obstacle à la promotion de cette langue régionale ou minoritaire ; (...) d) la facilitation et/ou l'encouragement de l'usage oral et écrit des langues régionales ou minoritaires dans la vie publique et dans la vie privée (...). En définissant leur politique à l'égard des langues régionales ou minoritaires, les Parties s'engagent à prendre en considération les besoins et les vœux exprimés par les groupes pratiquant ces langues. Elles sont encouragées à créer, si nécessaire, des organes chargés de conseiller les autorités sur toutes les questions ayant trait aux langues régionales ou minoritaires* ».

Ces clauses sont en effet contraires aux principes d'indivisibilité de la République, d'égalité devant la loi et d'unicité du peuple français dans la mesure où elles tendent à conférer des droits spécifiques à des « groupes » linguistiques à l'intérieur des « territoires » dans lesquels ces langues sont pratiquées. « *La Charte européenne des langues régionales ou minoritaires, en ce qu'elle confère des droits spécifiques à des "groupes" de locuteurs de langues régionales ou minoritaires, à l'intérieur de "territoires" dans lesquels ces langues sont pratiquées, porte atteinte aux principes constitutionnels d'indivisibilité de la République, d'égalité devant la loi et d'unicité du peuple français* ». Elles sont également contraires à l'article 2 de la Constitution dans la mesure où elles tendent à conférer le droit d'employer une langue autre que le français dans la « *vie publique* », notion dans laquelle la Charte inclut la justice et les « *autorités administratives et services publics* ». Elle est dans la continuité de la jurisprudence du Conseil constitutionnel sur les langues (v. ss 74, Chap. 1). S'agissant des autres dispositions « *elles se bornent à reconnaître des pratiques déjà mises en œuvre par la France en faveur des langues régionales* » (relatives à l'enseignement, à la justice, aux autorités administratives et services publics, aux médias, aux activités et équipements culturels, à la vie économique et sociale et aux échanges transfrontaliers). Implicitement, le Conseil semble valider des dispositions législatives existantes en faveur des langues régionales comme la loi Deixonne du 11 janvier 1951, la loi du 11 juillet 1975 relative à l'éducation, la loi du 30 juillet 1982 portant statut particulier de la Corse ou la loi du 10 juillet 1989 d'orientation sur l'éducation qui n'ont pas toutes fait l'objet d'un contrôle de constitutionnalité.

La non-invitation à une révision de la Constitution. Pour la première fois, le Conseil n'indique pas les dispositions de la Constitution qui devraient être révisées pour la rendre conforme à la Charte. Cet « oubli » n'est pas fortuit. Une révision de la Constitution pour la rendre compatible avec la Charte reviendrait à une mise en cause substantielle aux principes constitutionnels d'indivisibilité de la République, d'égalité devant la loi et d'unicité du peuple français. Le silence du Conseil était donc une invitation à ne pas toucher à ces principes fondamentaux. Et le nouvel article 75-1, aux termes duquel « *les langues régionales appartiennent au patrimoine de la France* » n'y porte pas atteinte.

Toutefois, la ratification de la Charte figurait dans le programme du président François Hollande qui, suite à un avis négatif du Conseil d'État, a dû y renoncer (CE, ass., *Avis consultatif sur la ratification de la charte européenne des langues régionales*, req. n° 390268, 30 juill. 2015). À l'initiative de la majorité parlementaire, l'Assemblée nationale a pourtant adopté le 28 janvier 2014, en première lecture, une proposition de loi constitutionnelle visant à insérer dans la Constitution un article 53-3 selon lequel « *la République peut ratifier la Charte européenne des langues régionales ou minoritaires* ». Il a été rejeté par le Sénat le 27 octobre 2015.

Le drapeau (Const., art. 2, al. 2)

17 Le terme drapeau, né au XVIe siècle, ne concerne que l'armée et les régiments qui en sont dotés. Les trois couleurs sont en réalité celles des rois de France depuis le Moyen Âge. Le blanc symbolise traditionnellement la monarchie (le fameux panache blanc d'Henri IV), le bleu est celui des armoiries des Capétiens, le rouge est la couleur de l'oriflamme de Clovis. Depuis la même époque, le bleu et le rouge sont les couleurs de la ville de Paris. Avant de devenir drapeau, celui-ci fut cocarde. Cette cocarde fut présentée à Louis XVI le 24 juillet 1789 par Bailly, maire de Paris. Le roi la mit sur son chapeau pour la montrer au peuple sur les conseils de Lafayette, dit-on.

Par décret du 4 juillet 1792, son port devient obligatoire pour tout Français résidant à l'étranger. Il faut attendre le 15 février 1794 (27 pluviôse an II) pour qu'elle devienne le pavillon national – terme maritime qui permet d'identifier la nationalité d'un navire – il « *sera formé des trois couleurs nationales, disposées en bandes verticalement, de manière que le bleu soit attaché à la gaule du pavillon, le blanc au milieu et le rouge flottant dans les airs* ». Le pavillon aux trois couleurs devient drapeau national pour tous les régiments sous le Consulat et l'Empire, puis le drapeau blanc fut rétabli sous la Restauration. La Charte de 1830, en son article 67, dispose : « *La France reprend ses couleurs. À l'avenir, il ne sera plus porté d'autre cocarde que la cocarde tricolore* ». Le Comte de Chambord, prétendant au trône au début des années 1870, refuse d'abandonner le drapeau blanc : « *Henri V ne peut abandonner le drapeau blanc d'Henri IV* ». C'est le décret du 26 février 1848 qui fait définitivement du drapeau bleu, blanc, rouge notre emblème national : « *Le drapeau tricolore est le drapeau national et les couleurs en seront rétablies dans l'ordre qu'avait adopté la République française (sous la Convention)* ». Dans la continuité de la tradition républicaine, la Constitution de 1946 dispose en son article 2, pour la première fois, que « *l'emblème national est le drapeau tricolore, bleu, blanc, rouge à trois bandes verticales d'égales dimensions* ».

L'hymne national (Const., art. 3, al. 3)

18 En 1792, à la suite de la déclaration de guerre du roi à l'Autriche, un officier français en poste à Strasbourg, Rouget de Lisle compose, dans la nuit du 25 au 26 avril, le « *Chant de guerre pour l'armée du Rhin* » qui sera repris par les fédérés de Marseille participant à l'insurrection des Tuileries le 10 août 1792. Il est déclaré chant national le 14 juillet 1795. Interdite sous l'Empire et la Restauration, *La Marseillaise* est remise à l'honneur lors de la Révolution de 1830 et Berlioz en élabore une orchestration qu'il dédie à Rouget de Lisle. La IIIe République (de 1879) en fait un hymne national et, en 1887, une « version officielle » est adoptée par le ministère de la Guerre. Le caractère d'hymne national est affirmé dans les Constitutions de 1946 et de 1958.

En 2003, la loi pour la sécurité intérieure insère dans le Code pénal un article 433-5-1 : « *Le fait, au cours d'une manifestation organisée ou réglementée par les autorités publiques, d'outrager publiquement l'hymne national ou le drapeau tricolore est puni de 7 500 euros d'amende. Lorsqu'il est commis en réunion, cet outrage est puni de six mois d'emprisonnement et de 7 500 euros d'amende*». Le Conseil constitutionnel a jugé conforme cette disposition à la Constitution et a pour la première fois visé l'article 2 : «*considérant, d'autre part, qu'aux termes du 2e alinéa de l'article 2 de la Constitution "l'emblème national est le drapeau tricolore, bleu, blanc, rouge" ; qu'à ceux de son troisième alinéa : "l'hymne national est La Marseillaise" ; Considérant, enfin, qu'il est loisible au législateur de prévoir de nouvelles infractions en déterminant les peines qui leur sont applicables ; que, toutefois, il lui incombe d'assurer, ce faisant, la conciliation des exigences de l'ordre public et la garantie des libertés constitutionnellement protégées*» (Cons. const., décis. n° 2003-467 DC, 13 mars 2003, cons. 102).

La devise (Const., art. 2, al. 4)

19 Lors de la Révolution française, «*Liberté, Égalité, Fraternité*» fait partie des nombreuses devises invoquées mais n'est consacrée définitivement que par la Constitution de 1848. Elle est réinscrite sur le fronton des édifices publics à l'occasion de la célébration du 14 juillet 1880 et figure dans les Constitutions de 1946 et 1958.

Les principes (Const., art. 2, al. 5)

20 Le cinquième alinéa détermine les principes de la République française, en reprenant une formule de Périclès, reprise par Abraham Lincoln : «*gouvernement du peuple, par le peuple et pour le peuple*». Il est à rattacher notamment à l'article 3 de la Constitution.

SECTION 2

SOUVERAINETÉ DU PEUPLE, CITOYENNETÉ ET ÉLECTORAT, UNIVERSALITÉ ET ÉGALITÉ DU SUFFRAGE (CONST., ART. 3)

> **Article 3 de la Constitution**
> *« La souveraineté nationale appartient au peuple qui l'exerce par ses représentants et par la voie du référendum.*
> *Aucune section du peuple ni aucun individu ne peut s'en attribuer l'exercice.*
> *Le suffrage peut être direct ou indirect dans les conditions prévues par la Constitution. Il est toujours universel, égal et secret.*
> *Sont électeurs, dans les conditions déterminées par la loi, tous les nationaux Français majeurs des deux sexes, jouissant de leurs droits civils et politiques. »*

Le peuple français exerce sa souveraineté en vertu de la Constitution par ses représentants mais aussi directement par la voie du référendum. L'article 3 de la Constitution, selon lequel le suffrage est égal, concerne aussi bien le Sénat élu au suffrage indirect que l'Assemblée nationale élue au suffrage direct, sous réserve pour le premier de sa fonction de représentation des collectivités territoriales. Le régime électoral est fixé par la loi au titre de l'article 34. Il est étudié dans cet ouvrage avec l'article 24 qui fixe le nombre de parlementaires de chaque assemblée (v. ss 64, art. 24). Le suffrage universel implique non seulement le secret du vote mais aussi la liberté de l'électeur dont les conditions d'exercice de ses droits découlent de l'alinéa 3 du présent article.

Le titulaire de la souveraineté et ses modalités d'exercice (Const., art. 3, al. 1 et 2)

21 Si l'alinéa 2 (« *Aucune section du peuple ni aucun individu ne peut s'en attribuer l'exercice* ») reproduit intégralement celui de la Constitution du 27 octobre 1946, il en va différemment de l'alinéa 1er. Dans cette dernière le peuple français n'exerçait la souveraineté nationale « *par le vote de ses représentants et par le référendum* » qu'« *en matière constitutionnelle* » : « *en toutes autres matières* », il ne l'exerçait que « *par ses députés à l'Assemblée nationale* ». En 1958, la souveraineté nationale appartient au peuple qui exprime la volonté générale en vertu de la Constitution qui l'exerce en toute matières, y compris donc législative, par la voie de ses représentants et celle du référendum (v. t. 1, n° 310 s.).

Le titulaire de la souveraineté

Plutôt que de parler simplement de conciliation entre la théorie de souveraineté nationale et de la souveraineté populaire, « tarte à la crème » du droit constitutionnel, la formule de l'article 3 de la Constitution de 1958 est sans ambiguïté dès lors qu'elle doit être comprise à la lumière de l'article III de la Déclaration des droits de l'homme et du citoyen de 1789 (« *Le principe de toute souveraineté réside essentiellement dans la Nation* ») et de son article VI (« *La loi est l'expression de la volonté générale* »). En 1958, « *ce n'est plus la Nation, mais le Peuple, qui est désigné comme le titulaire de la souveraineté. La doctrine juridique de la IIIe République distinguait le Peuple, l'universalité des citoyens, donc un être réel capable d'exercer la souveraineté, et la nation, une entité abstraite construite par la Constitution pour figurer l'intérêt supérieur du pays ou la continuité des générations et par conséquent incapable, en raison même de sa nature purement idéale, d'exercer la souveraineté. La formule de la Constitution de 1958, reprise de la Constitution de 1946, permet donc au peuple d'assurer lui-même une partie de l'exercice de la souveraineté (...). Le sens du mot peuple et, par voie de conséquence, la détermination du titulaire de la souveraineté, peut varier selon les contextes. C'est ainsi qu'il est admis que, dans la mesure où le peuple exerce sa souveraineté par ses représentants, il est composé de tous ceux qui sont représentés, c'est-à-dire de tous les citoyens, y compris de ceux qui n'ont pas le droit le vote, de sorte que la volonté du souverain ou volonté générale ne se confond pas avec la volonté des électeurs* » (Michel Troper). Au contraire, la loi référendaire, « expression directe de la souveraineté nationale », signifie que le peuple est cette fois composé des seuls électeurs (Cons. const., décis. n° 62-20 DC, 6 nov. 1962, *Loi relative à l'élection du président de la République au suffrage universel direct*).

L'exercice de la souveraineté

Par les représentants du peuple. La loi n'est l'expression de la volonté générale, et donc celle du peuple, « *que dans le respect de la Constitution* » (Cons. const., décis. n° 85-197 DC, 23 août 1985, *Évolution de la Nouvelle-Calédonie*). Ceux qui expriment cette volonté sont les représentants du peuple français. Il en va ainsi du président de la République, parce qu'élu au suffrage universel direct et qui, au surplus, promulgue la loi, des députés et sénateurs, à l'exclusion des députés européens : « *Considérant que la souveraineté qui est définie à l'article 3 de la Constitution de la République française, tant dans son fondement que dans son exercice, ne peut être que nationale et que seuls peuvent être regardés comme participant à l'exercice de cette souveraineté les représentants du peuple français élus dans le cadre des institutions de la République* » (Cons. const., décis. n° 76-71 DC, 30 déc. 1976, *Décision du Conseil des communautés européennes relative à l'élection de l'Assemblée des communautés au suffrage universel direct*). Notons qu'après quelques hésitations sémantiques, le Conseil constitutionnel fait clairement des députés et sénateurs, non les représentants de leur circonscription mais les « *représentants du Peuple ; qu'à ce titre ils sont appelés à voter la loi dans les conditions fixées par la Constitution et les dispositions ayant valeur de loi organique prises pour son application ; qu'en conséquence, il n'appartient pas au législateur de faire bénéficier certains parlementaires, en raison de leur élection dans une circonscription déterminée, de prérogatives particulières dans le cadre de la procédure d'élaboration de la loi* » (Cons. const., décis. n° 91-290 DC, 9 mai 1991, *Loi portant statut de la collectivité territoriale de Corse*).

Par la voie du référendum. Le Conseil constitutionnel ne vérifie pas la conformité du référendum à la Constitution à l'exception de la mise en œuvre de celui résultant d'une initiative conjointe : « *les lois que la Constitution a entendu viser dans son article 61 sont uniquement les lois votées par le Parlement et non point celles* *qui, adoptées par le Peuple à la suite d'un référendum, constituent l'expression directe de la souveraineté nationale* » (Cons. const., décis. n° 62-20 DC, 6 nov. 1962, *Loi relative à l'élection du président de la République au suffrage universel direct, adoptée par le référendum du 28 octobre 1962*). Sous la Ve République, le peuple exerce donc sa souveraineté par la voie de différents référendums :

Le référendum législatif (v. Titre II, art. 11) ;

Le référendum d'initiative partagée (v. Titre II, art. 11) ;

Le référendum constituant (v. Titre XVI, art. 89) ;

Le référendum de l'article 88-5 pour ratifier les traités d'adhésion à l'Union européenne (v. Titre XV, art. 88-5).

Sur la pratique référendaire en général, v. t. 1, n° 310 s.).

Le droit de suffrage (Const., art. 3, al. 2)

22 La France compte environ 44,6 millions d'électeurs et d'électrices inscrits pour 66,6 millions d'habitants. Ils disposent du droit de suffrage qui, en vertu de l'article 3, est « *universel, égal et secret* ». L'article 3 définit également la condition de l'électeur et, bien qu'il ne fasse pas référence de manière expresse à la liberté de suffrage, celle-ci est implicite.

Le suffrage peut être indirect ou direct

Soit le peuple désigne directement un candidat (élection du président de la République, des députés) soit un collège restreint qui à son tour désigne des élus (sénateurs).

La périodicité du vote

Le délai de convocation des électeurs « *ne doit pas ouvrir à l'autorité administrative une possibilité de choix telle qu'elle puisse engendrer l'arbitraire* » (Cons. const., décis. n° 87-233 DC, 5 janv. 1988, *Loi relative aux élections cantonales*). Ainsi, en écho à la Convention européenne des droits de l'homme, le Conseil constitutionnel a consacré le principe de valeur constitutionnelle selon lequel « *les électeurs [doivent être appelés] à exercer selon une périodicité raisonnable leur droit de suffrage* » (Cons. const., décis. n° 90-280 DC, 6 déc. 1990, *Loi organisant la concomitance des renouvellements des conseils généraux et des conseils régionaux*).

Autrement dit, « *Considérant que le législateur organique, compétent en vertu de l'article 25 de la Constitution pour fixer la durée des pouvoirs de chaque assemblée, peut librement modifier cette durée sous réserve du respect des règles et principes de valeur constitutionnelle ; qu'au nombre de ces règles figure l'article 3, en vertu duquel le suffrage "est toujours universel, égal et secret", qui implique que les électeurs soient appelés à exercer, selon une périodicité raisonnable, leur droit de suffrage* » (Cons. const., décis. n° 2001-444 DC, 9 mai 2001, *Loi organique modifiant la date d'expiration des pouvoirs de l'Assemblée nationale*). Comme il l'a rappelé à propos de la loi relative à l'élection des conseillers départementaux, des conseillers municipaux et des conseillers communautaires, et modifiant le calendrier électoral, l'objet de son contrôle est de veiller à ce que la durée fixée ne prive pas les électeurs de l'exercice de leur droit de suffrage selon une périodicité raisonnable (Cons. const., décis. n° 2013-667 DC, 16 mai 2013).

L'exigence de clarté et de loyauté

Les consultations électorales doivent aussi satisfaire « *à la double exigence constitutionnelle de clarté et de loyauté* » (Cons. const., décis. n° 2000-428 DC, 4 mai 2000, *Loi organisant une consultation de la population de Mayotte*) et plus largement « *à l'objectif d'intelligibilité et d'accessibilité de la loi [ainsi] qu'au principe de loyauté du suffrage* » (Cons. const., décis. n° 2003-475 DC, 24 juill. 2003, *Loi portant réforme de l'élection des sénateurs*). Cette exigence impose notamment à l'administration de mettre en œuvre tous les moyens en sa possession pour faire en sorte que les électeurs reçoivent ce matériel électoral avant le scrutin et puissent en prendre utilement connaissance (Cons. const., décis. n° 2005-31 REF, 24 mars 2005).

La liberté de suffrage

Le débat sur le vote obligatoire. Droit individuel attaché à la personne, le vote est un droit et s'exerce librement, même si, sur le plan moral, le vote reste un « devoir ». L'idée du vote obligatoire, à l'imitation notamment de la Belgique, est régulièrement débattue afin d'éradiquer l'abstention qui demeure toutefois faible lorsque le scrutin national est décisif comme lors des présidentielles. L'instauration du vote obligatoire pose plusieurs difficultés. La première est sa conformité à la Constitution dès lors que le vote est formellement un « droit » attaché à l'électeur. Cependant, l'idée assez répandue que le vote obligatoire rattacherait l'électorat à la théorie de la souveraineté nationale est assez spécieuse dès lors que, d'après la Constitution, « *la souveraineté nationale appartient au Peuple* » (Const., art. 3). Ensuite, sur le plan technique, la question de définir quels sont les motifs « légitimes » pour se soustraire à cette obligation, sauf à stigmatiser et à pénaliser par le jeu des amendes certaines catégories défavorisées de la population (chômeurs, sans domicile fixe), est délicate. Certes, une telle réforme peut aller de pair avec une certaine libéralisation du vote par procuration – comme initialement en Australie, mais où le vote obligatoire ne fait pas consensus, pas plus qu'en Belgique. Sur le plan politique, si le vote obligatoire augmente le taux de participation, il est aussi souvent associé à la proportionnelle : or, comment exiger des citoyens qu'ils aillent voter dans des systèmes majoritaires ou à vocation majoritaire pour des candidats dont ils ne veulent pas ? Cela conduit inévitablement à une proportionnelle généralisée. Quant à l'idée d'associer le vote obligatoire à la reconnaissance du vote blanc, en voulant faire chuter l'abstention, elle ne fait que traiter le symptôme du malaise, sans en traiter ses causes multiples.

Le débat sur le vote blanc. Il a été proposé de permettre aux citoyens de voter « blanc » et que ce vote soit comptabilisé comme suffrage exprimé alors qu'il est comptabilisé habituellement avec les votes nuls (bulletins biffés, surchargés, etc.) et qu'il est considéré comme ne traduisant pas un choix électoral. Un seul pays européen reconnaît le vote blanc, la Suède, qui n'est pas d'ailleurs très significatif en nombre. En Grèce, le vote blanc est reconnu mais il est ajouté au score du parti vainqueur de l'élection dans le cadre du scrutin majoritaire.

La reconnaissance du vote blanc en France supposait donc que les électeurs disposent dans les bureaux de vote de bulletins blancs mais aussi que ces bulletins soient considérés comme des suffrages exprimés. En admettant en effet un score de 10 %, voire *ratif précis d'intérêt général*». Ont ainsi été censurées comme contraire au principe d'égalité devant le suffrage, les dispositions, jusqu'alors admises, prévoyant que chaque département devait être représenté par au moins deux députés et que chaque collectivité d'outre-mer devait disposer d'au moins un siège. Cependant la latitude d'appréciation du Conseil constitutionnel reste limitée dès lors qu'il est saisi d'un projet d'ordonnance devant être ratifié par le Parlement et modifiant l'ensemble de la répartition des sièges. La Constitution ne lui confère pas « *un pouvoir général d'appréciation et de décision de même nature que celui du Parlement* », selon la formule classique, et il ne lui appartient pas de formuler des propositions contradictoires de délimitation des circonscriptions ni d'apprécier la méthode retenue pour procéder à la répartition des sièges – d'autant que l'article 25 de la Constitution attribue désormais ce contrôle à une commission indépendante qui se prononce, pour avis, sur les projets de redécoupage. Les suggestions et propositions de la commission ont été d'ailleurs suivies environ pour moitié lors du redécoupage des circonscriptions en 2009. Et si le Conseil a relevé que, dans certaines circonscriptions, les motifs d'intérêt général invoqués pour justifier les choix de délimitations étaient à tout le moins discutables (la Moselle et le Tarn en particulier), et contraires à l'avis émis par la commission prévue par l'article 25 de la Constitution, le Conseil n'en a pas moins déclaré conforme à la Constitution l'article unique de la loi ratifiant l'ordonnance n° 2009-935 du 29 juillet 2009 portant répartition des sièges et délimitation des circonscriptions pour l'élection des députés (Cons. const., décis. n° 2010-602 DC, 18 févr. 2010, *Loi ratifiant l'ordonnance n° 2009-935 du 29 juillet 2009 portant répartition des sièges et délimitation des circonscriptions pour l'élection des députés*). D'une part, il lui aurait fallu censurer l'ensemble du redécoupage et non tel ou tel redécoupage d'une ou plusieurs circonscriptions. D'autre part, il a pris implicitement acte du progrès sensible que présentait le nouveau redécoupage par rapport à celui de 1986.

Le secret du vote

24 Cette règle a été introduite pour la première fois par la Constitution de l'an III tandis que la Constitution de 1793 d'inspiration « montagnarde » qui l'avait précédé permettait au citoyen de voter soit secrètement soit « à haute voix ». Pour établir le consulat à vie de Bonaparte, les électeurs inscrivaient leur choix sur un registre. Et, lors du plébiscite de 1852 en faveur de Louis-Napoléon Bonaparte, ils se voyaient proposer cette fois deux registres : l'un pour voter « oui », l'autre pour voter « non »... C'est évidemment pour protéger l'électeur des pressions et assurer la sincérité du scrutin que le secret du vote a été institué.

Le principe du vote secret est associé à l'isoloir, sorte de confessionnal laïque en République où, à l'abri des regards indiscrets, l'électeur glisse dans une enveloppe son bulletin de vote. Ce dispositif du début du siècle et de plusieurs lois de 1911, 1913 et 1914 est devenu très minutieux : l'électeur doit signer la liste d'émargement, prendre ou non un ou plusieurs bulletins de vote déposés sur une grande table puis obligatoirement passer par l'isoloir pour placer le bulletin (ou aucun) dans l'enveloppe.

Le Conseil constitutionnel a rappelé, dans sa séance du 29 mars 2007, que l'utilisation des machines à voter pour les élections, notamment présidentielles, est autorisée par le législateur depuis 1969. Le recours à cet instrument dans les conditions fixées par l'article L. 57-1 du Code électoral a été déclaré conforme à la Constitution – nonobstant le contentieux qu'il peut provoquer.

La condition d'électeur

« *La qualité de citoyen ouvre le droit de vote et l'éligibilité dans des conditions identiques à tous ceux qui n'en sont pas exclus pour une raison d'âge, d'incapacité ou de nationalité, ou pour une raison tendant à préserver la liberté de l'électeur ou l'indépendance de l'élu* » (Cons. const., décis. n° 82-146 DC, 18 nov. 1982). Pour pouvoir voter, il faut être majeur, c'est-à-dire âgé de plus de 18 ans depuis la loi du 5 juillet 1974 et être de nationalité française (v., sur le droit de vote des étrangers, tome 1). Par ailleurs, les résidents issus d'un des États de l'Union européenne et résidant en France peuvent voter aux élections européennes et municipales. En outre, l'électeur doit jouir de ses droits civils et politiques et donc ne pas avoir été déchu temporairement ou définitivement de son droit de vote en vertu de la loi pénale (soit environ 200 000 personnes chaque année). Notons que l'article L. 7 du Code électoral imposait la radiation des listes électorales des personnes dépositaires de l'autorité publique, chargées d'une mission de service public ou investies d'un mandat électif public lorsqu'elles commettent certaines infractions. Cette radiation emporte une incapacité d'exercer une fonction publique élective d'une durée égale à cinq ans. Cette peine accessoire, comme nous l'avions indiqué en son temps, à la fois automatique et insusceptible d'être individualisée, méconnaît le principe d'individualisation des peines (Cons. const., décis. n° 2010-6/7 QPC, 11 juin 2010, *Stéphane A. et a.*).

Enfin, l'électeur doit être inscrit sur les listes électorales. En principe, elle est obligatoire en mairie. Mais, faute de sanction, elle demeure libre. Notons que la règle est que l'électeur s'inscrit soit dans la commune où il a sa résidence principale, soit dans celle où il réside depuis six mois au moins, soit dans la commune où il paye ses impôts locaux depuis au moins cinq ans.

Depuis la loi du 10 novembre 1997, les jeunes ayant atteint l'âge de 18 ans sont inscrits d'office d'autant mieux qu'environ 30 % de la classe d'âge des 18-19 ans ne l'étaient pas, ce chiffre étant tombé à environ 11 %, ce qui n'a pas freiné pour autant l'abstentionnisme des jeunes. Pourtant, en 2007, année électorale, la croissance des inscriptions a été de 4,2 % par rapport à 2006, fruit des campagnes de sensibilisation et du nombre important de jeunes accédant à la majorité électorale. Il en a été de même en 2015 et 2016, à la veille des élections présidentielles et législatives de 2017.

Le contentieux des inscriptions électorales relève de la compétence du juge judiciaire – en l'espèce, le juge civil. Les décisions de la commission administrative qui dresse un tableau des inscriptions peuvent être attaquées devant le tribunal d'instance. S'agissant de fraudes, c'est le juge pénal qui est compétent.

SECTION 3

LA MÉDIATION DES PARTIS (CONST., ART. 4)

Article 4 de la Constitution

« Les partis et groupements politiques concourent à l'expression du suffrage. Ils se forment et exercent leur activité librement. Ils doivent respecter les principes de la souveraineté nationale et de la démocratie.

Ils contribuent à la mise en œuvre du principe énoncé au second alinéa de l'article 1er dans les conditions déterminées par la loi.

La loi garantit les expressions pluralistes des opinions et la participation équitable des partis et groupements politiques à la vie démocratique de la Nation. »

Les partis, dotés d'un statut « minimum » et facultatif, sont devenus les médiateurs obligés en démocratie des attentes des électeurs. La révision constitutionnelle du 8 juillet 1999 a ajouté un second alinéa à l'article 4 au soutien de l'article 3 modifié, relatif à la mise en œuvre de l'objectif de parité. Et depuis la révision de juillet 2008, l'article 4 a été augmenté d'un 3e alinéa concernant l'exigence de pluralisme sur le fondement duquel peut aussi se fonder un statut de l'opposition.

§ 1. Les partis politiques et la Constitution (Const., art. 4, al. 1er) et la mise en œuvre de la parité (Const., art. 4, al. 2)

25 En 1946, un projet de statut complet avait été envisagé lors des débats préparatoires de la première Assemblée constituante mais fut sans suite. En 1958, un projet avait été rédigé par Michel Debré : « *Les groupes ou formations politiques qui présentent des candidats aux élections ou qui ont une activité politique peuvent se constituer librement. Ils doivent cependant se déclarer et déposer leurs statuts. Leur organisation doit s'inspirer des principes démocratiques. Ils doivent rendre compte annuellement de leurs*

ressources et de leurs dépenses au Conseil constitutionnel qui est habilité à vérifier la sincérité des déclarations produites. Les observations du Conseil constitutionnel sont publiées au Journal officiel. La constatation par le Conseil constitutionnel d'une violation des dispositions du présent article autorise le gouvernement à demander devant la Haute Cour de justice la dissolution du groupement incriminé». Cet avant-projet de Constitution du 10 juillet 1958 fut aussi abandonné par crainte des réactions des partis tandis que le Conseil d'État exprima ses réserves quant à la possibilité d'interdire les partis politiques. En fait, ce projet visait en particulier le parti communiste et la faculté offerte au Conseil constitutionnel de vérifier la provenance de ses ressources...

Le statut des partis. C'est la Constitution du 4 octobre 1958 qui, paradoxalement, a consacré leur existence constitutionnelle. En France, les partis ont pu se constituer depuis la loi sur la liberté d'association du 1er juillet 1901. La Constitution de 1946 reconnaît seulement les groupes parlementaires. Il a fallu attendre les lois organique et ordinaire du 11 mars 1988 sur le financement de la vie politique pour qu'un statut soit proposé. Après avoir rappelé conformément à la Constitution qu'« ils se forment et exercent leur activité librement », la loi leur confère la personnalité morale et des droits qui y sont attachés (à l'image des associations déclarées). Mais, appréhendés pour l'essentiel sous leur aspect financier, il leur manque paradoxalement une définition, délicate à donner sur le plan juridique (qu'est-ce qu'un « vrai » parti politique ?) laissant sur ce point au juge (juge électoral et... juge d'instruction) le soin d'en dessiner les contours.

Au surplus, notons que l'article 4 de la Constitution empêche que la majorité parlementaire puisse apprécier le respect ou le non-respect, par un groupe politique, des principes de souveraineté nationale et de démocratie (Cons. const., décis. n° 71-42 DC, 18 mai 1971, *Résolution tendant à modifier les articles 2, 3, 5, 6, 7, 8, 11, 13, 14, 17, 21, 22, 29, 32, 36, 42, 45, 59, 72 et 108 du règlement du Sénat, à le compléter par un article 29 bis et un article 109 et à abroger l'article 84 dudit règlement*). Les partis politiques comme les associations ne peuvent être soumis à un contrôle préalable qu'il s'agisse de l'autorité administrative ou de l'autorité judiciaire en vertu de la fameuse décision du 16 juillet 1971. Mais l'État peut accorder une aide financière aux partis.

La mise en œuvre de la parité (nouvel al. 2). On renverra à l'article 1er de la Constitution.

§ 2. Un support implicite à une reconnaissance de l'opposition et explicite à l'exigence de pluralisme (Const., art. 4, nouvel al. 3)

26 Le nouvel alinéa 3 permet non seulement de doter d'un support juridique les dispositions visant à reconnaître un statut de l'opposition, mais aussi de consacrer l'exigence de pluralisme des partis politiques et les moyens qui doivent y être associés.

Contourner la jurisprudence du Conseil constitutionnel

Pour comprendre le nouvel alinéa 3, il faut avoir en mémoire la décision du Conseil constitutionnel du 22 juin 2006 censurant une modification du règlement de l'Assemblée nationale : « *Le président du groupe remet à la Présidence une déclaration d'appartenance de son groupe à la majorité ou à l'opposition. En cas de contestation formulée par le président d'un groupe, le Bureau décide ; pour cette délibération, le Bureau est complété par les présidents de groupe* » (Cons. const., décis. n° 2006-537 DC, 22 juin 2006, cons. 12). À cette déclaration étaient attachés des droits spécifiques. Le Conseil constitutionnel a censuré cette disposition, la résolution ayant méconnu le 1er alinéa aux termes duquel : « *Les partis et groupements politiques concourent à l'expression du suffrage. Ils se forment et exercent leur activité librement* », conformément à une jurisprudence ancienne. Il était donc nécessaire de donner un fondement constitutionnel à cette reconnaissance, non pas de l'opposition en tant que telle (on peut concevoir l'hypothèse d'une assemblée dont la majorité ne soutiendrait pas le gouvernement – ce qui reviendrait à accorder tous les droits au même groupe parlementaire), mais de la diversité des groupes parlementaires eux-mêmes, en leur accordant des droits dans le règlement de chaque assemblée, tout en réservant des droits spécifiques à ceux qui n'auraient pas déclaré participer à la majorité de l'assemblée concernée.

Garantir l'exigence de pluralisme

En termes d'équité financière. Le Conseil constitutionnel dans sa décision du 11 janvier 1990 a ainsi admis « *que l'État accorde une aide financière aux partis ou groupements politiques qui concourent à l'expression du suffrage ; que l'aide allouée doit, pour être conforme aux principes d'égalité et de liberté, obéir à des critères objectifs ; qu'en outre, le mécanisme d'aide retenu ne doit aboutir, ni à établir un lien de dépendance d'un parti politique vis-à-vis de l'État, ni à compromettre l'expression démocratique des divers courants d'idées et d'opinions ; que si l'octroi d'une aide à des partis ou groupements du seul fait qu'ils présentent des candidats aux élections à l'Assemblée nationale peut être subordonné à la condition qu'ils justifient d'un minimum d'audience, les critères retenus par le législateur ne doivent pas conduire à méconnaître l'exigence du pluralisme des courants d'idées et d'opinions qui constitue le fondement de la démocratie* » (Cons. const., décis., n° 89-271 DC, 11 janv. 1990, *Loi relative à la limitation des dépenses électorales et à la clarification du financement des activités politiques*). Et il a censuré le seuil de 5 % des suffrages exprimés qui devait être obtenu dans chaque circonscription pour qu'une formation politique puisse accéder à l'aide publique. En effet, si le financement privé est autorisé mais encadré (celui des personnes morales de droit public ou de droit privé est interdit et celui des personnes physiques autorisé à concurrence de 7 500 euros par an), l'aide publique est répartie en deux fractions.

La première partie de l'aide est attribuée aux partis et groupements politiques compte tenu de leurs résultats aux élections législatives lors du premier tour (1,70 euro par voix). Il faut que la formation ait obtenu dans au moins 50 circonscriptions 1 % des suffrages exprimés. En cas de non-respect des règles concernant la parité, le montant de cette première fraction de l'aide est amputé d'un pourcentage égal à la moitié de l'écart constaté entre le nombre de candidats de chaque sexe (au-delà de 2 %), ce qui a été particulièrement le cas lors des législatives de 2002 et 2007. Les sanctions représentent environ de 10 % de l'aide totale accordée par l'État aux partis politiques.

La deuxième partie de l'aide est destinée uniquement aux formations politiques représentées au Parlement (Assemblée nationale et Sénat) et bénéficiaires déjà de la première partie de l'aide. Le montant attribué est de 45 398 euros par élu et par an.

Le montant global de l'aide aux partis politiques s'est élevé en 2007 à 73,21 millions d'euros (dont 33 millions au titre de la 1re fraction et 40 millions au titre de la 2e fraction) répartis entre plus de 50 partis ou groupements, dont 19 exerçant principalement leur activité dans les seules collectivités locales d'outre-mer.

En termes d'accès aux médias publics. L'exigence de pluralisme faisait partie, comme on l'a vu, de la jurisprudence du Conseil constitutionnel s'agissant de la liberté d'expression (v. DDHC, art. XI). Depuis la loi constitutionnelle du 23 juillet 2008, elle est formellement inscrite à deux reprises dans la Constitution : dans l'article 34 et dans un nouvel alinéa 3 ajouté à l'article 4. Ces ajouts ont servi notamment de fondement à l'arrêt du Conseil d'État du 8 avril 2009, *Hollande et Mathus*, celui-ci ayant jugé que le Conseil supérieur de l'audiovisuel ne peut, pour apprécier le respect du pluralisme, exclure par principe toute forme de prise en compte des interventions du président de la République et de ses collaborateurs dans les médias audiovisuels (CE, ass., 8 avr. 2009, *Hollande et Mathus*, req. n° 311136).

Bibliographie

BEAUD (O.), « À la recherche de la légitimité de la Ve République », L'architecture du droit. *Mélanges Michel Troper*, Economica, 2006, p. 154.

CHAGNOLLAUD (D.), « Sherlock Holmes et l'énigme non résolue : le Conseil constitutionnel et les nouveaux modes de scrutin », *RD publ.* 2003. 931.

DERDAELE (É.), « Les symboles nationaux en droit, première partie », *Civitas Europa* déc. 2004, n° 13 ; « Les symboles nationaux en droit, seconde partie », *Civitas Europa* déc. 2005, n° 15.

FRANK (A.), « Les critères objectifs et rationnels dans le contrôle constitutionnel de l'égalité », *RD publ.* 2009. 375.

GENEVOIS (B.), « Le contrôle du référendum », *RFDA* 1988, p. 887 s.

« La théorie constitutionnelle et le droit constitutionnel positif », *Cah. Cons. const.* févr. 2001, n° 9, Dossier « Souveraineté de l'État et hiérarchie des normes ».

LEMAIRE (F.), « La notion de peuple dans la Constitution de 1958 », in *Cercle des constitutionnalistes, Les 50 ans de la Constitution,* Litec, 2008.

TROPER (M.), « Comment la Constitution de 1958 définit la souveraineté nationale ? La Constitution en 20 questions : question n° 5 », site du Conseil constitutionnel.

TITRE II

LE PRÉSIDENT DE LA RÉPUBLIQUE (CONST., ART. 5 À 19)

« *C'est donc du chef de l'État, placé au-dessus des partis, (...) que doit procéder le pouvoir exécutif* » déclarait le général de Gaulle lors de son discours de Bayeux en 1946. Il résume l'esprit qui anime la Constitution de 1958. Le chef de l'État passe du titre IV dans la Constitution de 1946 – derrière le Parlement et le gouvernement – au titre II en 1958, après le titre Ier consacré à la souveraineté. Il est désormais, pour reprendre l'expression imagée de Michel Debré, la « clef de voûte » des institutions au sens où le chef de l'État est l'élément unique qui permet de tenir et d'assurer la cohésion de l'ensemble de l'édifice constitutionnel. Ce changement protocolaire témoigne à lui seul de la nouvelle conception du chef de l'État, qui s'observe tant du point de vue de son mode d'élection élargi en 1958 que des pouvoirs non partagés qui lui sont désormais attribués, c'est-à-dire sans le contreseing du Premier ministre et du gouvernement (Const., art. 19).

Malgré sa fonction fort ambiguë d'« arbitre » (Const., art. 5), l'élection au suffrage universel direct (Const., art. 6 et 7) et le phénomène majoritaire achèveront de construire la stature d'un monarque populaire « au centre du pouvoir » (Pascal Jan). L'exercice de son pouvoir est cependant largement conditionné par le soutien d'une majorité parlementaire qui naît en 1962 et qui est désormais presque assuré par le quinquennat et la quasi-simultanéité des élections présidentielles et législatives – sauf dissolution, décès ou démission du président de la République.

Pourtant, la Constitution ne dit rien en droit de son pouvoir réel et aucune modification substantielle de la Constitution n'a été opérée dans ce sens. Certes, les actes du président de la République autres que ceux prévus aux articles 8 (1er al.), 11, 12, 16, 18, 54, 56 et 61 sont contresignés par le Premier ministre et, le cas échéant, par les ministres responsables. Mais la distinction entre les actes présidentiels non soumis au contreseing (dits pouvoirs non partagés ou « propres ») et ceux qui le sont (dits « pouvoirs partagés » avec le Premier ministre) est sans effet dès lors que le chef de l'État dispose d'une majorité parlementaire. C'est en vain que, pour mettre fin au décalage entre les textes et la pratique, le comité Balladur avait proposé en 2008 d'inscrire dans la Constitution que le président de la République déterminait la politique de la nation que le gouvernement conduisait. Il avait aussi envisagé d'assurer la concomitance des élections présidentielles et parlementaires en cas de décès ou de démission du chef de l'État pour circonvenir le « spectre » de la cohabitation écartée en principe par le quinquennat. Mais cette proposition visant à mettre fin au bicéphalisme apparent de l'exécutif n'a pas été suivie et a suscité aussi une vive réticence des assemblées parlementaires, d'autant qu'une cohabitation demeure possible. Quant au statut civil et pénal du chef de l'État, il demeure marqué par l'irresponsabilité (v. Titre IX).

Section 1
La fonction présidentielle (Const., art. 5)

Article 5 de la Constitution

« Le président de la République veille au respect de la Constitution. Il assure, par son arbitrage, le fonctionnement régulier des pouvoirs publics ainsi que la continuité de l'État.

Il est le garant de l'indépendance nationale, de l'intégrité du territoire, du respect des accords de Communauté et des traités. »

« Qu'il existe, au-dessus des luttes politiques, un arbitre national, élu par les citoyens qui détiennent un mandat public, chargé d'assurer le fonctionnement régulier des institutions, ayant le droit de recourir au jugement du peuple souverain, répondant, en cas d'extrême péril, de l'indépendance, de l'honneur, de l'intégrité de la France et du salut de la République » : tout est dit par le général de Gaulle lors de son discours du 4 septembre 1958 prononcé Place de la République à Paris pour présenter au peuple le projet de Constitution pour la Ve République. Et l'article 5 de la nouvelle Constitution s'en fait littéralement l'écho.

Le gardien de la Constitution

27 En 1958, cette mission pouvait paraître essentielle et renvoie aux pouvoirs dont il dispose pour l'accomplir comme l'usage des pouvoirs exceptionnels en situation de crise (Const., art. 16), la nomination de trois membres dont son président et la saisine du Conseil constitutionnel (Const., art. 56 et 61). À ce titre, il est fréquent que le chef de l'État le saisisse en vertu de l'article 54 de la Constitution s'agissant des traités internationaux. Quant à la saisine au titre de l'article 61, alinéa 2, seul François Hollande, le 25 juin 2015 l'a opérée concernant la loi relative au renseignement (Cons. const., décis. n° 2015-713 DC, 23 juill. 2015).

En matière constitutionnelle, dans la mesure où le Conseil constitutionnel n'adopte pas d'interprétation contraire ou, plus simplement, se déclare incompétent, le président de la République dispose d'un monopole. Ainsi, c'est l'interprétation gaullienne qui a prévalu quant au recours à l'article 11 pour réviser la Constitution et instituer l'élection du chef de l'État au suffrage universel direct en 1962 au lieu de la voie normale de l'article 89 de la Constitution (Titre XVI, intitulé « De la révision »). Il en va de même pour son refus de convoquer le Parlement en session extraordinaire en mars 1960 (v. ss 80). Comme il l'indique au président de l'Assemblée nationale de l'époque, Jacques Chaban-Delmas, son rôle est de « *faire respecter l'esprit des institutions* » ainsi que « *le fonctionnement régulier des pouvoirs publics que j'ai la charge d'assurer, en vertu de la volonté du peuple et aux termes de la*

Constitution » (lettre du général de Gaulle du 18 mars 1960). Dans le même esprit, c'est l'interprétation du président Mitterrand de l'article 13 de la Constitution et son refus de signer les ordonnances initiées par le gouvernement de Jacques Chirac qui a prévalu en 1986 sous la première cohabitation. Cependant, la montée en puissance du Conseil constitutionnel depuis les années 70 a évidemment limité le rôle de gardien du chef de l'État.

Un « arbitre », garant des intérêts fondamentaux de la nation

28 Ce mot est susceptible de deux lectures : l'une, se fondant sur les dispositions de l'article 20 de la Constitution (*« le gouvernement détermine et conduit la politique de la nation »*), voit dans le chef de l'État la confirmation traditionnelle de son rôle, contre toute tentation de « pouvoir personnel » ; l'autre, au contraire, consacre un rôle nouveau dont découlent ses nouvelles prérogatives. Et le débat sémantique s'est longtemps porté sur la signification du mot arbitre, « la substance du rôle du président de la République » selon la formule de Raymond Janot, un des auteurs de la Constitution de 1958 auprès de Michel Debré. En fait cette expression est justement le fruit du compromis de 1958 entre de Gaulle et les ministres d'État, une sorte de formule conciliaire – qui peut se lire dans les deux sens.

En juin 1958, la première mouture du titre consacrée au président de la République – et placée en tête de la Constitution, avant la souveraineté – est ainsi rédigée : *« Le président de la République [...] assisté du gouvernement, il définit l'orientation générale de la politique intérieure et extérieure du pays et en assure la continuité. Il prend des initiatives nécessaires pour que les pouvoirs publics puissent remplir leurs missions respectives dans l'intérêt de la nation et dans le respect de la présente Constitution.* » On le voit, le gouvernement a un rôle d'assistance et le texte de juin 1958 fait du chef de l'État l'inspirateur de l'orientation de la politique générale. Ce texte fut considéré comme inacceptable par Guy Mollet et Pierre Pflimlin. La formule finale de l'article indique que : *« Le président de la République assure par son arbitrage le fonc-*

tionnement régulier des pouvoirs publics conformément à la Constitution ». Guy Mollet considère alors que le comité a écarté l'idée d'un président tout-puissant et adopté celle d'un chef de l'État *« essentiellement chargé d'assurer la séparation et l'équilibre des pouvoirs »*. Pour de Gaulle, l'arbitrage est une prise de distance avec les problèmes de détails tandis que, pour les deux ministres d'État, le président est un arbitre au sens sportif... C'est la première interprétation qui s'est imposée au fil des ans.

Quant à la mission de garant des intérêts fondamentaux de la nation, elle renvoie à son rôle singulier en matière de défense et de politique étrangère (v. ss 48) mais aussi à l'article 16 qui en est en quelque sorte le prolongement.

La responsabilité politique et pénale du chef de l'État

29 V. Titre IX.

Les services de la présidence de la République

30 Ils sont, par rapport à ceux du Premier ministre, légers – une soixantaine de collaborateurs directs. Le chef de l'État dispose d'abord du secrétariat général de la présidence de la République, en charge du lien avec l'État, soit le gouvernement et les administrations, et composé de conseillers techniques et de chargés de mission. Le cabinet du président est au contraire – outre la gestion du « palais » – plus tourné vers la « nation » et traite des problèmes politiques au sens large ainsi que des relations avec les « forces vives » du pays (partis, syndicats, associations, etc.). Notons aussi qu'une structure militaire est placée auprès du chef de l'État (État-major particulier). La disproportion des moyens entre Matignon et l'Élysée, aux dépens de ce dernier, est flagrante (ce qui limite en pratique, en période de cohabitation, la capacité d'influence du président de la République).

L'absence de statut du conjoint du chef de l'État

31 Dans certaines monarchies d'Europe, le titre de prince consort est donné à l'époux du souverain et chef, notamment celles autori-

si les uns prônent la dissolution automatique dès l'élection d'un nouveau président, pour d'autres, l'usage de la dissolution devrait, au lendemain du scrutin présidentiel, rétablir la concordance des majorités, en tant que de besoin. Ainsi le quinquennat permet-il d'éviter « logiquement » la cohabitation, surtout compte tenu du report de renouvellement de l'Assemblée nationale, voté en 2001, afin que les élections législatives suivent les présidentielles.

Pour le septennat

Le septennat ne conduit pas à ce que le chef de l'État ne soit jamais sanctionné puisque les élections législatives donnent l'occasion aux citoyens de confirmer ou d'infirmer sa politique, amenuisant sensiblement dans ce cas la réalité de ses pouvoirs. Le quinquennat aboutit au contraire à affermir la domination présidentielle puisqu'il rend impossible en théorie, sinon en pratique, toute cohabitation. Et en cas d'hypothétique non-concordance des majorités lors d'élections simultanées, la cohabitation risque d'opposer deux expressions identiques du suffrage universel. Le quinquennat marque enfin par l'effacement du Premier ministre réduit à un rôle de chef d'État-major, dès lors que les majorités sont concordantes, et fait perdre toute dimension arbitrale à la fonction présidentielle (art. 5). C'est si vrai que la commission présidée par Claude Bartolone sur l'avenir des institutions a proposé en 2016 le retour au septennat non renouvelable : « *Échappant aux jeux des partis et au rôle d'éternel candidat à la réélection, le Président y gagnerait une autorité morale en conformité avec le rôle d'arbitre que lui destinait le général de Gaulle* ».

La limitation à deux du nombre de mandats (Const., nouvel art. 6, al. 2)

33 Depuis la révision constitutionnelle du 23 juillet 2008, le chef de l'État ne peut exercer plus de deux mandats consécutifs, ce qui exclut donc un troisième mandat à la suite des deux premiers. Cette disposition porte à l'évidence sur le caractère consécutif, rien n'interdisant à un ancien président de briguer à nouveau un mandat mais après cinq ans d'interruption de « règne » républicain.

La question du caractère renouvelable du mandat se posait déjà pour le septennat, alors que certains ont plaidé – comme l'auteur de ces lignes – pour un septennat non renouvelable mais sans aucun succès... Sept ans suffisent à développer un projet politique et restituent pleinement à la fonction sa dimension arbitrale dès lors que le titulaire ne peut être renouvelé – au moins immédiatement. Certes, cette idée choque en ce qu'elle contreviendrait au principe démocratique en ôtant au peuple le droit de renouveler le mandat du président de la République. L'expérience prouve cependant que le second mandat suscite moins d'adhésion que le premier et que l'usure du pouvoir se fait plus sentir. Enfin, le souvenir malheureux de la Deuxième République conforte ce préjugé défavorable au non-renouvellement : « *Beaumont proposa que le président ne fût pas rééligible ; je l'appuyai très vivement et la proposition passa. Nous tombâmes dans une très grande erreur... Nous avions toujours été frappés des dangers que ferait courir à la liberté et à la moralité publique un président rééligible, qui emploierait d'avance à se faire réélire, comme cela ne pouvait manquer d'arriver, les immenses moyens de contrainte ou de corruption que nos lois et nos mœurs accordent au chef du pouvoir exécutif* » (Tocqueville, *Souvenirs*). L'« erreur » fut évidemment que le non-renouvellement conduisit au coup d'État du 2 décembre 1851.

La limitation à deux mandats de cinq ans voulue par Nicolas Sarkozy n'avait pas été retenue par le comité Balladur, cette modification étant susceptible de « *porter atteinte à la souveraineté du suffrage* », privant le peuple du droit de renouveler le chef de l'État qui, par suite, serait aussi dispensé de rendre des comptes au terme de ses fonctions – ce qui est déjà le cas s'il ne se représente pas. En tous les cas, une telle limitation ne peut être décidée que par le pouvoir constituant. Pour autant, aucun exemple étranger n'est probant et se résume, pour l'essentiel, à celui des États-Unis où le 22e amendement a, en 1951, formalisé une coutume méconnue par Franklin D. Roosevelt et ainsi limité à deux le nombre de mandats (qu'ils soient successifs ou non). En tout état de cause, l'idée de limiter en France le nombre de mandats consécutifs à deux mais dans le cadre du quinquennat a pour effet certain de mettre fin à l'incertitude d'une nouvelle candidature et donc d'affaiblir politiquement le chef de l'État lors de son second mandat.

Parrainages des candidats, financement de la campagne électorale, primaires

34 Les candidats doivent avoir des « parrains », financer leur campagne et parfois se soumettre au préalable à des « primaires ».

La question des parrainages

Pour être candidat, il faut être de nationalité française, électeur, être âgé d'au moins 23 ans. Depuis 1976, les candidats doivent être présentés par 500 élus (maires, conseillers généraux, parlementaires) émanant de 30 départements différents, sans que plus du 10e ne provienne d'un même département (et non plus 100 comme auparavant, pour tenter de dissuader les candidatures censées être « farfelues »), soit 47 000 élus en principe mais, compte tenu des cumuls de mandats, 42 000 environ, en fait.

Les présentateurs ne sont pas des « parrains ». Cette confusion de langage, savamment entretenue, fait croire qu'ils adhèrent par principe aux idées du candidat. Or, les présentateurs ne cautionnent pas en droit, ni d'ailleurs toujours en fait, le candidat, mais ils acceptent tout simplement qu'il puisse se présenter à l'élection. Les formulaires sont vérifiés par le Conseil constitutionnel qui établit la liste des candidats et fait publier une liste de 500 parrains au *Journal officiel* (si le nombre excède 500, les noms publiés sont tirés au sort...). Les candidats doivent adresser au Conseil constitutionnel une déclaration de situation patrimoniale : seule celle du candidat élu est publiée. De 6 en 1965, 7 en 1969, le nombre de candidats au premier tour est passé à 12 en 1974, puis, après la réforme de 1976 a eu tendance à baisser : 10 en 1981 puis 9 en 1988 et en 1995. La barrière est donc plutôt difficile à franchir mais elle n'a pas empêché en 2002 la présence de 16 candidats, 12 en 2007, 10 en 2012 et 11 en 2017.

La réforme du système des parrainages est régulièrement à l'ordre du jour au regard des pressions supposées sur les maires qui aboutiraient à priver un courant national de candidat. En réalité, cet argument concerne principalement Jean-Marie Le Pen en 1981, même si en 2002 deux candidats représentaient l'extrême droite. Plus récemment, Marine Le Pen a posé une question de constitutionnalité relative au système des parrainages, qui n'a pour autant emporté aucune censure (Cons. const., décis. n° 2012-233 QPC, 21 févr. 2012). Il est ainsi proposé que les présentations soient anonymes, transposition d'une sorte de secret du vote qui conduirait à certaines manipulations visant à susciter des candidatures dissidentes dans chaque camp. Au contraire, le Conseil constitutionnel depuis 1974 a émis le vœu que soit publié l'ensemble de la liste des présentateurs. Le comité Balladur avait proposé que la sélection des candidats soit le fait d'un collège de quelque 100 000 élus appelés, au chef-lieu du département, à désigner à bulletins secrets le candidat qu'ils souhaitent voir concourir à la présidence de la République. Il avait aussi pensé à un parrainage citoyen rendu complexe par les nombreux obstacles techniques liés au contrôle des signatures, mais aussi à la difficulté de réunir rapidement les signatures en cas de vacance de la présidence de la République. La commission Jospin avait retenu cette idée en confiant aux citoyens eux-mêmes le soin d'habiliter ceux qui pourront concourir à l'élection à la plus haute responsabilité politique. Le seuil minimal de 150 000 signatures était proposé (proposition n° 1 du rapport de la commission Jospin, 2012). Comme le note Jérôme Jaffré dans le journal *Le Monde* daté du 21 novembre 2012 : « *l'effet de cette mesure telle qu'elle a été retenue pourrait être de diminuer nettement le nombre de candidats présents au premier tour de la présidentielle et d'éliminer de véritables courants politiques. On peut considérer comme raisonnable qu'entre un minimum de 1 sur 10 et un maximum de 1 sur 5 des électeurs se porteraient "parrains". Appliquée à la présidentielle de 2012 qui comptait 10 candidats, la réforme éliminerait à coup sûr Jacques Cheminade (89 000 suffrages seulement le jour du vote) et vraisemblablement les deux candidats trotskistes, Nathalie Arthaud (202 002 voix) et Philippe Poutou (411 000 voix). La participation au scrutin de Nicolas Dupont-Aignan (643 000 voix) serait bien incertaine. Il n'est pas jusqu'à la pré-*

sence d'Éva Joly (828 000 voix) qui ne serait pas assurée». Certes, des systèmes de ce type existent dans d'autres États européens : en Pologne, 100 000 signatures d'électeurs sont nécessaires ; au Portugal, un minimum de 7 500 et un maximum de 15 000 ; en Lituanie, au moins 20 000 ; 10 000 en Croatie ; 200 000 en Roumanie. D'autres États laissent le choix comme la Finlande où les candidats doivent disposer du soutien d'au moins un parti enregistré disposant d'au moins un député ou de 20 000 signatures ; en Slovaquie il faut l'appui de 15 députés (sur 150 membres) ou 15 000 signatures. Comparaison n'est pas forcément raison. D'une part, dans tous ces États, les députés sont élus avec une part importante de proportionnelle qui permet ainsi à toute force politique d'être représentée – ce qui exclut pour la France le système mixte. Quant au parrainage citoyen, seules la Roumanie et la Pologne peuvent être comparées à la France en termes politiques et de population. Or dans ces jeunes démocraties la participation citoyenne reflète très largement la réalité des forces politiques représentées au Parlement sans compter, comme en Roumanie, un contentieux électoral important comme en 2009. Surtout, en France, un « parrainage citoyen » n'assurerait pas, comme on vient de l'observer, la présence des principaux courants politiques, notamment de l'extrême gauche. Et, à la période de « collecte » des signatures nécessairement longue en pratique, il faudrait ajouter le temps des primaires internes à chaque parti pour désigner un candidat, allongeant encore le temps de la campagne présidentielle qui précède son ouverture officielle. La sagesse serait tout simplement de diminuer en conséquence le nombre de présentateurs et de tirer le moment venu les conséquences de l'instauration d'une « dose » de proportionnelle à l'Assemblée nationale.

Finalement, une autre réforme, *a minima*, a été opérée, validée par le Conseil constitutionnel (Cons. const., décis. n° 2016-729 DC, 21 avr. 2016, *Loi organique de modernisation des règles applicables à l'élection présidentielle*, cons. 7). Désormais, le Conseil publie des noms des élus « parrains » au fur et à mesure de leur réception, au moins deux fois par semaine tandis que les noms de tous les « parrains » sont rendus publics.

Le financement de la campagne présidentielle

L'article 3 de la loi du 6 novembre 1962 énonce les principales règles relatives au financement de la campagne électorale et à la prise en charge par l'État des dépenses électorales des candidats et confie à la Commission nationale des comptes de campagne et des financements politiques de vérifier les comptes de campagne des candidats et d'arrêter le montant du remboursement forfaitaire des dépenses électorales. Ses décisions sont susceptibles d'un recours devant le Conseil constitutionnel.

Les dépenses de campagne sont plafonnées : en 2012, les seuils étaient de 16,9 millions d'euros par candidat au premier tour ; 21,5 millions d'euros au second. Un remboursement est acquis pour chaque candidat : de 4,75 % du premier plafond (800 422 euros) pour les candidats présents au premier tour ; de 47,5 % du premier plafond (8 millions d'euros) pour les candidats ayant obtenu au moins 5 % des suffrages exprimés au premier tour ; de 47,5 % du second plafond (10,69 millions d'euros) pour les candidats ayant participé aux deux tours (sur pièces justificatives). Le remboursement ne couvre pas les dépenses effectives financées par l'emprunt ou l'apport personnel du candidat. La commission Jospin avait proposé que le remboursement public qui comporte un effet de seuil important soit désormais proportionnel au résultat obtenu par chaque candidat (*cf.* proposition n° 2 du rapport de la commission Jospin, nov. 2012).

Depuis 2006, les dépenses sont vérifiées par la Commission nationale des comptes de campagne et des financements politiques (CNCCFP) qui rend des décisions susceptibles de recours devant le Conseil constitutionnel : le 19 décembre 2012, la Commission a ainsi rejeté le compte de campagne de Nicolas Sarkozy, annulation confirmée par le Conseil constitutionnel dans sa décision n° 2013-156 PDR du 4 juillet 2013. En cas de rejet de son compte, le candidat n'a pas droit au remboursement de ses dépenses et doit restituer au Trésor public une somme égale au dépassement du plafond. Ainsi, dans le cas précité, dès lors que le compte de M. Sarkozy a été rejeté, celui-ci n'a pas droit au remboursement forfaitaire prévu à l'article L. 52-11-1 du Code électoral et doit en conséquence restituer au Trésor public l'avance forfaitaire qui lui a été versée. Le parti politique de ce dernier a donc lancé un « sarkothon », ce qui a permis à l'UMP de récolter environ 11 millions d'euros grâce aux dons aux partis politiques, qui ne peuvent excéder 7 500 € par an et par foyer fiscal, ouvrant droit à une réduction d'impôt sur le revenu égale à 66 % du montant donné et dans la limite de 20 % du revenu imposable. Les dons qui ont permis à l'UMP de restituer au Trésor public l'avance forfaitaire versée ont été permis par une dépense fiscale d'environ 7 millions d'euros.

Les primaires

À l'image des États-Unis, se sont développées des procédures de « primaires » en Europe (v. t. 1, n° 385-386).

En France, le parti socialiste (PS) a organisé pour la première fois un scrutin de désignation interne en février 1995 qui a désigné Lionel Jospin comme son candidat à l'élection présidentielle. C'est en vue de l'élection présidentielle de 2012 qu'une primaire ouverte à l'ensemble des électeurs inscrits sur les listes électorales et partageant les valeurs de la gauche a été organisée par le parti socialiste et le parti radical de gauche en 2011. Environ 2,8 millions de personnes participent au second tour du scrutin, qui voit François Hollande être désigné comme candidat à l'élection présidentielle. De même, le parti Les Républicains a organisé une « primaire ouverte » de la droite et du centre qui a désigné au second tour, le 27 novembre 2016, très largement François Fillon contre Alain Juppé, Nicolas Sarkozy étant éliminé au premier tour de celle-ci. François Hollande ayant renoncé à se présenter à sa succession (fait inédit sous la Ve République), le parti socialiste a désigné son candidat Benoît Hamon lors d'une « primaire ouverte » les 22 et 27 janvier 2017, provoquant l'élimination de l'ancien Premier ministre Manuel Valls.

On peut considérer les primaires comme contraires à l'esprit de la Ve République dans la mesure où elles sont le fait des partis politiques. Si, sous l'effet de la « présidentialisation » de ceux-ci, tournés vers la désignation d'un candidat dans les années 70 et 80, celui-ci étant en réalité désigné par un groupe de hiérarques, la primaire dite ouverte est beaucoup plus démocratique.

Pour autant, « *Vouloir faire des primaires en France, c'est comme faire avaler un beefsteak à un ruminant : son estomac n'est pas fait pour cela.* » C'est ce que déclarait le doyen Vedel le 21 novembre 1994 à France 2. Il pensait probablement à la culture politique française dans laquelle le multipartisme est enraciné dans l'histoire (v. tome 1). On y a vu aussi une « américanisation » du système politique français ce qui n'est pas faux. Mais aux États-Unis, la vie politique est structurée depuis deux siècles par le bipartisme. Les primaires permettent de départager entre candidats d'un même camp et la règle veut que le perdant se range aux côtés du vainqueur, même à contrecœur : Ted Cruz en faveur de Donald Trump et Bernie Sanders en faveur d'Hillary Clinton. Rien de tel en France, où le clivage droite-gauche n'a jamais accouché du bipartisme. Droites et gauches ont toujours été plurielles et ce jeu multipolaire s'est encore complexifié avec le surgissement du Front national.

Le système des primaires devait simplifier l'offre électorale, il l'a fait éclater en provoquant une multiplicité des candidatures doublée d'un manque de solidarité, contrairement à l'engagement pris de soutenir le vainqueur. Ainsi, le candidat du PS, Benoît Hamon, s'est vu lâché par Manuel Valls ou l'écologiste François de Rugy, sans compter bien des ténors du parti en faveur d'Emmanuel Macron. Quant à la droite, les deux vaincus de la primaire ont certes formellement soutenu le vainqueur, François Fillon, mais avec la corde qui soutient le pendu à mesure, il est vrai, que les « affaires » ont conduit certains de ses soutiens à s'éloigner. Rien n'interdit aussi à d'autres candidats de prétendre à l'élection dans leur camp comme en témoigne le succès électoral de Jean-Luc Mélenchon, sans compter celui d'Emmanuel Macron, aspirant une bonne partie de l'ancien électorat de François Hollande et une partie de celui de Nicolas Sarkozy.

Sur le plan institutionnel, les primaires ont encore rallongé le temps de l'élection présidentielle tout en accentuant la personnalisation politique. La primaire transforme l'élection en feuilleton médiatique, remplaçant le débat entre les projets par l'antagonisme entre les personnes, les primaires attirant de nombreux candidats en quête de notoriété.

Enfin, malgré une participation importante (près de 2,7 millions pour celle de la gauche et 4,3 millions pour celle de la droite), la logique des primaires même « ouvertes » tend à priver les électeurs d'un camp de leur choix dès lors que c'est le candidat qui représente le cœur de l'électorat le plus clivant et militant et non le plus central qui est choisi, rendant difficile un rassemblement dès le premier tour, quand il n'est pas tout simplement balayé lors des élections (Benoît Hamon avec 6,36 % des voix) ou distancié (comme François Fillon avec 20,01 % par Marine Le Pen qui obtient 21,3 % et est près du score de Jean-Luc Mélenchon : 19,58 %). Il fait participer les plus politisés, les plus intégrés au système politique par leur niveau socio-culturel et leur âge plus élevé, recréant un suffrage objectivement censitaire. Le succès d'Emmanuel Macron constitue étrangement un retour aux sources du principe de l'élection présidentielle sous la Ve République, soit la rencontre d'un homme ou d'une femme avec le peuple, au-delà du choix des partis politiques.

§ 2. Le déroulement des élections présidentielles, vacance, intérim et suppléance (Const., art. 7)

Article 7

« Le président de la République est élu à la majorité absolue des suffrages exprimés. Si celle-ci n'est pas obtenue au premier tour de scrutin, il est procédé, le quatorzième jour suivant, à un second tour. Seuls peuvent s'y présenter les deux candidats qui, le cas échéant après retrait de candidats plus favorisés, se trouvent avoir recueilli le plus grand nombre de suffrages au premier tour.

Le scrutin est ouvert sur convocation du gouvernement.

L'élection du nouveau président a lieu vingt jours au moins et trente-cinq jours au plus avant l'expiration des pouvoirs du président en exercice.

En cas de vacance de la présidence de la République pour quelque cause que ce soit, ou d'empêchement constaté par le Conseil constitutionnel saisi par le gouvernement et statuant à la majorité absolue de ses membres, les fonctions du président de la République, à l'exception de celles prévues aux articles 11 et 12 ci-dessous, sont provisoirement exercées par le président du Sénat et, si celui-ci est à son tour empêché d'exercer ces fonctions, par le gouvernement.

En cas de vacance ou lorsque l'empêchement est déclaré définitif par le Conseil constitutionnel, le scrutin pour l'élection du nouveau président a lieu, sauf cas de force majeure constaté par le Conseil constitutionnel, vingt jours au moins et trente-cinq jours au plus après l'ouverture de la vacance ou la déclaration du caractère définitif de l'empêchement.
Si, dans les sept jours précédant la date limite du dépôt des présentations de candidatures, une des personnes ayant, moins de trente jours avant cette date, annoncé publiquement sa décision d'être candidate décède ou se trouve empêchée, le Conseil constitutionnel peut décider de reporter l'élection.
Si, avant le premier tour, un des candidats décède ou se trouve empêché, le Conseil constitutionnel prononce le report de l'élection.
En cas de décès ou d'empêchement de l'un des deux candidats les plus favorisés au premier tour avant les retraits éventuels, le Conseil constitutionnel déclare qu'il doit être procédé de nouveau à l'ensemble des opérations électorales ; il en est de même en cas de décès ou d'empêchement de l'un des deux candidats restés en présence en vue du second tour.
Dans tous les cas, le Conseil constitutionnel est saisi dans les conditions fixées au deuxième alinéa de l'article 61 ci-dessous ou dans celles déterminées pour la présentation d'un candidat par la loi organique prévue à l'article 6 ci-dessus.
Le Conseil constitutionnel peut proroger les délais prévus aux troisième et cinquième alinéas sans que le scrutin puisse avoir lieu plus de trente-cinq jours après la date de la décision du Conseil constitutionnel. Si l'application des dispositions du présent alinéa a eu pour effet de reporter l'élection à une date postérieure à l'expiration des pouvoirs du président en exercice, celui-ci demeure en fonction jusqu'à la proclamation de son successeur.
Il ne peut être fait application ni des articles 49 et 50 ni de l'article 89 de la Constitution durant la vacance de la Présidence de la République ou durant la période qui s'écoule entre la déclaration du caractère définitif de l'empêchement du président de la République et l'élection de son successeur. »

Le déroulement des élections présidentielles (Const., art. 7, al. 1, 2 et 3)

35 Le scrutin est majoritaire à deux tours. Au premier, un candidat doit recueillir la majorité absolue des suffrages exprimés – ce qui ne s'est jamais produit (*cf.* l'élection présidentielle de 1965 où, lors du premier tour, le général de Gaulle est mis en ballottage par François Mitterrand et n'obtient que 44,65 % des suffrages exprimés). Au second tour, seuls les deux candidats arrivés en tête au premier tour sont présents, le vainqueur étant celui qui obtient la majorité absolue des suffrages exprimés. Le candidat le mieux élu de la Ve République est Jacques Chirac (élection présidentielle

de 2002, 82,2 % des suffrages exprimés) et le moins bien élu est Valéry Giscard d'Estaing (élection présidentielle de 1974, 50,8 % des suffrages exprimés).

Sauf décès ou démission du chef de l'État, l'élection présidentielle se déroule 20 jours au moins et 35 jours au plus avant l'expiration des pouvoirs du président en exercice. Elle dure 15 jours pour chaque tour de scrutin, chaque candidat étant dans ce cas sur un pied d'égalité sous la surveillance d'une Commission nationale de contrôle et, en matière d'audiovisuel, du Conseil supérieur de l'audiovisuel (chaque candidat au premier et au second tour bénéficie de deux heures télévisées et de deux heures radiophoniques). La commission Jospin avait proposé sur ce point deux aménagements : avancer de deux mois la tenue de l'élection présidentielle et des élections législatives ; réduire d'une à deux semaines le délai – actuellement de cinq semaines – entre le second tour de l'élection présidentielle et le premier tour des élections législatives. De même avait-elle proposé de substituer la règle de l'équité à celle de l'égalité pour les temps de parole des candidats pendant la période « intermédiaire » qui s'étend de la publication de la liste des candidats au début de la campagne officielle, en substituant à l'exigence de stricte égalité – laquelle ne paraît justifiée que pendant la campagne officielle – un principe d'équité (propositions n° 3, 5 et 6 du rapport de la commission Jospin, 2012). Cette proposition a fait l'objet d'une loi de modernisation de diverses règles applicables aux élections validée par le Conseil constitutionnel (Cons. const., décis. n° 2016-730 DC, 21 avr. 2016).

Vacance, empêchement, intérim, suppléance (Const., art. 7, al. 4, 5 et 11)

36 Ces quatre notions ne doivent pas être confondues.

La vacance

Du dernier alinéa de l'article 7, il résulte que la vacance se produit d'abord lorsque le titulaire de la fonction ne l'exerce plus (destitution par la Haute Cour, décès, démission). Dans ce cas, le Conseil constitutionnel ne fait que constater la vacance, ce constat ouvrant le délai pour procéder à une nouvelle élection présidentielle, soit 20 jours au moins et 35 jours au plus.

L'empêchement

La vacance proprement dite doit être distinguée de l'empêchement temporaire ou définitif. Il s'agit du cas de maladie, d'enlèvement... Une mise en examen d'un candidat pourrait être considérée comme une forme d'empêchement. Elle demeure impossible dans le cas d'un président candidat à sa succession ce qui place dans une situation plus avantageuse (article 67 de la Constitution).

L'empêchement est déclaré – et non plus constaté – par le Conseil constitutionnel, qui dispose donc d'un pouvoir d'appréciation sur la nature de l'empêchement et son caractère provisoire ou définitif. Saisi par le gouvernement, il statue à la majorité absolue de ses membres. Il s'agit d'un cas d'école tant il semble improbable que le gouvernement entreprenne cette démarche délicate, sauf en présence de maladie atteignant gravement les facultés intellectuelles et/ou physiques. La santé des chefs d'État a beaucoup alimenté la littérature sur le mode « *ces malades qui nous gouvernent* ». Et l'histoire souligne que l'encadrement juridique n'a pas vraiment de sens ni d'efficacité en la matière, y compris en démocratie. Et sauf à faire scruter régulièrement la santé des chefs d'État par des « comités de sages » au risque d'attenter au crédit de la fonction, il doit revenir en conscience à son titulaire le soin de juger si celle-ci l'empêche effectivement de la remplir, sauf s'il a justement perdu cette conscience (on songe, en Angleterre, à George II dont la folie légendaire conduisit le Conseil de régence à le destituer *de facto* ; ou au cas de Paul Deschanel, président de la IIIe République du 18 février au 20 septembre 1920 et atteint du syndrome d'Elpénor accompagné de troubles de désorientation spatiale, ce qui a provoqué un florilège de dérapages).

L'intérim

Il s'applique aux cas de vacance et d'empêchement provisoire ou définitif. Sous la IIIe République, l'intérim était exercé par le Conseil des ministres collectivement et sous la IVe par le président de l'Assemblée nationale. Depuis 1958, il est assuré par le président du Sénat ou, s'il est lui-même empêché, par le gouvernement collégialement. Cette solution se justifiait à l'époque : le collège électoral du Sénat était le même que celui du président de la République. L'intérimaire exerce toutes les compétences de la fonction à l'exception du droit de dissolution (Const., art. 12) et de la consultation du pays par voie de référendum (Const., art. 11). Par ailleurs, le gouvernement ne peut engager sa responsabilité ni faire l'objet d'une motion de censure. Enfin, la Constitution ne peut être révisée pendant la période de l'intérim (Const., art. 89).

Par deux fois, l'intérim a été assuré par le président du Sénat, Alain Poher, en 1969 au lendemain de la démission du général de Gaulle et en 1974 à la suite du décès de Georges Pompidou. Seul le premier intérim a soulevé des difficultés, l'intérimaire étant en même temps candidat, le gouvernement Couve de Murville soutenant son adversaire, Georges Pompidou. Aussi, le gouvernement choisit de se réunir en Conseil de cabinet et donc hors de la présence du chef de l'État pour éviter que le président intérimaire y assistât, et lui refusa ainsi la communication de certains documents. Ce dernier renvoya le secrétaire général aux affaires africaines et malgaches et pensa un moment à tenter de lever l'embargo militaire à destination d'Israël. Il fit aussi ratifier par la France la Convention européenne des droits de l'homme le 3 mai 1974, signée par la France 4 novembre 1950 par Robert Schuman, ministre des Affaires étrangères sous la Ve République.

Depuis la révision constitutionnelle de 1976, le cas d'empêchement ou de décès d'un candidat est envisagé.

– Si le décès ou l'empêchement d'un candidat se produit moins de 7 jours avant la date limite de dépôt des candidatures et s'il s'agit d'une personne ayant fait part publiquement de son intention d'être candidat au moins 30 jours avant cette date, le Conseil constitutionnel a la faculté de reporter l'élection pour une durée de 35 jours, au maximum. En l'occurrence, tout dépend de la « surface politique » du candidat.

– Si le décès ou l'empêchement se produit entre la date limite de dépôt des candidatures, le Conseil constitutionnel doit reporter l'élection ; s'il se produit entre le premier et le second tour, il doit être procédé à nouveau à l'ensemble des opérations électorales.

La suppléance provisoire par le Premier ministre

V. Titre III, article 21, ss 58.

Section 3
L'étendue variable du pouvoir présidentiel (Const., art. 8 à 19)

Les articles 5, 8, 20 et 21 de la Constitution fixant depuis 1958 les attributions respectives du président de la République et du gouvernement de façon ambiguë sont restés inchangés sans que jamais les conséquences de l'élection au suffrage universel direct et de l'existence d'une majorité parlementaire, qui donnent un rôle politique prééminent au chef de l'État, aient donc été tirées.

D'autres compétences sont honorifiques et traversent le temps. Le chef de l'État est protecteur de l'Académie française, Grand maître de l'Ordre national de la Légion d'honneur et de l'Ordre national du mérite. Il faut rappeler qu'avec l'évêque de Seo de Urgel en Espagne, il est depuis 1278 (depuis le rattachement du comté de Foix à la couronne de France), coprince d'Andorre. À ce titre, en vertu de la Constitution d'Andorre (art. 44), les coprinces arbitrent et modèrent le fonctionnement des pouvoirs publics et des institutions. Et, hasard de l'Histoire, le président de la République, comme successeur des rois de France, est chanoine honoraire de la basilique dite Saint-Jean-de-Latran au Vatican, en réalité la basilique du Très-Saint-Sauveur et des saints Jean Baptiste et Jean l'Évangéliste, au Latran.

§ 1. La classification des pouvoirs et la question du contreseing (Const., art. 19)

> **Article 19 de la Constitution**
> *« Les actes du président de la République autres que ceux prévus aux articles 8 (1er alinéa), 11, 12, 16, 18, 54, 56 et 61 sont contresignés par le Premier ministre et, le cas échéant, par les ministres responsables. »*

37 Il existe différentes grilles de lecture des pouvoirs présidentiels. On peut d'abord les distinguer selon qu'il s'agit de pouvoirs « traditionnels » ou non, en fonction de leur degré d'utilisation – cou-

rante ou exceptionnelle –, de leur utilité, de leur effectivité selon les conjonctures politiques. Il existe d'ailleurs une littérature considérable sur ce sujet.

Cependant, la distinction la plus simple demeure juridique, à savoir des actes non soumis à contreseing et ceux qui ne le sont pas d'où la distinction entre « pouvoirs non partagés » ou « propres » et « pouvoirs partagés ». Le contreseing signifie que certains actes du chef de l'État doivent, pour être valables, comporter aussi la signature du Premier ministre et, le cas échéant, des ministres responsables de l'exécution. Elle est posée par l'article 19 de la Constitution qu'on étudiera, par exception logique, en premier. Ils se confondent néanmoins dès que le chef de l'État est assuré d'une majorité parlementaire. Cette distinction est par suite essentiellement pédagogique ce qui nous permet de nous écarter de l'ordre des articles.

Les pouvoirs dispensés de contreseing : une révolution juridique apparente

L'attribution au président de la République de « pouvoirs propres » et donc dispensés de contreseing rompt donc sans conteste avec la « tradition républicaine » (hormis le cas de l'article 67 de la Constitution de 1848 autorisant le président de la République – élu au suffrage universel direct – à révoquer les ministres). À compter de la naissance de la Ve République, le président « n'a pas d'autres pouvoirs que de solliciter un autre pouvoir » énonçait Michel Debré en 1958... Ces pouvoirs propres sont tous en effet d'un usage intermittent et ont largement trait à la mission originelle du chef de l'État de notaire de la République et d'« arbitre ». Il s'agit de l'acte par lequel le président de la République nomme le Premier ministre (Const., art. 8, 1er al), de la décision portant dissolution de l'Assemblée nationale (Const., art. 12), des mesures « exigées par les circonstances » (Const., art. 16), des nominations au Conseil constitutionnel (Const., art. 56) et de la saisine de celui-ci (Const., art. 54 et 61). Il convient de placer à part la décision de soumettre un projet de loi au référendum qui nécessite une proposition présentée par le Premier ministre (Const., art. 11).

Tandis que dans un régime parlementaire le contreseing a pour effet de transférer au gouvernement la totalité des compétences que le chef de l'État n'exerçait que nominalement sous les IIIe et IVe Républiques ainsi que la responsabilité politique de ces actes, il s'agit depuis 1958 de pouvoirs partagés en droit, c'est-à-dire exercés conjointement par le chef de l'État et le gouvernement. En outre, les pouvoirs du président soumis à contreseing dans la Constitution de 1958 rappellent ceux de son prédécesseur de la IVe République mais avec des différences significatives. En matière internationale, le chef de l'État est « chef des armées » et n'en prend pas seulement « le titre ». Sur le plan intérieur, l'article 13 de la Constitution de 1958 transfère intégralement le pouvoir de nomination au président de la République qu'il partage désormais avec le Premier ministre. Cet article lui confère en outre la signature des ordonnances et des décrets délibérés en Conseil des ministres. Et, en dehors des périodes de cohabitation où le contreseing prend un sens parlementaire, en période de concordance des majorités, il demeure une pure formalité.

Les actes du président de la République soumis au contreseing du Premier ministre sont des mesures individuelles (art. 13) sauf délégation à celui-ci (ord. org. n° 58-1136, 28 nov. 1958), des actes de promulgation des lois (Const., art. 10 et 11), les ordonnances de droit commun (Const., art. 38) et spéciales (Const., art. 47, 47-1 et 74-1) de tous les décrets délibérés en Conseil des ministres (art. 13), les décrets fixant les attributions déléguées aux ministres délégués et aux secrétaires d'État (les décrets d'attribution des ministres sont délibérés en Conseil des ministres).

L'exercice des pouvoirs « propres » les plus importants est en partie paralysé si le chef de l'État n'a pas de majorité à l'Assemblée nationale

La nomination du Premier ministre (Const., art. 8-1) : faute de majorité parlementaire favorable au président, c'est la nouvelle majorité qui décide de ce choix à la place du chef de l'État. À l'inverse, soutenu par une majorité parlementaire, il peut « révoquer » le Premier ministre même s'il s'agit formellement d'un pouvoir partagé, la présentation de sa démission étant requise.

– La dissolution de l'Assemblée nationale (Const., art. 12) est désormais relativement hypothétique avec l'alignement de la durée du mandat du président avec celle de l'Assemblée nationale. Soit il y dispose d'une majorité même relative, soit il n'en dispose plus. Dans de dernier cas, en procédant à la dissolution, il risque de s'infliger un second désaveu.

– La proposition de soumettre à référendum un projet de loi (Const., art. 11) est subordonnée à la proposition du Premier ministre et la décision finale appartient au chef de l'État. Or, en période de cohabitation, la proposition dépend de l'accord du Premier ministre.

– Les pouvoirs de crise ont été utilisés une seule fois, en 1961 (Const., art. 16).

– Le droit de message est d'un usage fort intermittent (Const., art. 18).

– Vis-à-vis du Conseil constitutionnel, le président de la République conserve en toute hypothèse la réalité de ses attributions : droit de nomination de trois membres dont le président, soit en principe un tous les trois ans (Const., Titre VII, art. 61), saisine pour lui déférer soit un engagement international en instance de ratification, soit une loi avant sa promulgation.

La cohabitation a montré que certains pouvoirs dits « partagés » entre le chef de l'État et le Premier ministre permettaient au premier d'exercer un droit de veto sur les décisions du second

Déjà la pratique gaullienne des institutions de la Ve République (1958-1969) a montré que la décision d'ouvrir une session extraordinaire à la demande de la majorité des membres de l'Assemblée nationale n'est pas une compétence liée et que le chef de l'État peut s'y refuser et donc y opposer son veto (Const., Titre IV, art. 29 et 30, v. ss 81). Pour le reste, ce sont les périodes de cohabitation qui ont « révélé » ce droit de veto.

– Sur l'inscription à l'ordre du jour d'un projet de loi qu'il peut exceptionnellement retarder et plus largement sur l'ordre du jour du Conseil des ministres (Const., art. 9).

– Sur la nomination des hauts fonctionnaires qu'il peut bloquer (Const., art. 13).

– Sur les ordonnances qu'il peut refuser de signer (Const., art. 38).

– Sur le plan de la défense et de la politique étrangère qu'il peut négocier, au moins dans les grandes orientations (Const., art. 14 et 15).

– En matière de révision constitutionnelle : le chef de l'État peut arrêter la procédure de révision, même si les deux assemblées sont parvenues à l'adoption d'un texte identique, dès lors qu'il dispose du pouvoir de convoquer le Congrès ou le corps électoral en cas de référendum – ainsi du projet de révision de l'article 65 de la Constitution relatif au Conseil supérieur de la magistrature, en janvier 2000 (Const., art. 89).

§ 2. Les actes dispensés de contreseing (Const., art. 8, al. 1, 11, 12, 16, 18)

La nomination du Premier ministre (Const., art. 8, al. 1er)

> **Article 8 de la Constitution**
> *« Le président de la République nomme le Premier ministre. (Il met fin à ses fonctions sur la présentation par celui-ci de la démission du gouvernement. Sur la proposition du Premier ministre, il nomme les autres membres du gouvernement et met fin à leurs fonctions). »*

38 En vertu de l'article 8, alinéa 1er, le choix présidentiel du Premier ministre est en droit discrétionnaire. Mais du fait que le gouvernement est responsable devant l'Assemblée nationale, le Premier ministre doit être choisi au sein de la « majorité parlementaire » ou, pour reprendre une formule du général de Gaulle à Bayeux « *selon l'orientation qui se dégage du Parlement* ». Mais, si l'on se replace dans les circonstances de l'époque, on n'imaginait pas en 1958 qu'une telle majorité pût exister... C'est pourquoi la désignation par le chef de l'État – « au-dessus des partis » – du Premier ministre revêtait une dimension capitale, à savoir le choix d'un homme capable de former une majorité de gouvernement et, dans l'impossibilité d'aboutir, de rendre la parole au peuple en procédant à la dissolution de l'Assemblée nationale. Le phénomène majoritaire en a décidé autrement et a conditionné ce choix.

Le choix du Premier ministre

Dès lors que la majorité parlementaire est conforme à l'orientation présidentielle, le choix du chef de l'État est effectivement discrétionnaire au point de nommer des non-parlementaires (comme Georges Pompidou en 1962, Raymond Barre en 1976, Édith Cresson en 1991, Pierre Bérégovoy en 1992, Dominique de Villepin en 2005). Dans le cas contraire, le choix présidentiel est imposé par la majorité parlementaire – dès lors qu'elle est clairement constituée : Jacques Chirac en 1986, Édouard Balladur en 1993, Lionel Jospin en 1997. Et, le plus souvent, le président nomme comme Premier ministre de son mandat une personnalité qui s'est imposée pendant la campagne présidentielle (François Fillon en 2007, Manuel Valls en 2014).

La « démission-révocation » du Premier ministre

Le chef de l'État nomme le Premier ministre ou met fin à ses fonctions, sur la présentation par celui-ci de la démission du gouvernement (Const., art. 8, 1er al.). Si la nomination est un pouvoir propre, la fin de fonctions, acte dispensé de contreseing, suppose la présentation par le Premier ministre de sa démission.

Le président de la République ne peut, tout au moins en droit, « révoquer » le Premier ministre. Le général de Gaulle déclarera devant le comité consultatif constitutionnel le 8 août 1958 que « *le Premier ministre n'est pas responsable devant le président de la République. Celui-ci ne peut pas le révoquer* ». En fait, il a dû encore transiger puisqu'il affirmait, le 23 juin 1958, lors de la réunion du Conseil interministériel que « *le président de la République doit désigner le gouvernement. Il doit pouvoir dissoudre l'Assemblée ou le gouvernement si l'un ou l'autre excède les limites de sa compétence* ». Si l'on rapproche cette proposition de la mouture initiale de l'article 1er (futur article 5) consacré au chef de l'État et à la définition de son rôle – l'orientation générale de la politique –, on aperçoit la cohérence ; que le Parlement ou surtout le gouvernement s'écarte de cette orientation, le président doit pouvoir alors mettre fin à leur mandat. Si le droit de dissolution de l'Assemblée comme pouvoir propre du président fut contesté par Guy Mollet mais finalement admis, celui de « dissoudre » le gouvernement ne put l'être devant les objections des ministres d'État, Pierre Pflimlin et Guy Mollet. Mais la pratique gaullienne affirmera la responsabilité du gouvernement devant le chef de l'État. N'invoquera-t-il pas en outre le « droit » de « changer » le Premier ministre, dans sa fameuse conférence de presse du 31 janvier 1964 ?

Comme on vient de le voir, le président de la République ne dispose pas du droit de le révoquer le Premier ministre. Cependant, les chefs d'État disposant d'une majorité parlementaire se le sont octroyé. Certes, le Premier ministre « présente sa démission », quand il n'a pas rédigé au moment de sa nomination une lettre de démission en blanc (comme Georges Pompidou en 1967 ou Pierre Messmer en 1972). Il demeure que cette pratique, qui s'apparente clairement dans certains cas à la démission – révocation pure et simple comme on vient de le voir (Jacques Chaban-Delmas en 1972, Michel Rocard en 1991) –, demeure une convention valable en période de concordance des majorités et implique une responsabilité – implicite mais décisive – du Premier ministre devant le chef de l'État. Cette convention se traduit par la faculté pour le président de changer bien sûr le Premier ministre au lendemain de l'élection présidentielle mais aussi de le changer après des élections législatives ou de le changer, éventuellement, indépendamment des élections.

Les formes constitutionnelles sont respectées dans la mesure où nous sommes, hors démission volontaire du Premier ministre ou cohabitation, dans le non-dit : « *Mon Général, écrit le 14 avril 1962 Michel Debré, (...) Depuis trois ans et trois mois, un grand effort, me semble-t-il, a été accompli. Mais cette tâche était dominée par le drame algérien (...). Comme il était convenu, et cette étape décisive étant franchie, j'ai l'honneur, mon Général, de vous présenter la démission du gouvernement* » ; ou dans un autre style François Mitterrand à Pierre Mauroy : « *Comme nous en sommes convenus au cours de nos récents entretiens, l'évolution de la situation politique appelle maintenant la formation d'un nouveau gouvernement. J'accède, en conséquence, à la demande que vous m'avez présentée de mettre fin à vos fonctions* » (le 17 juillet 1984).

Dans d'autres cas, la disgrâce se lit entre les lignes : « *Mon Général,* écrit Georges Pompidou le 10 juillet 1968, *Vous avez bien voulu me faire part de votre intention, au moment où va se réunir l'Assemblée nationale élue les 23 et 30 juin, de procéder à la nomination d'un nouveau gouvernement. J'ai l'honneur, en conséquence, et conformément aux dispositions de l'article 8 de la Constitution, de vous présenter la démission du gouvernement* ». Ce à quoi lui répond le général de Gaulle : « *Mesurant ce qu'a été le poids de votre charge à la tête du gouvernement pendant six ans et trois mois, je crois devoir accéder à votre demande de n'être pas, de nouveau, nommé Premier ministre* ». Dans le même style, on trouve la « démission » de M. Jacques Chaban-Delmas qui écrit le 5 juillet 1972 : « *Monsieur le président de la République, Vous m'avez fait part de votre intention de changer le gouvernement (...), j'ai donc l'honneur de vous présenter la démission du gouvernement* ». Quant à Michel Rocard, il écrit le 15 mai 1991 : « *Monsieur le Président de la République, Vous avez bien voulu me faire part de votre intention de former un nouveau gouvernement. (...) À l'heure où il me faut vous présenter la démission de ce gouvernement (...)* ».

Il est cependant arrivé qu'un Premier ministre démissionne de lui-même (Jacques Chirac en 1976) ou qu'il y soit contraint par l'Assemblée nationale à la suite d'une motion de censure (Georges Pompidou en 1962). Fait inédit, Manuel Valls, Premier ministre de François Hollande, a annoncé sa démission lors de sa déclaration de candidature à l'élection présidentielle le 5 décembre 2016, soit la veille de son officialisation qui n'a pas donné lieu, fait aussi exceptionnel, à un échange de courriers rendu public.

La désignation d'un ministre chargé de l'intérim du Premier ministre

Notons, enfin, qu'il est loisible au chef de l'État de désigner un ministre chargé de l'intérim du Premier ministre, disposant de la totalité des pouvoirs du Premier ministre en titre, qui est empêché temporairement, mais cette désignation doit revêtir l'accord de ce dernier – le décret est donc contresigné par lui et prend effet avant même sa publication au *Journal officiel*. Cette faculté a été jugée conforme à la Constitution par le Conseil constitutionnel (Cons.

const., décis. n° 89-264 DC, 9 janv. 1990, *Loi de programmation relative à l'équipement militaire pour les années 1990-1993*, cons. 5). En l'espèce, le président Mitterrand, en l'absence du Premier ministre Michel Rocard, avait désigné par décret M. Lionel Jospin, ministre de l'intérim du Premier ministre qui avait, au surplus, compétence pour engager la responsabilité du gouvernement sur le vote d'un texte. Au-delà de la lettre de l'article 21 de la Constitution, cette solution assure la continuité de l'action gouvernementale. La mission de l'intérimaire prend fin dès le retour du titulaire, sans texte. Quelques années plus tard, M. Jack Lang a assuré l'intérim en l'absence du Premier ministre Pierre Bérégovoy (décr. 31 oct. 1992).

La désignation du Premier ministre chargé de l'intérim d'un ministre

Le décret est pris par le président de la République sur rapport du Premier ministre. Il est signé et contresigné selon les règles de droit commun. En l'espèce, le Premier ministre Jacques Chirac est chargé de l'intérim du ministre des Finances Édouard Balladur (décr. 25 janv. 1988, signé par François Mitterrand).

Le référendum (Const., art. 11)

Article 11 de la Constitution

« *Le président de la République, sur proposition du gouvernement pendant la durée des sessions ou sur proposition conjointe des deux assemblées, publiées au* Journal officiel, *peut soumettre au référendum tout projet de loi portant sur l'organisation des pouvoirs publics, sur des réformes relatives à la politique économique, sociale ou environnementale de la Nation et aux services publics qui y concourent, ou tendant à autoriser la ratification d'un traité qui, sans être contraire à la Constitution, aurait des incidences sur le fonctionnement des institutions.*

Lorsque le référendum est organisé sur proposition du gouvernement, celui-ci fait, devant chaque assemblée, une déclaration qui est suivie d'un débat.

Un référendum portant sur un objet mentionné au premier alinéa peut être organisé à l'initiative d'un cinquième des membres du Parlement, soutenue par un dixième des électeurs inscrits sur les listes électorales. Cette initiative prend la forme d'une proposition de loi et ne peut avoir pour objet l'abrogation d'une disposition législative promulguée depuis moins d'un an.

Les conditions de sa présentation et celles dans lesquelles le Conseil constitutionnel contrôle le respect des dispositions de l'alinéa précédent sont déterminées par une loi organique.

> *Si la proposition de loi n'a pas été examinée par les deux assemblées dans un délai fixé par la loi organique, le président de la République la soumet au référendum.*
> *Lorsque la proposition de loi n'est pas adoptée par le peuple français, aucune nouvelle proposition de référendum portant sur le même sujet ne peut être présentée avant l'expiration d'un délai de deux ans suivant la date du scrutin.*
> *Lorsque le référendum a conclu à l'adoption du projet ou de la proposition de loi, le président de la République promulgue la loi dans les quinze jours qui suivent la proclamation des résultats de la consultation.* »

39 Le référendum, « *complément suffisant de l'idée de représentation* » (Carré de Malberg), n'est pas uniquement inscrit à l'article 11. Au niveau national, il est prévu par l'article 88-5 (adhésion d'un État à l'Union européenne), l'article 89 (révision de la Constitution), l'alinéa 2 du Préambule de 1958 et les articles 53, 76 et 77 (autodétermination). Au niveau local, le référendum est consultatif (art. 72-1, al. 3, art. 72-4 et art. 73, al. 7).

Sous la Vᵉ République, il consacre, principalement au titre des articles 11 et 89, la démocratie semi-directe, c'est-à-dire le fait que « *la souveraineté nationale appartient au peuple qui l'exerce par ses représentants et par la voie du référendum* » (art. 3) et a joué un rôle majeur dans l'enracinement du pouvoir présidentiel et dans l'évolution du régime. Au référendum d'initiative présidentielle, la révision constitutionnelle de 2008 a ajouté un référendum d'initiative partagée.

Le référendum d'initiative présidentielle est subordonné à une proposition (Const., art. 11, al. 1 et 2)

La décision présidentielle est subordonnée à la proposition conjointe des assemblées ou à celle du Premier ministre pendant la durée des sessions. En période de concordance des majorités, le pouvoir d'initiative du président se confond au pouvoir de proposition puisqu'il suffit au président de solliciter le gouvernement.

Sans doute, le gouvernement ne doit-il pas avoir été renversé. Le général de Gaulle, dans une note méconnue « au sujet d'un éventuel refus parlementaire de voter les moyens d'un armement nucléaire national » du 10 juillet 1962, avait envisagé cette hypothèse (Lettres, Notes et Carnets, 1961-1963, Plon, 1986, p. 245-246) et proposé une solution juridique audacieuse :

« Rien n'est plus naturel et constitutionnel qu'un référendum sur le sujet (...) le fait de censurer le gouvernement, notamment sur une question de ce genre (...) aurait pour conséquence immédiate la dissolution de l'Assemblée nationale (...). Quant à la procédure, voici ce qui serait à la fois conforme à la Constitution et conforme à la politique, au cas où la censure serait adoptée.

a) Démission du gouvernement

b) Nomination du nouveau gouvernement, quasi identique au premier

c) Immédiatement après et sur proposition de ce nouveau gouvernement publication du projet de loi du référendum et du décret de convocation des électeurs.

d) Aussitôt après (quelques heures), décret de dissolution de l'Assemblée nationale et convocation des électeurs pour les élections ».

Cette solution serait impossible aujourd'hui puisque depuis 1995, si « *le référendum est organisé sur proposition du gouvernement, celui-ci fait, devant chaque assemblée, une déclaration suivie d'un débat* ».

Le champ d'application du référendum

Le décret du président de la République soumettant un projet de loi à référendum est un acte de gouvernement (CE, 29 avr. 1970, *Comité des chômeurs de la Marne et Sieur Le Gac*).

Le chef de l'État peut décider de soumettre à référendum :

– tout projet de loi portant sur l'organisation des pouvoirs publics : cette notion prête à controverse et a permis de procéder à la révision de la Constitution (v. Titre XVI, art. 89). La première version gaullienne du futur article 11 élaborée par Michel Debré et son comité d'experts indique : « *Dans le cadre des missions qui lui sont conférées par l'article 1er (le futur article 5), le président de la République peut, sur proposition du Premier ministre, soumettre au référendum tout projet de loi que le Parlement aurait refusé d'adopter ainsi que toute question fondamentale pour la vie de la nation* ». Cette version fut aménagée pour aboutir à la version définitive de l'article 11, et en 1958 Paul Reynaud avait « *pris acte, avec satisfaction, de l'esprit dans lequel est conçu le référen-*

dum qui ne peut être, en aucun cas, un moyen d'opposer le gouvernement aux assemblées. Pour souligner ce caractère, il a prévu [...] qu'il ne pourrait jouer que pendant la durée des sessions ». Mais la pratique gaullienne du référendum se conformera plutôt à la première mouture du texte, le général de Gaulle utilisant cette procédure pour passer outre l'opposition du Parlement afin de réviser, de manière contestée, la Constitution pour instaurer l'élection du président de la République au suffrage universel en 1962 et régler le problème algérien.

– la ratification d'un traité qui, sans être contraire à la Constitution, aurait des incidences sur le fonctionnement des institutions : il s'agit toujours d'un projet de loi. Cette procédure a été utilisée pour la première fois par Georges Pompidou en 1972 à propos du traité de Bruxelles (élargissement des Communautés européennes à la Grande-Bretagne), puis préalablement à la ratification du traité de Maastricht du 7 février 1992 ainsi que de celui du 29 octobre 2004 établissant une constitution pour l'Europe qui, faute de majorité, n'a pu être ratifié ;

– « *des réformes relatives à la politique économique et sociale de la Nation et aux services publics qui y concourent* », depuis la révision constitutionnelle du 4 août 1995 ;

– « *ou environnementale* » depuis la révision du 23 juillet 2008, ce qui exclut les « *questions de société* », comme le « mariage pour tous » en réalité pour des personnes du même sexe, expressément écartées lors de la discussion de la révision constitutionnelle de 1995, comme l'indiquait à l'époque Jacques Toubon, garde des Sceaux : « *En limitant l'extension du champ référendaire aux matières économiques et sociales, le gouvernement a choisi d'exclure (...) ce qu'il est convenu d'appeler les questions de société (...) (soit) le droit pénal, l'entrée et le séjour des étrangers en France, les libertés publiques (...) et le droit civil* »... En tout état de cause, le mariage est une liberté publique garantie et protégée par l'article 12 de la Convention européenne mais surtout consacrée par le Conseil constitutionnel qui énonce, dans sa décision du 13 août 1993 : « *le principe de la liberté du mariage qui est une des composantes de la liberté individuelle* » et, dans sa décision du 20 novembre 2003, il la rattache à la « *liberté personnelle* », découlant des articles 2 et 4 de la Déclaration des droits de l'homme et du citoyen de 1789 (v. Annexes). Or l'idée initiée par François Mitterrand d'élargir le référendum de l'article 11 au domaine des libertés publiques, en juillet 1984, par une révision constitutionnelle qui fut adoptée par l'Assemblée nationale, a été rejetée par le Sénat. Depuis cette date, il n'a plus jamais été question d'élargir le champ du référendum aux libertés publiques et les amendements en 2008 voulant inclure dans celui-ci les « *questions de société* » ont été repoussés. Le chef de l'État peut s'en remettre au Conseil constitutionnel qui s'est reconnu compétent pour vérifier la conformité du décret de convocation des électeurs à la Constitution et donc au respect du champ d'application de l'article 11 (Cons. const., décis. n° 2005-31 REF, 24 mars 2005).

Notons que dès lors que le chef de l'État est habilité par une loi référendaire à exercer son pouvoir réglementaire pour prendre des ordonnances qui relèvent normalement du domaine de la loi, ces ordonnances conservent le caractère d'actes réglementaires et sont donc susceptibles d'être déférées devant le Conseil d'État par la voie du recours pour excès de pouvoir (CE, 19 oct. 1962, *Canal, Robin et Godot*). Enfin, si la loi référendaire est adoptée, elle doit être promulguée dans les 15 jours. Rappelons que le Conseil constitutionnel se déclare incompétent pour examiner sa conformité à la Constitution (Cons. const., décis. n° 62-20 DC, 6 nov. 1962, *Loi relative à l'élection du président de la République au suffrage universel direct, adoptée par le référendum du 28 octobre 1962*). La loi référendaire s'analyse comme une source occasionnelle du pouvoir législatif et peut donc être, à l'image des autres lois ordinaires, modifiée, complétée, voire certaines de ses dispositions abrogées « *sous la seule réserve que le législateur ne prive pas de garanties légales des principes de valeur constitutionnelle* » (Cons. const., décis. n° 89-265 DC, 9 janv. 1990, *Amnistie en Nouvelle-Calédonie*).

L'usage du référendum

Sans revenir dans le détail de leurs résultats, notons que les référendums de la République gaullienne, engageant la responsabilité du chef de l'État, ont été marqués par une forte participation populaire (76 % en janvier 1961 sur l'autodétermination de l'Algérie, 75 % en avril 1962 sur l'indépendance de l'Algérie, 77 % en octobre 1962 sur l'élection du président, 81 % en 1969 sur la création des régions et la réforme du Sénat). Cette multiplication des référendums a contribué à la bipolarisation des choix – pour ou contre le Général et le régime de la Ve République – qu'impliquait la consultation. Il a surtout servi à asseoir le régime dans les premières années de sa fondation.

Il a été reproché au général de Gaulle, par référence au Second Empire, de faire des « plébiscites » en engageant son mandat sur un texte. La critique s'est aujourd'hui estompée tant la comparaison, en démocratie, ne vaut pas : les référendums gaulliens n'ont jamais abouti à la « *confiscation du pouvoir* » par un homme. Au contraire, il a eu pour effet de raccourcir son mandat (et non de le rallonger par un « blanc-seing »), le général de Gaulle démissionnant de ses fonctions en 1969 après l'échec du référendum... Cet engagement de la responsabilité du chef de l'État sur un enjeu essentiel présente certaines analogies avec l'engagement de la responsabilité gouvernementale sur un texte devant l'Assemblée nationale, en application de l'article « 49-3 ».

Après l'échec du référendum de 1969, les référendums suivants soulignent une évidence : dès que l'enjeu n'est pas décisif, le référendum ne mobilise pas l'électorat (40 % d'abstention lors du référendum sur l'adhésion à la Communauté européenne de la Grande-Bretagne en 1972 ; 70 % sur le quinquennat en 2000). Toutefois, si la pratique post-gaullienne n'implique plus un engagement de responsabilité, le référendum peut tout de même se révéler dangereux pour celui qui l'initie... Valéry Giscard d'Estaing n'en fit pas usage. En 1984, François Mitterrand proposa, par la voie de l'article 89, d'élargir le champ de l'article 11 aux projets de lois portant sur les garanties des libertés publiques, mais il se heurta au veto du Sénat : ayant plus tard déclaré conforme à la Constitution l'usage gaullien de l'article 11, il eût pu en faire usage pour contourner ce veto. Puis, en 1988, sur proposition de son Premier ministre, Michel Rocard, un référendum fut organisé le 6 novembre sur le statut de la Nouvelle-Calédonie, faisant suite à un accord scellé sous l'égide du gouvernement. Mais l'abstention étant prônée par le RPR, tout concourait à une faible mobilisation de l'électorat et le taux d'abstention atteignit les 63 %. Seul le référendum sur le traité de Maastricht du 20 septembre 1992 a permis de retrouver une participation populaire significative (70 %), malgré l'absence d'engagement de la responsabilité du chef de l'État. Le résultat fut serré (51 % contre 49 %), contrairement à ce qu'annonçaient les sondages. En effet, dès la campagne référendaire engagée, peuvent se greffer naturellement divers enjeux de politique intérieure auxquels s'ajoutent de multiples protestations qui rendent, à mesure que le temps passe, le résultat incertain et qui font peser un risque sur la victoire du « oui »...

Dans la mesure où le chef de l'État n'engage plus sa responsabilité depuis 1969, le référendum est désormais d'usage tactique. En effet, il est largement devenu inconcevable qu'il puisse entraîner la démission de celui qui l'engage – comme le souligne en particulier la thèse du « suicide » politique du général de Gaulle en 1969 : comment un acteur politique pourrait-il aussi « stupidement » perdre le pouvoir ? Dès lors l'usage du référendum n'est jamais dénué d'arrière-pensées politiques. Il s'agit de diviser l'opposition (1972, 1992), voire d'échapper à la censure du Conseil constitutionnel (1988). Cette « *instrumentalisation* » du référendum (Jean-Marie Denquin) a-t-elle contribué à son déclin ? Disons plutôt qu'elle n'est pas concluante : le calcul coût/avantages de l'utilisation du référendum étant des plus incertains. En outre, la construction européenne depuis 1992, qui divise les camps politiques et brouille les clivages, a placé le référendum dans un étau. Les « souverainistes », dont la volonté de faire un flatteur appel au peuple peut faire office de « repoussoir », ont réclamé son usage en 1998, suite à la signature du traité d'Amsterdam. Il est craint par les « européistes », qui donnent parfois le sentiment que la construction européenne est une chose inéluctable et trop sérieuse pour la confier au peuple – le référendum étant alors considéré comme une arme que les gouvernants jugent inutile et même dangereuse. Pourtant, étant donné qu'il est une des conditions essentielles d'exercice de la souveraineté populaire, il apparaît naturel. C'est ainsi que le président de la République a opté pour la voie du référendum, le 29 mai 2005, au sujet du traité établissant une Constitution pour l'Europe, référendum rejeté par 54,67 % des suffrages exprimés. Le résultat négatif du référendum (marqué par une forte participation populaire, 69,3 %), similaire à celui organisé aux Pays-Bas trois jours après, a scellé le sort du traité et confirmé les craintes actuelles des « européistes » à l'utiliser, lesquels privilégient la voie parlementaire (TFUE en 2008, TSCG en 2012).

Le contentieux des actes préparatoires au référendum

V. Titre VII, ss 165.

Le référendum de l'article 11 et la révision de la Constitution

V. Titre XVI, art. 89, ss° 253 s.

Le référendum d'initiative « partagée » (Const., art. 11, al. 3)

La révision constitutionnelle du 23 juillet 2008 instaure un référendum d'initiative partagée, qui n'est nullement un « référendum d'initiative populaire » comme on peut le lire parfois, dont le champ d'application est limité aux réformes économiques, sociales et désormais « environnementales », ainsi qu'à la ratification d'un traité qui, sans être contraire à la Constitution, aurait des incidences sur le fonctionnement des institutions. Inspirée notamment des travaux de la commission Vedel puis Balladur mais aussi de propositions du parti socialiste, cette révision de l'article 11 est le fruit d'un amendement de l'Assemblée nationale lors du débat constitutionnel en 2008. La loi organique et la loi ordinaire mettant en œuvre la révision ont été promulguées le 6 décembre 2013 et le règlement de l'Assemblée nationale a été modifié en conséquence le 28 novembre 2014. L'initiative doit prendre la forme d'une proposition de loi soutenue par 1/5e au moins des membres du Parlement. Saisi de cette proposition de loi, le Conseil constitutionnel en contrôle la conformité à la Constitution (Const., art. 61). Si elle est déclarée conforme, une période de neuf mois s'ouvre pour la collecte des soutiens des citoyens, par voie électronique (art. 4 et 5, loi organique précitée). L'initiative doit recueillir le soutien d'au moins 1/10e des citoyens inscrits sur les listes électorales. Si celle-ci est déclarée recevable, la proposition de loi devra faire l'objet d'au moins une lecture par chacune des deux assemblées dans un délai de 6 mois à compter de la décision du Conseil constitutionnel. À défaut d'examen dans les délais prévus, le président de la République soumettra la proposition de loi au référendum (art. 9, loi organique précitée). On le voit, les obstacles procéduraux à la mise en œuvre d'une telle initiative sont nombreux voire (presque) insurmontables... Nonobstant quelques réserves, le Conseil constitutionnel a déclaré conforme à la Constitution la loi organique du 6 décembre 2013 (Cons. const., décis. n° 2013-681 DC, 5 déc. 2013, *Loi organique portant application de l'article 11 de la Constitution*).

Le droit de dissolution de l'Assemblée nationale

> **Article 12 de la Constitution**
> *« Le président de la République peut, après consultation du Premier ministre et des présidents des assemblées, prononcer la dissolution de l'Assemblée nationale Les élections générales ont lieu vingt jours au moins et quarante jours au plus après la dissolution.*
> *L'Assemblée nationale se réunit de plein droit le deuxième jeudi qui suit son élection. Si cette réunion a lieu en dehors de la période prévue pour la session ordinaire, une session est ouverte de droit pour une durée de quinze jours.*
> *Il ne peut être procédé à une nouvelle dissolution dans l'année qui suit ces élections. »*

40 On a vu comment ce droit était tombé en désuétude sous la IIIe République et analysé ses conditions complexes de mise en œuvre sous la IVe République, contournées par les partis grâce au « vote calibré » (aboutissant à une seule dissolution, *cf.* Décr. 1er déc. 1955, portant dissolution de l'Assemblée nationale, signé par le président René Coty).

La conception de la dissolution sous la Ve République n'est pas totalement étrangère à la dissolution royale de la monarchie parlementaire à la différence de taille qu'elle permet au peuple tout entier de trancher un conflit politique. Rappelons que la dissolution est impossible pendant l'intérim de la présidence de la République ou dès lors que l'article 16 de la Constitution est en vigueur.

Une décision discrétionnaire

Les consultations sont de pure forme et peuvent l'être strictement : en octobre 1962, le général de Gaulle reçut à peine quelques minutes, debout et sans lui serrer la main, le président du Sénat Gaston Monnerville – qui l'avait accusé indirectement de forfaiture lors de la mise en œuvre de l'article 11 s'agissant de l'élection du président de la République au suffrage universel direct (le « cartel des non »).

Prérogative discrétionnaire du chef de l'État, le décret de dissolution est soustrait à tout contrôle juridictionnel : le Conseil constitutionnel se déclare incompétent pour en connaître (Cons. const., décis. n° 88-1040/1054 AN, 13 juill. 1988). Le Conseil d'État en fait de même en considérant qu'il s'agit d'un acte de gouvernement (CE, 20 févr. 1989, *Allain*).

Les types de dissolution

Instrument « *de la stabilité gouvernementale* » et permettant aussi « *un bref dialogue qui peut régler un conflit ou faire entendre la voix du peuple à une heure décisive* » (Michel Debré le 27 août 1958), la dissolution a été utilisée à cinq reprises depuis 1958, elle a fait l'objet d'usages distincts ayant cependant en commun d'établir en général la suprématie présidentielle, mais pas toujours...

Notons que ses effets sont liés, dans ce cadre, au scrutin majoritaire qui permet de dégager généralement une majorité et une opposition clairement identifiées. Avec un scrutin à la proportionnelle à l'Assemblée nationale, l'effet de la dissolution serait beaucoup plus incertain et surtout inefficace.

La dissolution punitive : c'est la plus conforme au parlementarisme. L'Assemblée nationale, renversant le gouvernement, est à son tour dissoute comme ce fut le cas le 9 octobre 1962, par le général de Gaulle, après le renversement du gouvernement Pompidou. Au-delà, elle a fait trancher, par le peuple, la question de l'avenir du régime, constituant pour ainsi dire la répétition générale du référendum sur l'élection du chef de l'État au suffrage universel direct. Cette dissolution devait opérer aussi la dissolution du système de partis de la IVe République et l'avènement du phénomène majoritaire.

La dissolution référendaire : elle a pour but de faire trancher un problème grave par le peuple et fait office de substitut au référendum – question de confiance. Le 30 mai 1968, le général de Gaulle, différant le référendum qu'il avait annoncé, prononçait la dissolution de l'Assemblée pour sortir le pays de la crise universitaire, politique et sociale qu'il traversait.

La dissolution d'alternance : elle vise à assurer au président nouvellement élu une majorité parlementaire conforme à la majorité présidentielle qui l'a porté au pouvoir. C'est ainsi que François Mitterrand, les 22 mai 1981 et 14 mai 1988, devait dissoudre l'Assemblée nationale, composée d'une majorité qui lui était hostile.

La dissolution tactique : cette dissolution, dite de façon en partie inexacte « à l'anglaise » – dans la mesure où elle n'engage pas le détenteur du droit de dissolution à démissionner en cas d'échec – vise à saisir le moment favorable pour conforter sa majorité et assurer le pouvoir de la durée. Si Jacques Chirac avait écarté le 14 juillet 1996 toute « dissolution de confort », il y procéda le 21 avril 1997 en vue d'éviter un échec redouté lors des élections législatives de 1998 et de disposer d'une majorité plus disciplinée, le soutenant jusqu'au terme de son mandat et lui assurant des conditions favorables pour sa réélection. On sait qu'une nouvelle cohabitation eut lieu jusqu'en 2002.

La dissolution dissuasive : sans usage, la dissolution n'en est pas moins utile en ce qu'elle est une menace, une « épée de Damoclès », suspendue au-dessus des députés de la majorité. Elle assure sa cohésion et limite ses divisions. Ainsi, dans la crainte de la dissolution, le RPR n'alla pas jusqu'à renverser le gouvernement Barre de 1976 à 1981, faute de se retrouver sans alliés UDF au second tour et risquant surtout de mener l'ensemble de la majorité à la défaite. Cette même menace qui a pesé, au moins dans les esprits, sur la majorité de gauche sous le gouvernement Valls, qui s'est rétrécie et fait preuve d'indiscipline au point de rendre nécessaire l'usage de l'article 49, al. 3 à deux reprises à l'occasion de l'examen des projets de loi dits « Macron » et « El Khomri ».

Les pouvoirs exceptionnels (Const., art. 16)

Article 16 de la Constitution

« Lorsque les institutions de la République, l'indépendance de la Nation, l'intégrité de son territoire ou l'exécution de ses engagements internationaux sont menacés d'une manière grave et immédiate et que le fonctionnement régulier des pouvoirs publics constitutionnels est interrompu, le président de la République prend les mesures exigées par ces circonstances, après consultation officielle du Premier ministre, des présidents des assemblées ainsi que du Conseil constitutionnel.

Il en informe la Nation par un message.

Ces mesures doivent être inspirées par la volonté d'assurer aux pouvoirs publics constitutionnels, dans les moindres délais, les moyens d'accomplir leur mission. Le Conseil constitutionnel est consulté à leur sujet.

Le Parlement se réunit de plein droit.

L'Assemblée nationale ne peut être dissoute pendant l'exercice des pouvoirs exceptionnels.

Après trente jours d'exercice des pouvoirs exceptionnels, le Conseil constitutionnel peut être saisi par le président de l'Assemblée nationale, le président du Sénat, soixante députés ou soixante sénateurs, aux fins d'examiner si les conditions énoncées au premier alinéa demeurent réunies. Il se prononce dans les délais les plus brefs par un avis public. Il procède de plein droit à cet examen et se prononce dans les mêmes conditions au terme de soixante jours d'exercice des pouvoirs exceptionnels et à tout moment au-delà de cette durée. »

41 Il faut remonter loin dans le temps et dans l'espace pour retrouver une disposition analogue (art. 14 de la Charte de 1814, art. 48 de la Constitution de Weimar de 1919, théorie des circonstances exceptionnelles, CE, 28 juin 1918, *Heyriès*). Le chef de l'État se voit attribuer les pouvoirs exceptionnels de l'article 16, dans le droit fil du discours de Bayeux de 1946 et du souvenir de la défaite de 1940. Malgré les inquiétudes, le climat algérien plaide pour ce dispositif que le comité consultatif constitutionnel cherchera vainement à entourer de garanties réelles. Il a été inspiré au général de Gaulle par les événements de mai-juin 1940 et l'impuissance constitutionnelle du chef de l'État, Albert Lebrun, à assumer ses responsabilités dans ce drame national. Aussi, l'article 16 doit permettre au président de la République, en cas de crise grave, d'exercer une sorte de dictature à la romaine en exerçant des pouvoirs exceptionnels, en fait la plénitude du pouvoir législatif et réglementaire, et ajoutons militaire, et qui donne

tout son sens historique à cette disposition. Mais la qualité de chef en ces circonstances peut-elle être révélée par le droit ? Quant au caractère exceptionnel de l'usage de l'article 16, quelques esprits inquiets voire dérangés avaient proposé, avant l'alternance de 1981, l'usage de l'article 16 en cas de cohabitation conflictuelle... Mais, on ne sait jamais.

Les conditions de mise en œuvre de cet article (avant comme après la révision constitutionnelle de 2008) restent inchangées et supposent la réunion de deux conditions cumulatives : une menace grave et immédiate sur les institutions de la République, l'indépendance de la Nation, l'intégrité du territoire ou l'exécution des engagements internationaux de la France *et* l'interruption du fonctionnement régulier des pouvoirs publics. Tout est dans le « et » mais le chef de l'État est seul juge de la réunion des deux conditions. En avril 1961 lors du putsch des généraux en Algérie, le général de Gaulle a considéré qu'elles étaient réunies, suivi en cela par le Conseil constitutionnel.

Le régime juridique de l'article 16 antérieur à la révision constitutionnelle de 2008

L'article 16 offre au chef de l'État tous les pouvoirs, sans contrôle sur l'opportunité de leur mise en œuvre. L'Assemblée nationale, bien que réunie de plein droit et ne pouvant être dissoute, ne peut censurer le gouvernement : telle fut du moins l'interprétation contestée du président de l'Assemblée nationale en 1961 – sauf si la session de plein droit coïncide avec la session ordinaire. La décision de mise en œuvre de l'article 16 échappe à tout contrôle juridictionnel, « *cette décision présente le caractère d'un acte de gouvernement dont il n'appartient au Conseil d'État ni d'apprécier la légalité, ni de contrôler la durée d'application* » (CE, 2 mars 1962, *Rubin de Servens*), au contraire des décisions prises en application de l'article 16 intervenant dans le champ réglementaire. Le Conseil constitutionnel donne un avis motivé et publié, comme le prévoit l'article 53 de l'ordonnance du 7 novembre 1958. Le président de la République n'est aucunement lié par le résultat des consultations auxquelles il est tenu de procéder, mais le désaccord public du juge constitutionnel ou de l'une des autorités consultées le mettrait dans une position très difficile, les décisions en découlant ne donnent lieu qu'à des avis non publiés. La seule réplique pouvant être exercée est la mise en accusation du chef de l'État pour « *manquement à ses devoirs manifestement incompatible avec l'exercice de son mandat* » en vertu de l'article 68 de la Constitution. Une solution moins radicale pourrait être la censure du gouvernement lorsque prend fin la mise en œuvre de l'article 16.

Une durée excessive. L'article 16 de la Constitution a été utilisé, comme on l'a vu, une seule fois en 1961 à la suite du putsch des généraux à Alger, du 23 avril (jour du message solennel du général) au 29 septembre (soit cinq mois et sans doute au-delà du nécessaire, la tentative de coup d'État militaire ayant avorté le 25 avril). Le Conseil constitutionnel a considéré que les conditions de sa mise en vigueur étaient réunies (Cons. const., décis. n° 61-1 AR 16, 23 avr. 1961). La critique principale a porté sur la durée pendant laquelle les pouvoirs exceptionnels ont été appliqués. Dans ses *Mémoires*, Léon Noël, président du Conseil constitutionnel de 1959 à 1965, note que « *de toute évidence, les conditions avaient, très rapidement, cessé d'être réunies puisque nul n'aurait pu prétendre que le fonctionnement régulier des pouvoirs publics constitutionnels était "interrompu"* ».

Les décisions prises. Au cours de cette période, 18 décisions ont été prises par le général de Gaulle (prorogation de l'état d'urgence, suspension de l'inamovibilité des magistrats, révocation d'officiers et de fonctionnaires, prorogation des délais de garde à vue, interdiction de publications, création d'un Haut Tribunal militaire qui prononcera 23 condamnations dont plusieurs à la peine capitale par contumace, d'un tribunal militaire, modification de la procédure pénale, etc.) le plus souvent dans des matières relevant du domaine législatif.

Le nouveau régime issu de la révision constitutionnelle de 2008

Après le comité Vedel, le comité Balladur a proposé d'encadrer ce pouvoir extraordinaire par un contrôle renforcé du Conseil constitutionnel.

Après 30 jours d'exercice des pouvoirs exceptionnels, à compter du message du président de la République, le Conseil constitutionnel peut être saisi par le président de l'Assemblée nationale, le président du Sénat, 60 députés ou 60 sénateurs pour apprécier si les conditions de mise en œuvre des pouvoirs exceptionnels demeurent réunies. Rien n'interdit aux parlementaires de saisir à nouveau le Conseil passé ce délai. Le Conseil émet rapidement un avis public, comme dans le cas des consultations préalables lors de la décision de mise en œuvre de l'article 16. Après 60 jours d'exercice des pouvoirs exceptionnels, il rend un nouvel avis ou un premier s'il n'a pas été saisi antérieurement, ce qui est improbable. Enfin, au-delà du délai de 60 jours, le Conseil constitutionnel peut de sa propre initiative, émettre un nouvel avis à tout moment, s'il considère que les conditions ne sont plus réunies. On imagine ainsi difficilement que le chef de l'État, sauf à ouvrir une autre crise politique majeure pouvant mener à sa destitution, puisse négliger de façon répétée les avis – même simples – du Conseil constitutionnel, passé une période – raisonnable – de 30 jours pendant laquelle il exerce un pouvoir sans contrôle.

Le droit de message et de parole dans les médias (Const., art. 18)

> **Article 18 de la Constitution**
> *« Le président de la République communique avec les deux assemblées du Parlement par des messages qu'il fait lire et qui ne donnent lieu à aucun débat.*
> *Il peut prendre la parole devant le Parlement réuni à cet effet en Congrès. Sa déclaration peut donner lieu, hors sa présence, à un débat qui ne fait l'objet d'aucun vote.*
> *Hors session, les assemblées parlementaires sont réunies spécialement à cet effet. »*

42 L'article 18 de la Constitution ne limite pas le droit d'expression du chef de l'État qui peut aussi user, sans contraintes, des médias.

Le message écrit (Const., art. 18, al. 1er)

C'est l'article 6 de la loi constitutionnelle du 16 juillet 1875 qui interdit au chef de l'État l'accès aux Chambres – en vertu de son irresponsabilité politique, seul le cabinet étant responsable devant elles. Sous les IIIe et IVe Républiques, le droit de message est soumis au contreseing gouvernemental (dont René Coty devait s'affranchir en appelant à l'investiture du général de Gaulle le 29 mai 1958). Depuis 1958, ce droit est libéré de toute contrainte et utilisé dans des circonstances solennelles par les présidents successifs (par exemple au lendemain de l'élection présidentielle et au début des législatures, lors de la guerre du Golfe, à l'occasion de la ratification du traité d'Amsterdam, etc.). L'autre type de message est celui à la Nation, prévu à l'article 16 de la Constitution, par lequel il l'informe de la mise en œuvre des mesures exigées par les circonstances.

Le message oral et l'accès aux assemblées (Const., art. 18, al. 2 et 3)

Dans la Constitution de 1848, inspirée du modèle américain, le président de la République devait présenter « *chaque année, par un message à l'Assemblée nationale, l'exposé de l'État général des affaires de la République* ». Louis Napoléon Bonaparte prononça ainsi trois discours en 1849, 1850 et 1851. Quant à la limitation du droit de parole dans l'enceinte parlementaire du chef de l'État, elle résulte de la loi du 13 mars 1873 (le « cérémonial chinois ») visant à limiter les possibilités pour Adolphe Thiers de s'adresser à la Chambre ce qui ne l'empêchait pas d'assister aux débats dans une tribune spéciale. Depuis la révision constitutionnelle de 2008, le chef de l'État peut prendre la parole devant le Parlement réuni en Congrès. Hors session, les assemblées sont réunies à cet effet, ce qui ne s'est jamais produit. Sa déclaration peut donner lieu, hors de sa présence, à un débat qui ne fait l'objet d'aucun vote, tandis que le projet de loi constitutionnelle l'autorisait aussi à prendre la parole devant l'une ou l'autre assemblée. Cette disposition souhaitée par Nicolas Sarkozy – mais aussi jadis par le général de Gaulle – est une façon pour le président de rendre compte de son action devant la représentation nationale. Elle est de nature à revaloriser aussi la place du Parlement, lieu naturel du débat démocratique, mais peut s'avérer aussi périlleuse pour le chef de l'État. Cette modification a été critiquée puisque le chef de l'État ne pouvait, à cette occasion, engager sa responsabilité politique. En réalité, cette attribution n'est pas un « pouvoir » supplémentaire et l'on a du mal à percevoir l'intérêt pratique, hormis le caractère spectaculaire et donc coûteux pour les finances publiques, de ce nouveau droit utilisé à deux reprises à ce jour, l'une le 22 juin 2009 par Nicolas Sarkozy présentant la réforme des retraites, et l'autre par François Hollande le 16 novembre 2015, sur les mesures à prendre après les attentats du 13 novembre 2015 dont l'extension de la déchéance de nationalité.

Devant le Congrès, le 3 juillet 2017 à Versailles, le président Macron a décidé d'adresser un message de politique générale chaque année.

Le droit de parole dans les médias…

Le chef de l'État peut s'adresser directement à la Nation par la voie des médias – ce qui souligne en creux le caractère archaïque de l'ancienne version de l'article 18 de la Constitution mais aussi un peu de la nouvelle depuis 2008… Les médias ont en effet considérablement modifié les modes d'expression des politiques qui ont longtemps réservé la primeur de leur intervention aux parlementaires outre les vœux annuels et télévisés pour l'année nouvelle. La liberté d'usage des médias, s'agissant particulièrement du chef de l'État, pose un problème juridique plutôt original. En droit, en effet, le président est irresponsable politiquement sauf en cas de haute trahison, conformément à la tradition parlementaire. Or, logiquement, ses déclarations doivent faire l'objet d'un contreseing. Cette règle se traduisait, avant 1958, par le fait que ses déclarations étaient visées par le président du Conseil sous les IIIe et IVe Républiques, mais aussi, lors des voyages présidentiels, par la présence d'un ministre au côté du chef de l'État qui assistait à ses discours et endossait ainsi symboliquement la responsabilité. La doctrine considérait d'ailleurs que si le président faisait des déclarations contraires à la politique du gouvernement, le ministre présent devait manifester sa désapprobation en… démissionnant. Cette règle semble difficilement applicable en raison notamment des interventions audiovisuelles du président élu au suffrage universel direct. C'est pourquoi elle est tombée en désuétude, même si un ministre est censé accompagner en principe le chef de l'État dans ses déplacements… En outre, en période de cohabitation, elle est inopposable au chef de l'État qui, au travers de son droit de parole, exerce une fonction « tribunitienne » à l'image du tribun de la plèbe à Rome (*cf.* les déclarations télévisées de Jacques Chirac de 1997 à 2002).

Enfin, rappelons que dans l'arrêt *Hollande et Mathus* du 8 avril 2009, le Conseil d'État a considéré que les interventions du président de la République devraient désormais être prises en compte dans « *l'appréciation du respect du pluralisme politique par les médias audiovisuels* » et a invité le CSA à distinguer, dans les interventions du président de la République, ce qui relève des enjeux politiques nationaux et ce qui y est étranger.

Les autres pouvoirs présidentiels dispensés de contreseing

On renverra aux articles suivants :

La nomination de trois membres du Conseil constitutionnel dont son président

V. ss 156, art. 56.

Le contrôle préalable de constitutionnalité des engagements internationaux

V. ss 145, art. 54.

Le contrôle facultatif de constitutionnalité des lois

V. ss 174, art. 61, al. 2.

§ 3. Les actes soumis à contreseing (Const., art. 8, al. 2, 9, 10, 13, 14, 15, 17)

> **Article 8 de la Constitution**
> « *(Le président de la République nomme le Premier ministre. Il met fin à ses fonctions sur la présentation par celui-ci de la démission du gouvernement). Sur la proposition du Premier ministre, il nomme les autres membres du gouvernement et met fin à leurs fonctions.* »

La nomination des ministres (Const., art 8 al. 2)

43 Outre l'acceptation de la démission du Premier ministre étudiée précédemment et qu'il ne peut, au moins en droit, « révoquer », le chef de l'État nomme les ministres sur proposition de ce dernier.

La hiérarchie ministérielle

En période de concordance des majorités, le président opère un choix déterminant. En période de cohabitation, il ne peut en pratique s'opposer, sauf exception (Affaires étrangères, Défense) aux propositions qui lui sont faites par le Premier ministre. Les attributions des ministres sont fixées par décret qui précise le rang protocolaire des ministres au sein du gouvernement. S'est imposée aussi l'exigence de parité dans la formation des gouvernements.

Les ministres d'État. Il s'agit d'un ministre « *non seulement de plein exercice mais avec quelque chose en plus* » (François Mitterrand), c'est-à-dire un rang protocolaire éminent qui le place après le Premier ministre. Le titre remonte à l'Ancien Régime... Sous les IIIe et IVe Républiques, les ministres d'État étaient sans portefeuille mais opinaient au Conseil des ministres et furent parfois chargés de missions internationales. Ils ont témoigné à l'origine, par leur présence, du soutien de personnalités éminentes à des gouvernements d'« union nationale » en temps de guerre (gouvernements d'union nationale en 1914 et 1916) puis en temps de paix (cabinet Doumergue, etc.) avec des gouvernements de coalition (Blum, Chautemps).

Sous la Ve République, les ministres d'État ont tous un portefeuille (dont la dimension n'est pas toujours à la hauteur du titre). Dès la fin de la IVe République, le général de Gaulle, dans son gouvernement de juin 1958, inaugure cette pratique, l'essentiel étant, dans l'attribution de cette dignité, de manifester l'adhésion des principales forces politiques au changement de régime (Guy Mollet pour la SFIO, Louis Jacquinot pour les indépendants, Pierre Pflimlin pour le MRP, Houphouët-Boigny pour l'UDSR). Contraire pour de Gaulle à l'esprit des nouvelles institutions, cette distinction des représentants des partis politiques ne reprit vigueur sous la Ve République qu'à compter de la présidence de Valéry Giscard d'Estaing (gouvernement Barre I du 27 août 1976 au 29 mars 1977 avec Olivier Guichard pour l'UDR, Michel Poniatowski pour les Républicains indépendants et Jean Lecanuet pour le CDS), puis sous ses successeurs. Pour le reste, cette « élévation » représente un honneur personnel fait à une personnalité d'envergure (ainsi l'exemple inégalé d'André Malraux sous la présidence du général de Gaulle) afin de lui accorder une prééminence symbolique sans pour autant en faire un « vice-Premier ministre » (Nicolas Sarkozy sous le gouvernement De Villepin ; Alain Juppé sous le gouvernement Fillon).

Les ministres. Il s'agit de la catégorie de « droit commun », « ordinaire » en quelque sorte. Ils disposent tous d'un portefeuille et constituent la référence par rapport à laquelle se situent les autres membres du gouvernement. On les désigne parfois sous le nom de « ministres pleins ».

Les ministres délégués . On distingue deux sortes de ministres :

– les ministres délégués auprès du Premier ministre : celui-ci leur délègue la responsabilité d'un secteur de l'action gouvernementale (relations avec le Parlement, plan, aménagement du territoire, emploi). Ce rattachement souligne l'intérêt du gouvernement pour une question et donne au titulaire de la fonction un poids politique certain ;

– les ministres délégués auprès d'un ministre : ils secondent dans un domaine particulier (Santé, Budget, Affaires européennes, etc.) le « ministre plein » qui contresigne leurs actes. Ils assistent au Conseil des ministres. L'ampleur de certains ministères justifie pleinement cette formule (Affaires étrangères, Économie et Finances, etc.).

Les secrétaires d'État. Il existe deux catégories potentielles de secrétaires d'État :

– les secrétaires d'État auprès d'un ministre : ils jouent un rôle semblable à celui du ministre délégué (le titre en moins). Ils n'ont pas toutes les attributions des ministres et n'assistent pas toujours au Conseil des ministres. En particulier, leur contreseing ne suffit pas à la validité d'un acte signé par le président de la République ou le Premier ministre, le véritable contreseing étant donné par le ministre de rattachement ;

– les secrétaires d'État autonomes : ils sont aussi chargés d'un secteur restreint d'activités (droits de la femme, anciens combattants, etc.). Le contreseing concernant les affaires de leur compétence est nécessaire et suffisant. Ils n'assistent pas habituellement au Conseil des ministres. Leur existence est liée au seul septennat de Valéry Giscard d'Estaing, témoignant d'ailleurs de la volonté d'établir un lien direct avec le chef de l'État. Par ailleurs, ils doivent être considérés comme des ministres, s'agissant du contreseing qu'ils apposent (CE, 21 janv. 1977, *Peron Magnan*).

La croissance du nombre de membres de gouvernement

Le nombre de ministres, et partant de celui des ministères, renvoie historiquement à l'extension du rôle de l'État et/ou aux dosages politiques. À la fin du XIXe siècle, les gouvernements comptent une dizaine de ministres. Ce chiffre a environ doublé dans les années 30, sans compter les secrétaires d'État. Il est un symptôme parmi d'autres du passage de l'État gendarme à l'État providence. L'extension a continué sous la IVe République (une trentaine en moyenne) pour dépasser 40 sous la Ve République. Sous ce régime, l'« effet d'affichage » contribue, avec la prise en compte de réels problèmes désormais traités directement au niveau politique, à ériger des directions, voire de simples services de l'Administration, en « ministères » (droits de la femme, défense des consommateurs, temps libre, personnes âgées, mer, tourisme, travailleurs manuels, travailleurs immigrés, rapatriés, etc.). Il arrive que ces ministères soient vraiment fantômes n'ayant aucun service administratif directement rattaché (risques majeurs, urgence humanitaire, droits de l'homme, etc.), autorisés dès lors à utiliser ceux « mis à disposition » par d'autres ministères. Ces ministères « horizontaux » tendent parfois à se « verticaliser » et à disposer donc de services propres (environnement).

Ces ministères ou secrétariats d'État présentent néanmoins l'avantage de donner aux milieux concernés un interlocuteur de rang ministériel et au gouvernement de manifester sa sollicitude. À l'extérieur, ces créations marquent la remontée au niveau politique de questions jusqu'alors traitées administrativement. Elles ne sont cependant pas toujours sans danger. Ainsi, la création du ministère de la Ville – dont la politique relève en fait d'une coordination interministérielle – a dans un premier temps donné une visibilité, y compris médiatique, à l'intérêt des gouvernements pour les « banlieues ». Puis, la politique de la Ville a focalisé toute l'attention sur le ministère, son titulaire étant rendu responsable de tout incident en zone urbaine...

Les dosages politiques. Ils contribuent aussi à l'inflation ministérielle. Comme le reconnaît par exemple Michel Rocard qui, pris par les exigences d'ouverture à la « société civile » prônées par le chef de l'État, a dû en 1988 « *faire de l'inflation pour rééquilibrer chez les socialistes, car je voulais tout de même en voir à peu près la moitié de mon côté. Si bien que nous avons battu tous les records de l'histoire en matière de composition gouvernementale : il y avait 48 membres !* » (entretien, *RD publ.* 1999). Et il est ainsi fréquent qu'au lendemain des victoires électorales – en particulier d'une présidentielle – et dans un souci louable de remercier ses artisans, le gouvernement enfle... Puis, l'enthousiasme de la victoire s'apaisant, le gouvernement se rétrécit rendant plus visible sa partition entre les « poids lourds » – politiques et ministériels – et les autres : un cabinet dans le cabinet... Le gouvernement de Lionel Jospin constitué en 1997 et dont le directeur de cabinet était Olivier Schrameck, avec seulement 26 membres dans un souci de cohésion politique et de cohérence administrative, est l'exception qui confirme la règle. C'est pourquoi le projet de révision constitutionnelle de 2008 avait prévu la fixation par la loi organique du nombre des ministres mais les assemblées n'ont pas souhaité accueillir favorablement cette proposition.

Les ministères traditionnels sont relativement stables (Affaires étrangères, Défense, Justice), celui de l'Intérieur ayant progressivement été démembré à mesure du développement de l'intervention de l'État (Logement, Urbanisme, etc.). Pour le reste, l'instabilité guette les secteurs tels que l'Éducation nationale, les Affaires sociales (pourquoi séparer la Santé de la Sécurité sociale ?), l'Industrie ou l'Équipement sans oublier l'Économie et les Finances, le Budget étant parfois détaché de celles-ci. Il est ainsi des secteurs nomades, tel l'Enseignement supérieur, tantôt rattaché à la maison mère, l'Éducation, tantôt appelé à exister par lui-même.

La rationalité du découpage tient parfois à l'appétit d'une personnalité souhaitant se « tailler son territoire », aux équilibres entre courants ou à de fausses bonnes idées. L'exemple du ministère de la Mer est à cet égard saisissant (Bernard Tricot) : la flotte de guerre relève du ministère des Armées ; l'exploitation pétrolière, de celui de l'Énergie ; celle des océans, de celui de la Recherche ; la construction navale, de celui de l'Industrie... De même la formation professionnelle est devenue en 1986 un secrétariat d'État rattaché à l'Éducation nationale et ainsi coupé de son véritable ministère de tutelle, à savoir les Affaires sociales et l'Emploi. Il n'est cependant pas de découpage idéal ni de logique impeccable en la matière. Faut-il par exemple regrouper l'Urbanisme, le Logement, l'Environnement, les Transports qui sont liés par nature, au risque pourtant de créer un « mastodonte » ? S'il est vain de vouloir fixer par la loi, voire par la Constitution, le nombre et les attributions des ministères, il est cependant des regroupements nécessaires (Travail, Emploi, Formation professionnelle ou Affaires sociales et Santé par exemple). Et l'instabilité excessive des structures ministérielles et leurs imbrications peuvent nuire à l'efficacité des administrations voire provoquer des dysfonctionnements graves.

La stabilité des ministres. Notons simplement qu'à côté de ministères stables (Défense, Affaires étrangères, Culture à certaines époques), d'autres, particulièrement exposés, changent souvent de titulaires, l'Éducation en tête. Le président de la République met fin aux fonctions d'un membre du gouvernement sur proposition du Premier ministre. Outre des remaniements possibles du gouvernement, la question de la fin des fonctions des ministres renvoie à titre principal à celle de la solidarité gouvernementale dont la démission est la conséquence logique à son manquement, sans compter l'implication réelle ou supposée de certains membres dans des affaires judiciaires.

La cessation de fonction des ministres (Const., art. 8 al. 2)

44 **Le non-respect de la solidarité gouvernementale.** La règle de la solidarité gouvernementale est non-écrite. Un ministre peut aussi démissionner suite à une mise en cause à caractère pénal. En des termes choisis (« *Un ministre ça ferme sa gueule ! Si ça veut l'ouvrir, ça démissionne !* »), Jean-Pierre Chevènement, le plus « emblématique » des ministres démissionnaires, en février 1983

(puis en janvier 1991) a rappelé un principe traditionnel – mais non écrit – du régime parlementaire, à savoir la solidarité gouvernementale. C'est ainsi que Paul Ramadier avait démissionné les ministres communistes du gouvernement le 5 mai 1947 pour y avoir manqué. Sous la Ve République, ce départ collectif peut être volontaire. Par exemple, le MRP quitta le gouvernement de Georges Pompidou en 1962 en raison de la politique européenne du général de Gaulle. En 1983, le parti communiste fit de même et quitta le gouvernement de Pierre Mauroy.

Le principe de solidarité implique le secret des délibérations du Conseil des ministres, une expression publique des membres du gouvernement en conformité avec sa politique, le fait que tout ministre assume les décisions prises collégialement. Il exclut donc l'idée de « cacophonie » gouvernementale qui révèle à bien des époques l'absence de coordination du gouvernement. La solidarité gouvernementale implique ainsi qu'en cas de désaccord de fond le ministre démissionne ou soit « démissionné », sauf à ce qu'il soit sacrifié dans l'intérêt général en tant que « bouc-émissaire » (Charles Hernu, démissionné en 1985 à la suite de l'affaire du *Rainbow Warrior*).

La règle ancienne de la solidarité a été strictement appliquée dès les débuts de la Ve République par le général de Gaulle. Le ministre démissionne le plus souvent de lui-même (André Boulloche en 1959 sur la politique de l'éducation, Pierre Sudreau sur l'élection du président au suffrage universel en 1962, Edgar Pisani sur le recours aux ordonnances en 1967, etc.) ou y est contraint (Jean-Jacques Servan-Schreiber, après avoir été nommé le 27 mai, est démissionné le 9 juin 1974 pour son opposition à la reprise des essais nucléaires). La liste est longue sous le quinquennat de François Hollande de ministres futurs « frondeurs »...

Plus délicate est en principe la démission en période de cohabitation qui fait juge le chef de l'État de la proposition du Premier ministre. En fait, l'indiscipline d'un ministre met à mal dans ce cas la cohésion de la majorité parlementaire et est généralement résolue par un rappel à l'ordre du Premier ministre (François Léotard en 1986-1988, Dominique Voynet en 1997). Le problème est en effet épineux lorsqu'une formation politique représentée au gouvernement et qui mandate clairement ses représentants fait état de son désaccord public (et non pas seulement de sa critique).

La démission liée à des affaires judiciaires et pénales. La Constitution n'envisage que les crimes et délits commis par un ministre dans l'exercice des fonctions. Pour autant, sa mise en cause devant la Cour de justice de la République, n'entraîne pas sa démission. *A fortiori*, la mise en examen d'un ministre dans le cadre d'une instruction pénale de droit commun ne l'oblige pas en droit à démissionner. En pratique, depuis une règle posée par Pierre Bérégovoy, Premier ministre en 1992 (à la suite de l'« affaire *Tapie* »), et reprise par Édouard Balladur, Premier ministre de 1993 à 1995, qui ne constitue en aucune manière une « jurisprudence » comme a pu l'affirmer une partie de la doctrine, l'intéressé est contraint à la démission (une dizaine de cas). Cette règle a connu plusieurs exceptions sous le gouvernement Fillon de 2007 à 2012 mais s'est appliquée sous les gouvernements Ayrault (J. Cahuzac, mars 2013) et Valls (Thomas Thévenoud, sept. 2014 ; Kader Arif, nov. 2014). Elle n'a aucun fondement juridique mais vise à mettre à l'abri le gouvernement de la pression médiatique qui s'ensuit, d'afficher le vertueux principe d'égalité devant la loi de tous les citoyens, d'écarter le soupçon d'ingérence du pouvoir politique dans la sphère judiciaire. Elle méconnaît la présomption d'innocence, le présumé fautif – le plus souvent pénalement – ayant à apporter la preuve qu'il est innocent des « charges » réelles ou supposées qui pèseraient sur lui. Si elle entraîne une malencontreuse confusion entre responsabilité politique et responsabilité pénale, elle traduit cependant une exigence moderne qui veut que les responsables publics soient à l'abri de tout soupçon au nom de « l'exemplarité ». En ce sens, les propositions de la commission Jospin visant notamment à limiter les conflits d'intérêts, partiellement transcrites en dispositions législatives par les lois relatives à la transparence de la vie publique du 11 octobre 2013, peuvent contribuer à mettre fin à cette confusion (v. ss 262 s.).

La présidence du Conseil des ministres (Const., art. 9) et la maîtrise de son ordre du jour par le chef de l'État

> **Article 9 de la Constitution**
> *« Le président de la République préside le Conseil des ministres. »*

45 Le Conseil des ministres est la réunion hebdomadaire des ministres sous la présidence du chef de l'État. Les secrétaires d'État n'y participent généralement pas, sauf si une question de leur compétence doit y être traitée (tel n'était pas le cas sous la présidence du général de Gaulle, mais ses gouvernements étaient moins nombreux). Ce n'est pas en principe le lieu d'un débat, encore moins d'un vote. Le chef de l'État en arrête l'ordre du jour sur proposition du Premier ministre. Cet article lui donne ainsi la maîtrise de l'ordre du jour. En période de cohabitation, il peut donc s'opposer par exemple à l'inscription d'un projet de loi (comme celui sur la Corse lors du Conseil du 14 février 2001) sans pour autant pouvoir y faire obstacle. Le Conseil, organe de décision juridique, ne fait qu'entériner les décisions prises (souvent en moins d'une heure, montre en main) durablement à l'initiative législative du Premier ministre.

Son ordre du jour est composé de trois parties (la partie A qui vise les projets de loi, la partie B relative aux mesures individuelles, la partie C relative aux communications des ministres). Au terme du Conseil, le Secrétaire général du gouvernement rédige un « relevé de décisions » ainsi qu'un compte rendu intégral des délibérations. Celles-ci sont en principe secrètes en vertu d'une tradition ancienne : le silence est « le compagnon des conseils » indique un vieil adage. Les ministres ne doivent pas prendre de notes. Outre le caractère parfois sensible des informations divulguées en son sein, l'unité du pouvoir exécutif implique le secret.

Exceptionnellement, le Premier ministre peut suppléer le chef de l'État pour la présidence d'un Conseil des ministres « *en vertu d'une délégation expresse et pour un ordre du jour déterminé* » (Const., art. 21, al. 4) : c'est généralement le cas lorsque le président est empêché pour des raisons de santé (Bérégovoy le 16 septembre 1992, Balladur le 20 juillet 1994 ou Dominique de Villepin le 7 septembre 2005, par exemple) ou lorsqu'il est en voyage (Pompidou le 30 septembre 1964).

Le Conseil des ministres est le lieu apparent de la coordination gouvernementale. Elle est pratiquement assurée sur le plan technique par le secrétariat général du gouvernement et sur le plan politique par différents conseils auquel le chef de l'État est partie prenante soit directement, soit par l'intermédiaire de ses collaborateurs en matière d'arbitrage, sauf en période de cohabitation.

Promulgation et demande de nouvelle délibération de la loi (Const., art. 10)

> **Article 10 de la Constitution**
> « *Le président de la République promulgue les lois dans les quinze jours qui suivent la transmission au gouvernement de la loi définitivement adoptée.*
> *Il peut, avant l'expiration de ce délai, demander au Parlement une nouvelle délibération de la loi ou de certains de ses articles. Cette nouvelle délibération ne peut être refusée.* »

46 Ces attributions sont traditionnellement celles d'un chef d'État parlementaire dans un régime où il joue un rôle de notaire de la République.

La promulgation de la loi (Const., art. 10, al. 1er)

À l'opposé de la « *sanction royale* » faisant du monarque le coauteur de la loi et lui attribuant un droit de veto, la promulgation de la loi est l'acte par lequel le chef de l'État – notaire de la République – atteste de l'existence d'une loi et la rend exécutoire. Il ne dispose donc que d'une compétence liée : non seulement, il est tenu de signer mais doit le faire dans un délai maximum de 15 jours qui suivent la transmission par le gouvernement de la loi définitivement adoptée. Comme le Conseil constitutionnel l'a rappelé, après le Conseil d'État, la promulgation « *atteste que la loi a été régulièrement délibérée et votée* » (Cons. const., décis. n° 85-197 DC, 23 août 1985, *Évolution de la Nouvelle-Calédonie*, cons. 15) et vaut « *ordre à toutes les autorités et à tous les services compétents de la publier sans délai* » (Cons. const., décis. n° 2001-448 DC, 25 juill. 2001, *Loi organique relative aux lois de finances*). On peut s'étonner dès lors que le président Chirac, alors que la loi sur le contrat première embauche (CPE) avait été non seulement votée mais déclarée conforme à la Constitution (Cons. const., décis. n° 2006-535 DC, 30 mars 2006), l'ait promulguée comme il en avait le devoir constitutionnel puis ait annoncé qu'elle ne serait pas appliquée ou – ce qui revient au même – considérablement amendée (déclaration télévisée du 31 mars 2006) alors qu'il était possible de demander une nouvelle délibération. Enfin, il n'est pas interdit en droit au chef de l'État de brusquer le mouvement et de promulguer la loi rapidement pour empêcher une saisine du Conseil constitutionnel dans le cadre de l'article 61 de la Constitution. L'usage est d'attendre celle-ci quoiqu'une fois, en 1997 le Conseil constitutionnel a été saisi de la constitutionnalité de la loi portant réforme du service national alors que le décret de promulgation avait déjà été signé. Le Conseil s'est alors déclaré incompétent (Cons. const., décis. n° 97-392 DC, 7 nov. 1997, *Loi portant réforme du service national*, cons. 2).

La demande d'une nouvelle délibération d'une loi (Const., art. 10, al. 2)

Présente dans les Constitutions de 1848, 1875 et 1946, cette faculté offerte au chef de l'État, avec le contreseing du Premier ministre, n'a été utilisée que très rarement :

– à propos de la loi sur l'Exposition universelle à Paris, le 13 juillet 1983 (qui n'a d'ailleurs jamais fait l'objet d'une seconde délibération pas plus que l'exposition n'a eu lieu...) ;

– après la décision du Conseil constitutionnel du 8 août 1985 annulant certaines dispositions de la loi sur la Nouvelle-Calédonie dont certains articles avaient été déclarés contraires à la Constitution. Plutôt que de promulguer la loi amputée des dispositions inconstitutionnelles – obligeant au dépôt d'un projet de loi comportant des dispositions se substituant aux dispositions annulées et obligeant à recommencer entièrement la procédure législative – la loi a fait seulement l'objet d'une nouvelle délibération permettant de la purger de ces dispositions. Le Conseil constitutionnel (Cons. const. 23 août 1985, n° 85-197 DC, § 15, *Nouvelle-Calédonie II*) a indiqué, à cette occasion, que les expressions « *nouvelle délibération* » (contenue à l'article 10, alinéa 2 de la Constitution) et « *nouvelle lecture* » (contenue à l'article 23 de l'ordonnance du 7 novembre 1958) étaient synonymes. Par conséquent, la procédure législative classique s'applique.

– à propos d'un cas identique au précédent ; il s'agissait d'une loi relative à l'élection des conseillers régionaux et des parlementaires européens dont un article avait été déclaré contraire à la Constitution comme méconnaissant l'article 39 de la Constitution (Cons. const., décis. n° 003-468 DC, 3 avr. 2003, *Loi relative à l'élection des conseillers régionaux et des représentants au Parlement européen*).

La signature des décrets, ordonnances et la nomination aux emplois civils et militaires (Const., art. 13)

> **Article 13 de la Constitution**
> « *Le président de la République signe les ordonnances et les décrets délibérés en Conseil des ministres. Il nomme aux emplois civils et militaires de l'État.*
> *Les conseillers d'État, le grand chancelier de la Légion d'honneur, les ambassadeurs et envoyés extraordinaires, les conseillers maîtres à la Cour des comptes, les préfets, les représentants de l'État dans les collectivités d'outre-mer régies par l'article 74 et en Nouvelle-Calédonie, les officiers généraux, les recteurs des académies, les directeurs des administrations centrales sont nommés en Conseil des ministres.*
> *Une loi organique détermine les autres emplois auxquels il est pourvu en Conseil des ministres ainsi que les conditions dans lesquelles le pouvoir de nomination du président de la République peut être par lui délégué pour être exercé en son nom.*
> *Une loi organique détermine les emplois ou fonctions, autres que ceux mentionnés au troisième alinéa, pour lesquels, en raison de leur importance pour la garantie des droits et libertés ou la vie économique et sociale de la Nation, le pouvoir de nomination du président de la République s'exerce après avis public de la commission permanente compétente de chaque assemblée. Le président de la République ne peut procéder à une nomination lorsque l'addition des votes négatifs dans chaque commission représente au moins trois cinquièmes des suffrages exprimés au sein des deux commissions. La loi détermine les commissions permanentes compétentes selon les emplois ou fonctions concernés.* »

47 Le président de la République signe les ordonnances et décrets délibérés en Conseil des ministres participant ainsi au pouvoir réglementaire.

La signature des ordonnances

Elles sont des actes administratifs pris sur habilitation législative autorisant le gouvernement à prendre pendant un temps limité des mesures qui appartiennent normalement au domaine de la loi (Const., art. 38) et des lois financières (Const., art. 47 et 47-1). Mais le chef de l'État peut-il refuser d'apposer sa signature ? Notons d'abord que le chef de l'État est investi du rôle de veiller au respect de la Constitution (Const., art. 5) et qu'il est donc en droit de s'opposer à une ordonnance qui méconnaîtrait une disposition constitutionnelle. Pour autant, les ordonnances portent sur des matières législatives pendant la durée de l'habilitation, confiée au seul gouvernement en vertu de l'article 38. La question s'est posée en 1986 à l'occasion du refus du président de l'époque, François Mitterrand, de signer les ordonnances en matière de privatisations d'entreprises (13 juill. 1986), de découpage des circonscriptions de l'Assemblée nationale (2 oct. 1986), d'aménagement du temps de travail (17 déc. 1986). La question est résolue en droit par le fait qu'aucune autorité n'est en mesure de « dire le droit » sur ce point, laissant donc au chef de l'État un monopole d'interprétation que le gouvernement de Jacques Chirac n'a pas d'ailleurs contesté.

Les décrets délibérés en Conseil des ministres

En vertu de l'article 13 de la Constitution, les décrets délibérés en Conseil des ministres sont signés par le président de la République. Ce sont les plus importants sur le plan politique, qu'ils soient réglementaires ou individuels. Ils sont contresignés par le Premier ministre et, le cas échéant, par les ministres responsables. Ils comportent, dans les visas, la mention : « *Le Conseil des ministres entendu* ». Un décret doit être délibéré en Conseil des ministres dès lors qu'un texte le prévoit. Ce texte peut être une disposition constitutionnelle (nominations, Const., art. 13 ; état de siège, Const., art. 36). En vertu de l'article 42 de l'ordonnance organique du 22 décembre 1958 relative au statut de la magistrature, les traitements des magistrats sont fixés par décret en Conseil des ministres ; le décret du 22 janvier 1959 dispose que les attributions des ministres sont fixées par décrets en Conseil des ministres.

Mais la Constitution ne fait aucune énumération des décrets délibérés en Conseil des ministres. Or, dès 1959, la pratique s'est établie d'inscrire des décrets à l'ordre du jour du Conseil des ministres, en raison de leur importance, alors qu'aucun texte ne le prévoit. Ce décret délibéré en Conseil des ministres postérieurement à l'entrée en vigueur de la Constitution de 1958, ne peut plus être modifié ou abrogé que par décret en Conseil des ministres (CE, ass., 10 sept. 1992, *Meyet*, n° 140376). Cependant, cette règle ne s'applique pas si une norme supérieure (par exemple une loi) donne explicitement compétence à une autorité autre que le chef de l'État pour édicter une règle dans le domaine du décret en question.

Les décrets en Conseil des ministres sont des décrets du président de la République, tandis que les autres décrets relèvent de la compétence de droit commun du Premier ministre en application de l'article 21 de la Constitution (CE, ass., 27 avr. 1962, *Sicard et autres*). Mais le chef de l'État a signé des décrets non délibérés en Conseil des ministres : le Conseil d'État, dès lors que le Premier ministre a apposé sa signature, ne les a pas considérés comme irréguliers, rendant seulement la signature du président de la République surabondante (CE, 27 avr. 1962, *Sicard et a.*). Quant à la notion de signature des « ministres responsables », il s'agit des ministres auxquels « incombent, à titre principal, la préparation et l'application des actes » considérés (CE, sect., 10 juin 1966, *Pelon et a.*).

La nomination aux emplois civils et militaires

Le chef de l'État exerce une compétence générale en la matière. D'une part, il a compétence liée s'agissant de quelques dizaines de milliers de fonctionnaires auxquels il fait l'honneur de procéder à la nomination par décret simple, qu'il s'agisse – au moment de leur nomination et le cas échéant de leur promotion de grade – des membres du Conseil d'État ou de la Cour des comptes, des professeurs de l'enseignement supérieur, des magistrats de l'ordre judiciaire, des officiers et, à leur entrée en fonction, des membres des corps dont le recrutement est assuré par Polytechnique et l'ENA. D'autre part, il exerce personnellement le pouvoir de nomination – avec le contreseing du Premier ministre –, d'un certain nombre d'emplois qui font l'objet d'une délibération en Conseil des ministres, soit en vertu de la Constitution (préfets, recteurs, ambassadeurs, officiers généraux), soit en vertu d'une loi organique (ord. 28 nov. 1958), soit en vertu d'une loi ordinaire (statut de la fonction publique de l'État, 11 janv. 1984, art. 25). Ils relèvent pour une très large part de ce qu'on appelle les emplois à la décision du gouvernement, à la charnière de l'Administration et du politique (emplois de direction de certains établissements ou entreprises publics dont la liste a été étendue par le décret du 6 août 1985, quelques mois avant les élections législatives, passant d'une cinquantaine à 163 emplois ; emplois supérieurs dont la liste, non exhaustive, figure au décret du 24 juillet 1985) et des nominations dites « au tour extérieur » qui permettent de nommer, sans concours, des personnes dans les « grands corps ». Aucun président de la République n'a délégué son pouvoir de nomination au Premier ministre.

En période normale, le choix présidentiel des plus hauts fonctionnaires est déterminant. En période de cohabitation, le chef de l'État dispose d'un pouvoir de négociation, voire de marchandage... Notons que le phénomène majoritaire et la présidentialisation du régime ont eu pour effet de politiser excessivement la haute fonction publique depuis les années 70, et d'instaurer un « *spoil-system* » à la française, aujourd'hui clairement assumé par le président Macron.

L'encadrement du pouvoir de nomination. La révision constitutionnelle du 23 juillet 2008 a encadré le pouvoir de nomination du chef de l'État ; cette procédure a également été retenue dans trois autres articles de la Constitution et s'applique en outre à d'autres autorités de nomination :

– pour les nominations au Conseil constitutionnel (Const., art. 56, v. ss 136), qualifiées d'acte de gouvernement (CE, ass., 9 avr. 1999, *Mme Ba*, Rec. p. 124) ;

– pour la nomination des personnalités qualifiées au Conseil supérieur de la magistrature (art. 65, v. ss 192) ;

– pour la nomination du Défenseur des droits (Const., art. 71-1, v. ss 208).

Deux lois organiques notables, prises en application de l'article 13 dernier alinéa, sont venues préciser les nominations encadrées par cette procédure de contrôle. La première, la loi organique relative à la nomination des présidents des sociétés France Télévisions et Radio France et de la société en charge de l'audiovisuel extérieur de la France (5 mars 2009), soumet à l'avis des commissions compétentes de chaque assemblée la nomination, par le président de la République, des présidents de ces sociétés auparavant désignés uniquement par le Conseil supérieur de l'audiovisuel qui ne donne plus qu'un avis conforme. Cette nouvelle procédure, évidemment en retrait par rapport aux garanties précédentes, a été jugée étrangement conforme à la Constitution dès lors qu'elle ne prive pas de « *garanties légales les exigences constitutionnelles relatives à la liberté de communication* » (Cons. const., décis. n° 2009-576 DC, 3 mars 2009, *Loi organique relative à la nomination des présidents des sociétés France Télévisions et Radio France et de la société en charge de l'audiovisuel extérieur de la France*). Cependant, la loi du 15 novembre 2013 a redonné au CSA la mission de nommer les présidents des sociétés nationales de programme, pouvoir dont il ne disposait plus depuis 2009. Il a donc aujourd'hui la charge de nommer les présidents de France Télévisions, de Radio France et de France Médias Monde, la société en charge de l'audiovisuel extérieur de la France. Ces présidents sont nommés pour cinq ans, à la majorité des membres du Conseil, et leur nomination doit faire l'objet d'une décision motivée se fondant sur des critères de compétence et d'expérience.

La seconde, la loi organique relative à l'application du 5e alinéa de l'article 13 de la Constitution (23 juillet 2010), complète en annexe la liste des emplois soumis à cette nouvelle procédure de contrôle (président-directeur-général des Aéroports de Paris, gouverneur de la Banque de France, président-directeur-général d'Électricité de France, etc.).

Sauf avis défavorable acquis à la majorité des 3/5e des suffrages exprimés, le choix du président (mais aussi des présidents des assemblées pour le Conseil constitutionnel et le CSM) s'impose. Il reste discrétionnaire et un avis défavorable rendu à la majorité simple ne lie pas, en droit, le président. Le Conseil constitutionnel, saisi des lois organique et ordinaire relatives à l'application du 5e alinéa de l'article 13, les a déclarées conformes à la Constitution (Cons. const., décis. n° 2010-609 DC et 2010-610 DC, 12 juill. 2010). Outre l'établissement d'une liste des emplois ou fonctions concernés, la loi organique a aussi, sur le fondement de l'article 27 de la Constitution, interdit la délégation de vote lors d'un scrutin destiné à recueillir l'avis de la commission permanente compétente. Enfin, la loi ordinaire a désigné les commissions permanentes compétentes de chaque assemblée pour donner cet avis.

Cette nouvelle procédure, accompagnée d'une audition publique, a un effet essentiellement dissuasif : elle permet d'éviter les nominations de personnalités manifestement incompétentes et désignées uniquement pour services rendus. Elle a abouti, pour la première fois, le 14 janvier 2015, à la censure d'une nomination au Conseil supérieur de la magistrature proposée par le président de l'Assemblée nationale, la majorité des 3/5e ayant été atteinte.

Les propositions de la commission Jospin et le projet de loi relatif à la déontologie des fonctionnaires

Pour les titulaires de certains emplois supérieurs de l'État, la commission Jospin préconisait de renforcer l'efficacité du contrôle qu'exerce actuellement la Commission de déontologie de la fonction publique sur les départs vers le secteur privé. Le délai ouvert pour sa saisine d'office devrait être porté de 10 jours à trois mois et le champ des situations soumises à son contrôle devrait être étendu aux départs vers tout organisme public ayant une activité économique. La commission proposait également d'harmoniser et de renforcer les obligations légales – déclarations d'intérêts et d'activités, incompatibilités – qui sont imposées aux membres des collèges et aux responsables des autorités administratives indépendantes, ainsi que d'étendre pour eux le champ du contrôle actuellement exercé par la Commission de déontologie dans les mêmes conditions que pour les titulaires d'autres emplois supérieurs de l'État.

Certaines de ces propositions ont été reprises dans le projet de loi relative à la déontologie et aux droits et obligations des fonctionnaires déposé le 17 juillet 2013 sur le bureau de l'Assemblée nationale et renvoyé, pour l'heure, à la commission des lois.

Politique étrangère et Défense (Const., art. 14 et 15)

> **Article 14 de la Constitution**
> « *Le président de la République accrédite les ambassadeurs et les envoyés extraordinaires auprès des puissances étrangères ; les ambassadeurs et les envoyés extraordinaires étrangers sont accrédités auprès de lui.* »
> **Article 15 de la Constitution**
> « *Le président de la République est le chef des armées. Il préside les conseils et comités supérieurs de la Défense nationale.* »

48 Quels sont les domaines respectifs d'action politique du président de la République et du Premier ministre, indépendamment de la lettre de la Constitution, dès lors que le pouvoir fédératif est traditionnellement échu au chef de l'État ?

La « théorie du domaine réservé ». Il est des théories qui, sans fondement juridique et même sans fondement tout court, ont la vie longue et durent d'autant mieux que leur nature floue permet à l'interprétation de s'épanouir. Ainsi, l'idée astucieuse de Jacques Chaban-Delmas au congrès de l'UNR en 1959 selon laquelle il existerait un « domaine réservé » au chef de l'État (Affaires étrangères, Défense, Algérie) le reste étant de la compétence normale du Premier ministre, a fait florès. En fait, le fidèle du Général voulait ramener à la raison les partisans de l'Algérie française au sein du parti gaulliste, et leur interdire d'intervenir – par une motion – sur ce sujet qui fâche. Le général de Gaulle ne l'a jamais reprise à son compte, mais au contraire, dans ses *Mémoires*, il a même condamné cette idée (« *il n'y a pas pour moi de domaine qui soit, ou négligé ou réservé* »), de même que son Premier ministre, Georges Pompidou, le 14 avril 1964 à l'Assemblée nationale. Si ces domaines sont naturellement privilégiés, aucun chef de l'État ne s'est interdit d'évoquer, voire de se réserver certains dossiers, le partage des tâches avec le Premier ministre variant en fonction des circonstances et des personnalités avec néanmoins une tendance à la concentration du pouvoir à partir de la présidence de Georges Pompidou, ancien Premier ministre.

La politique étrangère

Garant du respect des traités (Const., art. 5), le président de la République dispose en matière de politique étrangère des pouvoirs traditionnellement dévolus au chef de l'État :

– il accrédite les ambassadeurs (Const., art. 14),

– il négocie et ratifie les traités (Const., art. 52). Il est seulement tenu informé de toutes négociations tendant à la conclusion d'un accord international non soumis à ratification (« *en forme simplifiée* ») – permettant au gouvernement, *a contrario* de la IVe République, d'« engager » l'État au plan international, réfutant, au moins sur le plan juridique, la thèse d'un domaine réservé du président en matière de politique étrangère. Son autorité en la matière tient cependant moins à cet encadrement normatif qu'à une longue tradition et à l'engagement sous la Ve République du général de Gaulle et de ses successeurs. Les gouvernements de la cohabitation – dont les chefs aspiraient d'ailleurs à devenir présidents de la République – n'ont pas initié de remise en cause complète de cette prééminence politique. Il n'en demeure pas moins que la mise en œuvre de la politique étrangère nécessite l'assistance du gouvernement (nominations d'ambassadeurs, informations diplomatiques, etc.). Et la cohabitation, tout en permettant de confirmer une certaine prééminence du chef de l'État – qui siège ainsi au Conseil européen – a fait néanmoins de la politique étrangère un domaine effectivement partagé ou négocié avec le Premier ministre, selon les circonstances. En fait, un consensus apparent ayant jusqu'à présent régné, on n'imagine pas ce qui se passerait en cas de désaccord, la contrainte étant moins ici d'ordre juridique qu'extérieure : la France doit parler d'une seule voix.

La Défense

Garant de l'indépendance nationale et de l'intégrité du territoire (Const., art. 5) et détenteur de pouvoirs exceptionnels lorsqu'elles sont menacées (Const., art. 16), le président de la République est « *chef des armées* » (Const., art. 15). Il préside les Conseils supérieurs de la défense nationale et en particulier depuis 2002 le Conseil de Défense et de Sécurité nationale (CDSN) (anciennement

Conseil de la Sécurité intérieure), structure interministérielle devenue une sorte de Conseil des ministres restreint présidé par le chef de l'État reprenant les missions du Conseil de Défense et a désormais pour but de fixer les objectifs et de coordonner la politique de sécurité et de défense.

La mise en œuvre de la politique de défense incombe au Premier ministre « *responsable de la défense nationale* » (Const., art. 21). Si en période normale, la prééminence présidentielle ne fait aucun doute (guerre du Golfe en 1991), en période de cohabitation, la conduite et la définition même de la politique de défense relèvent d'un pouvoir effectivement partagé ou négocié (guerre du Kosovo en 1999). Notons que cette « tradition républicaine » souvent invoquée au soutien de cette prérogative n'existe en réalité que depuis la Ve République.

En toutes circonstances, le chef de l'État est cependant le vrai titulaire du pouvoir de décision en matière de dissuasion nucléaire sur le fondement du décret du 12 juin 1996 : l'ordre d'engagement est décidé par le président de la République, chef des armées et président du Conseil de défense qui détermine les conditions d'engagement de ces forces : « *Le chef d'État-major des armées, ou le chef d'État-major général des armées, s'il est nommé, est chargé de faire exécuter les opérations nécessaires à la mise en œuvre des forces nucléaires. Il s'assure de l'exécution de l'ordre d'engagement donné par le président de la République, chef des armées et président du conseil de défense* ». Ce texte abroge le décret du 14 janvier 1964 qui visait aussi la force aérienne, non les sous-marins ou armes tactiques : un oubli malheureux qui a été donc été réparé en 1996. Ce décret a été délibéré en Conseil des ministres : l'accord du président est donc indispensable pour le modifier et confirme la primauté présidentielle en matière nucléaire militaire. Ce décret met donc fin, dans une certaine mesure, au débat sur la question de savoir s'il s'agissait ou non d'un pouvoir partagé, même si la Constitution devrait sur ce point le mentionner. Pour autant, dans son arrêt du 8 décembre 1995, le Conseil d'État a qualifié d'« acte administratif », et non d'« acte de gouvernement », le décret de 1964 – et donc celui de 1996 (CE, 8 déc. 1995, *Lavaurs et a.*). Au contraire, la décision du chef de l'État de procéder à la reprise des essais nucléaires n'est pas détachable de la conduite des relations internationales de la France et échappe, par suite, à tout contrôle juridictionnel (CE, 29 sept. 1995, *Association Greenpeace France*) et relève de la catégorie des actes de gouvernement.

Enfin, c'est pour clarifier les rôles respectifs du chef de l'État et du Premier ministre que le comité Balladur, suivi en cela par le projet de loi constitutionnelle, avait suggéré en 2008 que le second ne soit plus que « responsable » de la Défense nationale mais mettant en œuvre la politique définie par le chef de l'État. Les deux assemblées ont cependant considéré que la modification de la rédaction de l'article 21 de la Constitution précisant le rôle du Premier ministre en matière de défense nationale n'était pas nécessaire et présenterait plus d'inconvénients que d'avantages, en particulier dans le cas d'une hypothétique nouvelle cohabitation institutionnelle.

Le droit de grâce (Const., art. 17)

> **Article 17 de la Constitution**
> *« Le président de la République a le droit de faire grâce à titre individuel. »*

49 Il s'agit d'un pouvoir traditionnel du chef de l'État d'origine monarchique, portant d'ailleurs atteinte à la séparation des pouvoirs entendue strictement. Ce droit consiste à dispenser les personnes condamnées de tout ou partie de leur peine qui doit être exécutoire et définitive, tous les recours judiciaires ayant été épuisés. Sous la IVe République, il avait été transféré au Conseil supérieur de la magistrature qui l'exerçait collectivement, le président de la République ne disposant que d'une voix prépondérante en cas de partage. Le chef de l'État retrouve donc pleinement droit en 1958, exercé avec le contreseing du Premier ministre et du garde des Sceaux. Jusqu'à la révision constitutionnelle de 1993, le Conseil supérieur de la magistrature donnait un avis obligatoire dans le cas d'une condamnation à mort et, pour les autres condamnations, le chef de l'État pouvait le solliciter s'il en décidait ainsi. Le comité Balladur avait suggéré en 2008 un avis préalable du Conseil supérieur de la magistrature et, dans le projet

initial du gouvernement, était prévu l'avis d'une commission *ad hoc*. Cette disposition, qui aurait conduit pourtant conduit à renforcer le prestige du Conseil, a été jugée superfétatoire, les recours étant instruits par le bureau des grâces du ministère de la Justice, jouant un rôle de recommandation et d'avis.

La demande de grâce individuelle adressée au seul chef de l'État peut être formulée par le condamné lui-même, son avocat, ses proches, une association ou encore par le parquet. Ensuite, le recours est transmis à la direction des affaires criminelles et des grâces du ministère de la Justice qui instruit le dossier en exposant les arguments pour et contre la remise de grâce. Puis un projet de décret est envoyé à la présidence de la République, qui peut ne pas y donner suite. Ce droit dont l'exercice est très rare, n'est soumis à aucun délai de réponse et le chef de l'État n'a pas à motiver sa décision. Le contreseing du Premier ministre et du garde des Sceaux est traditionnellement formel, en toutes circonstances politiques. Avant l'abolition de la peine de mort en 1981, ce droit prenait un sens tout particulier puisqu'il permettait de commuer cette peine en une autre tandis que le rejet du recours en grâce, sur lequel il était mentionné que le chef de l'État « décide de laisser la justice suivre son cours », équivalait en fait à un ordre d'exécution. Toutefois, il peut arriver que des ministres fassent pression sur le président pour obtenir la signature d'un décret de grâce : ce fut le cas célèbre du général Jouhaud, un des organisateurs du putsch d'Alger, qui, condamné à mort, vit sa peine commuée en 1962 grâce à l'intervention du garde des Sceaux, Jean Foyer, et du Premier ministre, Georges Pompidou, qui auraient mis leur démission dans la balance. Si la grâce est accordée, le décret, contresigné par le Premier ministre et le garde des Sceaux, ne paraît pas au Journal officiel mais est notifié directement aux condamnés. Enfin, les décrets présidentiels ne peuvent être discutés devant les assemblées en vertu d'une coutume constitutionnelle. Par ailleurs, le décret de grâce n'émanant pas d'une autorité administrative, il est insusceptible de recours (CE, ass., 28 mars 1947, *Gombert*) et n'est donc pas plus un acte administratif communicable (CE, 7 sept. 1997, *François*).

Avant la révision constitutionnelle du 23 juillet 2008, la grâce pouvait être aussi collective dans les années 90, traditionnellement à l'occasion du 14 juillet – permettant de « vider » les prisons en cas de surpopulation carcérale – mais n'effaçait pas l'infraction du casier judiciaire. Durant toutes ces années, ce type de grâce a concerné en moyenne 3 000 à 4 000 détenus par an, étant exclues certaines infractions comme le terrorisme, les crimes contre l'humanité, contre les mineurs, les délits financiers ou les actes de racisme. Trois cents à quatre cents mesures de grâce présidentielle étaient prises aussi chaque année (réduction ou dispense de peine de prison, relèvements d'incapacité, remise de paiement d'amendes, etc.). Elle doit être distinguée de l'amnistie, collective, et qui ressort de la compétence du législateur, les projets de loi étant cependant souvent présentés à la demande du chef de l'État (Const., art. 34). Si la grâce concerne un condamné, la loi d'amnistie s'applique à une catégorie d'infractions (exemple de la loi d'amnistie après les événements de mai 1968).

Depuis 2008, la grâce ne peut être désormais qu'individuelle quoique subsiste la possibilité théorique de décrets de grâce collective, individualisés. Durant son quinquennat, Nicolas Sarkozy a eu recours à cette disposition pour 27 cas en 2008 ; et François Hollande à deux reprises (à l'ancien braqueur Philippe El-Shennawy en 2014 ; et à Mme Sauvage pour le meurtre de son mari à la suite de violences à son égard en 2016).

Les autres pouvoirs présidentiels (Const., art. 30, 64, 89)

50 On renverra aux articles suivants :

La convocation et la clôture des sessions extraordinaires du Parlement

V. ss 81, art. 30.

Les actes accomplis en tant que garant de l'indépendance de l'autorité judiciaire vis-à-vis de la justice

V. ss 187, art. 64.

Les actes accomplis dans le cadre de la procédure de révision

V. ss 248, art. 89.

Bibliographie

BOTTINI (F.), « La promulgation des lois parlementaires », *RFDC* 2008, n° 76, p. 761.

CAPITANT (R.) *Écrits politiques*, Flammarion, 1971.

COHENDET (M.-A.), Conan (M.), « Amnistie présidentielle et tradition », *RD publ.* 2001, p. 57.

JAN (P.), *Le président de la République au centre du pouvoir*, Doc. fr., 2011.

LE GALL (J.), *Les institutions de la Ve République à l'épreuve de l'alternance : la présidence de François Mitterrand*, LGDJ, 1997.

LE BOS-LE POURHIET (A.-M.), « La répartition du pouvoir réglementaire sous la Ve République », *RD publ.* 1992. 1822 s.

MASSOT (J.), *L'arbitre et le capitaine*, Flammarion, 1987.

MORABITO (M.), *Le chef de l'État en France*, Clefs, 1996.

RICHIR (I.), *Le président de la République et le Conseil constitutionnel*, PUF, 1998.

ROMI (R.), « Le président de la République, interprète de la Constitution », *RD publ.* 1987. 1267 s.

SAUVE (J.-M.), « Le Conseil des ministres », *Mélanges Gicquel*, Montchrestien, 2008.

TOULEMONDE (G.), Desclodures (H.), « Les décrets relatifs à la composition du gouvernement. Recherche d'une cohérence », *RD publ.* 2004. 333.

TURK (P.), « Le droit de grâce présidentiel à l'issue de la révision du 23 juillet 2008 », *RFDC* 2009, n° 79, p. 513.

VIDAL-NAQUET (A.), « Un président de la République plus "encadré" », *JCP* 2008. I. 17.

VIEL (M.-T.), « La répartition des compétences en matière militaire entre le Parlement, le président de la République et le Premier ministre », *RD publ.* 1993. 141.

DE VILLIERS (M.), « Stratégie et diplomatie dans la Constitution de la Ve République », in Cercle des constitutionnalistes, *Les 50 ans de la Constitution, op. cit.*

VOISSET (M.), *L'article 16 de la Constitution du 4 octobre 1958*, LGDJ, 1969, t. XV, 437 p.

TITRE III

Le gouvernement (Const., art. 20 à 23)

Il faut remonter à l'Empire pour voir le « gouvernement » strictement identifié au pouvoir exécutif. Les autres Constitutions, en particulier celles de 1875 et de 1946, ne faisaient pas état du gouvernement, mais le saisissaient dans ses relations avec les autres pouvoirs publics constitués. Il fait l'objet du titre III de la Constitution de 1958, après le président de la République, mais apparaît dans une quinzaine d'autres articles. Ce titre III définit le rôle ainsi que certaines compétences du gouvernement et du Premier ministre (Const., art. 20 à 22) et fixe le statut de ses membres (Const., art. 23). Pour autant, on analysera également les autres dispositions de la Constitution qui ont trait au gouvernement.

Section 1
Le gouvernement (Const., art. 20)

> **Article 20 de la Constitution**
> *« Le gouvernement détermine et conduit la politique de la Nation. Il dispose de l'administration et de la force armée.*
> *Il est responsable devant le Parlement dans les conditions et suivant les procédures prévues aux articles 49 et 50. »*

La formulation de l'article 20 alinéa 1er a été longtemps opposée au général de Gaulle par son futur successeur (François Mitterrand) qui lui reprochait de sortir du simple rôle d'arbitre inscrit à l'article 5 de la Constitution... Ces débats sémantiques sont devenus vains après l'épreuve de l'alternance politique de 1981 et l'admission dans les esprits de la prééminence présidentielle, en dehors des textes, même si la révision constitutionnelle du 23 juillet 2008 n'a pas levé l'ambiguïté.

Les compétences du gouvernement

51 Elles concernent l'administration, la force armée et d'autres attributions significatives.

L'administration de la force armée

L'administration comme l'armée sont subordonnées à lui en démocratie et mettent en œuvre sa politique, sous réserve des compétences du chef de l'État en matière de Défense (v. Titre II, art. 15, ss 48). Au surplus, l'ordonnance du 7 janvier 1959 indique que le Premier ministre exerce la direction générale et militaire de la Défense nationale.

Le Premier ministre et le gouvernement peuvent ainsi compter sur des structures permanentes.

Fort d'une centaine de collaborateurs permanents, sous l'autorité d'un secrétaire général, le Secrétariat général du gouvernement, véritable mémoire de l'État, assure la continuité de l'action gouvernementale et assiste juridiquement le Premier ministre. Outre la préparation technique des Conseils des ministres en liaison avec la présidence de la République et le Secrétaire général de celle-ci, il intervient dans l'élaboration des projets de lois et de règlements en veillant au respect des procédures et à la perfection juridique des textes, de leur conception à leur adoption et publication.

Le Secrétariat général du comité interministériel pour les questions de coopération économique européenne (SGCI) a pour mission d'arrêter techniquement les instructions des représentants français au Conseil des ministres et de préparer la transposition dans l'ordre juridique interne des directives communautaires.

Le Secrétariat général de la Défense nationale prépare les Conseils de défense, assure l'information du gouvernement et des administrations sur les questions de Défense.

D'autres services sont rattachés au Premier ministre : en matière de communication gouvernementale, le service d'information du gouvernement (SIG), et dans une moindre mesure opérationnelle, la Documentation française, le *Journal officiel*. Une série de services relatifs à la fonction publique lui sont de même rattachés (la direction générale de la fonction publique, l'ENA, les instituts régionaux d'administration). Enfin, une constellation d'organismes comme le Commissariat général au plan, la délégation à l'aménagement du territoire et divers observatoires lui permettent de prévoir et d'agir en conséquence.

Les autres compétences du gouvernement

Le gouvernement est habilité à saisir le Conseil constitutionnel pour lui demander de constater l'empêchement du chef de l'État et assure collectivement l'intérim en cas d'empêchement du président du Sénat (v. ss 131, Titre II, art. 7, al. 4). Outre ces prérogatives d'usage, à titre exceptionnel, il peut se substituer pour un temps déterminé au Parlement dans le domaine législatif par ordonnances (Const., art. 38) et, dans le domaine financier, par ordonnances spéciales (Const., art. 47 et 47-1). Seules les ordonnances prises en application de l'article 74-1 de la Constitution constituent une délégation permanente du pouvoir législatif. Enfin, le gouvernement peut user, en cas de crise grave, des pouvoirs de crise, état de siège (Const., art. 36) et état d'urgence (L. n° 55-385, 3 avr. 1955, relative à l'état d'urgence).

La responsabilité du gouvernement devant le Parlement

52 V. ss 120 à 122, Titre V, art. 49.

Section 2
Le Premier ministre (Const., art. 21)

> **Article 21 de la Constitution**
> *« Le Premier ministre dirige l'action du gouvernement. Il est responsable de la Défense nationale. Il assure l'exécution des lois. Sous réserve des dispositions de l'article 13, il exerce le pouvoir réglementaire et nomme aux emplois civils et militaires.*
> *Il peut déléguer certains de ses pouvoirs aux ministres.*
> *Il supplée, le cas échéant, le président de la République dans la présidence des conseils et comités prévus à l'article 15.*
> *Il peut, à titre exceptionnel, le suppléer pour la présidence d'un Conseil des ministres en vertu d'une délégation expresse et pour un ordre du jour déterminé. »*

La direction du gouvernement

53 Après Richelieu et Mazarin portant le titre de « principal ministre », Louis XIV écrivit dans ses *Mémoires* : « *Je résolus sur toutes choses de ne point prendre de Premier ministre [...] rien n'étant plus indigne que de voir d'un côté toutes les fonctions et de l'autre le seul titre de roi* ». Le titre fera l'objet, tout au long de son histoire, de contestations, Louis XV suivant les préceptes de son prédécesseur puis, après la Révolution, Napoléon... La Restauration de 1814 devait confirmer cette éclipse historique souhaitant empêcher la formation d'un cabinet à l'anglaise : « *c'est ma volonté qui doit tout faire* » (Louis XVIII). Pourtant c'est sous la Restauration qu'apparaît de façon coutumière – et intermittente – un « président du Conseil » (le Conseil des ministres étant en droit présidé par le chef de l'État dont le rôle ira s'affermissant avec le développement du parlementarisme). Sous la IIIe République, les lois constitutionnelles de 1875 l'ignorent, aucun ministre n'étant

distingué de ses voisins. En fait, le président du Conseil tend à personnifier « toute la force gouvernementale » (Poincaré) mais aussi sa faiblesse… Il ne dispose d'aucun pouvoir propre et n'est que le *primus inter pares* au sein du gouvernement. C'est sa personnalité, le cas échéant, qui impose la fonction (Gambetta, Waldeck-Rousseau, Clemenceau, Briand, Poincaré, Tardieu, Blum). Il ne dispose d'un embryon de services propres qu'au lendemain de la guerre (parfois victimes de coupes budgétaires !) et de services « pleins » qu'à partir de 1934.

Sous la IVe République, le président du Conseil reçoit sa consécration constitutionnelle sans pour autant présider en droit le Conseil des ministres, attribution formelle du chef de l'État. Le Premier ministre, dans son titre et la plénitude de ses pouvoirs, n'apparaît comme chef authentique du gouvernement et des ministres qui le compose qu'en 1958. Et il découle de l'article 8 de la Constitution que le chef de l'État nomme librement le Premier ministre. Sur ce point, on a vu que ses prédécesseurs disposaient toutefois sous les IIIe et IVe Républiques d'une capacité d'intervenir dans cette nomination revenant cependant, en dernier lieu, à l'Assemblée. La nouveauté est que le chef de l'État ne prend aucun avis et surtout que le gouvernement existe juridiquement dès sa nomination.

Un véritable chef de gouvernement sous la Ve République

« *Le Premier ministre dirige l'action du gouvernement* » (Const., art. 21) qui « *détermine et conduit la politique de la Nation* » (Const., art. 20). C'est en son nom qu'il parle, notamment lorsqu'il présente son programme ou engage sa responsabilité devant l'Assemblée nationale. Certes, l'autorité qu'il exerce sur les ministres est politique et non juridique n'étant pas le supérieur hiérarchique des ministres. Mais elle l'autorise à coordonner, par voie de circulaire, la méthode et le rythme de travail et surtout à arbitrer entre les ministres en cas de conflits ou surtout lors de la préparation du projet de loi de finances (« lettres de cadrage » et « lettres-plafonds »). C'est à lui qu'il incombe de faire respecter la solidarité gouvernementale et d'apparaître comme le coordinateur de la majorité parlementaire ou son chef en période de cohabitation.

Le Premier ministre dispose d'un cabinet comprenant une soixantaine de membres officiels – et officieux –, dirigé par un directeur de cabinet et composé de conseillers techniques. Il est chargé de centraliser l'information, de suivre les dossiers de chaque ministère pour le compte du chef du gouvernement. Il est aussi assisté d'un cabinet militaire. Le Premier ministre peut ainsi compter sur des structures permanentes.

Le « chef d'État-major » du président de la République (René Capitant)

Dès lors que le président agit normalement par le relais du gouvernement s'il dispose d'une majorité parlementaire, même incertaine, le Premier ministre apparaît comme le « chef d'État-major » du président de la République, selon la formule de René Capitant, professeur de droit et gaulliste historique, c'est-à-dire un exécutant de sa volonté politique, mais participant aussi – certes inégalement – à sa conception. Ici encore, le quinquennat a sensiblement accentué cette tendance, comme en témoigne la formule récemment employée de « simple collaborateur ».

Le « bouclier » ou le « fusible »

Le Premier ministre peut aussi faire office de « bouclier » voire de « fusible » du président de la République, selon d'ailleurs une tradition monarchique ressuscitée sur le plan de la littérature populaire par Alexandre Dumas et ses trois mousquetaires : le roi Louis XIII est naturellement bon, le cardinal Richelieu, foncièrement mauvais... Le peuple aime son roi mais déteste son principal ministre. L'imaginaire n'est pas ainsi étranger au droit constitutionnel. Typique fut ainsi la situation de Raymond Barre de 1978 à 1981, endossant l'impopularité du président, ou plus clairement Alain Juppé en pleine crise sociale, assumant celle du chef de l'État... Dans le même esprit romanesque, la dissolution de 1997 fut parfois attribuée à l'entourage du président et son échec, à la mauvaise politique de son Premier ministre... Celui-ci peut aussi se défausser sur son ministre (affaire du *Rainbow Warrior* sous le gouvernement de Laurent Fabius qui provoqua la démission du ministre de la Défense, Charles Hernu, en 1985) ou, selon la technique de la passe en arrière, démissionner ses collaborateurs directs (affaire *Habache* en 1992 qui provoqua, alors que Roland

Dumas était ministre des Affaires étrangères, le départ du secrétaire général du Quai d'Orsay), ou apparaître comme Jacques Chirac dans l'affaire du contrat première embauche en 2007 comme l'ultime recours... C'est pourquoi le successeur de Jacques Chirac, Nicolas Sarkozy, a pris le risque de s'afficher comme « *un président qui gouverne* », mais a fait perdre le charme du romanesque de la légende des Trois mousquetaires, et après lui, François Hollande, « *président normal* ».

Il est cependant des « chefs d'État-major » qui ont fait preuve d'une certaine autonomie à l'endroit du chef de l'État, tentant même à « déterminer » la politique de la Nation. Ces expériences n'ont pas été toujours concluantes pour leurs auteurs comme on l'a vu, quoique durables. Hormis le cas contesté de Georges Pompidou à partir de 1965, devant apparaître à terme comme un rival du général de Gaulle, d'autres cas sont plus avérés : Jacques Chaban-Delmas, tentant à partir de 1969 d'instaurer la « nouvelle société », devait être remercié par Georges Pompidou en 1972 quelques jours après avoir reçu la confiance de l'Assemblée ; Jacques Chirac, Premier ministre du président Giscard d'Estaing à partir de 1974 démissionnant deux ans plus tard ; Michel Rocard, Premier ministre de François Mitterrand à partir de 1988, démissionné en 1991.

La coordination interministérielle

On a évoqué plus haut les conseils restreints, réunions le plus souvent coutumières, présidées par le président de la République, de ministres et de hauts fonctionnaires sur certains sujets. Les comités interministériels, eux, se réunissent sous la présidence du Premier ministre, de ministres et de hauts fonctionnaires. Sauf cohabitation, un représentant du président de la République y assiste généralement. La pratique et l'intitulé ont fluctué. Le comité interministériel *stricto sensu* est aujourd'hui établi par un texte et périodiquement réuni (aménagement du territoire, qualité de la vie, sécurité routière, ville, etc.). En période de cohabitation, sont convoquées sur un sujet *ad hoc* des « réunions de ministres ». En outre, plus essentielles sont les réunions interministérielles : sous la présidence d'un collaborateur du Premier ministre se réunissent les membres des cabinets intéressés et les fonctionnaires qui les assistent. Elles permettent de coordonner l'activité ministérielle et de souligner les éventuels désaccords qui seront soumis à l'arbitrage du Premier ministre après consultation des ministres. Enfin, le conseil de Cabinet réunit tous les ministres sous la présidence du Premier ministre. Cette pratique, disparue aux débuts de la Vᵉ République (une douzaine jusqu'en 1961) du fait de la présidentialisation du régime, a repris un peu d'intensité pendant les périodes de cohabitation.

Le responsable de la défense nationale

54 Si on a déjà noté la primauté de fait du chef de l'État (v. ss 48), le comité Vedel a proposé, sans succès, en 1993 comme le comité Balladur en 2008, d'en tirer les conséquences juridiques en proposant de faire du Premier ministre le responsable de l'organisation de la défense nationale.

Chargé de l'exécution des lois

55 Le Premier ministre prend les mesures nécessaires pour l'application des lois. Il s'agit d'un pouvoir qu'il exerce avec le contreseing des ministres chargés de l'« exécution ». Certaines lois ne nécessitent pas de mesures d'application et sont mises en œuvre directement, tandis que d'autres exigent des décrets, arrêtés ou circulaires. Ces textes doivent être pris dans un délai maximal de six mois. La responsabilité de l'État peut être engagée du fait de la non-intervention des décrets d'application dans un délai raisonnable (CE, ass., 27 nov. 1964, *Vve Renard*), variable selon les cas d'espèce. Outre un suivi de ces textes par le ministère responsable et le secrétariat général du gouvernement, le rapporteur d'une loi, à l'Assemblée nationale, présente à la commission compétente un rapport sur l'application de la loi à l'issue d'un délai de six mois après son entrée en vigueur (puis le réentend dans le même délai si les textes réglementaires nécessaires n'ont pas été pris). Au Sénat, une commission pour le contrôle de l'application des lois en est chargée. Des circulaires du Premier ministre rappellent régulièrement aux ministres l'obligation d'une rapide et complète

application des lois. Les retards constatés en la matière ont eu tendance à se résorber ces dernières années. Selon les rapports du Sénat : « *de 9 % en 2002-2003, le taux moyen d'application des lois votées chaque année a successivement atteint 14 % en 2003-2004, 16 % en 2004-2005 et 30 % en 2005-2006, pour aboutir à la fin de la XII*e *législature (2009-2010), à un taux d'application de 64 % sur l'ensemble des lois votées depuis 5 ans. Certaines lois datant des années quatre-vingt étaient alors, toujours en attente de suivi réglementaire et au cours de la XIII*e *législature, à la date du 31 décembre 2011, 202 lois ont été promulguées (hors celles portant approbation de conventions et accords internationaux et hors lois constitutionnelles). Parmi celles-ci figurent 71 lois d'application directe et 131 lois prescrivant un suivi réglementaire. Sur ces 131 lois, 77 lois (59 %) ont été totalement mises en application, 49 lois (37 %) n'ont été que partiellement mises en application, tandis que 4 lois (3 %) n'étaient pas du tout mises en application et qu'une loi a vu son application différée* »...

La nomination aux emplois civils et militaires

56 L'article 21 de la Constitution dispose que le Premier ministre nomme aux emplois civils et militaires, sous réserve des dispositions de l'article 13 de la Constitution qui renvoie lui-même à une loi organique, le soin de définir « *les conditions dans lesquelles le pouvoir de nomination du président de la République peut être par lui délégué pour être exercé en son nom* » (v. aussi Titre II, art. 13, ss 47). L'article 3 de l'ordonnance n° 58-1136 du 28 novembre 1958 prise pour l'application de ces dispositions prévoit que « *le pouvoir de nomination du Premier ministre ne s'exerce qu'en vertu des délégations expressément consenties par décret du président de la République* ». Ainsi, faute de délégation, le pouvoir de nomination ne peut être exercé que par le président de la République, prise sous la forme d'un décret en Conseil des ministres. Ces délégations sont fort rares sous la Ve République et concernent la nomination de conservateurs généraux des bibliothèques et directeurs et présidents des instituts régionaux d'administration.

Le détenteur du pouvoir réglementaire

57 La Constitution a fait du Premier ministre le détenteur du pouvoir réglementaire de droit commun (Const., art. 21 et 37) - sous réserve de la compétence d'attribution du chef de l'État (Const., art. 13). En vertu de l'article 21 de la Constitution - mais aussi de la tradition du droit public français -, c'est le Premier ministre qui dispose du pouvoir réglementaire général, ses décrets sont contresignés par le(s) ministre(s) responsable(s). L'étendue du pouvoir réglementaire général, c'est-à-dire de droit commun, est définie par l'article 37-1 de la Constitution. Sur ce point, il est utile de signaler qu'il n'existe pas (plus) de différence entre les règlements dits « autonomes » (Const., art. 37-1) et ceux dits « d'application » (Const., art. 21) : leur régime juridique est identique dès lors que tous les règlements sont des actes administratifs, soumis au contrôle du juge administratif. Le gouvernement a les moyens de protéger ce « domaine » (Const., art. 37-2 et 41).

La suppléance du chef de l'État (Const., art. 21, al. 3 et 4)

58 Le Premier ministre peut aussi suppléer le président de la République dans la présidence des conseils et des comités prévus par l'article 15 de la Constitution. Le texte constitutionnel prévoit surtout, qu'à titre exceptionnel, il peut, sur délégation, sur un ordre du jour déterminé, le suppléer pour présider le Conseil des ministres (Const., art. 21 al. 4).

Les autres pouvoirs attribués par la Constitution

59 Outre le pouvoir d'avis (Const., art. 12, Const., art. 16), de proposition en matière de révision constitutionnelle (Const., art. 89), les autres compétences du Premier ministre relèvent pour l'essentiel des relations entre le gouvernement et le Parlement (v. Titre V).

Le Premier ministre peut, après consultation du président de l'assemblée concernée, décider de la tenue de jours supplémentaires de séance (Const., art. 28).

Il peut aussi demander au chef de l'État la réunion du Parlement en session extraordinaire (Const., art. 29).

Le Premier ministre dispose de l'initiative des lois concurremment avec les membres du Parlement (Const., art. 39).

Il appartient au Premier ministre d'interrompre la navette et de convoquer la commission mixte paritaire (Const., art. 45 nouveau).

Il engage, après délibération du Conseil des ministres, devant l'Assemblée nationale, la responsabilité de son gouvernement sur un texte (Const., art. 49, al. 1 et 3).

Il a la faculté de demander au Sénat l'approbation d'une déclaration de politique générale (Const., art. 49 al. 4).

Il peut déférer une loi avant sa promulgation au Conseil constitutionnel (Const., art. 61, al. 2).

SECTION 3
LE CONTRESEING DES ACTES DU PREMIER MINISTRE PAR LES MINISTRES (CONST., ART. 22) ET LE POUVOIR SECOND DES MINISTRES

> **Article 22 de la Constitution**
> *« Les actes du Premier ministre sont contresignés, le cas échéant, par les ministres chargés de leur exécution. »*

Le contreseing

60 Les actes du Premier ministre sont contresignés, le cas échéant, par les « ministres chargés de leur exécution ». Selon le Conseil d'État, ce sont « *ceux qui seront compétents pour signer ou contresigner les mesures réglementaires ou individuelles que comporte nécessairement l'exécution de cet acte* » (CE, ass., 27 avr. 1962, *Sicard et a.*). Ainsi, le fait qu'un ministre soit intéressé par le sujet ne justifie pas, à lui seul, qu'il appose son contreseing. La notion de « ministres chargés de leur exécution » est donc plus large que

celle de « ministre responsable » visée à l'article 19 de la Constitution pour les actes du président de la République contresignés par un ministre et auxquels « *incombent, à titre principal, la préparation et l'application des décrets dont il s'agit* » (CE, section, 10 juin 1966, *Pelon*).

Le pouvoir second des ministres

61 Ils sont chargés de la gestion quotidienne des départements ministériels à la tête desquels ils sont placés. À ce titre, ils disposent de pouvoirs relatifs à l'organisation des services par voie d'arrêtés ministériels (CE, 7 févr. 1936, *Jamart*). Ils ne peuvent exercer le pouvoir réglementaire, sauf délégation expresse du Premier ministre. Cependant, les ministres chargés de l'exécution des décrets du Premier ministre les contresignent. De même les ministres responsables contresignent les décrets pris en Conseil des ministres et signés par le chef de l'État. Ils sont par ailleurs ordonnateurs principaux des dépenses de leur ministère (*Loi organique relative aux lois de finances (LOLF)*, 1er août 2001, art. 8 et 9 ; Décr. GBCP, 7 nov. 2012, art. 74).

Le ministre est assisté d'un cabinet, composé d'un directeur – « la doublure » du ministre –, d'un chef de cabinet gérant l'intendance, de conseillers techniques. Composé de façon discrétionnaire par le ministre, il rassemble pour l'essentiel des fonctionnaires, issus eux-mêmes largement de l'ENA et pour lesquels ce passage constitue en principe un puissant accélérateur de carrière.

Les cabinets ministériels – à l'image des entourages du président de la République et du Premier ministre – prennent une importance croissante dans le traitement des problèmes, aux dépens des services et des directeurs d'administration centrale. Faisant écran entre le ministre et l'Administration, on dénonce aussi leur irresponsabilité et la politisation – à court terme – qu'ils impriment aux choix publics. « *Souple passerelle qui relie l'Administration au pouvoir politique* » (Paul Morand), ils présentent cependant l'avantage de ne pas être cloisonnés comme les services de l'Administration et de donner au ministre une vue d'ensemble des problèmes. En tout état de cause, un décret du 19 mai 2017 – après celui de 1948 – a limité à dix le nombre de collaborateurs d'un ministre et à cinq celui d'un secrétaire d'État, toutes ces nominations étant visées par le Premier ministre.

SECTION 4
LES INCOMPATIBILITÉS DES MEMBRES DE GOUVERNEMENT (CONST., ART. 23)

> **Article 23 de la Constitution**
> « *Les fonctions de membre du gouvernement sont incompatibles avec l'exercice de tout mandat parlementaire, de toute fonction de représentation professionnelle à caractère national et de tout emploi public ou de toute activité professionnelle.*
> *Une loi organique fixe les conditions dans lesquelles il est pourvu au remplacement des titulaires de tels mandats, fonctions ou emplois.*
> *Le remplacement des membres du Parlement a lieu conformément aux dispositions de l'article 25.* »

L'incompatibilité avec un mandat parlementaire

62 Le principe de l'incompatibilité d'un mandat de député avec des fonctions gouvernementales rompt avec la tradition parlementaire en France, quoique la Constitution de 1791 ait originellement posé cette règle pour empêcher Mirabeau de devenir ministre, mais aussi, selon Robespierre, pour empêcher la « corruption de la Chambre » (« *les membres de l'Assemblée nationale (...) ne pourront être promus au ministère (...) pendant la durée de leurs fonctions, ni pendant deux ans après en avoir cessé l'exercice* » ; Const. 3 sept. 1971, art. 2, sect. IV, chap. II, titre III). La compatibilité des mandats, en revanche, fut reprise par la Constitution de l'an III et fut un des éléments de la construction du régime parlementaire, le nombre de ministres choisis dans le Parlement signifiant progressivement au XIXe siècle l'union entre le cabinet et les chambres.

Sous les IIIᵉ et IVᵉ Républiques, la compatibilité des mandats contribuait à l'instabilité ministérielle : d'une part un parlementaire devenu ministre savait qu'en cas de démission du gouvernement il ne prenait aucun risque ; d'autre part les parlementaires non-ministres, aspirant à le devenir, ne répugnaient pas aux crises ministérielles (un député sur quatre a été ministre sous la IIIᵉ République). André Tardieu, une des figures du courant de réforme de l'État des années 30 peut ainsi écrire en 1937 : « *Chaque député nouvellement élu n'a qu'une ambition, celle de devenir ministre en passant par les grandes commissions et les secrétariats d'État. C'est pourquoi il faut couper court à ce jeu stérile en établissant la règle de l'incompatibilité* » (A. Tardieu, *La profession parlementaire*, Paris, 1937). Depuis la guerre, le général de Gaulle a fait de l'incompatibilité des mandats un des axes de sa pensée constitutionnelle : « *(Il) n'y a pas d'autre solution que séparer complètement ce qui est législatif (les partis) et ce qui est exécutif. Il faut nous mettre résolument dans cette pratique que les ministres, hommes de l'État, ne peuvent et ne doivent pas provenir des partis* » (lettre du général de Gaulle à Michel Debré, 3 juill. 1946). Notons qu'en Grande-Bretagne, en présence de partis structurés, la compatibilité des mandats contribue tout au contraire à l'union entre le gouvernement – fort d'une centaine de membres – et la Chambre des communes.

La règle et ses contournements

Initialement, en vertu de l'ordonnance du 17 novembre 1958, à l'expiration d'un délai d'un mois à compter de sa nomination, le parlementaire devenu membre du gouvernement, s'il choisissait d'y rester, perdait définitivement son mandat au profit de son suppléant qui achevait le mandat en cours. Pendant ce délai, il ne pouvait participer aux votes dans son assemblée. Si le ministre quittait le gouvernement, son suppléant ne lui restituait pas son siège, sauf s'il démissionnait et provoquait ainsi une élection législative partielle. Le suppléant ne pouvait cependant faire acte de candidature lors de l'élection suivante. Soulignons que le Conseil constitutionnel s'est opposé à ce qu'un ministre puisse, sans élection, succéder à un remplaçant décédé ou démissionnaire.

Il a décidé que la perte du mandat était définitive, le ministre déchu de ses fonctions ne pouvant regagner son siège qu'à la faveur d'une nouvelle élection (Cons. const., décis. n° 77-80/81 DC, 5 juill. 1977, *Remplaçants parlementaires*).

Les parlementaires n'ont jamais vraiment accepté la règle de l'incompatibilité. D'une part, un ministre a rarement, une fois nommé, pris ses distances avec les électeurs de sa circonscription ; d'autre part, il demandait souvent à son suppléant de démissionner si d'aventure il quittait ses fonctions ministérielles : les suppléants se pliaient, pas toujours de bonne grâce à cette « procédure »...

Le président Giscard d'Estaing en septembre 1974 avait proposé un projet de loi constitutionnelle prévoyant la possibilité pour un ancien ministre de retrouver automatiquement son siège. Adopté par les deux assemblées, le projet fut toutefois ajourné, dans la crainte de le voir rejeté par le Congrès. En juin 1977, une loi organique ayant le même objet a été déclarée contraire à la Constitution par le Conseil constitutionnel. Et le comité Vedel a repris en 1993 cette proposition, en vain. Le comité Balladur l'a fait en 2008 avec plus de succès : désormais, le suppléant n'assure plus qu'un « remplacement temporaire » (Const., art. 25).

Le retour automatique des anciens ministres au Parlement

V. Titre IV, art. 25, ss 74.

Les autres incompatibilités

63 Le traitement du ministre doit en principe le mettre à l'abri des pressions, de la corruption et des conflits d'intérêts. Notons que depuis la loi du 11 mars 1988, il doit remplir dans les deux mois suivant sa nomination et ceux suivant son départ une déclaration de patrimoine déposée auprès du président de la Commission pour la transparence financière, devenue, depuis la réforme du 11 octobre 2013, la Haute Autorité pour la transparence de la vie publique. La Haute Autorité apprécie les variations éventuelles et est en droit de saisir le parquet. Les ministres ne peuvent exercer aucune autre activité professionnelle d'ordre privé ou public.

Les incompatibilités avec des fonctions professionnelles publiques ou privées

L'incompatibilité ne concerne que quelques activités professionnelles. Elle n'exclut pas la poursuite d'activités, même libérales, notamment celle d'avocat... mais empêche que le ministre plaide dans des affaires où l'État est partie. Il peut alors confier provisoirement la gestion de son cabinet à un confrère. Cette interdiction est nouvelle et tient aux abus - rares - tenant jadis à la pression exercée par certains ministres-avocats sur des magistrats.

- *Avec des fonctions publiques.*

Un fonctionnaire nommé ministre doit se mettre en congé pour exercer ses nouvelles fonctions, à l'exception des professeurs de l'enseignement supérieur qui peuvent continuer à enseigner. Le cumul reste possible avec une fonction publique élective. Cette faculté a été critiquée dans la mesure où le ministre ne se consacrerait pas à temps plein à sa fonction ministérielle. Lionel Jospin a ainsi instauré tacitement cette règle depuis 1997, puis Jean-Pierre Raffarin depuis 2002, une partie des ministres concernés conservant cependant des fonctions de maire adjoint.

– *Avec des fonctions syndicales ou représentatives.*

Cette incompatibilité est naturelle s'agissant de la représentation d'intérêts alors que le ministre doit parfois les affronter.

Les propositions de la commission Jospin et la loi relative à la transparence de la vie publique

Pour les membres du gouvernement, il était proposé de rendre leurs fonctions incompatibles avec toute fonction de direction ou d'administration au sein d'un parti politique et de toute autre personne morale (sociétés commerciales et associations notamment). Les ministres devaient par ailleurs être soumis à une obligation légale de donner à un intermédiaire agréé un mandat de gestion de leur patrimoine mobilier, sans droit de regard. Enfin, la commission jugeait nécessaire, d'une part, d'étendre aux ministres le contrôle des départs vers le secteur privé et vers certains organismes publics et, d'autre part, d'inclure les membres du gouvernement dans le champ du délit de prise illégale d'intérêts à l'issue des fonctions. Au surplus, elle suggérait la création d'une Autorité de déontologie de la vie publique qui exercerait deux missions essentielles : d'abord, une mission de conseil auprès des institutions et des administrations de l'État, en liaison avec leurs déontologues ; ensuite, une mission de contrôle des déclarations d'intérêts et d'activités. Elle devait absorber ainsi les missions aujourd'hui dévolues à la Commission pour la transparence financière de la vie politique – recueil et contrôle des déclarations de patrimoine – et les missions dévolues à la Commission de déontologie de la fonction publique – contrôle des départs vers le secteur privé.

Si les projets de loi constitutionnelle déposés le 13 mars 2013 ont été pour l'heure abandonnés – et avec eux, l'éventuelle incompatibilité des fonctions gouvernementales avec des fonctions exécutives locales –, faute d'obtenir la majorité des 3/5e au Congrès, certaines propositions de la commission Jospin ont été transcrites en droit par une loi organique et une loi ordinaire le 11 octobre 2013, complétées par divers décrets d'application en 2014. Les ministres (et les parlementaires, comme nous le verrons) sont désormais tenus, en sus de la déclaration de patrimoine, de présenter une déclaration d'intérêts et d'activités à la nouvelle Haute Autorité pour la transparence de la vie publique, qui a pour mission, avec l'aide des services fiscaux, de vérifier l'exactitude et la sincérité des déclarations, de contrôler toute variation anormale du patrimoine pendant la durée des fonctions, de se saisir des situations de conflit d'intérêts – elle dispose, à ce titre, d'un pouvoir d'injonction pour y mettre fin –, et de se prononcer sur la compatibilité de l'exercice d'une activité libérale ou d'une activité rémunérée dans le secteur concurrentiel parallèlement ou dans les trois années qui suivent l'exercice des fonctions gouvernementales.

Les ministres doivent également, conformément aux propositions de la commission, confier la gestion de leur patrimoine mobilier à un intermédiaire, et ce, sans droit de regard (décret no 2014-747, 1er juillet 2014). Au surplus, en cas d'éventuel conflit d'intérêts, il leur est nécessaire d'en informer le Premier ministre qui prend alors en charge leurs attributions (décret no 2014-34, 16 janvier 2014).

Bibliographie

CHAGNOLLAUD (D.), QUERMONNE (J.-L.), *La Ve République*, t. 2, Champs, Flammarion, 2000 ; *Les cabinets ministériels côté cour*, L'Harmattan, 1999.

SCHRAMECK (O.), *Les cabinets ministériels*, Dalloz, 2004.

TITRE IV

Le Parlement (Const., art. 24 à 33)

Ce titre de la Constitution a été peu modifié depuis 1958. Certes, l'article 24, depuis la révision constitutionnelle du 23 juillet 2008, s'est vu sensiblement amendé : d'une part a été ajouté un alinéa 1er définissant les missions du Parlement, d'autre part il plafonne le nombre de parlementaires et assure désormais la représentation des Français de l'étranger non plus seulement au Sénat mais aussi à l'Assemblée nationale. Pour le reste, il affirme toujours la structure bicamérale du Parlement formé de députés et sénateurs élus au suffrage universel, direct dans un cas, indirect dans l'autre. Quant au statut du parlementaire (Const., art. 25, 26 et 27), il reste assez largement inchangé à l'exception notable des modalités de remplacement automatique des parlementaires devenus ministres. Notons aussi que l'article 25, alinéa 3, institue une commission indépendante pour examiner pour avis les projets de découpage électoral. On renverra sur ce point à nos observations précédentes (chap. I, art. 3).

La continuité est aussi la règle au sujet du régime strict des sessions instauré en 1958 et revu en 1995 (Const., art. 28, 29 et 30) comme du droit d'accès des membres du gouvernement aux assemblées (Const., art. 31), de l'élection de leur président (Const., art. 32) ou de la publicité de leurs séances (Const., art. 33).

Contrairement aux Républiques précédentes, le Conseil constitutionnel assure la conformité des règles qui gouvernent l'organisation du Parlement à la Constitution. Ces règles s'inscrivent dans une logique de rationalisation du parlementarisme et découlent de dispositions constitutionnelles, organiques, législatives, des règlements des Assemblées et, bien sûr, de la jurisprudence du Conseil constitutionnel.

La Constitution de 1958, contrairement aux Républiques antérieures, est une riche source des règles de fonctionnement des assemblées tout comme les lois organiques qui ont pour objet de préciser l'organisation et le fonctionnement des pouvoirs publics (Const., art. 46 et 61 al. 1er). Il faut y ajouter l'ordonnance du 17 novembre 1958 relative au fonctionnement des assemblées. Prise en application de l'article 92 de la Constitution aujourd'hui disparu, elle reprend des dispositions antérieures codifiées en 1950 et traite notamment, outre des dispositions traditionnelles (locaux affectés aux assemblées, autonomie financière, responsabilité civile), des pétitions, délégations parlementaires, des commissions d'enquête et de contrôle ou, depuis 2009, de la consultation du Conseil d'État sur une proposition de loi. Si elle dispose d'une simple valeur législative, elle fait partie des normes de référence du contrôle obligatoire exercé par le Conseil constitutionnel sur les règlements des assemblées parlementaires. Ces derniers ont une importance capitale et, comme l'écrivait Eugène Pierre écrivait au début du XXe siècle, dans son fameux *Traité de droit politique, électoral et parlementaire* : « *Le Règlement n'est en apparence que la loi intérieure des assemblées, un recueil de prescriptions destinées à faire procéder avec méthode une réunion où se rencontrent et se heurtent beaucoup d'aspirations contradictoires. En réalité c'est un instrument redoutable aux mains des partis ; il a souvent plus d'influence que la Constitution elle-même sur la marche des affaires publiques* » (Eugène Pierre, *Traité de droit politique, électoral et parlementaire*, 2e éd., 1902, no 445, p. 490). S'il en fut de même sous la IVe République, la Ve République a mis fin à cette situation. Les règlements des assemblées parlementaires font l'objet d'un contrôle obligatoire de constitutionnalité par le Conseil constitutionnel (Const., art. 61 al. 1er).

SECTION 1
LE RÔLE, LA COMPOSITION ET LE MODE D'ÉLECTION DU PARLEMENT (CONST., ART. 24)

La révision constitutionnelle de 2008 a, pour la première fois, consacré les missions du Parlement mais surtout plafonné le nombre de députés et sénateurs élus au suffrage universel et institué une représentation des Français de l'étranger à l'Assemblée nationale.

> **Article 24 de la Constitution**
> *« Le Parlement vote la loi. Il contrôle l'action du gouvernement. Il évalue les politiques publiques.*
> *Il comprend l'Assemblée nationale et le Sénat.*
> *Les députés à l'Assemblée nationale, dont le nombre ne peut excéder cinq cent soixante-dix-sept, sont élus au suffrage direct.*
> *Le Sénat, dont le nombre de membres ne peut excéder trois cent quarante-huit, est élu au suffrage indirect. Il assure la représentation des collectivités territoriales de la République.*
> *Les Français établis hors de France sont représentés à l'Assemblée nationale et au Sénat. »*

Le rôle du Parlement (Const., art. 24, al. 1er)

64 L'ancien article 24 n'apportait qu'une définition matérielle du Parlement tandis que la Constitution ne mentionnait que de manière éparse les différentes missions qui incombent à celui-ci : le vote de la loi (Cons., art. 34), des lois de finances et en contrôler l'exécution (Const., art. 47), de même pour les lois de financement de la sécurité sociale (Const., art. 47-1).

Le vote de la loi

Le rapport du « comité Vedel » considérait en 1993 : « Il ne paraît pas inutile de préciser dans le texte constitutionnel ce qu'est la mission du Parlement. D'une part, les articles 5 et 20 de la Constitution respectivement consacrés au président de la République et au gouvernement donnent une définition d'ensemble de la mission dévolue à chacune de ces autorités : il est bon qu'il en soit usé de même avec le Parlement. D'autre part et surtout, l'évolution même des assemblées dans les démocraties contemporaines tend, à côté du vote de la loi qui reste la fonction première du Parlement, mais s'exerce dans des conditions très différentes de celles qui prévalaient dans le passé, à l'apparition et au renforcement de la fonction de contrôle de l'activité gouvernementale assortie d'une meilleure implication dans le suivi de l'application des lois » (rapport du comité Vedel, 15 févr. 1993, p. 41) tandis que le comité Balladur a souhaité que le texte même de la Constitution affirme en particulier que la « mission de contrôle soit expressément dévolue au Parlement », ce contrôle ne devant pas se limiter au contrôle de l'action gouvernementale, mais s'étendre à l'évaluation des politiques publiques.

Désormais, c'est à l'article 24 que sont précisées les missions du Parlement : le vote de la loi (au lieu de l'article 34) même si l'Assemblée nationale peut avoir « le dernier mot » (Const., art. 24, al. 1er) ou que la loi peut être considérée comme adoptée sans être votée (voir article 49.3). Cette revalorisation essentiellement symbolique est mise en pratique par les nouveaux articles 47-2, 48, alinéa 4, 51-1 et 51-2 de la Constitution.

La fonction de contrôle du gouvernement

V. Titre V, Chapitre 3, ss 120.

L'évaluation des politiques publiques

On peut définir l'évaluation comme ayant comme « *objet de rechercher si les moyens juridiques, administratifs ou financiers mis en œuvre permettent de produire les effets attendus de cette politique et d'atteindre les objectifs qui lui sont assignés* » (Décr. n° 90-82, 22 janv. 1990, art. 1). Notons que pour la première fois est constitutionnalisée la mission d'évaluation par le Parlement des politiques publiques (Const., art. 24, al. 1er). Dans ce sens, ont été créées à l'Assemblée nationale la Mission d'évaluation et de contrôle (MEC) chargée de contrôler l'utilisation des deniers publics et la Mission d'évaluation et de contrôle des lois de financement de la sécurité sociale (MECSS). Le règlement du 27 mai 2009 a institué un comité d'évaluation et de contrôle (CEC) des politiques publiques à l'Assemblée nationale. Le Conseil constitutionnel a précisé que les missions du comité ne pouvaient porter que sur le contrôle de l'action du gouvernement et l'évaluation des politiques publiques, et non sur le contrôle des politiques publiques prises dans leur ensemble (Cons. const., décis. n° 2009-581 DC, 25 juin 2009, *Résolution modifiant le règlement de l'Assemblée*).

De même, la modification du règlement opérée le 28 novembre 2014 fixe la liste des sujets d'évaluation et de contrôle dont l'inscription à l'ordre du jour peut être demandée par chaque président de groupe d'opposition ou de groupe minoritaire : un débat sans vote ou une séance de questions portant sur les conclusions du rapport d'une commission d'enquête ou d'une mission d'information ; sur les conclusions d'un rapport d'information ou d'évaluation concernant la mise en œuvre réglementaire des textes votés par le Parlement et la mise en œuvre des conclusions d'une commission d'enquête ou d'une mission d'information ; sur les conclusions d'un rapport d'évaluation ou de suivi des recommandations du comité d'évaluation et de contrôle des politiques publiques. Était également prévu initialement la possibilité d'inscrire à l'ordre du jour une séance de questions à un ministre précis : le Conseil constitutionnel a toutefois estimé que le jeu des articles 20 et 21 de la Constitution (responsabilité collégiale du gouvernement devant le Parlement et direction de son action par le Premier ministre) rendait cette disposition inconstitutionnelle – c'est au Premier ministre qu'il revient de choisir lequel de ses ministres représentera le gouvernement et répondra aux parlementaires, « *sans que ce choix puisse faire l'objet d'une demande, d'une ratification ou d'une récusation par un membre du Parlement* » (Cons. const., décis. n° 2014-705 DC, 11 déc. 2014, *Résolution tendant à modifier le règlement de l'Assemblée nationale*). Enfin, le Parlement sans disposer d'outils aussi puissants que le General Accounting Office ou le Congressional Budget Office bénéficie dans l'exercice de cette mission de l'assistance de la Cour tionnel a précisé la portée de la conciliation des articles 3 et 24 de la Constitution. D'une part, si le Conseil constitutionnel rappelle que « *pour respecter le principe d'égalité devant le suffrage [...], la représentation de chaque catégorie de collectivités territoriales et des différents types de communes doit tenir compte de la population qui y réside* », cette prise en compte ne saurait cependant être absolue compte tenu de l'article 24 de la Constitution. Dès lors, que le Sénat doit être élu par un « *corps électoral qui est lui-même l'émanation de ces collectivités ; que par suite, ce corps électoral doit être essentiellement composé de membres des assemblées territoriales* », il en découle que « *si le nombre des délégués d'un conseil municipal doit être fonction de la population de la commune et si, dans les communes les plus peuplées, des délégués supplémentaires choisis en dehors du conseil municipal, peuvent être élus par lui pour le représenter, c'est à condition que la participation de ces derniers au collège sénatorial conserve un caractère de correction démographique* ».

En adoptant le principe d'un délégué sénatorial pour 300 habitants au-dessus de 8 700 habitants – au lieu d'un délégué supplémentaire pour 1 000 habitants au-dessus de 30 000 habitants –, l'article 2 de la loi censurée changeait la nature du mode d'élection des sénateurs. Ces délégués supplémentaires constituaient une part substantielle, voire majoritaire dans certains départements, du collège des électeurs sénatoriaux. Leur participation à l'élection des sénateurs était d'autant plus déterminante que la loi étendait à de nombreux départements l'élection des sénateurs au scrutin proportionnel. L'importance ainsi donnée aux délégués supplémentaires des conseils municipaux par la loi déférée leur conférait une fonction allant au-delà de la simple correction démographique. Le raisonnement est d'une complexité assez logique et en vertu de celui-ci, le Conseil a donc constaté la violation de fait du principe selon lequel les sénateurs sont les élus des collectivités territoriales et donc principalement des membres de leurs assemblées délibérantes.

Le comité Balladur a proposé de modifier l'article 24 de la manière suivante : « *Le Sénat est élu au suffrage indirect. Il assure la représentation des collectivités territoriales de la République en fonction de leur population*». Le projet de loi constitutionnelle opte pour l'expression «*en tenant compte de leur population*». Si l'Assemblée nationale a consenti à cette modification, la majorité sénatoriale s'y est refusée. On en est resté là, sauf à faire obstacle à la révision constitutionnelle dans son ensemble. Puis la commission Jospin a proposé de réformer le collège sénatorial de façon très neuve, d'une part, en introduisant un mécanisme de pondération des votes destiné à améliorer la représentation des régions et des départements et à tenir compte de l'importance démographique des communes, d'autre part, en en retirant les députés – ce qui ne mange pas de pain. Par ailleurs, la commission préconisait d'étendre le scrutin proportionnel de liste aux départements qui élisent trois sénateurs. Enfin, elle prévoyait d'abaisser l'âge minimal d'éligibilité au Sénat à 18 ans, comme pour les autres scrutins.

Après le basculement à gauche du Sénat en septembre 2011, la loi du 2 août 2013 relative à l'élection des sénateurs, s'inspirant des propositions de la commission Jospin, a contribué à réduire les disparités de représentation entre communes rurales et communes urbaines.

Originellement, le nombre de délégués des conseils municipaux participant aux élections sénatoriales dépendait du nombre d'habitants dans la commune : pour les communes de moins de 9 000 habitants, le nombre de délégués s'échelonnait de 1 à 15, correspondant à des conseils municipaux composés de 7 (moins de 100 habitants) à 29 (moins de 10 000 habitants) membres ; pour les communes de plus de 9 000 habitants, tous les conseillers municipaux étaient délégués de droit. Le Code électoral disposait également que les communes de plus de 30 000 habitants élisaient des délégués supplémentaires à raison d'1 pour 1 000 habitants. La réforme de 2013, tout en conservant l'essentiel de ce régime, a augmenté le nombre de délégués supplémentaires des communes de plus de 30 000 habitants : ces communes obtiennent désormais un délégué supplémentaire par tranche de 800 habitants – ce qui permet de corriger (légèrement) la représentation des communes urbaines. De manière opportune, ce texte n'a fait l'objet d'aucun recours devant le Conseil constitutionnel de la part de l'opposition sénatoriale. Ce mode de scrutin semble donc faire consensus.

La représentation à l'Assemblée nationale et au Sénat des Français établis hors de France (Const., art. 24, al. 5)

68 La représentation des plus de deux millions de Français établis hors de France, déjà instituée pour le Sénat, a été prévue par la loi constitutionnelle du 23 juillet 2008 pour l'Assemblée nationale (Const., art. 24, al. 5). Depuis les lois du 18 mai 1983 et du 9 août 2004, les 12 sénateurs représentant les Français établis hors de France sont élus par les 155 membres élus de l'Assemblée des Français à l'étranger. Voulue par Nicolas Sarkozy, cette réforme était considérée comme inutile par le comité Balladur compte tenu de la difficulté du découpage des circonscriptions et de l'existence d'une représentation spécifique au Sénat. Au surplus, elle met en concurrence deux types d'élus pour le même objet et est réellement absurde, y compris du point de vue du bénéfice électoral attendu, la gauche ayant emporté en 2012 la majorité des sièges.

Les Français de l'étranger élisant désormais 11 députés, il a été nécessaire de réduire le nombre de sièges de députés des départements et donc d'opérer une refonte des circonscriptions électorales. La commission Jospin, sans remettre en cause le principe de la représentation des Français de l'étranger à l'Assemblée nationale, a jugé peu pertinente l'utilisation du scrutin uninominal majoritaire pour l'élection des 11 députés qui représentent les Français établis hors de France : « *L'idée même d'un lien entre les électeurs et leur député lui semble largement illusoire pour des circonscriptions très vastes, dont la plus grande couvre le tiers de la planète. L'élection de ces députés au scrutin proportionnel de liste, par exemple dans deux circonscriptions, l'une pour l'Europe, l'autre pour le reste du monde, lui paraît pouvoir être mise en œuvre. À cette fin, une loi ordinaire serait nécessaire* ». Surtout, le métier de député est ici à temps plein (ne serait-ce que pour rencontrer ses électeurs dispersés : six députés pour l'Europe, deux pour l'Amérique, trois pour les pays d'Afrique et d'Asie). Par exemple, la dixième circonscription comprend 49 pays du Moyen-Orient et d'une partie de l'Afrique, pour une population de 147 997 Français inscrits. Il faut aimer l'avion...

SECTION 2

LA PROTECTION DE L'EXERCICE DU MANDAT PARLEMENTAIRE (CONST., ART. 25, 26 ET 27)

Le statut du parlementaire a pour objet d'assurer l'indépendance de l'élu vis-à-vis du pouvoir politique mais aussi le protéger des influences des groupes de pression : tel est l'objet de la protection du mandat. Elle est assurée notamment par un régime strict des incompatibilités (Const., art. 25) et, en théorie, par la prohibition du mandat impératif et par le caractère personnel du droit de vote (Const., art. 27). Quant aux immunités parlementaires (Const., art. 26), elles visent de même à protéger l'élu du peuple de poursuites abusives, sans le mettre pour autant à l'abri de l'action pénale. Notons enfin que l'article 25, alinéa 3, institue une commission indépendante pour examiner pour avis les projets de découpage électoral.

§ 1. Durée des pouvoirs, indemnités, inéligibilités, incompatibilités et cumul des mandats (Const., art. 25)

Article 25 de la Constitution

« Une loi organique fixe la durée des pouvoirs de chaque assemblée, le nombre de ses membres, leur indemnité, les conditions d'éligibilité, le régime des inéligibilités et des incompatibilités.

Elle fixe également les conditions dans lesquelles sont élues les personnes appelées à assurer, en cas de vacance du siège, le remplacement des députés ou des sénateurs jusqu'au renouvellement général ou partiel de l'assemblée à laquelle ils appartenaient ou leur remplacement temporaire en cas d'acceptation par eux de fonctions gouvernementales.

Une commission indépendante, dont la loi fixe la composition et les règles d'organisation et de fonctionnement, se prononce par un avis public sur les projets de texte et propositions de loi délimitant les circonscriptions pour l'élection des députés ou modifiant la répartition des sièges de députés ou de sénateurs. »

extensive » (Cons. const., décis. n° 77-5 I, 18 oct. 1977, *Marcel Dassault*). Et s'agissant des responsabilités de direction exercées dans des sociétés faisant publiquement appel à l'épargne, c'est leur caractère exclusivement financier qui est la cause déterminante de l'incompatibilité (Cons. const., décis. n° 89-9 I, 6 mars 1990, *Situation du président-directeur-général de la société Bernard Tapie Finance au regard du régime des incompatibilités parlementaires*). Ainsi, saisi par les intéressés, le Conseil constitutionnel a jugé que sont incompatibles avec l'exercice de leur mandat de parlementaire les fonctions de professeur associé à l'Université ou à l'Institut d'études politiques de Paris qui n'entrent pas dans le champ de la dérogation prévue à l'article L.O. 142 du Code électoral pour les « *professeurs... titulaires de chaire* » (Cons., const., décis. n° 2008-24 I / 25 I / 26 I, 14 févr. 2008).

La situation patrimoniale

Notons qu'à la suite de « l'affaire *Cahuzac* », deux lois ont été votées afin d'améliorer le contrôle du patrimoine des hauts responsables publics. La loi organique n° 2013-906 et la loi ordinaire n° 2013-907 du 11 octobre 2013 *relatives à la transparence de la vie publique* instituent une Haute Autorité pour la transparence de la vie publique, chargée, entre autres, de contrôler les déclarations des parlementaires (déclaration de situation patrimoniale et déclaration d'intérêts et d'activités), lesquels peuvent également la consulter sur des questions déontologiques afin de prévenir tout conflit d'intérêts – ce qui réduit le rôle du « déontologue de l'Assemblée nationale » à peu de chose, en fait à rien. Le Conseil constitutionnel a toutefois censuré certaines de leurs dispositions : portaient ainsi atteinte au droit au respect de la vie privée l'obligation de déclarer les activités professionnelles des enfants et des parents, et la publicité des déclarations de situation patrimoniale des titulaires de fonctions exécutives locales ; était également contraire au principe de légalité des délits et des peines la disposition imposant de déclarer les « *autres liens susceptibles de faire naître un conflit d'intérêts* », sans que ces liens soient précisément définis (Cons. const., décis. n°s 2013-675 DC et 2013-676 DC, 9 oct. 2013).

La sanction des incompatibilités

72 La sanction peut être automatique ou appréciée par le bureau de l'Assemblée.

La sanction automatique de certaines incompatibilités :

– un député élu sénateur (ou l'inverse) cesse dès son élection d'appartenir à la première assemblée dont il était membre ;

– le député est réputé avoir choisi les fonctions de membre du Conseil constitutionnel ou de membre du gouvernement sauf expression d'une opinion contraire (dans les huit jours pour le premier cas, dans le délai d'un mois – pendant lequel il reste parlementaire mais ne peut voter – dans l'autre) ;

– s'agissant de la limitation des cumuls des mandats électoraux, le parlementaire qui lors de son élection se trouve dans l'un des cas d'incompatibilité prévus doit dans les deux mois se démettre du mandat de son choix. S'il a acquis un autre mandat après son élection le plaçant en situation d'incompatibilité, il a 15 jours pour opter ; sinon, ce mandat prend fin de plein droit.

La sanction appréciée des incompatibilités

Depuis 1995, le parlementaire dispose d'un délai de deux mois pour déposer auprès du bureau de l'assemblée intéressée et, depuis 2013, de la Haute Autorité pour la transparence de la vie publique, la liste de ses activités professionnelles, celles qu'il envisage d'exercer ou de conserver ;

Le bureau examine la compatibilité entre les activités déclarées et le mandat parlementaire. En cas de doute ou de désaccord, le bureau, le garde des Sceaux ou l'intéressé, après que le bureau s'est prononcé, peuvent saisir le Conseil constitutionnel qui statue. En cas de constatation d'incompatibilité, le parlementaire dispose de trente jours pour abandonner la fonction en question, sauf à être déclaré démissionnaire d'office.

L'indemnité parlementaire

73 Créée en 1848, elle a pour but de permettre à tout citoyen d'accéder au Parlement, quelle que soit sa fortune. Sa création et son évolution sont un indice significatif de la démocratisation du recrutement et de la « professionnalisation » politique à partir de

tants revenant à l'Assemblée nationale entrant dans la contestation du gouvernement qu'ils venaient de quitter...

Sa mise en œuvre par la loi organique

Le législateur organique, dans l'aménagement des règles de remplacement lorsque cessent les fonctions gouvernementales, a prévu deux modalités distinctes : soit l'ancien ministre retrouve son siège, auquel cas le remplacement, qui était temporaire, comme le prescrit le texte même du 2e alinéa de l'article 25 précité, n'a plus lieu d'être et l'intéressé revient au Parlement ; soit l'ancien ministre, dans le délai d'un mois qui lui est imparti pour se déterminer, décide de renoncer à retrouver son siège, auquel cas, sans qu'il soit besoin d'organiser une élection partielle, le remplaçant conserverait le siège jusqu'à la fin du mandat. Le Conseil constitutionnel a estimé que cette deuxième possibilité, en transformant, dans le cas d'acceptation de fonctions gouvernementales, un remplacement temporaire en remplacement définitif, allait au-delà de ce qui était prévu par le constituant et méconnaissait les termes mêmes de la Constitution modifiée dans son article 25 (Cons. const., décis. n° 2008-573 DC, 8 janv. 2009).

La commission indépendante en charge du découpage électoral (Const., art. 25, al. 3)

75 V. ss 23.

§ 2. Les immunités parlementaires (Const., art. 26)

Article 26 de la Constitution

« Aucun membre du Parlement ne peut être poursuivi, recherché, arrêté, détenu ou jugé à l'occasion des opinions ou votes émis par lui dans l'exercice de ses fonctions.

Aucun membre du Parlement ne peut faire l'objet, en matière criminelle ou correctionnelle, d'une arrestation ou de toute autre mesure privative ou restrictive de liberté qu'avec l'autorisation du bureau de l'assemblée dont il fait partie. Cette autorisation n'est pas requise en cas de crime ou délit flagrant ou de condamnation définitive.

> *La détention, les mesures privatives ou restrictives de liberté ou la poursuite d'un membre du Parlement sont suspendues pour la durée de la session si l'assemblée dont il fait partie le requiert.*
> *L'assemblée intéressée est réunie de plein droit pour des séances supplémentaires pour permettre, le cas échéant, l'application de l'alinéa ci-dessus.* »

Il s'agit traditionnellement depuis 1789 de protéger le parlementaire et, à travers lui, l'assemblée contre les tentatives d'intimidation ou les menaces du pouvoir politique, de groupes ou de citoyens mal intentionnés. L'immunité conforte l'indépendance de l'élu et prend deux formes principales : l'irresponsabilité à raison des opinions et votes émis dans l'exercice des fonctions parlementaires et l'inviolabilité afin d'éviter des poursuites abusives quant à des faits étrangers à la fonction parlementaire, en vue d'intimider l'élu.

Une immunité de procédure : l'inviolabilité

76 Il s'agit d'une immunité de procédure qui garantit le parlementaire contre des poursuites pénales abusives ou vexatoires pour des crimes et délits étrangers à l'exercice de sa fonction (Const., art. 26, al. 2 et 3).

L'étendue de l'inviolabilité

L'inviolabilité parlementaire consiste en l'impossibilité d'interpeller, d'arrêter ou d'imposer une quelconque restriction de la liberté d'un parlementaire sans avoir obtenu l'accord préalable du Bureau de l'assemblée à laquelle il appartient.

Contrairement à l'irresponsabilité dont les effets ne sont pas limités dans le temps, l'inviolabilité a une portée réduite à la durée du mandat. Cette immunité individuelle vise donc à retarder le déroulement de l'action publique, non à y soustraire le parlementaire. Depuis la révision constitutionnelle du 4 août 1995, elle ne vise plus la poursuite engagée mais seulement l'arrestation ou toute mesure privative ou restrictive de liberté au titre du contrôle judiciaire, sans l'autorisation du Bureau, sauf les cas de crime ou délit flagrant, ou de condamnation définitive. Cette immunité ne fait donc pas obstacle à l'ouverture d'une enquête, ni même à l'engagement des poursuites. Un parlementaire peut être entendu

Les actes non-couverts par l'immunité fonctionnelle

Les actes détachables de l'exercice de leur mandat (soit des actes sans lien avec celui-ci) ne sont pas couverts par l'irresponsabilité, non plus ceux commis hors l'enceinte de l'assemblée. Elle ne couvre pas ainsi les actes de la campagne électorale ou ceux accomplis dans le cadre d'une mission confiée par le gouvernement.

L'irresponsabilité ne couvre pas les propos tenus par le parlementaire en dehors de ses fonctions, par exemple au cours de réunions publiques ou à l'occasion de la rédaction d'un livre ou d'un article, ou d'une interview accordée à son domicile. Seules les « activités prévues aux titres IV et V de la Constitution [peuvent] caractériser l'exercice des fonctions parlementaires » (Cass. crim. 7 mars 1988, *Forni et Association professionnelle des magistrats).*

L'irresponsabilité ne couvre pas les propos même directement liés à un rapport parlementaire dès lors qu'ils sont diffamatoires (CA Paris, 6 septembre 2001, *Jacques Guyard*).

Elle ne couvre pas non plus la déclaration faite par un parlementaire, par ailleurs poursuivi pénalement, devant une commission dont il n'est pas membre (Cass. crim. 16 décembre 1997 ; *Bull. crim*, n° 428).

Les actes couverts par l'immunité fonctionnelle

Il s'agit donc des discours, des rapports et de toute pièce imprimée par ordre de l'une ou l'autre assemblée. Ainsi, sont couverts par l'irresponsabilité, tant civile que pénale :

– Les propositions de loi émanant des parlementaires ainsi que tout document imprimé sur ordre des chambres ;

– Les actes accomplis dans le cadre d'une mission confiée par les instances parlementaires. Notons ainsi, pour ce dernier cas, qu'un rapport d'enquête n'a pas le caractère d'un acte administratif susceptible d'être déféré au juge administratif, y compris pour les documents préparatoires (CE, 30 mars 2001, *La Vajra*). La rédaction d'un rapport parlementaire demandé par la conférence des présidents d'une des deux assemblées est couverte par l'irresponsabilité. À l'inverse, la mission exercée par un parlementaire à la demande du gouvernement, et non pour le compte du Parlement, ne s'inscrit pas dans l'exercice de la fonction parlementaire. Pour le Conseil d'État, la nomination d'un parlementaire en mission constitue le premier acte de l'exécution d'une mission administrative (CE, 25 septembre 1998, *Mégret*). Quant au Conseil constitutionnel, il s'est prononcé en ces termes dans une décision de 1989 : « *Considérant que les députés auteurs de la saisine font valoir que la loi relative à l'immunité parlementaire étend l'irresponsabilité instituée par le premier alinéa de l'article 26 de la Constitution à des actes autres que les opinions ou votes émis par un parlementaire dans l'exercice de ses fonctions ; qu'en effet, la rédaction d'un rapport, à la demande ou pour le compte du gouvernement, diffusé sur son ordre, ne semble pas pouvoir être rattachée à l'exercice du mandat parlementaire ; que l'article LO 144 du code électoral qui prévoit l'éventualité pour un député d'accomplir une mission temporaire à la demande du gouvernement a pour seul objet de déroger pour une période de six mois à une incompatibilité* » et qu'ainsi, « *la mission qu'exerce un député ou un sénateur à la demande du gouvernement ne s'inscrit pas dans l'exercice de sa fonction parlementaire* » (Cons. const., décis. n° 89-262 DC, 7 nov. 1989, *Loi relative à l'immunité parlementaire*, *Rec.*, p. 90) ;

– Les questions écrites, publiées au *Journal officiel* ;

– Les interventions et votes en séance publique et en commissions.

Les actes parlementaires excessifs

Il s'agit d'actes contrevenant à l'ordre de la séance publique qui appellent des sanctions. La discipline est exercée dans chaque assemblée par son président et régie par leur règlement intérieur. Quatre sanctions graduées en fonction de la gravité de l'acte sont prévues :

– le rappel à l'ordre (trouble de la séance) ;

– le rappel à l'ordre avec inscription au procès-verbal (le parlementaire a déjà reçu un rappel à l'ordre ou a provoqué ou menacé un autre parlementaire) : il entraîne la perte d'un quart de l'indemnité mensuelle – ce pouvoir disciplinaire interne peut parfois donner lieu à des dérives : ce fut cette sanction qui fut retenue contre un député de l'opposition, le 6 octobre 2014, qui avait persévéré à appeler la « présidente » de séance « Madame *le* président » ;

– la censure (un parlementaire a provoqué une scène tumultueuse) : elle entraîne la privation pendant un mois de l'indemnité parlementaire. Elle a été votée une seule fois depuis 1958 contre trois députés de l'opposition ayant mis en cause le passé de résistant du président de la République, le 2 février 1984 ;

– la censure avec exclusion temporaire (résistance à la censure, recours à la violence) : elle entraîne l'exclusion de l'assemblée pendant 15 jours et la privation d'indemnité pendant deux mois. En mars 2011, le député apparenté PCF Maxime Gremetz a été exclu temporairement de l'Assemblée par le bureau et privé de la moitié de son indemnité parlementaire pendant deux mois pour avoir perturbé une réunion de l'Assemblée consacrée à la crise nucléaire au Japon.

La portée de l'irresponsabilité

Pour les actes de la fonction, le principe d'irresponsabilité est le pendant, pour les actes détachables des fonctions, du principe d'inviolabilité qui « *a pour but, par la protection qu'il accorde aux membres du Parlement, dans l'exercice de leur mandat, d'assurer la dignité et l'indépendance de la représentation nationale, que ce principe commande une décision immédiate quant aux circonstances de fait et de droit dans lesquelles une citation est délivrée ou une poursuite engagée, visant un membre du Parlement* » (Cass. crim. 3 février 1955, *Garaudy* ; *JCP*, 1955, II, 8663, note Chambon). Il n'a donné lieu, contrairement au principe d'inviolabilité, qu'à très peu de jurisprudence, tant il semble établi, au moins depuis trois Républiques, que les actes rattachables au principe d'irresponsabilité sont insusceptibles de contrôle juridictionnel.

L'irresponsabilité présente un caractère absolu. Aucune procédure ne permet de lever l'irresponsabilité, pour quelque motif que ce soit, et elle ne peut donc être suspendue. Elle s'oppose à toutes formes de poursuites pénales, civiles ou disciplinaires (hors celles prévues par le règlement de l'assemblée). Ainsi, un fonctionnaire pris à partie au cours d'une séance publique par un parlementaire peut obtenir réparation de son préjudice en invoquant la seule responsabilité de l'État, qui ne peut cependant engager aucune action récursoire (CE, section 28 mars 1969, *Jannès* ; *Rec. Leb.*, p. 190, *AJDA*, 1969, II, p. 504, note Silvera). La seule limite à cette irresponsabilité est celle prévue en application de l'article 27 du traité portant statut de la Cour pénale internationale dont la juridiction est reconnue à l'article 53-2 de la Constitution et qui vise l'encouragement ou l'incitation au crime contre l'humanité, par des propos tenus à une tribune parlementaire.

L'irresponsabilité est permanente. Son application n'est pas influencée par le régime des sessions parlementaires.

L'irresponsabilité est perpétuelle. Elle s'oppose aux poursuites motivées par les actes accomplis durant le mandat, même après la fin de celui-ci : « *L'immunité parlementaire ne se confond pas, aux termes de la Constitution, avec la durée du mandat parlementaire* » (Cass. crim., Audience publique du jeudi 25 novembre 1965, pourvoi n° 64-93064, publié au bulletin).

L'irresponsabilité revêt un caractère d'ordre public. Un député ou un sénateur ne peut renoncer à son irresponsabilité et les actes accomplis en violation de ce principe constitutionnel sont nuls de plein droit. Cette immunité parlementaire n'est pas d'ordre privé, ce qui signifie que les parlementaires ne peuvent pas demander à ce qu'elle soit levée : « *Aucune autorité, à commencer par l'Assemblée intéressée, n'a qualité pour lever ou suspendre l'irresponsabilité* » (G. Vedel). L'interdiction du mandat impératif et le caractère personnel du droit de vote (art. 27)

§ 3. L'interdiction du mandat impératif et le caractère personnel du droit de vote (Const., art. 27)

> **Article 27 de la Constitution**
> « *Tout mandat impératif est nul.*
> *Le droit de vote des membres du Parlement est personnel.*
> *La loi organique peut autoriser exceptionnellement la délégation de vote. Dans ce cas, nul ne peut recevoir délégation de plus d'un mandat.* »

L'interdiction du mandat impératif (Const., art. 27, al. 1er)

78 La démocratie libérale a posé les fondements du mandat représentatif dans le contexte de la souveraineté nationale. Il s'oppose au mandat impératif découlant de la doctrine de la souveraineté populaire mais qui était aussi la règle sous l'Ancien régime bien que lors de la réunion des États généraux de 1789, les délégués du Tiers État se refusèrent à l'appliquer. Les constitutions d'un certain nombre d'États ont clairement interdit le mandat impératif en termes explicites (Allemagne, Italie, Espagne). En réalité, le mandat impératif se rattache moins aujourd'hui à la théorie de la souveraineté nationale qu'à la nécessité pratique d'assurer l'indépendance de l'élu, y compris vis-à-vis de son propre parti politique. Il existe ainsi très peu d'États parmi ceux du Conseil de l'Europe disposant d'une législation, en réalité suspecte, habilitant les partis politiques à demander aux représentants élus de démissionner s'ils changent d'affiliation politique. Selon la Commission européenne pour la Démocratie par le droit, *« l'interdiction du mandat impératif, ou toute autre pratique visant à priver un représentant de son mandat, doit prévaloir en tant que clé de voûte du constitutionnalisme démocratique européen »*.

La Constitution de 1958 énonce donc que *« tout mandat impératif est nul »* (Const., art. 27, al. 1er). Le général de Gaulle, en mars 1960, invoqua cette règle pour refuser de convoquer le Parlement en session extraordinaire au motif que la demande des députés était inspirée par des requêtes directes émanant des syndicats agricoles. Ainsi, le parlementaire n'est pas censé, en droit, être le délégué du peuple ni le mandataire de ses électeurs. Et les démissions en blanc remises à l'électeur ou bien à un parti n'ont pas de valeur juridique. Les incompatibilités avec certaines fonctions ont la même raison d'être : conserver son indépendance. Le règlement de l'Assemblée nationale interdit *« la constitution [en son sein] (...) de groupes de défense d'intérêts particuliers, locaux ou professionnels et entraînant pour leurs membres l'acception d'un mandat impératif »* (RAN, art. 23, al. 1er), comme celui du Sénat (RS, art. 5, al. 6). Malgré tout, existent des « groupes d'études » et des « groupes d'amitié » avec certains États – soumis à l'agrément du bureau. Le Conseil constitutionnel a rappelé la valeur constitutionnelle de l'article 27 de la Constitution en jugeant tout mandat impératif contraire à la Constitution, dans la décision relative au statut de la Corse (Cons. const., décis. n° 91-290, 9 mai 1991), et a considéré implicitement que cela vaut pour tous les mandats électifs (Cons. const., décis. n° 98-397 DC, 6 mars 1998, *Loi relative au fonctionnement des conseils régionaux*).

Le droit de vote est en principe personnel (Const., art. 27, al. 2 et 3)

79 Cette disposition (Const., art. 27, al. 2 et 3) visait à combattre l'absentéisme parlementaire, les délégations de vote étant par ailleurs strictement réglementées par l'ordonnance du 7 novembre 1958 portant loi organique autorisant exceptionnellement les parlementaires à déléguer leur droit de vote en cas d'absence dûment justifiée (maladie, empêchement absolu, etc.). Par ailleurs il ne peut y avoir de délégation lors d'un scrutin destiné à recueillir l'avis de la commission permanente compétente de chaque assemblée sur une proposition de nomination selon la procédure prévue au 5e alinéa de l'article 13 de la Constitution.

L'obligation du vote personnel a longtemps été contournée par le vote par clefs (un député tournait les clefs des collègues de son groupe absents). Cette pratique, pourtant contraire à la lettre de l'article 27 de la Constitution, n'a pas été sanctionnée par le Conseil constitutionnel qui a jugé que, sauf s'il était porté atteinte à la sincérité du scrutin, le fait que le nombre de suffrages soit supérieur au nombre de présents « *ne saurait entacher de nullité la procédure d'adoption de ce texte que s'il était établi, d'une part qu'un ou des députés ont été portés comme ayant émis un vote contraire à leur opinion, et, d'autre part, que sans la prise en compte de ce ou de ces votes, la majorité requise n'aurait pu être atteinte* » (Cons. const., décis. n° 86-225 DC, 23 janv. 1987, *Diverses mesures sociales*). En 1991, le président de l'Assemblée nationale, Laurent Fabius, a obtenu qu'un vote personnel ait lieu *contraire à leur opinion et, d'autre part, que, sans la prise en compte de ce ou ces votes, la majorité requise n'aurait pu être atteinte* » (Cons. const., décis. n° 2010-624 DC, 20 janv. 2011, *Loi portant réforme de la représentation devant les cours d'appel*).

Section 3

L'organisation et le fonctionnement du Parlement (Const., art. 28 à 33)

Sous la Révolution française, l'Assemblée siégeait sans interruption. Des limitations de durée ont été instituées par la suite par toutes les Constitutions, à l'exception de celle de 1848. Mais par rapport à la IIIe République (5 mois) et à la IVe République (7 mois depuis 1954), la Ve République inaugure un régime plus strict marqué à l'origine par l'existence de deux sessions ordinaires durant respectivement 80 et 90 jours. La révision constitutionnelle du 4 août 1995 a modifié sensiblement ce régime (Const., art. 28) sans modifier celui des sessions extraordinaires ni des sessions de plein droit (Const., art. 12, 16 et 18).

En dehors de ces périodes de session prévues par la Constitution, les assemblées ne peuvent se réunir mais il est loisible à leurs instances internes (commissions permanentes, groupes politiques) de le faire.

§ 1. La session ordinaire (Const., art. 28)

Article 28 de la Constitution

« Le Parlement se réunit de plein droit en une session ordinaire qui commence le premier jour ouvrable d'octobre et prend fin le dernier jour ouvrable de juin.

Le nombre de jours de séance que chaque assemblée peut tenir au cours de la session ordinaire ne peut excéder cent vingt. Les semaines de séance sont fixées par chaque assemblée.

> *Le Premier ministre, après consultation du président de l'assemblée concernée, ou la majorité des membres de chaque assemblée peut décider la tenue de jours supplémentaires de séance.*
> *Les jours et les horaires des séances sont déterminés par le règlement de chaque assemblée.* »

80 Conformément à l'article 28 de la Constitution de 1958 (dans sa rédaction issue de la révision constitutionnelle de 1995), le Parlement est réuni de plein droit en une session ordinaire annuelle.

La session unique (Const., art. 28, al. 1er). Dans sa rédaction antérieure, la Constitution avait prévu deux sessions ordinaires, la première à l'automne (80 jours à partir du 2 octobre), la seconde au printemps (90 jours au plus à partir du 2 avril). Une meilleure gestion du temps parlementaire a conduit, à l'initiative de Philippe Séguin, à la révision constitutionnelle du 4 août 1995 et à l'institution d'une session unique. Elle visait à permettre de mieux assurer la mission de contrôle des assemblées et surtout de rendre plus cohérent le rythme des réunions. En effet, pour échapper au cadre contraignant du régime antérieur des sessions et trouver du temps supplémentaire, les séances de nuit et surtout les sessions dites « extraordinaires » s'étaient multipliées : 60 fois entre 1958 et 1995 dont 59 à la demande du Premier ministre...

Le plafonnement des jours de séance (Const., art. 28, al. 2). La révision constitutionnelle de 1995 a plafonné à 120 le nombre de jours de séance (dépassé lors de la session parlementaire 2008-2009) que chaque assemblée peut normalement tenir au cours d'une session pour éviter que la session unique conduise à une inflation législative accélérée Pour autant, ce plafonnement (comme la clôture d'une session, ordinaire ou extraordinaire) ne peut faire obstacle à l'exercice par le Parlement de ses prérogatives essentielles. Il peut ainsi siéger au-delà du plafond s'agissant des décisions relatives aux immunités de ses membres (Const., art. 26) et *a fortiori* s'agissant de la mise en jeu devant l'Assemblée nationale de la responsabilité du gouvernement (Const., art. 51).

La tenue de séances supplémentaires (Const., art. 28, al. 3). La tenue de jours de séance supplémentaires peut être décidée par le Premier ministre après consultation du président de l'assemblée concernée, ou par la majorité des membres de chaque assemblée.

tions qui lui sont adressées, en particulier les messages du chef de l'État (Const., art. 18). Il est consulté par le Premier ministre lorsque celui-ci décide de la tenue de jours supplémentaires de séance (Const., art. 28, al. 3). Les présidents des assemblées peuvent saisir le Conseil constitutionnel en cas de décès ou d'empêchement d'un candidat à l'élection présidentielle (Const., art. 7, al. 9), s'ils ne confirment pas l'exception d'irrecevabilité opposée par le gouvernement en application de l'article 41, et pour toutes les modifications apportées au règlement de leur chambre (Const., art. 61, al. 1er). Il nomme trois membres du Conseil constitutionnel (Const., art. 56), dispose du pouvoir de le saisir de la constitutionnalité d'une loi (Const., art. 41 et 61) – la célèbre décision du 16 juillet 1971 fut rendue sur saisine du président du Sénat – ou d'un traité (Const. art. 54). Enfin, il désigne un membre du Conseil supérieur de la magistrature (Const., art. 65). Par ailleurs, le président du Sénat assure l'intérim de la présidence de la République en cas de vacance (Const., art. 7) et le président de l'Assemblée nationale préside les réunions du Congrès (Const., art. 89, al. 3).

La loi confère en outre aux présidents des assemblées des pouvoirs de nomination, en particulier, sous réserve de la procédure de l'article 13 : trois membres du Conseil supérieur de l'audiovisuel, d'un membre de la Commission nationale informatique et libertés (CNIL), du Haut conseil des finances publiques et dresse conjointement avec son homologue de l'autre assemblée et le président du Conseil économique, social et environnemental (CESE) une liste en vue de la désignation des membres du Conseil de la politique monétaire.

Leurs compétences internes à l'Assemblée

Le président assure effectivement la direction des débats sur le modèle du *speaker* britannique. Il dirige les débats législatifs, ouvre la séance publique, conduit les délibérations, fait observer le règlement, peut demander une prolongation de séance, répartit le temps de parole entre les groupes, donne et retire la parole à chaque parlementaire, il coordonne les activités de l'assemblée en convoquant les commissions, la conférence des présidents en vue d'examiner l'ordre des travaux législatifs, en répartissant le temps de parole. Il assure la police de séances (il veille à la sûreté de l'assemblée, ouvre et lève les séances) et veille à la discipline (pouvoirs de sanctions). En principe, il ne participe pas au vote mais plusieurs présidents ont parfois voté la confiance au gouvernement (par exemple Louis Mermaz en 1981, Jacques Chaban-Delmas en 1986, Laurent Fabius en 1997) ou en faveur de la révision constitutionnelle au Congrès, comme Bernard Accoyer le 21 juillet 2008.

Plus largement, le président, en assurant le fonctionnement concret de l'assemblée, est un des acteurs principaux du dialogue entre les pouvoirs publics constitutionnels mais aussi entre les groupes politiques.

Les organes de l'Assemblée

84 Il s'agit du bureau, de la conférence des présidents, des diverses commissions et des groupes parlementaires.

Le bureau (v. aussi Const., art. 48)

Il n'est mentionné qu'à l'article 26 de la Constitution alors qu'il est un organe de travail essentiel au sein de chaque assemblée mais aussi à l'article 39, alinéa 2 de la Constitution, s'agissant du dépôt des projets de loi (« sur le bureau »...). Il s'agit d'un organe collégial comprenant le président, 6 vice-présidents (qui suppléent le président dans la direction des séances), 3 questeurs (chargés sous l'autorité du bureau de l'administration intérieure et de la gestion financière et administrative), 12 secrétaires à l'Assemblée nationale et 8 au Sénat (surveillant le dépouillement des scrutins et la rédaction des procès-verbaux).

Outre les attributions individuelles de ses membres, le bureau a pour charge essentielle d'interpréter et d'appliquer le règlement intérieur de la chambre, de se prononcer sur la recevabilité des propositions de loi et des amendements, de statuer sur les incompatibilités et les immunités parlementaires, de déterminer le statut du personnel et de procéder aux nominations les plus importantes au sein de l'administration de l'Assemblée.

avec courtoisie la police, la séance se déroule selon les règles propres au débat parlementaire. Rappelons que la conférence des présidents a au préalable organisé son déroulement (nombre de séances, répartition du temps de parole entre les groupes, moment des votes) ce qui n'interdit pas les tentatives d'obstruction.

Bibliographie

BENELBAZ (Cl.), « Le redécoupage électoral sous la Ve République », *RD publ.* 2010. 1161.

GENEVOIS (B.), « Les immunités prévues par la Constitution et le contrôle juridictionnel (le droit français confronté au droit italien) », *RFDA* 2000. 511.

ROUVILLOIS (F.), « Heurts et malheurs d'un principe : le vote personnel des députés », *RD publ.* 1988. 781.

SAVONITTO (F.), *Le pouvoir constituant pose-t-il des normes ? L'exemple des articles 29 et 30 de la Constitution*, AFDC, colloque du XXVe anniversaire de la Constitution, 2008.

Titre V

Les rapports entre le gouvernement et le Parlement (Const., art. 34 à 51-2)

La Constitution de 1958 a apporté deux innovations majeures par rapport aux Républiques précédentes. La première est d'apparence : la fin de la souveraineté de la loi au sens où son domaine est désormais limité alors que son contrôle par le Conseil constitutionnel demeure en réalité la vraie révolution juridique que personne n'avait deviné alors. La seconde est bien réelle, en ce qu'elle confère au gouvernement des prérogatives importantes dans la direction des travaux parlementaires, « le parlementarisme rationalisé ». Et si le titre V de la Constitution de 1958 est celui qui a été le plus profondément remanié par la révision constitutionnelle du 23 juillet 2008, ses équilibres n'ont pas été sensiblement modifiés. Certes, sont désormais accordées au Parlement des compétences secondaires, comme le vote des résolutions (Const., art. 34-1 nouveau), l'information de plein droit en matière d'intervention militaire assortie d'un régime d'autorisation dans le temps (Const., art. 35, al. 2 et 3) ou enfin, la ratification parlementaire expresse des ordonnances – qui ne change pas grand-chose (Const., art. 38, al. 2). Le président de chaque assemblée peut sou-

Constitution autorise le gouvernement sur habilitation du Parlement, de prendre par ordonnances des mesures de nature législative.

Les différents types de lois peuvent être distingués d'abord au regard de la hiérarchie des normes :

- les lois constitutionnelles (Const., art. 89),
- les lois référendaires (Const., art. 11),
- les lois organiques (Const., art. 46),
- les lois de finances qui ne sont pas supérieures aux autres lois mais une loi ordinaire ne peut, sans méconnaître la Constitution, empiéter sur le domaine qui leur est réservé, de même pour les lois de financement de la Sécurité sociale (Const., art. 47 et 47-1),
- enfin les lois ordinaires (Const., art. 34).

D'un point de vue matériel, on peut différencier :

- les lois « normatives » (Const., art. 34), des types de lois spécifiques, lois d'autorisation (déclaration de guerre (Const., art. 35) ; prorogation de l'état de siège au-delà de 12 jours (Const., art. 36) ; autorisation de la ratification de certains traités internationaux (Const., art. 53) ; loi de finances et de financement de la sécurité sociale (Const., art. 47 et 47. 1)) ;
- les lois qui ne sont pas normatives : lois de programmation (Const., art. 34) qui déterminent, pour plusieurs années, les « objectifs de l'action de l'État » dans un domaine déterminé, ainsi que les moyens financiers correspondants et ceux contenus dans les lois de finances ou de financement de la sécurité sociale.

SECTION 1
LE DOMAINE DE LA LOI (CONST., ART. 34)

> **Article 34 de la Constitution**
> *« La loi fixe les règles concernant :*
> *- les droits civiques et les garanties fondamentales accordées aux citoyens pour l'exercice des libertés publiques ; la liberté, le pluralisme et l'indépendance des médias ; les sujétions imposées par la Défense nationale aux citoyens en leur personne et en leurs biens ;*

> *- la nationalité, l'état et la capacité des personnes, les régimes matrimoniaux, les successions et libéralités ;*
> *- la détermination des crimes et délits ainsi que les peines qui leur sont applicables ; la procédure pénale ; l'amnistie ; la création de nouveaux ordres de juridiction et le statut des magistrats ;*
> *- l'assiette, le taux et les modalités de recouvrement des impositions de toutes natures ; le régime d'émission de la monnaie.*
> *La loi fixe également les règles concernant :*
> *- le régime électoral des assemblées parlementaires, des assemblées locales et des instances représentatives des Français établis hors de France ainsi que les conditions d'exercice des mandats électoraux et des fonctions électives des membres des assemblées délibérantes des collectivités territoriales ;*
> *- la création de catégories d'établissements publics ;*
> *- les garanties fondamentales accordées aux fonctionnaires civils et militaires de l'État ;*
> *- les nationalisations d'entreprises et les transferts de propriété d'entreprises du secteur public au secteur privé.*
> *La loi détermine les principes fondamentaux :*
> *- de l'organisation générale de la Défense nationale ;*
> *- de la libre administration des collectivités territoriales, de leurs compétences et de leurs ressources ;*
> *- de l'enseignement ;*
> *- de la préservation de l'environnement ;*
> *- du régime de la propriété, des droits réels et des obligations civiles et commerciales ;*
> *- du droit du travail, du droit syndical et de la sécurité sociale.*
> *Les lois de finances déterminent les ressources et les charges de l'État dans les conditions et sous les réserves prévues par une loi organique.*
> *Les lois de financement de la sécurité sociale déterminent les conditions générales de son équilibre financier et, compte tenu de leurs prévisions de recettes, fixent ses objectifs de dépenses, dans les conditions et sous les réserves prévues par une loi organique.*
> *Des lois de programmation déterminent les objectifs de l'action de l'État.*
> *Les orientations pluriannuelles des finances publiques sont définies par des lois de programmation. Elles s'inscrivent dans l'objectif d'équilibre des comptes des administrations publiques.*
> *Les dispositions du présent article pourront être précisées et complétées par une loi organique.* »

La définition de la loi et son domaine

86 La définition de la loi est, avant 1958, d'une simplicité biblique : la loi, depuis la Révolution française, est l'acte voté par le Parlement, expression de la volonté générale ou autrement dit par Carré de Malberg « *le domaine de la loi est sans bornes, comme la* *volonté générale* ». Par voie de conséquence, il n'existe pas de domaine propre au règlement puisque celui-ci ne fait qu'exécuter la loi et que le Parlement peut toujours décider d'intervenir dans le domaine qu'il a ainsi provisoirement concédé au gouvernement. Certes, la pratique des décrets-lois sous la IIIe République, les délégations partielles et provisoires de compétences du Parlement au gouvernement sous la IVe République, malgré la lettre de Constitution, ou les lois-cadres à partir de 1956, comme la reconnaissance d'un domaine réglementaire autonome par la jurisprudence du Conseil d'État, ont porté atteinte à ce principe. Ils n'en ont pas remis en cause pour autant son fondement.

Le domaine de la loi dans la Constitution de 1958

La Constitution de 1958 opère en apparence une véritable révolution en mettant fin à la souveraineté de la loi : c'est en effet la Constitution qui définit désormais la compétence législative qui n'est plus désormais illimitée. Certes, la loi demeure définie par son auteur (« *la loi est votée par le Parlement* », Const., art. 24) mais s'ajoute à ce critère organique un critère matériel : la loi ne peut en effet intervenir que dans les domaines prévus par la Constitution, les autres étant désormais l'apanage du domaine réglementaire nouvellement institué (Const., art. 37). Jusqu'alors illimitée, la compétence du Parlement devient ainsi une compétence d'attribution strictement délimitée sur le papier. Les révisions constitutionnelles et surtout la jurisprudence du Conseil constitutionnel tempéreront sensiblement cette révolution en étendant sensiblement son domaine d'intervention. Enfin, ce qui n'était pas dans l'intention du Constituant, la loi « *expression de la volonté générale* » (art. 6 DDHC) avant 1958 est désormais soumise à un contrôle de constitutionnalité *a priori* et *a posteriori* depuis l'introduction de la question prioritaire de constitutionnalité. Ainsi, elle « *n'exprime la volonté générale que dans le respect de la Constitution* » (Cons. const., décis. n° 85-197 DC, *Loi sur l'évolution de la Nouvelle-Calédonie*, cons. 27) (v. Titre VII).

Malgré tout, l'article 34 définit un domaine de la loi qui reste conséquent : il fixe un certain nombre de matières où la loi ne fixe que les « règles » (droits civiques, libertés publiques, nationalité, État et capacité des personnes, régimes matrimoniaux, successions et libéralités, détermination des crimes et délits et des peines qui leur sont applicables, procédure pénale, statut de la magistrature, création de nouveaux ordres de juridiction, impôts, monnaie, régime électoral des assemblées parlementaires et locales, création de catégories d'établissements publics, garanties accordées aux fonctionnaires civils et militaires, nationalisations et privatisations), d'autres où elle ne devrait déterminer que les « principes fondamentaux » : ici le gouvernement en détermine l'application (organisation générale de la défense nationale, libre administration des collectivités locales, de leurs compétences et de leurs ressources, de l'enseignement, du régime de la propriété et des obligations, du droit du travail, du droit syndical et de la Sécurité sociale).

Notons que si la liste les matières législatives peut être précisée ou complétée par une loi organique (Const., art. 34, dernier alinéa), la compétence du législateur est requise par la Constitution de 1958 dans d'autres domaines :

- prononcer la déclaration de guerre (Const., art. 35) ;
- proroger l'état de siège au-delà de 12 jours (Const., art. 36) ;
- autoriser la ratification de certains traités internationaux (Const., art. 53) ;
- fixer, par voie de loi organique, le statut des parlementaires (Const., art. 25) et celui des magistrats (Const., art. 64) ;
- déterminer les conditions dans lesquelles l'autorité judiciaire garantit l'absence de détention arbitraire (Const., art. 66) ;
- créer de nouvelles collectivités territoriales (Const., art. 72)

L'extension mineure du domaine de la loi par les révisions constitutionnelles

87 À des niveaux divers, elles ont permis d'étendre le domaine de la loi.

La révision du 22 février 1996

L'article 1er de la loi constitutionnelle n° 96-138 du 22 février 1996 a modifié l'article 34 de la Constitution afin d'y introduire un alinéa disposant que *« les lois de financement de la sécurité sociale déterminent les conditions générales de son équilibre financier et, compte tenu de leurs prévisions de recettes, fixent ses objectifs de dépenses, dans les conditions et sous les réserves prévues par une loi organique »* ce qui ne mange pas de pain comme le fait que la même révision a ajouté un nouvel article 47-1 précisant la procédure d'adoption par le Parlement des lois de financement de la sécurité sociale.

La révision du 28 mars 2003

Elle introduit un nouvel article 37-1 qui autorise la loi ou le règlement à comporter, pour un objet et une durée limités, des dispositions à caractère expérimental. Elle ajoute aussi un quatrième alinéa à l'article 72 consacré aux collectivités territoriales, qui prévoit que *« dans les conditions prévues par la loi organique, et sauf lorsque sont en cause les conditions essentielles d'exercice d'une liberté publique ou d'un droit constitutionnellement garanti, les collectivités territoriales ou leurs groupements peuvent, lorsque selon le cas, la loi ou le règlement l'a prévu, déroger, à titre expérimental pour un objet et une durée limités, aux dispositions législatives ou réglementaires qui régissent l'exercice d'une compétence »*.

La révision du 1er mars 2005

Elle permet à la loi de fixer les principes fondamentaux en matière d'enseignement et de préservation de l'environnement, nonobstant la Charte de l'environnement.

La révision du 23 juillet 2008

Ainsi, l'article 1er de la Constitution permet désormais à la loi de favoriser l'égal accès des femmes et des hommes non seulement aux mandats électoraux et fonctions électives, mais aussi aux responsabilités professionnelles et sociales. L'article 4 prévoit que la loi garantit les expressions pluralistes des opinions et la participation équitable des partis et groupements politiques à la vie démocratique de la Nation.

En vertu de l'article 51-2, la loi détermine les règles d'organisation et de fonctionnement des commissions d'enquête.

À l'article 34, ont été ajoutés :

- la liberté, le pluralisme et l'indépendance des médias ;

- le régime électoral des instances représentatives des Français établis hors de France ;

- les conditions d'exercice des mandats électoraux et des fonctions électives des membres des assemblées délibérantes des collectivités territoriales ;

- *« Les orientations pluriannuelles des finances publiques sont définies par des lois de programmation. Elles s'inscrivent dans l'objectif d'équilibre des comptes des administrations publiques ».* Le caractère solennel de la consécration de ces « orientations pluriannuelles » des finances publiques n'engage à rien, notamment en matière d'équilibre budgétaire dans la simple mesure où les lois de programmation sont dépourvues de toute force obligatoire sur le plan financier. De « règle d'or » budgétaire, nenni.

Le domaine de la loi a été étendu concomitamment à la création de nouvelles procédures. Il appartient ainsi au législateur :

- de déterminer les emplois ou fonctions pour lesquels, en raison de leur importance pour les droits et libertés ou la vie économique et sociale de la Nation, le pouvoir de nomination du président de la République s'exerce après avis de la commission permanente compétente de chaque assemblée (article 13 de la Constitution).

- de fixer la composition, l'organisation et le fonctionnement de la commission indépendante chargée de rendre un avis sur les projets délimitant les circonscriptions pour l'élection des députés ou modifiant la répartition des sièges de députés ou de sénateurs (article 25, v. ss 69).

- L'échec en 2016 du projet de révision constitutionnelle sur la déchéance de nationalité insérant un nouvel article 36-1 relatif à l'état d'urgence et modifie l'article 34 afin que la loi puisse fixer les règles de déchéance de nationalité.

L'extension décisive du domaine de la loi et sa protection par le Conseil constitutionnel

88 La jurisprudence du Conseil constitutionnel a procédé à une extension du domaine de la loi, et ce dès 1959.

Principes et règles : une distinction rendue caduque

Cette distinction du texte de l'article 34 originel a très tôt été remise en cause par le Conseil constitutionnel. D'une part, le Conseil pour définir dans un premier temps la séparation entre loi et règlement s'est référé à l'état de la législation antérieure à 1958 pour distinguer les dispositions qui mettent en cause les règles ou les principes – qui sont du domaine de la loi – et celles qui se contentent de les mettre en œuvre – qui sont du domaine du règlement (Cons. const., décis. n° 59-1 L, 27 nov. 1959, *Nature juridique de l'article 2, alinéa 3 de l'ordonnance n° 59-151 du 7 janvier 1959 relative à l'organisation des transports de voyageurs dans la région parisienne*). La distinction est donc entre l'« essentiel » qui relève du domaine de la loi et l'« accessoire », soit les modalités d'application qui relèvent du domaine du règlement : ainsi, l'attribution du droit de suffrage ou les cas de vote par procuration relèvent à l'évidence de la compétence législative et sa mise en œuvre, comme les modalités du vote par procuration, du domaine réglementaire, ou encore de la procédure civile qui échappe totalement au Parlement.

L'article 34 de la Constitution ne fonde pas seul la compétence législative

Cette compétence est ainsi manifeste s'agissant des catégories d'établissements publics dont la création est réservée au législateur (Cons. const., décis. n° 79-107 L, 30 mai 1979, *Nature juridique des dispositions de l'article 2 de la loi n° 67-7 du 3 janvier 1967 portant création d'organismes de recherche [Agence nationale de valorisation de la recherche]*, cons. 2 et 4), de la définition du contenu du plan, compétence législative implicite (Cons. const., décis. n° 82-142 DC, 27 juill. 1982, *Loi portant réforme de la planification*, cons. 2), de la compétence reconnue au Parlement de déroger aux principes généraux du droit dégagés par le Conseil d'État (Cons. const., décis. n° 69-55 L, 26 juin 1969, *Protection des sites*, cons. 5).

La référence à d'autres articles de la Constitution et au Préambule

Le Conseil constitutionnel a, depuis 1965, défini le domaine de la loi par rapport d'autres articles de la Constitution, notamment l'article 72 de la Constitution (Cons. const., décis. n° 65-34 L, 2 juill. 1965, *Nature juridique des articles 1er, 5 et 6 de l'ordonnance n° 58-1383 du 31 décembre 1958 portant modification de certaines dispositions du régime de retraite des marins du commerce*), l'article 66 (Cons. const., décis. n° 73-80 L, 28 nov. 1973, *Nature juridique de certaines dispositions du Code rural*) mais aussi s'agissant de la ratification de certains traités, de la déclaration de guerre ou l'état de siège.

Surtout, la décision du Conseil constitutionnel du 16 juillet 1971, comme on l'a vu, en élargissant les normes de référence du contrôle de constitutionnalité de la loi au Préambule, ouvre la possibilité d'un élargissement du domaine de la loi par référence à celui-ci et non plus seulement à l'article 34. C'est chose faite avec la décision du Conseil constitutionnel du 28 novembre 1973 précitée qui se fonde sur l'article 66 de la Constitution et surtout sur le Préambule : en matière de détermination des contraventions et des peines, la définition des peines qui leur sont applicables, lorsqu'elles comportent des mesures privatives de libertés, relève de la loi, alors que l'article 34 ne vise que les crimes et délits (le nouveau Code pénal a pris acte de cette jurisprudence). Par la suite, toute une série d'articles de la Déclaration des droits de l'homme a été visée (art. 4, 5, 6, 7, 8, 9, 10, 11, 17) sans compter les renvois à la loi par le Préambule de 1946. Et la Charte de l'environnement, qui fait référence à la loi (notamment à ses articles 3, 4 et 7), étend également la compétence du législateur tout en la soumettant au contrôle de constitutionnalité et en cela restreint son domaine d'intervention. En même temps, il renforce son contrôle sur l'exercice de cette compétence.

La loi peut empiéter sur le domaine du règlement si le gouvernement y consent : la décision « révolutionnaire » du 30 juillet 1982 (blocage des prix et revenus)

La doctrine présente souvent cette décision comme « révolutionnaire » en ce qu'elle mettrait fin au partage entre le domaine de la loi et celui du règlement. C'est oublier que Michel Debré, n'excluait pas dans son discours devant le Conseil d'État du 27 août 1958 que *« Le gouvernement (puisse) accepter, à l'occasion, une intervention parlementaire hors le domaine de la loi. Cette intervention ne modifie pas le partage ni ses conséquences »*. Il déposera plus tard comme parlementaire des propositions de lois empiétant sur le domaine du règlement...

Le Conseil constitutionnel ne dira pas autre chose un quart de siècle plus tard : « *Considérant, (...) que, si les articles 34 et 37, alinéa 1er, de la Constitution établissent une séparation entre le domaine de la loi et celui du règlement, la portée de ces dispositions doit être appréciée en tenant compte de celles des articles 37, alinéa 2, et 41 ; que la procédure de l'article 41 permet au gouvernement de s'opposer au cours de la procédure parlementaire et par la voie d'une irrecevabilité à l'insertion d'une disposition réglementaire dans une loi, tandis que celle de l'article 37, alinéa 2, a pour effet, après la promulgation de la loi et par la voie d'un déclassement, de restituer l'exercice de son pouvoir réglementaire au gouvernement et de donner à celui-ci le droit de modifier une telle disposition par décret ; que l'une et l'autre de ces procédures ont un caractère facultatif; qu'il apparaît ainsi que, par les articles 34 et 37, alinéa 1er, la Constitution n'a pas entendu frapper d'inconstitutionnalité une disposition de nature réglementaire contenue dans une loi, mais a voulu, à côté du domaine réservé à la loi, reconnaître à l'autorité réglementaire un domaine propre et conférer au gouvernement, par la mise en œuvre des procédures spécifiques des articles 37, alinéa 2, et 41, le pouvoir d'en assurer la protection contre d'éventuels empiétements de la loi ; que, dans ces conditions, les députés auteurs de la saisine ne sauraient se prévaloir de ce que le législateur est intervenu dans le domaine réglementaire pour soutenir que la disposition critiquée serait contraire à la Constitution* ». Tout est dit dans la fameuse décision du 30 juillet 1982 (Cons. const., décis. n° 143-DC, 30 juill. 1982, *Blocage des prix et des revenus*, cons. 11).

Cette décision ne met pas fin à la distinction entre le domaine de la loi et celui du règlement : celui-ci perd seulement son exclusivité, si le gouvernement ne s'y oppose pas, et le domaine de la loi est extensible, s'il y consent. Il n'est donc plus possible pour les parlementaires de « *se prévaloir de ce que le législateur est intervenu dans le domaine réglementaire pour soutenir que la disposition soit contraire à la Constitution* ». S'il a semblé revenir un moment sur cette jurisprudence par sa décision en déclarant de nature réglementaire plusieurs articles de la loi déférée – grief soulevé paradoxalement par les parlementaires (Cons. const., décis., n° 2005-512 DC, 21 avr. 2005, *Loi d'orientation et de programme pour l'avenir de l'école*), cette inflexion jurisprudentielle est restée sans suite pour les raisons mêmes indiquées dans le commentaire « officiel » de cette décision (v. Les Cahiers du Conseil constitutionnel, n° 19, 2005). Le gouvernement apprécie en effet souverainement l'opportunité de faire usage de la procédure d'irrecevabilité de l'article 41 ou de celle de déclassement de l'article 37 alinéa 2. C'est donc à lui de consentir ou non une « irruption » de la loi dans le domaine réglementaire. S'il laisse faire, celle-ci ne frappe pas pour autant cette loi d'inconstitutionnalité dont le critère demeure ici organique. À cela s'ajoute un problème pratique : « *La censure des dispositions réglementaires conduirait à un revirement de jurisprudence d'une portée incommensurable, inopportun du point de vue de la lisibilité des textes (la loi peut légitimement combler un "interstice" de nature réglementaire pour permettre au dispositif d'être accessible d'un seul tenant) et soulevant de redoutables problèmes vis-à-vis du Parlement (il suffit de songer à la loi sur les retraites, dont les éléments quantitatifs étaient réglementaires, alors qu'ils étaient les plus importants de la réforme). (...) Pour des raisons pratiques liées à la longueur d'un texte et à la charge de travail du Conseil constitutionnel, celui-ci ne peut s'obliger à relever exhaustivement les empiétements d'une loi déférée sur le domaine réglementaire* » (Commentaires aux Cahiers, *ibid.*).

Le législateur ne peut priver de garanties légales des exigences constitutionnelles

Cette jurisprudence sur l'incompétence négative est prolongée par l'obligation faite au législateur, dans l'exercice de son pouvoir d'abrogation ou de modification des lois antérieures, de ne pas priver de garanties légales des exigences à caractère constitutionnel : « *s'il est loisible au législateur, lorsqu'il organise l'exercice d'une liberté publique en usant des pouvoirs que lui confère l'article 34 de la Constitution, d'adopter pour l'avenir, s'il l'estime nécessaire, des règles plus rigoureuses que celles qui étaient auparavant en vigueur, il ne peut, s'agissant de situations existantes intéressant une liberté publique, les remettre en cause que dans deux hypothèses : celle où ces situations auraient été illégalement acquises, celles où leur remise en cause serait réellement nécessaire pour assurer la réalisation de l'objectif constitutionnel poursuivi* » (Cons. const., décis. n° 84-181 DC, 11 oct. 1984, *Loi visant à limiter la concentration et à assurer la transparence financière et le pluralisme des entreprises de presse*). Cette jurisprudence est dite à tort celle de l'« effet cliquet » dans la simple mesure où les principes de valeur constitutionnelle doivent pouvoir se concilier entre eux sans que l'un prévale, par sa consécration dans le temps, sur l'autre.

Lors de l'examen d'une éventuelle incompétence négative, le Conseil rappelle qu'il appartient au législateur de « *fixer les règles concernant les garanties fondamentales accordées aux citoyens pour l'exercice des libertés publiques* » tandis que « *ressortit à la compétence du pouvoir réglementaire la détermination des mesures d'application des règles posées par le législateur* » (Cons. const., décis. n° 2001-450 DC, 11 juill. 2001, *Loi portant diverses dispositions d'ordre social, éducatif et culturel*) : « *l'article 34 de la Constitution (...) s'oppose à ce que le législateur, s'agissant d'une matière aussi fondamentale que celles des droits et libertés des citoyens, confie à une autre autorité l'exercice (...) des attributions définies par les dispositions en cause* ». Puis, le Conseil a jugé, sur le fondement de l'article 34 de la Constitution, mais aussi des articles 6 et 16 de la Déclaration des droits de l'homme, que s'imposaient au législateur certaines exigences relatives à la qualité de la loi.

L'encadrement des validations législatives

Elles visent à garantir par la loi les dispositions d'un acte ou d'une série d'actes, généralement administratifs, qui risqueraient d'être annulées par le juge administratif. Ce type de loi a pour caractéristique d'avoir une portée rétroactive et a conduit le Conseil constitutionnel à définir un ensemble de critères à l'aune desquels la mesure de validation est appréciée, au regard en particulier de la jurisprudence de la Cour européenne des droits de l'Homme (Voir DDHC, article XVI, v. ss 270, Annexes).

Le législateur ne peut se lier lui-même pour l'avenir

Le Conseil constitutionnel ce faisant rappelle l'évidence : « *Considérant que le législateur ne peut lui-même se lier ; qu'une loi peut toujours et sans condition, fût-ce implicitement, abroger ou modifier une loi antérieure ou y déroger ;* (que des dispositions de cette nature) *sont dépourvues de tout effet juridique et ne peuvent limiter en rien le droit d'initiative du gouvernement et des membres du Parlement ; qu'elles ne sauraient pas davantage empêcher le vote dans l'avenir de lois contraires auxdites dispositions des dispositions liant le législateur pour l'avenir* (Cons. const., décis. n° 82-142 DC, 27 juill. 1982, *Loi portant réforme de la planification*).

La qualité de la loi : accessibilité et intelligibilité

89 Il s'agit d'exigences constitutionnelles que le Conseil a affirmées à partir des années 1990.

L'objectif de valeur constitutionnelle d'accessibilité et d'intelligibilité de la loi

Au principe ambigu et... peu clair de « clarté de la loi », le Conseil constitutionnel préfère désormais faire référence à l'objectif de valeur constitutionnelle d'accessibilité et d'intelligibilité de la loi qui trouve son fondement dans les articles 4, 5, 6 et 16 de la Déclaration de 1789 (Cons. const., décis. n° 99-421 DC, 16 déc. 1999, *relative à la loi portant habilitation du gouvernement à procéder, par ordonnances, à l'adoption de la partie législative de certains codes*). Il a définitivement précisé le sens et la portée de l'objectif à valeur constitutionnelle dans sa décision du 12 janvier

2002 : « *(que) le principe de clarté de la loi, qui découle de l'article 34 de la Constitution, et l'objectif de valeur constitutionnelle d'intelligibilité de la loi, qui découle des articles 4, 5, 6 et 16 de la Déclaration des droits de l'homme et du citoyen de 1789, lui imposent, afin de prémunir les sujets de droits contre une interprétation contraire à la Constitution ou contre le risque d'arbitraire, d'adopter des dispositions suffisamment précises et des formules non équivoques* » (Cons. const., décis. n° 2001-455 DC, 12 janv. 2002, *Loi de modernisation sociale*). Cette précision est bienvenue d'autant qu'il a considéré auparavant que la loi peut être complexe mais intelligible (Cons. const., décis. n° 2000-437 DC, 19 déc. 2000, *Loi de financement de la sécurité sociale pour 2001*). Le degré de complexité s'apprécie en effet en fonction de la catégorie de ses destinataires. L'exigence constitutionnelle est d'autant plus forte que la loi a comme destinataires non des spécialistes de la sécurité sociale, mais les citoyens-électeurs. Par exemple, dans sa décision n° 2003-468 DC du 3 avril 2003 portant sur la loi relative à l'élection des conseillers régionaux et des représentants au Parlement européen ainsi qu'à l'aide publique aux partis politiques, le Conseil constitutionnel a relevé la complexité de certaines dispositions – qu'un étudiant en droit, même avancé... aurait du mal à comprendre – et s'est borné à émettre de sérieuses réserves d'interprétation alors qu'il aurait probablement dû les censurer. À l'inverse, le 27 juillet 2006, par sa décision n° 2006-540 DC, le Conseil a considéré que la notion de « *travail collaboratif* » n'était pas suffisamment claire et précise et que le dernier alinéa dans son ensemble n'était « *ni utile à la délimitation du champ de l'infraction définie par les trois premiers alinéas [...], ni exhaustif quant aux agissements qu'ils excluent nécessairement* ». De même, il a censuré la disposition qui exonérait de toute responsabilité pénale les auteurs des nouvelles infractions de contournement ou d'altération des mesures techniques destinées à empêcher les actes non autorisés par le titulaire d'un droit d'auteur ou d'un droit voisin, lorsque ces faits avaient été effectués à des fins « *d'interopérabilité* », le législateur n'ayant pas défini « *en des termes clairs et précis le sens qu'il attribuait à cette notion dans ce contexte particulier* », alors qu'elle « *condition[nait] le champ d'application de la loi pénale* »... « *Interopérabilité* », avez-vous dit ?

La loi doit avoir une portée normative

Le Conseil constitutionnel a longtemps considéré que des dispositions dépourvues de portée normative, notamment les rapports annexés aux lois, n'étaient pas pour autant contraires à la Constitution tout en soulignant leur absence d'effets juridiques. Sans renoncer à sa jurisprudence de 1982, le Conseil a opéré un revirement de portée essentiellement symbolique en 2004, poursuivi en 2005 quant à l'exigence de la normativité de la loi. La décision n° 2004-500 DC du 29 juillet 2004 sur la loi organique relative à l'autonomie financière des collectivités territoriales précise « *qu'aux termes de l'article VI de la Déclaration des droits de l'homme et du citoyen de 1789 : "La loi est l'expression de la volonté générale" ; qu'il résulte de cet article comme de l'ensemble des autres normes de valeur constitutionnelle relatives à l'objet de la loi que, sous réserve de dispositions particulières prévues par la Constitution, la loi a pour vocation d'énoncer des règles et doit par suite être revêtue d'une portée normative* ». Et, comme on l'a noté précédemment, le Conseil, dans sa décision *Avenir de l'École* (Cons. const., décis. n° 2005-512 DC, 21 avr. 2005) a constaté, pour la première fois, le caractère réglementaire de dispositions de la loi et surtout regardé comme dénué de portée normative, en raison de l'évidence de son contenu, l'article 7 qui entendait définir les missions de l'école. Cette jurisprudence a pour effet de condamner les dispositions des lois « d'orientation » dès lors qu'elles ne peuvent se rattacher à la catégorie des lois de programme. Elle ne s'applique cependant pas à l'article 34 complété « *Des lois de programmation déterminent les objectifs de l'action de l'État* » – qui remplacent les lois dites de « programme ». Surtout, la décision de 2005 constitue une décision d'espèce, quant à la constatation du caractère réglementaire de dispositions législatives, rendue dans le contexte particulier d'un débat sur la « qualité de la loi », non quant à la question de sa normativité (Cons. const., décis. n° 2012-649 DC, 15 mars 2012, *Loi relative à la simplification du droit et à l'allégement des démarches administratives*).

l'atteinte au principe d'égalité devant la loi pénale » (communiqué de presse).

Par ailleurs, l'instauration, par exemple, de la loi du 10 juillet 2000 déclarant journée nationale le 16 juillet, date anniversaire – peu contestable – de la rafle du Vélodrome d'Hiver, à la mémoire des victimes des crimes racistes et antisémites de l'État français et d'hommage aux « Justes » de France réécrit-elle l'histoire ? Évidemment, non. Qui y a-t-il de commun entre la loi du 21 mai 2001 tendant à la reconnaissance de la traite et de l'esclavage en tant que crime contre l'humanité (dite « loi Taubira ») et la loi du 23 février 2005 portant reconnaissance de la Nation et contribution nationale en faveur des Français rapatriés, disposant notamment que « *les programmes scolaires reconnaissent en particulier le rôle positif de la présence française outre-mer, notamment en Afrique du Nord, et accordent à l'histoire et aux sacrifices des combattants de l'armée française issus de ces territoires la place éminente à laquelle ils ont droit* ». Après avoir été déclassée par le Conseil constitutionnel, cette disposition générant la polémique a été abrogée par le décret du 15 février 2006. Plus épineuse est la loi n° 2001-70 du 29 janvier 2001 relative à la « *reconnaissance du génocide arménien de 1915* » qui n'a pas été déclarée à ce jour inconstitutionnelle et qui pose la question de la portée normative des lois mémorielles.

Une portée normative ?

Du point de vue juridique, la seule analyse possible est la question de savoir si des dispositions de cette nature ont une portée normative, et si oui, si elles appartiennent ou non au domaine de la loi et, enfin, s'il est possible au législateur d'incriminer pénalement la contestation de faits dont elle fait état. Ainsi, par sa décision n° 2012-647 DC du 28 février 2012, le Conseil constitutionnel s'est prononcé sur la conformité à la Constitution de la loi visant à réprimer la contestation de l'existence des génocides reconnus par la loi, renvoyant indirectement à la contestation du « génocide arménien » reconnu par la loi du 29 janvier 2001. En premier lieu, une disposition législative ayant pour objet de « reconnaître » un crime de génocide ne saurait, en elle-même, être revêtue de la portée normative qui s'attache à la loi. Mais l'objet de l'article 1er de la loi déférée était de réprimer la contestation ou la minimisation de l'existence d'un ou plusieurs crimes de génocide « *reconnus comme tels par la loi française* ». Le Conseil a jugé qu'en réprimant la contestation de l'existence et de la qualification juridique de crimes qu'il aurait lui-même reconnus et qualifiés comme tels, le législateur a porté une atteinte inconstitutionnelle à l'exercice de la liberté d'expression et de communication. De même, la Cour européenne des droits de l'homme a déclaré, dans son arrêt *Perinçek c. Suisse* du 17 décembre 2013, que la Suisse avait violé l'article 10 de la Convention (liberté d'expression) en condamnant pour discrimination raciale un ressortissant turc qui avait contesté l'existence du génocide arménien. En France, le Conseil constitutionnel ne s'est quant à lui pas prononcé sur la loi du 29 janvier 2001 relative à la reconnaissance du génocide arménien, qui ne lui était pas soumise. Or, comme le remarquait Georges Vedel (*Mélanges Luchaire*), il est tout à fait possible que le pouvoir réglementaire prenne des actes d'application d'une disposition législative supposée non-normative, auquel cas la normativité d'une telle loi – à l'état latent – s'affirme pleinement : ainsi des programmes scolaires enseignant le génocide arménien.

L'inflation législative

91 Elle s'entend sur les plans quantitatif et qualitatif.

La mesure d'un phénomène

Il se définit non en termes de nombre de lois – relativement stable depuis les années 1970 – mais en volume : le nombre de lois promulguées en 1973 représentait 620 pages ; 632 pages en 1980 ; 1 055 pages en 1990 ; 1 663 pages en 2000 et 1 966 pages en 2006. Il se mesure aussi en termes de kilos : le *Recueil* des lois publié annuellement par l'Assemblée nationale pesait 912 grammes en 1970 ; 1 022 grammes en 1980 ; 1 594 grammes en 1990 ; 2 780 grammes en 2000 et 3 266 grammes en 2004. Ajoutons à ces chiffres le fait que plus de 10 % des articles d'un Code sont modifiés chaque année et que, pour l'année 2005, on compte 15 719 modifications des textes (lois, décrets, arrêtés). En termes de « stock », celui des normes en vigueur s'élève à plus de 10 500 lois et 120 000 décrets ; 17 000 textes issus du droit de l'Union européenne, règlements compris, sont en vigueur en 2005. La France est partie à plus de 7 400 traités ou accords internationaux...

L'inflation s'apprécie aussi qualitativement, c'est-à-dire en termes d'écriture : au style presque littéraire et concis qui faisait de la rédaction de la loi un art, tenant d'ailleurs à l'implication de nombreux professeurs de droit dans leur élaboration – qu'on songe simplement au Doyen Carbonnier – a succédé un style purement administratif, boursouflé de références et jamais las de détailler ce qui n'a point besoin de l'être, y compris par des formules qui sont des neutrons législatifs ou, comme le disait le Conseil d'État en 1991, du « droit gazeux », par exemple : l'article 1er de la loi n° 77-2 du 3 janvier 1977 sur l'architecture disposant que « *l'architecture est une expression de la culture* », l'article 1er de la loi n° 85-30 du 9 janvier 1985 relative au développement et à la protection de la montagne, qui dispose que « *l'identité et les spécificités de la montagne sont reconnues par la Nation et prises en compte par l'État, les établissements publics, les collectivités territoriales et leurs groupements dans les actions qu'elles conduisent* », ou encore l'article 1er de la loi n° 94-629 du 25 juillet 1994 relative à la famille, qui dispose : « *La famille est une des valeurs essentielles sur lesquelles est fondée la société. C'est sur elle que repose l'avenir de la Nation. À ce titre, la politique familiale doit être globale* ». Ce « bavardage » politico-admistratif pèse cependant bien peu dans le mouvement d'inflation commencé à la fin des années 70, qui s'est accéléré avec l'alternance de 1981 puis à chaque alternance depuis lors et a poursuivi sa lancée dans les années 90 pour se ralentir un peu dans les années 2000.

Ses causes

L'inflation législative existe aussi en Allemagne comme au Royaume-Uni dans la mesure où il tient à une demande accrue de droit et surtout de droits, notamment civils, économique, sociaux, environnementaux sans compter avec l'existence d'un droit de l'Union européenne en expansion constante. Notons cependant que, contrairement à une idée reçue, environ 25 % des dispositions législatives adoptées par le Parlement comportent un ou plusieurs articles transposant des dispositions d'origine communautaire – et non 80 %, comme cela est affirmé trop souvent. Moins de 10 % des lois comportent une part significative de mesures de transposition du droit de l'Union européenne. Même dans les secteurs les plus « européanisés », la législation nationale « autonome » demeure largement majoritaire comme le cas de l'agriculture, secteur considéré comme de la compétence exclusive de l'Union européenne. De même, une étude de l'Institut Delors, synthétisant l'ensemble des rapports sur cette question et sur la base de données du Secrétariat Général aux Affaires Européennes confirme dans ses grandes lignes cette analyse en 2014. Si l'européanisation des lois nationales est, encore une fois, importante dans quelques secteurs (agriculture, services financiers, environnement, etc.), elle est très réduite dans d'autres (éducation, protection sociale, logement, sécurité, etc.). En outre, seulement un quart des directives transposées en France comportent une dimension législative. L'impact normatif de l'UE est donc plutôt moins important qu'on ne le dit au plan législatif : 20 % et non 80 %. Mais aucune étude complète n'a été effectuée sur l'impact en matière réglementaire.

Pour le reste, l'immigration, la procédure pénale, le statut des entreprises publiques, la fiscalité génèrent, entre autres, l'inflation, sans compter les régimes législatifs de l'outre-mer et de la décentralisation qui multiplient les lois de procédure et le fait d'annexer à une loi, de temps à autre, un rapport fixant des orientations générales de la politique. La France se singularise cependant par l'inflation des dispositions non normatives à laquelle le Conseil constitutionnel a tenté, un moment, de porter remède. Il s'explique d'abord par la conception révolutionnaire de la loi, censée tout régler, le centralisme hérité aussi de l'Ancien régime qui met au cœur de la société, l'État et sa puissance souveraine qui s'incarne dans la norme législative. La médiatisation de la vie publique depuis les années 1970 conduit aussi à apporter une réponse législative à tout événement prenant de l'ampleur : « *il faut une loi !* ». La justice pénale en est le meilleur exemple. Pour la seule période 2003-2013, on compte 33 lois de procédure pénale et 67 lois sur le droit pénal !

Les parlementaires ne sont pas en reste par l'exercice débridé, au moins jusqu'en 2008, du droit d'amendement : le nombre des amendements adoptés et acceptés par le gouvernement a doublé dans les années 1990, souvent en méconnaissance du partage entre la loi et le règlement (qu'on songe simplement à la matière pénale ou chaque député de la majorité a son idée...). En ce sens, la jurisprudence *Blocage des prix et revenus* a apporté solidement sa pierre à l'édifice. Et quand le partage entre les articles 34 et 37 de la Constitution est respecté, la loi ne manque pas de renvoyer de manière de plus en plus systématique à des textes réglementaires, décrets mais aussi arrêtés... Enfin, paradoxe des paradoxes, la codification, de renvoi en renvoi, allonge sans fin et rend sans cesse les lois plus complexes.

Ses conséquences

Cette inflation nuit évidemment à la connaissance que peuvent avoir les citoyens de la loi et demeure coûteux pour les acteurs économiques : « *Le coût de la complexité des normes et des procédures est évalué pour les pays de l'OCDE, à une somme représentant en 2000, entre trois et quatre points de PIB selon les pays* » note le Conseil d'État dans son rapport en 2006, s'inquiétant même d'une « *fracture juridique* » entre la masse des citoyens « *et d'autres acteurs qui s'accommodent de la complexité, voire l'exploitent à leur profit* ». L'inflation législative participe d'une culture, d'un état d'esprit difficilement réversibles.

SECTION 2

LE DOMAINE DU RÈGLEMENT (CONST., ART. 37) ET LES DISPOSITIONS À CARACTÈRE EXPÉRIMENTAL (CONST., ART. 37-1)

> **Article 37 de la Constitution**
> *« Les matières autres que celles qui sont du domaine de la loi ont un caractère réglementaire.*
> *Les textes de forme législative intervenus en ces matières peuvent être modifiés par décrets pris après avis du Conseil d'État. Ceux de ces textes qui interviendraient après l'entrée en vigueur de la présente Constitution ne pourront être modifiés par décret que si le Conseil constitutionnel a déclaré qu'ils ont un caractère réglementaire en vertu de l'alinéa précédent. »*

Le domaine réglementaire

92 Ce qui n'est pas du domaine de la loi est du domaine du règlement. L'article 37 alinéa 1er ouvre au pouvoir réglementaire un large champ pour les matières exclues de son domaine. Il n'a pas cependant pas pour effet de dispenser le pouvoir réglementaire du respect des exigences constitutionnelles (Cons. const., décis. n° 2006-545 DC, 28 déc. 2006).

L'étendue du domaine réglementaire

Il convient de distinguer traditionnellement, au sein de ce domaine réglementaire, les règlements autonomes et les règlements d'exécution des lois. Les premiers interviennent dans les matières étrangères au domaine législatif, comme l'organisation de l'administration d'État, la procédure administrative ou la procédure civile. Les seconds interviennent dans les matières dont la loi fixe les règles ou détermine les principes fondamentaux. Ils ont pour objet de préciser les modalités de mise en œuvre des dispositions législatives.

Notons cependant qu'en vertu de la théorie jurisprudentielle dite de « l'état de la législation antérieure » à la Cinquième République, un fondement peut donc être donné à la compétence du pouvoir réglementaire, alors même que la stricte application des articles 34 et 37 de la Constitution ne le permettrait pas. Le Conseil constitutionnel a ainsi jugé que « *si l'article 34 de la Constitution réserve à la compétence du législateur le soin d'édicter les règles concernant les garanties fondamentales accordées aux citoyens pour l'exercice des libertés publiques, lesdites règles doivent être appréciées dans le cadre des limitations de portée générale qui y ont été introduites par la législation antérieure à la Constitution en vue de permettre certaines interventions de la puissance publique jugées nécessaires en la matière* » (Cons. const., décis. n° 64-27 DC, 18 déc. 1964). Il en va notamment des modalités du contrôle des entreprises publiques, des sociétés nationalisées et de leurs filiales, contrôle reconnu au gouvernement par la loi du 6 janvier 1948 (Cons. const., décis. n° 64-27 DC précitée), des modalités du calcul des baux dont le principe de limitation se trouve fixé par la loi (Cons. const., décis. n° 73-80 L, 28 nov. 1973).

Les titulaires du pouvoir réglementaire (rappel)

Aujourd'hui, le président de la République ne détient le pouvoir réglementaire que pour les textes les plus importants, c'est-à-dire les décrets délibérés en Conseil des ministres (Const., art. 13). Le Premier ministre dispose du pouvoir réglementaire de droit commun (Const., art. 21).

En revanche, les ministres ne disposent pas du pouvoir réglementaire en vertu du texte constitutionnel. Il est toutefois possible au Premier ministre de déléguer le pouvoir réglementaire aux ministres. Par ailleurs, le juge administratif a depuis longtemps admis que le ministre disposait d'un pouvoir réglementaire résiduel pour organiser ses services (CE, 7 févr. 1936, *Jamart*). Par ailleurs, les collectivités territoriales disposent d'un « *pouvoir réglementaire pour l'exercice de leurs compétences* » (Const., art. 72, al. 3), ainsi que les collectivités territoriales situées outremer (Const., art. 73 et 74-1). Le pouvoir réglementaire local peut être étendu par le biais de l'expérimentation (Const., art. 72 al. 4 et 37-1).

Enfin, les autorités administratives indépendantes (AAI) disposent également d'un pouvoir réglementaire afin de mener à bien leur mission.

La protection du domaine réglementaire

93 Elle est assurée par les articles 41 et 37, al. 2.

L'irrecevabilité prévue par l'article 41

V. ss 101.

La procédure de déclassement (Const., art. 37, al. 2)

Pour les « textes de forme législative » intervenus avant le 4 octobre 1958, le gouvernement peut les modifier par décret après avis du Conseil d'État. C'est pour les textes de cette nature mais postérieurs à l'entrée en vigueur de la nouvelle Constitution que le Conseil intervient : ils ne peuvent en effet être modifiés par décret que « *si le Conseil constitutionnel a déclaré qu'ils ont un caractère réglementaire* ». Ici encore, le gouvernement peut dans ce cas s'abstenir d'agir ; les dispositions conservent donc leur caractère législatif. Cette procédure de « déclassement » est fréquemment utilisée : on compte environ près de 200 décisions. Il en a été ainsi notamment de l'article 4 de la loi du 23 février 2005 indiquant que « *les programmes scolaires reconnaissent en particulier le rôle positif de la présence française outre-mer, notamment en Afrique du Nord, et accordent à l'histoire et aux sacrifices des combattants de l'armée française issus de ces territoires la place éminente à laquelle ils ont droit* »... Notons que si le Conseil décide qu'une disposition contenue dans un texte législatif a une nature réglementaire, elle n'est pas pour autant abrogée d'office : le gouvernement a le choix de la modifier ou de l'abroger par décret.

Les dispositions à caractère expérimental (Const., art. 37-1)

> **Article 37-1**
> *« La loi et le règlement peuvent comporter, pour un objet et une durée limités, des dispositions à caractère expérimental. »*

94 Si le Conseil constitutionnel s'est déjà prononcé sur le recours par le législateur à l'expérimentation (Cons. const., décis. n° 93-322 DC, 28 juill. 1993), l'article 37-1 est issu de révision du 28 mars 2003 « permet au Parlement d'autoriser, dans la perspective de leur éventuelle généralisation, des expérimentations dérogeant, pour un objet et une durée limités, au principe d'égalité devant la loi ; que, toutefois, le législateur doit en définir de façon suffisamment précise l'objet et les conditions et ne pas méconnaître les autres exigences de valeur constitutionnelle » (Cons. const., décis. n° 2004-503 DC, 12 août 2004), le Conseil censurant celles pour lesquelles le législateur ne fixe pas de terme (Cons. const., décis. n° 2009-584 DC, 16 juill. 2009). Dès lors qu'une expérimentation respecte les principes fixés par la jurisprudence, le Conseil constitutionnel admet la dérogation au principe d'égalité qu'elle comporte, y compris en matière pénale (Cons. const., décis. n° 2011-635 DC, 4 août 2011). Ainsi, une disposition qui établit une règle emportant une différenciation qui a vocation à se pérenniser est contrôlée par le Conseil constitutionnel sur le fondement du principe d'égalité (Cons. const., décis. n° 2015-727 DC, 21 janv. 2016).

Notons enfin que cette expérimentation n'est pas celle du quatrième alinéa de l'article 72 de la Constitution concernant exclusivement les collectivités territoriales et dérogeant à la répartition normale des compétences, ce qui n'est pas le cas dans le cadre de l'article 37-1 de la Constitution. Pour autant, le législateur peut prévoir des dispositions à caractère expérimental concernant les collectivités territoriales sur le fondement ce même article (Cons. const., décis. n° 2004-503 DC, 12 août 2004).

SECTION 3

LA REMISE EN CAUSE TEMPORAIRE DE LA RÉPARTITION ENTRE LE DOMAINE DE LA LOI ET CELUI DU RÈGLEMENT : LES ORDONNANCES (CONST., ART. 38)

> **Article 38 de la Constitution**
> *« Le gouvernement peut, pour l'exécution de son programme, demander au Parlement l'autorisation de prendre par ordonnances, pendant un délai limité, des mesures qui sont normalement du domaine de la loi.*
> *Les ordonnances sont prises en Conseil des ministres après avis du Conseil d'État. Elles entrent en vigueur dès leur publication mais deviennent caduques si le projet de loi de ratification n'est pas déposé devant le Parlement avant la date fixée par la loi d'habilitation. Elles ne peuvent être ratifiées que de manière expresse.*
> *À l'expiration du délai mentionné au premier alinéa du présent article, les ordonnances ne peuvent plus être modifiées que par la loi dans les matières qui sont du domaine législatif. »*

Définition et pratiques

95 L'article 38 tire les conséquences de la pratique des décrets lois qui s'étaient imposés sous la IIIe et IVe Républiques.

Définition

Les ordonnances de l'article 38 sont des actes élaborés par l'autorité réglementaire, c'est-à-dire le gouvernement, dans le domaine de la loi sur habilitation du Parlement (et exceptionnellement du pouvoir constituant) qui ont pour effet non de « déléguer » du pouvoir législatif mais de prendre des mesures appartenant normalement au domaine de la loi.

Notons qu'il existe d'autres ordonnances que celles prévues à l'article 38 :

– Les ordonnances de l'article 92 (abrogé par la révision constitutionnelle du 4 août 1995), permettant au gouvernement, dans les quatre mois suivant la promulgation de la nouvelle Constitution, de prendre, sans faire l'objet en pratique d'aucun contrôle juridictionnel, « *les mesures législatives nécessaires à la mise en place des nouvelles institutions* » et « *celles qu'il jugera nécessaires à la vie de la nation, à la protection des citoyens et à la sauvegarde des libertés* » ; celles prises sur habilitation référendaire, nées de l'approbation par référendum le 8 avril 1962 des accords d'Évian, autorisant le gouvernement à prendre par voie d'ordonnances des mesures d'ordre législatif. Dans ce cas, le Conseil d'État a considéré que l'habilitation n'était pas une attribution d'une portion du pouvoir législatif mais une simple autorisation accordée au pouvoir réglementaire d'intervenir, dans les strictes limites de l'habilitation, dans le domaine de la loi. Bien que pouvant modifier des textes législatifs, l'ordonnance conservait donc la nature réglementaire que lui confère son auteur (CE, 19 oct. 1962, *Canal, Robin et Godot*) ;

– Les ordonnances budgétaires (Const., art. 47, al. 3) : les conditions de leur mise en œuvre n'ont jamais été réunies (cas où la loi de finances ne serait pas votée par le Parlement dans les délais qui lui sont impartis) et le gouvernement a toujours disposé d'une majorité pour faire voter le budget. Cependant cette procédure a été étendue par la révision constitutionnelle du 22 février 1996 aux lois de financement de la sécurité sociale (art. 47-1, al. 3).

– Reste le régime des ordonnances de l'article 74-1 concernant l'outre-mer (v. ss 226, Titre XII).

L'inflation du nombre d'ordonnances depuis les années 1990

L'article 38 de la Constitution, a été utilisé pour la première fois en 1960 afin de justifier l'habilitation accordée au gouvernement pour prendre certaines mesures relatives au maintien de l'ordre, à la sauvegarde de l'État, à la pacification et à l'administration de l'Algérie.

Au cours des trente premières années d'usage de la procédure de l'article 38 (1960-1990), quelque 25 lois d'habilitation ont été adoptées sur le fondement desquelles 158 ordonnances ont été prises dans des domaines très divers tels que l'outre-mer, la fiscalité ou la législation sociale ; une trentaine seulement ont été expressément ratifiées. À partir des années 90, on observe une augmentation du recours aux ordonnances de l'article 38, afin d'actualiser, notamment, le droit ultra-marin. Puis, en dix ans (2004 et 2013), 357 ordonnances ont été publiées sur le fondement de l'article 38, soit 2,3 fois plus que le nombre d'ordonnances publiées sur une période de vingt ans (1984 et 2003). Depuis 2005, « il n'est pas de domaine du droit, ou presque, qui n'ait fait l'objet d'habilitation puis d'ordonnance » (M. Guillaume). En 2004, le nombre d'ordonnances publiées s'élève à 52 ; puis en 2005 à 83 ; seules 24 en 2006 ; 11 en 2007 ; mais en 2009 – soit après la révision constitutionnelle de 2008 – 50 des 129 projets de loi sont des ordonnances ; 26 des 128, en 2010... Depuis 2001 a été prise la fâcheuse habitude de voter non plus seulement des « lois d'habilitation » mais aussi, au sein de lois ordinaires, des dispositions habilitant le gouvernement à agir par voie d'ordonnances. Et, le Parlement, particulièrement le Sénat, s'est ému de ce dessaisissement grandissant.

L'habilitation législative

96 Rappelons au préalable que les ordonnances doivent faire l'objet d'un avis du Conseil d'État, être délibérées en Conseil des ministres et donc revêtir le contreseing du président de la République (v. Titre II, art. 13). On a vu que l'édiction des ordonnances n'est pas une compétence liée et que le chef de l'État peut refuser de les signer.

Le dépôt du projet de loi d'habilitation : une compétence exclusive du gouvernement

Le gouvernement dispose seul de l'initiative d'une demande d'habilitation. Il a la faculté de faire cette demande en déposant « *soit un projet de loi, soit un amendement à un texte en cours d'examen* » (Cons. const., décis. n° 2006-534 DC, 16 mars 2006, *Loi pour le retour à l'emploi et sur les droits et devoirs des bénéficiaires de minima sociaux*), cet amendement (qui ne peut donc être parlementaire comme on l'a noté) devant respecter les conditions de recevabilité établies par la jurisprudence du Conseil constitutionnel. « *Seul le gouvernement peut demander au Parlement l'autorisation de prendre (des) ordonnances* » (Cons. const., décis. n° 2004-510 DC, 20 janv. 2005, *Loi relative aux compétences du tribunal d'instance, de la juridiction de proximité et du tribunal de grande instance*) : il en découle qu'une habilitation ne peut figurer dans une proposition de loi (Cons. const., décis. n° 2004-510 DC) ni *a fortiori* être introduite par amendement parlementaire – ce dernier ne peut non plus consister à étendre le champ ou la portée de l'habilitation (Cons. const., décis. n° 2014-700 DC). Le gouvernement peut cependant la demander par voie d'amendement (Cons. const., décis. n° 2006-534 DC, *Loi pour le retour à l'emploi*).

Notons que le Conseil d'État a validé la pratique courante selon laquelle des lois d'habilitation sont utilisées par un autre gouvernement que celui habilité à prendre des ordonnances (CE, 5 mai 2006, *Schmitt*).

L'étendue de l'habilitation

Aux termes de l'article 38 de la Constitution, l'habilitation pour légiférer par ordonnance est donnée au gouvernement « *pour l'exécution de son programme* ». Le Conseil constitutionnel, dans sa décision n° 76-72 DC du 12 janvier 1977, considère que « *ce texte doit être entendu comme faisant obligation au gouvernement d'indiquer avec précision au Parlement, lors du dépôt d'un projet de loi d'habilitation et pour la justification de la demande présentée par lui, quelle est la finalité des mesures qu'il se propose de prendre* ». Ainsi, « *l'urgence est au nombre des justifications que le gouvernement peut invoquer pour recourir à l'article 38 de la Constitution* » (Cons. const., décis. n° 99-421 DC, 16 déc. 1999, *Loi portant habilitation du gouvernement à procéder, par ordonnances, à l'adoption de la partie législative de certains codes*) mais aussi « *l'encombrement de l'ordre du jour parlementaire* » (sic) (Cons. const., décis. n° 2004-506 DC, 2 déc. 2004, *Loi de simplification du droit*). Bref, le gouvernement applique son programme dans l'urgence... Et s'il doit définir avec précision le but de l'habilitation demandée, « *il n'est pas tenu de faire connaître la teneur des ordonnances qu'il prendra en vertu de cette habilitation* » et il

« *ne lui est pas interdit de faire dépendre cette teneur des résultats de travaux et d'études dont il ne connaîtra que plus tard les conclusions* » (Cons. const., décis. n° 86-207 DC, 26 juin 1986, *Loi autorisant le gouvernement à prendre diverses mesures d'ordre économique et social*). Les ordonnances de l'article 38 peuvent être utilisées en toute matière, à l'exception des domaines que la Constitution réserve aux lois organiques (Cons. const., décis. n° 81-134 DC), aux lois de finances et aux lois de financement de la sécurité sociale (Cons. const., décis. n° 99-421 DC). Enfin, les dispositions de la loi d'habilitation doivent être « *ni par elles-mêmes, ni par les conséquences qui en découlent nécessairement, contraires aux règles et principes de valeur constitutionnelle* » (Cons. const., décis. no 2005-521 DC).

La loi d'habilitation doit ainsi préciser son étendue, fixer deux délais :

– le délai pendant lequel le gouvernement peut prendre des ordonnances (1er délai)

– le délai imparti au gouvernement pour déposer au Parlement le projet de loi de ratification (2e délai).

La durée de l'habilitation pendant lequel peuvent intervenir les ordonnances contenant des mesures qui relèvent normalement du domaine de la loi (1er délai)

Ce délai est « limité » : de 3 à 18 mois et plus ces dernières années la jurisprudence n'ayant jamais défini la notion de « délai limité ». Pendant ce premier délai, le Parlement est dessaisi et le gouvernement peut faire obstacle à tout empiétement de celui-ci (Const., art. 41). Durant le délai d'habilitation, de la publication des ordonnances à l'expiration du délai imparti pour les prendre, les dispositions prises dans les matières législatives, même si elles constituent des actes administratifs de forme réglementaire, ne peuvent plus être modifiées que par la loi (Const., art. 38, al. 3). En revanche, les dispositions intervenues dans le domaine réglementaire peuvent continuer à être modifiées par décret pris en Conseil d'État et délibéré en Conseil des ministres.

tion ne [faisait] obstacle à ce qu'une ratification intervienne selon d'autres modalités que celle de l'adoption du projet de loi» de ratification et que «*par suite, cette ratification [pouvait] résulter d'une manifestation de volonté implicitement mais clairement exprimée par le Parlement* ». Le juge constitutionnel a confirmé sa position en 1987, par sa décision sur la loi transférant à la juridiction judiciaire le contentieux des décisions du Conseil de la concurrence : «*il n'est pas exclu que la ratification de tout ou partie des dispositions d'une des ordonnances visées à l'article 38 de la Constitution puisse résulter d'une loi qui, sans avoir cette ratification pour objet direct, l'implique nécessairement [...] saisi d'une loi de cette nature, il appartiendrait au Conseil constitutionnel de dire si la loi comporte effectivement ratification de tout ou partie des dispositions de l'ordonnance en cause et, dans l'affirmative, si les dispositions auxquelles la ratification confère valeur législative sont conformes à la Constitution* » (Cons. const., décis. n° 86-224 DC, 23 janv. 1987). La ratification pouvait ainsi résulter soit du vote d'une simple disposition rectificative, d'une extension de son champ d'application ou d'une référence expresse ou implicite faite par le législateur à ces dispositions dans un texte nouveau... C'est l'inverse de l'adage, «*qui ne dit mot consent* »...

La ratification est désormais « expresse » depuis la révision constitutionnelle du 23 juillet 2008

Pour une partie de la doctrine, la ratification expresse devait permettre de refermer la « parenthèse » de la législation déléguée dans un souci de respect des prérogatives du Parlement. Et le rapport du Conseil d'État de 2006 relatif à la « sécurité juridique » soulignait que la pratique de la ratification implicite *« aboutit à générer une incertitude relative au régime juridique des mesures prises par ordonnances »*. Fruit, non des travaux du comité Balladur, mais d'amendements parlementaires, aux termes du nouveau 2e alinéa de l'article 38, la ratification de l'ordonnance ne peut, désormais, qu'être « expresse » et donc « explicite ».

La ratification expresse peut désormais donner lieu parfois à un vrai débat parlementaire, comme ce fut notamment le cas – souvent cité en exemple – de la loi du 23 février 2010 ratifiant l'ordonnance du 29 juillet 2009 portant répartition des sièges et délimitation des circonscriptions pour l'élection des députés relative au redécoupage électoral. Cependant, la pratique de la ratification groupée qui consiste à déposer un projet de loi unique de ratification d'ordonnances multiples peut avoir pour effet de limiter le débat parlementaire à peu de chose. En outre, la ratification est certes expresse mais n'est toujours pas obligatoire. Et, faute de prévoir à l'image de l'article 74-1, la caducité des ordonnances non ratifiées à l'expiration d'un délai de 18 mois suivant leur publication, le Conseil d'État continue naturellement d'appliquer la théorie de la ratification implicite pour les ordonnances antérieures à la révision constitutionnelle de 2008, les dispositions introduites par celle-ci n'ayant de portée rétroactive (CE, 11 mars 2011, *M. Alexandre A.*).

Dans l'hypothèse où le Parlement, n'ayant pas ratifié expressément une ordonnance, en modifie les dispositions principales, ou celles, annexes qui en sont indissociables, « *ne pourra-t-on pas dire (...) que, même si (des dispositions d'une ordonnance) n'ont pas été formellement ratifiées, la modification des dispositions législatives indissociables de ces articles les couvre de l'autorité du législateur ?* » (P. Delvolvé). De même, l'exigence de dépôt d'un projet de loi de ratification n'emporte toujours pas avec elle l'exigence d'y joindre l'ordonnance qui peut parfois atteindre la taille d'un Code. L'article 38 de la constitution continue à ne pas « *[imposer] au gouvernement de faire connaître au Parlement la teneur des ordonnances qu'il prendra en vertu de cette habilitation* » (Cons. const., décis. n° 99-421 DC, 16 déc. 1999). Mieux, et dans le même sens, après la révision constitutionnelle du 23 juillet 2008, le Conseil constitutionnel a censuré l'obligation faite au gouvernement d'accompagner d'une étude d'impact les dispositions des projets de loi de ratification d'ordonnances (Cons. const., décis. n° 2009-579 DC, 9 avr. 2009, *Loi organique relative à l'application des articles 34-1, 39 et 44 de la Constitution*).

Étape de la procédure	**Délai**	**Valeur juridique et recours**
L'habilitation Projet de loi ou article initial du projet de loi Article issu d'un amendement déposé par le gouvernement	Délai « limité » pour publier l'ordonnance, prévu par l'habilitation	
Publication de l'ordonnance	Délai pour déposer le projet de loi de ratification, prévu par l'habilitation	**Valeur réglementaire** des dispositions de l'ordonnance Recours devant le juge administratif
Dépôt du projet de loi de ratification Sur le bureau d'une des deux Assemblées **Caducité** de l'ordonnance si le projet de loi de ratification n'est pas déposé dans le délai prévu par l'habilitation **L'absence de ratification** maintient l'ordonnance dans sa forme réglementaire	Pas de délai	
Ratification expresse Avec ou sans modifications		**Valeur législative** des dispositions de l'ordonnance Recours devant le juge constitutionnel par la voie de la question prioritaire de constitutionnalité (QPC)

Tableau récapitulatif (« Les ordonnances prises sur le fondement de l'article 38 de la Constitution », www.senat.fr)

CHAPITRE 2

La procédure législative (Const., art. 39 à 48)

La procédure législative comprend quatre phases principales : le dépôt du texte, son examen par le Parlement, son vote et enfin sa promulgation par le président de la République (Const., art. 39 à 48). Le gouvernement joue un rôle déterminant dans la maîtrise de la procédure législative. Notons qu'il est dans ce cadre aidé par le Conseil constitutionnel grâce au contrôle que celui-ci exerce sur les règlements des assemblées parlementaires et sur les lois votées, veillant ainsi plus largement à préserver « *les droits du gouvernement en ce qui concerne notamment le domaine qui lui est réservé, les procédures dont il dispose pour le protéger et les conditions de sa propre organisation et de son fonctionnement* » (Cons. const., décis. n° 82-142 DC, 27 juill. 1982, *Réforme de la planification*).

Afin de clarifier le propos, on ne respectera pas ici totalement l'ordre des articles relatifs à la procédure législative. Après l'étude de l'initiative des lois (Const., art. 39), on s'attachera aux irrecevabilités qui peuvent être opposées aux propositions de loi au moment de leur examen, c'est-à-dire en commission ou en séance (Const., art. 40 et 41). On suivra ensuite l'ordre logique de la procédure : après leur étude par une commission parlementaire bilité financière de la proposition avec l'appui de la commission des finances (Const., art. 40) et l'irrecevabilité législative peut être invoquée par le gouvernement au cours de la discussion (Const., art. 41). Si elle est inscrite à l'ordre du jour, la proposition suit le processus normal d'examen en commission qui peut l'accepter, l'amender ou la rejeter : dans ce cas, l'assemblée se prononcera sur le texte initial de la proposition qui peut être aussi examinée par le Conseil d'État. La révision constitutionnelle de 2008 a effectivement ajouté un dernier alinéa à l'article 39 de la Constitution : le président de chaque assemblée peut soumettre à l'avis du Conseil d'État toute proposition de loi avant son examen en commission. Cette procédure s'inspire de celle qui prévaut aujourd'hui pour les projets de loi, l'avis ne liant pas le gouvernement. Il en va de même pour les assemblées.

À l'image des autres démocraties, l'origine des lois est ainsi essentiellement gouvernementale. Cependant, la révision constitutionnelle de juillet 2008 a fait son œuvre avec la réforme de l'ordre du jour (Const., art. 48) dont le gouvernement a perdu une partie de la maîtrise. D'environ 80 % de lois adoptées d'origine gouvernementale, hors conventions internationales, ce chiffre est tombé, pour la session 2007-2008, à 75 % ; entre 60 et 65 % pour les sessions de 2009-2010 et 2010-2011 ; de 60 %, enfin, en 2012-2013. Ces chiffres doivent cependant être maniés avec précaution. Sans compter des propositions de lois émanant de la majorité parlementaire et initiées en réalité par le gouvernement, l'importance qualitative de ces dernières n'est pas en rapport avec leur nombre dans la simple mesure ou les parlementaires ne sont pas armés pour élaborer des textes d'importance ou techniquement complexes. Mais pour avoir une vue complète du poids de l'initiative parlementaire, il faut prendre en compte la progression constante du nombre d'amendements adoptés, ce depuis les années 2000. Ainsi, pour la seule XIVe législature (2012-2017), environ 1/6e des amendements adoptés sont d'origine parlementaire et émanant massivement de la majorité gouvernementale. Cette tendance est encore plus nette au Sénat dès lors qu'il est en harmonie politique avec la première chambre. Mais cette expansion à peu près stabilisée aujourd'hui accompagne aussi l'inflation législative et en constitue le vivant témoignage.

Les projets de loi

99 L'avant-projet est préparé par le cabinet du ministre et les services de son administration en charge du texte. Il est communiqué aux autres ministères intéressés. Il donne lieu à des arbitrages à l'occasion de réunions interministérielles présidées par un conseiller du Premier ministre dont les relevés de décision sont transcrits sur des feuilles « bleues » : on parle ainsi des « bleus de Matignon », d'où la charmante expression selon laquelle une décision a été « bleuie ». Mais l'arbitrage peut remonter au niveau du Premier ministre en personne voire du président de la République lui-même.

L'examen obligatoire par le Conseil d'État

Une fois transmis par le secrétariat général du gouvernement (qui a assuré le suivi administratif du texte) au Conseil d'État, il est étudié par la section compétente et un rapporteur est désigné parmi les membres de celle-ci. Le texte fait l'objet d'un examen (notamment de sa régularité juridique) puis est soumis à son tour à l'assemblée générale du Conseil d'État qui vote un texte définitif. Cet avis consultatif transmis au gouvernement est en principe secret, ce qui n'interdit nullement à ce dernier de le communiquer aux rapporteurs du texte dans chaque assemblée ou, plus simplement, de le rendre pleinement public. Cependant, le gouvernement n'est pas lié par l'avis du Conseil d'État et il lui est loisible de revenir intégralement, ou en partie, au texte initial ou de l'amender en conséquence. De même, le texte présenté au Conseil des ministres peut s'écarter de celui initialement soumis au Conseil d'État. Après avoir recueilli l'avis du Conseil d'État, si le Premier ministre souhaite apporter au projet de loi des modifications substantielles, il doit nécessairement soit consulter à nouveau le Conseil d'État si le projet n'a pas été déjà déposé, soit, dans le cas inverse, lui soumettre pour avis une « lettre rectificative », (d'usage exceptionnel) qui devra être délibérée en Conseil des ministres puis déposée sur le bureau de l'assemblée saisie du projet initial

(Cons. const., décis. n° 78-100 DC, 29 déc. 1978). En effet, l'avis du Conseil d'État résulte d'une exigence constitutionnelle et il est impératif que l'ensemble des questions essentielles posées par le texte ait été soumis au Conseil d'État, sauf à s'exposer à une censure du Conseil constitutionnel (Cons. const., décis. n° 2003-468 DC, 3 avr. 2003, *Loi relative à l'élection des conseillers régionaux et des représentants au Parlement européen ainsi qu'à l'aide publique aux partis politiques*). Dans cette espèce, le texte se référait à un seuil égal à 10 % des suffrages exprimés (soit effectivement la moitié en termes d'inscrits) pour qu'une liste puisse se maintenir au second tout des régionales et ce n'est qu'entre la délibération du Conseil d'État et le Conseil des ministres tenu le surlendemain que la référence au nombre d'électeurs inscrits avait été substituée à celle relative aux suffrages exprimés sans que le premier puisse se prononcer.

Le dépôt en premier lieu des projets de loi

Originellement, le droit de priorité n'était consacré qu'au bénéfice de l'Assemblée nationale, pour les lois de finances et les lois de financement de la sécurité sociale, le gouvernement étant libre de choisir l'Assemblée qui débattra en premier du projet de loi. La révision constitutionnelle de 2003 a reconnu au Sénat un droit de priorité sur les projets de loi « ayant pour principal objet l'organisation des collectivités territoriales » et fondé sur l'article 24 de la Constitution qui le charge d'assurer *« la représentation des collectivités territoriales de la République »*. Cette révision conforte simplement un usage.

Les conditions de présentation des projets de loi et les « études d'impact »

Le dépôt du projet de loi est effectué auprès du Parlement sous la forme d'un décret de présentation. Depuis la révision constitutionnelle du 23 juillet 2008, les projets de loi doivent répondre à certaines conditions de présentation, qui ont été définies par la loi organique du 15 avril 2009 relative, entre autres, à l'application de l'article 39 de la Constitution.

– *L'exposé des motifs*. Il s'agit tout d'abord de l'exposé des motifs, inscrit à l'article 7 de la loi organique du 15 avril 2009, qui doit présenter les principales caractéristiques du projet et justifier son intérêt – cette condition, jugée conforme par le Conseil constitutionnel (Cons. const., décis. n° 2009-579 DC, 9 avr. 2009, préc.), figurait jusqu'à présent dans le remarquable *Guide de légistique,* élaboré par le secrétariat général du gouvernement et le Conseil d'État.

- *L'étude d'impact : une idée neuve vidée de son sens par le Conseil constitutionnel.* La loi organique du 15 avril 2009 dispose également, à l'article 8, que les projets de loi doivent faire l'objet d'une étude d'impact, qui définit les objectifs poursuivis, recense les options possibles et justifie le recours à la loi. En outre, l'étude expose l'articulation du projet avec le droit européen, ses modalités d'application et ses conséquences économiques, financières, sociales et environnementales. Et la conférence des présidents de l'assemblée sur le bureau de laquelle le projet de loi est déposé dispose d'un délai de dix jours, à compter de son dépôt, pour constater une éventuelle insuffisance de l'étude d'impact ; lorsque le Parlement n'est pas en session, ce délai est suspendu jusqu'au dixième jour qui précède le début de la session suivante (quatrième alinéa de l'article 39 de la Constitution et article 9 de la loi organique n° 2009-403 du 15 avril 2009). Dans sa décision n° 2009-579 DC précité, le Conseil constitutionnel a toutefois apporté quelques modifications aux dispositions organiques initiales qui limitent en réalité les prérogatives de la Conférence des présidents : il a ainsi censuré la condition qui imposait au gouvernement d'élaborer une étude d'impact des projets de loi « *dès le début de leur élaboration* », estimant que l'article 39 de la Constitution ne donnait pas au législateur organique compétence pour le faire. En réalité, le Conseil constitutionnel en censurant la règle selon laquelle l'élaboration de l'étude d'impact devait commencer tout en amont du processus décisionnel aboutissant à un projet de loi, a rendu caduques les études d'impact qui a justement pour objet d'inventorier des options, certaines législatives, d'autres réglementaires.

Il a de même censuré l'injonction faite au gouvernement de préciser, dans l'étude, les orientations principales et le délai prévisionnel de publication des textes d'application nécessaires, au motif qu'une telle injonction méconnaîtrait le principe de séparation des compétences du pouvoir législatif et du pouvoir réglementaire. En sus de ces censures, le Conseil constitutionnel a enfin émis certaines réserves d'interprétation.

Les unes tiennent aux projets de loi en règle générale :

– « *L'élaboration d'études particulières répondant à chacune des prescriptions de ces alinéas (de l'article 8 de la loi organique) ne saurait être exigée que pour autant que ces prescriptions ou l'une ou l'autre d'entre elles trouvent effectivement à s'appliquer compte tenu de l'objet des dispositions du projet de loi en cause* » ;

– « *Si, par suite des circonstances, tout ou partie d'un document constituant l'étude d'impact d'un projet de loi venait à être mis à la disposition de la première assemblée saisie de ce projet après la date de dépôt de ce dernier, le Conseil constitutionnel apprécierait, le cas échéant, le respect des dispositions précitées de l'article 8 de la loi organique au regard des exigences de la continuité de la vie de la Nation* » ;

Les autres tiennent à certains cas particuliers :

– Au sujet des projets de loi d'habilitation (Const., art. 38), l'obligation de déposer une étude d'impact ne saurait « *être interprétée comme imposant au gouvernement de faire connaître au Parlement la teneur des ordonnances qu'il entend prendre sur le fondement de l'habilitation qu'il demande pour l'exécution de son programme* » ;

– Au sujet des projets de loi autorisant la ratification ou l'approbation de traités ou accords internationaux (art. 53), si le gouvernement n'est pas tenu de déposer une étude d'impact, l'obligation d'annexer les « *réserves ou déclarations interprétatives exprimées par la France* » concerne les « *réserves exprimées avant le dépôt du projet de loi* » ne porte pas atteinte « *à la liberté du pouvoir exécutif, à l'occasion de la ratification d'un traité ou d'un accord, de déposer des réserves, de renoncer à des réserves qu'il avait envisagé de déposer et dont il avait informé le Parlement, ou, après la ratification, de lever des réserves qu'il aurait auparavant formulées* ».

Enfin, le quatrième alinéa de l'article 39 réserve au Premier ministre ou au président de l'assemblée intéressée la possibilité de saisir le Conseil constitutionnel en cas de méconnaissance des règles de présentation des projets de loi : saisi pour la première fois le 26 juin 2014 par le Premier ministre de la présentation du projet de loi relatif à la délimitation des régions, le Conseil a rappelé que l'article 39, alinéa 4, ne lui permet de statuer « *que sur la seule question de savoir si ladite présentation du projet de la loi a respecté les conditions fixées par la loi organique du 15 avril 2009 ; qu'il ne saurait donc se prononcer sur la conformité des dispositions contenues dans ce projet à d'autres règles constitutionnelles* ». Constatant la présence d'un exposé des motifs et d'une étude d'impact, le Conseil considère que les règles de présentation n'ont pas été méconnues (Cons. const., décis. n° 2014-12 FNR, 1er juill. 2014, *Projet de loi relatif à la délimitation des régions*). En donnant raison au Premier ministre, le Conseil constitutionnel a définitivement ôté tout intérêt aux études d'impact. Ainsi, au travers cet encadrement, à la fois si précis et lâche à la fois, les études d'impact censées contribuer à l'amélioration de la qualité de la loi sont vidées de leur sens par le Conseil constitutionnel. Par suite, elles consistent le plus souvent en un exposé justifiant le bien-fondé de la politique du gouvernement.

Renouvellement des assemblées parlementaires et examen des projets et propositions de loi

La Constitution de la Ve République dispose, en son article 39, que les projets de loi sont déposés « *sur le bureau de l'une des deux assemblées* ». Or, contrairement au Sénat dont le renouvellement est partiel, le bureau de l'Assemblée nationale disparaît avec celle-ci : s'il souhaite les reprendre, le gouvernement doit donc redéposer les projets de loi sur le bureau de l'Assemblée nationale nouvellement élue. S'agissant des propositions de loi adoptées par le Sénat et transmises à l'Assemblée nationale, elles sont redéposées sur le bureau de l'Assemblée nationale, après le renouvellement de cette dernière. Quant aux propositions de loi adoptées par l'Assemblée nationale et transmises au Sénat, elle continue à faire l'objet d'une navette sous une nouvelle législature.

Pour les propositions de loi déposées par les sénateurs et non encore examinées, le Conseil constitutionnel a considéré que les

L'interdiction absolue d'augmenter une charge publique : la dépense est interdite

Dans le cas des ressources publiques, l'article 40 de la Constitution utilise comme on vient de le voir le pluriel alors que, dans celui de la dépense, il utilise le singulier. Une augmentation de charge même modeste est, par nature, impossible à compenser par une économie. En ce dernier cas, même s'il y a un gage, celui-ci est inopérant sur le plan juridique et l'amendement n'est pas recevable. En somme, sont irrecevables les amendements qui ouvrent une possibilité juridique de dépenser.

Cependant, depuis l'entrée en vigueur de la loi organique du 1er août 2001 relative aux lois de finances (LOLF), les conditions d'application de l'article 40 aux amendements portant sur les projets de loi de finances ont été précisées et surtout assouplies. La base du droit d'amendement, qui s'exerçait auparavant au niveau du chapitre budgétaire a été élargie. L'article 47 de la LOLF dispose en effet que, pour l'application de l'article 40, « *la charge s'entend, s'agissant des amendements s'appliquant aux crédits, de la mission* ». Les parlementaires peuvent donc proposer des mouvements de crédits entre les programmes d'une même mission sans augmenter le montant global de cette dernière. Cet assouplissement sensible ne concerne que les amendements relatifs aux crédits.

La procédure de recevabilité financière

L'article 40 a été interprété sans aucune restriction par le Conseil constitutionnel (Cons. const., décis. n° 60-11 DC, 20 janv. 1961, *Loi relative aux assurances maladie, invalidité et maternité des exploitants agricoles et des membres non-salariés de leur famille*). Le Conseil constitutionnel considère que « *le respect de l'article 40 de la Constitution exige qu'il soit procédé à un examen systématique de la recevabilité, au regard de cet article, des propositions et amendements formulés par les [parlementaires] et cela antérieurement à l'annonce de leur dépôt et par suite avant qu'ils ne puissent être publiés, distribués et mis en discussion, afin que seul soit accepté le dépôt des propositions et amendements qui, à l'issue de cet examen, n'auront pas été déclarés irrecevables* » (Cons. const., décis. n° 2009-581 DC, *Résolution tendant à modi-*

fier le règlement de l'Assemblée nationale ; n° 2009-582 DC du 25 juin 2009, *Résolution tendant à modifier le règlement du Sénat*). Par ailleurs, le Conseil constitutionnel déduit également de l'article 40 de la Constitution l'exigence de ce qu'on appelle le « préalable parlementaire ». Il n'examine le respect des exigences de l'article 40 par une initiative parlementaire qu'à la condition que la question de la recevabilité financière ait été soulevée devant la première chambre qui a été saisie de l'initiative. Cette exigence vaut aussi bien pour les amendements que pour les propositions de loi. Mais il a ajouté que cette condition était « *subordonnée, pour chaque assemblée, à la mise en œuvre d'un contrôle de recevabilité effectif et systématique au moment du dépôt de tels amendements* » (Cons. const., décis. n° 2005-519 DC, 29 juill. 2005).

Ainsi, à l'Assemblée nationale, le règlement prévoit une procédure qui tire les conséquences de ce contrôle *a priori* tel qu'il résulte de l'article 40 de la Constitution (Règl. AN, art. 81 et 89). Il convient de distinguer les amendements déposés en commission de ceux déposés en séance. Dans le premier cas, il revient au président de la commission d'apprécier la recevabilité de l'amendement, après avis du président ou du rapporteur général de la commission des finances qui est toujours suivi. Les amendements qu'il déclare irrecevables ne sont pas examinés par la commission. S'agissant des amendements déposés en vue de leur examen en séance, c'est le président de l'Assemblée qui est chargé d'en apprécier la recevabilité financière, traditionnellement après avis du président de la commission des finances qui est déterminant.

L'absence de filtrage au Sénat, a conduit le Conseil constitutionnel à soulever d'office, en 2006, ce moyen pour censurer deux articles de la loi de financement de la sécurité sociale pour 2007 (Cons. const., décis. n° 2006-544 DC, 14 déc. 2006 : « *si la question de la recevabilité financière des amendements d'origine parlementaire doit avoir été soulevée devant la première chambre qui en a été saisie pour que le Conseil constitutionnel puisse en examiner la conformité à l'article 40, cette condition est subordonnée, pour chaque assemblée, à la mise en œuvre d'un contrôle de recevabilité effectif et systématique au moment du dépôt de tels amen-*

dements ; qu'une telle procédure n'a pas encore été instaurée au Sénat ». En conséquence, l'article 45 du règlement du Sénat (qui traite de la recevabilité financière) a été modifié le 2 juin 2009 : « *La Commission des finances contrôle la recevabilité financière des amendements au regard de l'article 40 de la Constitution. Les amendements déclarés irrecevables ne sont pas mis en discussion.* »). Les décisions prises par les instances parlementaires dans le domaine de la recevabilité financière ne peuvent être contestées que par la voie du recours devant le Conseil constitutionnel, présenté en application de l'article 61, alinéa 2 de la Constitution, après l'adoption de la loi. En pratique, sont déclarés irrecevables financièrement environ 6 % des amendements.

L'irrecevabilité opposée aux propositions ou amendements n'étant pas du domaine de la loi (Const., art. 41)

> **Article 41 de la Constitution**
> « *S'il apparaît au cours de la procédure législative qu'une proposition ou un amendement n'est pas du domaine de la loi ou est contraire à une délégation accordée en vertu de l'article 38, le gouvernement ou le président de l'assemblée saisie peut opposer l'irrecevabilité.*
> *En cas de désaccord entre le gouvernement et le président de l'assemblée intéressée, le Conseil constitutionnel, à la demande de l'un ou de l'autre, statue dans un délai de huit jours.* »

101 « *Il faut en outre qu'une arme soit donnée au gouvernement pour éviter les empiétements à venir ; c'est l'exception d'irrecevabilité qui peut être contestée par l'Assemblée, auquel cas le Conseil constitutionnel (...) a mission d'arbitrer* ». Michel Debré dans son discours devant le Conseil d'État le 27 août 1958 indiquait le sens du futur article 41 de la Constitution. Celui-ci permet au gouvernement – et depuis la révision constitutionnelle du 23 juillet 2008 au président de chaque assemblée – d'opposer l'irrecevabilité à un amendement ou à une proposition de loi qui ne serait pas du domaine de la loi. En cas de désaccord entre eux, le Conseil constitutionnel, juge d'appel, se prononce dans les huit jours. Mais contrairement à la procédure de l'article 40 de la Constitution, la recevabilité législative de l'article 41 n'est pas systémati-

quement contrôlée au moment du dépôt des propositions et des amendements parlementaires et requiert l'intervention du gouvernement ou du président de l'assemblée concernée.

De 1959 à 1997, cette exception a été soulevée 217 fois, donnant lieu seulement à 11 décisions du Conseil constitutionnel, la dernière datant de 1979 (Cons. const., décis. n° 79-11FNR, 23 mai 1979). Ce fait souligne que dans l'immense majorité des cas, le président de l'assemblée parlementaire donne tout simplement raison au gouvernement qui dispose d'ailleurs d'autres moyens pour s'opposer à l'intrus en invitant sa majorité à le bouter dehors en rejetant l'amendement voire, si elle ne le suit pas à utiliser plus tard la procédure de déclassement de l'article 37 alinéa 2 de la Constitution. D'ailleurs, pour contenter justement sa majorité, il consent souvent admettre que des dispositions réglementaires soient dans une loi, comme l'y autorise le Conseil constitutionnel (Cons. const., décis. n° 82-143 DC, 30 juill. 1982).

L'article 41 a parfois donné lieu à un usage intensif pour lutter contre des milliers d'amendements, comme lors du vote de la loi Falloux au Sénat en 1993 à l'Assemblée nationale en janvier et avril 2005 sur le projet de loi relatif aux activités postales. Le Sénat a même « réactivé » récemment son usage et l'application de l'article 41 de la Constitution. Il a connu une montée en puissance progressive depuis le 1er octobre 2015 concernant au total, entre cette date et le 1er juin 2016, 1 % des amendements diffusés (à titre de comparaison, 3,1 % des amendements déposés ont été déclarés irrecevables au titre de l'article 40 de la Constitution sur la même période).

§ 3. Le droit d'amendement, « corollaire de l'initiative législative » (Const., art. 44)

> **Article 44 de la Constitution**
> *« Les membres du Parlement et le gouvernement ont le droit d'amendement. Ce droit s'exerce en séance ou en commission selon les conditions fixées par les règlements des assemblées, dans le cadre déterminé par une loi organique.*

La possibilité pour le gouvernement de demander un seul vote sur tout ou partie du texte en discussion en ne retenant que les amendements proposés ou acceptés par lui : le « vote bloqué » (Const., art. 44, al. 3)

Conséquence logique de l'existence de procédures d'adoption contraignantes exprimant le parlementarisme rationalisé voulu par les rédacteurs de la Constitution de 1958, cette procédure s'inspire de la technique anglaise du « kangourou » (v. tome 1) : le gouvernement, sans autorisation du Conseil des ministres, peut demander à l'assemblée saisie de se prononcer sur tout ou partie du texte en discussion et donc sur un seul ou un ensemble d'articles – en ne retenant que les amendements proposés ou acceptés par lui. Il évite ainsi la multiplication des scrutins mais ne remet pas en cause la discussion de chaque amendement. La mise en œuvre de cette procédure a pour effet de supprimer le vote sur les amendements et les articles faisant l'objet du vote unique. Elle ne permet pas de faire obstacle à la discussion de tous les articles et des amendements qui s'y rapportent, y compris des amendements non retenus par le gouvernement. Cette procédure permet de gagner un peu de temps ou surtout de combattre l'obstruction – sans mettre en jeu pour autant sa responsabilité politique. Cette procédure ne saurait en effet être interprétée comme un substitut à la question de confiance (Cons. const., décis. n° 60-6 DC, 15 janv. 1960, *Loi organique portant promotion exceptionnelle des Français musulmans dans la magistrature et modifiant l'ordonnance n° 58-1270 du 22 décembre 1958*).

Les irrecevabilités constitutionnelles

104 Elles sont prévues par les articles 40, 41 et 45 alinéa 3de la Constitution.

Les irrecevabilités constitutionnelles de l'article 40

V. ss 100.

Les irrecevabilités constitutionnelles de l'article 41

V. ss 101.

Les irrecevabilités constitutionnelles de l'article 45 alinéa 3

V. ss 114.

Les irrecevabilités introduites par la jurisprudence du Conseil constitutionnel

105 Le Conseil constitutionnel a établi progressivement une jurisprudence subtile pour encadrer le droit d'amendement.

L'exigence de clarté et de sincérité du débat parlementaire et l'encadrement du droit d'amendement

Selon le Conseil constitutionnel, le droit d'amendement peut être encadré pour assurer *« la clarté et la sincérité du débat parlementaire »*. Ces notions recouvrent un nouveau principe constitutionnel depuis 2005 (Cons. const., décis. n° 2005-526 DC, 13 oct. 2005) et confirmé en 2006 (Cons. const., décis. n° 2006-537 DC, 22 juin 2006). Les normes de référence sont : l'article 6 de la Déclaration des droits de l'homme et du citoyen de 1789, en vertu duquel : « *La Loi est l'expression de la volonté générale* » ; le premier alinéa de l'article 3 de la Constitution, aux termes duquel : « *La souveraineté nationale appartient au peuple qui l'exerce par ses représentants...* ». Le Conseil s'est référé à ce principe pour juger conforme à la Constitution, dans les décisions précitées une modification du règlement de l'Assemblée nationale subordonnant le dépôt des amendements présentés par des députés au respect d'un délai butoir (en principe jusqu'à 17 heures l'avant-veille de la discussion des textes).

Tout amendement introduit en première lecture ne doit pas être dépourvu de « tout lien » avec l'objet du texte en discussion : les « cavaliers législatifs »

Tout amendement ne doit pas être dépourvu de tout lien avec le texte en discussion (Cons. const., décis. n° 85-199 DC, 28 déc. 1985, *Loi portant amélioration de la concurrence*). La jurisprudence du Conseil constitutionnel constitue une reprise d'une règle figurant dans les règlements des assemblées (existant depuis 1935 à l'Assemblée nationale) : les amendements doivent s'appliquer « *effectivement au texte qu'ils visent* » (Sénat), ou ne pas être dépourvus, en première lecture, de « *lien, même indirect, avec le texte déposé ou transmis* » (AN). Dès lors, les amendements qui n'ont pas de lien nécessaire avec le texte sur lequel il porte sont qualifiés de « cavaliers législatifs » et peuvent être déclarés irrecevables par les Assemblées. Ainsi, les adjonctions ou modifications apportées par le gouvernement ne peuvent « *ni être sans lien avec (le texte), ni dépasser par leur objet et leur portée, les limites inhérentes à l'exercice du droit d'amendement* » (notamment décis. 23 janv. 1987, n° 86-225 DC, *relative à la loi portant diverses mesures d'ordre social, décision* dite « amendement Seguin »). Mais, sans en changer l'esprit, la décision du 11 juillet 2001 consacre l'abandon de la jurisprudence des « limites inhérentes » : « *les requérants ne sauraient utilement se prévaloir de ce que l'amendement critiqué excéderait, par son ampleur, les limites inhérentes au droit d'amendement* » (Cons. const., décis. n° 2001-450 DC, 11 juill. 2001, *Loi portant diverses dispositions d'ordre social, éducatif et culturel*).

Le droit d'amendement doit pouvoir s'exercer pleinement au cours de la première lecture, par chacune des deux assemblées parlementaires, des projets et des propositions de loi : c'est précisément le sens de la modification opérée en 2008 au premier alinéa de l'article 45 : « *Tout projet ou proposition de loi est examiné successivement dans les deux Assemblées du Parlement en vue de l'adoption d'un texte identique. Sans préjudice de l'application des articles 40 et 41, tout amendement est recevable en première lecture dès lors qu'il présente un lien, même indirect, avec le texte déposé ou transmis* ». (Cette adjonction aurait dû trouver normalement sa place à l'article 44, v. ss 102). La révision devait donc tempérer la rigueur de la jurisprudence en évoquant un lien « même indirect » avec le texte débattu en première lecture. Ironie de l'histoire, elle a donné une assise constitutionnelle au Conseil pour étayer sa jurisprudence sur les « cavaliers législatifs » : « *Considérant que cette disposition, qui ne présente aucun lien, même indirect, avec celles qui figuraient dans le projet de loi portant réforme de l'hôpital et relatif aux patients, à la santé et aux territoires, a été adoptée selon une procédure contraire à la Constitution ; que, par voie de conséquence, il y a lieu de déclarer contraire à la Constitution l'article 44 de la loi déférée* » (Cons. const., décis. n° 2009-584 DC, 16 juill. 2009, *Loi portant réforme de l'hôpital et relative aux patients, à la santé et aux territoires*). Il a été plus loin en 2011 en censurant une disposition organique sur ce fondement (Cons. const., décis. n° 2011-637 DC, 28 juill. 2011, *Loi organique relative au fonctionnement des institutions de la Polynésie française*).

Cette jurisprudence dite des « cavaliers » s'applique aussi :

- aux *« cavaliers budgétaires »* (v. ss 117) ;
- aux *« cavaliers sociaux »*. Il s'agit des dispositions qui ne concernent pas des régimes et organismes relevant du champ des LFSS, ou qui ont un impact financier trop indirect sur les recettes ou les dépenses de ceux-ci, ou qui, enfin, n'améliorent pas le contrôle parlementaire sur le financement de la sécurité sociale. Le contrôle de la recevabilité de ces amendements en séance comme en commission relève de la commission des affaires sociales. Ces dispositions, comme les cavaliers législatifs ou budgétaires, encourent le risque d'être censurées, le plus souvent d'office, par le Conseil constitutionnel.

Après la première lecture, les amendements doivent être en « relation directe avec une disposition restant en discussion » : la « règle de l'entonnoir »

Après la première lecture et donc pour les lectures ultérieures par chaque Assemblée, ce n'est plus jurisprudence dite de « cavaliers législatifs » qui s'impose nécessairement mais plus simplement celle dite de l'« entonnoir ». Selon cette règle, la discussion législative doit se concentrer, au fil des lectures, sur les seules *« dispositions restant en discussion »*. Par suite, les amendements introduisant des dispositions entièrement nouvelles après la première lecture ou remettant en cause les dispositions votées ou non par un vote conforme des deux assemblées sont irrecevables. Cette règle a définitivement été consacrée en 2006 par le Conseil constitutionnel, et est désormais applicable dès la deuxième lecture des projets ou propositions (non plus seulement à partir de la commission mixte paritaire) : « *les adjonctions qui peuvent être apportées après la première lecture par les membres du Parlement et par le gouvernement doivent être en relation directe avec une disposition restant en discussion* » (Cons. const., décis. n° 2005-532 DC, 19 janv. 2006, *Lutte contre le terrorisme).* Dans sa décision n° 2006-533 DC, il a notamment censuré un article, adopté en

Il n'existait pas de commission permanente chargée spécifiquement des affaires européennes mais une « délégation pour l'Union européenne ». Au titre de l'article 88-4 nouveau « *est instituée au sein de chaque assemblée parlementaire* » une commission chargée des affaires européennes issue de la révision constitutionnelle du 23 juillet 2008.

La composition des commissions

En début de législature, puis chaque année au début de la session ordinaire, chaque assemblée désigne à la proportionnelle des groupes et sur proposition de leurs présidents de ces groupes, les membres des commissions permanentes. Puis chacune désigne, pour la diriger, un bureau composé d'un président, quatre vice-présidents et quatre secrétaires. La commission des finances nomme en outre un rapporteur général et ne peut élire à sa présidence qu'un député appartenant à un groupe d'opposition. Cette règle introduite à l'Assemblée nationale par son nouveau règlement en 2009 permet d'accorder à l'opposition un statut. Elle est appliquée au Sénat mais peut sembler paradoxale. En effet, l'« opposition » s'entend comme un groupe parlementaire déclaré comme tel au sein de l'assemblée. Or dans la mesure où, étant lui-même dans l'opposition mais au gouvernement depuis 2014, ce poste revient à un sénateur qui y est favorable mais inscrit à un groupe d'opposition.

L'examen en commission

Le texte est envoyé « au fond », c'est-à-dire pour son examen principal, à une commission permanente (ou spéciale) et selon le cas, « pour avis », à une ou plusieurs autres commissions permanentes ayant demandé à examiner certains de ses aspects. Saisie d'un texte, la commission compétente doit d'abord désigner un rapporteur chargé d'un travail préalable d'étude et de consultation qui est présenté devant la commission. Puis s'engage une discussion générale. Après quoi, la commission procède à l'examen du texte, article par article, en examinant tous les amendements, y compris ceux déposés par les députés non-membres de la commission. Le président de la commission des finances s'assure de leur conformité à l'article 40 de la constitution. Le débat s'achève par un vote sur l'ensemble du texte. La diffusion de ses travaux est publique.

Comme on l'a vu, le Conseil constitutionnel considère que le règlement des Assemblées ne peut limiter le droit d'accès aux commissions aux ministres (v. article 31). Ils participent et assistent à leurs travaux dès leur commencement et il leur appartient de défendre leur texte. Pour éviter leur présence qui est parfois mal acceptée, le Sénat a, le cas échéant, fixé ses réunions le mercredi matin, pendant celle du Conseil des ministres auquel un ministre ne peut en principe manquer... En tous les cas, un texte gouvernemental réécrit en commission devra, en séance publique, faire l'objet d'amendements du gouvernement pour tenter de rétablir sa version initiale.

En séance publique, la commission est représentée par son président et par le rapporteur du texte qui exprime la position de la commission sur chacun des amendements soumis à l'Assemblée. Tous deux peuvent librement s'exprimer en séance publique.

La fixation de l'ordre du jour (Const., art. 48)

Article 48 de la Constitution

« Sans préjudice de l'application des trois derniers alinéas de l'article 28, l'ordre du jour est fixé par chaque assemblée.

Deux semaines de séance sur quatre sont réservées par priorité, et dans l'ordre que le gouvernement a fixé, à l'examen des textes et aux débats dont il demande l'inscription à l'ordre du jour.

En outre, l'examen des projets de loi de finances, des projets de loi de financement de la sécurité sociale et, sous réserve des dispositions de l'alinéa suivant, des textes transmis par l'autre assemblée depuis six semaines au moins, des projets relatifs aux états de crise et des demandes d'autorisation visées à l'article 35 est, à la demande du gouvernement, inscrit à l'ordre du jour par priorité.

Une semaine de séance sur quatre est réservée par priorité et dans l'ordre fixé par chaque assemblée au contrôle de l'action du gouvernement et à l'évaluation des politiques publiques.

Un jour de séance par mois est réservé à un ordre du jour arrêté par chaque assemblée à l'initiative des groupes d'opposition de l'assemblée intéressée ainsi qu'à celle des groupes minoritaires.

Une séance par semaine au moins, y compris pendant les sessions extraordinaires prévues à l'article 29, est réservée par priorité aux questions des membres du Parlement et aux réponses du gouvernement. »

La règle du partage de l'ordre du jour entre le gouvernement et le Parlement (Const., art. 48, al. 1 et 2)

107 La nouvelle rédaction de l'article 48 de la Constitution, depuis la révision constitutionnelle du 23 juillet 2008, institue un ordre du jour partagé entre le gouvernement et le Parlement qui connaît des exceptions.

La priorité gouvernementale sur l'ordre du jour dans la limite de deux semaines

Dans la limite de deux semaines de séance sur quatre, l'ordre du jour reste prioritairement réservé au gouvernement qui peut le modifier. Le Conseil constitutionnel a considéré que l'information concernant les semaines qu'il « prévoit de réserver » par priorité à l'examen des textes et aux débats qu'il aura choisis est fournie « à titre indicatif » à la Conférence des présidents : il peut donc décider de modifier son choix initial. Il a en outre souligné que le gouvernement peut fixer, dans le respect de l'article 48, alinéa 2, l'ordre d'examen des textes et des débats dont il demande par priorité l'inscription à l'ordre du jour (Cons. const., décis. n° 2009-582 DC, 25 juin 2009, *Résolution modifiant le Règlement du Sénat*).

La maîtrise par l'Assemblée de l'ordre du jour des deux autres semaines

L'Assemblée, par le truchement de la conférence des présidents, fixe l'ordre du jour des deux autres semaines. L'une est consacrée au contrôle de l'action du gouvernement et à l'évaluation des politiques publiques, l'autre à l'examen des textes dont elle veut discuter (la « semaine de l'Assemblée »). La Conférence des présidents est composée, outre du président, des six vice-présidents de l'Assemblée, des présidents des commissions permanentes, du rapporteur général de la commission des finances du président de la commission des affaires européennes et des présidents des groupes politiques. Le gouvernement y est représenté par le ministre chargé des relations avec le Parlement.

Rien n'interdit cependant à la Conférence des présidents où le gouvernement est en principe majoritaire (au moins à l'Assemblée nationale) de rétrocéder à celui-ci une partie de l'ordre du jour de la semaine de l'Assemblée. Il demeure que l'ordre du jour est désormais mieux négocié entre le gouvernement et les Assemblées.

Les exceptions à la règle

108 Elles sont fixées par l'article 48, al. 3 et al. 5.

La priorité gouvernementale est maintenue pour certains textes (Const., art. 48, al. 3)

Le troisième alinéa de l'article 48 prévoit l'inscription à l'ordre du jour par priorité de certains textes, à la demande du gouvernement et en dehors des semaines qui lui sont normalement réservées.

Il en va ainsi :

– des projets de loi de finances et des projets de loi de financement de la sécurité sociale (Const., art. 47 et 47-1). peuvent ainsi être inscrits par priorité à l'ordre du jour. Leur examen peut avoir lieu même durant les semaines normalement consacrées au contrôle ou celle de l'assemblée parlementaire.

– des projets et propositions de loi adoptés par la première assemblée transmis depuis six semaines au moins, les projets de loi relatifs aux états de crise et les demandes d'autorisation de l'article 35 de la Constitution mais non durant les semaines de contrôle.

L'ordre du jour réservé aux groupes d'opposition ou minoritaires (Const., art. 48, al. 5)

C'est la conséquence directe de la reconnaissance des droits accordés aux groupes d'opposition ou minoritaires par l'article 51-1 de la Constitution. En effet, l'ordre du jour prioritaire accordé à l'opposition correspond à « un jour de séance par mois », soit vingt-sept séances par session (à raison de trois séances par jour) au lieu de sept auparavant, dénommées depuis l'origine « niches parlementaires ». Bonne dans son principe, cette réforme a été vidée de son sens dans la mesure où les parlementaires de la majorité n'y participent guère laissant discuter entre eux leurs

La navette et la solution des différends entre les assemblées (Const., art. 45)

> **Article 45 de la Constitution**
> *« Tout projet ou proposition de loi est examiné successivement dans les deux assemblées du Parlement en vue de l'adoption d'un texte identique. Sans préjudice de l'application des articles 40 et 41, tout amendement est recevable en première lecture dès lors qu'il présente un lien, même indirect, avec le texte déposé ou transmis.*
> *Lorsque, par suite d'un désaccord entre les deux assemblées, un projet ou une proposition de loi n'a pu être adopté après deux lectures par chaque assemblée ou, si le gouvernement a décidé d'engager la procédure accélérée sans que les Conférences des présidents s'y soient conjointement opposées, après une seule lecture par chacune d'entre elles, le Premier ministre ou, pour une proposition de loi, les présidents des deux assemblées agissant conjointement, ont la faculté de provoquer la réunion d'une commission mixte paritaire chargée de proposer un texte sur les dispositions restant en discussion.*
> *Le texte élaboré par la commission mixte peut être soumis par le gouvernement pour approbation aux deux assemblées. Aucun amendement n'est recevable sauf accord du gouvernement.*
> *Si la commission mixte ne parvient pas à l'adoption d'un texte commun ou si ce texte n'est pas adopté dans les conditions prévues à l'alinéa précédent, le gouvernement peut, après une nouvelle lecture par l'Assemblée nationale et par le Sénat, demander à l'Assemblée nationale de statuer définitivement. En ce cas, l'Assemblée nationale peut reprendre soit le texte élaboré par la commission mixte, soit le dernier texte voté par elle, modifié le cas échéant par un ou plusieurs des amendements adoptés par le Sénat. »*

Les règles de la discussion générale en séance publique

111 La discussion en séance publique comprend deux phases : la phase d'examen général et la phase d'examen détaillé.

La phase d'examen général et la discussion article par article

Elle est essentiellement une phase de présentation de l'ensemble du texte où s'expriment le gouvernement, le rapporteur, les parlementaires. Sa durée globale et la répartition des temps de parole entre les groupes en fonction de leur représentativité sont fixées par la Conférence des présidents.

Puis s'opère la discussion article par article. La discussion concerne essentiellement les modifications proposées par voie d'amendements. Notons que les sous-amendements portent sur des amendements déposés sans en contredire le sens. (Aucun délai ne s'impose pour leur dépôt. Toutefois, au Sénat, en application d'une coutume constante, ils ne sont plus recevables après le début des explications de vote sur l'amendement auquel ils s'appliquent). Comme les amendements, ils doivent être écrits et sommairement motivés. L'adoption d'un amendement a pour conséquence de faire « tomber » (c'est-à-dire de rendre sans objet) tous les amendements proposant des solutions concurrentes. Ceux déposés par le gouvernement ou la commission saisie au fond bénéficient d'une priorité de discussion par rapport à ceux des députés ayant un objet identique.

La présentation des amendements va du général au particulier s'opère selon deux critères :

– les amendements sont mis aux voix en commençant par ceux qui s'écartent le plus du texte proposé et dans l'ordre où ils s'y opposent, s'y intercalent ou s'y ajoutent.

– une suppression d'article est appelée avant la suppression d'un alinéa, et celle-ci avant la suppression d'une phrase, qui précède elle-même une simple suppression de mots, etc.

Lors de l'examen d'un amendement, le président de séance donne successivement la parole à l'auteur ou l'un des auteurs de l'amendement pour présenter son objet et en défendre l'intérêt (un amendement non défendu par son auteur ou par l'un de ses cosignataires absents en séance lors de son appel est considéré comme « non soutenu ») puis le rapporteur ou le président de la commission saisie au fond, qui rappelle la position de la commission et le cas échéant, le rapporteur ou le président de la commission saisie pour avis et enfin le gouvernement. Il est alors soumis au vote.

Une fois terminé l'examen des articles, le gouvernement ou la Commission peut, de droit, demander une seconde délibération de tout ou partie du texte. Puis est mis aux voix l'ensemble du texte (voir pour les votes : Titre IV, article 27, ss 79).

La fixation éventuelle à l'avance de la durée d'examen d'un texte en séance : le « temps législatif programmé » (« TLP »)

En Grande Bretagne, l'instrument le plus utilisé pour éviter l'enlisement des débats était la « guillotine » consistant à allouer un temps limité de débat à chaque partie du projet introduite en 1881.

En vertu de la loi organique du 15 avril 2009, issu de l'article 44 de la Constitution, modifié par la révision constitutionnelle du 23 juillet 2008, le Règlement de l'Assemblée nationale du 27 mai 2009, prévoit que la Conférence des présidents peut décider d'appliquer à un texte la procédure du « temps législatif programmé » et fixer une durée maximale pour l'examen de l'ensemble d'un texte, 60 % du temps étant attribué aux groupes d'opposition puis réparti entre eux à proportion de leur effectif. Le reste du temps est réparti de la même façon entre les groupes de la majorité.

Cette procédure a existé dans le texte des règlements de 1935 à... 1969 sans être fréquemment appliquée. Les articles 17 à 19 de la loi organique du 15 avril 2009 organisent une procédure imposant des délais pour l'examen d'un texte en séance (« temps global »). Ces articles font directement application du nouvel article 44 de la Constitution selon lequel le droit d'amendement s'exerce « *en séance ou en commission* ». Ils prévoient diverses modalités associant les groupes parlementaires à la procédure. Ils n'ont pas apporté de limites inconstitutionnelles à l'exercice du droit d'expression et d'amendement des membres du Parlement (L. org. relative à l'application des articles 34-1, 39 et 44 de la Constitution ; décis. n° 2009-579 DC, 9 avr. 2009) même si en pratique, il abrège les débats devant les deux Chambres et permet de limiter de façon drastique l'obstruction parlementaire qui suppose en effet du temps...

Les choses se déroulent comme suit, conformément au règlement de l'Assemblée nationale du 27 mai 2009 déclaré conforme à la Constitution (Cons. const., décis. n° 2009-581 DC, 25 juin 2009, précitée) : la Conférence des présidents fixe un temps global pour l'examen du texte, qui comprend la discussion générale et l'examen des articles. Ce délai constitue un maximum. Toutes les interventions des députés (à l'exception de celles du président et du rapporteur de la commission saisie au fond et, le cas échéant, des rapporteurs des commissions saisies pour avis) sont décomptées du temps réparti entre les groupes. Chaque groupe dispose d'un temps de parole global tout au long de la procédure et peut même n'en utiliser qu'une partie : ainsi, la majorité utilise en moyenne seulement 25 % de son temps de parole, justement pour faire gagner du temps au gouvernement... Les interventions n'étant pas limitées en temps (tant que l'enveloppe n'est pas épuisée), les députés ont tendance à parler davantage sur les premiers articles d'un texte souvent à caractère général au détriment du reste du texte en discussion.

Une fois ce temps global épuisé, les membres du groupe n'ont plus droit à la parole. Si les amendements présentés par les députés d'un groupe ou par des non-inscrits sont encore à examiner après l'épuisement du délai, la discussion est close et les amendements sont mis aux voix sans débat. Comme le prévoit la loi organique précitée, dans l'hypothèse où le gouvernement ou la commission saisie au fond souhaitent déposer un ou plusieurs amendements à un article, après l'expiration des délais opposables aux députés, un temps supplémentaire est attribué à chaque groupe (et aux députés non-inscrits) pour leur discussion.

Lors de l'examen de la loi portant réforme des retraites en novembre 2010, à l'issue du vote du dernier article du projet de loi en discussion, le président de l'Assemblée nationale, Bernard Accoyer a refusé de faire droit à la demande de prise de parole des... 166 explications de vote personnelles programmées sur le fondement de l'alinéa 13 de l'article 49 du règlement de l'Assemblée nationale. Dans sa décision n° 2010-617 DC du 9 novembre 2010, le Conseil constitutionnel a jugé, en vertu d'une jurisprudence constante, que « *les règlements des assemblées parlementaires n'ont pas par eux-mêmes une valeur constitutionnelle* », la méconnaissance alléguée d'une de leurs dispositions ne saurait avoir pour effet, à elle seule, de rendre la procédure législative contraire à la Constitution : le Conseil vérifie seulement que « *l'application [des] dispositions n'a pas eu pour effet d'altérer la clarté et la sincérité des débats et n'a porté atteinte à aucune autre exigence de valeur constitutionnelle* ». Et, ayant déjà eu à examiner l'application de l'alinéa 13 de l'article 49 du règlement de l'Assemblée nationale, le Conseil constitutionnel, dans sa décision n° 2010-602 DC du 18 février 2010, a jugé « *que la méconnaissance alléguée des dispositions de l'article 49, alinéa 13, du même règlement ne saurait avoir pour effet, à elle seule, de rendre la procédure législative contraire à la Constitution* » et n'a pas non plus subordonné la conformité du temps législatif global à l'existence d'explications de vote personnelles. Honni par l'opposition de gauche de l'époque qui avait proposé de le supprimer à son retour au pouvoir, le TLP est utilisé depuis 2012 par le gouvernement socialiste et désormais critiqué par la droite...

Notons qu'il existe aussi une procédure d'examen simplifiée qui s'applique dans les faits principalement aux projets de loi d'autorisation de ratification d'un traité ou d'approbation d'un accord international (v. ss 140 s., Titre VI, art. 53).

Les incidents de procédure

La discussion peut être émaillée d'« incidents » et en particulier de motions de procédure qui fleurent parfois l'obstruction parlementaire (la « flibuste »).

Le rappel au règlement : pendant deux minutes, le parlementaire obtient la parole immédiatement, car il a priorité sur la question principale débattue. Le rappel vise à demander, en principe, le respect des règles du débat : en fait, il permet d'évoquer bien d'autres questions...

La présentation de motions de procédure

Des motions de procédure peuvent ensuite être opposées par les parlementaires, leur adoption ayant pour effet le rejet du texte :

- *La motion de renvoi en commission*, à l'Assemblée nationale comme au Sénat, a pour objet de faire reprendre les travaux de la commission compétente, afin de compléter l'information de l'Assemblée. Cette motion de procédure est débattue après la clôture de la discussion générale : elles sont rarement adoptées (une quinzaine seulement depuis 1958).

Le Sénat a conservé sous deux formes de motions de rejet du texte :

- *L'exception d'irrecevabilité* prévue par l'article 44 du règlement du Sénat, a pour objet de faire reconnaître que le texte proposé est contraire à une ou plusieurs dispositions constitutionnelles, légales ou réglementaires. En janvier 2012, la commission des lois du Sénat, considérant que la proposition de loi sur la pénalisation de la contestation de l'existence des génocides reconnus par la loi était contraire à la Constitution, a décidé de lui opposer une exception d'irrecevabilité.

- *La question préalable :* est la procédure par laquelle une assemblée décide qu'il n'y a pas lieu d'engager la discussion du texte soumis à son examen, du fait d'un motif d'opposition qui rendrait inutile toute délibération au fond.

- *La motion de rejet préalable :* A l'Assemblée nationale la réforme du règlement du 27 mai 2009 a fusionné l'exception d'irrecevabilité et la question préalable en une motion de rejet préalable qui a pour objet de faire reconnaître que le texte proposé est contraire à une ou plusieurs dispositions constitutionnelles ou de faire décider qu'il n'y a pas lieu à délibérer. Son adoption entraîne le rejet du texte l'encontre duquel elle a été soulevée. Leur adoption est très rare compte tenu du phénomène majoritaire.

- *La motion préjudicielle ou incidente* : Au Sénat, cette motion a pour objet de subordonner le débat à une ou plusieurs conditions et Les demandes de priorité ou de réserve ont pour effet de modifier l'ordre de discussion des articles d'un texte ou des amendements.

Les armes du gouvernement dans le processus législatif

Le gouvernement peut à tout moment retirer un projet de loi avant son adoption définitive. Il dispose en outre :

– du droit de parole : les membres du gouvernement sont entendus quand ils le demandent (Const., art. 31) ;

– du droit d'amendement (Const., art. 44) ;

– de la faculté d'opposer l'irrecevabilité de certains amendements (Const., art. 40, 41 et 44, al. 2) ;

– d'user du vote bloqué (Const., art. 44, al. 3).

– d'engager la procédure accélérée afin de réunir la commission mixte paritaire après une seule lecture (au lieu de deux) et/ou de donner le dernier mot à l'Assemblée nationale, ce qui lui permet de gagner du temps (Const., art. 45, al. 1er) ;

– l'engagement de responsabilité du gouvernement sur le vote d'un texte (Const., art. 49, al. 3).

La possibilité pour le gouvernement d'engager la procédure accélérée avant la première lecture (Const., art. 45, al. 1er)

112 Elle se substitue avec la révision constitutionnelle du 23 juillet 2008 à la déclaration d'urgence.

L'engagement de cette procédure accélérée résulte de l'envoi d'une lettre du Premier ministre au président de la première assemblée saisie jusqu'à 13 heures la veille de la conférence des présidents et, en tout état de cause, avant le début de l'examen du texte en première lecture (Cons. const., décis. n° 2009-582 DC, 25 juin 2009). Elle est organisée de façon spécifique pour les projets de loi de finances et de financement de la sécurité sociale (Const., art. 47 et 47-1), mais impossible pour les projets ou propositions de révision de la Constitution (Const., titre XVI, art. 89, al. 2). Par suite, les délais d'examen en première lecture prescrits par la Constitution (six semaines devant la première assemblée saisie, quatre devant la seconde) n'ont plus à être respectés.

L'ancienne procédure d'urgence permettait au gouvernement de déclencher une telle procédure sans aucune restriction ni limite et de réunir la CMP après seulement une lecture dans chaque assemblée. La procédure accélérée renforce en principe les garanties offertes au Parlement en accordant au Parlement un droit de veto exercé conjointement par les conférences des présidents des deux assemblées. Mais, il est difficile à mettre en œuvre et jamais utilisé. Pour autant, destinée à limiter l'usage abusif de l'ancienne procédure d'urgence, la procédure accélérée a été utilisée en réalité de la même manière, soit pour des considérations de simple opportunité. Alors que l'usage de la procédure accélérée lors des deux sessions précédentes était apparu moins fréquent, il est nettement reparti à la hausse en 2014-2015 : 77,8 % des textes promulgués au cours de la session ont fait l'objet de la procédure accélérée, soit les mêmes données qu'en 2011-2012.

L'examen successif par les deux assemblées : la « navette » (Const., art. 45, al. 1er)

113 Le texte, une fois adopté par la première assemblée, est transmis à l'autre assemblée qui l'examine selon les mêmes modalités : examen par une commission, inscription à l'ordre du jour, discussion en séance publique. À ce stade, si elle adopte l'ensemble du texte sans modification et il est définitivement adopté. Sinon, la navette se poursuit entre les deux assemblées. Si le gouvernement s'abstient d'intervenir, le bicamérisme est égalitaire dans l'attente d'une adoption en termes identiques par les chambres. En 1958, le général de Gaulle et Michel Debré, faute de majorité prévisible à l'Assemblée nationale, comptaient ainsi s'appuyer sur le Sénat pour faire traîner le débat en cas d'obstruction de la première... C'est le contraire qui se produisit.

Afin de satisfaire à l'économie générale de l'article 45 de la Constitution et notamment de son 1er alinéa (« *Tout projet ou proposition de loi est examiné successivement dans les deux assemblées du Parlement en vue de l'adoption d'un texte identique* »), les règlements des Assemblées satisfont à la « règle de l'entonnoir » posée par le Conseil constitutionnel et prévoient qu'au cours de la deuxième lecture et des lectures ultérieures, les amendements parlementaires, comme ceux du gouvernement, devront être en relation directe avec une disposition restant en discussion comme on l'a vu.

Le recours à la procédure de conciliation : la commission mixte paritaire (Const., art. 45, al. 2 et 3)

114 Si les deux Assemblées ne parviennent pas à un accord, la navette se poursuit. Afin d'éviter une prolongation indéfinie du débat, après deux lectures par chaque Assemblée et une seule si le gouvernement a préalablement décidé d'engager la procédure accélérée, le Premier ministre peut convoquer une commission mixte paritaire, chargée de proposer un texte sur les dispositions restant en discussion. Dans le cas d'une proposition de loi, les présidents des deux assemblées disposent également du pouvoir de convoquer une commission mixte paritaire. Son but est de rechercher un compromis sur les « *dispositions restant en discussion* » y

définitivement ; (...) que ces modifications apportées par le Sénat en nouvelle lecture aient pour origine des amendements adoptés par la commission qui n'ont pas été supprimés en séance publique, soit que ces modifications apportées par le Sénat en nouvelle lecture proviennent d'amendements adoptés en séance publique, soit que ces modifications résultent de la combinaison d'amendements adoptés par la commission puis modifiés par des amendements adoptés en séance publique » (Cons. const., décis. n° 2014-709 DC, 15 janv. 2015, cons. 13).

Section 4

L'adoption définitive, la promulgation et l'exécution de la loi

115 Une fois la loi adoptée définitivement, il appartient au président de la République de promulguer les lois et il dispose d'un délai de 15 jours pour le faire (v. Const., Titre II, art. 10, al. 1er). Elle est ensuite publiée au *Journal officiel.* Cette promulgation peut être retardée par la demande d'une nouvelle délibération (Const., art. 10, al. 2), ou par la saisine du Conseil constitutionnel qui exerce la constitutionnalité des lois (v. Const., Titre VII, art. 61). L'exécution des lois est de la compétence du Premier ministre (v. Const., Titre III, art. 21).

Comprendre la « navette parlementaire » et le processus législatif

Initiative de la loi		
Premier ministre	Sénateurs	Députés
↓	↓	
Projet de loi	Proposition de loi	
↓	↓	
Délibération en Conseil des ministres, après avis du Conseil d'État	Contrôle de la recevabilité financière de la proposition de loi par le Bureau du Sénat ou de l'Assemblée nationale	

<table>
<tr><td colspan="3">Examen par le Parlement</td></tr>
<tr><td colspan="3">Dépôt sur le Bureau du Sénat ou de l'Assemblée nationale</td></tr>
<tr><td colspan="3">↓</td></tr>
<tr><td colspan="3">Examen par l'une des commissions permanentes ou par une commission spéciale du Sénat ou de l'Assemblée nationale et adoption d'un rapport écrit et, le cas échéant, d'un texte.</td></tr>
<tr><td colspan="3">↓</td></tr>
<tr><td colspan="3">Discussion en séance publique et vote</td></tr>
<tr><td colspan="3">↓</td></tr>
<tr><td colspan="3">Transmission à l'autre assemblée (initialement non saisie du texte)</td></tr>
<tr><td colspan="3">↓</td></tr>
<tr><td colspan="3">Examen par l'une des commissions permanentes ou par une commission spéciale de l'autre assemblée et adoption d'un rapport écrit et, le cas échéant, d'un texte</td></tr>
<tr><td colspan="3">↓</td></tr>
<tr><td colspan="3">Discussion en séance publique et vote (autre assemblée)</td></tr>
<tr><td colspan="3">Accord</td></tr>
<tr><td colspan="3">↓</td></tr>
<tr><td colspan="3">Adoption du texte dans les mêmes termes par les deux assemblées</td></tr>
<tr><td colspan="3">Désaccord</td></tr>
<tr><td>↓</td><td colspan="2">↓</td></tr>
<tr><td>Transmission du texte, en deuxième lecture, à la première assemblée saisie</td><td colspan="2">Après deux lectures dans chaque assemblée ou une seule lecture si la procédure accélérée a été engagée, réunion d'une commission mixte paritaire (CMP), composée de sept députés et sept sénateurs à la demande du Premier ministre ou des présidents des deux assemblées conjointement pour les propositions de loi.</td></tr>
<tr><td>↓</td><td colspan="2">↓</td></tr>
<tr><td>Deuxième lecture : examen en commission, discussion en séance publique et vote, nouvelle transmission à l'autre assemblée</td><td>Examen et vote par chacune des deux assemblées du texte élaboré par la CMP</td><td>En cas d'échec de la CMP ou de rejet du texte de la CMP, nouvelle lecture par chaque assemblée.</td></tr>
<tr><td>↓</td><td rowspan="2"></td><td>↓</td></tr>
<tr><td>Poursuite de la « navette » jusqu'à adoption d'un texte identique dans les deux assemblées</td><td>Après une nouvelle lecture par chacune des assemblées, le gouvernement peut demander à l'Assemblée nationale de statuer définitivement.</td></tr>
<tr><td colspan="3">Contrôle de constitutionnalité et promulgation</td></tr>
<tr><td colspan="3">Saisine éventuelle du Conseil constitutionnel par le président de la République, le Premier ministre, le président de l'Assemblée nationale, le président du Sénat, 60 députés ou 60 sénateurs.</td></tr>
<tr><td colspan="3">↓</td></tr>
<tr><td colspan="3">Décision du Conseil constitutionnel</td></tr>
<tr><td colspan="3">↓</td></tr>
<tr><td colspan="3">Promulgation de la loi par le président de la République et publication au Journal officiel de la République française.</td></tr>
</table>

Tableau issu du service de documentation du Sénat, 6 février 2016 (https://www.senat.fr/role/fiche/navette.html).

SECTION 5

LES PROCÉDURES LÉGISLATIVES SPÉCIALES (CONST., ART. 46, 47, 47-1)

Ces procédures ont en commun d'être soumise à une procédure spéciale de vote. Outre les lois constitutionnelles (Const., art. 89) et celles portant autorisation de ratification des engagements internationaux (Const., art. 53). Les procédures législatives spéciales concernent ici les lois organiques (Const., art. 46), les lois de finances, de financement de la Sécurité sociale (Const., art. 47 et 47-1).

§ 1. Les lois organiques (Const., art. 46)

Article 46 de la Constitution

« Les lois auxquelles la Constitution confère le caractère de lois organiques sont votées et modifiées dans les conditions suivantes.

Le projet ou la proposition ne peut, en première lecture, être soumis à la délibération et au vote des assemblées qu'à l'expiration des délais fixés au troisième alinéa de l'article 42. Toutefois, si la procédure accélérée a été engagée dans les conditions prévues à l'article 45, le projet ou la proposition ne peut être soumis à la délibération de la première assemblée saisie avant l'expiration d'un délai de quinze jours après son dépôt.

La procédure de l'article 45 est applicable. Toutefois, faute d'accord entre les deux assemblées, le texte ne peut être adopté par l'Assemblée nationale en dernière lecture qu'à la majorité absolue de ses membres.

Les lois organiques relatives au Sénat doivent être votées dans les mêmes termes par les deux assemblées.

Les lois organiques ne peuvent être promulguées qu'après déclaration par le Conseil constitutionnel de leur conformité à la Constitution. »

116 Il s'agit de lois d'application de la Constitution qui se placent donc avant la loi ordinaire dans la hiérarchie des normes : une loi organique « *ne peut intervenir que dans les domaines et pour les objets limitativement énumérés par la Constitution* » (Cons. const., 7 janv. 1988), soit les articles 6, 7, 11, 13, 23, 25, 27, 34, 34-1, 39, 44, 47, 47-1, 57, 61-1, 63, 64, 65, 68, 68-2, 69, 71,

71-1, 72, 72-1, 72-2, 72-4, 73, 74, 77 et 88-3. L'article 46 de la Constitution organise la procédure applicable aux lois auxquelles est conféré le caractère de lois organiques, dont l'objectif est de préciser les dispositions constitutionnelles. Elles font l'objet d'un contrôle obligatoire de constitutionnalité et se caractérisent par leur procédure d'adoption.

L'ancien régime juridique

Initialement, un délai de 15 jours entre le dépôt du texte et son vote par la première assemblée saisie était obligatoire. L'article 45 leur était applicable, l'Assemblée nationale ne pouvant statuer définitivement - et seule - qu'à la majorité absolue de ses membres. Cependant, pour les lois organiques relatives au Sénat, le texte devait être voté dans les mêmes termes par les deux assemblées. Il en allait de même des lois organiques relatives à la citoyenneté européenne (art. 88-3), attribuant ainsi au Sénat un droit de veto.

Le nouveau régime juridique issu de la révision de juillet 2008 : la garantie d'un délai minimal d'examen

La révision constitutionnelle de 2008, si elle a conservé les principaux éléments de ce régime (applicabilité de l'article 45 et procédure d'adoption en termes identiques pour les lois organiques précitées), a toutefois modifié le délai minimal d'examen.

Dans un souci de coordination, sont ainsi transposées aux lois organiques, en les adaptant, les règles d'examen des lois ordinaires prévues au nouvel article 42 de la Constitution. En première lecture, les propositions et les projets de loi organique sont examinés en séance publique sur la base du texte adopté par la commission saisie au fond, sous réserve que celle-ci soit parvenue à une conclusion ou n'ait pas rejeté le texte soumis à son examen. Dans ces cas, c'est le texte déposé initialement qui est examiné. Les délais qui s'imposent pour l'examen des lois ordinaires sont applicables aux lois organiques. Ainsi la première assemblée saisie aura un minimum de six semaines pour examiner en première lecture le projet ou la proposition de la loi organique, tandis que la seconde assemblée saisie disposera d'un délai minimal d'un mois.

Mais il existe un délai incompressible de 15 jours pour l'examen d'un projet ou d'une proposition de loi organique entre son dépôt sur le bureau de l'assemblée concernée et sa discussion en séance : ce délai est rendu applicable seulement lorsque l'urgence est déclarée. Conformément à l'article 45 de la Constitution (nouveau), les conférences des présidents des assemblées peuvent, au moins en théorie, conjointement mettre leur veto à cette déclaration demandée par le gouvernement sur un projet ou une proposition de loi organique.

Les lois organiques relatives au Sénat

Les lois organiques relatives au Sénat ainsi que celles mentionnées à l'article 88-3 de la Constitution relatives au droit de vote et à l'éligibilité des citoyens de l'Union européenne aux élections municipales, doivent être votées dans les mêmes termes par les deux assemblées, ce qui empêche de donner le « dernier mot » à l'Assemblée nationale.

Il s'agit de celles « *qui ont pour objet, dans les domaines réservés aux lois organiques, de poser, de modifier ou d'abroger des règles concernant le Sénat ou qui, sans se donner cet objet à titre principal, n'ont pas moins pour effet de poser, de modifier ou d'abroger des règles le concernant ; en revanche, si une loi organique ne présente pas ces caractères, la seule circonstance que son application affecterait indirectement la situation du Sénat ou de ses membres ne saurait la faire regarder comme relative au Sénat* » (Cons. const., décis. n° 85-195 DC 10 juill. 1985). Ainsi, lorsqu'une loi organique concerne un organe propre au Sénat, son adoption dans les mêmes termes par les deux assemblées est exigée (Cons. const., décis. n° 2007-559 DC, du 6 déc. 2007). Au contraire, lorsqu'elle s'applique de la même manière à l'Assemblée nationale et au Sénat, sans comporter de disposition spécifique à celui-ci, il ne s'agit pas d'une loi organique relative au Sénat (Cons. const., décis. n° 2009-576 DC, 3 mars 2009).

§ 2. Les lois de finances (Const., art. 47)

> **Article 47 de la Constitution**
> *« Le Parlement vote les projets de loi de finances dans les conditions prévues par une loi organique.*
> *Si l'Assemblée nationale ne s'est pas prononcée en première lecture dans le délai de quarante jours après le dépôt d'un projet, le gouvernement saisit le Sénat qui doit statuer dans un délai de quinze jours. Il est ensuite procédé dans les conditions prévues à l'article 45.*
> *Si le Parlement ne s'est pas prononcé dans un délai de soixante-dix jours, les dispositions du projet peuvent être mises en vigueur par ordonnance.*
> *Si la loi de finances fixant les ressources et les charges d'un exercice n'a pas été déposée en temps utile pour être promulguée avant le début de cet exercice, le gouvernement demande d'urgence au Parlement l'autorisation de percevoir les impôts et ouvre par décret les crédits se rapportant aux services votés.*
> *Les délais prévus au présent article sont suspendus lorsque le Parlement n'est pas en session. »*

117 Il s'agit de la « loi de finances de l'année » qui détermine ce qu'on appelle communément le budget de l'État (fixation de la nature, du montant et de l'affectation de ses ressources et de ses charges), des « lois de finances rectificatives » qui le modifient en cours d'année, et de la « loi de règlement » approuvant les comptes après l'exécution du budget.

La plus importante est évidemment la première, le projet de budget doit être déposé sur le bureau de l'Assemblée nationale à l'ouverture de la session. L'originalité de la procédure, très contraignante et restrictive pour le contrôle parlementaire, consiste – outre le fait que toute initiative parlementaire initiale est écartée – dans les délais impartis pour son examen, soit en vertu de l'article 47 de la Constitution, 70 jours. Durant ce délai, l'Assemblée nationale dispose de 40 jours pour l'examiner en première lecture – et d'une priorité d'examen –, le Sénat dispose, lui, de 20 jours (15 jours seulement, si l'Assemblée nationale ne s'est pas prononcée dans le délai imparti). Puis, le projet de budget retourne devant l'Assemblée, si les désaccords subsistent entre les deux chambres le gouvernement met en œuvre l'article 45 en urgence. Si le Parlement, passé le délai de 70 jours fixé par la Constitution, n'a pas statué, le budget peut être mis en vigueur par voie d'ordonnances. Si le retard est le fait du gouvernement

– le projet de loi de finances n'ayant pas été déposé en temps utile ou, comme en 1962, pour cause de dissolution –, il peut demander au Parlement de reconduire le budget de l'an passé (« services votés ») et l'autorisation de percevoir les impôts. Il s'agit, dans les deux cas et jusqu'à nos jours, d'hypothèses d'école. Notons que la nouvelle loi organique relative aux lois de finances du 1er août 2001, validée pour l'essentiel par le Conseil constitutionnel (Cons. const., décis. n° 2001-448 DC, 25 juill. 2001, *Loi organique relative aux lois de finances*) est entrée en vigueur à compter du 1er janvier 2005. En vertu de cette loi organique, constituent « *des amendements s'appliquant aux crédits* », les amendements aux articles de la seconde partie de la loi de finances de l'année visée aux 1er et 3e du II de l'article 34, les amendements s'appliquant aux modifications des mêmes articles par les lois de finances rectificatives, les amendements aux dispositions analogues figurant dans les lois visées à l'article 45 et, enfin, ceux destinés à rectifier les ajustements de crédits opérés en loi de règlement. Ces dispositions donneront aux parlementaires la possibilité de présenter des amendements majorant les crédits d'une ou plusieurs dotations incluses dans une mission, sous réserve de ne pas augmenter les crédits de celle-ci. Par ailleurs, la loi organique précise que « tout amendement doit être motivé et accompagné des développements des moyens qui le justifient », afin de vérifier l'existence d'une compensation lors de l'examen de la recevabilité financière de l'amendement. La LOLF est fondée sur une logique de performance de la gestion publique d'une part, et de transparence de l'information budgétaire propre à instituer un contrôle étroit par le Parlement, d'autre part.

Cependant, une seule fois, le Conseil constitutionnel a déclaré non conforme à la Constitution la loi de finances (Cons. const., décis. n° 79-110 DC, 24 déc. 1979, *Loi de finances pour 1980*) pour non-respect de la procédure budgétaire. Par ailleurs, le Conseil veille rigoureusement à écarter les « cavaliers budgétaires », c'est-à-dire des dispositions étrangères au domaine des lois de finances (LOLF, art. 34).

Au-delà de ces dispositions, il faut savoir que plus des 9/10e du budget sont reconduits chaque année – les services votés – et, parmi ceux-ci, plus de 1/10e est consacré au remboursement de la dette. Ainsi, les « arbitrages » budgétaires, pour non négligeables qu'ils soient, concernent en fait une minorité du budget de l'État.

Notons aussi que les lois de programmation des finances publiques (LPFP) ont été introduites à l'article 34 de la Constitution (Const., art. 34, al. 21) par de la révision du 23 juillet 2008. Sans portée normative comme les toutes les lois de programmation elles fixent de simples objectifs à l'État sur plusieurs années sans contraindre ni le gouvernement ni le Parlement dans la procédure annuelle de préparation et d'adoption du budget.

§ 3. Les lois de financement de la Sécurité sociale (Const., art. 47-1)

> **Article 47-1 de la Constitution**
> *« Le Parlement vote les projets de loi de financement de la sécurité sociale dans les conditions prévues par une loi organique.*
> *Si l'Assemblée nationale ne s'est pas prononcée en première lecture dans le délai de vingt jours après le dépôt d'un projet, le gouvernement saisit le Sénat qui doit statuer dans un délai de quinze jours. Il est ensuite procédé dans les conditions prévues à l'article 45.*
> *Si le Parlement ne s'est pas prononcé dans un délai de cinquante jours, les dispositions du projet peuvent être mises en œuvre par ordonnance.*
> *Les délais prévus au présent article sont suspendus lorsque le Parlement n'est pas en session et, pour chaque assemblée, au cours des semaines où elle a décidé de ne pas tenir séance, conformément au deuxième alinéa de l'article 28. »*

118 Elles déterminent les conditions générales de l'équilibre financier de la Sécurité sociale et fixent ses objectifs de dépenses, compte tenu des prévisions de recettes, dans les conditions et sous les réserves prévues par une loi organique. La procédure concernant ces lois issues de la révision constitutionnelle du 22 février 1996 est inspirée de celle des lois de finances, à l'exception des délais – plus courts (50 jours au total, dont, en première lecture 20 pour l'Assemblée, 15 pour le Sénat). Limitée dans son ambition, critiquée dans ses modalités, cette réforme n'en a pas moins provoqué un salutaire débat annuel sur une question cruciale.

constitutionnelle du 23 juillet 2008 : s'informer, voire enquêter sur la politique gouvernementale et, implicitement, sur son activité législative, en temps normal mais aussi en période de crise.

Section 1
La mise en jeu de la responsabilité gouvernementale devant le Parlement (Const., art. 49)

Dans son discours devant le Conseil d'État du 27 août 1958, Michel Debré résume très clairement les trois procédures résultant de l'article 49, la motion de censure (Const., art. 49, al. 2), la question de confiance (Const., art. 49, al. 1er) et le fameux « 49-3 » qui permet d'engager sa responsabilité sur un texte sans vote si une motion de censure n'a pas été adoptée : « *La difficile procédure de la motion de censure doit tempérer le défaut que nous connaissons bien et depuis trop longtemps. La question de confiance est l'arme du gouvernement, et de lui seul. Les députés ne peuvent user que de la motion de censure, et celle-ci est entourée de conditions qui ne sont discutées que par ceux qui ne veulent pas se souvenir. L'expérience a conduit à prévoir en outre une disposition quelque peu exceptionnelle pour assurer, malgré les manœuvres, le vote d'un texte indispensable* » (Const., art. 49, al. 3).

§ 1. La responsabilité du gouvernement devant l'Assemblée nationale (Const., art. 49, al. 1 à 3)

> **Article 49 de la Constitution**
> *« Le Premier ministre, après délibération du Conseil des ministres, engage devant l'Assemblée nationale la responsabilité du gouvernement sur son programme ou éventuellement sur une déclaration de politique générale.*

> *L'Assemblée nationale met en cause la responsabilité du gouvernement par le vote d'une motion de censure. Une telle motion n'est recevable que si elle est signée par un dixième au moins des membres de l'Assemblée nationale. Le vote ne peut avoir lieu que quarante-huit heures après son dépôt. Seuls sont recensés les votes favorables à la motion de censure qui ne peut être adoptée qu'à la majorité des membres composant l'Assemblée. Sauf dans le cas prévu à l'alinéa ci-dessous, un député ne peut être signataire de plus de trois motions de censure au cours d'une même session ordinaire et de plus d'une au cours d'une même session extraordinaire.*
> *Le Premier ministre peut, après délibération du Conseil des ministres, engager la responsabilité du gouvernement devant l'Assemblée nationale sur le vote d'un projet de loi de finances ou de financement de la sécurité sociale. Dans ce cas, ce projet est considéré comme adopté, sauf si une motion de censure, déposée dans les vingt-quatre heures qui suivent, est votée dans les conditions prévues à l'alinéa précédent. Le Premier ministre peut, en outre, recourir à cette procédure pour un autre projet ou une proposition de loi par session. »*
> *« Le Premier ministre a la faculté de demander au Sénat l'approbation d'une déclaration de politique générale. »*

La mise en jeu à l'initiative du gouvernement : la question de confiance (Const., art. 49, al. 1er)

120 Il s'agit de ce qu'on appelait, avant 1958, la « question de confiance » mais qui le demeure.

La procédure

Il s'agit d'une décision du Premier ministre après délibération du Conseil des ministres qui n'est pas une « autorisation » (Cons. const., décis. n° 2016-736 DC, 4 août 2016). À l'Assemblée nationale, au terme du débat, la confiance est accordée ou refusée à la majorité des suffrages exprimés (les abstentions ne sont donc comptées ni en sa faveur, ni en sa défaveur).

Son objet

Selon l'article 49, alinéa 1er, de la Constitution, *« le Premier ministre, après délibération du Conseil des ministres, engage devant l'Assemblée nationale la responsabilité du gouvernement sur son programme ou éventuellement sur une déclaration de politique générale »*. Ces deux expressions, qui pourraient s'entendre, dans un cas, comme une obligation faite au gouvernement lors de la formation et, dans l'autre, comme une simple faculté ouverte après quelque temps d'existence (« éventuellement »), ont en réalité « une acception analogue » (Cons. const., décis. n° 76-72 DC, 12 janv. 1977, *Territoire français des Afars et des Issas*).

L'absence d'obligation

« *Le simple langage de la grammaire (démontre) (...) que l'obligation (de se présenter) s'impose à lui de manière formelle* » déclarait François Mitterrand le 13 avril 1966. En droit, la question posée par l'article 49, 1er alinéa, est la suivante : le gouvernement est-il tenu de se présenter devant l'Assemblée pour vérifier ainsi la validité du contrat de majorité ? Si une partie de la doctrine qui fait souvent ses délices d'une analyse grammaticale a longtemps estimé que l'indicatif vaut impératif (« engage » et non « peut engager »), il reste que le gouvernement existe juridiquement dès sa nomination par le président de la République et que la Constitution ne fixe aucun délai pour poser la question de confiance et que la mention « doit » est absente (alors qu'elle est présente à l'article 50 de la Constitution qui fait obligation au gouvernement de démissionner dans le cas de l'adoption de la motion de censure). Dès lors, des gouvernements ne se sont pas sentis obligés de solliciter l'investiture de l'Assemblée, l'ayant reçue du chef de l'État lui-même (de 1966 à 1974 ou, faute de majorité absolue, de 1988 à 1993). En outre, cet engagement peut se faire en cours de mandat pour conforter un avenir incertain (Chaban-Delmas en 1972, « renvoyé » quelques mois plus tard par le chef de l'État), pour s'assurer du soutien vacillant de la majorité (Barre en 1977, Mauroy en 1983), ou manifester simplement son appui (Chirac en 1987, etc.). Et le gouvernement Rocard, formé le 10 mai 1988, ne disposant pas de majorité absolue, engagea sa responsabilité dans un discours de politique générale le 16 janvier 1991 sur... la crise du Koweït. Notons qu'en période de cohabitation, où le Premier ministre tire sa légitimité de la seule Assemblée, l'engagement de responsabilité s'impose dans les faits même si la majorité est absolue (Jospin en 1997). Dans le cas où le gouvernement dispose d'une majorité solide, il n'hésite pas à poser la question de confiance dès sa nomination comme dans les années récentes Jean-Pierre Raffarin en 2002, Dominique de Villepin en 2005, François Fillon en 2007, Jean-Marc Ayrault en 2012, Manuel Valls en 2014, Bernard Cazeneuve en 2016.

Dans tous les cas, cette procédure n'a jamais conduit à un vote négatif (qui entraînerait dans ce cas la démission du gouvernement, lequel doit expédier les affaires courantes jusqu'à la désignation de son successeur). Notons que le comité Vedel en 1993 avait proposé qu'il soit fait obligation à un nouveau gouvernement de se présenter devant l'Assemblée dans les 15 jours suivant sa nomination par le chef de l'État (v. rapport Bartolone, proposition n° 8, 2015 – vote de confiance rendu obligatoire).

La mise en jeu à l'initiative de l'Assemblée nationale : la motion de censure (Const., art. 49, al. 2)

121 Tirant les leçons du passé, la mise en jeu de la responsabilité du gouvernement à l'initiative des députés est étroitement réglementée. La responsabilité gouvernementale ne peut plus être mise en cause par le biais de propositions de résolution mais par la seule voie de l'article 49 (Cons. const. décis. 24 juin 1959, n° 59-2, *Règlement de l'Assemblée nationale*).

Les conditions de recevabilité

Le dépôt de la motion doit être effectué par au moins 1/10e des députés composant l'Assemblée soit 58 députés (elle ne peut résulter comme sous la IIIe République d'une initiative individuelle, l'« interpellation »). Pour éviter que le gouvernement ne soit harcelé, un député ne peut signer que trois motions de censure par session ordinaire et une par session extraordinaire (hormis le cas de la motion de censure déposée dans le cadre de l'article 49, alinéa 3, le gouvernement en étant en quelque sorte à l'origine). Si plusieurs motions de censure sont présentées, leur discussion peut être commune mais le vote est séparé.

Un vote différé pour laisser le temps de la réflexion…

Il doit s'écouler 48 heures entre le dépôt de la motion et son vote : les députés ont ainsi le temps de la réflexion, et le gouvernement celui de convaincre les hésitants. C'est la Conférence des présidents qui fixe la date de la discussion. Celle-ci ne peut avoir lieu au-delà du troisième jour de séance suivant l'expiration du délai de 48 heures.

projet ou proposition de loi sans vote. Elle avait été conçue pour n'être que d'usage exceptionnel pour Michel Debré et par les constituants de 1958. Elle est issue d'une proposition du gouvernement Pflimlin dans les derniers mois de la IVe République (projet Gaillard), membre du gouvernement du général de Gaulle en 1958, Guy Mollet y étant favorable

Les conditions d'engagement de la procédure

L'exercice de la prérogative conférée au Premier ministre par le 3e alinéa de l'article 49 n'est soumis à aucune autre condition que celles résultant de ce texte (Cons. const., décis. n° 89-264 DC, 9 janv. 1990, *Loi de programmation relative à l'équipement militaire*) tandis « *qu'il suffit que le Conseil des ministres ait délibéré (sur ce projet)* », son accord n'étant donc pas nécessaire (Cons. const., décis. n° 89-264 DC, 9 janv. 1990, *Loi de programmation relative à l'équipement militaire*). Après la révision constitutionnelle du 23 juillet 2008 qui en a limité l'usage, le Conseil constitutionnel a rappelé une nouvelle fois dans sa décision n° 2016-736DC du 4 août 2016 que l'exercice de la prérogative par Premier ministre n'était soumis à aucune autre condition que celles posées par le troisième alinéa de l'article 49 soit l'exigence constitutionnelle d'une simple délibération (et non une autorisation) préalable du Conseil des ministres. Il faut et il suffit que le sujet ait été évoqué au cours du conseil, ce que le procès-verbal – et pas nécessairement le communiqué de presse – doit retracer. Contrairement à certaines interprétations fantaisistes, il a ensuite précisé qu'« *une seule délibération du conseil des ministres suffit pour engager, lors des lectures successives d'un même texte, la responsabilité du gouvernement qui en a ainsi délibéré* ». Ainsi, alors même que la question a été évoquée en Conseil des ministres, le Premier ministre demeure libre d'utiliser ou non cette procédure autant de fois que nécessaire sur le même texte, aux différents stades de sa lecture (Cons. cons., décis. n° 2015-715 DC, 5 août 2015).

La conséquence : l'adoption d'un texte sans vote

L'article 49, alinéa 3 pouvait, avant la révision constitutionnelle du 23 juillet 2008, être utilisé à tout moment de la procédure législative, y compris, comme on l'a noté à plusieurs reprises sur le même texte, le débat étant immédiatement suspendu. Il ne peut être cependant utilisé pour le vote des lois constitutionnelles et des lois organiques relatives au Sénat nécessitant un vote identique des deux chambres. Les deux hypothèses sont les suivantes :

– soit la motion de censure est adoptée et le texte ne l'est pas, entraînant la démission du gouvernement (comme précédemment) ;

– soit aucune motion n'est déposée dans les 24 heures (« qui ne dit mot, consent ») ou ne franchit pas la barre de la majorité absolue des membres composant l'Assemblée nationale et le texte alors est considéré comme adopté sans vote ni débat même s'il n'a en réalité été jamais voté.

Le but initial : empêcher la dissociation des majorités

Inspirée des projets de révision de la IVe République finissante, cette procédure entend éviter ce qui se produisait avant 1958. Calibrant leur vote, les parlementaires refusaient la confiance sur un texte à une majorité simple (et non absolue) afin de ne pas ouvrir droit à la dissolution de l'Assemblée : le projet rejeté, le gouvernement n'avait plus les moyens de gouverner, il était alors politiquement contraint de démissionner – le « vote calibré » représentait donc une forme de censure détournée. Depuis 1958, soit l'Assemblée accorde au gouvernement – qui lie son sort au projet – les moyens d'agir, soit elle prend la responsabilité de le renverser. Le procédé figure ainsi dans un contrat de confiance implicite entre le gouvernement et l'Assemblée tant qu'une opposition n'est pas manifestement majoritaire.

Usages : imposer sa politique à la majorité, passer outre l'obstruction de l'opposition

– *Imposer sa politique à la majorité.* L'article 49, alinéa 3, permet au gouvernement d'imposer à sa majorité parlementaire une politique qu'elle conteste, l'ombre de la dissolution n'étant pas étrangère à cette soumission finale. Il peut s'agir de soumettre toute la majorité (loi sur l'amnistie des généraux d'Algérie en novembre 1982 par Pierre Mauroy), la majorité de sa majorité (gouvernements Barre de 1976 à 1981 sur quatre textes, à

Nulle autorisation du Conseil des ministres n'est exigée. Le gouvernement doit obtenir une majorité absolue des suffrages exprimés, mais en cas d'échec, il n'est pas tenu de démissionner.

Opposé aux gouvernements du général de Gaulle et de Georges Pompidou jusqu'en 1974, le Sénat s'est retrouvé en harmonie avec les gouvernements de Valéry Giscard d'Estaing : le 10 juin 1975, le Premier ministre, Jacques Chirac, a utilisé pour la première fois cette procédure courtoise, suivi en cela par tous les gouvernements de droite (Barre en 1977 et en 1978 – après les élections législatives ; Chirac en 1986 et 1987 ; Balladur en 1993, Juppé en 1995 et 1996, Raffarin en 2004, Villepin en 2005 et Fillon en 2007). Quant aux gouvernements de gauche, ils n'ont sollicité l'approbation du Sénat que rarement : sur la politique étrangère consensuelle (Michel Rocard en 1989, sur la politique de la France en Europe de l'Est, et en 1991 lors de la guerre du Golfe) et sur la politique générale, avec le gouvernement Ayrault en 2012, mais le Sénat était alors passé à gauche.

En cas d'incertitude quant au résultat, l'article 50-1 de la Constitution permet au gouvernement de faire une déclaration suivie d'un débat mais non d'un vote.

§ 2. Les séances supplémentaires pour permettre l'application de l'article 49 de la Constitution sont de droit (Const., art. 51)

> **Article 51 de la Constitution**
> *« La clôture de la session ordinaire ou des sessions extraordinaires est de droit retardée pour permettre, le cas échéant, l'application de l'article 49. À cette même fin, des séances supplémentaires sont de droit. »*

124 Cet article vise simplement à empêcher que la procédure engagée au titre de l'article 49 soit interrompue par la clôture de la session ordinaire ou extraordinaire.

§ 3. La démission obligatoire du gouvernement en cas de censure (Const., art. 50)

> **Article 50 de la Constitution**
> *« Lorsque l'Assemblée nationale adopte une motion de censure ou lorsqu'elle désapprouve le programme ou une déclaration de politique générale du gouvernement, le Premier ministre doit remettre au président de la République la démission du gouvernement. »*

125 Cet article tire simplement la conséquence de l'article 49 de la Constitution et prévoit, le cas échéant, la démission du gouvernement en cas de censure ou de majorité hostile à la déclaration de politique générale. Jusqu'à ce que le président de la République ait pourvu à son remplacement, le gouvernement démissionnaire reste compétent pour expédier uniquement les « affaires courantes ». Selon un principe traditionnel de droit public, « *le gouvernement démissionnaire garde compétence, jusqu'à ce que le président de la République ait pourvu par une décision officielle à son remplacement, pour procéder à l'expédition des affaires courantes* » (CE, 19 oct. 1962, *Brocas*). Ces affaires sont celles relatives à « *l'activité quotidienne et continue de l'administration* » et des décisions « *sur lesquelles les ministres se bornent habituellement à exercer en fait un simple contrôle et à apposer leur signature* », ainsi que les affaires devant être réglées en urgence (CE, 4 avr. 1952, *Syndicat régional des quotidiens d'Algérie*). Par cette dernière décision prise sous la IVe République caractérisée par l'instabilité gouvernementale, le Conseil d'État se reconnaît compétent pour définir cette catégorie. Les affaires courantes se rattachent ainsi à « *la continuité de la vie nationale* » (Cons. const., décis. n° 79-111 DC, 30 déc. 1979, *Loi autorisant le gouvernement à continuer à percevoir en 1980 les impôts et taxes existants*).

Section 2

Le contrôle du Parlement sans mise en jeu de la responsabilité du gouvernement et l'information du Parlement

Ce contrôle s'exerce traditionnellement par l'intermédiaire des questions des membres du Parlement (Const., art. 48), par les missions classiquement échues aux commissions d'enquête (Const., art. 51-2), et grâce aux droits désormais reconnus à l'opposition (Const., art. 51-1). Il peut également porter sur les déclarations à caractère thématique du gouvernement (Const., art. 50-1).

§ 1. Les questions des membres du Parlement

Les questions orales

126 Le droit d'interroger le gouvernement en séance a été consacré par la Constitution de 1958 et renforcé par les révisions constitutionnelles de 1995 et de 2008. Désormais, « *une séance par semaine au moins, y compris pendant les sessions extraordinaires, (...) est réservée par priorité aux questions des membres du Parlement et aux réponses du gouvernement* » (art. 48, dernier al.). Les questions orales avec débat ont été peu à peu abandonnées à l'Assemblée nationale et un nouveau type de questions orales sans débat, les questions au gouvernement, a été initié en 1974.

Les questions orales sans débat

Les questions orales sont posées par un député à un ministre. Sommairement rédigées, elles sont pour la plupart d'intérêt local nisation qui ne sont en réalité que des neutrons législatifs. Elles sont d'un usage courant en Europe pour affirmer un problème souvent éloigné des préoccupations de la métropole : « *Ainsi des propositions de résolution sur les droits de l'homme en Chine, l'autonomie du Kurdistan, la déforestation en Amazonie et la situation en Sierra Leone ont été présentées et/ou discutées respectivement au Bundestag, au Congrès espagnol des députés, à la Chambre italienne des députés et à la Chambre des communes* » (*Les résolutions parlementaires*, documents de travail du Sénat, Série législation comparée, 2000) « *Soucieux à la fois d'éviter l'adoption de lois « bavardes » et dénuées de portée normative et de permettre au Parlement d'exercer la fonction « tribunitienne » utile au fonctionnement de toute démocratie* », le comité Balladur a proposé que les assemblées parlementaires puissent « *voter des résolutions dans les conditions fixées par leur Règlement* » dont la conformité à la Constitution est obligatoirement appréciée par le Conseil constitutionnel.

Le nouvel article 34-1 prend les précautions nécessaires aux fins d'éviter que la résolution ne redevienne un moyen détourné pour mettre en cause la responsabilité du gouvernement ou lui enjoigne de le faire. Notons que par sa décision n° 2009-579 DC du 9 avril 2009 (*Loi organique relative à l'application des articles 34-1, 39 et 44 de la Constitution*), le Conseil constitutionnel a jugé conforme à la Constitution la loi organique relative à l'application de l'article 44, à deux exceptions près : d'une part, elle ne pouvait pas confier aux règlements des assemblées le soin de déterminer si une proposition de résolution peut être renvoyée en commission ; d'autre part, une proposition de résolution ne peut plus être rectifiée après l'inscription à l'ordre du jour. En termes de méthode, un bon exemple à suivre est la résolution adoptée par l'Assemblée nationale le 11 mai 2010, sur « *l'attachement au respect des valeurs républicaines face au développement de pratiques radicales qui y portent atteinte* », suivie du dépôt d'un projet de loi interdisant la dissimulation du visage dans l'espace public déclaré conforme à la Constitution (Cons. const., décis. n° 2010-613, 7 oct. 2010 DC, *Loi interdisant la dissimulation du visage dans l'espace public*). À l'inverse, la récente résolution portant sur la reconnaissance de l'État de Palestine, adoptée à l'Assemblée nationale le 2 décembre 2014, a soulevé certaines questions de constitutionnalité : elle « invite le gouvernement français à reconnaître l'État de Palestine en vue d'obtenir un règlement définitif du conflit », or l'article 34-1 déclare irrecevables les propositions de résolution qui contiennent des injonctions à l'égard du gouvernement – mais il revient précisément à ce dernier d'opposer l'irrecevabilité s'il l'estime nécessaire...

§ 3. Les déclarations du gouvernement à caractère thématique (Const., nouvel art. 50-1)

> **Article 50-1 de la Constitution**
> *« Devant l'une ou l'autre des assemblées, le gouvernement peut, de sa propre initiative ou à la demande d'un groupe parlementaire au sens de l'article 51-1, faire, sur un sujet déterminé, une déclaration qui donne lieu à débat et peut, s'il le décide, faire l'objet d'un vote sans engager sa responsabilité. »*

130 L'article 50-1 issu d'un amendement parlementaire lors du débat constitutionnel de 2008 constitutionnalise en réalité une procédure qui existait déjà sur le fondement du règlement des Assemblées. À l'Assemblée nationale, lorsque le gouvernement ne dispose pas de majorité absolue, cette procédure peut apparaître dans certains cas comme un substitut à l'engagement de responsabilité prévu par l'article 49-1 de la Constitution (les gouvernements socialistes de 1988 à 1993 ont utilisé cette faculté). Notons aussi que depuis la révision constitutionnelle de 1995, le Premier ministre doit faire une déclaration suivie de débat s'agissant du recours à l'article 11 (lorsque le gouvernement a déposé un projet).

Depuis la révision constitutionnelle du 23 juillet 2008, la demande d'une déclaration du gouvernement peut être faite par un groupe parlementaire (au sens de l'article 51-1) et l'organisation d'un débat est de droit. Ce dernier peut être clos par un vote mais seulement si le gouvernement le décide et qui, en outre, n'engage pas la responsabilité. Ainsi, en votant sur le texte de la déclaration faite par le gouvernement, chaque assemblée pourra faire connaître son opinion dans un cadre prévisible sur une politique publique particulièrement significative. Cet article permet surtout à un gouvernement sans majorité nette d'éviter l'engagement de responsabilité et d'affirmer son autorité sur celle-ci : par exemple, le gouvernement Ayrault, le 4 juillet 2012, devant le Sénat où la majorité était incertaine, ou le gouvernement Valls, le 29 avril 2014, devant l'Assemblée nationale, au sujet du Pacte de responsabilité et de solidarité qui divisait la majorité, et le 28 octobre 2014, devant le Sénat, au sujet de la réforme territoriale.

§ 4. Les nouveaux droits de l'opposition (Const., nouvel art. 51-1)

> **Article 51-1 de la Constitution**
> *« Le règlement de chaque assemblée détermine les droits des groupes parlementaires constitués en son sein. Il reconnaît des droits spécifiques aux groupes d'opposition de l'assemblée intéressée ainsi qu'aux groupes minoritaires. »*

131 La notion d'opposition et réciproquement celle de majorité étaient absentes de la Constitution. Le Conseil constitutionnel a censuré la résolution du 7 juin 2006 leur donnant une base juridique (Cons. const., décis. n° 2006-537 DC, 22 juin 2006). Le nouvel article 51-1 issu de la révision constitutionnelle du 23 juillet 2008 leur confère ce support juridique, à plus forte raison que cet article tire également, pour le Parlement, les conséquences du dernier alinéa de l'article 4 de la Constitution (garantie constitutionnelle des expressions pluralistes des opinions et de la participation équitable des partis et groupements politiques à la vie démocratique de la Nation). En outre, le nouvel ordre du jour prioritaire de l'article 48 accorde expressément à l'opposition « un jour de séance par mois ».

Les nouveaux droits reconnus par le règlement de l'Assemblée nationale. L'Assemblée nationale, par une résolution du 27 mai 2009 réformant son règlement, a mis en œuvre l'article 51-1 en définissant d'abord les notions de groupes d'opposition et de groupes minoritaires. Les premiers sont ceux qui se déclarent comme tels. Les seconds sont les autres groupes, à l'exception du plus nombreux, soit les groupes de la majorité les moins nombreux ou les groupes qui ne se situent ni dans la majorité, ni dans l'opposition. Cette réforme permet ensuite d'assurer une meilleure représentation de ceux-ci dans les instances décisionnelles de l'Assemblée, de les faire participer directement aux activités de contrôle et d'évaluation et de leur accorder un certain nombre de prérogatives dans le cours de la procédure législative.

§ 5. Les commissions d'enquête (Const., art. 51-2)

> **Article 51-2 de la Constitution**
> *« Pour l'exercice des missions de contrôle et d'évaluation définies au premier alinéa de l'article 24, des commissions d'enquête peuvent être créées au sein de chaque assemblée pour recueillir, dans les conditions prévues par la loi, des éléments d'information.*
> *La loi détermine leurs règles d'organisation et de fonctionnement. Leurs conditions de création sont fixées par le règlement de chaque assemblée. »*

132 Dans le silence de la Constitution, l'ordonnance du 17 novembre 1958 avait prévu, dans son article 6, l'institution de commissions d'enquête et de contrôle qui ne prennent évidemment pas part au processus législatif contrairement aux commissions permanentes. Elles étaient constituées à la suite du vote d'une résolution par une assemblée à la demande de tout député ou tout sénateur mais subordonné à un vote majoritaire de la chambre concernée. Par ailleurs, la loi du 20 juillet 1991 avait supprimé la distinction devenue obsolète entre les commissions d'enquête, chargées de recueillir des informations sur des faits précis et les commissions de contrôle qui pouvaient examiner la gestion des services publics ou des entreprises nationales.

Les innovations introduites par la révision constitutionnelle du 23 juillet 2008

Le rôle des commissions d'enquête a été constitutionnalisé ce qui est un progrès évident. Surtout, l'article 51-2, en lien avec l'article 51-1, dispose que les règles de création des commissions sont fixées par les Règlements des assemblées. À l'Assemblée nationale, un « droit de tirage » créé en 1988 mais tombé en désuétude, a été instauré par le nouveau Règlement du 27 mai 2009. Désormais, chaque président de groupe d'opposition ou de groupe minoritaire peut demander, une fois par session ordinaire, à l'exception de celle précédant le renouvellement de l'Assemblée, qu'un débat sur la création d'une commission d'enquête ait lieu en séance publique. Pour être rejetée, la création de la commission d'enquête doit faire l'objet d'un vote négatif des trois cinquièmes des membres de l'Assemblée, seuls les députés qui y sont défavorables prenant part au vote. Irrecevable.

Leur objet

Elles ont donc pour objet de recueillir des éléments d'information soit sur des faits déterminés, soit sur la gestion financière, administrative ou technique des services publics ou des entreprises nationales afin de soumettre leurs conclusions à l'assemblée sous forme de rapport. La remise de celui-ci, six mois au plus tard après la création de la commission, achève sa mission. Mais ce rapport ne donne lieu à aucun débat en séance publique. Elles ne peuvent par ailleurs être créées pour enquêter sur des faits ayant donné lieu à des poursuites judiciaires. Cette restriction, au vu des interférences des enquêtes parlementaires sous la IIIe République (affaire *Stavisky*), est compréhensible. Il reste que, de nos jours, l'enquête est aussi réalisée par les médias (affaire *Cahuzac*)... Le comité Vedel avait proposé de lever cette restriction, sous réserve de l'impossibilité pour les commissions de se prononcer sur les responsabilités personnelles encourues à l'occasion de poursuites judiciaires, et, en pratique, c'est souvent ce qui se produit. Cependant, en menant leurs investigations, les commissions d'enquête peuvent découvrir des faits délictueux et transmettre les informations au ministère de la Justice, à sa demande, aux fins d'ouverture d'une enquête judiciaire, ou encore saisir directement le parquet, comme ce fut le cas de la commission d'enquête sur l'influence des mouvements sectaires sur les mineurs, en 2006.

Les moyens des commissions et la pratique

Pâles copies des commissions américaines (v. tome 1), les commissions d'enquête bénéficient néanmoins de pouvoirs spécifiques. Elles procèdent à des auditions qui sont désormais publiques (depuis 1991) sauf décision contraire : les auditions concernant la mafia, la SNCF, le Crédit Lyonnais, la MNEF n'ont pas été ainsi rendues publiques, ce qui est parfois gage de travail de meilleure facture. Les personnes, dont une commission d'enquête a jugé l'audition utile, sont tenues de déférer à la convocation qui leur est délivrée et sont entendues sous serment, à l'exception des mineurs de seize ans et des personnes n'ayant pas la nationalité française qui n'ont pas obligation de se rendre à la convocation. Les chefs d'État et anciens chefs d'État ne sont pas tenus non plus de comparaître. Ainsi, Valéry Giscard d'Estaing n'a pas comparu en 1984 dans le cadre de l'enquête sur les « avions renifleurs », ni Nicolas Sarkozy, en 2008, sur les conditions de libération des infirmières et du médecin bulgares détenus en Libye.

Les sanctions prévues en cas de faux témoignage ou de subornation de témoin sont applicables aux enquêtes parlementaires ; les poursuites judiciaires sont exercées à la demande du président de la commission d'enquête ou à la demande du Bureau de l'Assemblée, lorsque le rapport a été publié. Cependant, les personnes entendues sont protégées, depuis la loi n° 2008-1187 du 14 novembre 2008, des actions en diffamation, injure ou outrage pour les propos tenus devant une commission d'enquête, sauf s'ils sont étrangers à l'objet de l'enquête.

Les rapporteurs de la Commission exercent leurs missions sur pièces et sur place. À l'exception de ceux revêtant un caractère secret et sous réserve du respect du principe de la séparation de l'autorité judiciaire et des autres pouvoirs, ils sont habilités à se faire communiquer tout document de service. Leur rapport est publié depuis la loi du 19 juillet 1977, sauf décision contraire. Depuis la loi du 13 décembre 2011, la Cour des comptes peut en particulier procéder aux enquêtes qui lui sont demandées par les commissions d'enquête sur la gestion des services ou organismes soumis à son contrôle. Les commissions peuvent traiter de sujets sensibles, par exemple, à l'Assemblée nationale, le financement des partis et des campagnes depuis 1958 (1991), le sida (1992), la lutte contre la mafia (1992), le Crédit Lyonnais (1994), les sectes (1995) ; l'affaire dite *d'Outreau* (2006), et, au Sénat, les écoutes téléphoniques (1973), les prisons (2000), les conséquences sanitaires et sociales de la canicule (2003), les causes des dysfonctionnements de la justice dans l'affaire *d'Outreau* (2005), l'influence des mouvements à caractère sectaire et les conséquences de leurs pratiques sur la santé physique et mentale des mineurs (2006), les conditions de libération des infirmières et du médecin bulgares détenus en Libye (2007) et récemment, en 2013, la fameuse commission d'enquête sur d'« *éventuels dysfonctionnements dans l'action du gouvernement et des services de l'État, entre le 4 décembre 2012 et le 2 avril 2013, dans la gestion d'une affaire qui a conduit à la démission d'un membre du gouvernement* », Jérôme Cahuzac.

Les autres organes de contrôle

133 Pour la plupart, ils relèvent d'initiatives prises par les assemblées.

Les missions d'information

Elles n'ont qu'un simple rôle d'information mais peuvent avoir un certain retentissement médiatique dans la mesure où elles établissent un rapport. À l'Assemblée nationale, elles sont créées soit par une ou plusieurs commissions, soit par la Conférence des présidents (depuis 2003), soit (depuis la modification du règlement du 28 novembre 2014) à l'initiative d'un groupe d'opposition ou d'un groupe minoritaire. Elles établissent un rapport qui peut donner lieu, en séance publique, à un débat sans vote, à une séance de questions, au dépôt d'une proposition de loi cosignée, le cas échéant, par l'ensemble des membres de la mission (mission d'information sur l'accompagnement de la fin de vie en 2005), d'un projet de loi (missions d'information sur les signes religieux à l'école et sur la famille et les droits des enfants en 2007) ou la présentation d'un décret (mission d'information sur l'interdiction du tabac dans les lieux publics en 2006), etc. Au Sénat, elles sont créées par une ou plusieurs commissions.

Les délégations parlementaires

Outre les commissions parlementaires, existent des délégations. Il s'agit d'organes spécialisés institués par la loi mais qui n'interviennent pas dans la fonction législative. Elles assurent une mission d'information de suivi ou d'évaluation le plus souvent d'un secteur particulier : pour l'Union européenne (L. 6 juill. 1979), pour les problèmes démographiques (L. 31 déc. 1979), l'office d'évaluation de la législation (L. 14 juin 1996), aux droits des femmes à l'égalité des chances entre les hommes et les femmes (L. 12 juill. 1999). Le Parlement dispose d'autres moyens : crédit d'expertise, outils d'analyse macroéconomique. Il s'est aussi doté depuis la révision constitutionnelle de 2008 d'un comité d'évaluation et de contrôle des politiques publiques en application de l'article 24 alinéa 1er de la Constitution mais seulement à l'Assemblée nationale.

Les rapporteurs spéciaux

Moins connus, les rapporteurs spéciaux des commissions des finances dans les deux assemblées sont chargés d'examiner les projets de budget d'un département ministériel. Ils adressent ainsi, avant l'été, à chaque administration un questionnaire budgétaire. Ils peuvent en outre enquêter sur pièces et sur place mais utilisent rarement cette procédure, sauf en cas de conflit (comme dans le cas des contrats passés par France 2 avec des animateurs en 1996).

L'évaluation parlementaire des politiques publiques

La révision constitutionnelle de 2008 a consacré le rôle d'assistance du Parlement par la Cour des Comptes dans le contrôle de l'exécution des lois de finances et de l'application des lois de financement de la sécurité sociale ainsi que dans l'évaluation des politiques publiques qui consiste à apprécier les effets de la législation, tout particulièrement en matière de finances et de sécurité sociale (Const., art. 47 et 47-1). Cette mission ressortit aux commissions permanentes et aux commissions d'enquête. La Cour des comptes apporte, en l'occurrence, son concours (Const., art. 47-2).

Le suivi parlementaire des activités de l'Union européenne

V. Titre XV.

Section 3
Le contrôle du Parlement en période de crise (Const., art. 35 et 36)

Lorsque la vie de la Nation est gravement menacée à l'intérieur ou de l'extérieur, on a déjà vu que l'article 16 de la Constitution permettait dans une situation exceptionnelle d'y parer. Il n'en demeure moins que dans des périodes troublées le Parlement doit exercer un contrôle minimum sur les mesures prises par l'exécutif. Il en va ainsi s'agissant des interventions armées à l'étranger, et sur le sol national, de l'état de siège comme de l'état d'urgence qui contrairement au précédent n'est pas constitutionnalisé.

§ 1. Les circonstances exceptionnelles (Const., art. 16)

134 Elles ont été étudiées précédemment (v. ss 41, Titre II, art. 16).

La guerre (Const., art. 35)

> **Article 35 de la Constitution**
> *« La déclaration de guerre est autorisée par le Parlement.*
> *Le gouvernement informe le Parlement de sa décision de faire intervenir les forces armées à l'étranger, au plus tard trois jours après le début de l'intervention. Il précise les objectifs poursuivis. Cette information peut donner lieu à un débat qui n'est suivi d'aucun vote.*
> *Lorsque la durée de l'intervention excède quatre mois, le gouvernement soumet sa prolongation à l'autorisation du Parlement. Il peut demander à l'Assemblée nationale de décider en dernier ressort.*
> *Si le Parlement n'est pas en session à l'expiration du délai de quatre mois, il se prononce à l'ouverture de la session suivante. »*

135 Quel doit être le droit de regard du Parlement en période guerre ? Joseph Barthelemy résumait très bien pendant la première guerre mondiale en 1916, dans *la Revue du droit public* le dilemme : *« La conception naturelle qui se présente à l'esprit est que le Parlement*

doit se borner à adapter au temps de guerre son activité normale définie par la Constitution, et qui se résume en ces trois termes : voter les lois, consentir les crédits, contrôler le gouvernement, et le gouvernement seul ; c'est-à-dire ne pas exercer un contrôle direct sur les services mais seulement la direction que le gouvernement imprime à ces services. Mais deux conceptions en sens inverse s'opposent à cette conception normale : la première réclame, pour le temps de guerre, l'effacement plus ou moins complet du Parlement ; la seconde, au contraire, réclame son exaltation. »

Le vieillissement de l'article 35

Le principe de l'autorisation parlementaire de déclarer la guerre est un héritage de la Révolution française qui requiert le consentement des représentants de la Nation. Cette pratique est tombée en désuétude depuis la déclaration de guerre à l'Allemagne par les Français et les Britanniques en 1939, la dernière déclaration formelle de guerre datant cependant de 1982 étant celle de la Grande-Bretagne à l'endroit du Brésil à propos des îles Malouines. Cette déclaration avait néanmoins un sens historique dans le passé : celui, en vertu de traités bilatéraux, de déclencher les alliances défensives, quitte à provoquer des guerres mondiales. Depuis, l'évolution considérable de l'appareil militaire permet des interventions rapides, ciblées, qui sont autant de guerres qui ne portent pas leur nom tandis que les accords de défense bilatéraux qui demeurent ont largement laissé la place à des engagements « multilatéraux ». Dès lors, la déclaration de guerre d'État à État a donc beaucoup vieilli sous l'influence des modalités « techniques » d'intervention et du droit international. Ainsi, l'article 42 de la Charte des Nations unies ouvre la possibilité d'actions décidées par le Conseil de sécurité. Ces actions de sécurité collective au sens du chapitre VII de la Charte ne constituent pas, à proprement parler, des « guerres d'État à État », quoiqu'on puisse en discuter sans fin... La question se pose aussi aux États-Unis, première puissance militaire du monde, avec la *War Powers Resolution* de 1973 (v. tome 1, préc.).

En France, depuis 1958, le consentement du Parlement n'a été requis qu'à l'occasion de l'intervention des forces françaises en

Irak en 1991, en application de l'article 49 alinéa 1 à l'Assemblée nationale et 49 alinéa 4 au Sénat. Hormis les débats organisés à l'initiative du gouvernement, le Parlement exerce un contrôle sur les opérations extérieures par l'examen des projets de loi de finances initiale et rectificative. Quant aux commissions compétentes, elles ont pu conduire des missions d'information sur certaines opérations extérieures (Rwanda et au Kosovo). Mais tout cela était bien modeste.

L'information et l'autorisation du Parlement (Const., art. 35 modifié)

Reprenant les propositions du comité Balladur, le mécanisme issu de la révision, en partie inspiré par le *War Powers Act* américain de 1971, la réforme constitutionnelle de 2008 a permis la mise en œuvre d'une information systématique du Parlement sur l'« interventions des forces armées » complétée par une procédure formelle d'autorisation de la prolongation de l'opération si celle-ci dure plus de quatre mois. Notons que n'a pas été retenue la notion d'« opérations extérieures » (ou OPEX) s'apparentent à des engagements occasionnels ou temporaires opérées dans le cadre national, multinational (comme l'OTAN ou l'Union européenne) ou international (l'ONU). Le terme « à l'étranger » est plus restrictif que l'expression « à l'extérieur du territoire de la République » proposée par le comité Balladur, en excluant les interventions menées dans les eaux et l'espace aérien internationaux.

L'article 48 de la Constitution dispose que les demandes d'autorisation visées à l'article 35 de la Constitution sont inscrites à l'ordre du jour par priorité.

L'information du Parlement.

Le gouvernement informe le Parlement de sa décision de faire intervenir les forces armées à l'étranger au plus tard trois jours après le début de l'intervention en indiquant les objectifs poursuivis. L'information transmise peut donner lieu à un débat qui n'est suivi d'aucun vote. Depuis 2008, seules les opérations les plus importantes en termes de forces armées engagées, ou en termes symboliques, ont jusqu'à présent été soumises au nouveau dispositif prévu par l'article 35, alinéas 2 et 3 de la Constitution (débat et autorisation en séance publique).

Les cinq opérations soumises au nouveau dispositif ont toujours donné lieu à une déclaration du gouvernement en séance publique suivie d'un débat devant les assemblées parlementaires (et non des seules commissions) :

- le 22 mars 2011 sur l'intervention des forces armées en Libye,
- le 16 janvier 2013 sur l'engagement des forces françaises au Mali,
- le 10 décembre 2013 sur l'engagement des forces armées en République centrafricaine,
- le 24 septembre 2014 sur l'intervention des forces armées en Irak,
- le 15 septembre 2015 sur l'engagement des forces aériennes au-dessus du territoire syrien.

L'autorisation.

Lorsque la durée de l'intervention excède quatre mois, le principe est celui d'une autorisation parlementaire. Cette demande d'autorisation n'est pas une simple consultation, l'Assemblée nationale ayant le dernier mot en cas de désaccord avec le Sénat, sans que la procédure de l'article 45 semble devoir s'appliquer. Une application « anticipée » de cet article a eu lieu à propos de l'Afghanistan le 22 septembre 2008, preuve de l'intérêt de la réforme, autorisant la prolongation de l'intervention des forces armées en Afghanistan. Le 28 janvier 2009 a été autorisée la prolongation de cinq interventions : au Tchad, en République centrafricaine, en Côte d'Ivoire, au Liban et au Kosovo et en 2011, le Parlement a voté le prolongement de l'intervention en Libye. Enfin, en 2013, il a autorisé le prolongement de l'opération Serval au Mali et des frappes en Syrie en 2015. Enfin, la loi de programmation militaire 2009-2014 prévoit dans son rapport annexé que le Parlement sera désormais informé de la conclusion et des orientations des accords de défense.

L'état de siège (Const., art. 36)

> **Article 36 de la Constitution**
> *« L'état de siège est décrété en Conseil des ministres.*
> *Sa prorogation au-delà de douze jours ne peut être autorisée que par le Parlement. »*

136 Le mot « siège » vient du latin *sediculum*, lieu où l'on s'assied, dérivé du verbe latin *sedere*, rester en place. En l'espèce, il s'agit d'une place forte. Et, en temps de guerre, si elle est assiégée ou menacée par une l'ennemi, l'état de siège peut être déclaré par son commandant, tous les pouvoirs étant détenus par autorités militaires (loi du 10 juillet 1791, décrets du 24 décembre 1811 et du 4 octobre 189). En temps de paix, l'état de siège est une fiction juridique consistant en un régime d'exception afin de faire face à un péril national imminent (insurrection armée ou invasion étrangère), en vue du maintien de l'ordre public (loi du 9 août 1849, modifiée par les lois du 3 avril 1878 et du 27 avril 1916) que l'article 36 ne fait que reprendre. Dans le cadre de l'article 36 de la Constitution, le gouvernement est en mesure de décréter l'état de siège en Conseil des ministres (le décret est contresigné par le président de la République). Il a pour effet de dessaisir, en matière de maintien de l'ordre, les autorités civiles au profit des autorités militaires et donne en particulier compétence aux tribunaux militaires sur la population civile dans ce domaine. Michel Troper aime à rappeler cette citation de Clemenceau : « *Il suffit d'ajouter "militaire" à un mot pour lui faire perdre sa signification. Ainsi la justice militaire n'est pas la justice, la musique militaire n'est pas la musique* ». On peut cependant aimer la musique militaire lorsque la patrie est en danger. L'état de siège ne peut être maintenu au-delà de 12 jours, sans autorisation du Parlement – ce qui le différencie de l'article 16 dont l'objet est similaire.

L'état d'urgence

137 L'article 15 de la loi du 3 avril 1955 rendait à l'origine l'état d'urgence applicable en Algérie pour une durée de six mois.

Les conditions de mise en œuvre

La loi n° 55-1080 du 7 août 1955 a prorogé celle du 3 avril 1955 de six mois. L'ordonnance n° 60-372 du 15 avril 1960 a modifié la loi du 3 avril 1955 en prévoyant que l'état d'urgence est déclaré par décret en Conseil des ministres pour une période maximale de douze jours à l'issue de laquelle sa prorogation doit être décidée par la loi, dans les mêmes conditions que l'état de siège. La loi du 17 mai 2011 de simplification et d'amélioration de la qualité du droit supprime toutes les références à l'Algérie. Entre-temps, dans sa décision n° 85-187 DC du 25 janvier 1985, à propos de l'état d'urgence en Nouvelle-Calédonie, le Conseil constitutionnel, sans examiner la constitutionnalité de la loi du 3 avril 1955, a écarté le moyen tiré de l'abrogation de la loi de 1955 par la Constitution de 1958 en jugeant que : « *en vertu de l'article 34 de la Constitution la loi fixe les règles concernant les garanties fondamentales accordées aux citoyens pour l'exercice des libertés publiques ; que, dans le cadre de cette mission, il appartient au législateur d'opérer la conciliation nécessaire entre le respect des libertés et la sauvegarde de l'ordre public sans lequel l'exercice des libertés publiques ne saurait être assuré* ». Ainsi, l'élévation au rang constitutionnel de l'état de siège ne fait évidemment pas obstacle à ce que le législateur institue un régime de pouvoirs exceptionnels distinct de l'état de siège.

Les effets de l'état d'urgence

L'état d'urgence a été institué lors du déclenchement de la guerre d'Algérie en 1955 et mis en œuvre à nouveau en Nouvelle-Calédonie en 1984. Il a pour effet d'instaurer un régime restrictif des libertés publiques en étendant les pouvoirs de police des autorités civiles sans les transférer en principe aux autorités militaires (sauf délégations). Si les juridictions civiles restent compétentes, la juridiction militaire peut se voir confier par décret la faculté de « *se saisir de crimes, ainsi que des délits qui leur sont connexes* ». Cette disposition a été abrogée par la loi du 20 novembre 2015.

La loi du 21 juillet 2016 a actualisé la loi de 1955 en élargissant les perquisitions administratives à la fouille des bagages et véhicules la possibilité de copie des appareils numériques. Dans ses décisions n° 2016-535 QPC du 19 février 2016 [Police des réunions et des lieux publics dans le cadre de l'état d'urgence] et n° 2016-536 QPC du 19 février 2016 [Perquisitions et saisies administratives dans le cadre de l'état d'urgence], il a déclaré conforme à la Constitution les restrictions apportées à la liberté de réunion ainsi que perquisitions et saisies administratives, à l'exception de la copie des données informatiques qui doivent être détruites. Au surplus, les mesures, y compris individuelles prises à l'encontre des personnes ne les privent pas du droit de les contester devant le juge administratif, y compris par la voie du référé. En effet, lorsqu'est en cause la police administrative, c'est le juge administratif et le non le juge administratif qui est pleinement compétent pour se prononcer sur les mesures prises en matière de prévention des atteintes à l'ordre public (Cons. const., décis. n° 2015-713 DC, 23 juill. 2015).

L'échec de la constitutionnalisation de l'état d'urgence

Lors de sa rédaction en 1958, la Constitution de la Ve République mentionne l'état de siège dans son article 36 et les « pouvoirs exceptionnels du président de la République » dans son article 16. L'état d'urgence n'a délibérément pas été mentionné car il n'est pas lié à une guerre étrangère et ne transfère pas les pouvoirs de police exceptionnels aux autorités militaires.

L'insertion de dispositions relatives à l'état d'urgence a été annoncée par le président de la République dans sa déclaration au Congrès du 16 novembre 2015. Pour en contester le principe on a parfois invoqué de façon rhétorique Montesquieu en tronquant sa fameuse citation : *« Comme les lois inutiles affaiblissent les lois nécessaires, celles qu'on peut éluder affaiblissent la législation. Une loi doit avoir son effet, et il ne faut pas permettre d'y déroger par une convention particulière. »* On peut l'interpréter à son gré : si l'on retient le premier segment de la première phrase, la révision constitutionnelle était inutile, mais le second la rendait nécessaire ; quant à la seconde phrase, elle justifiait la révision...

L'idée d'un projet « inutile et dangereux » pour les libertés publiques a aussi été souvent mise en avant. Elle traduit une étrange conception de l'État de droit, qui confie à la loi ordinaire le soin de garantir les libertés. C'est bien parce que l'état d'urgence n'est pas une mesure banale qu'elle doit être encadrée par la loi fondamentale, sauf en toute logique à sortir par conséquence l'article 16 et l'article 36 de la Constitution. Une étude de droit comparé menée par le Sénat en 2006 a montré que les dispositions constitutionnelles relatives aux états d'exception sont fréquentes : le Portugal connaît l'état de siège et l'état d'urgence, l'Allemagne a un dispositif similaire. Selon le comité Vedel, c'est pour des raisons de circonstances que la Constitution ne mentionne que l'état de siège à son article 36. Et le projet de loi constitutionnelle de 1993 indiquait : « *En tant qu'il autorise précisément des atteintes sérieuses à des droits fondamentaux, l'état d'urgence relève du domaine que la Constitution a vocation à organiser.* » Le comité Balladur a repris cette proposition en 2008. Mais le Conseil d'État avait considéré que l'adjonction de l'état d'urgence dans l'article 36 « *ne s'imposait pas dès lors que, dans sa décision n° 85-187 DC du 25 janvier 1985, le Conseil constitutionnel a jugé qu'il appartenait au législateur, en vertu de l'article 34 de la Constitution, de prévoir un état d'urgence, en opérant la conciliation nécessaire entre le respect des libertés et la sauvegarde de l'ordre public sans lequel l'exercice des libertés ne saurait être assuré* ». Pour autant, l'avant-projet de révision constitutionnelle de décembre 2015, il était envisagé d'inscrire l'état d'urgence dans un nouvel article 36-1 de la Constitution, Un projet de loi constitutionnelle « de protection de la Nation », relative à l'état d'urgence et à la déchéance de la nationalité, a été présenté en ce sens au Conseil des ministres le 23 décembre 2015. Il a été adopté par l'Assemblée nationale le 10 février 2016 puis par le Sénat le 22 mars de la même année. Mais, faute de trouver un accord des deux assemblées sur la définition de la déchéance de nationalité, le président Hollande a mis fin à sa discussion le 30 mars 2016.

§ 2. La dissolution d'associations portant atteinte à l'ordre public relève du pouvoir exclusif du gouvernement

138 La loi du 10 janvier 1936 l'autorise à procéder à la dissolution d'associations portant atteinte à l'ordre public ou à l'intégrité du territoire ou qui provoquent des manifestations armées dans la rue.

Notons que la loi du 10 janvier 1936 a été complétée ou modifiée à plusieurs reprises sous la Ve République. Elle a été appliquée lors de la guerre d'Algérie puis de 1968 à 1973, contre des mouvements extrémistes de gauche (Ligue communiste) et de droite (Ordre nouveau). Par la suite, dans les années 80, ce sont des groupements autonomistes (corses, bretons, basques) qui ont fait l'objet de décrets de dissolution. Le 6 août 2002, a été décrétée la dissolution d'un groupement de fait « Unité radicale » dont l'un des membres avait été l'auteur d'une tentative d'assassinat sur la personne du chef de l'État, le 14 juillet précédent. De même, le 12 juillet 2013, un décret a également dissous deux autres groupements de fait (« Jeunesses Nationalistes Révolutionnaires » et « Troisième Voie »), suite à la mort d'un jeune militant antifasciste.

Bibliographie

Cahiers du Conseil constitutionnel, *Le Conseil constitutionnel et le Parlement*, n° 38, janvier 2013.

La loi

Bertoncini (Y.), L'Union européenne et ses normes – Institut Jacques Delors, 2010.

Becane (J.-C.), Couderc (M.), Herin (J.-L), *La loi*, Dalloz, 2011.

Daugeron (B.), *« Le contrôle parlementaire de la guerre »*, Jus Politicum, n° 15 [http://juspoliticum.com/article/Le-controle-parlementaire-de-la-guerre-1061.html]

Rrapi (P.) « "L'incompétence négative" dans la QPC : de la double négation à la double incompréhension », *Cah. Cons. const.* janv. 2012, n° 34.

Tremeau (J.), *La réserve de loi*, Economica, 1997.

Car (J.-C.), *Les lois organiques de l'article 46 de la Constitution*, Economica, 1999.

Sur l'apport de la révision constitutionnelle de 2008

ACCOYER (B.), « L'apport de l'Assemblée nationale à la préparation de la révision constitutionnelle », in *Cercle des constitutionnalistes, Les 50 ans de la Constitution*, Litec, 2008.

CHEVÈNEMENT (J.-P.), « Revaloriser les pouvoirs du Parlement », in *Cercle des constitutionnalistes, Les 50 ans de la Constitution*, Litec, 2008.

DELVOLVÉ P., « L'apport de la réforme constitutionnelle au droit administratif », *RFDA* 2008, n° 5, p. 861.

MAGNON (X.), GHEVONTIAN (R.), STEFANINI (R.) (dir.), *Pouvoir exécutif et Parlement : de nouveaux équilibres ?*, PU Aix-Marseille, 2012.

SEGUIN (Ph.), « Le rôle de la Cour des comptes vis-à-vis du Parlement et de la présidence de la République », in *Cercle des constitutionnalistes, Les 50 ans de la Constitution*, Litec, 2008.

TOUZEIL-DIVINA (M.), « Et la revalorisation parlementaire, c'est maintenant ? », *LPA*, 5 avril 2013, n° 69, p. 4.

VANDENDRIESSCHE (X.), « Une revalorisation parlementaire à principes constitutionnels constants », *JCP* G 2008. I. 174.

WARSMANN (J.-L.), « Assurer une réelle efficacité à la loi », in *Cercle des constitutionnalistes, Les 50 ans de la Constitution*, Litec, 2008.

Les incompatibilités et le cumul des mandats

BOUDON (J.), « Sur le cumul des mandats : quelle originalité française », *RD publ.* 2010. 1691 s.

La qualité de la loi

DE CLAUSADE (J.), URVOAS (J.-J.), WARSMANN (J.-L.), « La qualité de la loi en débat », *Constitutions*, 2010, p. 195.

FLÜCKIGER (A.), « Le principe de clarté de la loi ou l'ambiguïté d'un idéal », *Cah. Cons. const.* janv. 2007, n° 21, Dossier « La normativité ».

HISPALIS (G.), « Pourquoi tant de lois ? », *Pouvoirs* 2005, n° 114.

JENNEQUIN (A.), « L'intelligibilité de la norme dans les jurisprudences du Conseil constitutionnel et du Conseil d'État », *RFDA* 2009, n° 5, p. 913-928.

MONTALIVET (P. de), « La dégradation de la qualité de la norme constitutionnelle sous la Ve République », *RDP* 2012, n° 4, p. 925-946.

Les lois de finances

RFFP 2001, n° 76, n° spécial sur la loi organique du 1er août 2001.

Les lois « mémorielles »

FRANGI (M.), « Les "lois mémorielles" : de l'expression de la volonté générale au législateur historien », *RD publ.* 2005. 245.

KERVICHE (E.), « La Constitution, le chercheur et la mémoire », *RD publ.* 2009. 1051.

SORBARA (J.-G.), MASTOR (W.), « Réflexions sur le rôle du Parlement à la lumière de la décision du Conseil constitutionnel sur la contestation des génocides reconnus par la loi », Note sous Conseil constitutionnel, 28 février 2012, *Loi visant à réprimer la contestation de l'existence des génocides reconnus par la loi*, décision n° 2012-647-DC, *RFDA* 2012, p. 507.

Les articles 34-1, 39 et 44

CHALTIEL (F.), « La loi organique relative aux articles 34-1, 39 et 44 de la Constitution devant le Conseil constitutionnel : revalorisation du Parlement ou protection du gouvernement ? », *LPA* 28 mai 2009, n° 106, p. 4.

NIQUÈGE (S.), « Les résolutions parlementaires de l'article 34-1 de la Constitution », *RFDC* 2010/4, n° 84, p. 865-890.

BAGHESTANI (L.), « À propos de la loi organique n° 2009-403 du 15 avril 2009 relative à l'application des articles 34-1, 39 et 44 de la Constitution », *LPA* 26 juin 2009, n° 127, p. 6.

Les lois de programmation

SAVONITTO (F.), « Les lois de programmation du vingtième alinéa de l'article 34 de la Constitution une nouveauté à abandonner », *RD publ.* 2012. 113.

Sur les ordonnances de l'article 38

« Les ordonnances, Bilan au 31 décembre 2007 », Documents de travail du Sénat, série Études juridiques, mars 2008.

BOYER-MERENTIER (C.), *Les ordonnances de l'article 38 de la Constitution du 4 octobre 1958*, Economica, 1996.

CASTAING (C.), « La ratification implicite des ordonnances de codification », *RFDC* 2004, n° 58, p. 292.

DELVOLVÉ (P.), « L'été des ordonnances », *RFDA* 2005, p. 909.

FELDMAN (G.), « Le leurre de la ratification expresse des ordonnances de l'article 38 », *RD publ.* 2011. 1565.

GUILLAUME (M.), « Les ordonnances : tuer ou sauver la loi ? », *Pouvoirs*, 2005, n° 114, p. 120.

MONTALIVET P., « La ratification des ordonnances », *LPA* 2008, n° 254, p. 59.

Les armes du gouvernement dans la procédure législative

VINTZEL (C.), Les armes du gouvernement dans la procédure législative. Étude comparée : Allemagne, France, Italie, Royaume-Uni, Dalloz, 2011.

TITRE VI

TRAITÉS ET ACCORDS INTERNATIONAUX (CONST., ART. 52 À 55)

Conformément à l'alinéa 14 du Préambule de la Constitution de 1946 auquel renvoie celui de 1958, « *La République française, fidèle à ses traditions, se conforme aux règles du droit public international* ». Après cet hommage rendu, cette dernière met en œuvre ce principe en s'attachant, dans une certaine mesure, à le moduler au travers du titre VI de la Constitution. Il comprend deux aspects principaux. Le premier concerne la ratification des traités. Une fois négociée et signée par l'autorité compétente, la ratification confirme l'authentification du traité. L'article 52 de la Constitution prévoit que le président de la République négocie ; en réalité, c'est le ministère des Affaires étrangères qui se charge de cette tâche ingrate. Cet acte est soumis au contreseing du Premier ministre (v. art. 14). Et, l'article 53 prévoit que certains engagements internationaux sont soumis au Parlement avant leur ratification ou leur approbation. L'essentiel est ailleurs : « *Le principe que la souveraineté nationale appartient au peuple interdit évidemment à ses représentants de l'aliéner, notamment en la transférant à des autorités étrangères ou à des organisations internationales. C'est notam-*

ment sur le fondement de ce principe que le Conseil constitutionnel exerce son contrôle sur les traités internationaux » (Michel Troper). Ainsi, les « *conditions essentielles d'exercice de la souveraineté nationale* » ne peuvent être transférées (Cons. const., décis. n° 85-188, 22 mai 1985) qu'il s'agisse de la défense, la monnaie, la justice, la citoyenneté ; les procédures de décision ayant lieu à la majorité. En cas de conflit entre une norme internationale et les normes constitutionnelles, une révision de la Constitution s'impose, conformément à l'article 54. La plupart des révisions ont été provoquées par la construction européenne. Enfin, c'est l'article 55 qui régit l'introduction des normes internationales en droit interne, sous réserve de réciprocité – le Conseil constitutionnel refusant de vérifier la conformité des lois aux traités, réaffirmant ainsi la suprématie de la Constitution « *au sommet de l'ordre juridique interne* » (Cons. const., décis. n° 2004-505 19 nov. 2004, *Traité établissant une Constitution pour l'Europe*, préc.).

Section 1
La ratification des traités par le chef de l'État (Const., art. 52)

> **Article 52 de la Constitution**
> « *Le président de la République négocie et ratifie les traités.*
> *Il est informé de toute négociation tendant à la conclusion d'un accord international non soumis à ratification.* »

139 Alors que le droit international distingue les traités en forme solennelle qui doivent être ratifiés ou approuvés et les accords en forme simplifiée qui entrent en vigueur du seul fait de leur signature, l'article 52 de la Constitution distingue les engagements internationaux du fait de leur auteur : les traités négociés et ratifiés par le président de la République et les accords internationaux, non soumis à ratification, dont la conclusion est de la compétence du gouvernement qui tient cependant informé le chef de l'État.

La « ratification » consiste en un acte solennel, postérieur à la signature par lequel l'autorité investie l'authentifie et le rend applicable. Elle peut ne pas intervenir avant plusieurs années ou jamais pour des raisons diplomatiques, politiques. Ainsi, la CEDH signée par la France en 1953 a été ratifiée en 1974 en période d'intérim présidentiel. En vertu de l'article 52 de la Constitution, c'est donc le chef de l'État qui ratifie les traités, avec le contreseing du gouvernement. Dans les cas énumérés par l'article 53, notamment, il ne peut procéder à la ratification qu'après le vote d'une loi votée par le Parlement. Rappelons que si le traité a des incidences sur le fonctionnement des institutions, peut être mis en œuvre un référendum en vertu de l'article 11 de la Constitution comme ce fut le cas pour le traité autorisant la Grande-Bretagne à entrer dans la Communauté européenne ou pour approuver en 1992 la ratification du traité de Maastricht. En droit, le président de la République peut décider ne pas ratifier même si en pratique et dans le dernier cas cité, c'est politiquement délicat ou absurde dans la mesure où il est à l'initiative du référendum. Notons que certains traités contraires à la Constitution ont entraîné sa révision : ici, aux articles 53-1, les engagements européens en matière de droit d'asile, et 53-2, s'agissant de la compétence de la Cour pénale internationale. Enfin, l'« approbation » qui donne effet à l'engagement international est, elle, donnée au gouvernement, le cas échéant après autorisation du Parlement même si cette notion désigne généralement en droit international les accords en forme simplifiée.

Section 2
L'habilitation donnée par le Parlement (Const., art. 53)

Article 53 de la Constitution

« Les traités de paix, les traités de commerce, les traités ou accords relatifs à l'organisation internationale, ceux qui engagent les finances de l'État, ceux qui modifient des dispositions de nature législative, ceux qui sont relatifs à l'État des personnes, ceux qui comportent cession, échange ou adjonction de territoire, ne peuvent être ratifiés ou approuvés qu'en vertu d'une loi.

> *Ils ne prennent effet qu'après avoir été ratifiés ou approuvés.*
> *Nulle cession, nul échange, nulle adjonction de territoire n'est valable sans le consentement des populations intéressées.* »

La compétence législative

140 Pour les traités ou accords énumérés limitativement par l'article 53 de la Constitution comme relevant du domaine de la loi, le vote du Parlement relève, dans une large mesure, du bon vouloir du gouvernement qui apprécie si les engagements internationaux en question entrent dans l'énumération. À l'inverse, l'exécutif peut soumettre au Parlement des traités qui ne s'y trouvent pas, comme le traité franco-allemand dit « traité de l'Élysée » en 1963 De même, il peut se dispenser de soumettre les traités d'alliance ou ceux qui concernent le règlement pacifique des différends internationaux. Le Parlement ne ratifie pas les traités ou approuve les accords internationaux : la loi qu'il vote est dans tous les cas une simple habilitation, par laquelle il autorise cette ratification ou cette approbation. À la suite de cette autorisation, l'Exécutif demeure libre de ratifier ou non le traité ou d'approuver ou non l'accord et d'assortir cette ratification ou cette approbation de réserves (à condition que celles-ci soient licites au regard du droit international ; v. Conv. Vienne 1969, art. 19).

Les traités soumis à la ratification parlementaire

141 Ils se voient appliquer la procédure d'examen simplifié (ou abrégée). Environ une loi sur deux a pour objet d'autoriser la ratification d'une convention internationale et l'on voit mal le Parlement examiner dans le détail des dizaines voire des centaines de traités et accords. Surtout, la conduite des relations internationales est une prérogative de l'Exécutif, et l'initiative des lois d'autorisation de ratification appartient au gouvernement. Les amendements y sont impossibles, sauf accord de ce dernier, et les modalités de discussion sont simplifiées. Le Conseil constitutionnel peut, au moins en principe, être saisi de ces lois. Si une clause d'un traité se révèle contraire à la constitution, l'autorisation de ratification ne pourra intervenir qu'après révision de la Constitution.

Les cas de « consultation des populations intéressées »

142 Le troisième alinéa de l'article 53 de la Constitution exige « le consentement des populations intéressées » en cas de cession, échange ou adjonction de territoire. Or, l'ancien article 76 de la Constitution en vigueur jusqu'en 1993 prévoyait que « s'ils en manifestent la volonté par délibération de leur assemblée territoriale prise, dans le délai prévu au premier alinéa de l'article 91 (soit de quatre mois) ils deviennent soit départements d'Outre-Mer de la République, soit, groupés ou non entre eux, États membres de la Communauté ». Or, si on met à part le cas de l'Algérie réglé par un référendum d'autodétermination, ceux des territoires d'Afrique et de Madagascar qui n'avaient pas usé de ce droit, l'avaient-ils perdu ? C'est le professeur René Capitant, président de la Commission des lois de l'Assemblée nationale qui, en 1966 dans un rapport sur le projet de loi organisant une consultation de la population de la Côte française des Somalis trouva la parade, sinon l'astuce pour contourner cet obstacle. Pour lui ces territoires d'outre-mer n'ont pas perdu leur droit à la libre détermination mais ses formes d'exercice ont simplement changé et trouvent leur fondement à l'article 53 alinéa 3 ce qui a pour effet, en réalité, de confondre les notions de cession et de sécession. Écartant l'application de l'article 76, le Conseil constitutionnel a validé cette interprétation en 1975 (Cons. const., décis. n 75-59 DC, 30 déc. 1975, *Loi relative aux conséquences de l'autodétermination des îles des Comores*) : « *Considérant que les dispositions de cet article (53) doivent être interprétées comme étant applicables, non seulement dans l'hypothèse où la France céderait à un État étranger ou bien acquerrait de celui-ci un territoire, mais aussi dans l'hypothèse où un territoire cesserait d'appartenir à la République pour constituer un État indépendant ou y être rattaché* ». Il a renforcé cette argumentation en 1987 en considérant « *que ces dispositions font application aux traités et accords internationaux relevant du titre VI de la Constitution des principes de libre détermination des peuples et de libre manifestation de leur volonté, spécifiquement prévus pour les territoires d'outre-mer par l'alinéa 2 du Préambule* » ; (Cons. const., décis. n° 87-226

DC, 2 juin 1987, *Loi organisant la consultation des populations intéressées de la Nouvelle-Calédonie*). Si le Préambule parle en effet des territoires d'outre-mer comme détenteurs du droit à la libre détermination et non des peuples des territoires d'outre-mer, le Conseil a précisé « *que la Constitution de 1958 a distingué le peuple français des peuples des territoires d'outre-mer, auxquels est reconnu le droit à la libre détermination et à la libre expression de leur volonté* » (Cons. const., décis. n° 2000-428 DC, 4 mai 2000, Loi organisant une consultation de la population de Mayotte).

La question s'est posée de savoir si le Parlement doit obligatoirement suivre l'avis exprimé par la population voire « interpréter » les résultats de la consultation. Ainsi, dans le processus d'autodétermination de l'ancien territoire d'outre-mer des Comores, fallait-il tenir compte du résultat ensemble du territoire des Comores (95 % en faveur de l'indépendance) ou opérer un décompte île par île, Mayotte votant largement contre cette dernière ? Le Parlement choisit la seconde option, validée par le Conseil constitutionnel. Depuis 2000, sa jurisprudence a évolué après avoir rappelé les dispositions de l'alinéa 2 du Préambule de la Constitution affirme « *que, pour la mise en œuvre de ces dispositions, les autorités compétentes de la République sont, dans le cadre de la Constitution, habilitées à consulter les populations d'outre-mer intéressées, non seulement sur leur volonté de se maintenir au sein de la République française ou d'accéder à l'indépendance, mais également sur l'évolution statutaire de leur collectivité territoriale à l'intérieur de la République ; que, toutefois, dans cette dernière éventualité, lesdites autorités ne sauraient être liées, en vertu de l'article 72 de la Constitution, par le résultat de cette consultation* » (Cons. const., décis. n° 2000-428 DC, 4 mai 2000, *Loi organisant une consultation de la population de Mayotte*). À l'inverse, l'avis doit donc être suivi hors le cas de l'article 72. Il a aussi considéré dans la même décision que « la question posée aux populations intéressées doit satisfaire à la double exigence constitutionnelle de clarté et de loyauté ». Comme on l'a vu l'article 53 a ainsi été mis en œuvre à plusieurs reprises, pour les Comores (1974), Mayotte (1976) mais aussi pour Djibouti (en 1967 et 1977), la Nouvelle-Calédonie (1988 et 1998).

Il existe d'autres cas de consultation :

– la consultation dans les TOM (Const., art. 74) ;

– le référendum tendant à autoriser la ratification d'un traité (Const., art. 11) ;

– le référendum tendant à autoriser l'adhésion d'un nouvel État à l'Union européenne (Const., art. 88-5).

Section 3
Les accords en matière de droit d'asile (Const., art. 53-1)

> **Article 53-1 de la Constitution**
> *« La République peut conclure avec les États européens qui sont liés par des engagements identiques aux siens en matière d'asile et de protection des Droits de l'homme et des libertés fondamentales, des accords déterminant leurs compétences respectives pour l'examen des demandes d'asile qui leur sont présentées.*
> *Toutefois, même si la demande n'entre pas dans leur compétence en vertu de ces accords, les autorités de la République ont toujours le droit de donner asile à tout étranger persécuté en raison de son action en faveur de la liberté ou qui sollicite la protection de la France pour un autre motif. »*

143 L'article 53-1 est la conséquence directe de la décision du 13 août 1993 (Cons. const., décis. n° 93-325 DC, *Loi relative à la maîtrise de l'immigration et aux conditions d'entrée, d'accueil et de séjour des étrangers en France*) relevant l'inconstitutionnalité d'une disposition de la loi mettant en œuvre la Convention Schengen. Ainsi, *« tout arrêté de reconduite à la frontière entraîne automatiquement une sanction d'interdiction du territoire pour une durée d'un an sans égard à la gravité du comportement ayant motivé cet arrêté, sans possibilité d'en dispenser l'intéressé ni même d'en faire varier la durée ; que, dans ces conditions, le prononcé de ladite interdiction du territoire par l'autorité administrative ne répond pas aux exigences de l'article 8 de la Déclaration de 1789 ; qu'ainsi le dernier alinéa de l'article 14 de la loi est contraire à la Constitution »*. Cette décision a été considérée par le gouvernement de l'époque comme la remise en cause même indirecte des engagements internationaux de la France, rendant nécessaire la révision de la Constitution du 25 novembre 1993 (v. aussi Préambule 1946, al. 4). Si le premier alinéa du nouvel article 53-1 ne change rien au droit existant tout en constitutionnalisant la possibilité de constitutionnaliser un accord international, son alinéa 2 réserve la mise en œuvre du droit d'asile à l'État et non plus à l'étranger. Ce « lit de justice constitutionnelle » par lequel le pouvoir constituant contrecarrait la décision non d'une Cour souveraine d'ancien régime mais du Conseil constitutionnel, pouvoir constitué et non constituant, et affirmait sa suprématie conformément à la hiérarchie des normes.

Section 4
La reconnaissance de la compétence de la Cour Pénale Internationale (Const., art. 53-2)

> **Article 53-2 de la Constitution**
> *« La République peut reconnaître la juridiction de la Cour pénale internationale dans les conditions prévues par le traité signé le 18 juillet 1998. »*

144 Saisi par le président de la République et le Premier ministre, en application de l'article 54 de la Constitution, le Conseil constitutionnel a jugé dans sa décision n° 98-408 DC du 22 janvier 1999, que le statut de la Cour pénale internationale (CPI) était contraire à la Constitution. En rendant justiciables de la CPI, tous les ressortissants des États parties, ce statut était contraire aux régimes particuliers de responsabilité institués par les articles 26, 68 et 68-1 de la Constitution (chef d'État ou de gouvernement, ministre parlementaire). Sur ce point, la décision a tranché à l'époque, de façon incidente et contestée, la question de l'immunité pénale du chef de l'État (v. Titre IX). En outre, ce statut était susceptible de porter atteinte aux conditions essentielles d'exercice de la souveraineté

nationale, dans la mesure où il pouvait contraindre l'État partie à remettre à la Cour pénale internationale des personnes ne pouvant plus faire l'objet de poursuites devant le juge national (amnistie ou règles de prescription prévues en droit interne). Il en va de même de la faculté offerte au procureur près la CPI de recueillir des dépositions de témoins et d'inspecter des sites publics ou des lieux publics, hors la présence des autorités judiciaires de l'État.

Par suite, la loi du 26 février 2002 a mis en place une procédure de coopération judiciaire entre les autorités françaises et la CPI. Enfin, en 2010, une loi portant adaptation du droit pénal à l'institution de la CPI a été votée. Elle a été soumise au contrôle du Conseil constitutionnel (Cons. const., décis. n° 2010-612 DC, 5 août 2010, *Loi portant adaptation du droit pénal à l'institution de la Cour pénale internationale*). Il a considéré que les termes « dans les conditions prévues par le traité signé le 18 juillet 1998 » n'ont pas transformé ce traité en « *norme de référence du contrôle de constitutionnalité* ». Conformément à une jurisprudence constante, il a refusé d'examiner la conformité d'une loi aux stipulations d'un engagement international : il appartient aux juridictions administratives et judiciaires d'examiner la conventionnalité de celle-ci.

Section 5
Le contrôle préalable de constitutionnalité des engagements internationaux (Const., art. 54)

Article 54 de la Constitution
« Si le Conseil constitutionnel, saisi par le président de la République, par le Premier ministre, par le président de l'une ou l'autre assemblée ou par soixante députés ou soixante sénateurs, a déclaré qu'un engagement international comporte une clause contraire à la Constitution, l'autorisation de ratifier ou d'approuver l'engagement international en cause ne peut intervenir qu'après la révision de la Constitution. »

§ 1. La mise en œuvre de l'article 54

145 Le contrôle de constitutionnalité des engagements internationaux concerne, pour l'essentiel, les traités européens (v. ss 146). Soumis à autorisation législative, ces engagements sont contrôlés par le Conseil constitutionnel, avant leur entrée en vigueur, soit sur le fondement de l'article 54, à titre principal, soit sur le fondement de l'article 61, à titre accessoire (v. ss 171, Titre VII) – et ce à condition que le Conseil soit saisi (l'Acte unique européen de 1986 n'a pas été ainsi soumis au contrôle de constitutionnalité).

La procédure suivie

Le Conseil constitutionnel peut déclarer qu'un engagement international comporte une clause contraire à la Constitution ; dans ce cas « *l'autorisation de ratifier ou d'approuver l'engagement international en cause ne peut intervenir qu'après la révision de la Constitution* » (Const., art. 54).

Les délais et la saisine

Aucun délai de saisine, contrairement à l'article 61 de la Constitution, n'est prévu dans le cadre de l'article 54. Elle intervient en tout état de cause avant la ratification de l'engagement international. Les titulaires de la saisine, depuis la révision de l'article 54 en 1992, sont les mêmes que ceux de l'article 61 : président de la République, Premier ministre, présidents des assemblées, 60 députés et par 60 sénateurs.

Le domaine

Il s'agit des engagements visés par l'article 53, soit ceux nécessitant une autorisation du Parlement avant leur ratification (acte qui les rend applicables en droit interne et en droit international) ou leur approbation (acte de droit interne préalable à leur réception). La question de savoir si un engagement international répond bien à l'énumération de l'article 53, et doit donc être soumis au Parlement, relève d'une appréciation discrétionnaire de l'Exécutif, ce qui est regrettable. Notons que les autorités constitutionnelles peuvent choisir le moment qui leur semble opportun pour procéder à la révision qui conditionne la mise en application de l'engagement international ou l'abandonner, comme ce fut le cas pour la ratification de la Charte des langues régionales ou minoritaires. Comme on l'a noté, dans sa décision le Conseil n'indique pas, pour la première fois, les dispositions de la Constitution qui devraient être révisées pour la rendre conforme à la Charte, une révision revenant à une mise en cause substantielle des principes constitutionnels d'indivisibilité de la République, d'égalité devant la loi et d'unicité du peuple (Cons. const., décis. n° 99-412 DC, 15 juin 1999, *Charte européenne des langues régionales ou minoritaires* ; v. Const., art. 1er).

La jurisprudence du Conseil constitutionnel

La portée de cette jurisprudence (et celle découlant de l'article 61) est simple : les normes constitutionnelles ne peuvent se voir annihilées par des normes européennes ou internationales sans intervention du pouvoir constituant. La supériorité formelle de la Constitution sur le droit international et sur le droit de l'Union européenne est donc maintenue puisqu'avant son entrée en vigueur le traité est en mesure d'être constitutionnellement vérifié, et ce au regard de sa contrariété à la Constitution ou, en ce qui concerne la souveraineté nationale, de la mise en cause des conditions essentielles de son exercice (Cons. const., décis. n° 92-308 DC, 9 avr. 1992, *Maastricht I* ; 2 sept. 1992, n° 92-312 DC, *Maastricht II* ; 31 déc. 1997, n° 97-394 DC, *Amsterdam*). Toutefois, le Conseil valide les transferts de compétence qui peuvent s'interpréter comme des limitations de souveraineté. Sur le fondement des alinéas 14 (« *La République française [...] se conforme aux règles du droit public international* ») et 15 (« *sous réserve de réciprocité, la France consent aux limitations de souveraineté nécessaires à l'organisation et au maintien de la paix* ») du Préambule de 1946 (intégré au bloc de constitutionnalité), le Conseil constitutionnel considère, en vertu de la règle coutumière « *Pacta sunt servanda* », règle de valeur constitutionnelle, que « *le respect de la souveraineté nationale ne fait pas obstacle à ce que [...] la France puisse conclure [...] des engagements internationaux* » qui impliquent des transferts de compétence (Cons. const., décis. *Maastricht I*, précitée) : seules les clauses qui sont contraires à la Constitution ou qui portent atteinte aux conditions essentielles d'exercice de la souveraineté appellent une révision. Après cette éventuelle révision, d'internationales, les normes deviennent donc constitutionnelles et sont intégrées dans l'ordre juridique national. Ce n'est qu'après que les choses se compliquent, dès lors qu'il s'agit de mettre en œuvre en droit interne des normes internationales, particulièrement celles de l'ordre juridique de l'Union européenne (v. Const., art. 55, et v. Titre XV, art. 88-1).

Notons que trois autres États européens ont adopté le principe d'une révision constitutionnelle préalable à la ratification des traités européens dès l'instant qu'ils ont des incidences constitutionnelles (Allemagne, Espagne, Portugal).

§ 2. Le contrôle préalable de conformité à la Constitution concerne essentiellement les traités européens

146 Dans leur quasi-totalité, les saisines ont eu lieu à l'initiative du chef de l'État, parfois conjointement avec le Premier ministre (31 déc. 1997, 22 janv. 1999) et s'inscrivent pour l'essentiel dans le cadre de l'engagement de la France dans la construction européenne, à deux exceptions :

– la décision n° 98-408 DC du 22 janvier 1998, *Traité portant statut de la Cour pénale internationale* : loi constitutionnelle n° 99-568 du 8 juillet 1999 : Cour pénale internationale (insertion d'un art. 53-2) ;

– la décision n° 2005-524/525 DC, du 13 octobre 2005, *Engagements internationaux relatifs à la peine de mort* : loi constitutionnelle n° 2007-239 du 23 février 2007 (nouvel art. 66-1 de la Constitution).

L'intégration européenne a provoqué plusieurs révisions au motif principal que certaines clauses d'engagements européens de la France portaient atteinte aux conditions essentielles d'exercice de la souveraineté, sur le fondement de l'article 54 et suite à la saisine du Conseil constitutionnel préalable à la ratification ou l'approbation d'un engagement international contenant des clauses contraires à la Constitution. Ces décisions ont généralement été suivies de révisions constitutionnelles. Quelques exceptions sont toutefois à retenir : c'est ainsi le cas de la décision du 15 juin 1999 relative à la Charte européenne des langues régionales ou minoritaires du 5 novembre 1992, dont certaines dispositions avaient été déclarées non conformes à la Constitution et qui a conduit à l'abandon du projet de ratification (v. Const., art. 1er). De même, la décision du 19 novembre 2004 (Cons. const., décis. n° 2004-505 DC, *Traité établissant une Constitution pour l'Europe*), émettant un certain nombre de réserves et déclarant plusieurs clauses du traité comme contraires à la Constitution, n'a pas eu de suite – le refus par le vote référendaire du 29 mai 2005 ayant entraîné l'abandon du projet de révision. Une seule fois, c'est l'inverse qui s'est produit : c'est pour contrer l'interprétation d'une décision du Conseil constitutionnel qu'une révision a été provoquée (v. art. 53-1, issu de L. const. n° 93-1256, 25 nov. 1993 suite à décis. 13 août 1993, n° 93-325 DC, *Maîtrise de l'immigration*, relevant l'inconstitutionnalité de certaines dispositions de la loi mettant en œuvre la Convention Schengen). Une seule fois aussi, c'est un avis du Conseil d'État – celui du 26 septembre 2002, soulevant l'inconstitutionnalité de dispositions de la décision-cadre sur le mandat d'arrêt européen – qui a provoqué la révision du 25 mars 2003, ajoutant un troisième alinéa à l'ancien article 88-2.

Depuis 1992, si tous les traités européens, à l'exception de celui de Nice signé en 2001, ont été soumis au contrôle du Conseil constitutionnel, presque tous ont entraîné une révision de la Constitution (sauf, en particulier, le « TSCG » de 2012 (v. ss 152)). C'est à eux qu'on s'attachera.

Le traité de Maastricht du 7 février 1992

147 Il a donné lieu à plusieurs décisions du Conseil constitutionnel.

La décision du Conseil constitutionnel du 9 avril 1992, n° 92-308 DC, Maastricht I

Le Conseil constitutionnel a été saisi, le 11 mars 1992, par le président de la République, conformément à l'article 54 de la Constitution, de la question de savoir si, compte tenu des engagements souscrits par la France et des modalités de leur entrée en vigueur, l'autorisation de ratifier le traité sur l'Union européenne signé à Maastricht le 7 février 1992 devait être précédée d'une révision de la Constitution. Les normes de référence du Conseil constitutionnel sont la notion la souveraineté, visée l'article 3 de la Déclaration des droits de l'homme et du citoyen (« *le principe de toute souveraineté réside essentiellement dans la nation* ») et l'article 3 de la Constitution de 1958 (« *la souveraineté nationale appartient au peuple qui l'exerce par ses représentants et par la voie du référendum* »). Par ailleurs, le Conseil vise les normes relatives au droit international, soit les 14ᵉ et 15ᵉ alinéas du Préambule de la Constitution de 1946 (« *la République française se conforme aux règles du droit public international* » ; « *sous réserve de réciprocité, la France consent aux limitations de souveraineté nécessaires à l'organisation et à la défense de la paix* »). Le Conseil rappelle enfin que l'article 53 de la Constitution de 1958 consacre, comme le faisait l'article 27 de la Constitution de 1946, l'existence de « *traités ou accords relatifs à l'organisation internationale* », ces traités ou accords ne pouvant être ratifiés ou approuvés par le président de la République qu'en vertu d'une loi. Il considère ainsi « *qu'il résulte de ces textes de valeur constitutionnelle que le respect de la souveraineté nationale ne fait pas obstacle à ce que, sur le fondement des dispositions précitées du Préambule de la Constitution de 1946, la France puisse conclure, sous réserve de réciprocité, des engagements internationaux en vue de participer à la création ou au développement d'une organisation internationale permanente, dotée de la personnalité juridique et investie de pouvoirs de décision par l'effet de transferts de compétences consentis par les États membres. Cependant au cas où des engagements internationaux souscrits à cette fin contiennent une clause contraire à la Constitution ou portent atteinte aux conditions essentielles d'exercice de la souveraineté nationale, l'autorisation de les ratifier appelle une révision constitutionnelle ; considérant que c'est au regard de ces principes qu'il revient au Conseil constitutionnel de procéder à l'examen du traité sur l'Union européenne* ».

Sont déclarées contraires à la Constitution comme portant atteinte « *aux conditions essentielles d'exercice de la souveraineté nationale* » et nécessitant donc une révision de la Constitution, les clauses relatives :

– à la citoyenneté européenne (l'article 8 B stipulant qu'il est « *institué une citoyenneté de l'Union* » et précise qu'est citoyen de l'Union toute personne ayant la nationalité d'un État membre) ;

– à l'établissement d'une Union économique et monétaire comportant à terme « *une monnaie unique* » ;

– aux mesures relatives à l'entrée et à la circulation des personnes et l'institution d'une politique de visas identique pour le franchissement des frontières extérieures de l'Union européenne (abandon de la règle de l'unanimité à compter du 1er janvier 1996).

La révision constitutionnelle du 25 juin 1992

La loi constitutionnelle du 25 juin 1992 est la première révision constitutionnelle consécutive à la construction européenne. Elle a été adoptée par le Parlement réuni en congrès le 23 juin 1992. Outre qu'elle précise à l'article 2 de la Constitution que « *la langue de la République est le français* », elle ajoute un titre nouveau (titre XV) : « *Des communautés européennes et de l'Union européenne* ». Le nouvel article 88-1 dispose que « *la République participe aux Communautés européennes et à l'Union européenne, constituées d'États qui ont choisi librement, en vertu des traités qui les ont instituées, d'exercer en commun certaines de leurs compétences* », dont personne n'imaginait qu'il servirait de fondement au contrôle des directives communautaires.

L'article 88-2, dans sa rédaction originelle, dispose que « *sous réserve de réciprocité et selon les modalités prévues par le traité sur l'Union européenne signé le 7 février 1992, la France consent aux transferts de compétences nécessaires à l'établissement de l'union économique et monétaire européenne ainsi qu'a la détermination des règles relatives au franchissement des frontières extérieures des États membres de la Communauté européenne* ». L'article 88-3 concerne le droit de vote des étrangers aux élections municipales sous réserve de réciprocité. Enfin, l'article 88-4 organise l'information et le contrôle du Parlement sur les actes communautaires.

La décision du Conseil constitutionnel du 2 septembre 1992, n° 92-312 DC, Maastricht II

Saisi par 60 sénateurs, sur le fondement de l'article 54, de la compatibilité du traité de Maastricht avec la Constitution ainsi révisée, le Conseil constitutionnel a d'abord souligné que la procédure de contrôle de contrariété ne peut être à nouveau mis en œuvre, sauf à méconnaître l'autorité qui s'attache aux décisions du Conseil constitutionnel en vertu de l'article 62 de la Constitution. Il ne peut être procédé à un nouvel examen des dispositions du traité que « *s'il apparaît que la Constitution, une fois révisée, demeure contraire à une ou plusieurs stipulations du traité* » et « *s'il est inséré dans la Constitution une disposition nouvelle qui a pour effet de créer une incompatibilité avec une ou des stipulations du traité dont il s'agit* ».

Par ailleurs, il a écarté le grief selon lequel le traité n'avait pas été ratifié à l'unanimité (le « non » danois), « *sans influence sur l'existence même de l'engagement international* ». De même n'a-t-il pas relevé de contradictions entre l'article 8 B du traité et l'article 88-3 de la Constitution en matière du droit de vote et d'éligibilité aux élections municipales des citoyens de l'Union résidant sur le territoire d'un autre État que le leur, le premier article instaurant un droit, le second, une possibilité de l'exercer.

La ratification du traité, conformément à l'article 53 de la Constitution, devait être autorisée par une loi ordinaire ou référendaire. Le président Mitterrand choisit le référendum de l'article 11 qui permet de soumettre à ratification populaire « *un traité qui, sans être contraire à la Constitution aurait des incidences sur le fonctionnement des institutions* », ce qu'avait confirmé le Conseil constitutionnel dans sa décision du 2 septembre 1992. On sait que lors du référendum du 20 septembre 1992, le « oui » l'emporta de justesse.

La décision du Conseil constitutionnel du 23 septembre 1992, n° 92-313 DC, Maastricht III

Saisi par plus de 60 sénateurs ou 60 députés, mais cette fois sur le fondement de l'article 61-2 de la Constitution, le Conseil a décliné sa compétence sur la compatibilité de la loi référendaire avec la Constitution au motif – classique – que « *les lois référendaires constituent l'expression directe de la souveraineté nationale* ».

Le traité d'Amsterdam du 2 octobre 1997

148 Comme pour le traité de Maastricht, le traité d'Amsterdam a donné lieu à une décision du Conseil constitutionnel et à une révision.

La décision du 31 décembre 1997, n° 97-394 DC, traité d'Amsterdam modifiant le traité sur l'Union européenne, les traités instituant les Communautés européennes et certains actes connexes

Le Conseil constitutionnel a été saisi conjointement, sur le fondement de l'article 54, le 4 décembre 1997, par le président de la République et par le Premier ministre, de la question de savoir si l'autorisation de ratifier le traité d'Amsterdam devait être précédée d'une révision de la Constitution. Le Conseil examine dans ce cadre les clauses susceptibles de porter atteinte « *aux conditions essentielles d'exercice de la souveraineté nationale* » et qui doivent être déclarées contraires à la Constitution. Ses normes sont les mêmes que celles qui ont fondé la décision dite « Maastricht I » du 9 avril 1992 dont il reprend mot pour mot la formulation : « *le respect de la souveraineté nationale ne fait pas obstacle à ce que, sur le fondement des dispositions précitées du Préambule de la Constitution de 1946, la France puisse conclure, sous réserve de réciprocité, des engagements internationaux en vue de participer à la création ou au développement d'une organisation internationale permanente, dotée de la personnalité juridique et investie de pouvoirs de décision par l'effet de transferts de compétences consentis par les États membres* ».

Il complète néanmoins ses références en visant les articles 88-1 (« *La République participe à l'Union européenne, constituée d'États qui ont choisi librement, en vertu des traités qui les ont instaurées, d'exercer en commun certaines de leurs compétences* ») et 88-2 (« *Sous réserve de réciprocité et selon les modalités prévues par le Traité sur l'Union européenne signé le 7 février 1992, la France consent aux transferts de compétences nécessaires à l'établissement de l'union économique et monétaire européenne ainsi qu'à la détermination des règles relatives au franchissement des frontières extérieures des États membres de la Communauté européenne* »), ces deux articles résultaient de la révision constitutionnelle du 25 juin 1992.

Le Conseil constitutionnel déclare qu'« *appellent une nouvelle révision constitutionnelle les clauses du traité d'Amsterdam qui opèrent, au profit de la Communauté européenne, des transferts de compétences qui mettent en cause les conditions essentielles d'exercice de la souveraineté nationale, soit que ces transferts interviennent dans un domaine autre que l'établissement de l'union économique et monétaire européenne ou que le franchissement des frontières extérieures communes, soit que ces clauses fixent d'autres modalités que celles prévues par le traité sur l'Union européenne signé le 7 février 1992 pour l'exercice des compétences dont le transfert a été autorisé par l'article 88-2* ». Il s'agit de certaines des dispositions des articles 73 J, 73 K et 73 O du nouveau titre III A (sic) du traité instituant la Communauté européenne, intitulé : « *Visas, asile, immigration et autres politiques liées à la circulation des personnes* ». Ces mesures relatives à l'asile, à l'immigration et au franchissement des frontières intérieures des États membres n'entrent pas en effet dans le cadre de l'habilitation prévue par l'article 88-2 alors qu'elles intéressent l'exercice de la souveraineté nationale.

Ces matières doivent faire l'objet d'un exercice partagé de compétences en vertu du « *principe de subsidiarité* », sa mise en œuvre n'empêchant pas que ces transferts de compétence « *revêtent une ampleur et interviennent selon des modalités telles que puissent être affectées les conditions essentielles d'exercice de la souveraineté nationale* ».

C'est pourquoi le Conseil a déclaré contraires à la Constitution :

– le passage automatique, au bout de cinq ans, à la procédure de « *codécision* », pour la détermination des procédures et conditions de délivrance des visas de court séjour et des règles applicables en matière de visa uniforme ;

– le passage à la majorité qualifiée et à la procédure de codécision, sur simple décision du Conseil, s'agissant de la fixation des règles s'appliquant aux contrôles des personnes aux frontières extérieures.

Le Conseil constitutionnel continue ainsi à apprécier, au cas par cas, dans quelle mesure il est porté atteinte aux « *conditions essentielles d'exercice de la souveraineté nationale* ». Les critères qu'il dégage sont les suivants :

– importance de la matière transférée au regard de l'exercice de la souveraineté nationale ;

– ampleur du transfert opéré : abandon d'une compétence ou simple exercice en commun des compétences nouvellement transférées ; dans ce dernier cas : modalités d'exercice de ces compétences par les organes de la Communauté, une importance particulière étant attachée au maintien du vote à l'unanimité au Conseil, comme dans la décision du 9 avril 1992.

Pour la première fois, le Conseil a apprécié la portée de la mise en œuvre du principe de subsidiarité. S'agissant de l'atteinte portée aux conditions essentielles d'exercice de la souveraineté nationale, il a aussi pris en compte, non seulement le passage de la règle de l'unanimité à celle de majorité qualifiée au sein du Conseil, mais la perte d'initiative des États membres au profit de la Communauté, tout autant que l'intervention dans le processus décisionnel du Parlement européen.

La révision constitutionnelle du 25 janvier 1999 et la ratification du traité

Adoptée par la voie du Congrès, elle modifie les articles 88-2 et 88-4 de la Constitution. À l'article 88-2 de la Constitution, les mots : « *ainsi qu'à la détermination des règles relatives au franchissement des frontières extérieures des États membres de la Communauté européenne* » sont supprimés. Il est ajouté à ce même article un alinéa ainsi rédigé : « *Sous la même réserve et selon les modalités prévues par le Traité instituant la Communauté européenne, dans sa rédaction résultant du traité signé le 2 octobre 1997, peuvent être consentis les transferts de compétences nécessaires à la détermination des règles relatives à la libre circulation des personnes et aux domaines qui lui sont liés* ».

L'article 88-4 de la Constitution est ainsi rédigé : « *Le gouvernement soumet à l'Assemblée nationale et au Sénat, dès leur transmission au Conseil de l'Union européenne, les projets ou propositions d'actes des Communautés européennes et de l'Union européenne comportant des dispositions de nature législative. Il peut également leur soumettre les autres projets ou propositions d'actes ainsi que tout document émanant d'une institution de l'Union européenne. (...) Selon des modalités fixées par le règlement de chaque assemblée, des résolutions peuvent être votées, le cas échéant en dehors des sessions, sur les projets, propositions ou documents mentionnés à l'alinéa précédent* ».

L'autorisation de ratifier le traité a été acquise non par la voie référendaire de l'article 11 mais par la loi ordinaire du 23 mars 1999.

Le traité de Nice du 26 février 2001 non soumis au contrôle du Conseil constitutionnel

149 Le traité de Nice est signé le 26 février 2001 par les États membres de l'Union européenne. Il fixe les principes et les méthodes d'évolution du système institutionnel au fur et à mesure que l'Europe s'élargira. Ce traité, conclu en décembre 2000 sous la présidence française de l'Union européenne et en période de cohabitation, n'a fait l'objet d'aucun contrôle de constitutionnalité.

En annexe au traité, la « *Déclaration sur l'avenir de l'Union* » précise que la réflexion intergouvernementale doit être poursuivie particulièrement en matière de simplification des traités, des compétences de l'Union européenne, du statut de la Charte des droits fondamentaux qui n'est pas intégrée au traité. Dans cette perspective, à l'issue du Conseil européen de Laeken, en décembre 2001, a été instituée une Convention européenne. Elle a rassemblé des représentants des gouvernements, des parlements nationaux, du Parlement européen et de la Commission européenne et est présidée par Valéry Giscard d'Estaing. Elle a proposé, pour l'Union, un cadre et des structures adaptés aux évolutions du monde, aux besoins des citoyens européens et au développement futur de l'Union européenne. Elle avait donc pour objet de rédiger un projet de constitution européenne.

Le projet avorté de traité constitutionnel du 29 octobre 2004 et la Constitution française

150 Le traité a donné lieu à une décision du Conseil constitutionnel et à une révision, rejetée par le peuple français.

La décision du 19 novembre 2004, n° 2004-505 DC, traité établissant une Constitution pour l'Europe

Saisi par le président de la République, le Conseil constitutionnel a en effet jugé le 19 novembre 2004 que la ratification du traité ne pouvait se faire sans réviser préalablement la Constitution. On en résumera les principaux points de la décision, sans revenir dans le détail au projet de traité, abandonné. Pour le Conseil, le traité ne crée pas un État fédéral et n'implique pas que la Constitution française cesse, dans l'ordre juridique interne, de se situer au sommet de la hiérarchie des normes tandis que l'Union n'a qu'une compétence d'attribution et ses compétences lui sont conférées par un consentement unanime et révocable des États membres qui continuent à prendre, par des actes soumis à ratification nationale, les décisions fondatrices de l'Union (fixation de ses compétences et de ses règles de fonctionnement, définition de ses moyens financiers, adhésions). La dimension confédérale de l'Union est au demeurant soulignée par la mention explicite d'un droit de retrait volontaire de tout État membre (art. I-6).

L'article I-6 du traité établissant une Constitution pour l'Europe proclamait aussi la primauté du droit de l'Union sur celui des États membres : « *La Constitution et le droit adopté par les institutions de l'Union, dans l'exercice des compétences qui sont attribuées à celle-ci, priment le droit des États membres* ». C'est la première fois qu'un traité européen énonçait expressément ce principe. Or, selon la Cour de justice, un État membre ne peut exciper, pour se soustraire à ses obligations d'application ou de transposition du droit communautaire dans les délais prescrits par les actes communautaires, ni de ses règles législatives et réglementaires, ni même de son droit constitutionnel. En mars 1978, dans son arrêt *Simmenthal* (CJCE 9 mars 1978, aff. 106/77, *Rec. CJCE* 64), la Cour juge que « *tout juge national, saisi dans le cadre de sa compétence, a l'obligation d'appliquer intégralement le droit communautaire et de protéger les droits que celui-ci confère aux particuliers, en laissant inappliquée toute disposition éventuellement contraire de la loi nationale, que celle-ci soit antérieure ou postérieure à la règle communautaire* ». En avril 1978, la Cour considère qu'un État membre défendeur « *ne saurait exciper de difficultés internes ou des dispositions de son ordre juridique national, même constitutionnel, pour justifier le non-respect des obligations et délais résultant de directives communautaires* » (11 avr. 1978, *Commission c. Italie*). En janvier 2000, dans un arrêt *Kreil* (11 janv. 2000, aff. C-285/98, *Rec. CJCE* I-95), la Cour juge que le respect de l'égalité de traitement entre hommes et femmes imposé par une directive du Conseil s'oppose à l'application des dispositions constitutionnelles et législatives du droit allemand excluant les femmes des emplois militaires comportant l'utilisation d'armes.

Pour le Conseil constitutionnel, la primauté du droit de l'Union européenne est fondée sur la Constitution elle-même et non sur le traité (v. art. 88-1). Il est donc applicable, sauf dispositions spéciales expresses et spécifiques, et qui forment l'identité constitutionnelle de la France de la Constitution française, ainsi qu'il l'a jugé dans les décisions rendues le 10 juin et les 1er et 29 juillet 2004 au sujet de la transposition des directives. Le Conseil lit donc l'article I-6 au prisme de l'article I-5, qui préserve l'égalité et l'identité des États membres « *inhérentes à leurs structures fondamentales politiques et constitutionnelles* ». Le principe de primauté du droit de l'Union, réaffirmé par l'article I-6 du traité, s'entend par conséquent dans ces limites : la primauté du droit de l'Union reste inopposable, dans l'ordre juridique interne, aux dispositions de la Constitution française inhérentes à ses structures fondamentales. Il en résulte qu'une révision n'était pas nécessaire pour intégrer le principe de primauté. Habile construction juridique...

Les dispositions nécessitant une révision sont celles relatives à des matières « régaliennes » (tels « *l'espace de liberté, de sécurité et de justice* » et la « *politique étrangère et de sécurité commune* ») qui transfèrent des compétences à l'Union, ou réaménagent les modalités d'exercice de compétences déjà transférées (s'agissant plus particulièrement du passage de l'unanimité à la majorité qualifiée au sein du Conseil des ministres européen), de telle sorte que seraient affectées, selon la formulation classique et constamment utilisée par le Conseil constitutionnel à l'occasion de l'examen des précédents traités (Maastricht, Amsterdam), les « *conditions essentielles d'exercice de la souveraineté nationale* ».

Des pouvoirs nouveaux sont reconnus aux parlements nationaux de s'opposer à une « révision simplifiée » du traité (art. IV-444) ou de faire respecter le « *principe de subsidiarité* » (protocoles n° 1 et 2 : la Constitution française doit être complétée pour en permettre l'exercice effectif).

La révision du 1er mars 2005 et l'échec du référendum du 29 mai 2005

Cette révision a été accomplie par voie parlementaire le 28 février 2005 (Const., art. 89). Elle rend possibles tous les transferts de compétences nécessaires à la mise en œuvre du traité établissant une constitution pour l'Europe. En outre, elle rend obligatoire la consultation des Français par référendum lors de l'adhésion d'un nouvel État à l'Union européenne.

Enfin le texte de la loi renforce certaines prérogatives du Parlement : députés et sénateurs pourront adresser des avis motivés aux institutions européennes s'ils estiment qu'un projet de loi européen contredit le principe de subsidiarité et ils pourront saisir la Cour de justice de l'Union européenne s'ils estiment qu'un acte législatif européen contredit ce principe. Ils pourront aussi engager une procédure pour s'opposer à la mise en œuvre de la procédure de révision simplifiée du traité constitutionnel européen. La révision est promulguée le 1er mars 2005. Le président de la République a choisi la voie du référendum pour la ratification du traité : celle-ci est rejetée le 29 mai 2005 par près de 55 % des suffrages exprimés. L'essentiel des dispositions de ce traité a été néanmoins repris par le traité de Lisbonne mais par la voie parlementaire – ce qui a soulevé quelques interrogations du point de vue de la démocratie.

Le traité de Lisbonne du 13 décembre 2007

151 Le traité de Lisbonne a été soumis au Conseil constitutionnel et a entraîné une révision adoptée par le Congrès.

La décision du 20 décembre 2007, n° 2007-560 DC, traité modifiant le traité sur l'Union européenne et le traité instituant la Communauté européenne

En application de l'article 54 de la Constitution, le président de la République a saisi le Conseil constitutionnel du « *traité modifiant le traité sur l'Union européenne et le traité instituant la Communauté européenne* », dès la signature de celui-ci à Lisbonne, le 13 décembre 2007, par les 27 États membres. Dans sa décision n° 2004-505 DC du 19 novembre 2004 précitée, le Conseil a fait application de sa jurisprudence issue des décisions Maastricht et Amsterdam et a jugé qu'appellent une révision constitutionnelle les clauses du traité qui opèrent, au profit de l'Union européenne, des transferts de compétences mettant en cause les conditions essentielles d'exercice de la souveraineté nationale :

– soit que ces transferts interviennent dans un domaine autre que ceux ayant fait l'objet de transferts antérieurs ;

– soit que ces clauses fixent d'autres modalités que celles auxquelles fait référence l'article 88-2.

Le Conseil constitutionnel a rendu sa décision le 20 décembre 2007. Il a rappelé que « *sont soustraites au contrôle de conformité à la Constitution celles des stipulations du traité qui reprennent des engagements antérieurement souscrits par la France* ». Cela signifie qu'il n'a pas examiné à nouveau toutes les stipulations du traité de Lisbonne qui reprenaient celles des traités communautaire et européen dans leur version issue du traité de Nice de 2001. Notons aussi que le Conseil constitutionnel n'a pas eu à se prononcer, contrairement à ce qui fut le cas en 2004, sur le principe de primauté du droit de l'Union sur le droit national. Ce principe, qui était compris dans le traité établissant une Constitution pour l'Europe, ne figure plus dans le traité de Lisbonne.

La Charte des droits fondamentaux de l'Union

Dans sa décision n° 2004-505 DC du 19 novembre 2004, le Conseil constitutionnel avait jugé que « *ni par le contenu de ses articles, ni par ses effets sur les conditions essentielles d'exercice de la souveraineté nationale, la Charte n'appelait de révision de la Constitution* » (consid. 22). Le Conseil avait ainsi tenu compte des clauses de limitation particulières et générales dont la Charte est assortie (consid. 14 à 21) et notamment des « explications » qui avaient été rédigées par le præsidium de la Convention qui avait élaboré la Charte. Celles-ci sont reprises tant dans le Préambule de la Charte qu'au 7 de son article 52. En conséquence, le Conseil constitutionnel a jugé que : « *pour les mêmes motifs que ceux énoncés par cette décision, la Charte n'appelle de révision de la Constitution ni par le contenu de ses articles, ni par ses effets sur les conditions essentielles d'exercice de la souveraineté nationale* ».

S'agissant de l'adhésion rendue désormais possible de l'Union européenne à la CEDH, la conclusion de l'accord portant adhésion de l'Union à cette Convention entrera en vigueur après son approbation par les États membres conformément à leurs règles constitutionnelles respectives. Le Conseil a estimé que cette référence renvoie, dans le cas de la France, à l'autorisation législative prévue par l'article 53 de la Constitution. Un projet d'accord a été arrêté par les États membres le 5 avril 2013. Toutefois, dans son avis 2/13 du 18 décembre 2014, la Cour de justice de l'Union européenne, saisie par la Commission sur le fondement de l'article 218 §11 TFUE, a mis au jour plusieurs incompatibilités (tenant entre autres aux difficultés de coordonner la CEDH et la Charte des droits fondamentaux) entre la Convention européenne des droits de l'homme et le droit de l'Union : cet avis liant la Commission, « *l'accord envisagé ne peut entrer en vigueur, sauf modification de celui-ci ou révision des traités* » (art. 218 §11, TFUE).

Les dispositions relatives aux compétences et au fonctionnement de l'Union

Le traité de Lisbonne comprend des dispositions relatives aux compétences et au fonctionnement de l'Union parfois identiques et parfois différentes de celles figurant dans l'ancien TECE. D'une part, certaines de ses dispositions reprennent celles du TECE que le Conseil constitutionnel avait jugé contraires à la Constitution dans sa décision n° 2004-505 DC du 19 novembre 2004. Il en va notamment ainsi des dispositions relatives à des matières « régaliennes » qui réaménagent les modalités d'exercice de compétences déjà transférées (s'agissant notamment du passage de l'unanimité à la majorité qualifiée au sein du Conseil des ministres européen). Dans ce cas, le Conseil constitutionnel a constaté l'identité des dispositions entre les deux traités et a, pour les mêmes motifs que ceux énoncés par sa décision du 19 novembre 2004, estimé que ces dispositions du traité de Lisbonne appelaient une révision constitutionnelle. D'autre part, le traité de Lisbonne comprend également des dispositions relatives aux compétences et au fonctionnement de l'Union qui ne sont pas identiques à celles ayant le même objet figurant dans le TECE. Ainsi le Conseil a relevé notamment les dispositions relatives à des matières régaliennes (tel « *l'espace de liberté, de sécurité et de justice* ») qui transfèrent des compétences à l'Union. Le Conseil a alors jugé que ces dispositions appellent une révision de la Constitution dès lors que sont affectées « *les conditions essentielles d'exercice de la souveraineté nationale* ».

Les pouvoirs nouveaux reconnus aux parlements nationaux

Ici aussi, le traité de Lisbonne reprend des dispositions du TECE relatives aux pouvoirs reconnus aux parlements nationaux pour s'opposer à une révision simplifiée ou faire respecter le principe de subsidiarité. Le Conseil a estimé qu'une révision de la Constitution était nécessaire pour les mêmes motifs que ceux énoncés dans la décision n° 2004-505 DC du 19 novembre 2004.

De même, le traité de Lisbonne innove, on l'a vu, en conférant d'autres pouvoirs aux parlements nationaux. Il leur reconnaît notamment celui de s'opposer à ce que le droit de la famille soit régi à la majorité qualifiée et non à l'unanimité. Il leur confère aussi des moyens nouveaux pour veiller au respect du principe de subsidiarité. Le Conseil a estimé que ces dispositions rendaient nécessaire une révision constitutionnelle, la Constitution devant être complétée pour permettre l'exercice effectif de ces prérogatives par les députés et les sénateurs.

La révision constitutionnelle du 4 février 2008 modifiant le titre XV de la Constitution pour permettre la ratification par la France du traité de Lisbonne

La loi constitutionnelle du 4 février 2008 a permis d'adapter notre Constitution aux nouvelles stipulations du traité. Son article 2, qui est entré en vigueur lorsque le traité de Lisbonne est lui-même entré en vigueur (c'est-à-dire au 1er janvier 2009), insère dans le titre XV deux articles 88-6 et 88-7. Cette révision introduit notamment dans la Constitution des dispositions concernant le passage, dans certains domaines, de la règle de l'unanimité à celle de la majorité qualifiée au sein du Conseil des ministres européen, le transfert à l'Union européenne de certaines compétences dans le cadre de la construction de « l'espace de liberté, de sécurité et de justice » ou bien la reconnaissance de nouveaux pouvoirs aux parlements nationaux.

Le traité sur la stabilité, la coordination et la gouvernance au sein de l'Union économique et monétaire du 2 mars 2012

152 Rappelons que le traité sur la stabilité, la coordination et la gouvernance au sein de l'Union économique et monétaire a pour objet de renforcer le pilier économique de l'Union économique et monétaire. Il fixe des règles destinées à favoriser la discipline budgétaire au moyen d'un « pacte budgétaire » et oblige à terme les États à obtenir un équilibre voire un excédent.

La décision du 9 août 2012, n° 2012-653 DC, traité sur la stabilité, la coordination et la gouvernance au sein de l'Union économique et monétaire

En vertu du traité sur le fonctionnement de l'Union européenne (et de son protocole n° 12), la France est déjà tenue à un objectif de discipline budgétaire : le règlement européen du 7 juillet 1997 modifié par deux règlements des 27 juin 2005 et 16 novembre 2011 avait ainsi prescrit, en fait souhaité, un déficit public conjoncturel inférieur à 3 % du PIB. Le « TSCG » abaisse quant à lui le seuil du déficit structurel de 1 à 0,5 %, qui demeure un objectif, sans valeur constitutionnelle. Par suite, le Conseil a considéré que cette disposition n'a pas pour effet de procéder à des transferts de compétences en matière de politique économique ou budgétaire en ne portant pas atteinte aux conditions essentielles d'exercice de la souveraineté nationale, conformément à sa jurisprudence constante. Une révision de la Constitution n'est donc pas nécessaire.

Les options possibles

L'article 3.2 du traité est susceptible, à la façon conciliaire, de deux lectures, qui sont ici très explicites. Le traité prévoit effectivement que les règles d'équilibre des finances publiques « *prennent effet dans le droit national des parties contractantes (...) au moyen de dispositions contraignantes et permanentes, de préférence constitutionnelles, ou dont le plein respect et la stricte observance tout au long des processus budgétaires nationaux sont garantis de quelque autre façon* ». Dès leur ratification par la France, ces règles s'imposent : mais comment ? Ce traité ayant une force supérieure à la loi, le législateur sera notamment tenu d'en respecter les stipulations lors de l'adoption des lois de finances et des lois de financement de la sécurité sociale. Quant à la Constitution, ledit traité comporte une alternative selon laquelle les États contractants s'engagent à ce que les règles énoncées prennent effet dans leur droit national :

– soit « *au moyen de dispositions contraignantes et permanentes, de préférence constitutionnelles* » ;

– soit au moyen de dispositions « *dont le plein respect et la stricte observance tout au long des processus budgétaires nationaux sont garantis de quelque autre façon* ».

Tout est dans le « soit ». Dans le premier cas, celle de « *dispositions contraignantes et permanentes* », une révision constitutionnelle s'imposait. Dans l'autre, celui choisi par le gouvernement, il revient à la loi organique, soumise au Conseil constitutionnel, d'en traduire l'objectif budgétaire, notamment dans le respect du principe de sincérité des lois de finances. Nulle révision ne s'impose donc dès lors qu'en prenant l'autre chemin il n'est pas porté pas atteinte aux conditions essentielles d'exercice de la souveraineté nationale. Cette décision impeccable intéressera les amateurs de billard…

SECTION 6

L'INTRODUCTION DES TRAITÉS ET ACCORDS EN DROIT INTERNE (CONST., ART. 55)

> **Article 55 de la Constitution**
> *« Les traités ou accords régulièrement ratifiés ou approuvés ont, dès leur publication, une autorité supérieure à celle des lois, sous réserve, pour chaque accord ou traité, de son application par l'autre partie. »*

La condition de réciprocité

153 L'article 55 de la Constitution française énonce trois conditions pour l'application d'un accord ou d'un traité international. La ratification ou l'approbation doit être régulière, le juge ordinaire ne pouvant vérifier que leur existence et non apprécier leur régularité. L'engagement doit être publié au *Journal officiel* pour entrer en vigueur, le juge pouvant être appelé à vérifier la régularité de cette publication (notons que seuls les traités et accords de nature à affecter les droits et obligations des particuliers sont publiés). Enfin, la troisième condition, la plus essentielle, est celle de la réciprocité.

Le Préambule de 1946 (intégré au Préambule de 1958) posait la réserve de réciprocité, au stade de la conclusion du traité (v. Const. 1946, al. 15). La Constitution de 1958, en retrait par rapport à celle de 1946, prévoit donc que l'inapplication par l'autre partie de l'engagement international dispense la France de l'appliquer. L'article 55 énonce cette réserve mais au stade de son application.

La supériorité du traité sur la loi « *est subordonnée à une condition de réciprocité dont la réalisation peut varier selon le comportement du ou des États signataires du traité et le moment où doit s'apprécier le respect de cette condition* », qui donne à la règle de supériorité des traités sur les lois son « *caractère contingent* » (Cons. const., décis. n° 74-54 DC, 15 janv. 1975, *Examen de la loi relative à l'IVG*). Sa portée a été précisée par le Conseil constitutionnel : « *La règle de réciprocité énoncée à cet article n'a d'autre portée que de constituer une réserve mise à l'application du principe selon lequel les traités ou accords régulièrement ratifiés ou approuvés ont, dès leur publication, une autorité supérieure à celle des lois (...). Cette règle ne trouve à s'appliquer que dans le cas où il existe une discordance entre un texte de loi et les stipulations d'un traité (...). En revanche, l'article 55 de la Constitution ne s'oppose pas à ce que la loi édicte (...), des mesures ayant pour objet d'harmoniser la législation nationale avec les dispositions découlant d'un traité, alors même que celles-ci ne seraient pas appliquées par l'ensemble des parties signataires (...). La règle de réciprocité posée à l'article 55 de la Constitution, si elle affecte la supériorité des traités ou accords sur les lois, n'est pas une condition de la conformité des lois à la Constitution* » (Cons. const., décis. n° 80-126 DC, 30 déc. 1980, *Examen de la loi de finances pour 1981*). Cette solution n'est pas sans logique dès lors que l'engagement international est soumis, avant sa mise en application, au contrôle de constitutionnalité sur le fondement de l'article 54 de la Constitution.

Le Conseil constitutionnel a également appliqué cette jurisprudence au traité de l'Union européenne du 7 février 1992 (Const., titre XV, art. 88-3). Enfin, lors de l'examen du statut de la Cour pénale internationale (Cons. const., décis. n° 98-408 DC, 22 janv. 1999, préc.), il a précisé l'exception à la règle de réciprocité, prévue par l'article 60 § 5 de la Convention de Vienne sur le droit des traités, qui interdit clairement à un État partie à une convention multilatérale « *de nature humanitaire* » d'en suspendre les « *dispositions relatives à la protection de la personne humaine* ». Ainsi, les engagements souscrits par la France « *en vue de favoriser la paix et la sécurité du monde et d'assurer le respect des principes généraux du droit public international* » pouvaient « *en particulier prévoir la création d'une juridiction permanente destinée à protéger les droits fondamentaux appartenant à toute personne humaine* ». En outre, « *qu'eu égard à cet objet, les obligations nées de tels engagements s'imposent à chacun des États parties indépendamment des conditions de leur exécution par les autres États parties* ». En conséquence, conclut-il, « *la réserve de réciprocité mentionnée à l'article 55 n'a pas lieu de s'appliquer* » à de tels engagements. Cette solution vaut évidemment pour le droit de vote des ressortissants de l'Union européenne (v. chap. 15, art. 88-3).

L'appréciation de la réalisation de la condition de réciprocité revenait au ministre des Affaires étrangères dont l'avis liait le juge administratif saisi d'une contestation (CE, ass., 29 mai 1981, *Rekhou*, CE, 9 avr. 1999, *Chevrol-Benkeddach*). Depuis 2010, le Conseil d'État a modifié sa jurisprudence (CE, ass., 9 juill. 2010, *Cheriet-Benseghir*). Le Conseil d'État estime désormais « *qu'il appartient au juge administratif, lorsqu'est soulevé devant lui un moyen tiré de ce qu'une décision administrative a à tort, sur le fondement de la réserve énoncée à l'article 55, soit écarté l'application de stipulations d'un traité international, soit fait application de ces stipulations, de vérifier si la condition de réciprocité est ou non remplie* », sans s'en tenir à l'avis du ministre des Affaires étrangères comme auparavant.

Le refus du Conseil constitutionnel d'examiner la conformité d'une loi aux stipulations d'un traité

154 Le Conseil constitutionnel décline, on l'a vu, sa compétence pour vérifier la conformité des lois aux traités (Cons. const., décis. n° 74-54 DC, 15 janv. 1975, préc.) pour trois raisons :

– la première – la plus sérieuse – tient à l'interprétation stricte de la compétence que tient le Conseil de l'article 61 de la Constitution : si les dispositions de l'article 55 de la Constitution « *confèrent aux traités, dans les conditions qu'elles définissent, une autorité supérieure à celle des lois, elles ne prescrivent ni n'impliquent que le respect de ce principe doive être assuré dans le cadre du contrôle de la conformité des lois à la Constitution prévu à l'article 61 de celle-ci* » ;

– ensuite, il existerait une différence de nature entre le contrôle de constitutionnalité qui revêt « *un caractère absolu et définitif* », et le contrôle de conventionnalité qui présente en somme « *un caractère à la fois relatif et contingent* » et renvoie, essentiellement, à la condition de réciprocité posée par l'article 55. Toutefois, par la suite, il n'a plus fait référence à cette argumentation qui n'est valable que pour les traités bilatéraux et qui est inadaptée tant à l'égard des engagements internationaux relatifs aux droits fondamentaux comme la Convention européenne des droits de l'homme que du droit de l'Union européenne (Cons. const., décis. n° 92-308 DC, 9 avr. 1992 ; n° 98-400 DC, 20 mai 1998) ou le traité portant statut de la Cour pénale internationale (Cons. const., décis. n° 98-408 DC, 22 janv. 1999). Mais le Conseil a toujours maintenu l'interprétation initiale de l'article 55 de la Constitution : il appartient à tout juge chargé de l'application de la loi de faire respecter cette règle de conflit qui conduit à écarter la loi nationale lorsqu'elle vient en conflit avec un engagement international ou européen en vigueur. La hiérarchie posée par l'article 55 ne constitue donc pas une règle de validité constitutionnelle des lois ;

– enfin, « *une loi contraire à un traité ne serait pas, pour autant, contraire à la Constitution* » alors que, pourtant, la supériorité des traités sur les lois résulte d'une disposition expresse de la Constitution. En pratique, le Conseil constitutionnel serait bien en peine de vérifier, dans le délai d'un mois au titre de l'article 61 de la Constitution, la masse d'engagements internationaux ou de poser, dans le même délai, une question préjudicielle relative à l'interprétation de la validité d'un acte de l'Union européenne à la Cour de justice de l'Union européenne (contrairement à ce qu'il a pu faire dans le cadre d'un recours QPC, décis. n° 2013-314P QPC, 4 avril 2013, *Jérémy F.*). En tous les cas, intégrer les traités dans le bloc de constitutionnalité aurait pour effet paradoxal de réviser la Constitution sans passer par les procédures prévues par elles...

Le contrôle exercé par les autres juridictions suprêmes

155 Il appartenait donc aux autres juridictions suprêmes d'assurer ce contrôle. Ainsi, la Cour de cassation a été la première à reconnaître la primauté des engagements internationaux sur la loi, y compris postérieure (Cass. 24 mai 1975, *Sté Jacques Vabre*). Le Conseil d'État, longtemps réservé, a admis cette dernière possibilité en 1989 (CE, ass., 20 oct. 1989, *Nicolo*). Dans l'arrêt *Sarran* du 30 octobre 1998 le Conseil d'État déduit *a contrario* de l'article 55 que « la suprématie ainsi conférée aux engagements internationaux ne s'applique pas, dans l'ordre interne aux dispositions de nature constitutionnelle ». Cette même solution a été reprise dans un arrêt du 2 juin 2000, *Fraisse*, par la Cour de cassation. Cette jurisprudence, toujours en vigueur, s'appliquait à l'origine tant aux traités internationaux qu'au droit de l'Union européenne, y compris dans l'hypothèse d'une loi de transposition d'une directive (v. Titre XV). La Belgique, le Luxembourg, l'Espagne ont accueilli par voie jurisprudentielle une solution identique. Enfin, le Danemark, la Finlande, la Norvège, l'Italie, la Grande-Bretagne, l'Irlande (pays « dualistes ») n'accordent aux traités qu'une valeur législative, la jurisprudence précisant, dans chaque cas, la portée de cette équivalence.

L'entrée en vigueur des normes de droit dérivé issues du droit de l'Union européenne dans l'ordre juridique national

V. Titre XV, ss 233 s..

Bibliographie

CONSEIL D'ÉTAT, La norme internationale en droit français, Doc. fr., 2000.

FLAUSS (J-F.), « Le Conseil constitutionnel et les engagements internationaux relatifs à l'abolition définitive de la peine de mort », *RGDIP* 2006, t. 110, n° 1, p. 117-133 et 637-671.

GOESEL-LE BIHAN (V.), *La répartition des compétences en matière de conclusion des accords internationaux sous al Vᵉ République*, Pédone, 1995.

SERRAND (P.), « Feu la jurisprudence "Rekhou". À propos de l'arrêt d'Assemblée du Conseil d'État du 9 juillet 2010, Mme *Cheriet-*

Benseghir », www.juspoliticum.com/Feu-la-jurisprudence-Rekhou-A.html.

TROPER (M.) (dir.), « Souveraineté de l'État et hiérarchie des normes dans la jurisprudence constitutionnelle », *Cah. Cons. const.* mars-sept. 2000, n° 9.

WACHSMANN (P.), « L'article 55 de la Constitution et les conventions internationales relatives aux droits de l'homme », *RD publ.* 1998. 1671 s.

TITRE VII

Le Conseil constitutionnel (Const., art. 56 à 63)

Le Conseil constitutionnel siège au Palais-Royal, véritable quartier constitué en particulier d'un palais et d'un jardin public et qui fait face au Louvre, ancien Palais du Roi. Ce lieu fut construit par l'architecte Lemercier, bâtisseur de la Sorbonne, à l'initiative de Richelieu souhaitant être à proximité de Louis XIII. Molière, puis Lully, y occupent la salle de théâtre créée par le Cardinal, incendiée en 1871. Richelieu le légua à sa mort à Louis XIII. Son corps principal devient résidence royale lors de la Régence d'Anne d'Autriche puis propriété de la famille d'Orléans à partir de 1661. Les trois ailes qui ferment les côtés du jardin datent de la fin du XVIIIe siècle, le Conseil siégeant dans l'aile gauche, l'aile Montpensier. Il devient domaine de l'État sous la IIe République. En mai 1871, La Commune donne l'ordre de l'incendier. L'aile droite est gravement endommagée et sera reconstruite à l'identique. À partir de 1875, le Palais-Royal sert alors à reloger le Conseil d'État après l'incendie du Palais d'Orsay pendant la Commune. Après la chute du Second empire, l'aile Montpensier abrite diverses administrations et, après la seconde guerre mondiale, le Conseil économique et social. Il héberge enfin en juillet et août 1958 le comité consultatif constitutionnel puis, tout naturellement, le Conseil constitutionnel s'y installe, dès sa création. Ses locaux jouxtent l'atelier de costumes de la Comédie Française qui s'y est installée en 1799.

Le Conseil constitutionnel fait l'objet du titre VII de la Constitution. Il a été pensé en 1958 comme le défenseur de l'exécutif contre le Parlement, le « chien de garde de l'exécutif », un peu à l'image du Conseil d'État napoléonien, contre les empiétements du législateur sur le domaine réglementaire. Il s'est érigé en protecteur de la Constitution et des droits et libertés du citoyen dans les années 70. S'il est ainsi resté l'« *organe régulateur des pouvoirs publics* » (Cons. const., décis. n° 62-20 DC, 6 nov. 1962, *Élection du président de la République*), il incarne aujourd'hui plus largement « *le gouvernement de la Constitution* » (Georges Vedel). Après l'importance prise par le pouvoir présidentiel, le Conseil constitutionnel incarne l'autre évolution majeure de la Ve République au point qu'il arrive désormais que des manifestations pacifiques soient organisées devant son siège.

Le véritable avènement du Conseil est né de la décision du 16 juillet 1971 – et reconnaissant valeur constitutionnelle au Préambule – et de l'élargissement décisif de sa saisine à 60 députés ou 60 sénateurs en 1974 dans le cadre d'un contrôle *a priori* de la constitutionnalité de la loi (Const., art. 61). Sous l'effet conjugué des saisines de l'opposition, le Conseil a considérablement étendu sa jurisprudence en matière de droits et libertés fondamentaux. La révision constitutionnelle du 23 juillet 2008 a changé encore son visage avec la question prioritaire de constitutionnalité (Const., art. 61-1) mais aussi en réformant, *a minima*, son mode de composition qui reste critiquable. Cependant, la légitimité du Conseil, et donc de sa jurisprudence, doit d'abord être appréhendée du point de vue de son action et non de l'organe lui-même. S'il a remis en cause un principe traditionnel de la démocratie représentative – la concordance absolue entre la volonté du peuple et celle de ses représentants –, il en a conforté un autre, celui du contrôle de ces mêmes représentants dans le cadre du respect des droits et libertés des citoyens. S'il rappelle donc les gouvernants – législateurs – au respect de l'ordre constitutionnel, il est toujours loisible au pouvoir constituant de réviser la Constitution pour défaire une décision du Conseil constitutionnel (v. la révision de 1993 sur le droit d'asile). Et le Conseil constitutionnel, en refusant de vérifier la conformité d'une révision constitutionnelle à la Constitution, a rappelé que le pouvoir constituant était seul souverain : « *Considérant que l'article 61 de la Constitution donne au Conseil constitutionnel mission d'apprécier la conformité à la Constitution des lois organiques et, lorsqu'elles lui sont déférées dans les conditions fixées par cet article, des lois ordinaires ; que le Conseil constitutionnel ne tient ni de l'article 61, ni de l'article 89, ni d'aucune autre disposition de la Constitution le pouvoir de statuer sur une révision constitutionnelle* » (Cons. const., décis. n° 2003-469 DC, 26 mars 2003, *Révision constitutionnelle relative à l'organisation décentralisée de la République*).

Le Conseil constitutionnel dispose d'une compétence d'attribution strictement délimitée : « *Considérant que la Constitution a strictement délimité la compétence du Conseil constitutionnel ; que celui-ci ne saurait être appelé à statuer ou à émettre un avis que dans les cas et suivant les modalités qu'elle a fixés* » (Cons. const., décis. n° 61-1 AUTR, 14 sept. 1961, *Demande d'avis présentée par le président de l'Assemblée nationale [Recevabilité de la motion de censure]*). Il n'a pas varié sur ce point et s'est ainsi, à plusieurs reprises, déclaré incompétent pour connaître de questions placées hors de son champ de compétences, définies expressément par un texte, même s'il a pu de façon exceptionnelle sortir de son rôle, en particulier en constatant la vacance de la présidence de la République et non seulement l'empêchement de son titulaire (déclaration 3 avr. 1974) ou en examinant la constitutionnalité du décret de convocation des électeurs pour les élections législatives et sénatoriales (Cons. const., décis. n° 81-1 ELEC, 11 juin 1981) mais aussi d'un référendum (Cons. const., décis. n° 2005-31 REF, 24 mars 2005). Sous la réserve précédente, le Conseil s'interdit donc de contrôler les lois référendaires adoptées qui constituent l'« expression directe de la souveraineté nationale » (Cons. const., décis. n° 62-20 DC, 6 nov. 1962, *Loi relative à l'élection du président de la République au suffrage universel direct, adoptée par le référendum du 28 octobre 1962* et n° 92-313 DC, 23 sept.

1992, *Loi autorisant la ratification du traité sur l'Union européenne*).

Le titre VII contient les attributions essentielles du Conseil constitutionnel en matière électorale (Const., art. 58 à 60) et en matière de contrôle de constitutionnalité des lois (Const., art. 61 et 61-1).

Le Titre VII n'épuise cependant pas les compétences du Conseil constitutionnel. Elles découlent aussi des articles suivants précédemment étudiés :

- *article 7 (l'élection du président de la République, vacance, empêchement)*
- *article 16 (pouvoirs de crise)*
- *article 37-2 (procédure de déclassement d'une disposition de forme législative, irrecevabilité)*
- *article 39 (inscription à l'ordre du jour des projets de loi)*
- *article 41 (recevabilité d'une proposition ou d'un amendement).*
- *article 54 (constitutionnalité des engagements internationaux avant leur ratification).* Rappelons enfin que la saisine du Conseil peut aussi être faite par le garde des Sceaux ou le bureau de l'Assemblée, pour constater la déchéance d'un mandat parlementaire ou une incompatibilité (le parlementaire peut aussi saisir lui-même le Conseil).

Section 1 La composition du Conseil constitutionnel (Const., art. 56)

En vertu de l'article 56, le Conseil comprend deux catégories de membres : les membres nommés et les membres de droit.

> **Article 56 de la Constitution**
> *« Le Conseil constitutionnel comprend neuf membres, dont le mandat dure neuf ans et n'est pas renouvelable. Le Conseil constitutionnel se renouvelle*

> *par tiers tous les trois ans. Trois des membres sont nommés par le président de la République, trois par le président de l'Assemblée nationale, trois par le président du Sénat. La procédure prévue au dernier alinéa de l'article 13 est applicable à ces nominations. Les nominations effectuées par le président de chaque assemblée sont soumises au seul avis de la commission permanente compétente de l'assemblée concernée.*
> *En sus des neuf membres prévus ci-dessus, font de droit partie à vie du Conseil constitutionnel les anciens présidents de la République.*
> *Le président est nommé par le président de la République. Il a voix prépondérante en cas de partage.* »

C'est l'ordonnance n° 58-1067 du 7 novembre 1958 portant loi organique sur le Conseil constitutionnel qui précise son organisation, en posant notamment le régime des incompatibilités des membres du Conseil constitutionnel. En application de cette ordonnance, le décret du 13 novembre 1959 fixe les obligations de ces mêmes membres et celui du 13 novembre 1959 est relatif à l'organisation du secrétariat général du Conseil constitutionnel.

Les membres nommés

156 Au nombre de neuf, les membres sont nommés en principe pour neuf ans : trois sont désignés par le chef de l'État, trois par le président du Sénat, trois par le président de l'Assemblée nationale. Ces derniers ayant généralement résisté aux pressions du premier, particulièrement ces dix dernières années alors qu'il fut un temps où, comme en 2007, elles se décidaient dans le bureau du chef de l'État qui n'y procède désormais qu'en concertation avec les deux présidents des assemblées. Le renouvellement du Conseil ayant lieu par tiers, chaque autorité désigne en principe un membre tous les trois ans. Elle peut cependant en cas de décès ou de démission du membre qu'il a nommé, procéder à une nouvelle nomination. À l'échéance de son mandat, elle peut être renouvelée si son mandat a été inférieur à trois ans ce qui peut porter étonnamment le mandat à plus de onze ans. Le Conseil d'État ne peut connaître des décrets de nomination, qu'il interprète comme des actes de gouvernement (CE, 9 avr. 1999, *Ba*).

L'exception française

Ces nominations sont libres et, par ailleurs, aucune exigence n'est requise s'agissant de la qualité des personnes désignées.

Dans les autres cours constitutionnelles européennes, les nominations ne sont pas dénuées de signification politique dans la mesure où bien des personnalités sont choisies en fonction d'affinités, de sensibilités, en faisant souvent intervenir le Parlement dans cette désignation. Mais ces affinités sont généralement secondes par rapport aux choix premiers qui s'opèrent, pour l'essentiel, parmi des professionnels du droit incontestés et au faîte de leur carrière, vu leur âge. Ces démocraties n'ont cependant ni la culture historique de la souveraineté de la loi encore ancrée dans la tradition française, ni un système de sélection des élites par une seule école, l'ENA.

En France, les nominations n'ont pas prêté systématiquement à la critique dès lors qu'elles se portaient sur des personnalités consensuelles issues du monde politique, de la haute administration parlementaire (anciens secrétaires généraux de l'Assemblée nationale tous incontestables), du Conseil d'État, plus rarement du professorat et sans engagement politique notoire comme par exemple le doyen Vedel et exceptionnellement de la Cour de cassation. D'autres nominations, pour services rendus que chacun a en tête ou simplement complaisance politico-mondaine, portent atteinte au crédit de cette institution.

Cette composition borgiesque à ses heures souligne cependant à sa manière que le rôle du Conseil n'est pas strictement celui d'une juridiction disant le droit : il a à juger des questions d'opportunité politique, mais c'est aussi vrai de ses homologues en Europe. Enfin, malgré la proximité politique - variable - des membres désignés par leur autorité de nomination, les clivages pouvant apparaître au sein de l'institution relèvent plus de la conscience de chacun que de leurs affinités électives et se dissolvent le plus souvent dans le brassage lié au renouvellement par tiers : la plupart des décisions se font d'ailleurs par consensus. Cette composition n'affecte pas fondamentalement, sauf accidents, la valeur et la continuité de la jurisprudence du Conseil constitutionnel. C'est le plus étonnant mais c'est, *a priori*, le plus important, soulignant parfois en creux l'efficacité et le talent de persuasion de ses services juridiques. Mais, la composition du Conseil constitutionnel ne peut plus s'écarter totalement des standards européens établissant les critères d'un tribunal impartial, au sens de la CEDH. Il est cependant loisible aux juges de se déporter, mais en petit nombre, sauf à empêcher le Conseil de délibérer – les délibérations étant soumises à une règle de quorum en vertu de laquelle la présence effective de sept juges est requise, sauf cas de force majeure (art. 14 de l'ordonnance du 7 novembre 1958). Le règlement intérieur sur la procédure suivie devant le Conseil constitutionnel pour les questions prioritaires de constitutionnalité précise cependant, à raison, que « *le seul fait qu'un membre du Conseil constitutionnel a participé à l'élaboration de la disposition législative faisant l'objet de la question de constitutionnalité ne constitue pas en lui-même une cause de récusation* » (art. 4). Or, du fait du mode de nomination des membres du Conseil, il se trouve que certains d'entre eux peuvent parfois se voir en situation de juger la constitutionnalité d'une loi dont ils ont participé à l'élaboration dans des fonctions antérieures. Il a pu ainsi exceptionnellement arriver aussi au Conseil de délibérer à six membres (Cons. const., décis. n° 2010-100 QPC par exemple).

Les propositions de réforme

A posteriori, la réforme constitutionnelle du 23 juillet 2008 a été un progrès en soumettant la nomination des membres du Conseil à la procédure du nouvel article 13 de la Constitution (« *La procédure prévue au dernier alinéa de l'article 13 est applicable à ces nominations. Les nominations effectuées par le président de chaque assemblée sont soumises au seul avis de la commission permanente compétente de l'assemblée concernée* »). Les autorités de nomination sont, en principe, relativement dissuadées de nommer des personnalités notoirement incompétentes. Or, depuis l'avènement de la question prioritaire de constitutionnalité en 2008, le Conseil constitutionnel n'est plus une sinécure pour des hommes ou femmes politiques ou d'anciens collaborateurs de l'exécutif approchant de la retraite, la fonction exigeant un travail à temps plein auquel ils ne sont plus toujours habitués. Cependant, la nomination de personnes qui n'attendent plus rien de la vie publique au regard de leur âge contribue à renforcer l'indépendance du Conseil dans la mesure où leur nomination constitue la consécration de leur carrière. L'inverse est par principe problématique. Par exemple, Madame Noël Lenoir nommée à l'âge de 54 ans par le président de l'Assemblée nationale, Henri Emmanuelli, forte de son expérience au Conseil pendant neuf années quitte le Conseil en mars 2001 pour rejoindre le barreau de Paris deux mois plus tard, puis au lendemain de la victoire de Jacques Chirac est nommée par lui en mai en 2002 comme « ministre d'ouverture » dans le gouvernement de Jean-Pierre Raffarin. Le Conseil constitutionnel n'est pas un « tremplin » sauf exceptions.

Demeure en outre une difficulté : alors que le Conseil constitutionnel lui-même exige pour les juges de proximité, juges à temps partiel supplétifs *« des connaissances juridiques ou d'une expérience juridique suffisante »* (Cons. const., décis. n° 2003-455-DC, 20 févr. 2003), on peut aussi souhaiter qu'il en soit ainsi pour ses membres alors même qu'on demande par ailleurs un minimum de compétence ou d'expérience juridiques aux candidats du barreau pour être dispensés de la condition de diplôme. À tout le moins, pourrait-on exiger une capacité en droit. Une telle réforme éliminerait en réalité aujourd'hui peu de candidats proposés. Il faut d'ailleurs se méfier d'une composition faite pour permettre l'entrée systématique de « professionnels du droit », voire de faire du Conseil une sorte de « Tribunal de professeurs » dont la qualité souvent autoproclamée de *« juriste »*, au surplus « indépendant » n'est que d'affichage. Ainsi, des juristes patentés peuvent avoir une bien médiocre réputation professionnelle largement ignorée des autorités politiques qui les désignent. À l'inverse, des hommes ou femmes politiques ont en réalité une grande expérience juridique (membre de la commission des lois d'une Assemblée, ancien ministre de la Justice, grand avocat retraité, etc.). Se mêle enfin à la désignation – toujours dans l'urgence – la question de la parité hommes/femmes ou de la nomination d'une « personnalité de l'opposition » qui peut brouiller, dans un sens ou dans un autre, ces exigences dans la mesure où elle peut constituer en réalité un simple affichage qui ravit les médias le temps d'une « une ».

Faut-il aussi faire de la majorité des 3/5es des suffrages exprimés une condition positive d'acceptation de la candidature ? L'analyse des récents scrutins démontre aussi que la plupart des candidats proposés auraient satisfait à cette exigence tandis que le choix de départ demeure en tout état de cause opaque. Une solution mixte – parmi d'autres – consisterait à augmenter de trois le nombre de membres qui seraient désignés par chacune des Cours souveraines parmi ceux ayant fait carrière en son sein (Cour de cassation, Conseil d'État et Cour des Comptes), de maintenir la nomination de trois membres par le président de la République avec la majorité actuelle et de faire désigner par chaque Assemblée, trois membres à la majorité des deux tiers. Certes, le système, comme en Italie, peut donner lieu à des compromis politiques. On a envie de dire : et alors ?

Une curiosité historique : les membres de droit

157 Dans la République italienne, bonne mère, les anciens présidents de la République sont sénateurs à vie. En France, le général de Gaulle ayant souhaité en 1958 que le Conseil bénéficie de l'expérience des deux anciens présidents de la IVe République, fît qu'ils deviennent membres à vie du Conseil constitutionnel, sans songer un moment à ce qu'il pourrait devenir. Il ne fut pas récompensé d'ailleurs : Vincent Auriol n'y siégea que jusqu'en mai 1960 pour protester alors contre le refus du Général de convoquer le Parlement en session extraordinaire – mais vint y siéger lors de la délibération concernant la loi référendaire de 1962 instituant l'élection du président de la République au suffrage universel. Cependant, René Coty y siégea cependant jusqu'à sa mort en 1962. Le Conseil constitutionnel, pour tempérer quelque peu cette anomalie constitutionnelle, a clairement assimilé les membres de droit et les membres nommés (Cons. const., décis. n° 84-983 AN, 7 nov. 1984, *AN, Puy-de-Dôme [2e circ.]*) ; « *sous la seule réserve de la dispense du serment, les membres de droit sont soumis aux mêmes obligations que les autres membres du Conseil* ». Par une autre décision, le Conseil constitutionnel a confirmé cette interprétation tout en précisant le régime des incompatibilités : si un ancien chef d'État exerce un mandat électoral ou une fonction incompatible, il ne peut siéger (Cons. const., décis. n° 94-354 DC, 11 janv. 1995, *Loi organique relative à la déclaration de patri-*

moine des membres du Parlement et aux incompatibilités applicables aux membres du Parlement et à ceux du Conseil constitutionnel). Mais, ne pouvant démissionner, il ne peut pas non plus être remplacé. Il pourrait cependant être démissionné d'office par le Conseil – mais provisoirement et jusqu'à quand ? – en cas de manquement à ses obligations ou suite à une condamnation pénale le privant de ses droits civiques. Sous la Ve République, ni le général de Gaulle, ni François Mitterrand ne voulurent siéger au Conseil. L'ancien président Giscard d'Estaing a décidé d'y siéger depuis juin 2004 aux côtés de membres qu'il avait désigné – ce qui est assez cocasse – tout en méconnaissant régulièrement son devoir de réserve. Rappelons qu'en 1984, l'intéressé fut élu député. Saisi d'un recours contre son élection, le Conseil constitutionnel a indiqué qu'il n'était pas inéligible, une inéligibilité ne pouvant résulter que d'une disposition législative expresse dès lors qu'un membre du Conseil pouvait alors être candidat. Il en profite pour indiquer que cette élection fait obstacle temporairement, s'agissant d'un membre de droit et non définitivement s'agissant d'un membre nommé, à ce qu'il siège au Conseil (Cons. const., décis. n° 84-983, 7. nov 1984, préc.). Tout en percevant ses indemnités, il n'a jamais siégé dans le cadre d'une QPC à laquelle il est hostile et rarement dans le cadre du contrôle *a priori*.

L'activité des membres de droit, bien que rémunérée à temps plein, est intermittente. Notons qu'ils bénéficient en outre en tant qu'ancien président de la République d'un statut depuis 1955 codifié par un courrier du 8 janvier 1985 du Premier ministre à M. Valéry Giscard d'Estaing portant à la connaissance de celui-ci les règles fixant de manière permanente le statut dans la Nation des anciens présidents de la République. Ils perçoivent une indemnité mensuelle correspondant à celle d'un traitement de conseiller d'État (6 000 euros environ), disposent « *d'un appartement de fonction meublé et équipé dont la maintenance et les charges sont prises en charge par l'État, de deux personnes affectées au service de cet appartement, de deux fonctionnaires de police pour leur protection rapprochée, d'une voiture de fonction avec chauffeur et de sept collaborateurs* ». Cette lettre du 28 septembre 2016 bien que non publiée constitue un acte réglementaire, ces règles « *n'ayant pas pour objet et ne sauraient avoir pour effet d'affecter ces moyens au financement d'une campagne électorale à laquelle un ancien Président de la République aurait décidé de se porter candidat* » (CE, 28 sept. 2016, *Association pour la prévention de la corruption et pour l'éthique en politique (ANTICOR)*).

Enfin, un membre de droit ne peut démissionner du Conseil mais simplement se mettre en congé. Pour autant, alors qu'un membre ne peut exercer de mandat électif, un ancien président de la République est-il condamné à ne pouvoir se représenter à l'élection présidentielle ? La question, qui ravit les esprits retors, est régulièrement posée. Pour amusante qu'elle soit, elle a déjà été tranchée par le Conseil constitutionnel, il y a plus de vingt ans : « *Considérant qu'aux termes de l'article 57 de la Constitution : "Les fonctions de membre du Conseil constitutionnel sont incompatibles avec celles de ministre ou de membre du Parlement", que si cette disposition établit l'incompatibilité des fonctions de membre du Conseil constitutionnel avec celles de membre du Parlement, elle n'édicte pas l'inéligibilité d'un membre du Conseil constitutionnel à un mandat parlementaire ; qu'une telle inéligibilité n'est prévue par aucune autre disposition ; que la qualité de membre de droit du Conseil constitutionnel d'un ancien Président de la République, qui résulte de l'article 56 de la Constitution, ne saurait priver celui-ci, en l'absence de disposition expresse en ce sens, du droit normalement reconnu à tout citoyen, dans les conditions et sous les réserves prévues par la loi, d'être candidat à tout mandat électif; qu'il résulte seulement de la combinaison des articles 56 et 57 de la Constitution que l'élection au Parlement d'un ancien Président de la République fait obstacle à ce que celui-ci siège au sein du Conseil constitutionnel ; qu'il suit de là que le moyen sus-analysé doit être écarté* » (Cons. const., décis. n° 93-1171/1172 AN, 8 juin 1993, *A.N., Puy-de-Dôme (3e circ.)*).

Une catégorie en voie de disparition

Le président Jacques Chirac a commencé à siéger en 2007, mais il n'y siège plus depuis le 9 décembre 2010. Son état de santé, puis ses ennuis judiciaires – en décembre 2011, il sera condamné à deux ans de prison avec sursis dans le cadre de l'affaire des emplois fictifs de la mairie de Paris – l'ont invité à se mettre définitivement en retrait par une lettre de mars 2011 du président du Conseil constitutionnel. Le président Sarkozy y a siégé à partir de juin 2012 jusqu'en janvier 2013 à compter de l'examen de ses comptes de campagne. Leur rejet le 4 juillet 2013 a provoqué sa « démission » même si formellement, un membre de droit ne peut démissionner. En tout état de cause, président des Républicains de décembre 2014 jusqu'au mois d'août 2016, il ne pouvait plus y siéger, conformément à la jurisprudence du Conseil et au décret du 13 novembre 1959.

Le comité Vedel en 1993 – puis le comité Balladur en 2008 et la commission Jospin en 2012 – a proposé, sans succès, la suppression de cette catégorie problématique de membres, d'autant que, du fait de l'allongement de la vie, du raccourcissement du mandat présidentiel à cinq ans et de l'alternance et bien que François Hollande y ait d'ores et déjà renoncé, on pourrait imaginer un Conseil comprenant au moins quatre anciens chefs de l'État, une sorte de club présidentiel. Et l'amendement voté en ce sens par le Sénat en 2008 a été rejeté par l'Assemblée nationale en deuxième lecture, le président Sarkozy n'y semblant pas favorable à l'époque. Inédite en démocratie, elle n'a aucun sens dans une juridiction appelée à dire le droit. Suivant les propositions des diverses commissions de révision constitutionnelle, le président François Hollande a préparé, en décembre 2012, une réforme visant à la supprimer. Le projet de loi constitutionnelle présenté en Conseil des ministres le 13 mars 2013 prévoyait donc de mettre fin à cette règle, sans pour autant remettre en cause la qualité de membre de droit des anciens présidents de la République siégeant actuellement au Conseil constitutionnel – afin d'éviter toute rétroactivité. Faute d'une majorité des 3/5e au Congrès, cette révision n'a pas été adoptée sous le quinquennat de François Hollande mais son successeur, Emmanuel Macron, a promis d'y revenir (Conseil des ministres, 14 juin 2017).

Le président du Conseil constitutionnel

158 Placé au huitième rang protocolaire dans les préséances publiques, le président du Conseil constitutionnel se trouve juste derrière les anciens premiers ministres et juste avant le vice-président du Conseil d'État, le premier président de la Cour de cassation étant en quinzième position ce qui en dit long sur la considération que les pouvoirs publics ont pour l'autorité judiciaire en France.

Sa désignation

Il est désigné par le président de la République parmi les membres nommés ou de droit – ce qu'on oublie – et ne peut être révoqué par lui. Le général de Gaulle songea ainsi à nommer le président Coty à la tête du Conseil constitutionnel, offre qu'il déclina : « *En ce qui concerne la présidence du Comité (sic), j'ai déféré à votre intention de ne pas l'exercer (...). Il est vrai que, pour les anciens présidents de la République, le fait qu'ils sont membres de droit les place dans des conditions très différentes de celles où se trouvent les autres membres. D'autre part, comment eût-on interprété le choix qui eût été fait de l'un deux par rapport à l'autre* (Vincent Auriol) ? » (Lettre du général de Gaulle à René Coty du 19 février 1959, Lettres, Notes et Carnets, juin 1958-décembre 1959, Plon, 1985, p. 193). Et la nomination d'un membre de droit conduirait à nommer à vie le président du Conseil constitutionnel ce qui est original mais que rien d'interdit (on laissera court à l'imagination de chacun). En pratique, le président a toujours été désigné parmi les membres que le chef de l'État avait lui-même nommés, à l'exception d'Yves Guéna, qui, président par intérim après la « mise en congé » de Roland Dumas, fut nommé par Jacques Chirac alors qu'il avait initialement été nommé par le président du Sénat.

Le président est généralement nommé pour la durée de son mandat, soit neuf ans, soit celui qui lui reste à courir. Il est toujours une personnalité proche politiquement et/ou personnellement du chef de l'État. À l'issue de celui d'Yves Guéna, celui-ci fut remplacé par Pierre Mazeaud qui lui succéda pour trois ans. Le président peut démissionner de ses fonctions – comme d'ailleurs les autres membres –, tout en demeurant membre de la haute juridiction, pour laisser sa place à un autre. Tel fut le cas, en 1986, de Daniel Mayer, qui resta trois ans en fonction en raison d'un « engagement secret » pris avec le chef de l'État, laissant ensuite sa place à Robert Badinter qui quittait son poste de garde des Sceaux ce qui est étrange, voire paraître scandaleux mais est parfaitement légal. Enfin, au regard de ce jeu de chaises musicales, un futur président du Conseil constitutionnel peut aussi, pour ainsi dire, nommer un de ses membres. C'est une question de jours. Ainsi, le 22 février 2007, Jean-Louis Debré, président de l'Assemblée nationale désigna le Premier président de la Cour de cassation – une première –, Guy Canivet avant d'être désigné lui-même le lendemain par le président Chirac président du Conseil constitutionnel. Et, pour mieux encadrer le premier en termes de présentation, fut désigné par le président du Sénat, le vice-président du Conseil d'État, Renaud Denoix de Saint-Marc, pressenti un moment pour devenir le président du Conseil constitutionnel... On a pu aussi proposer l'élection du président par ses membres comme en Italie avec le risque d'une campagne électorale au sein du Conseil qui ne serait pas gage de sérénité pour l'avenir.

Un rôle décisif

Le président représente l'institution, dirige ses services. Ce rôle de représentation est essentiel, tant en France, avec notamment les deux autres Cours suprêmes mais aussi des barreaux, qu'à l'étranger. Il entretient ainsi des contacts avec les Cours constitutionnelles européennes et la Cour européenne des droits de l'Homme. Après avoir été initié par Robert Badinter, l'actuel président du Conseil constitutionnel, Laurent Fabius, ancien ministre des Affaires étrangères, s'est attaché à les développer dans le sens d'un échange non diplomatique mais jurisprudentiel, notamment avec la Cour constitutionnelle d'Allemagne fédérale.

Le président a aussi voix prépondérante en cas de partage égal des voix, un membre pouvant d'ailleurs en principe s'abstenir. Recherchant le consensus, il en use peu (deux fois par exemple entre 1974 et 1983 d'après les archives publiées).

La question passionnante s'est aussi posée de savoir si le doyen d'âge qui le supplée a voix prépondérante : le silence des textes et ce qu'on sait de la pratique en a fait douter un moment. Mais le doyen d'âge du Conseil, M. Yves Guéna, étant devenu président par intérim, l'interrogation n'a plus eu lieu d'être. Son rôle est évidemment décisif dans la mesure où il assure la représentation du Conseil, en France comme à l'étranger, dirige ses services et désigne les rapporteurs des affaires, aidé en cela par le Secrétaire général qu'il choisit. Ce dernier, parfois surnommé le « dixième membre » est, sauf une exception (un magistrat de l'ordre judiciaire), issu du Conseil d'État. Sous la présidence de Jean-Louis Debré en la personne de Marc Guillaume, il a pu apparaître comme une sorte membre suppléant ou de vice-président dudit Conseil. Le 4 mars 2015, ce dernier a été remplacé par M. Laurent Vallée, maître des requêtes au Conseil d'État.

Section 2

Le statut des membres du Conseil constitutionnel (Const., art. 57)

> **Article 57 de la Constitution**
> *« Les fonctions de membre du Conseil constitutionnel sont incompatibles avec celles de ministre ou de membre du Parlement. Les autres incompatibilités sont fixées par une loi organique. »*

L'entrée en fonction a lieu, sauf dans les cas de remplacement en cours de mandat, au début du mois de mars tous les trois ans. Les membres nommés au Conseil constitutionnel prêtent serment devant le président de la République. Ils jurent de bien et fidèlement remplir leurs fonctions et de les exercer en toute impartialité dans le respect de la Constitution, ainsi que de *« garder le secret des délibérations et des votes »*. Seuls les membres de droit sont dispensés de prêter serment. Notons que la loi organique du 15 juillet 2008, prise en application de l'article 63 de la Constitution, a fixé le délai d'accès aux archives du Conseil à vingt-cinq ans.

Les caractères non révocable et non renouvelable du mandat (sauf si un membre a été nommé en remplacement pour une durée inférieure à trois ans) sont les garanties traditionnelles d'indépendance des membres, à condition de ne pas avoir de perspective de carrière. C'est pourquoi, les membres nommés le sont le plus souvent à l'approche de la retraite pour éviter que le Conseil devienne un marchepied pour l'avenir. Cela n'est heureusement que fort rarement arrivé. Pour le reste, le régime des incompatibilités mais aussi des interdictions offre toutes garanties.

Les incompatibilités

159 Le statut des membres du Conseil constitutionnel est en partie défini par l'ordonnance du 7 novembre 1958 portant loi organique relative au Conseil constitutionnel, plusieurs fois modifiée, et, à titre complémentaire, par un décret du 13 novembre 1959 relatif à leurs obligations.

Le régime des incompatibilités prescrit par l'article 57 de la Constitution interdit le cumul de la fonction de membre du Conseil constitutionnel avec celle de ministre ou de membre du Parlement. L'ordonnance du 7 novembre 1958 complète et précise l'article 57 de la Constitution, disposant en particulier que les fonctions de membre du Conseil constitutionnel sont incompatibles avec celles de membre du Conseil économique, social et environnemental, ainsi qu'avec celles de Défenseur des droits. C'était bien le moins... La loi organique du 19 janvier 1995 a heureusement étendu cette incompatibilité à l'exercice de tout mandat électoral, ce qui est mieux.

Les incompatibilités professionnelles sont les mêmes que celles des parlementaires. La commission Jospin avait proposé un renforcement des incompatibilités, particulièrement en interdisant qu'un membre du Conseil constitutionnel puisse demeurer avocat pour des raisons évidentes de conflit d'intérêt mais aussi d'image : il a pu en effet arriver qu'un membre du Conseil en robe plaide devant des magistrats interloqués. En vertu de la loi organique nº 2013-906 du 11 octobre 2013 relative à la transparence de la vie publique, l'exercice des fonctions de membre du Conseil constitutionnel est désormais incompatible avec l'exercice de toute fonction publique et de toute autre activité professionnelle ou salariée, et donc avec l'exercice de la profession d'avocat. Les membres du Conseil constitutionnel peuvent toutefois se livrer à des travaux scientifiques, littéraires ou artistiques et donc écrire des romans. Pendant la durée de leurs fonctions, les membres du Conseil constitutionnel ne peuvent être nommés à aucun emploi public ni, s'ils sont fonctionnaires publics, recevoir une promotion au choix mais, étonnamment, se faire décorer.

En cas de difficulté, le Conseil statue sur la compatibilité entre la qualité de membre et l'activité en cause.

Le devoir de réserve

160 En prêtant serment (décret nº 59-1292 du 13 novembre 1959), le membre souscrit à ses termes. Il a « *pour obligation générale de s'abstenir de tout ce qui pourrait compromettre l'indépendance et la dignité de leurs fonctions [article 1er]. [Ils] s'interdisent pendant la durée de leurs fonctions :*

- de prendre aucune position publique ou de consulter sur des questions susceptibles de faire l'objet de décisions de la part du Conseil ;

- d'occuper au sein d'un parti ou d'un groupement politique tout poste de responsabilité ou de direction et, de façon plus générale, d'y exercer une activité inconciliable avec les dispositions de l'article 1er ci-dessus ».

Les manquements manifestes au devoir de réserve, dans l'exercice de leurs fonctions, ont été très peu nombreux et n'ont jamais d'ailleurs été sanctionnés, le Conseil – qui est aussi un club dans le bon sens du mot – réglant en interne ce genre de difficultés étant entendu qu'il en a seul la compétence (CE, 6 mai 2005, *M. René Georges Hoffer*). Ainsi, l'article 4 du décret précité ne prévoit la possibilité de se « mettre en congé » que pour solliciter un mandat électif. Pourtant, c'est sur ce fondement que Madame Veil en 2005 a été autorisée par le Conseil à participer à la campagne du référendum sur le traité instituant une Constitution pour l'Europe, le privant ainsi provisoirement de l'un de ses membres. Heureusement, si l'on peut dire, M. Giscard d'Estaing – membre de droit – s'étant engagé aussi dans la campagne, ne se mit pas congé ayant la délicatesse de ne pas siéger quant à des décisions avaient trait à la construction européenne. Et si un ou deux autres de leurs collègues (l'un d'eux, Pierre Joxe, en avait l'intention) avaient sollicité la même faveur, comme l'avait relevé le ministre de l'Éducation de l'époque, François Fillon, le Conseil aurait été ainsi, *de facto*, empêché de délibérer. C'est le passé.

Quant aux consultations que pouvaient rendre certains membres du Conseil hors les murs, elles sont devenues impossibles du fait de l'introduction de la QPC qui par définition peut porter sur toute question d'ordre constitutionnel. D'ailleurs, cette faculté est désormais caduque du fait de la loi organique n° 2013-906 du 11 octobre 2013 précitée qui interdit le cumul avec toute autre activité. Quant à l'interdiction d'occuper pendant la durée des fonctions tout poste de responsabilité ou de direction au sein d'un parti ou groupement politique, elle va de soi, seul pouvant être concerné dans un passé récent, M. Nicolas Sarkozy.

Les sanctions résident en une : la démission d'office. Votée à la majorité simple des membres composant le Conseil, elle peut être prononcée en cas d'actes incompatibles avec l'exercice de fonctions voire de privation des droits civils et politiques à la suite d'une condamnation pénale. Cette procédure n'a jamais été mise en œuvre bien que Roland Dumas, mis en examen dans l'affaire *Elf* décidant de suspendre l'exercice de ses fonctions le 24 mars 1999, ait vu passer tout près le boulet du canon, une majorité de membres le contraignant à démissionner ce qu'il fera le 1er mars 2000. Il obtiendra cependant la relaxe en appel en janvier 2003 et sera reconnu innocent de l'ensemble des chefs d'accusation qui l'avaient amené devant la justice.

Enfin, les ouvrages de mémoires rendant compte de l'expérience des membres du Conseil sont peu nombreux à méconnaître le devoir de réserve alors que chaque membre, lors de son entrée en fonction, jure « *de garder le secret des délibérations et des votes* ». Ainsi Pierre Joxe a publié quelques semaines avant son départ un livre – expliquant qu'il a siégé pendant neuf ans à contrecœur mais qu'il aurait dû démissionner compte tenu de certaines décisions auxquelles il était opposé. Jean-Louis Debré, avant de devenir animateur radio-TV, au lendemain de sa sortie, raconte *« ce qu'il ne pouvait pas dire »* et notamment certaines délibérations du Conseil qu'il présidait comme si le fait d'avoir quitté la plus haute juridiction française l'exonérait du devoir de réserve dont la méconnaissance ne peut en tout état de cause être sanctionnée. Au contraire, Dominique Schnapper a réussi le tour de force de publier un ouvrage d'analyse profond sur son expérience, sans méconnaître ce devoir.

Section 3
Le Conseil constitutionnel et les consultations populaires (Const., art. 58 à 60)

En vertu des articles 58, 59 et 60 de la Constitution, le Conseil constitutionnel est compétent pour les consultations nationales que sont les élections législatives, sénatoriales, l'élection présidentielle et le référendum. Pour les deux dernières, il est investi de compétences à la fois consultatives, opérationnelles et contentieuses.

§ 1. Le Conseil constitutionnel et l'élection présidentielle (Const., art. 58)

> **Article 58 de la Constitution**
> *« Le Conseil constitutionnel veille à la régularité de l'élection du président de la République. Il examine les réclamations et proclame les résultats du scrutin. »*

Le Conseil joue un rôle diversifié au cours de l'élection, ses décisions ayant en principe l'autorité de chose jugée.

Un rôle pluriel

161 En application de la loi n° 62-1292 du 6 novembre 1962 relative à l'élection du président de la République et de l'article 46 de l'ordonnance n° 58-1067 du 7 novembre 1958, le Conseil constitutionnel doit être rendu destinataire de tous les actes préparatoires qui précèdent l'élection, adoptés en vue d'organiser le scrutin, par le gouvernement et les instances administratives concernés. Le Conseil constitutionnel reçoit et vérifie la validité des présentations ou « parrainages » de candidatures (voir Titre II, art. 6). Il s'assure du consentement des personnes présentées et constate le dépôt de leur déclaration de situation patrimoniale. Le Conseil surveille les opérations de vote grâce à des délégués, recense les suffrages des candidats, examine les recours (électeurs et candidats) concernant l'ensemble des opérations électorales et, enfin, proclame les résultats.

Après la proclamation des résultats, le Conseil constitutionnel est juge de plein contentieux sur les recours des candidats contestant les décisions rendues sur leurs comptes de campagne par la Commission nationale des comptes de campagne et des financements politiques (CNCCFP) : le rejet du compte prive le candidat de remboursement. Pour la première fois, dans sa décision n° 2013-156 PDR du 4 juillet 2013 sur un recours de M. Nicolas Sarkozy dirigé contre la décision du 19 décembre 2012 de la Commission nationale des comptes de campagnes et des financements politiques, le Conseil a jugé que c'était à bon droit que la Commission nationale des comptes de campagne et des financements politiques a rejeté son compte de campagne.

L'autorité des décisions du Conseil constitutionnel

162 V. ss 182.

§ 2. Le Conseil constitutionnel, juge de l'élection des députés et sénateurs (Const., art. 59)

> **Article 59 de la Constitution**
> *« Le Conseil constitutionnel statue, en cas de contestation, sur la régularité de l'élection des députés et des sénateurs. »*

« L'attitude de la troisième législature de la quatrième République remplaçant d'autorité onze poujadistes par leurs adversaires devait discréditer à la fois ses bénéficiaires et le système même de la vérification des pouvoirs » (Marcel Prélot). La Constitution de 1958 rompt avec la tradition parlementaire de vérification des pouvoirs par les chambres en confiant ce contrôle au Conseil constitutionnel. Notons que l'article 6, § 1 de la Convention européenne de sauvegarde des droits de l'homme et des libertés fondamentales concerne les litiges de caractère « civil » et qu'en raison du caractère politique du contentieux électoral, la Cour européenne des droits de l'homme a jugé que le Conseil constitutionnel échappe à son contrôle lorsqu'il statue comme juge électoral (CEDH 21 oct. 1997, *Jean-Pierre Bloch*). Le contentieux électoral demeure en volume l'activité la plus importante du Conseil alors qu'elle est intermittente (2 870 décisions depuis 1959).

Les opérations préliminaires

163 Le Conseil a strictement délimité sa compétence, précisant *« qu'il ne peut être valablement saisi de contestations autres que celles dirigées contre l'élection d'un parlementaire »* (Cons. const., décis. n° 58-34, 12 déc. 1958, *Rebeuf*), à l'image du Conseil d'État déclinant de même sa compétence s'agissant de l'ensemble des opérations électorales y compris des actes préparatoires à l'élection (CE, 11 janv. 1963, *Rebeuf*). Or, saisi à la suite de la dissolution de 1981 du décret convoquant les électeurs, le Conseil d'État a cru utile de réaffirmer son incompétence (CE, 3 juin 1981, *Delmas*). Le Conseil constitutionnel s'est engouffré dans la brèche en acceptant de connaître d'un tel recours et s'est donc déclaré compétent, tout

en rejetant la requête au fond (Cons. const., décis. n° 81-1 ELEC, 11 juin 1981, *Delmas*). Qualifiée d'exceptionnelle, cette voie de recours n'est ouverte que dans la mesure où l'irrecevabilité *« risquerait de compromettre gravement l'efficacité du contrôle par le Conseil constitutionnel de l'élection des députés ou des sénateurs, vicierait le déroulement général des opérations électorales et ainsi pourrait porter atteinte au fonctionnement normal des pouvoirs publics »* (Cons. const., décis. n° 82-2 ELEC des 16 et 20 avril 1982, *Bernard et autres*, Rec., p. 109). Le Conseil d'État à son tour, et dès l'année suivante, s'est reconnu compétent pour connaître d'abord de la légalité d'une circulaire du ministre de l'Intérieur relative à la présentation des candidatures à l'élection présidentielle (CE, 28 sept. 1983, *Bauby*) puis en 1993 des actes préliminaires aux élections législatives (CE, ass., 12 mars 1993, *Union nationale écologiste* ; CE, sect., 26 mars 1993, *Parti des travailleurs*).

Le Conseil constitutionnel, juge électoral

164 Notons que le Conseil constitutionnel a réaffirmé, à de nombreuses occasions, la règle selon laquelle il ne peut être appelé à statuer sur la conformité d'une loi à la Constitution que dans les cas et suivant les modalités définis par l'article 61. Il ne lui appartient donc pas, lorsqu'il se prononce en qualité de juge de l'élection en vertu de l'article 59 de la Constitution, d'apprécier la constitutionnalité d'une loi. Il peut cependant exercer un contrôle de conventionnalité, comme il l'a fait au sujet de la loi du 11 juillet 1986 relative au mode de scrutin pour l'élection des députés à l'Assemblée nationale, jugeant de sa compatibilité avec le Protocole n° 1 additionnel à la Convention européenne des droits de l'homme (Cons. const., décis. n° 88-1082/1117 AN, 21 oct. 1988, *Val-d'Oise 5e*). Et, sur le fondement de l'article 61-1 de la Constitution, le Conseil constitutionnel a décidé d'examiner la conformité à la Constitution d'une disposition législative relative au mode d'élection des sénateurs au moyen d'une QPC (Cons. const., décis. n° 2011-4538, 13 janv. 2012, *Élections sénatoriales dans le département du Loiret*).

La saisine du Conseil constitutionnel

Elle est ouverte dans le délai de 10 jours à compter de la proclamation des résultats par la commission de recensement des votes le lundi soir suivant le jour de l'élection (le dimanche). Tout électeur de la circonscription ou tout candidat à l'élection peut saisir le Conseil par une requête. Le juge constitutionnel n'examinera que les moyens qui sont soulevés par le requérant et nul autre. Par ailleurs, il sera possible au requérant de développer son argumentation mais non d'invoquer des moyens nouveaux : ils sont irrecevables. Cependant, si le moyen nouveau est d'ordre public, il peut être soulevé à n'importe quel moment de la procédure, comme par exemple le cas d'inéligibilité (Cons. const. 5 juill. 1973, *AN Landes*).

L'instruction des requêtes

V. ss 183, article 63.

Les pouvoirs de réformation des résultats

S'agissant de l'élection elle-même, le juge constitutionnel peut, en droit, soit réformer le résultat et proclamer élu un autre candidat, soit annuler l'élection. Ses décisions ont autorité absolue de chose jugée même si un recours est possible devant la Cour européenne des droits de l'homme (CEDH 21 oct. 1997, *Pierre-Bloch c. France*). C'est dans cet esprit que le Conseil constitutionnel, dans sa décision du 10 novembre 1998, s'est refusé, dans le cadre d'une enquête du juge pénal relative à des inscriptions irrégulières, à communiquer à celui-ci le rapport d'instruction devant la section d'instruction du Conseil. S'il a opposé, à raison, le principe traditionnel du secret des délibérés, il a voulu aussi que ne soit pas indirectement remise en cause, par le juge pénal, l'autorité absolue de chose jugée de ses décisions. En outre, il admet, depuis une décision du 23 octobre 1987, le recours en rectification d'erreurs matérielles, sans pour autant que cette rectification à laquelle il procède mette en cause l'autorité de la chose jugée de sa décision.

Le Conseil veille à la sincérité réelle du scrutin, moins qu'à sa régularité formelle. Il use en conséquence de son pouvoir d'annulation de l'élection en combinant deux critères. Le premier est quantitatif : l'écart de voix entre les deux candidats doit être très faible. Il faut ensuite que la manœuvre frauduleuse soit d'une telle gravité qu'elle ait porté atteinte à la sincérité du scrutin, c'est-à-dire que le Conseil est en présence « *d'éléments permettant de constater, avec certitude, que l'irrégularité a profité à l'un ou l'autre des candidats* » (Cons. const., décis. n° 78-874 AN, 12 juill. 1978). En clair, le Conseil n'annulera l'élection dès lors que « *l'irrégularité ainsi commise a été de nature, eu égard à l'écart (de) voix séparant les deux candidates, à exercer une influence suffisante pour altérer la sincérité du scrutin* » (Cons. const., décis. n° 88-1072 AN, 21 oct. 1988). Ce réalisme peut conduire le Conseil à constater l'existence de manœuvres « *condamnables ou blâmables* », sans pour autant annuler l'élection, dès lors que l'écart de voix est significatif. Cependant, il s'autorise exceptionnellement à s'écarter de ces principes si une grave irrégularité a eu pour effet d'empêcher pratiquement son contrôle : la falsification d'éléments chiffrés dans les feuilles de pointage et de résultats ainsi que dans les procès-verbaux justifie l'annulation d'une élection, tant la gravité de « *la fraude organisée* » ne permet pas « *de déterminer exactement le nombre de suffrages qui doivent être attribués à chacun des deux candidats* », ni de proclamer élu le candidat battu (Cons. const., décis. n° 98-2562/2568 AN, 3 févr. 1999). Jusqu'à très récemment, le Conseil constitutionnel se contentait donc de réformer les résultats (rectifier le décompte des voix s'il est inexact), sans pour autant procéder à leur inversion. Mais par une décision du 12 février 2015, le Conseil a pour la première fois proclamé élu le candidat battu : alors que les deux prétendants à un siège de sénateur dans le département du Vaucluse avaient obtenu une moyenne identique, il résultait de l'instruction qu'un bulletin de vote en faveur de l'un d'entre eux avait été considéré à tort comme nul. Le Conseil a donc estimé qu'il y avait lieu « *de réformer sur ce point la proclamation du résultat des opérations électorales en cause et de proclamer [le candidat battu] sénateur du département du Vaucluse* » (Cons. const., décis. n° 2014-4902 SEN, 12 févr. 2015, *Vaucluse*).

Les pouvoirs de réformation des comptes de campagne

Le Conseil examine le rejet du compte de campagne d'un candidat prononcé par la Commission nationale des comptes de campagne. Il n'est pas lié par la décision de cette autorité administrative et peut donc soit l'infirmer, soit la confirmer. Dans ce cas, le candidat est déclaré inéligible pour un an, et s'il était élu, le Conseil annule alors l'élection. Indépendamment de la saisine de la Commission, il peut, dès lors que ce grief a été précisé dans la requête contre l'élection, constater la violation des règles de financement et prononcer l'annulation de l'élection. Mais dans l'hypothèse d'un compte de campagne validé par la Commission au sujet d'une élection qui n'est pas contestée ou au sujet de laquelle aucun grief n'a été soulevé par la requête, le Conseil ne dispose d'aucun pouvoir de vérification, lors même que les décisions de la Commission nationale des comptes de campagne sont de simples décisions administratives. C'est bien regrettable mais c'est ainsi.

La sanction d'inéligibilité

Un expert patenté en fraude électorale pouvait avant 2011 voir son élection annulée mais se représenter à l'élection partielle suivante alors qu'un candidat en cas de non-dépôt de ses comptes ou d'irrégularités, même de bonne foi, se voyait déclarer obligatoirement inéligible pour un an par le Conseil constitutionnel. La loi organique n° 2011-410 du 14 avril 2011 a heureusement mis fin à cette situation. La sanction politique de l'inéligibilité – d'une durée maximale portée à trois ans – est désormais à la discrétion du Conseil en cas :

a) de non-dépôt du compte de campagne dans les conditions et délai prescrits ;

b) de rejet d'un compte de campagne en raison d'une volonté de fraude ou de manquement d'une particulière gravité aux règles relatives au financement des campagnes électorales ;

c) pour dépassement du plafond des dépenses électorales comme cela était précédemment le cas.

L'inéligibilité s'applique à toutes les élections. Toutefois, elle n'a pas d'effet sur les mandats acquis antérieurement à la date de la décision à compter de laquelle elle prend effet tandis que le régime des incompatibilités est suspendu. Enfin, le député visé par une contestation ne peut démissionner avant la décision du Conseil constitutionnel – il serait tentant pour un candidat fâché avec ses comptes, de vouloir échapper à une sanction éventuelle pour se représenter à l'élection partielle suivante.

Les élections législatives de juin 2012 ont donné lieu à 108 requêtes de candidats ou d'électeurs dont 53 ont été rejetées sans instruction contradictoire préalable parce qu'irrecevables ou infondées. Sur les 55 autres soumises à instruction, le Conseil constitutionnel a procédé à l'audition des parties (huit requêtes) et à une audience liée à l'examen d'une question prioritaire de constitutionnalité. Au final, Le Conseil a prononcé l'annulation de l'élection de sept députés :

- deux pour des motifs d'éligibilité du candidat remplaçant,
- deux pour des motifs touchant aux opérations électorales
- trois en raison de l'inéligibilité du député élu qui peut être prononcée par le Conseil à la suite du rejet de son compte de campagne.

§ 3. Le Conseil constitutionnel et les opérations référendaires (Const., art. 60)

> **Article 60 de la Constitution**
> *« Le Conseil constitutionnel veille à la régularité des opérations de référendum prévues aux articles 11 et 89 et au titre XV. Il en proclame les résultats. ».*

165 En matière de référendum, la Constitution confère au Conseil un rôle très proche de celui qu'il exerce pour l'élection présidentielle, en tant conseil, administrateur et juge. Tout se joue cependant avant le scrutin dans la simple mesure où il paraît difficilement imaginable que le Conseil constitutionnel puisse l'annuler alors qu'il est l'expression directe de la volonté populaire.

Le gouvernement doit ainsi consulter le Conseil constitutionnel sur les opérations de référendum ; ce dernier contrôle en outre la régularité de la campagne, du scrutin, et en proclame les résultats. Le Conseil émet un avis non publié sur les projets de décrets, de circulaires, de documents électoraux, ainsi que sur diverses délibérations du Conseil supérieur de l'audiovisuel. Quoique consultatif, cet avis est en pratique un avis conforme.

Le Conseil constitutionnel a considéré jusqu'en 2000 que ses pouvoirs consultatifs étaient exclusifs de ses pouvoirs contentieux. Dans la décision du 23 décembre 1960 « Le Regroupement national », il a par exemple estimé irrecevable une requête présentée contre l'absence d'inscription d'un parti sur la liste des organisations participant à la campagne. Dès lors, à l'exception du décret initial, considéré par lui comme un acte de gouvernement, le Conseil d'État statuait sur tous les autres actes d'organisation de la campagne. Mais le Conseil constitutionnel, il s'est reconnu compétent depuis juillet 2000 pour statuer à titre juridictionnel sur les décrets réglementaires propres à un référendum – il en va de même pour l'élection présidentielle et pour les décrets de convocation des élections parlementaires. Sa compétence comprend désormais les décrets relatifs à la convocation, à l'organisation et à la campagne du référendum (Cons. const., décis. 25 juill., 23 août et 6 sept. 2000, *Hauchemaille* ; 23 août 2000, *Larrouturou* ; 6 sept. 2000, *Pasqua* ; 11 sept. 2000, *Meyet*) tandis que le Conseil d'État reste compétent pour les autres actes préparatoires (Cons. const. 3 mai 2005, Rassemblement pour la France). Cette solution a été approuvée par le Conseil d'État (Meyet, Larrouturou et autres, Assemblée, 1er septembre 2000).

Section 4

Le contrôle *a priori* obligatoire ou facultatif (Const., art. 61)

> **Article 61 de la Constitution**
>
> *« Les lois organiques, avant leur promulgation, les propositions de loi mentionnées à l'article 11 avant qu'elles ne soient soumises au référendum, et les règlements des assemblées parlementaires, avant leur mise en application, doivent être soumis au Conseil constitutionnel qui se prononce sur leur conformité à la Constitution.*

> *Aux mêmes fins, les lois peuvent être déférées au Conseil constitutionnel, avant leur promulgation, par le président de la République, le Premier ministre, le président de l'Assemblée nationale, le président du Sénat ou soixante députés ou soixante sénateurs.*
> *Dans les cas prévus aux deux alinéas précédents, le Conseil constitutionnel doit statuer dans le délai d'un mois. Toutefois, à la demande du gouvernement, s'il y a urgence, ce délai est ramené à huit jours.*
> *Dans ces mêmes cas, la saisine du Conseil constitutionnel suspend le délai de promulgation.* »

166 Le contrôle *a priori* de l'article 61, s'il vise à titre principal mais facultatif, les lois sur saisine d'au moins 60 députés ou 60 sénateurs, concerne à titre obligatoire les lois organiques, les règlements des assemblées et les propositions de référendum de l'article 11 dans le cadre du référendum d'initiative partagée. Le contrôle *a posteriori* de l'article 61-1 a lieu sur renvoi du Conseil d'État ou de la Cour de cassation à l'occasion d'une instance en cours devant une juridiction où il est soutenu qu'une disposition législative porte atteinte aux droits et libertés que la Constitution garantit.

§ 1. Les normes de référence du contrôle de constitutionnalité

Le Conseil constitutionnel a pour mission de faire respecter la primauté de la Constitution, au sommet de la hiérarchie des normes. C'est le cœur son activité et, dans le cadre de l'insertion du droit français dans le droit européen, il constitue la garantie de la préservation du fonds commun des valeurs propres à la nation par le truchement du contrôle de constitutionnalité, *a priori* et *a posteriori*, au bénéfice des citoyens. Il a ainsi à connaître, comme on l'a vu, des traités internationaux et européens qui peuvent inclure des dispositions non conformes à la Constitution (Const., art. 54). Il apprécie, *a priori*, dans le cadre de l'article 61, et *a posteriori*, dans le cadre de l'article 61-1 et de la question prioritaire de constitutionnalité, la conformité des lois exclusivement par rapport aux normes constitutionnelles. Il use pour ce faire des techniques spécifiques empruntées au Conseil d'État mais aussi aux cours constitutionnelles européennes. Ainsi, par analogie avec le droit administratif, il exerce deux types de contrôle. Celui de la constitutionnalité dite « externe » du texte soumis permet d'assurer le respect des règles de forme, de procédure et de compétence. Celui de la constitutionnalité interne vise les règles constitutionnelles de fond, singulièrement les règles garantissant les droits et libertés fondamentaux issues du bloc de constitutionnalité, qu'il s'agisse de la violation directe de la norme constitutionnelle.

La Constitution est au sommet de la hiérarchie des normes

167 Placée au sommet de l'édifice juridique, la Constitution se définit par sa place au sommet de la hiérarchie des normes. La norme suprême peut être l'objet de révision par la procédure ordinaire de l'article 89 et, dans des conditions controversées, par la voie de l'article 11. À l'occasion de l'examen du traité établissant une Constitution pour l'Europe, le Conseil constitutionnel a rappelé la « *place, au sommet de l'ordre juridique interne, de la Constitution française* » (Cons. const., décis. n° 2004-505 DC, 19 nov. 2004). Il a repris cette formulation dans sa décision sur le traité de Lisbonne (Cons. const., décis. n° 2007-560 DC, 20 déc. 2007). L'existence d'une hiérarchie des normes constitue l'une des plus importantes garanties de l'État de droit. Dans ce cadre, les compétences des différents organes de l'État doivent être précisément définies et les normes qu'ils édictent ne sont valables qu'à condition de respecter l'ensemble des normes de droit supérieures. Cet ordonnancement juridique s'impose à l'ensemble des personnes juridiques. Au sommet de cet ensemble pyramidal figure la Constitution et les normes en découlant, ce que l'on a coutume d'appeler le « bloc de constitutionnalité » : le Conseil constitutionnel s'attache à préserver sa primauté.

Suivent, après la Constitution, par ordre :

– les lois organiques, qui sont prises en application de la Constitution (v. Titre V, art. 46) ;

– la supériorité des normes internationales sur les lois (v. Titre VI, art. 55) ;

– la supériorité des lois sur les normes réglementaires (v. Titre V, art. 34) ;

Les lois s'imposent à l'ensemble des normes réglementaires qui doivent respecter leur champ d'application ;

– les ordonnances, qui sont prises en application des lois et qui leur sont donc subordonnées (v. Titre V, art. 38) ;

– les normes réglementaires sont subordonnées aux lois (v. Titre V, art. 37).

Le « bloc de constitutionnalité »

168 Disons d'emblée que cette notion de « bloc de constitutionnalité » inventée par Claude Emeri – par référence au « bloc de légalité » en droit administratif – est critiquée par une partie de la doctrine, qui y voit là un moyen commode pour désigner l'ensemble des normes de référence du juge de la constitutionnalité des lois, le contenant étant simplement défini par le contenu. Elle n'a pas cependant trouvé de solution alternative.

L'intégration du Préambule à la Constitution de 1958 par la décision du Conseil constitutionnel du 16 juillet 1971 et la naissance d'un « bloc de constitutionnalité »

En dehors de son Préambule, la Constitution de 1958 *stricto sensu* contient les principes relatifs aux institutions et répartit les compétences entre elles, d'un point de vue technique et procédural – il s'agit pour l'essentiel des règles d'organisation des pouvoirs publics. Si le texte même de la Constitution contient certains droits et libertés fondamentaux (Const., art. 2 : laïcité, liberté de conscience, principe d'égalité et de non-discrimination ; Const., art. 3 : droits civiques ; Const., art. 64 : indépendance de la magistrature ; Const., art. 66 : liberté individuelle et sa protection par l'autorité judiciaire), c'est le Préambule qui en est la source essentielle et, d'un point de vue « qualitatif », leur siège principal. Pendant longtemps, la doctrine fut partagée sur la valeur juridique du Préambule. Carré de Malberg lui déniait « toute efficacité de règles de droit positif » tandis que Duguit y voyait une loi dès lors que le texte a été voté par une assemblée constituante, Hauriou considérant quant à lui que « *le texte constitutionnel de la consti-*

tution sociale » avait la même valeur que la constitution politique. En 1958, nul n'imaginait cependant qu'insérés dans le Préambule de la Constitution, la Déclaration des droits de 1789 et le Préambule de 1946 puissent affirmer autre chose qu'un idéal. Pour autant, le Conseil d'État avait eu l'occasion de reconnaître pleinement la valeur juridique du Préambule de la Constitution de 1946 (CE, ass., 18 avr. 1947, *Jarrigion*). Au contraire, s'agissant du Préambule de la Constitution de 1958, le constituant n'entendait pas lui donner une quelconque valeur juridique. Sous la Ve République, le Conseil d'État a pourtant posé le principe selon lequel le Préambule avait la même valeur juridique que le texte de la Constitution (CE, sect., 12 févr. 1960, *Sté Eky*). Cette solution fut reprise par le Conseil constitutionnel, avec sa fameuse décision dite « Liberté d'association » (Cons. const., décis. n° 71-44 DC, 16 juill. 1971). Par un simple visa (« *Vu la Constitution et notamment son Préambule* »), il décide qu'il peut opérer le contrôle de constitutionnalité non seulement par rapport au texte de la Constitution, mais aussi par rapport à son Préambule et les normes qu'il contient, soit la Déclaration de 1789 et le Préambule de 1946 (Cons. const., décis. n° 81-132 DC, 16 janv. 1982, *Loi de nationalisation*). Les normes de référence de contrôle du Conseil se sont donc considérablement étendues et, avec elles, le rôle du Conseil constitutionnel depuis 1971, ce mouvement ayant été accéléré par la révision constitutionnelle de 1974 permettant la saisine par 60 députés ou 60 sénateurs.

Elle permettra aussi au Conseil de développer encore sa jurisprudence ouvrant la voie à une construction continue du « bloc », entamée en 1971 :

– le 16 juillet 1971 (*Liberté d'association*), le juge constitutionnel a reconnu pour la première fois un principe admis par les lois de la République visées par le Préambule de 1946, lui-même visé par celui de la Constitution de 1958 : il lui reconnaît donc valeur constitutionnelle. Il a donc tranché en faveur de la valeur juridique du Préambule ;

– le 27 novembre 1973 (*Taxation d'office*), il renvoie expressément à la Déclaration des droits de l'homme et du citoyen de 1789 pour fonder le principe d'égalité (pourtant reconnu par l'article 2 de la Constitution de 1958, dans sa version d'alors) ;

– le 15 janvier 1975 (*Interruption volontaire de grossesse*), le Conseil décide qu'une loi contraire à un traité n'est pas pour autant contraire à la Constitution (la Convention européenne des droits de l'homme) : les engagements internationaux sont ainsi exclus du « bloc » formé en principe uniquement de textes nationaux. Par ailleurs, il fait référence, cette fois de façon explicite, au Préambule de la Constitution de 1946 (protection de la santé de la mère et de l'enfant) ;

– le 16 janvier 1982 (*Nationalisations I*), il refuse de hiérarchiser les éléments du bloc de constitutionnalité – tous deux consacrés par la Constitution de 1958 – mais les concilie (Déclaration des droits de l'homme de 1789 consacrant le droit de propriété et le Préambule de 1946 autorisant les nationalisations).

– le 19 juin 2008 (*Loi relative aux OGM*), il déclare que l'ensemble des droits et devoirs définis dans la Charte de l'environnement a valeur constitutionnelle.

– notons enfin qu'a été institué en 2008 un comité, sous la présidence de Simone Veil, chargé de réfléchir à s'il y a lieu de compléter les droits fondamentaux garantis par la Constitution et, dans l'alternative, de rechercher quels pourraient être les principes nouveaux. Il a conclu par la négative.

Les composantes du « bloc de constitutionnalité »

169 Il s'agit de la Déclaration des droits de l'homme et du citoyen de 1789, du Préambule de 1946 et de la Charte de l'environnement de 2004, adossée à la Constitution en 2005.

La Déclaration des droits de l'homme et du citoyen de 1789 (v. Annexes)

De caractère abstrait et universel, contrairement aux grandes déclarations anglo-saxonnes, la Déclaration des droits de l'homme et du citoyen du 26 août 1789 placée en tête de la Constitution de 1791 ne ressuscite qu'en 1946 et est intégrée au Préambule de la Constitution puis à celui de 1958. Entre-temps, elle a largement inspiré la Déclaration universelle des droits de l'homme de 1948.

La Déclaration proclame l'existence de « droits naturels, inaliénables et sacrés de l'homme », les hommes ayant vocation à « demeurer libres et égaux en droits » (art. 1er). Elle consacre en premier lieu les droits de l'homme en tant que personne : l'égalité (art. 1er) ; la liberté (art. 1er), dont la définition est donnée par l'article 4 (« La liberté consiste à pouvoir faire tout ce qui ne nuit pas à autrui ») et qui a comme corollaire le droit à la sûreté, la résistance à l'oppression (art. 2) ; le principe de légalité des délits et des peines, le principe de nécessité et de non-rétroactivité de la loi pénale (art. 7 et 8) ; le principe de présomption d'innocence (art. 9) ; la liberté d'opinion et de conscience (art. 10) ; la liberté d'expression (art. 11) ; le droit de propriété (art. 2 et 17). Elle développe en second lieu les droits de l'homme en tant que citoyen : droit de concourir personnellement ou par des représentants à l'élaboration de la loi (art. 6) ; égal accès aux dignités, places et emplois publics (art. 6) ; indivisibilité de la souveraineté nationale (art. 3) ; principe du consentement à l'impôt et de son égale répartition (art. 14) ; principe d'une force publique (art. 12) ; principe du contrôle et de la responsabilité de l'administration (art. 15) ; principe de garantie des droits (art. 16). Le Conseil a donné à ces droits pleine valeur constitutionnelle ou déduit de ceux-ci la consécration d'autres droits qu'ils impliquent (liberté d'entreprendre, inviolabilité du domicile et des correspondances, liberté d'aller et de venir, liberté personnelle (dont celle du mariage), droit au respect de la vie privée, liberté contractuelle la sauvegarde de la dignité humaine, liberté de communication). Il a fait de même pour intégrer certaines des dispositions de la Convention européenne des droits de l'homme, par exemple le droit à un recours juridictionnel effectif sur la base de l'article 16 de la Déclaration (v. Annexes, ss 271).

Le Préambule de 1946 (v. Annexes)

Le Préambule de la Constitution de 1946 proclame : « *Au lendemain de la victoire remportée par les peuples libres sur les régimes qui ont tenté d'asservir et de dégrader la personne humaine, le peuple français proclame à nouveau que tout être humain, sans distinction de race, de religion ni de croyance, possède des droits inaliénables et sacrés*». C'est sur ce fondement que le Conseil constitutionnel dégagera tardivement le droit à la dignité de la personne humaine. Surtout, réaffirmant l'attachement du peuple français aux « droits et libertés de l'homme et du citoyen » consacrés par la Déclaration de 1789, le Préambule vise « les principes fondamentaux reconnus par les lois de la République » (v. ss 272, 273), principes non écrits qui seront « découverts » ou déduits par le Conseil constitutionnel à compter de sa fameuse décision du 16 juillet 1971. Enfin, il proclame « les principes politiques économiques et sociaux particulièrement nécessaires à notre temps ». Il s'agit cette fois de principes écrits auxquels le Conseil constitutionnel peut se référer directement. Dans le domaine politique, il s'agit de l'égalité des sexes, du droit d'asile, de la supériorité du droit international, du respect du droit public international ; dans le domaine économique, il s'agit d'autoriser les nationalisations (et l'économie mixte), mais aussi de consacrer les droits du travailleur (liberté syndicale, droit de grève, participation des travailleurs à la détermination des conditions de travail dans l'entreprise) ; dans le domaine social, il s'agit en particulier de droits-créances (droit à l'emploi, droit à la protection de la santé, etc.), la nation pourvoit en effet au développement de l'individu et de la famille, garantit la protection de la santé, la sécurité matérielle, la solidarité nationale, l'égal accès à l'instruction, à la formation professionnelle et à la culture. Moins que des droits directement « actionnables », il s'agit d'objectifs à valeur constitutionnelle et supposent, par suite, d'être mis en œuvre par le législateur qui est donc libre des moyens employés pour les poursuivre (v. Annexes) Ils sont mentionnés dans la seconde phrase du 1er alinéa du Préambule de la Constitution de 1946 (v. Annexes). Cette notion a véritablement pris tout son sens grâce à la décision du Conseil constitutionnel du 16 juillet 1971 relative à la loi complétant les dispositions des articles 5 et 7 de la loi du 1er juillet 1901 relative au contrat d'association. Le Conseil constitutionnel déclare non conforme à la Constitution une disposition législative en se fondant pour la première fois sur le Préambule de la Constitution de 1958 (Préambule qui rappelle notamment que « Le peuple français proclame solennellement son attachement aux

Droits de l'homme et aux principes de la souveraineté nationale tels qu'ils ont été définis par la Déclaration de 1789, confirmée et complétée par le Préambule de la Constitution de 1946 »).

Les principes fondamentaux reconnus par les lois de la République (PFRLR) déduits du Préambule de 1946

Ils sont mentionnés dans la seconde phrase du 1er alinéa du Préambule de la Constitution de 1946 Cette notion a véritablement pris tout son sens grâce à la décision du Conseil constitutionnel du 16 juillet 1971 relative à la loi complétant les dispositions des articles 5 et 7 de la loi du 1er juillet 1901 relative au contrat d'association. Le Conseil constitutionnel déclare non conforme à la Constitution une disposition législative en se fondant pour la première fois sur le Préambule de la Constitution de 1958 (Préambule qui rappelle notamment que « Le peuple français proclame solennellement son attachement aux Droits de l'homme et aux principes de la souveraineté nationale tels qu'ils ont été définis par la Déclaration de 1789, confirmée et complétée par le Préambule de la Constitution de 1946 »).

Les trois conditions cumulatives pour consacrer un PFRLR :

- *un principe républicain* : il doit s'agir d'un principe issu d'une loi de la République (et donc pas de la monarchie...), le principe doit trouver une base textuelle dans une ou plusieurs lois intervenues sous un régime républicain antérieur intervenu avant l'entrée en vigueur du Préambule de 1946 (Cons. const., décis. n° 86-224 DC, 23 janv. 1987, *Loi transférant à la juridiction judiciaire le contentieux des décisions du Conseil de la concurrence*) ;

- *la continuité du principe* : il doit bénéficier d'une continuité certaine, une seule exception s'écartant de la tradition fixée suffit à ne pas regarder la loi « comme ayant engendré un principe fondamental reconnu par les lois de la République » (Cons. const., décis. n° 88-244 DC, 20 juill. 1988, *Loi portant amnistie*).

- *un principe général* : pour être « fondamental », le principe doit énoncer une règle essentielle pour la vie de la nation, comme les libertés fondamentales, la souveraineté nationale ou l'organisation des pouvoirs publics (Cons. const., décis. n° 98-407 DC, 14 janv. 1999, §9) et avoir un degré suffisant de généralité (Cons.

const., décis. n° 93-321 DC, 20. juill. 1993, *Loi réformant le Code de la nationalité*).

Liste des PFRLR.

À la suite du principe de liberté d'association (Cons. const., décis. n° 71-44 DC, 16 juill. 1971), le Conseil constitutionnel a dégagé d'autres PFRLR :

– le respect des droits de la défense (Cons. const., décis. n° 76-70 DC, 2 déc. 1976) ;

– la liberté individuelle (Cons. const., décis. n° 76-75 DC, 12 janv. 1977) ;

– la liberté de conscience (Cons. const., décis. n° 77-87 DC, 23 nov. 1977) ;

– la liberté de l'enseignement (Cons. const., décis. n° 77-87 DC, 23 nov. 1977) ;

– l'indépendance de la juridiction administrative (Cons. const., décis. n° 80-119 DC, 22 juill. 1980) ;

– la garantie de l'indépendance des professeurs d'université (Cons. const., décis. n° 83-165 DC, 20 janv. 1984) ;

– la compétence exclusive de la juridiction administrative pour l'annulation des actes de la puissance publique (Cons. const., décis. n° 86-224 DC, 23 janv. 1987) ;

– la compétence de l'autorité judiciaire en matière de protection de la propriété immobilière privée (Cons. const., décis. n° 89-256 DC, 25 juill. 1989) ;

– la recherche du relèvement éducatif et moral des enfants délinquants par des mesures adaptées (Cons. const., décis. n° 2002-461 DC, 29 août 2002) ;

– le maintien de la législation des départements d'Alsace et de Moselle tant qu'elle n'est pas remplacée (Cons. const., décis. n° 2011-157 QPC, 5 août 2011, *Sté Somodia*).

Notons que le Conseil d'État s'est reconnu par trois fois compétent pour reconnaître un principe fondamental reconnu par les lois de la République : la liberté d'association, l'indépendance des professeurs d'Université et, dans l'arrêt *Koné* du 3 juillet 1996, s'agissant du principe selon lequel l'État doit refuser l'extradition d'un étranger lorsque celle-ci est demandée dans un but politique. Ainsi, le Conseil constitutionnel ne dispose donc plus d'un monopole absolu d'édiction de ces principes. Par ailleurs, il convient de ne pas confondre ces principes fondamentaux avec les principes généraux du droit dégagés par le Conseil d'État, de valeur législative, seule la loi pouvant y déroger (sous réserve que le juge constitutionnel puisse, en leur reconnaissant une valeur constitutionnelle, les promouvoir au rang de principes à valeur constitutionnelle).

Rattachement de certains PFRLR à une norme constitutionnelle écrite

Certains PFRLR ne sont plus reconnus comme tels mais maintenant rattachés à d'autres dispositions du bloc de constitutionnalité :

– la liberté individuelle (Cons. const., décis. n° 76-75 DC, 12 janv. 1977, *Loi autorisant la visite des véhicules en vue de la recherche et de la prévention des infractions pénales*), est désormais rattachée à l'article 66 de la Constitution de 1958 (Cons. const., décis. n° 83-164 DC, 29 déc. 1983, *Loi de finances pour 1984*) ;

– la liberté de conscience est désormais rattachée à l'article 10 de la Déclaration de 1789 et, au besoin, à l'alinéa 5 du Préambule de la Constitution de 1946 (Cons. const., décis. n° 2001-446 DC, 27 juin 2001, *Loi relative à l'interruption volontaire de grossesse et à la contraception*) ;

– le respect des droits de la défense (Cons. const., décis. n° 76-70 DC, 2 déc. 1976, *Loi relative au développement de la prévention des accidents du travail*), est désormais rattaché à l'article 16 de la Déclaration de 1789 (Cons. const., décis. 30 mars 2006, n° 2006-535 DC, *Loi pour l'égalité des chances*).

La Charte de l'environnement de 2004 (v. Annexes, ss 274)

À l'initiative du président Chirac, une « Charte adossée à la Constitution » est adoptée par le Parlement en 2004 et intégrée au Préambule par la révision constitutionnelle du 28 février 2005 et promulguée le 1er mars suivant. Elle consacre un droit à l'environnement assorti de principes destinés à en assurer l'effectivité. Elle constitue désormais la troisième composante textuelle du Préambule. Malgré certaines interrogations à l'origine, les dispositions de la charte ont pleine valeur constitutionnelle. Visant à constitutionnaliser les principaux apports du droit à l'environnement, le texte, qui contient 7 considérants et 10 articles, reprend un certain nombre de droits et de devoirs, dits de « troisième génération » déjà consacrés dans des textes à valeur législative ou le plus souvent par des textes internationaux et le droit de l'Union européenne, comme on le verra, de portée variable : au côté de dispositions à caractère déclaratoire voire incantatoire, elle comprend des principes directement applicables et invocables devant le juge et, d'autre part, des droits-créance dont la mise en œuvre appartient au législateur. En effet, l'un des apports essentiels de la Charte de l'environnement est aussi d'étendre la compétence du législateur. Ainsi, l'article 34 modifié de la Constitution prévoit désormais que *« la loi détermine les principes fondamentaux (...) de la préservation de l'environnement »*. Et, plusieurs dispositions de la Charte prévoient l'intervention du législateur pour les mettre en œuvre, et ce au détriment du pouvoir réglementaire.

Par principe, toute disposition figurant dans la Constitution a potentiellement valeur constitutionnelle. D'ailleurs on a vu que des formulations qui en sont dépourvues peuvent l'acquérir, comme les dispositions de la DDH ou celle du Préambule de 1946 intégrées au bloc de constitutionnalité par la décision du 16 juillet 1971. De même le degré de généralité n'a pas non plus toujours d'effet en soit sur leur valeur normative. Il peut aussi témoigner en quelque sorte de la place au sommet de la hiérarchie des normes de ces dispositions, subordonnant d'autres normes inférieures plus précises : des principes très généraux ont pu fonder sur le plan constitutionnel des normes fondamentales tel que le principe d'égalité ou celui de « séparation des pouvoirs » de l'article 16 de la DDH ou encore de l'article 88.1 de la Constitution qui fonde, rien de moins, l'exigence constitutionnelle pour le Conseil constitutionnel de contrôler la transposition en droit interne des directives, etc. Celui-ci a donc en toute logique juridique refusé de considérer que les énoncés figurant dans la Charte de l'environnement étaient de nature proclamatoire par principe.

Le Conseil constitutionnel s'est référé pour la première fois à la Charte dans sa décision n° 2005-514 DC du 28 avril 2005 et considéré que le législateur n'avait pas méconnu le principe du développement durable énoncé par son article 6. Il a surtout consacré la pleine valeur constitutionnelle de la Charte dans sa décision du 19 juin 2008 sur la « loi OGM » : « l'ensemble des droits et devoirs définis dans la Charte de l'environnement » a « valeur constitutionnelle ». Il a ensuite, au fur et à mesure des saisines dont il était l'objet, cherché à identifier la portée normative précise de chacun des articles. En effet, certains d'entre eux prévoient l'intervention du législateur pour les mettre en œuvre, d'autres non. Il appartenait donc au juge constitutionnel de faire le tri, s'agissant des conditions d'effectivité de ces droits et devoirs. Il contrôle aussi le respect par le législateur de sa compétence (la méconnaissance par celui-ci de sa propre compétence – l'« incompétence négative » – est alors sanctionnée). Pour le reste, c'est-à-dire s'agissant de la conformité des dispositions législatives au regard des exigences de la Charte, il exerce un contrôle restreint. Quant au Conseil d'État, il a solennellement consacré la valeur juridique de la Charte, dans sa décision du 3 octobre 2008, *Commune d'Annecy*, en écho à celle du Conseil constitutionnel 19 juin 2008, précitée. Il a aussi précisé, à l'occasion de l'examen de l'article 7 – mais la solution est générale – les conséquences de l'extension du domaine législatif en matière environnementale : « depuis la date d'entrée en vigueur de la loi constitutionnelle du 1er mars 2005, une disposition réglementaire ne peut intervenir dans le champ d'application de l'article 7 de la Charte de l'environnement que pour l'application de dispositions législatives, notamment parmi celles qui figurent dans le Code de l'environnement et le Code de l'urbanisme, que celles-ci soient postérieures à cette date ou antérieures, sous réserve, alors, qu'elles ne soient pas incompatibles avec les exigences de la Charte ». Cet arrêt a constitué la première annulation d'un décret pour violation de la Charte.

Les principes à valeur constitutionnelle fondés sur un texte et ceux « déduits » de celui-ci par le Conseil constitutionnel

La plupart des droits et libertés consacrés par le Conseil constitutionnel ont une source textuelle directe dans la DDH ou le Préambule de 1946. Les principes particulièrement nécessaires à notre temps et reconnus par ce dernier en sont l'illustration. Ils peuvent aussi tout simplement résulter d'une interprétation constructive du Conseil constitutionnel qui déduit donc des textes existants un principe qui n'est pas formellement consacré en tant que tel et le rattache à un ou plusieurs articles du Préambule. Il en va ainsi de la fameuse décision du 16 juillet 1971 du Conseil constitutionnel qui fait de la liberté d'association un principe fondamental reconnu par les lois de la République, (« *Considérant qu'au nombre des principes fondamentaux reconnus par les lois de la République et solennellement réaffirmés par le Préambule de la Constitution il y a lieu de ranger le principe de la liberté d'association* »). Il en va aussi, par exemple, de la liberté contractuelle rattachée à l'article 4 de la Déclaration de 1789. À l'inverse, il a refusé de conférer valeur constitutionnelle à d'autres principes, comme la confiance légitime (Cons. const., décis. n° 97-391 DC, 7 nov. 1997) ou le principe d'irresponsabilité pénale des mineurs (Cons. const., décis. n° 2002-461 DC, 29 août 2002).

Cette interprétation constructive a aussi permis de reconnaître certains droits protégés par la Convention européenne des droits de l'homme qui n'étaient pas textuellement présents dans la Constitution française (v. tome 1) : le droit au respect de la vie privée rattaché à l'article 2 de la Déclaration de 1789 (Cons. const., décis. n° 99-416 DC, 23 juill. 1999, *Loi portant création d'une couverture maladie universelle*) ; la liberté de mariage, l'une des composantes de la liberté personnelle au titre des articles 2 et 4 de la Déclaration de 1789 ; le droit de mener une « vie familiale normale » rattaché au 10e alinéa du Préambule de la Constitution de 1946 ; le principe de la dignité de la personne humaine rattaché au Préambule de 1946 ; et, en matière pénale, le droit à un recours effectif rattaché à l'article 16 de la Déclaration de 1789.

Certains principes à valeur constitutionnelle ne sont rattachés à aucun texte comme le principe de la continuité de l'État et du service public (Cons. const., décis. n° 79-105 DC, 25 juill. 1979, *Loi modifiant les dispositions de la loi n° 74-696 du 7 août 1974 relatives à la continuité du service public de la radio et de la télévision en cas de cessation concertée du travail*) ou sont tout simplement innommés comme l'intérêt général, l'ordre public, et permettent au Conseil de limiter un droit ou de moduler son contrôle.

La jurisprudence du Conseil constitutionnel a pu aussi faire l'objet d'une inscription dans la Constitution : ainsi, l'expression pluraliste des opinions a été inscrite à l'article 4, alinéa 3, de la Constitution par la loi constitutionnelle du 23 juillet 2008 et prolongée par un ajout à l'article 34 ; il en va pareillement, de façon plus générale, en matière de décentralisation (v. Titre VII, ss 209 s.). Au surplus, c'est la jurisprudence même du Conseil qui, pour être surmontée, a entraîné une révision constitutionnelle (ajout, par exemple, à l'article 3, de l'égal accès des hommes et des femmes aux mandats et fonctions électives).

Les objectifs de valeur constitutionnelle : « OVC »

Comme l'écrit Pierre de Montalivet, « *Ils découlent des droits et libertés et servent à en déterminer la portée exacte. Ils servent moins à les limiter qu'à les protéger. La « clef d'interprétation » des objectifs réside ainsi dans l'effectivité des droits et libertés.* » Prenant appui sur des règles et principes à valeur constitutionnelle, ces « objectifs » ne sont formellement reconnus en eux-mêmes par aucun texte mais y sont le plus souvent rattachés (avec des exceptions comme notamment la sauvegarde de l'ordre public ou la recherche d'auteurs d'infractions). Ils ont été admis à partir de 1982 par le Conseil (Cons. const. 27 juill. 1982, *Communication audiovisuelle*) : « *il appartient au législateur de concilier [...] l'exercice de la liberté de communication telle qu'elle résulte de l'article 11 de la Déclaration des droits de l'homme, avec [...] les objectifs de valeur constitutionnelle que sont la sauvegarde de l'ordre public, le respect de la liberté d'autrui et la préservation du caractère pluraliste des courants d'expression socioculturels.* ».

Les normes exclues du bloc de constitutionnalité

170 Le Conseil constitutionnel écarte de ce « bloc » les règlements des assemblées (sauf, bien sûr s'il reproduit une disposition constitutionnelle) et les normes internationales et se refuse donc à contrôler la conformité des lois aux traités internationaux. Il en va de

même des normes issues du droit de l'Union européenne sauf à trouver une base constitutionnelle expresse. Enfin, les lois organiques ne font pas partie du « bloc » de constitutionnalité : le motif d'invalidation d'une loi par le Conseil constitutionnel ne vise que la violation de la Constitution au travers des règles de compétences prévues pour le vote des lois. Elles sont cependant matériellement constitutionnelles dans la mesure où elles font l'objet d'un contrôle obligatoire du Conseil. En sont aussi exclus, les règlements des assemblées parlementaires, les lois référendaires intervenues dans le domaine de la loi ordinaire et les principes généraux du droit. Élaborés depuis près d'un siècle par le Conseil d'État (égalité des citoyens, respect des droits de la défense, etc.), ils sont de deux sortes (Cons. const., décis. n° 69-55 L, 26 juin 1969, *Protection des sites*) : les uns n'ont pas de valeur constitutionnelle conférée par le Conseil constitutionnel : le législateur peut donc y déroger. Les autres ont valeur constitutionnelle, c'est-à-dire sont assimilés par le Conseil à des « principes fondamentaux reconnus par les lois de la République » (v. ss 272).

§ 2. Le contrôle *a priori* obligatoire (Const., art. 61, al. 1er)

Les lois organiques (v. aussi Const., art 46)

171 Les lois organiques sont celles auxquelles la Constitution confère cette qualité et obligatoirement soumises au contrôle du Conseil ce qui exclut qu'il puisse en être saisi par une autre voie, soit celle de l'article 61 alinéa 2 ce qui n'interdit pas aux parlementaires de faire part de leurs observations en réplique au gouvernement (Cons. const., décis. n° 2009-579 DC, 9 avr. 2009). Elles doivent évidemment respecter la Constitution, et plus généralement tout principe et règle de valeur constitutionnelle (Cons. const., décis. n° 2000-427 DC, 30 mars 2000). Le législateur organique ne peut ni renvoyer à la loi ordinaire des dispositions qui doivent relever de la loi organique (n° 92-305 DC, 21 févr. 1992) ni empiéter sur les pouvoirs du constituant (Cons. const., décis. n° 2007-547 DC,

15 févr. 2007). Enfin, le Conseil constitutionnel veille à ce qu'elles n'interviennent que dans les domaines et pour les objets limitativement énumérés par la Constitution (Cons. const., décis. n° 87-234 DC, 7 janv. 1988). Et, lorsqu'une loi organique comporte des dispositions qui ne relèvent pas de la matière organique mais de la loi ordinaire, le Conseil « déclasse » ces dispositions mais ne les censure pas (Cons. const., décis. n° 87-234 DC, 7 janv. 1988 ; n° 99-410 DC, 15 mars 1999). S'interposant entre la Constitution et la loi ordinaire, à l'occasion du contrôle des lois ordinaires, le Conseil vérifie que ces dernières respectent bien les lois organiques (Cons. const., décis. n° 60-8 DC, 11 août 1960). C'est assez logique tout comme le fait qu'elles ne peuvent voir leur constitutionnalité contestée (Cons. const., décis. n° 60-6 DC, 15 janv. 1960, *Magistrats musulmans*).

Les règlements des assemblées

172 On sait le rôle majeur qu'a pu jouer le règlement dans la conquête des droits du Parlement sous la monarchie parlementaire. Sous la IIIe et la IVe Républiques, un certain nombre de modifications de celui-ci aboutissaient de facto à amender la Constitution. Le contrôle obligatoire des règlements parlementaires a pour objet de garantir que l'exercice, par chacune des assemblées, de son autonomie de fonctionnement ne méconnaisse aucune exigence constitutionnelle notamment celles de clarté et de sincérité du débat parlementaire et, ne porte pas atteinte aux prérogatives du gouvernement et, plus largement, à la « séparation des pouvoirs » et à la rationalisation parlementaire.

Un règlement prend la forme d'une « résolution » par chaque assemblée. Mais que doit être son objet exclusif ? À cette grave question, le Conseil constitutionnel a indiqué ce qu'il ne pouvait pas contenir et par là même, son contenu : « *des dispositions, qui ne sont relatives ni à l'organisation ou au fonctionnement de l'Assemblée nationale, ni à la procédure législative, ni au contrôle de l'action du gouvernement, ne sont pas au nombre de celles qui peuvent figurer dans le règlement de l'Assemblée nationale* » (Cons. const., décis. n° 2014-705 DC, 11 déc. 2014). Cette compétence a été exercée dès l'origine : les cinq premières décisions du Conseil constitutionnel en matière de contrôle de constitutionnalité ont été rendues à propos des règlements de l'Assemblée nationale et du Sénat. De façon prétorienne, le Conseil s'est reconnu compétent pour examiner le règlement du Congrès du Parlement (Cons. const., décis. n° 63-24 DC, 20 déc. 1963) mais il en était saisi par le président de l'Assemblée nationale qui préside le bureau du Congrès (Const., art. 89). Il a fait de même pour les règles relatives aux débats devant la Haute Cour de l'article 68 de la Constitution (Cons. const., décis. n° 2014-703 DC, 19 nov. 2014).

Le Conseil exerce son contrôle sur les règlements des assemblées tant au regard de la Constitution elle-même que des lois organiques prévues par celle-ci ainsi que des mesures législatives prises pour son application. Il inclut à ce titre dans les normes de contrôle l'ordonnance n° 58-1100 du 17 novembre 1958 (prise alors en vertu de l'ancien article 92 de la Constitution) et relative au fonctionnement des assemblées parlementaires (Cons. const., décis. n° 66-28 DC, 8 juill. 1966, *Résolution tendant à modifier les articles 18, 42, 54 et 60 du règlement du Sénat et à compléter celui-ci par l'adjonction d'un article 21* bis). Pour autant, étant de valeur législative, ces dispositions peuvent être modifiées par une loi ordinaire – ce qui n'interdit pas une saisine du Conseil constitutionnel.

Les propositions de lois dans le cadre du référendum d'initiative partagée

173 Ce contrôle obligatoire n'a encore jamais eu à être effectué faute de déclenchement de la procédure (v. Titre II, article 11, alinéa 3).

§ 3. Le contrôle facultatif des lois avant leur promulgation (Const., art. 61, al. 2)

174 Jusqu'à la loi constitutionnelle du 29 octobre 1974, seules les quatre plus hautes autorités de l'État avaient le droit de déférer au Conseil, avant sa promulgation, une loi définitivement adoptée

par le Parlement : le président de la République, le Premier ministre, le président de l'Assemblée nationale et le président. Depuis, elle a été étendue à 60 députés et/ou 60 sénateurs. En pratique, les recours sont préparés bien en amont des saisines et anticipées par le Conseil constitutionnel. Dès lors, si l'urgence est demandée par le gouvernement et que le Conseil doit statuer dans les huit jours au lieu d'un mois, il a déjà en réalité préparé les éléments essentiels de sa réflexion.

En principe, seules les lois ordinaires non promulguées peuvent faire l'objet d'une saisine

Le Conseil constitutionnel s'étant déclaré incompétent s'agissant des lois constitutionnelles adoptées par référendum ou par le Congrès, seules les lois ordinaires votées par le Parlement sont concernées. Demeure la question du contrôle des lois déjà promulguées. Il s'agit d'un cas problématique. Dans sa décision n° 85-187 DC du 25 janvier 1985 (*Loi relative à l'État d'urgence en Nouvelle-Calédonie et dépendances*), le Conseil a admis que « *la régularité au regard de la Constitution d'une loi promulguée peut être utilement contestée à l'occasion de l'examen des dispositions législatives qui la modifient, la complètent ou affectent son domaine* ». On le voit, les conditions énoncées par le Conseil sont très rigoureuses et ont considérablement limité les possibilités d'introduire par ce biais un contrôle *a posteriori* des lois promulguées. Ainsi, une disposition de la loi du 25 janvier 1985 relative au redressement et à la liquidation judiciaires des entreprises, en vigueur pendant 14 années... a été déclarée non conforme à la Constitution (Cons. const., décis. n° 99-410 DC, 15 mars 1999, *Loi organique relative à la Nouvelle-Calédonie*). Le Conseil s'en remet aux juridictions ordinaires pour en tirer les conséquences et donc de priver d'effet ces dispositions. En pratique, la codification a permis de faire disparaître les textes litigieux. Le Conseil constitutionnel a fait application de cette jurisprudence, surnommée « néo-calédonienne », à l'occasion de l'examen de dispositions qui modifiaient la rémunération du président de la République et des membres du gouvernement (Cons. const., décis. n° 2012-654 DC, 9 août 2012, *Loi de finances rectificative pour 2012*), de la loi portant création des emplois d'avenir (Cons. const., décis. n° 2012-656 DC, 24 oct. 2012), de la loi ouvrant le mariage aux couples de personnes de même sexe (Cons. const., décis. n° 2013-669 DC, 17 mai 2013), ou encore, plus récemment, de la loi de financement de la sécurité sociale pour 2015 (Cons. const., décis. n° 2014-706 DC, 18 déc. 2014).

Enfin, en l'absence de saisine parlementaire directe en matière d'engagements internationaux jusqu'en 1992, le Conseil constitutionnel avait admis cette voie, de façon indirecte, en acceptant d'examiner un recours dirigé contre une loi autorisant la ratification d'une convention internationale (Cons. const., décis. n° 80-116 DC, 17 juill. 1980, *Convention franco-allemande d'entraide judiciaire*). Il a confirmé ensuite cette jurisprudence (Cons. const., décis. n° 83-160 DC, 19 juill. 1983, *Loi portant approbation d'une convention fiscale avec le territoire d'outre-mer de la Nouvelle-Calédonie et dépendances*), excluant cependant naturellement la possibilité de contrôler une loi référendaire « expression directe de la souveraineté nationale ». Cette décision a perdu son intérêt depuis la révision constitutionnelle de 1992 (art. 61, al. 2 ; v. Titre VII, art. 54). La voie de l'article 54 semble désormais d'autant plus souple qu'aucun délai n'est prévu pour la saisine, contrairement à l'article 61 alinéa 2 (saisine après le vote et avant la promulgation).

La saisine par les plus hautes autorités de l'État

Notons au préalable qu'en tant que gardien de la Constitution, le chef de l'État n'avais jamais usé de la faculté de saisir le Conseil constitutionnel d'une loi ordinaire jusqu'à ce que le président Hollande le fasse au sujet de la Loi relative au renseignement (Cons. const., décis. n° 2015-713 DC du 23 juillet 2015) afin de s'assurer de sa constitutionnalité pouvait lui être donné. Il en va différemment du Premier ministre qui saisit une quinzaine de fois le Conseil depuis 1958. Jusqu'en 1974, il a usé de cette faculté à six reprises pour défendre les prérogatives gouvernementales. Étant en réalité l'auteur de la loi, on voit mal pourquoi il la contesterait sauf à vouloir exceptionnellement s'assurer de sa conformité à la Constitution. C'est pourquoi, le Premier ministre a saisi le Conseil constitutionnel des lois organique et ordinaire relatives à l'application du cinquième alinéa de l'article 13 de la Constitution par le Premier ministre sur le fondement respectivement, d'une part, des articles 46 et 61 alinéa 1er et, d'autre part, de l'article 61 alinéa 2 de la Constitution (Cons. const., décis. n° 2010-609 et 2010-610 DC du 12 juillet 2010). Enfin, s'agissant des présidents des assemblées, le président de l'Assemblée nationale a saisi quatre fois le Conseil, huit fois pour son homologue du Sénat, une seule fois de concert et par « saisine blanche » (v. ss 184) afin d'empêcher toute contestation de la loi par la voie de la QPC introduite récemment, les dispositions ayant été déclarées conformes ne pouvant plus être contestées (Cons. const., décis. n° 2010-613 DC, 7 oct. 2010, *Loi interdisant la dissimulation du visage dans l'espace public*).

L'ouverture de la saisine en 1974 à 60 députés et/ou 60 sénateurs : l'esquisse d'un « statut de l'opposition »

Depuis octobre 1974, le Conseil peut être saisi par 60 députés ou 60 sénateurs, ce chiffre étant un compromis entre le projet initial plus restrictif et les souhaits des parlementaires. Le Sénat, légèrement défavorisé en proportion, a obtenu la possibilité d'une saisine séparée des députés et des sénateurs. Dans la mesure où le nombre de leurs membres est fixé par chaque assemblée (quinze à l'Assemblée nationale et dix au Sénat), une telle possibilité multiplierait de façon spectaculaire mais largement inutile le nombre de saisines. Avant 2017, il n'est arrivé qu'une fois, en 1993, qu'un groupe parlementaire d'opposition descende en dessous du seuil de 60 (le groupe socialiste ramené à 57 membres sous la Xe législature), ce qui ne l'a pas empêché, avec ses alliés, de saisir à de multiples reprises le Conseil constitutionnel. Mais depuis les élections législatives de 2017, certains groupes d'opposition sont nettement en dessous de ce seuil ce qui nécessitera une réforme leur permettant de saisir le Conseil. En tout état de cause, toute demande qui n'est pas soutenue par au moins 60 députés ou 60 sénateurs ne peut être assimilée, au regard des termes de l'article 61 de la Constitution, à une saisine (Cons. const., décis. n° 2008-571 DC, 11 déc. 2008). Ils peuvent le faire de manière collective ou individuelle dès lors que le nombre requis est atteint (Cons. const., décis. n° 96-386 DC, 30 déc. 1996).

Ironie de l'histoire, dans son message au Parlement du 30 mai 1974, le président Giscard d'Estaing n'évoque pas cette possibilité mais celle d'une auto-saisine du Conseil en matière de droits et libertés, qui figure dans le projet de loi constitutionnelle du 27 septembre 1974. Mais l'auto-saisine disparaît au vu des craintes, sur tous les bancs, d'un « gouvernement des juges ». La saisine parlementaire du Conseil fut considérée très largement comme une « réformette » par l'opposition mais aussi la doctrine. Pourtant, dans son discours devant le Congrès, le 21 octobre 1974, Jacques Chirac, Premier ministre, ne croyait pas si bien dire : « *L'abus de majorité est un danger qui menace la démocratie. La disposition qui nous est proposée contribuera à mieux le conjurer. La garantie des droits des minorités politique est une idée neuve, un progrès vers une plus profonde réalité démocratique. Elle est, me semble-t-il, le premier pas vers ce statut de l'opposition qu'il faudra bien, jour, définir et appliquer* ». Le député socialiste André Laignel aura beau s'exclamer, lors des débats de l'Assemblée nationale, le 13 octobre 1981 : « *Les nationalisations sont-elles conformes à l'article 17 de la Déclaration des droits de l'homme ? M. Foyer répond par la négative. C'est sa responsabilité. Mais, à ce moment précis, son raisonnement bascule du juridique au politique. De ce fait, il a juridiquement tort car il est politiquement minoritaire* ». À cette conception rousseauiste de la volonté générale, le Conseil constitutionnel lui répondra : « *la loi votée (...) n'exprime la volonté générale que dans le respect de la Constitution* » (Cons. const., décis. n° 85-197 DC, 23 août 1985, *Loi sur l'évolution de la Nouvelle-Calédonie*). De 1959 à 1974, le Conseil constitutionnel au titre de l'article 61, alinéa 2 a rendu seulement neuf décisions dont trois ayant pour origine un recours du président du Sénat – opposé au gouvernement – dont celui contre la loi relative au contrat d'association ouvrant la voie à la fameuse décision du 16 juillet 1971. Ce n'est vraiment que deux ans après la réforme de 1974 que le nombre de saisines a augmenté significativement – huit en moyenne par an – puis, après l'alternance de 1981. Les périodes de cohabitation ont été aussi favorables à la saisine du Conseil venant notamment du Sénat, leur nombre se stabilisant aujourd'hui à une vingtaine en moyenne par an. Au final, moins d'un cinquième des lois sont déférées au Conseil, et parmi elles systématiquement les lois de finances initiales, celle intéressant les questions économiques ainsi que les libertés publiques et les questions de société. Notons que l'entrée en vigueur de la QPC n'a eu aucun effet sur le nombre de saisines du Conseil constitutionnel.

L'origine des saisines

Pour des raisons évidentes, sont particulièrement visées par les recours, les lois d'origine gouvernementale. Pour les mêmes raisons, ces recours ont pour origine l'opposition parlementaire, exceptionnellement par une partie du groupe majoritaire à l'Assemblée nationale (Cons. const., décis. n° 2014-693 DC, 25 mars 2014, *Loi relative à la géolocalisation*) ou des groupes minoritaires compte tenu du seuil et du fait que le droit de saisine n'est pas accordé aux groupes en tant que tels. Il peut arriver que le contrôle du Conseil constitutionnel soit mis en œuvre non plus pour contester la loi, mais pour lui assurer un brevet de constitutionnalité qui la rende inattaquable après sa promulgation. C'est ainsi qu'après les présidents des assemblées, les députés de l'opposition ont, par une nouvelle saisine « blanche », saisi le Conseil constitutionnel de la loi relative à l'organisation du championnat d'Europe de football de l'UEFA en 2016 (Cons. const., décis. n° 2011-630 DC, 26 mai 2011).

Enfin, la multiplication des saisines a permis de développer une véritable « culture de constitutionnalité ». Les arguments ont désormais droit de cité dans le débat parlementaire et plus largement politique dans la mesure aussi ou le Conseil doit rendre sa décision dans le délai maximum d'un mois. Le gouvernement peut tout aussi invoquer, y compris auprès de sa majorité, avec plus ou moins de sincérité, les risques d'inconstitutionnalité d'un amendement ou tout simplement laisser voter telle disposition sachant en réalité qu'elle sera censurée.

La présentation et les modalités des saisines

Elles renvoient aux modalités d'organisation, de fonctionnement et de procédure du Conseil (Const., art. 63, ss 183, 184).

Le moment de la saisine

La loi doit être déférée au Conseil constitutionnel après son adoption définitive par le Parlement, dans l'ensemble de ses dispositions, mais avant sa promulgation dans les quinze jours qui suivent sa transmission au gouvernement. Une demande prématurée est irrecevable (Cons. const., déc. n° 76-69 DC du 8 novembre 1976). Il en va de même d'une requête tardive même si la loi promulguée n'a pas été encore publiée (Cons. const., déc. n° 97-392 DC du 7 novembre 1997). Rien n'interdit au président de la République de promulguer sans délai la loi pour empêcher cette saisine qui a justement pour effet de suspendre la dite la promulgation. Cependant, il résulte d'une simple convention constitutionnelle que le chef de l'État n'use pas de cette faculté. Il peut aussi profiter de ce délai pour demander au Parlement de délibérer à nouveau sur la loi adoptée : ce pouvoir ne fut utilisé qu'en 1983, 1985 et en février 2003 (voir Titre II, article 10). En pratique, l'enregistrement de la saisine au secrétariat général du Conseil constitutionnel suspend le délai de promulgation de la loi.

Section 5

Le contrôle *a posteriori* : la question prioritaire de constitutionnalité (Const., art. 61-1)

> **Article 61-1 de la Constitution**
> *« Lorsque, à l'occasion d'une instance en cours devant une juridiction, il est soutenu qu'une disposition législative porte atteinte aux droits et libertés que la Constitution garantit, le Conseil constitutionnel peut être saisi de cette question sur renvoi du Conseil d'État ou de la Cour de cassation qui se prononce dans un délai déterminé.*
> *Une loi organique détermine les conditions d'application du présent article. »*

Bien des lois entrées en vigueur avant 1958 et n'ayant pas été modifiées peuvent se révéler inconstitutionnelles en portant atteinte aux droits et libertés fondamentaux. De même faute de saisine, bien d'autres lois n'ont jamais été examinées par le Conseil constitutionnel dans le cadre de son contrôle *a priori*. L'idée est donc de permettre qu'il en soit saisi afin de vérifier leur constitutionnalité.

On rappellera que le projet de révision constitutionnelle du 2 avril 1990 proposait de soulever devant toute juridiction l'inconstitutionnalité des dispositions d'une loi concernant « *les droits fondamentaux de toute personne* » et visant des dispositions dont le Conseil n'avait pas eu à connaître (dans les motifs ou le dispositif d'une décision antérieure). Et le juge devait la transmettre – sans délai –, selon la juridiction, au Conseil d'État ou à la Cour de cassation, qui à leur tour la transmettaient au Conseil, à condition que le recours fût sérieusement motivé, les laissant d'ailleurs interpréter implicitement l'inconstitutionnalité potentielle de la disposition incriminée. Cependant, en cas de déclaration non conforme, la disposition cessait d'être applicable, mais seulement pour l'avenir ce qui limitait considérablement la portée du dispositif. Ce projet, voté par l'Assemblée nationale le 26 avril 1990, n'a pas été accepté par le Sénat. Il avait été repris, sans plus de succès, par le comité Vedel, en 1993. Mais l'institution de la QPC dans sa version actuelle résulte directement des travaux du comité Balladur repris intégralement par la révision constitutionnelle du 23 juillet 2008. La réforme n'institue pas une « exception d'inconstitutionnalité » qui supposerait que la question de constitutionnalité soit non seulement soulevée devant le juge ordinaire mais tranchée par lui. Si le juge doit renvoyer la question au juge constitutionnel directement ou indirectement, il s'agit d'une question préjudicielle.

Le champ d'application de la QPC

175 La question prioritaire de constitutionnalité (QPC) permet à tout justiciable de contester la constitutionnalité d'une disposition législative à l'occasion d'un procès devant toute juridiction rele-

vant du Conseil d'État ou de la Cour de cassation ou directement devant le premier par la voie du recours pour excès de pouvoir. Ce sont deux décrets qui ont été pris en application de l'article 4 de la loi organique prévue par le 2e alinéa de l'article 61-1 : d'une part, le décret du 16 février 2010 qui porte application de la loi organique nº 2009-1523 du 10 décembre 2009 relative à l'application de l'article 61-1 de la Constitution et, d'autre part, le décret nº 2010-149 du 16 février 2010 relatif à l'aide juridictionnelle en cas d'examen de la QPC par le Conseil d'État, la Cour de cassation et le Conseil constitutionnel. Le premier de ces deux décrets précise les modalités d'application de la réforme devant les juridictions administrative et judiciaire.

Les dispositions législatives concernées

Le contrôle vise uniquement une disposition législative portant atteinte aux droits et libertés garantis par la Constitution. Le contrôle peut ainsi porter sur tous les actes de valeur législative, notamment les ordonnances ratifiées (Const., art. 38) mais aussi les ordonnances organiques prises en 1958 en application de l'ancien article 92 de la Constitution qui n'ont pas été soumises au Conseil constitutionnel À l'inverse, le terme « disposition législative » de l'article 61-1 de la Constitution inclut les « lois du pays » de la Nouvelle-Calédonie (v. Titre XIII). Au contraire, les lois organiques n'entrent donc pas dans le champ d'application de la QPC, à une réserve près, celle d'un « changement des circonstances » (v. ss 176). Il en va de même des lois référendaires constituent « *l'expression directe de la souveraineté nationale* », exclue du contrôle *a priori* comme de celui *a posteriori* référendaires, (Cons. const., décis. nº 2014-392 QPC, *Province Sud de Nouvelle-Calédonie*).

Le moyen doit se fonder aussi sur une atteinte aux « *droits et libertés que la Constitution garantit* » ce qui exclut la méconnaissance des règles à caractère procédural relatives aux conditions d'élaboration et d'adoption de la loi, à l'exception de l'invocation de « l'incompétence négative » du législateur dès lors qu'elle est relative aux droits et libertés garantis par la Constitution (Cons. const., décis. nº 2009-590 DC, 22 oct. 2009) mais aussi en cas de manquement à l'obligation faite à la loi de ne pas priver de garanties légales des exigences constitutionnelles.

Le champ des droits et libertés est fort vaste et concerne en réalité l'ensemble des normes de référence du juge constitutionnel dans l'exercice de son contrôle *a priori*, soit le bloc de constitutionnalité. Cependant, les objectifs à valeur constitutionnelle ne paraissent pas de façon générale constituer, en eux-mêmes, des droits dont pourraient se prévaloir les justiciables mais doivent être étudiés au cas par cas.

Cette faculté est ouverte aux parties à un procès, la qualité de partie désignant le statut de la personne engagée dans une instance judiciaire. Lorsqu'elles estiment que la loi qui leur est appliquée au cours de ce procès porte atteinte aux droits et libertés que la Constitution leur garantit, elles peuvent soulever une QPC, contrairement au juge qui ne peut la relever d'office. Reste la faculté offerte au ministère public de le faire. Si la question n'est pas tranchée par l'ordonnance du 7 novembre 1958, il est logique qu'il soit compétent pour soulever une QPC s'il est partie principale à l'instance.

Le moment

La question prioritaire de constitutionnalité est un « moyen » de droit et non de prétention et n'est donc pas l'objet principal de l'instance mais son accessoire. Par conséquent ce moyen peut être soulevé au cours de toute instance mais non après la clôture des débats ou de l'instruction devant, comme on l'a déjà indiqué, une juridiction de l'ordre judiciaire (relevant de la Cour de cassation) ou de l'ordre administratif (relevant du Conseil d'État), quelle que soit la nature du litige (aussi bien donc, en première instance, en appel, qu'en cassation). Cependant, une QPC ne peut pas être posée devant une cour d'assises : en matière criminelle, elle peut être posée soit avant le procès devant le juge d'instruction, soit après le procès, en appel ou en cassation.

Les conditions de transmission de la QPC au Conseil constitutionnel par le juge ordinaire

176 L'article 23-1 de l'ordonnance du 7 novembre 1958 – article créé par la loi organique n° 2009-1523 du 10 décembre 2009 – dispose que la juridiction saisie du litige doit traiter cette question « sans délai » et la transmettre si trois conditions sont réunies :

- « ***1° La disposition contestée est applicable au litige ou à la procédure, ou constitue le fondement des poursuites.*** »

Le jugement de l'applicabilité de la disposition au litige est donc réservé au seul juge du renvoi et non au Conseil constitutionnel.

- « ***2° Elle n'a pas déjà été déclarée conforme à la Constitution dans les motifs et le dispositif d'une décision du Conseil constitutionnel, sauf changement des circonstances.*** »

La disposition législative dont la constitutionnalité est contestée ne doit pas avoir déjà été déclarée conforme à la Constitution dans les motifs ou le dispositif d'une décision du Conseil constitutionnel.

Seul un « *changement des circonstances* » peut autoriser la transmission de la question. Dans le contrôle *a priori*, le Conseil a déjà eu recours à cette notion. Ainsi, par exemple, le Conseil est alors revenu sur la règle imposant un nombre de deux députés minimum par département (Cons. const., décis. n° 2008-573 DC, 8 janv. 2009). Il a invoqué un changement des circonstances de droit (le maximum de 577 députés fixé par le Code électoral sur le fondement de l'article 24 de la Constitution) et un changement des circonstances de fait (l'augmentation non homogène de la population sur le territoire). Dans sa décision n° 2009-595 DC du 3 décembre 2009 (*Loi organique relative à l'application de l'article 61-1 de la Constitution*), le Conseil constitutionnel a relevé que cette deuxième condition « *conduit à ce qu'une disposition législative déclarée conforme à la Constitution dans les motifs et le dispositif d'une décision du Conseil constitutionnel soit de nouveau soumise à son examen lorsqu'un tel réexamen est justifié par des changements intervenus, depuis la précédente décision, dans les normes de constitutionnalité applicables ou dans les cir-*

constances, de droit ou de fait, qui affectent la portée de la disposition législative critiquée ». Le Conseil constitutionnel a ainsi utilisé cette notion à plusieurs reprises depuis lors comme en matière de garde à vue (Cons. const., décis. n° 2010-14/22 QPC, *Daniel W. et a.*). Le Conseil constitutionnel a précisé qu'une jurisprudence du Conseil d'État ou de la Cour de cassation oui du Conseil constitutionnel lui-même peut constituer un changement des circonstances de nature à conduire à ce qu'il soit à nouveau saisi d'une disposition précédemment jugée conforme à la Constitution (Cons. const., décis. n° 2011-120 QPC, 8 avr. 2011, *M. Ismaël A.*).

• « *3° La question n'est pas dépourvue de caractère sérieux.* »

Le caractère sérieux s'entend généralement comme celui « *de nature à faire naître un doute dans un esprit éclairé* ». Cette condition est posée afin d'écarter les moyens fantaisistes ou sans réel fondement, et donc dilatoires.

Les conditions de transmission de la QPC au Conseil constitutionnel aux deux Cours Suprêmes (Conseil d'État et Cour de cassation)

177 Les deux Cours suprêmes ont un délai de trois mois pour statuer mais son inobservation n'est pas sanctionnée. Elles le respectent cependant.

Une 3e condition différente

Outre, encore une fois, le fait que la question doit être dans le champ de la QPC, les deux premières des trois conditions sont les mêmes que pour la transmission par le juge aux Cours suprêmes. La troisième condition est différente.

– « *1° La disposition contestée est applicable au litige ou à la procédure, ou constitue le fondement des poursuites.* »

– « *2° Elle n'a pas déjà été déclarée conforme à la Constitution dans les motifs et le dispositif d'une décision du Conseil constitutionnel, sauf changement des circonstances.* »

– « *3°, la question est renvoyée si elle « est nouvelle ou présente un caractère sérieux ».*

La troisième condition est différente de celle formulée à l'article 23-1 pour le juge a quo. Ici La question « présente un caractère sérieux ». Ce critère est très proche de celui requis pour les juridictions de première instance (« *pas dépourvue de caractère sérieux* »), mais il est ici exprimé de manière positive : c'est dire que la question doit être encore plus sérieuse...

Un critère alternatif au caractère sérieux : le caractère « nouveau » de la question. Le critère de la « question nouvelle », alternatif au caractère sérieux, avait pour but d'éviter que les juges judiciaires ou administratifs tranchent eux-mêmes des questions non résolues par le Conseil constitutionnel sous prétexte que la difficulté n'était pas assez « sérieuse »... Ce critère a été précisé par le Conseil dans sa décision n° 2009-595 DC du 3 novembre 2009.

La « nouveauté » de la question comporte ainsi donc deux volets.

– En premier lieu, est nouvelle la question qui soulève la contrariété d'une disposition législative avec une disposition constitutionnelle dont le Conseil n'a pas encore fait application.

– En second lieu, est nouvelle la question qui présente un intérêt particulier et qu'il est « *opportun de faire trancher définitivement par le Conseil constitutionnel* » (commentaire sur décis. n° 2009-595 DC précitée). Cette dernière option réserve aux Cours suprêmes un « *véritable pouvoir d'une saisine en opportunité [...] même lorsque les critères légaux ne seraient pas remplis* » (commentaire sur décis. n° 2010-92 QPC, 28 janvier 2010, *Mmes Corinne C. et Sophie H.*).

Un moyen de droit « prioritaire » : le « dialogue des juges »

178 Aux origines de la réforme, se trouve un paradoxe souligné par le comité Balladur en ces termes : « *L'extension du contrôle de conformité de la loi aux conventions internationales en vigueur et qui, aux termes mêmes de l'article 55 de la Constitution, "ont une autorité supérieure à celle des lois" met en lumière la disparité des contrôles dont une même loi peut faire l'objet. Ainsi, tout juge de l'ordre judiciaire ou administratif peut, à l'occasion du litige dont il est saisi, écarter l'application d'une disposition législative au motif qu'il l'estime contraire à une convention internationale,*

mais il ne lui appartient pas d'apprécier si la même disposition est contraire à un principe de valeur constitutionnelle. Or, les principes dont il fait application dans le premier cas sont, en pratique, souvent voisins de ceux qu'il aurait à retenir si lui-même ou le Conseil constitutionnel était habilité à statuer sur la conformité à la Constitution de la loi promulguée. Il s'ensuit que les justiciables sont portés à attacher plus de prix à la norme de droit international qu'à la Constitution elle-même. Le Comité n'a donc guère éprouvé d'hésitation à recommander aux pouvoirs publics de s'engager dans la voie d'une réforme qui aurait pour objet de permettre à tout justiciable d'invoquer, par la voie dite de l'exception, devant le juge qu'il a saisi, la non-conformité à la Constitution de la disposition législative qui lui est appliquée, à charge pour ce juge d'en saisir le Conseil constitutionnel dans des conditions à définir ».

Contrôle de conventionnalité et contrôle de constitutionnalité

L'idée était donc bien de rendre « prioritaire » la question de constitutionnalité au regard du contrôle de conventionnalité. Les choses se compliquent dans la mesure où la critique d'une norme peut se poser à la fois au regard de la Constitution et du droit de l'Union européenne ou de la Convention européenne des droits de l'homme.

Pour autant, le caractère « prioritaire » tel qu'il résulte de loi organique du 10 décembre 2009, relative à l'application de l'article 61-1 de la Constitution signifie deux choses :

– lorsque la QPC est posée devant une juridiction de première instance ou une cour d'appel, elle doit être examinée sans délai et le temps de son examen doit s'imputer sur le temps de la procédure et ne doit pas la retarder ;

– lorsque la juridiction est saisie de moyens qui contestent à la fois la constitutionnalité de la loi (question de constitutionnalité) et le défaut de conformité de cette loi aux traités et accords internationaux (exception d'inconventionnalité), la juridiction doit d'abord examiner la question de constitutionnalité ce qui implicitement mais nécessairement veut signifier, dans l'esprit de la réforme issu des travaux du comité Balladur, la primauté de la

Constitution. À partir de là, rien n'interdisait à l'une des deux Cours suprêmes de porter le fer contre le caractère « prioritaire » de la QPC afin de la remettre en cause en prenant appui sur l'interprétation de la Cour de justice de l'Union européenne pour affirmer la primauté du droit de l'Union sur la Constitution nationale en mettant cause directement la compatibilité avec le droit communautaire du dispositif institué par la loi organique du 10 décembre 2009 qui sans avoir valeur constitutionnelle, en a en quelque sorte la portée symbolique : un jeu de billard à trois bandes, habile, trop sans doute... C'est la Cour de cassation qui, persévérante, lança la boule le 16 avril 2010 en saisissant la Cour de justice d'une question préjudicielle portant indirectement sur la compatibilité avec les exigences de la primauté du droit communautaire de la loi organique elle-même. On peut résumer la question – préjudicielle – comme suit : la QPC privait-elle les juridictions nationales de la possibilité d'écarter immédiatement une loi française qu'elles estimeraient contraire au droit de l'Union, ainsi que de leur faculté intangible de surseoir à statuer et de procéder à un renvoi préjudiciel ?

Les questions préjudicielles de la Cour de cassation : un jeu de billard à trois bandes

Par deux arrêts du 16 avril 2010 (Cass. QPC 16 avr. 2010), la Cour de cassation, saisie d'une QPC qui invoquait la contrariété de l'article 78-2, alinéa 4, du Code de procédure pénale, à la liberté d'aller et venir garantie tout à la fois par l'article 67 § 2 TFUE, aux termes duquel l'Union « assure l'absence de contrôles des personnes aux frontières intérieures », et par la Constitution. Elle avait décidé d'interroger la CJUE :

– sur la compatibilité avec le droit de l'Union européenne de cet article ;

– sur la conformité du mécanisme de la QPC au droit de l'Union européenne (TFUE, art. 267) dès lors que la loi organique du 10 décembre 2009 impose aux juges de se prononcer en priorité sur la transmission de la QPC au Conseil constitutionnel.

Devant le juge des libertés et de la détention, les requérants avaient contesté la conformité à la Constitution de l'article précité du Code de procédure pénale. Le juge a transmis la QPC à la Cour de cassation qui a considéré que la disposition en question devait être appréciée tant au regard du droit de l'Union qu'au regard de la Constitution qui garantit également la liberté d'aller et de venir. Or, selon la Cour, la loi organique du 10 décembre 2009, en accordant la priorité au contrôle de constitutionnalité des lois, priverait les juridictions nationales de la possibilité de poser immédiatement une question préjudicielle à la Cour de justice de l'Union européenne. Par suite, elles seraient empêchées de statuer sur la conventionnalité d'une disposition législative avant de transmettre la QPC. Quoique le Conseil constitutionnel ne puisse exercer de contrôle de conventionnalité, la Cour de cassation notait également que « *si le Conseil constitutionnel juge la disposition législative attaquée conforme au droit de l'Union européenne, [les juridictions nationales] ne pourront plus, postérieurement à cette décision, saisir la Cour de justice de l'Union européenne d'une question préjudicielle* », ni se prononcer sur la conformité du texte au droit de l'Union européenne. En conséquence, elle a sursis à statuer et a posé à la Cour de justice deux questions préjudicielles, l'une relative à la conformité de l'article du CPP précité au droit de l'Union, l'autre sur la conformité à celui-ci de la loi organique du 10 décembre 2009, y compris lorsque la question porte sur la non-conformité à l'article 88-1 de la Constitution d'un texte de droit interne en raison de sa contrariété avec le droit de l'Union européenne.

La réponse du Conseil constitutionnel : la décision n° 2010-605 DC du 12 mai 2010 (*Loi relative à l'ouverture à la concurrence et à la régulation du secteur des jeux d'argent en ligne*)

Les requérants avaient demandé au Conseil constitutionnel de vérifier que la loi en question n'était pas inconventionnelle, se fondant sur l'arrêt du 16 avril 2010 de la Cour de cassation saisissant la Cour de justice de l'Union européenne de deux questions préjudicielles, dont l'une portait sur la compatibilité avec l'article 267 du TFUE de l'ordonnance organique du 7 novembre 1958 modifiée. Le Conseil constitutionnel, d'une part, a rappelé sa jurisprudence relative à l'articulation entre le contrôle de constitutionnalité et le contrôle de la compatibilité de la loi avec les engagements internationaux et européens de la France inchangée depuis 1975 : il ne lui appartient pas d'examiner la compatibilité d'une loi avec les engagements internationaux et européens de la France (v. ss 153, Chap. 7, art. 55). Le Conseil applique lui-même strictement cette répartition entre le contrôle de constitutionnalité, réservé au juge constitutionnel, et le contrôle de conventionnalité, exercé par le juge chargé d'appliquer la loi : « *Considérant, en premier lieu, que l'autorité qui s'attache aux décisions du Conseil constitutionnel en vertu de l'article 62 de la Constitution ne limite pas la compétence des juridictions administratives et judiciaires pour faire prévaloir ces engagements sur une disposition législative incompatible avec eux, même lorsque cette dernière a été déclarée conforme à la Constitution* » ; ainsi, lorsqu'il statue en matière de contrôle de constitutionnalité des lois, le Conseil constitutionnel refuse de déclarer une loi inconventionnelle sauf, comme on l'a vu, s'il statue comme juge électoral (Cons. const., décis. n° 88-1082/1117 AN, 21 oct. 1988, *AN, Val-d'Oise, 5e circ.* ; v. art. 59).

La conséquence de la distinction des deux types de contrôle.

Cette répartition des types de contrôles a également pour effet que les décisions rendues par le Conseil constitutionnel, tant dans le contrôle *a priori* que dans le contrôle *a posteriori*, n'ont d'autorité qu'en ce qui concerne la constitutionnalité des lois. La compétence des juges pour exercer le contrôle de conventionnalité n'est pas affectée par une éventuelle décision du Conseil constitutionnel déclarant la loi conforme à la Constitution. Il appartient donc aux juges administratifs et judiciaires de prendre toutes les mesures nécessaires pour empêcher qu'une disposition incompatible avec le droit de l'Union européenne produise des effets.

Une précision.

Les juges judiciaires et administratifs ne sont pas privés du droit de poser une question préjudicielle à la CJUE. Le Conseil a précisé dans sa décision n° 2010-605 DC du 12 mai 2010 précitée que les articles 23-1 et suivants de l'ordonnance organique du 7 novembre 1958 modifiée ne privaient en aucune manière le juge de son pouvoir de poser une question préjudicielle à la Cour de justice de l'Union européenne, y compris lorsqu'il transmet une question prioritaire de constitutionnalité. Le fait de poser une question préjudicielle constitue une mesure d'instruction avant dire droit que le juge peut prendre lorsqu'il l'estime nécessaire : le fait qu'une question prioritaire de constitutionnalité ait été posée au juge n'y fait pas obstacle, ni le fait qu'il ait procédé à sa transmission au Conseil constitutionnel.

L'exigence constitutionnelle de transposition des directives. Le Conseil constitutionnel a réaffirmé cette exigence constitutionnelle et rappelé que la transposition d'une directive ne saurait aller à l'encontre d'une règle ou d'un principe inhérent à l'identité constitutionnelle de la France, sauf à ce que le constituant y ait consenti. Il a en outre précisé, toujours au regard de l'entrée en vigueur de la QPC, que l'exigence constitutionnelle de transposition des directives ne figure pas au nombre des « droits et libertés que la Constitution garantit » au sens de l'article 61-1 de la Constitution. Ce droit s'exerce devant les juridictions administratives et judiciaires, selon les modalités déjà évoquées précédemment au sujet du contrôle de conventionnalité de la loi (v. ss 233 s., Chap. XV, art. 88-1).

Notons que le Conseil d'État est venu, deux jours après cette décision, en renfort du Conseil constitutionnel. Dans le cadre du premier refus de transmission d'une QPC en droit des étrangers, à propos de la clause d'exclusion en droit d'asile, il a pris soin de préciser, en écho à la décision du Conseil constitutionnel : *« que, d'une part, ces dispositions ne font pas obstacle à ce que le juge administratif, juge de droit commun de l'application du droit de l'Union européenne, en assure l'effectivité, soit en l'absence de question prioritaire de constitutionnalité, soit au terme de la procédure d'examen d'une telle question, soit à tout moment de cette procédure, lorsque l'urgence le commande, pour faire cesser immédiatement tout effet éventuel de la loi contraire au droit de l'Union ; que, d'autre part, le juge administratif dispose de la possibilité de poser à tout instant, dès qu'il y a lieu de procéder à un tel renvoi, en application de l'article 267 du traité sur le fonction-*

nement de l'Union européenne, une question préjudicielle à la Cour de justice de l'Union européenne » (CE, 14 mai 2010, *M. Senad Rujovic*).

Une réponse de la CJUE en harmonie avec celle du Conseil constitutionnel : l'arrêt du 22 juin 2010, *Melki et Abdeli*

Si la CJUE a déclaré contraire au droit de l'Union, l'article 78-2 alinéa 4 du Code de procédure pénale, elle a considéré que le caractère prioritaire de la QPC était compatible avec le droit de l'Union européenne et reprend pour l'essentiel le raisonnement du Conseil constitutionnel dans sa décision précitée du 12 mai 2010. Ici, le « dialogue des juges » est resté serein.

La Cour de justice considère certes qu'un mécanisme interne, tel que la question prioritaire de constitutionnalité, ne saurait priver les juridictions nationales de la faculté qu'elles tiennent de l'article 267 TFUE de saisir la CJUE des questions d'interprétation du droit de l'Union : « *le juge national [doit être] libre de saisir, à tout moment de la procédure qu'il juge approprié, et même à l'issue d'une procédure incidente de contrôle de constitutionnalité, la Cour de justice de toute question préjudicielle qu'il juge nécessaire* ». Mais elle ajoute que, si le mécanisme de la QPC empêche le juge national de laisser immédiatement inappliquée une disposition législative nationale qu'il juge contraire au droit de l'Union, « *l'article 267 TFUE exige néanmoins que ledit juge soit libre, d'une part, d'adopter toute mesure nécessaire afin d'assurer la protection juridictionnelle provisoire des droits conférés par l'ordre juridique de l'Union et, d'autre part, de laisser inappliquée, à l'issue d'une telle procédure incidente, ladite disposition législative nationale s'il la juge contraire au droit de l'Union* ». Autrement dit, dans l'hypothèse où le Conseil constitutionnel jugerait qu'une loi est conforme à la Constitution, les juridictions ordinaires ont sinon la faculté mais bien le droit la laisser inappliquée si elle est contraire au droit de l'Union.

Demeure la question d'une loi de transposition d'une directive qui serait invalidée par le Conseil constitutionnel alors même que la directive, et donc la loi de transposition, serait conforme au regard du droit de l'Union. Dans cette hypothèse très singulière,

« *la question de savoir si la directive est valide revêt, eu égard à l'obligation de transposition de celle-ci, un caractère préalable* » et la Cour impose donc une priorité au mécanisme de renvoi préjudiciel par rapport à la QPC. En réalité, il s'agirait à titre principal d'une loi méconnaissant « *l'identité constitutionnelle de la France* » et le conflit serait alors insoluble, *a priori*.

Enfin, il appartient ainsi à la juridiction de renvoi « *de vérifier si la législation nationale peut être interprétée conformément à ces exigences du droit de l'Union* ». Or la Cour de cassation, par son arrêt du 29 juin 2010, continue de considérer que la priorité d'examen de la QPC n'est pas applicable devant elle lorsqu'elle est saisie d'une question portant à la fois sur la constitutionnalité et la conventionnalité d'une disposition législative, au motif que la procédure applicable devant elle l'empêche d'adopter les mesures conservatoires quant au droit de l'Union européenne.

Notons incidemment que les réticences précitées de la Cour de cassation à l'endroit de la QPC ont conduit à ce que la loi organique du 22 juillet 2010 supprime purement et simplement la formation spéciale de la Cour de cassation, réunissant le premier président et les présidents de chambre jugeant des demandes de renvoi, quelle que soit la nature du litige et risquant ainsi de couler dans le marbre une jurisprudence réserve à l'endroit de la QPC. Il ne faut y voir aucun lien, bien entendu...

Filtre ou « bouchon » ?

Les Cours Suprêmes peuvent être tentées de ne pas transmettre telle ou telle QPC pour préserver leur propre interprétation de la Constitution. Ainsi, la Cour de cassation, dans ses arrêts du 19 mai 2010 (Cass. 19 mai 2010, arrêts QPC n° 12009, 12019, 12020, 12021 et 12023), a rejeté une QPC, concernant en particulier la notion de prescription de l'action publique, au motif qu'elle tendait non pas à contester les dispositions législatives visées mais l'interprétation que cette Cour suprême en avait donnée. La Cour de cassation estime effet que l'applicabilité au litige s'entend de la disposition législative elle-même et non de l'interprétation juridictionnelle qui peut en être donnée. Or, elle a cependant transmis au moins une QPC mettant en cause sa jurisprudence (Cons.

const., décis. n° 2010-39 QPC, 6 oct. 2010, *Isabelle D. et Isabelle B.*, adoption au sein d'un couple non marié). Certes, dans sa décision n° 2010-1 QPC du 28 mai 2010 (*Cristallisation des pensions*), le Conseil constitutionnel avait précisé qu'il ne lui « *appartient pas, saisi d'une question prioritaire de constitutionnalité, de remettre en cause la décision par laquelle le Conseil d'État ou la Cour de cassation a jugé qu'une disposition était ou non applicable au litige ou à la procédure ou constituait le fondement des poursuites* ». Ainsi, le Conseil ne saurait substituer sa propre appréciation aux deux Cours suprêmes. Mais cette affaire a été l'occasion pour le Conseil de remettre les pendules à l'heure (au moins celles du Quai de l'Horloge) en précisant avec fermeté qu'« *en posant une question prioritaire de constitutionnalité, tout justiciable a le droit de contester la constitutionnalité de la portée effective qu'une interprétation jurisprudentielle constante donne à [une] disposition [législative]* » du Conseil d'État ou de la Cour de cassation (Cons. const., décis. n° 2010-39 QPC, 6 oct. 2010, et n° 2010-52 QPC, 14 oct. 2010). C'est qu'on appelle pudiquement le « dialogue des juges »... Le temps a fait son œuvre et la Cour de cassation est moins rétive à la QPC. Par exemple, après cinq refus, elle a fini par transmettre le 6 octobre 2015 la question de la constitutionnalité de l'article 24 bis de la loi sur la presse, dite loi Gayssot réprimant pénalement la négation des crimes contre l'humanité commis durant la Seconde Guerre mondiale déclarée conforme à la Constitution (Cons. const., décis. n° 2015-512 QPC, 8 janv. 2016, *M. Vincent R.*). En tout état de cause, une forme de « diplomatie juridique » et un dialogue officieux entre le Conseil constitutionnel et les deux Cours suprêmes a progressivement permis à terme d'éviter une réforme complexe dans les rares cas de non transmission notoirement injustifiés. Alors qu'il appartient au Conseil constitutionnel de trancher la question de savoir si une disposition législative incertaine porte atteinte aux droits et libertés fondamentaux, le Conseil d'État refuse cependant de transmettre au motif de sa non-normativité, la loi du 29 janvier 2001 portant reconnaissance du génocide arménien (CE, 4e et 5e sous-sect. réunies, req. n° 392400, 19 oct. 2015) (v. ss 90).

Un premier bilan

Selon les services du Conseil constitutionnel « *au 1er mars 2015 et depuis l'entrée en vigueur de la QPC, le 1er mars 2010, le Conseil d'État et la Cour de cassation ont saisi le Conseil constitutionnel de 465 questions prioritaires de constitutionnalité, soit respectivement 207 décisions de renvoi du Conseil d'État et 258 décisions de renvoi de la Cour de cassation. Conformément aux dispositions de l'article 23-7 de l'ordonnance n° 58-1067 du 7 novembre 1958 portant loi organique sur le Conseil constitutionnel, le Conseil d'État et la Cour de cassation ont également adressé au Conseil constitutionnel leurs décisions de non renvoi de questions prioritaires de constitutionnalité. Au total, le Conseil constitutionnel a donc été destinataire de 2360 dossiers, dont 80,3 % relatifs à des décisions de non-renvoi. Sur les 856 dossiers transmis par le Conseil d'État, 24 % étaient des décisions de renvoi et sur les 1504 dossiers transmis par la Cour de cassation 18 % étaient des décisions de renvoi. En outre, cinq questions prioritaires de constitutionnalité ont été soulevées directement devant le Conseil constitutionnel à l'occasion du contentieux électoral.*

Depuis le 1er mars 2010, le Conseil constitutionnel a rendu 395 décisions. Ces décisions se répartissent ainsi : 56,2 % de décisions de conformité, 14,1 % de conformité sous réserve, 14,6 % de non-conformité totale, 9,3 % de non-conformité partielle, 4,5 % de non-lieu et 1,3 % relatives à des aspects de procédure.

Les dispositions annulées depuis le 1er mars 2010 concernent en premier lieu le droit pénal ou la procédure pénale. Ainsi sur 145 décisions de censure :

42 ont trait à cette matière,

16 décisions de censure sont relatives au droit fiscal ou la procédure fiscale

11 décisions concernent le droit processuel

10 décisions concernent le droit de l'environnement

7 décisions concernent la santé publique. Les autres décisions de censure ont trait à des domaines variés (droit économique, droit des pensions, droit électoral, droit de la famille...) » (http://www.conseil-constitutionnel.fr/conseil-constitutionnel/francais/a-la-une/avril-2015-les-5-ans-de-la-qpc-au-conseil-constitutionnel-quelques-chiffres).

Section 6

Les décisions du Conseil constitutionnel (Const., art. 62)

> **Article 62 de la Constitution**
> *« Une disposition déclarée inconstitutionnelle sur le fondement de l'article 61 ne peut être promulguée ni mise en application.*
> *Une disposition déclarée inconstitutionnelle sur le fondement de l'article 61-1 est abrogée à compter de la publication de la décision du Conseil constitutionnel ou d'une date ultérieure fixée par cette décision. Le Conseil constitutionnel détermine les conditions et limites dans lesquelles les effets que la disposition a produits sont susceptibles d'être remis en cause.*
> *Les décisions du Conseil constitutionnel ne sont susceptibles d'aucun recours. Elles s'imposent aux pouvoirs publics et à toutes les autorités administratives et juridictionnelles. »*

Ces décisions sont de différents types mais obéissent aux mêmes règles de rédaction. Le Conseil constitutionnel les classe comme suit :

–DC : Contrôle de constitutionnalité des lois ordinaires, lois organiques, des traités, des règlements des Assemblées

–LP : Contrôle de constitutionnalité des lois du pays de Nouvelle-Calédonie

–L : Déclassements de textes législatifs au rang réglementaire

–FNR : Fins de non-recevoir

–LOM : Répartitions des compétences entre l'État et certaines collectivités d'outre-mer

–AN : Élections à l'Assemblée nationale

–SEN : Élections au Sénat

–PDR : Élection présidentielle

–REF : Référendums

–ELEC : Diverses élections

–D : Déchéance de parlementaires

–I : Incompatibilité des parlementaires

–AR16 : Article 16 de la Constitution (pouvoirs exceptionnels du président de la République)

–ORGA : Décision d'organisation du Conseil constitutionnel

–AUTR : Autres décisions
–QPC : Question prioritaire de constitutionnalité

Les effets de la décision (Const., art. 62, al. 1er)

179 Les dispositions contrôlées déclarées non conformes ne peuvent être promulguées, qu'il s'agisse des règlements des assemblées, des lois organiques ou ordinaires, d'un engagement international non conforme dont l'entrée en vigueur est subordonnée à une révision de la Constitution. Le Parlement ne saurait reprendre une disposition législative censurée par le Conseil, sauf à la voir invalidée pour violation de l'autorité de la chose jugée. S'agissant de la répartition des compétences (art. 37-2 et 41), le classement opéré par le Conseil s'impose au gouvernement et aux assemblées.

La modulation éventuelle des effets dans le temps des décisions QPC (Const., art. 62, al. 2)

180 Cette technique est inspirée de celle utilisée par la Cour constitutionnelle d'Allemagne qui peut déclarer la loi conforme à la Constitution en indiquant cependant qu'à l'avenir, compte tenu de l'évolution prévisible des circonstances de fait, elle porterait atteinte à un principe constitutionnel qu'il faudra protéger en révisant la loi.

La technique

La Cour fixe alors au législateur un délai de modification à respecter. Au titre du contrôle *a priori* de l'article 61, le Conseil constitutionnel a fort rarement employé ce procédé : « *la déclaration immédiate d'inconstitutionnalité des dispositions contestées serait de nature à méconnaître [l'exigence de transposition en droit interne] des directives communautaires et à entraîner des conséquences manifestement récessives ; que dès lors, afin de permettre au législateur de procéder à la correction de l'incompétence négative constatée, il y a lieu de reporter au 1er janvier 2009 les effets de la déclaration d'inconstitutionnalité* » (Cons. const. 19 juin 2008, n° 2008-564 DC). À l'inverse, elle est constitutionnalisée au seul titre de l'article de l'article 61-1 de la Constitution. Et, dans deux décisions du 25 mars 2011 (Cons. const., décis. n° 2010-108

QPC et n° 2010-110 QPC), le Conseil avait posé un « considérant de principe » sur ce point en jugeant que : « *si, en principe, la déclaration d'inconstitutionnalité doit bénéficier à l'auteur de la question prioritaire de constitutionnalité et la disposition déclarée contraire à la Constitution ne peut être appliquée dans les instances en cours à la date de la publication de la décision du Conseil constitutionnel, les dispositions de l'article 62 de la Constitution réservent à ce dernier le pouvoir tant de fixer la date de l'abrogation et reporter dans le temps ses effets que de prévoir la remise en cause des effets que la disposition a produits avant l'intervention de cette déclaration* ».

Dans plus des deux tiers des cas, le Conseil constitutionnel décide que les déclarations d'inconstitutionnalité entraînent l'abrogation immédiate si elle n'entraîne pas des effets manifestement excessifs ou créant un vide juridique (Cons. const., décis. n° 2013-362 QPC, 6 févr. 2014), si elle est sans effet pour l'avenir (les dispositions en cause n'étant plus en vigueur à la date à laquelle elle est prononcée) ou qu'il est impossible de laisser subsister l'inconstitutionnalité, même à titre temporaire., par exemple en matière pénale (Cons. const., décis. n° 2011-161 QPC, 9 sept. 2011).

Les conséquences pour le passé : l'« effet utile »

En principe, la déclaration d'inconstitutionnalité doit logiquement bénéficier au requérant à la QPC et, également, à tous ceux ayant un contentieux en cours. C'est ce qu'on appelle l'« effet utile » (Cons. const., décis. n° 2009-595 DC du 3 décembre 2009 sur la loi organique relative à l'application de l'article 61-1 de la Constitution). Le Conseil procède cependant différemment selon qu'il prononce une abrogation à effet immédiat ou une abrogation à effet différé.

L'abrogation à effet immédiat.

Le Conseil constitutionnel précise le plus souvent que le bénéfice de sa décision est applicable aux instances en cours à la date de sa décision (Cons. const., décis. n° 2011-185 QPC, 21 oct. 2011). Le Conseil peut cependant limiter aux seules personnes qui se prévalent de l'inconstitutionnalité dans ces mêmes instances d'en bénéficier (Cons. const., décis. n° 2010-52 QPC, 14 oct. 2010 et n° 2011-181 QPC, 13 oct. 2011) en limitant ainsi les effets « d'aubaine » (Cons. const., décis. n° 2013-360 QPC, 9 janv. 2014). Le Conseil peut même aller jusqu'à déroger au principe de l'effet utile de la QPC dans tous les cas où il estime que cet effet aurait des conséquences manifestement excessives comme par exemple en matière de procédure pénale, afin d'éviter d'annuler des procédures (Cons. const., décis. n°s 2010-14/22 QPC et 2010-32 QPC du 22 septembre 2010). En pareille hypothèse, le Conseil constitutionnel précise généralement que les actes ou les mesures qui ont été pris avant l'abrogation des dispositions contestées ne peuvent être remis en cause sur le fondement de cette inconstitutionnalité.

L'abrogation à effet différé.
Le report de l'abrogation se justifie dans plusieurs cas comme celui en particulier des conséquences manifestement excessives d'une abrogation immédiate (Cons. const., décis. n° 2010-14/22 QPC, 30 juill. 2010, préc.), le fait qu'elle aurait pour effet de voir le Conseil à se substituer au Parlement (Cons. const., décis. n° 2010-108 QPC, 25 mars 2011). Le Conseil choisit alors généralement de maintenir en application la disposition législative inconstitutionnelle (Cons. const., décis. n° 2014-387 QPC, 4 avr. 2014), il peut alors décider :

– soit que les juridictions saisies d'instances relatives à l'application des dispositions déclarées inconstitutionnelles doivent surseoir à statuer jusqu'à l'intervention de la loi remédie à cette inconstitutionnalité. Cette loi devra être rendue applicable aux instances en cours à la date de la publication de la décision (Cons. const., décis. n° 2010-1 QPC susmentionnée, n° 2010-83 QPC, 13 janv. 2011 et n° 2013-343 QPC, 27 sept. 2013).

– soit que l'abrogation reportée dans le temps est assortie d'une réserve d'interprétation transitoire neutralisant les effets inconstitutionnels de la disposition en cause jusqu'à son remplacement par une loi nouvelle, comme par exemple en matière fiscale (Cons. const., décis. n° 2014-400 QPC, 6 juin 2014 et n° 2014-404 QPC, 20 juin 2014).

L'autorité absolue de chose jugée des décisions (Const., art. 62, al. 3)

181 L'autorité des décisions du Conseil constitutionnel est d'abord morale et dispose de l'autorité de la chose jugée.

Elle s'attache au dispositif comme aux motifs qui en sont le soutien nécessaire

Cette autorité s'attache au dispositif (la décision proprement dite) mais aussi « *aux motifs qui en sont le soutien nécessaire et en constituent le fondement même* » (Cons. const., décis. n° 62-18 l, 16 janv. 1962, *Nature juridique des dispositions de l'article 31 alinéa 2 de la loi n° 60-808 du 5 août 1960 d'orientation agricole*), y compris les réserves d'interprétation.

Les dispositions d'une loi ordinaire non contestées ni soulevées d'office ne bénéficient pas d'un brevet de constitutionnalité

Si les traités lorsqu'ils sont soumis au contrôle du Conseil ainsi que obligatoirement les lois organiques, les règlements des assemblées font l'objet d'un contrôle exhaustif, il en va différemment dans le cadre du contrôle *a priori* des lois ordinaires qui s'opère dans des délais contraints qui ne permettent pas systématiquement d'exercer son contrôle complet sur des textes parfois fort longs et complexes. C'est pourquoi « *l'autorité de chose jugée attachée à la décision du Conseil constitutionnel [...] est limitée à la déclaration d'inconstitutionnalité visant certaines dispositions de la loi qui lui était alors soumise ; qu'elle ne peut être utilement invoquée à l'encontre d'une autre loi conçue, d'ailleurs, en termes différents* » (Cons. const., décis. 20 juill. 1988, n° 88-244 DC, *Loi portant amnistie*). Par là même, le Conseil constitutionnel indique implicitement que les autres dispositions non contestées ou au sujet desquelles il n'a pas soulevé d'office l'inconstitutionnalité ne bénéficient pas d'un « brevet » de constitutionnalité. Son considérant de principe est encore moins clair : « *Considérant qu'il n'y a lieu, pour le Conseil constitutionnel, de soulever aucune (autre) question de conformité à la Constitution* ». Par ce considérant dit « balai » le Conseil constitutionnel toujours implicitement semble n'accorder aucun « brevet de constitutionnalité » aux dispositions ni critiquées par les saisines, ni soulevées d'office. Il ne préjuge donc pas de leur conformité sauf à se voir opposer qu'il les a jugés conformes par le passé ou pire, de voire insérées des dispositions inconstitutionnelles noyées dans un texte fort long. D'ailleurs, la jurisprudence « néo-calédonienne », le Conseil s'autorise, mais à titre exceptionnel, à contrôler des dispositions nouvelles d'une loi déjà jugée mais qui en affectent le domaine d'application. Il n'empêche que le considérant-balai n'était pas clair dans la mesure où il fallait, pour le comprendre, procéder à un raisonnement déductif somme toute assez savant. C'est pourquoi le Conseil est encore plus clair et utilise un nouveau considérant balai et cette fois explicite : « *Le Conseil constitutionnel n'a soulevé d'office aucune autre question de conformité à la Constitution et ne s'est donc pas prononcé sur la constitutionnalité des autres dispositions que celles examinées dans la présente décision* » (Cons. const., décis. n° 2016-739 DC, 17 nov. 2016, *Loi de modernisation de la justice du XXIe siècle*).

Les réserves d'interprétation

Le Conseil indique ainsi comment les dispositions en cause doivent être interprétées pour être conformes à la Constitution (ces réserves sont en principe d'interprétation stricte et font partie évidemment de la décision au sens de son autorité de force jugée). Dès le début de la Ve République, le Conseil constitutionnel y a eu recours à l'occasion de l'examen des règlements des assemblées parlementaires (17, 18 et 24 juin 1959, art. 2, règlement de l'Assemblée nationale). Leur utilisation intensive, depuis le début des années 80, a pu être critiquée par une partie de la doctrine, dans la mesure où le Conseil est amené pratiquement à réécrire la loi, voire à prescrire au gouvernement la conduite à tenir dans son application, ou tout simplement à priver de toute portée certaines dispositions. Cependant, les réserves réellement constructives sont très rares. Elles ménagent le gouvernement comme les requérants, mais aussi l'avenir. Elles étendent la latitude d'action du Conseil constitutionnel qui juge, dans le cadre du contrôle *a priori*, dans l'urgence. Elles constituent le soutien nécessaire d'une décision rendue.

Au terme du contrôle donc, le dispositif rappelle que les dispositions de la loi déclarées conformes à la Constitution ne le sont que « *sous les réserves énoncées aux considérants* » dont les numéros sont cités afin de les rendre plus accessibles, ce depuis le début 2002 (Cons. consT., décis. n° 2001-454 DC, *Loi relative à la Corse*). Cette technique revêt plusieurs formes depuis la décision pionnière n° 80-127 DC du 20 janvier 1981 (*Sécurité et liberté*) et renvoie en réalité, malgré les distinctions subtiles, à deux cas de figure :

- *La réserve d'interprétation constructive* : Le Conseil ajoute au texte ce qui lui manquait pour être conforme. Elle tient au fait que le législateur ne va pas au bout de sa compétence (incompétence négative). Et, plutôt que de censurer la disposition – ce qui peut ruiner en réalité tout l'édifice législatif dès lors qu'elle est inséparable d'autres dispositions – le Conseil le complète.

La réserve constructive s'explique également lorsque l'ambiguïté du texte est telle qu'on peut l'interpréter comme tantôt conforme ou non conforme à la Constitution. Une illustration classique est sa décision sur le PACS dont les réserves d'interprétation ont conduit le Conseil à réécrire le texte en partie en procédant notamment à une réserve « neutralisante », au sens où elle « vide le texte de son venin ». (Cons. const., décis. n° 99-419 DC, 9 nov. 1999, *PACS*).

Enfin, le Conseil peut prononcer des *obiter dicta* qui indiquent aux pouvoirs publics sur la façon dont le Conseil examinera à l'avenir des questions identiques ou connexes. Ainsi, à propos du statut de la Nouvelle-Calédonie, ont été émises des réserves relatives aux « lois du pays » intervenant en matière de promotion de l'emploi local pour les personnes justifiant d'une durée suffisante de résidence (Cons. const., décis. n° 99-410 DC, 15 mars 1999, *Loi organique relative à la Nouvelle-Calédonie*).

- *Les réserves d'interprétation directives* : Elles sont en réalité des réserves constructives et précisant le sens et les modalités d'application de la loi pour qu'elle soit conforme à la Constitution. Elles s'adressent en réalité aux organes de l'État chargés d'appliquer la loi. Dès lors que la loi énonce des principes généraux, l'efficacité de la technique est certaine (c'est le cas des lois d'habilitation). Dans le cas des lois ordinaires, elle l'est moins ; encore faut-il en effet que le gouvernement tienne compte des réserves d'interprétation dans ses circulaires d'application de la loi (dont la valeur n'est, selon la jurisprudence, qu'interprétative) ; sinon, c'est aux juridictions de les faire respecter.

Les limites à l'autorité de chose jugée

Sous réserve des précisions apportées précédemment, les décisions du Conseil s'imposent aux pouvoirs publics (président de la République, gouvernement, Parlement). Notons d'ailleurs que depuis mai 1988, le gouvernement a édicté des circulaires invitant fermement des ministres, assistés du secrétariat général du gouvernement et du Conseil d'État, à veiller à la constitutionnalité des projets de loi préparés par leur soin. Qu'il s'agisse du contrôle *a priori* ou *a posteriori* qui ont pour effet de rayer de l'ordre juridique des dispositions inconstitutionnelles, les décisions du Conseil constitutionnel sont sans appel. Mais qu'en est-il de l'exécution des décisions du Conseil par les autorités juridictionnelles ? Certes, en vertu de l'article 62 de la Constitution, elles s'imposent à elles, à tout le moins en France. Or, une juridiction internationale pourrait l'infirmer. Il en va en pratique essentiellement de la Cour européenne des droits de l'Homme qui pourrait diverger de l'appréciation de la jurisprudence du Conseil. En tout état de cause, ce dernier a depuis longtemps prévenu ce risque en intégrant celle de sa voisine de Strasbourg dans la sienne, ce volontairement, en prévenant d'ailleurs que l'identité constitutionnelle de la France ne saurait être méconnue. Sur le territoire national, cependant, le Conseil constitutionnel ne coiffe pas l'ensemble du système juridictionnel, à l'image de la Cour suprême des États-Unis. Dès lors, les « cours suprêmes » de l'ordre administratif et de l'ordre judiciaire, soit le Conseil d'État et la Cour de cassation, peuvent s'écarter de la jurisprudence du Conseil puisqu'il n'existe aucune procédure permettant de trancher les conflits éventuels.

Le Conseil d'État, dans une décision d'assemblée du 20 décembre 1985, *SA Établissements Outters* (confirmée par six décisions du 16 avr. 1986), a estimé, contrairement à sa jurisprudence antérieure, que les redevances de pollution perçues par les agences de bassin avaient un caractère fiscal, ce conformément à la jurisprudence du Conseil constitutionnel. Ce cas de figure s'est reproduit aussi à propos des pouvoirs du Conseil supérieur de l'audiovisuel (Cons. const., décis. n° 88-248 DC, 17 janv. 1989, *Loi modifiant la loi n° 86-1067 du 30 septembre 1986 relative à la liberté de communication*) ou du respect de la dignité humaine (Cons. const., décis. n° 94-343/344 DC, 27 juill. 1994, *Bioéthique*). Il reste que ce rapprochement demeure volontaire mais ne fait plus de doute dès lors que « *les réserves d'interprétation dont le Conseil constitutionnel assortit la déclaration de conformité à la Constitution d'une disposition législative sont assorties de l'autorité absolue de chose jugée et lient le juge administratif pour l'application et l'interprétation de cette disposition* » (CE, 13 mars 2013, *Commune de Garmençon*).

La Cour de cassation dans deux arrêts du 25 avril 1985, *Vuckovic et Bogdan*, a modifié sa jurisprudence antérieure et a adopté l'interprétation donnée par le Conseil constitutionnel de l'article 66 de la Constitution aux termes duquel « *l'autorité judiciaire est gardienne de la liberté individuelle* » : le juge judiciaire répressif est compétent pour apprécier la légalité de tout acte administratif, réglementaire ou non réglementaire. De même, s'agissant des contrôles d'identité sur la seule prise en compte du « faciès », a-t-elle fait application des réserves d'interprétation du Conseil dans sa décision du 5 août 1993 (*Contrôles d'identité*). Enfin, suivant le Conseil (Cons. const., décis. n° 93-325 DC, 13 août 1993, *Loi relative à la maîtrise de l'immigration*), la Cour de cassation a considéré que le principe des droits de la défense était un « *droit fondamental à caractère constitutionnel* » (Cass. 30 juin 1995). Cependant, dans son arrêt du 10 octobre 2001 relatif au statut pénal du chef de l'État, elle a rappelé, en adoptant une conception différente de celle du Conseil constitutionnel, que ses décisions « *ne s'imposent aux pouvoirs publics, aux autorités administratives et juridictionnelles qu'en ce qui concerne le texte soumis à l'examen du Conseil* », Dans ce cas, la Cour juge que l'autorité n'est en effet absolue qu'au regard de la même disposition au sujet de laquelle la décision a été rendue (v. ss 198).

Notons qu'en ce qui concerne l'interprétation de l'article 55 de la Constitution, le Conseil a souvent rappelé le principe de primauté des engagements internationaux sur les lois françaises, sans être en mesure de le faire respecter. Si la Cour de cassation l'a très tôt observé (Cass. 24 mai 1975, *Sté des cafés Jacques Vabre*), le Conseil d'État a longtemps considéré que la primauté ne vaut que pour les lois antérieures à l'engagement : il a désormais rejoint la position du Conseil constitutionnel (CE, 20 oct. 1989, *Nicolo*).

Enfin, s'agissant de la question prioritaire de constitutionnalité, la Cour de cassation a cherché sans véritable succès, comme on l'a noté, à faire prévaloir, d'une part, sa propre interprétation d'une disposition législative et, d'autre part, sa propre interprétation des normes issues du droit de l'Union européenne, qu'elle semble préférer aux normes constitutionnelles. Mais après une période d'incertitude, il semble que la prééminence du Conseil constitutionnel soit admise par la Cour de cassation, d'autant mieux que le Conseil s'efforce de tenir compte de sa jurisprudence dans l'élaboration de la sienne, au moins au titre de l'article 61. C'est pourquoi, il faut préférer le « dialogue des juges » ou ce que nous appelons la « diplomatie juridique » plutôt que de proposer, comme une partie de la doctrine, des solutions radicales comme la suppression du filtre pour la QPC ou de faire que l'autorité de la chose jugée soit aussi celle « interprétée » à l'image de celle des décisions de la CJUE. Ce n'est pas, en effet, en privant en théorie le Conseil d'État et la Cour de cassation de leur pouvoir essentiel d'interprétation qu'on changera la leur. C'est au contraire, le plus sûr moyen de déclencher une « guerre des juges ».

L'autorité de chose jugée décisions prises en matière autre que constitutionnelle : la validation des comptes de campagne

La question s'est posée pour la première fois au sujet de la campagne présidentielle, et les décisions validant les comptes de campagnes de MM. Balladur et Chirac de 1995. En particulier, les comptes de campagne d'Édouard Balladur ont été mis en doute en 2010 par un juge d'instruction s'autorisant notamment à perquisitionner les Archives Nationales pour récupérer les rapports préparatoires établis par les rapporteurs adjoints chargés de ces comptes. La question s'est posée de savoir si la justice pénale pouvait, au fond, méconnaître la justice constitutionnelle. Pour le justifier, on a parfois argué que l'autorité absolue de chose jugée ne s'attacherait qu'aux seules décisions l'article 62 alinéa 2 de la Constitution qui jugent de la constitutionnalité des lois. En outre, le Constituant n'a pas envisagé le rôle du Conseil en matière de contrôle des comptes de campagne même si c'est une loi organique qui lui a confié cette mission, confirmant l'interprétation précédente. Enfin, « ces décisions » ne seraient que de simples constats ou déclarations qui ne seraient par elles-mêmes être revêtues de l'autorité de la chose jugée n'ayant aucun effet normatif. Or, un tel raisonnement a pour effet de priver d'autorité toutes les décisions du Conseil autres que celles relevant de l'article 62 alinéa 2 de la Constitution (empêchement du chef de l'État, décisions en matière électorale, déchéance de mandats parlementaires, etc.) ce qui est absurde. D'ailleurs, en matière électorale et s'agissant d'une demande de rectification matérielle, il a clairement rappel « *que cette demande (...) ne met pas en cause l'autorité de la chose jugée par le Conseil constitutionnel et n'est dès lors pas contraire aux dispositions de l'article 62 de la Constitution* » (Cons. const., décis. n° 87-1026, 23 oct. 1987).

L'alinéa 2 a donc bien une portée générale. Quant au fait que la compétence du Conseil repose sur une loi organique, celle-ci fait l'objet d'un contrôle de constitutionnalité obligatoire et a été déclarée conforme à la Constitution et fonde donc l'extension de ses attributions. Enfin, considérer que les décisions en matière de comptes de campagne n'ont pas d'effet normatif est inexact dans la mesure où le Conseil peut corriger les comptes et tout simplement les rejeter, privant l'intéressé de son droit au financement public et l'obligeant à procéder aux remboursements y afférant (Cons. const., décis. n° 95-88 PDR, 11 oct. 1995, décision du Conseil constitutionnel relative au compte de campagne de Monsieur Jacques Cheminade, candidat à l'élection présidentielle des 23 avril et 7 mai 1995). A pu aussi être discuté le caractère juridictionnel des décisions rendues au sujet des comptes de campagne. Or, elles ne sont susceptibles d'aucun recours. Ont-elles force de vérité légale ? Le caractère absolu de force jugée et surtout le fait que leur autorité s'étend au-delà du dispositif, aux motifs qui en sont le soutien nécessaire souligne encore qu'elles s'imposent ainsi à toutes les autorités administratives et juridictionnelles.

La forme et les types des décisions

182 Notons que le style des décisions du Conseil constitutionnel est celui de la Cour de cassation et du Conseil d'État. Contrairement aux rédactions-fleuves de certaines cours constitutionnelles, on retrouve l'imprégnation de ce dernier par une motivation marquée par un impératif de brièveté (« *imperatoria brevitas* ») aux dépens d'une argumentation raisonnée et parfois au bénéfice d'un raisonnement prétorien.

La forme des décisions

Le nouveau président du Conseil constitutionnel, Laurent Fabius, a voulu que les décisions du Conseil explicitent davantage le raisonnement juridique afin aussi de renforcer l'influence jurisprudentielle du Conseil constitutionnel, notamment au plan international.

La saisine . Elle indique les éléments relatifs à la saisine, soit le nom et les qualités pour agir des requérants, sa date, le texte déféré au contrôle du Conseil ;

Les anciens visas et considérants. C'est à l'occasion des deux décisions QPC rendues publiques le 10 mai 2016 (Cons. const., décis. n°s 2016-539 QPC et 2016-540 QPC) que le Conseil constitutionnel a procédé à l'initiative de son président Laurent Fabius et par souci de clarté que *« le Conseil constitutionnel a décidé de moderniser le mode de rédaction de ses décisions. Ce nouveau mode de rédaction a pour objectifs de simplifier la lecture des décisions du Conseil constitutionnel et d'en approfondir la motivation* » (communiqué du président Fabius).

Ont été supprimés les « visas » qui précisaient les normes de référence que le juge constitutionnel utilisait pour rendre sa décision de même que les anciens « considérants » (« *Considérant que* ») qui indiquaient à la fois la disposition contestée et les arguments invoqués, et la solution retenue par lui.

Ils ont été remplacés respectivement par les formules suivantes :

- « *Au vu des textes suivants :* »

- « *Le Conseil constitutionnel s'est fondé sur ce qui suit :* », suivi d'une numérotation.

Le dispositif (« *Décide : Article 1er* ») : il expose la décision du Conseil, indique qu'elle sera publiée au *Journal officiel* (ainsi que les noms des membres ayant participé à sa délibération).

Ajoutons que la mention « *délibéré par le Conseil constitutionnel* » a été remplacée par celle « *jugé par le Conseil constitutionnel* ».

Les types de décision dans le cadre du contrôle *a priori* (Const., art. 61)

Les décisions de conformité à la Constitution : elles n'appellent pas de commentaires particuliers si ce n'est qu'elles rejettent la requête en annulation. La loi est donc promulguée par le président de la République ce qui ne lui interdit pas de demander au Parlement, avant cette promulgation, une nouvelle délibération.

Les décisions de conformité sous réserves d'interprétation. Certaines décisions, tout en excluant l'annulation pure et simple des dispositions contestées, n'en sont pas moins assorties de réserves, dont le respect conditionne la constitutionnalité de la loi (v. ss 181).

Les décisions de non-conformité totale de la loi : l'ensemble de la loi est déclaré inconstitutionnel : ce type de décision est assez exceptionnel (environ 5 %) et le plus souvent pour des raisons de procédure. Dans ce cas, la loi n'est pas promulguée, ni, donc, mise en application. La procédure législative qui a conduit à l'adoption d'une telle loi se trouve annulée et il n'y a d'autre solution que de la reprendre dès l'origine, sauf si le motif de non-conformité constitue un obstacle déterminant supposant, par exemple, une modification préalable de la Constitution elle-même.

Les décisions de non-conformité partielle : seules certaines dispositions – une partie de la loi – sont déclarées inconstitutionnelles. Si celles-ci sont « séparables » des autres, la loi est promulguée sans ces dispositions (Cons. const., décis. n° 86-210 DC, 29 juill. 1986, *Loi portant réforme du régime juridique de la presse*) ; si elles sont « inséparables » d'autres dispositions du texte, la loi est promulguée sans ces deux types de dispositions (Cons. const., décis. n° 86-223 DC, 29 déc. 1986, *Loi de finances rectificative pour 1986*). Dans ces deux cas, le chef de l'État ne promulgue que les dispositions valides, quitte ensuite à demander une nouvelle délibération, en fait une nouvelle lecture – les deux termes étant synonymes (Cons. const., décis. n° 85-197 DC, 23 août 1985, *Loi sur l'évolution de la Nouvelle-Calédonie*). Enfin, il peut arriver que les dispositions en cause soient inséparables de l'ensemble du texte qui ne peut alors être promulgué (Cons. const., décis. n° 81-132 DC, 16 janv. 1982, *Loi de nationalisation*) – ce qui revient en fait à une annulation totale.

Les types de décision dans le cadre du contrôle *a posteriori* (Const., art. 61-1).

Les types de décisions sont les mêmes que dans le cadre de l'article 61. Notons qu'en principe, en cas d'inconstitutionnalité, la décision rendue par le Conseil bénéficie au requérant et à ceux engagés dans un contentieux identique. Cependant le 2e alinéa de l'article 62 de la Constitution autorise expressément le Conseil à différer dans le temps les effets de sa déclaration d'inconstitutionnalité, selon les conséquences qu'une telle déclaration entraînerait pour l'avenir ou selon les effets que la disposition inconstitutionnelle a pu produire par le passé (v. ss 180).

Section 7
Les règles d'organisation, de fonctionnement et de procédure du Conseil constitutionnel (Const., art. 63)

> **Article 63 de la Constitution**
> *« Une loi organique détermine les règles d'organisation et de fonctionnement du Conseil constitutionnel, la procédure qui est suivie devant lui et notamment les délais ouverts pour le saisir de contestations. »*

On traitera à titre principal de la procédure suivie devant le Conseil, les questions d'organisation et de fonctionnement étant imbriquée aux autres articles de la Constitution et déjà traitées. Sur ce plan, c'est l'article 4 de la loi organique du 10 décembre 2009 qui renvoie, pour la procédure à l'article 56 de l'ordonnance n° 58-1067 du 7 novembre 1958 portant loi organique sur le Conseil constitutionnel. Cet article prévoit que le Conseil complète, par son règlement intérieur, les règles de procédure applicables devant lui. À cet effet, le Conseil a adopté le 4 février 2010 une décision portant règlement intérieur relatif à la procédure suivie pour les questions prioritaires de constitutionnalité : ce règlement est insusceptible de recours (CE, 25 oct. 2002, *Brouant*).

La procédure en matière électorale

183 Bien des requêtes peu sérieuses ou tardives sont écartées par le Conseil, sans instruction. Il faut en effet que la requête fasse état de griefs sérieux et non d'allégations formulées en termes vagues. Pour les autres, le Conseil forme en son sein trois sections d'instruction composées de trois membres tirés au sort. Elle est assistée par des rapporteurs adjoints issus du Conseil d'État et de la Cour des comptes, qui ne peuvent cependant participer aux délibérations du Conseil.

Chaque section instruit l'affaire en question selon le principe du contradictoire. En particulier, le parlementaire, dont l'élection est contestée, a connaissance de la requête déposée contre son élection et peut y répondre. Le Conseil peut faire procéder à une enquête et se faire communiquer tout document utile, tandis que le ministère de l'Intérieur présente ses observations. Le rapporteur expose ses conclusions devant le Conseil qui prend ensuite sa décision. Depuis 2007, des auditions des requérants et des défenseurs sont organisées en tant que de besoin.

La procédure dans le cadre du contrôle *a priori* des lois

184 La requête doit être signée par les auteurs habilités après l'adoption définitive de la loi.

La présentation des saisines

Aucun texte n'oblige par ailleurs les saisissants à présenter de griefs au soutien de leur requête (Cons. const., déc. n° 95-360 DC du 2 février 1995). Le plus souvent, elle indique les dispositions non conformes, mais le Conseil n'est pas lié par les termes de la requête. Le fait que seules certaines dispositions de la loi soient contestées n'emporte aucun effet sur l'amplitude du contrôle : *« il appartient au Conseil constitutionnel de relever toute disposition de la loi déférée qui méconnaîtrait des règles ou principes de valeur constitutionnelle »* (Cons. const., déc. n° 95-360 DC du 2 février 1995), le Conseil constitutionnel pouvant soulever d'office un moyen pour censurer une disposition non contestée, soit en déclarer conforme une autre alors qu'elle n'a fait l'objet d'aucun grief.

Un parlementaire, ne peut déposer un mémoire complémentaire soulevant de nouveaux griefs même s'il a signé une première saisine (Cons. const., déc. n° 99-419 DC du 9 novembre 1999) ou a fortiori s'il met en cause d'autres dispositions de la loi déférée (Cons. const., déc. n° 81-133 DC du 30 décembre 1981). Il est aussi impossible de faire en réalité, de l'obstruction et de saisir une seconde fois le Conseil d'une disposition censurée mais qui a fait l'objet d'une nouvelle délibération dont l'objet était de la rendre conforme à la Constitution (Cons. const., déc. n° 85-197 DC du 23 août 1985). Enfin, il n'existe aucune possibilité de désistement : *« aucune disposition [...] ne permet aux autorités ou parlementaires habilités à déférer une loi au Conseil constitutionnel de le dessaisir en faisant obstacle à la mise en œuvre du contrôle de constitutionnalité engagé »* (Cons. const., déc. n° 96-386 DC du 30 décembre 1996).

La question des saisines blanches

Les saisines « blanches », c'est-à-dire accompagnées d'aucun grief, ne sont pas rares. Elles sont même systématiques pour les textes obligatoirement transmis au Conseil constitutionnel sur le fondement du 1er alinéa de l'article 61 de la Constitution. Elles sont fréquentes lorsque le Conseil est saisi par le président du Sénat ou par celui de l'Assemblée nationale, sur le fondement du 2e alinéa de l'article 61, ou par le président de la République sur le fondement de l'article 54. Elles sont beaucoup plus rares lorsqu'elles proviennent des députés ou sénateurs qui s'attachent à développer un argumentaire très développé auquel répondra le gouvernement dans ses observations. Au reste, le Conseil constitutionnel ne s'interdit pas de procéder à une censure après avoir soulevé d'office une disposition (Cons. consT., décis. n° 80-127 DC, 19 et 20 janv. 1981). Et, contrairement à son homologue judiciaire, il peut statuer *ultra petita*, c'est-à-dire au-delà des prétentions des parties – sauf en matière de QPC : il est alors lié par les moyens soulevés dans la question. Ceci ne lui interdit pas d'indiquer des motifs « surabondants » en renfort de sa décision. Dans ce cas, il prend bien soin de rappeler, par un considérant dit « balai », qu'il n'y a pas lieu malgré tout *« de soulever d'office aucune question de conformité à la Constitution en ce qui concerne les autres dispositions de la loi soumise à son examen »*, y compris dans le cadre des décisions rendues sur le fondement de l'article 61-1.

Cependant, l'entrée en vigueur de la QPC a ravivé les débats relatifs à la « saisine blanche » sous un angle nouveau : étant donné qu'est irrecevable une QPC portant sur une disposition législative antérieurement déclarée conforme à la Constitution, l'examen *a priori* des lois déférées au Conseil constitutionnel par le biais d'une « saisine blanche » ne porterait-il pas obstacle au droit des justiciables de poser une telle question ? Le Conseil constitutionnel a opéré une conciliation des articles 61 et 61-1 de la Constitution : rappelant que le législateur organique avait restreint le champ d'irrecevabilité des QPC aux dispositions déjà jugées conformes « dans les motifs et le dispositif » d'une décision du Conseil, il a noté que les saisines blanches pouvaient donner lieu à des déclarations de conformité dans le dispositif de la décision, sans qu'aient été « spécialement » examinés des griefs d'inconstitutionnalité dans les motifs – en d'autres termes, dans le cadre des saisines blanches, *« la déclaration de conformité à la*

Constitution des dispositions de la loi, figurant dans le dispositif de la décision, [ne peut] donc être opposée à une éventuelle future QPC » (Cons. const., décis. n° 2011-630 DC, 26 mai 2011, *Loi relative à l'organisation du championnat d'Europe de football de l'UEFA en 2016*). Averti de cette décision, le président de la République a motivé sa saisine de la loi relative sur le renseignement en 2015 (Cons. const., décis. n° 2015-713 DC, 23 juill. 2015, *Loi relative au renseignement*).

L'absence formelle du principe du contradictoire

Au contraire du contrôle *a posteriori* (art. 61-1) mais aussi du contentieux électoral, la question du respect de principe du contradictoire ne se pose pas dans le cadre du contrôle préventif et abstrait dans le cadre d'un contentieux objectif : au regard de la Convention européenne des droits de l'homme, il n'y a en effet, dans un tel contrôle, ni « litige civil », ni « parties » ce qui exclut le ministère d'avocat. Le contradictoire, si l'on peut dire, s'est déjà développé largement en amont, devant les assemblées et, en un sens, devant la presse ; le texte des saisines est publié au Journal officiel depuis 1983 et les observations écrites du gouvernement, en réponse à la saisine des parlementaires et leurs répliques, dans le Journal officiel et dans les Cahiers du Conseil constitutionnel depuis 1995. Sur ces points précis, le Conseil constitutionnel est plutôt en avance par rapport au Conseil d'État. Ainsi, le mimétisme qu'on se plaît à souhaiter entre les différentes juridictions, pour nécessaire qu'il soit, est ici une question accessoire en matière de contrôle d'ordre public : l'essentiel est d'abord que les décisions du Conseil aient « autorité de chose jugée ». Notons d'ailleurs que le Conseil n'est pas, sur tous ses points, totalement une exception française : en Allemagne comme aux États-Unis, les audiences publiques sont réservées seulement aux « grandes affaires ». Le traitement des saisines parlementaires par le Conseil constitutionnel a progressivement obéi au principe du contradictoire. Aussitôt après son enregistrement, la saisine est communiquée aux présidences de la République, du Sénat et de l'Assemblée nationale ainsi qu'au secrétariat général du gouvernement. Le point surprenant est cependant que c'est ce dernier qui défend la loi, même si elle a été votée sous une autre majorité. Il demeure cependant le mieux armé sur le plan juridique pour accomplir cette tâche. Ses observations sont communiquées aux requérants et la réplique éventuelle des saisissants est transmise au secrétariat général du gouvernement qui peut produire de nouvelles observations en réponse.

Le Conseil constitutionnel peut recevoir aussi des « contributions extérieures », appelées parfois « portes étroites », qui, dans le cadre de l'examen *a priori* d'une loi sur le fondement de l'article 61 de la Constitution, n'ont pas le caractère de documents de procédure. Par souci de transparence, il est apparu opportun au Conseil constitutionnel de porter désormais à la connaissance du public la liste des « contributions extérieures » qui lui sont adressées et mises en ligne sur le site Internet du Conseil en même temps que sa décision depuis mars 2017.

La procédure dans le cadre du contrôle *a posteriori*

185 Elle impose un mémoire distinct et motivé dans le cadre d'une procédure contradictoire.

L'obligation d'un mémoire distinct et motivé

L'article 23-1 de l'ordonnance du 7 novembre 1958 modifiée portant loi organique sur le Conseil constitutionnel fixe une seule condition générale de recevabilité : la QPC doit être présentée dans un « mémoire distinct et motivé », par le requérant, ce « à tous les stades de la procédure » le Conseil constitutionnel n'étant pas compétent pour connaître de l'instance à l'occasion de laquelle la question prioritaire de constitutionnalité a été posée, seuls l'écrit ou le mémoire « distinct et motivé » ainsi que les mémoires et conclusions propres à cette question prioritaire de constitutionnalité doivent lui être transmis (Cons. const., décis. n° 2009-595 DC, 3 déc. 2009). Autrement dit, le rôle du Conseil constitutionnel n'est pas de connaître de l'instance à l'occasion de laquelle la QPC a été posée : il est seulement juge de constitutionnalité de la loi.

Le principe du contradictoire

Dans le cas d'un contrôle *a posteriori* et concret, le principe du contradictoire s'applique, ainsi que son corollaire : « *l'égalité des armes* ». Si ces règles, qui découlent de l'article 6 de la CEDH, s'appliquent lorsque la contestation soulevée devant le juge porte sur « *une accusation en matière pénale* » ou sur « *des droits et obligations de caractère civil* », on sait que la Cour européenne des droits de l'homme retient une définition de plus en plus extensive de ces deux critères. Dans l'affaire *Ruiz-Mateos c. Espagne* du 26 juin 1993 relative à une question préjudicielle examinée par la Cour constitutionnelle espagnole, la Cour européenne des droits de l'homme a considéré qu'en l'espèce « *les instances civiles et constitutionnelles étaient tellement imbriquées qu'à les dissocier on versait dans l'artifice* ». De même, dans l'arrêt *Krcmár c. République tchèque* du 3 mars 2000, elle a condamné la Cour constitutionnelle tchèque pour ne pas avoir transmis au requérant des pièces produites au cours de l'instruction. Auparavant, dans l'arrêt *Süssmann c. Allemagne* du 16 septembre 1996, elle a considéré, dans le cas d'un recours constitutionnel direct, que les règles du procès équitable valent aussi bien pour la justice ordinaire que pour la justice constitutionnelle.

Les règles procédurales applicables au Conseil constitutionnel découlent de cette exigence et reprennent principalement les critères qu'implique le droit au procès équitable : examen effectif du recours, respect de l'égalité des armes, principe du contradictoire et délai raisonnable de jugement (trois mois à compter de la transmission par l'une des cours suprêmes). Tout naturellement, le règlement du 4 février 2010, organisant la procédure suivie devant le Conseil constitutionnel pour les questions prioritaires de constitutionnalité, prévoit l'échange des productions écrites, la publicité des audiences (qui se tiennent dans l'ancienne salle des chauffeurs) et réserve aux avocats représentant les parties au litige la possibilité de présenter des observations orales. Depuis 2016, à l'initiative de M. Laurent Fabius, les membres du Conseil peuvent interroger les avocats lors de l'audience.

L'interdiction des opinions séparées (individuelles ou dissidentes)

186 Par ailleurs, les délibérations du Conseil sont secrètes, comme dans les autres juridictions, en vertu du principe du secret du délibéré. À la Cour Suprême des États-Unis, les « opinions séparées » (*separate opinions*) englobent les opinions individuelles (*concurring opinions*), qui approuvent la décision prise mais pour d'autres motifs, et les opinions dissidentes (*dissenting opinions*) – *stricto sensu* – qui désapprouvent le dispositif du jugement rendu. Né timidement aux États-Unis au début du XIXe siècle, le recours à l'opinion dissidente a pris son rythme de croisière à partir de la fin du XIXe siècle et au début du XXe siècle, au point qu'on a pu parler de « grands dissidents » (*great dissenters*) à mesure que se développaient les dissensions au sein de la Cour jusqu'à nos jours. Les opinions séparées appartiennent à la tradition de common law, dans laquelle l'arrêt comporte l'élaboration de la règle de droit que le juge applique. Puisque la doctrine n'est pas source du droit, ce sont les opinions majoritaires ou minoritaires qui font œuvre doctrinale : quoi d'étonnant alors, comme l'indique le juge canadien Gonthier, que « *les Holmes, Laskin et Arkin remplacent ainsi les Aubry et Rau, Pothier et Portalis* » ?

Ces opinions, interdites par la Constitution en Irlande, n'ont pas droit de cité en France et en Autriche, mais ont fait leur apparition à la Cour permanente d'arbitrage instituée par la première conférence de la paix de La Haye en 1899, puis à la Cour permanente au sein de la Société des Nations, à la Cour européenne des droits de l'homme et dans certaines juridictions constitutionnelles européennes, comme la Cour constitutionnelle de la République fédérale d'Allemagne depuis 1970 (mais de façon exceptionnelle) ou en Espagne, pourtant de tradition « romano-germaniste ». Les juges de la Cour constitutionnelle italienne ont quant à eux la possibilité d'écrire des opinions dissidentes, mais celles-ci ne sont pas publiées à la suite du jugement rendu. La réforme qui consisterait à les rendre publiques a fait l'objet d'importants débats dans les années récentes. Dans la doctrine française, ses opposants affirment que « *notre tradition judiciaire ne va pas dans le sens de la publicité du dissentiment et l'on ne peut pas savoir quels dégâts produirait le changement, le temps qu'il prendrait à s'acclimater et les effets inattendus qu'il entraînerait* » (Georges Vedel). Ses partisans, à l'inverse, font valoir qu'elle ferait éclater cet « écran d'unanimité » des décisions collégiales en rendant la justice plus transparente et Michel Troper y voit la garantie du « *caractère peu politique et essentiellement juridique [des] décisions* », l'assurance « *d'une argumentation beaucoup plus longue, beaucoup plus développée, beaucoup plus étoffée* » par les membres de la majorité obligés de se justifier pour contester les arguments des opposants, le renforcement « *des contraintes qui pèsent sur la juridiction* » et, d'une manière générale, la certitude d'« *une montée dans l'argumentation* ». En tous les cas, l'introduction des opinions séparées nécessiterait une juridictionnalisation de la composition du Conseil constitutionnel, dans la mesure où tout membre du Conseil devrait pouvoir être en mesure de la rédiger dans de brefs délais nécessitant l'adjonction auprès de lui d'assesseurs. En outre, dans le cadre d'un contrôle *a priori*, les opinions seraient autant de moyens pour disqualifier les décisions du Conseil dans le débat public qui suit leur publication dans la mesure où cette opinion serait immédiatement associée à son auteur et à l'autorité de nomination qui l'a désigné. Cette introduction des opinions séparées conduirait aussi à une « pesée des décisions » et à une hiérarchisation de celles-ci en fonction du nombre de voix qu'elle aurait recueillie, en légitimant certaines et en délégitimant d'autres. Elle. Cette réforme supposerait aussi que les opinions séparées soient la règle dans les autres Cours suprêmes (Conseil d'État et Cour de cassation), ce qui semble difficilement envisageable compte tenu de la tradition juridique française, sauf à instituer une Cour Suprême unique, qui n'y est pas non plus conforme.

Bibliographie

Boudon (J.), « Le Conseil constitutionnel s'est-il trompé de Constitution ? À propos de ce que devrait être la modulation dans le temps des effets de ses décisions », *JCP* 2010. 961. 1825-1827.

Chagnollaud (D.), « Watson propage une fausse nouvelle (après la décision n° 2004-496 DC du 10 juin 2004 du Conseil constitutionnel) », *LPA* 9 juill. 2004, n° 137, p. 5 ; « Sherlock Holmes et le mystère de l'effet cliquet (après la décision n° 2003-485 DC du Conseil constitutionnel du 4 décembre 2003) », *LPA* 23 févr. 2003, n° 38 ; « La Constitution française ne peut pas être révisée par voie de directives... (après la décision n° 2004-505 du 19 novembre 2004, *Traité établissant une Constitution pour l'Europe*) », *D.* 2005, n° 2 ; « Sherlock Holmes au Palais Royal : le Conseil d'État et la Constitution », *Mélanges Avril*, LGDJ, 2000 ; « Un coup d'État juridique ? Après les arrêts n° 595 à 598 du 20 mai 2011 rendus par la Cour de cassation du 20 mai 2011 réunie en Assemblée plénière », *D.* 2011. 211.

Cahiers du Conseil Constitutionnel, Éditions Dalloz, depuis 1996.

DEUMIER (P.), « *Le Conseil constitutionnel, juridiction impartiale et indépendante ?* », *RTD. Civ*, 2012, n° 3, p. 481.

DRAGO (G.), *Contentieux constitutionnel français*, PUF, 2008.

JAN (P.) : *La saisine du Conseil constitutionnel*, LGDJ, 2000, *Le procès constitutionnel*, LGDJ, 2010.

JOXE (P.), *Cas de conscience*, éd. Labor et Fides, 2010.

JOUANJAN (O.), « *Modèles et représentations de la justice constitutionnelle en France : un bilan critique* », www.juspoliticum.com ; « Le Conseil constitutionnel, gardien des libertés publiques ? », www.juspoliticum.com/Le-Conseil-constitutionnel-gardien.html.

DEBRÉ (J-L.) Ce que je ne pouvais pas dire, Paris, Robert Laffont, 2016.

MAGNON (X.), Bernaud (V.), Foucher (K.), Mignard (J.-P.), *La question prioritaire de constitutionnalité : pratique et contentieux*, Litec, 2011.

MOUTON (S.), « Quel avenir pour le contrôle *a priori* ? », *Le réflexe constitutionnel. Question sur la question prioritaire de constitutionnalité*, Bruylant, 2013, p. 189-213.

SAUVÉ (J.-M.), « La modernisation des institutions de la Ve République vue du Conseil d'État », in *Cercle des constitutionnalistes, Les 50 ans de la Constitution*, Litec, 2008.

SCHNAPPER (D.), Une sociologue au Conseil Constitutionnel, Collection NRF Essais, Gallimard, 2010.

VEDEL (G.), « Neuf ans au Conseil constitutionnel », *Le débat* mars-août 1989, n° 5 ; « Excès de pouvoir administratif et excès de pouvoir législatif (II) », *Cah. Cons. const.* mai 1997, n° 2.

WACHSMANN (P.), *« Sur la composition du Conseil constitutionnel »*, www.juspoliticum.com/Sur-la-composition-du-Conseil.html.

TITRE VIII

L'autorité judiciaire (Const., art. 64 à 66-1)

La Ve République est aussi peu diserte sur la justice que sa devancière. L'autorité judiciaire est régie par les articles 64, 65 et 66 de la Constitution, sous le titre VIII, sans compter l'article 66-1 qui concerne l'interdiction de la peine de mort. Il faut aussi inclure les articles 6 et 16 de la Déclaration des droits de l'homme et du citoyen, source d'une importance jurisprudence du Conseil constitutionnel relative, d'ailleurs, à la justice en général. L'article 64 réserve néanmoins à la loi organique le soin de fixer le statut des magistrats, lesquels sont de deux sortes, les magistrats du siège, les juges proprement dits, chargés de dire le droit en rendant des décisions de justice, les magistrats du parquet, c'est-à-dire les procureurs, qui ont pour fonction de requérir l'application de la loi.

Il importe assez peu de savoir si la justice est une « autorité » ou un « pouvoir » – *topos* éculé du droit constitutionnel –, car le choix sémantique de 1958 est sans portée réelle et la Constitution n'utilise ni la notion de « pouvoir exécutif » ni celle de « pouvoir législatif ». La question est ailleurs. La justice n'est pas un « pouvoir » puisqu'elle ne fait, en principe, qu'appliquer la loi. Le concept d'autorité ne désigne pas plus un corps constitué mais une fonction de l'État, celle de juger, qui n'est pas « souveraine » : elle est subordonnée à la loi, qui peut surmonter une interprétation d'une décision de justice, et, plus généralement, à la volonté du peuple souverain. De même, l'indépendance qui lui est reconnue n'a pas pour objet de la constituer en corps autonome exprimant la volonté de la Nation, même si la justice est rendue « au nom du peuple français ». Elle a simplement pour finalité de préserver la fonction de juger de l'intervention des autres pouvoirs, en donnant aux magistrats les conditions d'indépendance, singulièrement vis-à-vis du pouvoir exécutif grâce à un statut spécifique – qui comprend aussi un certain nombre de devoirs et d'obligations – et d'assurer que la fonction de juger soit exercée dans des conditions conformes à l'État de droit, ce d'autant mieux que l'autorité judiciaire est garante de la liberté individuelle (Const., art. 66). Dans ce cadre, même si le chef de l'État est garant de l'indépendance de l'autorité judiciaire, la carrière des magistrats, du parquet et ceux du siège qui sont « inamovibles » (Const., art. 64), est gérée en grande partie par le Conseil supérieur de la magistrature, de concert avec le ministère de la Justice.

Section 1
L'indépendance de la justice (Const., art. 64)

> **Article 64 de la Constitution**
> *« Le président de la République est garant de l'indépendance de l'autorité judiciaire.*
> *Il est assisté par le Conseil supérieur de la magistrature.*
> *Une loi organique porte statut des magistrats.*
> *Les magistrats du siège sont inamovibles. »*

Les articles 64 et 65 traitent principalement des garanties et du rôle des magistrats dans un État de droit.

Le chef de l'État, « garant » de l'indépendance de la justice

187 Cette fonction se rattache au rôle d'« arbitre » qui lui est reconnu par l'article 5 de la Constitution de 1958 – formulation un peu désuète, voire politiquement « incorrecte » dès lors que le chef de l'État est élu au suffrage universel direct depuis 1962 et qu'il est un acteur politique de premier plan. À l'instar du droit de grâce accordé au président (v. Titre II, art. 17), elle est un héritage d'un long passé monarchique où le Roi était source de toute justice sans la rendre personnellement. Au reste, le président de la République ne serait-il pas garant de cette indépendance que, dans les faits, rien ne changerait, puisqu'il désigne tout de même le garde des Sceaux, lequel gère de concert avec le Conseil supérieur de la magistrature (CSM), une part des carrières des magistrats. Néanmoins, au fil des révisions constitutionnelles, cette part va s'amenuisant et l'intervention du chef de l'État dans le fonctionnement de la justice a désormais un caractère résiduel, d'autant plus que depuis 2008, il ne préside plus le CSM. Ainsi, malgré les esprits chagrins, le maintien de cette disposition régalienne tend plus à rehausser le prestige de la fonction judiciaire qu'autre chose.

L'indépendance de la justice vis-à-vis des autres pouvoirs

188 L'indépendance de l'« autorité judiciaire » se trouve consacrée par le Conseil constitutionnel : « *il n'appartient ni au législateur, ni au gouvernement de censurer les décisions des juridictions, d'adresser à celles-ci des injonctions ou de se substituer à elles dans le jugement des litiges relevant de leur compétence* » (Cons. const., décis. n° 80-119 DC, 22 juill. 1980, *Loi portant validation d'actes administratifs*).

Les magistrats du siège

Cette indépendance de l'« autorité » trouve aussi et sans doute d'abord son fondement – au moins théorique – dans celle des magistrats du siège : en vertu de l'article 64 de la Constitution, ils sont inamovibles et, selon la loi organique, ils ne peuvent recevoir de nouvelle affectation sans y avoir consenti (y compris s'il s'agit d'un avancement), moyennant certaines modulations – les fonctions de président d'une cour d'appel ne peuvent ainsi excéder une durée maximale de sept ans, afin d'éviter une trop longue présence dans le même ressort territorial. L'inamovibilité a en réalité comme objectif d'empêcher qu'un juge soit choisi ou déplacé hors de sa juridiction pour juger une affaire déterminée. Le Conseil constitutionnel a ainsi rappelé que l'article 64 a « *pour objet notamment d'assurer aux magistrats appelés à siéger dans des juridictions l'indépendance nécessaire à l'exercice de l'autorité judiciaire* » (Cons. const., décis. n° 70-40 DC, 9 juill. 1970, *Loi organique relative au statut des magistrats*). Notons qu'en consacrant l'unité du corps judiciaire (Cons. const., décis. n° 94-355 DC, 10 janv. 1995, *Loi organique modifiant l'ordonnance n° 58-1270 du 22 décembre 1958 relative au statut de la magistrature*), le Conseil constitutionnel a consacré l'indépendance constitutionnelle des magistrats du parquet.

La question de l'indépendance des magistrats du parquet

Les magistrats du parquet, à l'inverse des magistrats du siège, ne bénéficient pas (en droit du moins) d'une garantie d'inamovibilité et sont placés sous l'autorité hiérarchique du garde des Sceaux. Ce statut particulier a pu soulever de nombreux problèmes liés à l'application de la CEDH. La Cour européenne des droits de l'homme estime ainsi que « *le magistrat doit présenter les garanties requises d'indépendance à l'égard de l'exécutif et des parties, ce qui exclut notamment qu'il puisse agir par la suite contre le requérant dans la procédure pénale, à l'instar du ministère public* », excluant de fait les procureurs de sa définition (CEDH, gr. ch., n° 3394/03, 29 mars 2010, *Medvedyev et a. c. France*). La chambre criminelle de la Cour de cassation, quant à elle, affirme que « *si c'est à tort que la chambre de l'instruction a retenu que le ministère public est une autorité judiciaire au sens de l'article 5 § 3 de la Convention européenne des droits de l'homme, alors qu'il ne présente pas les garanties d'indépendance et d'impartialité requises par ce texte et qu'il est partie poursuivante, l'arrêt n'encourt pas pour autant la censure, dès lors que le demandeur a été libéré à l'issue d'une privation de liberté d'une durée compatible avec l'exi-*

gence de brièveté imposée par ledit texte conventionnel » (Cass. crim. 15 déc. 2010). Le Conseil constitutionnel a répondu à la critique de la Cour européenne des droits de l'homme : quoique l'article 5 § 3 de la CEDH exige la présentation de toute personne arrêtée ou détenue devant un juge indépendant, tant à l'égard de l'exécutif que des parties dans la procédure, cette exigence ne s'impose qu'à l'expiration d'un délai « prompt ». Or si l'article 64 de la Constitution intègre dans l'autorité judiciaire les magistrats du parquet, qui ne bénéficient pas cependant des mêmes garanties d'indépendance que les magistrats du siège, l'intervention d'un juge indépendant en cas d'atteinte à la liberté individuelle est exigée quasi immédiatement : passé un délai de privation de liberté que le Conseil constitutionnel a fixé, en matière de procédure pénale, à 48 heures, l'intervention d'un magistrat du siège est requise (Cons. const., décis. n° 2010-14/22 QPC, 30 juill. 2010, *Daniel W. et a. [Garde à vue]* et n° 2010-80 QPC, 17 déc. 2010, *Michel F. [Mise à la disposition de la justice]*). Enfin, le statut des magistrats du parquet tend à se normaliser : la loi n° 2013-669 du 25 juillet 2013 interdit désormais au garde des Sceaux d'adresser aux procureurs des instructions individuelles et laisse à ces derniers le plein exercice de l'action publique.

Le statut des magistrats

189 L'indépendance de l'autorité judiciaire suppose aussi que les magistrats bénéficient de garanties statutaires spécifiques et plus larges que celles de la fonction publique. L'alinéa 3 de l'article 64 de la Constitution prévoit qu'« *une loi organique porte statut des magistrats* » – c'est l'ordonnance n° 58-1270 du 22 décembre 1958 portant loi organique relative au statut de la magistrature. Ainsi, toute modification du statut est, au titre du premier alinéa de l'article 61, obligatoirement soumise au Conseil constitutionnel. Dans un considérant de principe, le Conseil rappelle qu'en « *spécifiant que ressortit au domaine d'intervention d'une loi ayant le caractère de loi organique une matière que l'article 34 range par ailleurs au nombre de celles relevant de la compétence du législateur, le Constituant a entendu accroître les garanties d'ordre statu-*

taire accordées aux magistrats » et seules les modalités d'application de ces règles peuvent être fixées dans des décrets (v. par ex. Cons. const., décis. n° 92-305 DC, 21 févr. 1992, *Loi organique modifiant l'ordonnance n° 58-1270 du 22 décembre 1958 portant loi organique relative au statut de la magistrature*). Le Conseil veille en particulier à ce que les nominations des magistrats temporaires (juges de proximité, conseillers et avocats généraux à la Cour de cassation en service extraordinaire, etc.) présentent les mêmes garanties de compétence et d'indépendance que celles des magistrats proprement dits (même décision).

La fonction de juger

190 L'article 6 de la Déclaration des droits de l'homme de 1789 impose le principe d'égalité devant la justice. S'il vaut essentiellement pour les citoyens, ce principe s'applique également aux magistrats : le Conseil constitutionnel, sur le fondement de l'article 6, vérifie que les règles de recrutement des juges répondent bien aux exigences de capacité qui, tout en étant liées au statut même des magistrats, apportent aussi des garanties aux justiciables. Quant à l'article 16, il assure de même, dans l'exercice de la fonction de juger, une certaine garantie des droits (v. Annexes, DDH, art. VI et XVI).

Section 2

Le Conseil supérieur de la magistrature (Const., art. 65)

Article 65 de la Constitution

« Le Conseil supérieur de la magistrature comprend une formation compétente à l'égard des magistrats du siège et une formation compétente à l'égard des magistrats du parquet.

La formation compétente à l'égard des magistrats du siège est présidée par le premier président de la Cour de cassation. Elle comprend, en outre, cinq magistrats du siège et un magistrat du parquet, un conseiller d'État désigné par le Conseil d'État, un avocat ainsi que six personnalités qualifiées qui n'appartiennent ni au Parlement, ni à l'ordre judiciaire, ni à l'ordre administratif. Le président de la République, le président de l'Assemblée nationale et le président du Sénat désignent chacun deux personnalités qualifiées. La procédure prévue au dernier alinéa de l'article 13 est applicable aux nominations des personnalités qualifiées. Les nominations effectuées par le président de chaque assemblée du Parlement sont soumises au seul avis de la commission permanente compétente de l'assemblée intéressée.

La formation compétente à l'égard des magistrats du parquet est présidée par le procureur général près la Cour de cassation. Elle comprend, en outre, cinq magistrats du parquet et un magistrat du siège, ainsi que le conseiller d'État, l'avocat et les six personnalités qualifiées mentionnés au deuxième alinéa.

La formation du Conseil supérieur de la magistrature compétente à l'égard des magistrats du siège fait des propositions pour les nominations des magistrats du siège à la Cour de cassation, pour celles de premier président de cour d'appel et pour celles de président de tribunal de grande instance. Les autres magistrats du siège sont nommés sur son avis conforme.

La formation du Conseil supérieur de la magistrature compétente à l'égard des magistrats du parquet donne son avis sur les nominations qui concernent les magistrats du parquet.

La formation du Conseil supérieur de la magistrature compétente à l'égard des magistrats du siège statue comme conseil de discipline des magistrats du siège. Elle comprend alors, outre les membres visés au deuxième alinéa, le magistrat du siège appartenant à la formation compétente à l'égard des magistrats du parquet.

La formation du Conseil supérieur de la magistrature compétente à l'égard des magistrats du parquet donne son avis sur les sanctions disciplinaires qui les concernent. Elle comprend alors, outre les membres visés au troisième alinéa, le magistrat du parquet appartenant à la formation compétente à l'égard des magistrats du siège.

Le Conseil supérieur de la magistrature se réunit en formation plénière pour répondre aux demandes d'avis formulées par le président de la République au titre de l'article 64. Il se prononce, dans la même formation, sur les questions relatives à la déontologie des magistrats ainsi que sur toute question relative au fonctionnement de la justice dont le saisit le ministre de la Justice.

La formation plénière comprend trois des cinq magistrats du siège mentionnés au deuxième alinéa, trois des cinq magistrats du parquet mentionnés au troisième alinéa, ainsi que le conseiller d'État, l'avocat et les six personnalités qualifiées mentionnés au deuxième alinéa. Elle est présidée par le premier président de la Cour de cassation, que peut suppléer le procureur général près cette cour.

Sauf en matière disciplinaire, le ministre de la Justice peut participer aux séances des formations du Conseil supérieur de la magistrature.

Le Conseil supérieur de la magistrature peut être saisi par un justiciable dans les conditions fixées par une loi organique.

La loi organique détermine les conditions d'application du présent article. »

Le Conseil supérieur de la magistrature (CSM) avant 2008

191 Chargé de l'avancement et de la carrière des magistrats, le CSM a connu deux réformes, l'une en 1993, l'autre en 2008, qui ont eu pour objectif de rechercher un équilibre démocratique propre à conjurer tout à la fois « le spectre du corporatisme » et l'intervention abusive du pouvoir politique.

La situation avant 1993

Auparavant composé de membres nommés par le président de la République (quoique sur proposition, pour 2/3 d'entre eux, du bureau de la Cour de cassation – sur une liste de trois noms – et, pour 1/9e, du Conseil d'État – dans les mêmes conditions), le Conseil supérieur de la magistrature, présidé par un chef de l'État « *garant de l'indépendance de l'autorité judiciaire* », demeurait dans la main de l'exécutif. Simplement consulté (outre les grâces) pour l'avancement des magistrats du siège et émettant des propositions pour quelques hautes nominations (conseillers à la Cour de cassation, président de cour d'appel), il exerçait l'action disciplinaire (sous la présidence du président de la Cour de cassation) pour ces mêmes magistrats. Ceux du parquet restaient en outre totalement dépendants de l'exécutif – ce qu'on pouvait d'ailleurs considérer comme leur vocation.

La réforme constitutionnelle du 27 juillet 1993

La réforme a porté sur la composition du Conseil, scindé désormais en deux formations, à compétences distinctes :

– l'une compétente à l'égard des magistrats du siège : présidée par le chef de l'État sous la vice-présidence, comme auparavant, du garde des Sceaux, elle comprend en sus cinq magistrats du siège – désignés par leurs pairs –, un magistrat du parquet, un conseiller d'État et trois membres désignés respectivement par le président de la République, le président de l'Assemblée nationale, le président du Sénat. Il est de tradition que, parmi les personnalités ainsi nommées, soit désigné un professeur des universités. Cette formation fait des propositions concernant les magistrats du siège à la Cour de cassation, les premiers présidents de cour d'appel, les 161 présidents de tribunal de grande instance, dont le régime de nomination se voit aligné sur celui des seconds. Au total, ces propositions de nomination représentent environ 1/10e du corps des magistrats, correspondant au sommet de sa hiérarchie. Pour le reste, l'immense majorité des magistrats du siège est nommée, suite à la révision de 1993, sur avis conforme. Mais, c'est le garde des Sceaux qui reste seul habilité à faire des propositions de nomination ; en cas de refus, il lui reste à faire une nouvelle proposition ;

– l'autre pour les magistrats du parquet : la formation compétente comprend (outre le chef de l'État et le garde des Sceaux) cinq magistrats du parquet et un magistrat du siège, ainsi que les personnalités précitées. D'une part, les nominations aux emplois de procureur général près de la Cour de cassation et près de la cour d'appel – pourvus en Conseil des ministres – lui échappaient. D'autre part, pour les autres nominations de magistrats du parquet, le Conseil ne rend que des avis simples qui ne lient donc pas, en droit, l'exécutif. Par ailleurs, cette formation, en matière disciplinaire, ne formule que des avis (elle est alors présidée par le procureur général près de la Cour de cassation) : le garde des Sceaux conserve le pouvoir de sanction même s'il entérine en pratique ces avis.

Le CSM après la révision du 23 juillet 2008

192 La commission d'enquête de l'Assemblée nationale chargée de rechercher les causes des dysfonctionnements de la justice dans l'affaire dite *d'Outreau* – quitte à, en quelque sorte, à la « rejuger »... – proposait notamment de modifier la composition du CSM, afin d'établir la parité entre magistrats et non-magistrats et de veiller à des nominations mieux appropriées, alors même que le « corporatisme » n'était pas, en la matière, la source véritable d'un drame judiciaire. Dans un esprit différent, le comité Balladur a proposé de supprimer la présidence de droit par le chef de l'État, cette charge incombant à une personnalité extérieure d'assurer une composition plus ouverte sur la société et d'élargir les attributions du CSM à l'égard des magistrats du parquet (Const., nouvel art. 65).

La nouvelle composition

La révision constitutionnelle a donc pour effet de supprimer la présidence du Conseil par le président de la République (et sa vice-présidence par le garde des Sceaux) mais finalement de confier la présidence de la formation « siège » au premier président de la Cour de cassation et la présidence de la formation « parquet » au procureur général près la Cour de cassation.

Des compétences élargies

Sur les carrières. Le CSM est désormais compétent pour donner son avis sur l'ensemble des nominations de magistrats du parquet, y compris les procureurs généraux. Si l'avis demeure simple en droit, s'est instaurée progressivement la coutume selon laquelle le garde des Sceaux ne passe pas « outre » à un avis de la formation du parquet, ce qui revient à transformer l'avis simple en un avis conforme. Depuis 2008, cette coutume a toujours été respectée ce qui rend inutile une révision constitutionnelle sur ce point.

Sur le plan disciplinaire. Une loi organique a modifié l'ordonnance du 22 décembre 1958 relative au statut de la magistrature afin de « *permettre la saisine disciplinaire du Conseil supérieur de la magistrature par les justiciables eux-mêmes, avec des filtres appropriés, et non plus seulement par le garde des Sceaux et les premiers présidents de cours d'appel* ». La réclamation présentée par le justiciable n'est cependant pas susceptible de remettre en cause la décision rendue et est strictement limitée au cas où une faute disciplinaire est susceptible d'avoir été commise par le magistrat, dans l'exercice de ses fonctions et à l'occasion d'une procédure judiciaire le concernant, afin d'éviter tout abus de cette procédure visant à déstabiliser le magistrat. Entre l'entrée en vigueur de la procédure, le 3 février 2011, et le 31 décembre 2014 (soit 3 ans et 11 mois), ont été enregistrées 1 278 plaintes. Elles ont donné lieu aux types de décisions suivants : irrecevables ou manifestement irrecevables : 980 plaintes – manifestement infondées : 263 plaintes – recevables : 29 (dont 4 en cours) – en cours : 6 (outre 4 déclarées recevables). En fait, l'étude des plaintes déclarées irrecevables montre que le motif principal d'irrecevabilité tient en grande majorité au fait de l'incompréhension par le justiciable du sens de la réclamation qui ne dénoncé le comportement d'un magistrat, mais qu'est en réalité contestée une décision de justice Il ressort de l'analyse des plaintes déclarées recevables que leur thème principal consiste en des comportements qui démontreraient sa partialité.

De la réunion plénière à la formation plénière. Depuis 1994, bien que l'existence de la réunion plénière ne fût pas inscrite dans les textes, les membres des deux formations avaient pris l'habitude de se réunir pour harmoniser leurs pratiques, débattre des questions relatives au fonctionnement de la Justice et élaborer le rapport annuel d'activité. Elle élisait chaque année son président parmi les personnalités extérieures.

Pour la première fois, le président François Mitterrand a adressé une 22 décembre 1994 à la formation du siège une demande d'avis – bien sûr innocente – sur les conditions de la conduite par un juge d'instruction d'une affaire de fausses factures, (l'affaire *Marechal-Schuller*) en pleine campagne présidentielle. La formation répondit le 30 janvier 1995, usant dans son avis de solennels « visas ». Puis, c'est le Conseil tout entier – et donc sa réunion plénière – qui fut saisi huit ans plus tard, le 25 novembre 2003 par le président Chirac, suite à « la requête en récusation d'un magistrat, motif pris de son appartenance religieuse ». Et il le saisit à nouveau le 3 février 2004 et le 8 mars 2004 s'agissant d'une part d'une enquête administrative diligentée suite aux effractions, pressions et menaces au Tribunal de grande instance de Nanterre, dans le cadre d'une affaire médiatisée et d'autre part sur les éléments relatifs à la sécurité des palais de justice, de l'organisation des procès ou de la protection des magistrats. Le Conseil a saisi entre-temps l'occasion de présenter son avis qui ne lui était pas demandé sur les grandes orientations d'une possible réforme de l'institution judiciaire le 19 décembre 1996 puis surtout le 16 octobre 1997 en s'auto-attribuant une nouvelle compétence : « *le Conseil a considéré que l'article 64 de la Constitution lui donne aussi, en dehors de toute demande expresse, le pouvoir de faire connaître au Président de la République son avis sur les grandes questions relatives à l'indépendance de la magistrature»* puis en 1998, 1999, 2002, 2003, deux fois en 2005 et 2006.

La révision constitutionnelle du 23 juillet 2008 constitutionnalise la réunion plénière qui devient une « formation plénière ». Elle répond aux demandes d'avis formulées par le président de la République au titre de l'article 64, même si elle a pris l'habitude, comme on l'a noté, en marge des textes, de publier des communiqués ou des avis. À cet effet, et pour répondre aux demandes d'avis formulés par le président de la République, le Conseil supérieur de la magistrature se réunit en formation plénière présidée par le premier président de la Cour de cassation, que peut suppléer le procureur général près cette Cour. Elle est alors composée des huit personnalités qualifiées et de six magistrats. La formation plénière se prononce, dans la même formation, sur les questions relatives à la déontologie des magistrats ainsi que sur toute question relative au fonctionnement de la Justice dont le saisit le ministre de la Justice.

La décision du Conseil constitutionnel no 2010-611 DC du 19 juillet 2010

En vérifiant la conformité à la Constitution de la loi organique relative à l'application de l'article 65, le Conseil constitutionnel a censuré la disposition qui imposait que le CSM doive, en formation disciplinaire, toujours siéger dans une composition comprenant autant de magistrats que de non-magistrats, alors qu'aucune règle n'était énoncée en sens par l'article 65. Il a de même censuré l'auto-saisine de la formation plénière du CSM sur les questions relatives à la déontologie des magistrats. Enfin, s'agissant des règles d'indépendance et d'impartialité des membres du CSM, le Conseil constitutionnel a jugé que tout chef de cour ou de juridiction, membre du CSM, ne peut délibérer ni procéder à des actes préparatoires relatifs à la nomination d'un magistrat dans sa juridiction ou relatifs à la situation disciplinaire dudit magistrat. De même, les présidents des formations du CSM – dont le mandat court jusqu'à la retraite et peut donc dépasser celui des membres du Conseil qui est de quatre ans – doivent se déporter pour connaître la situation individuelle des anciens membres du CSM, dès lors qu'ils ont siégé ensemble au Conseil par le passé.

L'avenir du CSM et du parquet

193 La composition et les attributions du Conseil supérieur de la magistrature relèvent du casse-tête et les réformes de 1993 et de 2008 n'ont fait que réagir aux dysfonctionnements passés, sans parvenir à trouver un véritable équilibre.

Le comité Balladur avait souhaité que le CSM fût présidé par une personnalité extérieure, afin d'éloigner le spectre du corporatisme. C'était le bon choix. Or, en confiant la présidence du CSM au premier président de la Cour de cassation pour la formation du siège et au procureur général pour celle du parquet a pour effet de donner un poids considérable tout aussi réel que symbolique à la hiérarchie et à ses chefs, le président de la Cour de cassation jouissant déjà d'une influence considérable. Même s'il ne peut formellement, suite à la décision du Conseil constitutionnel du 19 juillet 2010, siéger lors des délibérations relatives aux plus hautes nominations dans cette Cour, il est bien évident qu'il peut peser sur elles, sans compter sur le choix de son successeur.

Dans ses propositions de révision de la Constitution, annoncées en décembre 2012, le président Hollande envisageait de modifier la composition du CSM afin de rétablir « des magistrats, en majorité » et d'intégrer des personnalités extérieures, proposées par « un collège indépendant ». Leurs noms seraient approuvés par les commissions des lois de l'Assemblée et du Sénat à la majorité des 3/5es (les commissions n'ont jusqu'ici qu'un droit de veto). Enfin, un avis conforme, et non plus consultatif, du CSM, serait nécessaire pour la nomination des magistrats du parquet – ce qui reviendrait, comme on l'a noté, à conformer le droit à la coutume... En outre, le Conseil constitutionnel a, comme on l'a noté, très largement traduit la jurisprudence de la Cour européenne des droits de l'homme dans la sienne. Après quoi, si l'on veut que le gouvernement continue à conduire la politique (pénale) de la Nation et éviter de confier la réalité du pouvoir à la police, il faut maintenir l'unité du corps...

Un projet de loi relatif à la composition du Conseil supérieur de la magistrature a été présenté au Conseil des ministres le

13 mars 2013. Ce projet prévoyait, d'une part, que les magistrats de l'ordre judiciaire, au nombre de huit, redeviendraient majoritaires et, d'autre part, que les personnalités extérieures au corps judiciaire ne seraient plus désignées par le pouvoir politique mais par des personnalités indépendantes. Dans le même esprit, le président du Conseil supérieur serait élu par la formation plénière, parmi les personnalités qualifiées non-magistrats ce qui est en soi une bonne idée. En matière disciplinaire, les formations compétentes à l'égard des magistrats du siège et à l'égard des magistrats du parquet continueraient d'être présidées respectivement par le premier président de la Cour de cassation et par le procureur général près ladite Cour. La formation du parquet qui n'émet qu'un simple avis, rendrait comme la formation du siège, une sanction à caractère juridictionnel. Cela ne changerait pas grand-chose dans la mesure où son avis est systématiquement suivi par le ministre. Enfin les attributions du Conseil supérieur de la magistrature seraient enfin renforcées : il pourrait se saisir d'office de questions relatives à l'indépendance de l'autorité judiciaire et à la déontologie des magistrats, disposant ainsi étrangement d'un quasi pouvoir normatif.

Adopté en première lecture par l'Assemblée nationale et par le Sénat – nonobstant la suppression de la parité entre magistrats et non-magistrats –, le projet de loi constitutionnelle a toutefois été suspendu par le gouvernement le 4 juillet 2013, faute de réunir la nécessaire majorité des 3/5es au Congrès. Seule la loi ordinaire du 25 juillet 2013 (précitée) a été promulguée, qui interdit au garde des Sceaux d'adresser des instructions individuelles au parquet et qui lui rend le plein exercice de l'action publique. Il a été remis en chantier en avril 2016 et voté par l'Assemblée nationale sans aucune chance d'être approuvé par le Sénat ayant entre-temps changé de majorité.

Section 3

L'autorité judiciaire gardienne de la liberté individuelle (Const., art. 66)

> **Article 66 de la Constitution**
> *« Nul ne peut être arbitrairement détenu.*
> *L'autorité judiciaire, gardienne de la liberté individuelle, assure le respect de ce principe dans les conditions prévues par la loi. »*

La compétence du juge judiciaire

194 Cette disposition constitutionnelle, dont le premier alinéa s'inspire directement de *l'habeas corpus*, implique non seulement que toute personne privée de sa liberté puisse avoir accès à un juge, mais encore que ce juge puisse exercer un contrôle effectif sur la décision contestée : « *l'intervention d'un magistrat du siège pour autoriser (...) la prolongation de la garde à vue, est nécessaire conformément aux dispositions de l'article 66 de la Constitution* » (Cons. const., décis. n° 80-127 DC, 20 janv. 1981). Il incombe « *à l'autorité judiciaire, conformément à l'article 66 de la Constitution, d'exercer un contrôle effectif sur le respect des conditions de forme et de fond* » fixées par la loi (Cons. const., décis. n° 93-323 DC, 5 août 1993, *Loi relative aux contrôles et vérifications d'identité*). L'autorité judiciaire, gardienne de la liberté individuelle en vertu de l'article 66 de la Constitution, conserve la possibilité d'interrompre à tout moment la prolongation du maintien en rétention, de sa propre initiative ou à la demande de la personne retenue (Cons. const., décis. n° 2003-484 DC, 20 nov. 2003, *Loi relative à la maîtrise de l'immigration, au séjour des étrangers en France et à la nationalité*). Ainsi, la rétention de sûreté insérée dans le Code pénal, et qui conduit à une privation totale de liberté, – la mesure poursuivant une finalité à la fois préventive, fondée sur la dangerosité de l'intéressé qu'il s'agit d'empêcher de récidiver, et une finalité « socio-médicale » liée au trouble grave de la personnalité –, a été déclarée conforme à la Constitution par le

Conseil constitutionnel. Eu égard à la nature exceptionnelle de cette mesure et à la protection particulière de la liberté individuelle qui résulte de l'article 66 de la Constitution, le Conseil a cependant mis en œuvre, comme on l'a noté, la plénitude des techniques de contrôle susceptibles d'être opérées (Cons. const., décis. n° 2008-562 DC, 21 févr. 2008, *Loi relative à la rétention de sûreté et à la déclaration d'irresponsabilité pénale pour cause de trouble mental*).

La répartition des compétences entre le juge judiciaire et le juge administratif

195 Depuis sa décision n° 99-411 DC du 16 juin 1999, le Conseil constitutionnel retient une définition de la liberté individuelle en se référant à l'article 66 de la Constitution, uniquement dans le domaine des privations de liberté (garde à vue, détention, rétention, hospitalisation sans consentement). Sa jurisprudence a ainsi évolué : l'intervention de l'autorité judiciaire pour autoriser la pénétration dans un domicile n'est ainsi plus une exigence constitutionnelle comme par le passé (Cons. const., décis. n° 83-164 DC, 29 déc. 1983, *Loi de finances pour 1984*). Cependant, le Conseil admet depuis longtemps qu'une autorité administrative reçoive la mission de prévenir certaines infractions pénales (Cons. const., décis. n° 93-323 DC, 5 août 1993, *Loi relative aux contrôles et vérifications d'identité*) sous la réserve de ne pas confier à cette autorité des fonctions répressives (Cons. const., décis. n° 2005-532 DC, 19 janv. 2006, *Loi relative à la lutte contre le terrorisme et portant dispositions diverses relatives à la sécurité et aux contrôles frontaliers*). Ainsi, lorsqu'est en cause la police administrative, le juge administratif est pleinement compétent pour se prononcer sur les mesures prises en matière de prévention des atteintes à l'ordre public (Cons. const., décis. n° 2015-713 DC, 23 juill. 2015, *Loi relative au renseignement*). De même, dans sa décision n° 2013-679 DC du 4 décembre 2013, le Conseil constitutionnel a jugé à l'identique que le contrôle des mesures permettant des perquisitions ou des visites domiciliaires s'opère au regard de

l'article 2 de la Déclaration de 1789 (droit au respect de la vie privée) et non au regard de l'article 66 de la Constitution dont la protection du domicile ne relève pas (Cons. const., décis. n° 2014-420/421 QPC, 9 oct. 2014). Ainsi, dans sa décision n° 2016-536 QPC du 19 février 2016, il a encore rappelé « *que, d'une part, ces mesures de perquisition, qui relèvent de la seule police administrative, y compris lorsqu'elles ont lieu dans un domicile, ne peuvent avoir d'autre but que de préserver l'ordre public et de prévenir les infractions ; que, d'autre part, ces mesures n'affectent pas la liberté individuelle au sens de l'article 66 de la Constitution* » et en a déduit « *que ces perquisitions administratives n'ont pas à être placées sous la direction et le contrôle de l'autorité judiciaire* » Il en va de même de l'assignation à résidence dans le cadre de l'état d'urgence (Cons. const., décis. n° 2015-527 QPC, *M. Cédric D. [Assignations à résidence dans le cadre de l'état d'urgence]*). En résumé, le Conseil constitutionnel fonde sa jurisprudence sur une distinction claire : dans le cadre des actes de police judiciaire et que l'intervention d'un juge est requise pour autoriser une perquisition, celui-ci doit être judiciaire alors que les dispositions de l'article 66 de la Constitution impliquent le respect de ses prérogatives puisque « *la police judiciaire doit être placée sous la direction et le contrôle de l'autorité judiciaire* » (Cons. const., décis. n° 2014-693 DC, 25 mars 2014, *Loi relative à la géolocalisation*). En revanche, lorsqu'est en cause la police administrative, qui « *ne peut avoir d'autre but que de préserver l'ordre public et de prévenir les infractions* » (Cons. const., décis. n° 2015-713 DC, 23 juill. 2015, *Loi relative au renseignement*) et ne peut être mise en œuvre « *pour constater des infractions à la loi pénale, en rassembler les preuves ou en rechercher les auteurs* », l'intervention du juge judiciaire n'est pas requise par la Constitution.

Cette jurisprudence développée à mesure des lois relatives à la lutte contre le terrorisme ou l'état d'urgence n'a pas manqué d'inquiéter une partie de la magistrature judiciaire et, au premier rang, le Premier président de la Cour de cassation, M. Bertrand Louvel, notamment dans son discours de l'audience solennelle de rentrée le 14 janvier 2016 : « *En séparant la liberté individuelle, strictement entendue comme protection contre la détention arbitraire, des autres libertés « essentielles » reconnues comme composantes de la liberté personnelle (elle-même rattachée aux articles 2 et 4 de la Déclaration des droits de l'homme et du citoyen), le Conseil constitutionnel a dissocié le lien entre la défense de ces libertés et la garantie du juge judiciaire, recherché par le constituant de 1958* ». Pour autant, le juge administratif qui n'est plus celui de 1958 serait-il moins indépendant que le juge judiciaire ? Depuis lors, le Conseil constitutionnel (Cons. const., décis. n° 80-119 DC, 22 juill. 1980, *Loi portant validation d'actes administratifs*) a consacré parmi les « *principes fondamentaux reconnus par les lois de la République* », de rang constitutionnel, l'existence et l'indépendance de la juridiction administrative, ainsi que le caractère spécifique de ses fonctions « *sur lesquelles ne peuvent empiéter ni le législateur ni le gouvernement* ».

SECTION 4
L'INTERDICTION DE LA PEINE DE MORT (CONST., ART. 66-1)

> **Article 66-1 de la Constitution**
> *« Nul ne peut être condamné à la peine de mort. »*

196 La loi constitutionnelle a été promulguée le 23 février 2007. Cette modification de la Constitution rend possible la ratification du deuxième protocole facultatif du pacte international relatif aux droits civils et politiques de la Convention de New York du 15 octobre 1989 portant, entre autres, abolition de la peine de mort, laquelle a été initiée en France par François Mitterrand en 1981 et dont Robert Badinter fut le simple mais brillant avocat. Le Conseil constitutionnel, dans une décision du 13 octobre 2005, avait fait de cette modification constitutionnelle une condition indispensable à cette ratification (Cons. const., décis. n° 2005-524/525 DC, 13 oct. 2005, *Engagements internationaux relatifs à l'abolition de la peine de mort*).

Bibliographie

Conseil supérieur de la magistrature, *Recueil des obligations déontologiques*, Dalloz, 2009.

Renoux (T.), *Le Conseil constitutionnel et l'autorité judiciaire*, Economica, 1984 ; « Le statut constitutionnel des juges du siège et du parquet », *AIJC* 1995, XI.

Schrameck (O.), « Le Conseil d'État et le régime disciplinaire des magistrats », *Mélanges Genevois*, Dalloz, 2009.

Guinchard (S.), Montagnier (G.), Varinard (A.), Debard (T.), *Institutions juridictionnelles*, Dalloz, 13e éd., 2015.

TITRE IX

La Haute Cour (Const., art. 67 et 68)

« *Si le roi tue de sa main un ministre, on peut, à la rigueur, s'en prendre au Premier ministre. Mais si le roi tue le Premier ministre, personne n'est responsable* », affirmait la doctrine anglaise, rappelant ainsi que la personne du roi était inviolable. En République et dans un État de droit, l'irresponsabilité pénale du chef de l'État peut-elle s'analyser de la même manière ? Pour les chefs de l'État, la question est résolue de manière différente selon qu'il s'agit d'une monarchie ou d'une République. Dans les monarchies constitutionnelles, à l'image de la Grande-Bretagne, la personne du Prince est inviolable et bénéficie d'une immunité totale, aussi bien pénale que civile (Const. espagnole, art. 56-3 ; Const. Belge, art. 88 ; Const. danoise, art. 13 ; Const. monégasque, art. 3 ; Const. néerlandaise, art. 42-2 etc.). Dans les Républiques parlementaires, la nécessaire protection juridictionnelle du président repose sur des principes communs, afin d'éviter que la fonction ne soit atteinte par des plaintes abusives. Ainsi, l'irresponsabilité pour les actes « accomplis en qualité de président de la République » le met à l'abri de toute mise en cause de sa responsabilité pénale pour des faits liés à sa fonction, à l'exception de la haute trahison ou de la violation délibérée de la Constitution, mais aussi pour des infractions de nature pénale rattachables à l'exercice des fonctions (Italie, Grèce, Hongrie, Bulgarie, Irlande, France, etc.). Par exemple, la Constitution autrichienne distingue deux procédures, qui correspondent en réalité aux deux types d'actes que nous avons distingués, l'une applicable aux « *violations* » de son texte et l'autre aux « *actes passibles de poursuites pénales (...) en rapport avec l'exercice de ses fonctions* ». Dans les deux cas précités, le président de la République est alors jugé par la Cour constitutionnelle. En Allemagne, le Bundestag ou le Bundesrat peuvent mettre le président fédéral en accusation devant la Cour constitutionnelle fédérale pour violation délibérée de la loi fondamentale ou d'une autre loi fédérale. La demande de mise en accusation doit être présentée par un quart au moins des membres du Bundestag ou un quart des voix du Bundesrat. La décision de mise en accusation doit être prise à la majorité des deux tiers des membres du Bundestag ou des deux tiers des voix du Bundesrat.

Prenant la suite de l'ancien article 68, le titre IX comprend, depuis la révision constitutionnelle de 2007, les articles 67 et 68 qui réorganisent l'irresponsabilité pénale du président de la République. Il est issu d'un long débat, à la fois juridique et politique, lié à la mise en cause pénale du chef de l'État, Jacques Chirac, et de la controverse qui s'est développée autour de la lecture de l'article 68 la Constitution à partir de 1999.

C'est pourquoi, une Commission de réflexion présidée par le Professeur Pierre Avril et constituée par le décret du 4 juillet 2002 a été invitée, par le même président de la République Jacques Chirac, à formuler des propositions sur le statut pénal du chef de l'État. Ce sont ces propositions qui ont partiellement inspiré la révision constitutionnelle du 23 février 2007, votée quelques semaines avant les élections présidentielles et mise en œuvre par la loi organique n° 2014-1392 du 24 novembre 2014.

Section 1
L'extension de l'immunité du chef de l'État (Const., art. 67)

> **Article 67 de la Constitution**
> *« Le président de la République n'est pas responsable des actes accomplis en cette qualité, sous réserve des dispositions des articles 53-2 et 68.*
> *Il ne peut, durant son mandat et devant aucune juridiction ou autorité administrative française, être requis de témoigner non plus que faire l'objet d'une action, d'un acte d'information, d'instruction ou de poursuite. Tout délai de prescription ou de forclusion est suspendu.*
> *Les instances et procédures auxquelles il est ainsi fait obstacle peuvent être reprises ou engagées contre lui à l'expiration d'un délai d'un mois suivant la cessation des fonctions. »*

Sur le plan juridique, la question essentielle est d'abord de distinguer les actes du chef de l'État, distinction qui vaut aussi pour les ministres. Les solutions étrangères sont éclairantes mais ne tranchent pas la question de l'interprétation de l'ancien article 68 de la Constitution, qui fut au cœur du débat avant la révision constitutionnelle du 23 février 2007.

Responsabilité politique et responsabilité pénale

197 La responsabilité politique est une responsabilité à raison de la fonction, alors que la responsabilité pénale est personnelle. L'une peut se contenter de faits allégués, l'autre doit être fondée sur des faits établis et c'est pourquoi, par dérogation au principe d'égalité devant la loi et afin d'éviter une confusion des deux types de responsabilité, un régime dérogatoire au droit commun est mis en place au bénéfice, non du titulaire de la fonction, mais de la fonction elle-même. La responsabilité politique implique l'obligation de répondre de ses actes devant le Parlement et peut entraîner pour le gouvernement, en régime parlementaire, l'obligation de démissionner – la sanction étant ici de nature politique, elle ne peut donc en principe être énoncée par un juge. Tout au contraire, la responsabilité pénale vise, outre les actes de « haute trahison » qui entraînent la confusion des deux types de responsabilité par

une sorte de retour aux origines, les actes délictueux commis pendant l'exercice des fonctions, c'est-à-dire la « criminalité gouvernante » (corruption, malversation) ou la violation des droits fondamentaux. Ces derniers actes sont de nature pénale et relèvent du juge pénal, des catégories du droit pénal. Enfin, les actes délictueux détachables des fonctions sont naturellement redevables de la justice ordinaire, quitte à instituer une procédure de filtrage afin de s'assurer qu'ils sont totalement étrangers à l'accomplissement des fonctions.

On peut le regretter mais c'est ainsi. Certes, s'il est conduit à se représenter, le bilan du mandat qu'il vient d'achever influe sur la confiance qui lui est, ou non, renouvelée. Mais sa non-réélection ne constitue pas, à proprement parler, une sanction juridique s'apparentant à une révocation. Il ne perd pas le pouvoir puisque son mandat est arrivé à son terme. Il n'est simplement pas réélu (Valéry Giscard d'Estaing en 1981). Peut-on ensuite considérer qu'il existerait une responsabilité indirecte en cas d'élections législatives amenant une majorité contraire au président ?

Notons d'abord que l'idée même de responsabilité « indirecte » n'a pas vraiment de sens juridique puisqu'elle traduit simplement la faculté offerte au chef de l'État de tirer les conséquences d'un scrutin défavorable (en particulier pour les élections législatives). La mise en jeu de la responsabilité ne peut être que directe et doit avoir pour conséquence évidente la perte de pouvoir. Certes, « *le suffrage, et lui seul, détient la souveraineté [...]. Le peuple français a le droit de renverser le président de la République au cours du septennat. Il a en outre le moyen d'exercer ce droit en envoyant à l'Assemblée une majorité hostile à la politique présidentielle* » écrivait René Capitant, quelque temps après le départ du général de Gaulle. Et l'on pourrait considérer que le chef de l'État ainsi désavoué par le peuple devrait être moralement dans l'obligation de démissionner. Aucun ne s'est senti cependant dans ce cas astreint à s'y conformer et n'a remis de lui-même en jeu son mandat en cas d'élections législatives arrivées à terme. On pourrait au contraire considérer que des élections provoquées par l'exercice du droit de dissolution devraient plus clairement conduire, en cas de désaveu populaire, à la démission présidentielle. Mais, le président Chirac le 1er juin 1997 a choisi de rester en fonction, nulle disposition constitutionnelle ne lui faisant d'ailleurs obligation de les quitter. Seul le général de Gaulle par l'intermédiaire du référendum a mis en jeu démocratiquement son mandat, faisant de chaque consultation de ce type une question de confiance engageant directement sa responsabilité politique. Ainsi, au lendemain du référendum négatif du 27 avril 1969, devait-il démissionner.

La situation avant la révision constitutionnelle de 2007

198 La distinction classique entre les actes est la toile de fond du débat qui a précédé la révision, autour de l'ancien article 68. Les décisions du Conseil constitutionnel et de la Cour de cassation le confirment.

La distinction entre les actes

Les actes non-rattachables à la fonction : Il s'agit de ceux accomplis *antérieurement à l'exercice des fonctions* et relevant d'actes engageant la responsabilité civile ou pénale. Le problème s'était posé en 1974 : dans une affaire impliquant M. Giscard d'Estaing, candidat à l'élection présidentielle au moment des faits, devenu par la suite chef de l'État, un tribunal de droit commun avait retenu sa compétence, le président n'ayant pas invoqué un privilège de juridiction (v. T. corr. Paris 3 déc. 1974, *Dumont c. Giscard d'Estaing et a.*). Cette catégorie contient aussi les actes accomplis *pendant l'exercice des fonctions* mais sans rapport direct avec elles et relevant d'infractions pénales (par exemple, le président tue son épouse...).

Les actes rattachables à la fonction : Ils ont lieu dans l'exercice fonctions. Il s'agit de ceux qualifiés de « haute trahison » ou méconnaissant les devoirs constitutionnels (par exemple, la « criminalité gouvernante ») et relèvent de la compétence d'une juridiction de nature politique (en France, la Haute cour). Quant aux actes politiques accomplis qui ne relèvent pas de cette catégorie précédente, ils jouissent d'un régime d'irresponsabilité permanente et absolue : et donc aussi à l'issue du mandat présidentiel.

Telles ont été, en ce sens, les conclusions de la commission d'enquête sur les avions dits « renifleurs » (rapp. n° 2418 de la commission d'enquête de l'Assemblée nationale chargée d'examiner les conditions dans lesquelles des fonds ont pu être affectés depuis 1976 à une invention scientifique susceptible de bouleverser la recherche pétrolière). Un chef de l'État n'a pas à justifier sa politique.

La controverse autour de la lecture de l'ancien article 68 : deux lectures

Ce débat est né à compter de 1999 s'agissant de l'affaire des emplois présumés fictifs de la ville de Paris dont Jacques Chirac était le maire. Devenu président de la République depuis 1995, pouvait-il être poursuivi comme un citoyen ordinaire pour des faits commis antérieurement à sa prise de fonction – comme pouvait l'être d'ailleurs en droit son Premier ministre – ou était-il à l'abri de poursuites judiciaires durant la durée de son mandat ? Tel est l'enjeu de la lecture de l'article 68.

La lecture à la suite. Il énonce dans la même phrase une règle de fond (« *le président de la République n'est responsable des actes accomplis dans l'exercice de ses fonctions qu'en cas de haute trahison* ») suivie d'une règle de procédure (« *il ne peut être mis en accusation que par les deux assemblées statuant par un vote identique au scrutin public à la majorité absolue des membres les composant ; il est jugé par la Haute Cour de justice* »). Cette lecture est parfaitement logique, le chef de l'État ne pouvant être accusé que des actes accomplis dans l'exercice de ses fonctions et constitutifs de haute trahison. La Constitution gardant le silence sur les actes détachables qui seraient soumis au droit commun, le président étant passible de poursuites devant les tribunaux ordinaires, comme tout citoyen (c'est cette thèse qui fut défendue par l'auteur de ces lignes). Ce point de vue est d'ailleurs strictement conforme aux travaux préparatoires de la Constitution. Cette interprétation fut aussi constamment celle de Jean Foyer, éminent juriste et ancien garde des Sceaux du général de Gaulle : il l'affirmait déjà au *Dalloz* en 1958 et il l'a confirmée encore 30 ans plus tard : « *En tant que personne privée, le président de la République ne* *bénéficie d'aucune immunité, ni d'aucun privilège de juridiction. Il est pénalement et civilement responsable, comme tout citoyen, des actes commis avant le début de ses fonctions et de ceux commis pendant la durée de ces fonctions dès lors qu'ils en sont détachables. L'affirmation paraît être remise en question par certains de nos jours. Elle est pourtant juridiquement indiscutable* ». L'irresponsabilité pénale du président, à l'exception de la haute trahison, et ce depuis 1875, ne visait en outre que les actes rattachables à la fonction, c'est-à-dire ceux commis par le président de la République agissant en cette qualité, et non l'homme privé.

La lecture « séparée ». Cette lecture considère que la première phrase de l'article 68, concernant la nature des actes, est indépendante de la seconde, relative à l'instance d'accusation et de jugement. Elle différencie donc la règle de fond et la règle de procédure. Cette interprétation d'une large partie de la doctrine postérieure à 1999 est née du débat autour de la responsabilité pénale du chef de l'État, à compter de cette date. Pour elle, le chef de l'État bénéficie d'une immunité de juridiction et n'est redevable que de la Haute Cour. Elle a donc compétence exclusive pour accuser et juger le chef de l'État pendant son mandat, quelle que soit la nature des actes et quel que soit le moment de leur commission (y compris donc les actes accomplis antérieurement à la prise de fonction).

Cette solution est très contestable, en particulier s'agissant des actes antérieurs aux fonctions, même s'il est vrai que la solution inverse ferait que le chef de l'État serait moins bien protégé qu'un député ou un sénateur : les poursuites à leur encontre peuvent être suspendues à la demande de l'assemblée à laquelle ils appartiennent, pendant la durée des sessions. C'est à notre sens le seul argument solide qui n'est juridique que par comparaison et *a posteriori*... Mais c'est oublier que le Conseil constitutionnel, saisi par le gouvernement, est en mesure de constater l'empêchement du chef de l'État (Const., art. 7).

La décision du Conseil constitutionnel du 22 janvier 1999 : un privilège de juridiction pendant la durée de mandat

Le Conseil constitutionnel était interrogé sur la ratification du traité créant la Cour pénale internationale et sa compatibilité avec la Constitution française. Ce traité n'exonère en aucun cas de responsabilité pénale les membres de l'exécutif et les immunités qui s'attachent à la qualité officielle d'une personne n'empêchent pas par ailleurs la Cour d'exercer sa compétence. Au contraire, le statut de la Cour lui donne en effet compétence pour juger des actes que le chef de l'État aurait pu commettre soit avant le début de son mandat, soit pendant celui-ci, mais en dehors de l'exercice de ses fonctions. La question était donc de savoir si cette disposition était compatible avec la Constitution française. Reconnaître la compatibilité, c'était affirmer que la Constitution n'accordait en conséquence aucune protection particulière pour les actes en cause. L'inverse conduisait à admettre qu'aucune poursuite ne pouvait être engagée pendant la durée du mandat présidentiel. Il est ainsi peu contestable que le Conseil devait répondre à cette question, au regard du statut relatif au chef de l'État, mais la réponse portait sur deux plans distincts. Le premier concernait les crimes que le président pouvait commettre dans l'exercice de ses fonctions ; sur ce point, il bénéficie clairement de l'immunité prévue par l'article 68 : il n'est responsable qu'en cas de haute trahison et ne peut être jugé que devant la Haute Cour de justice. Ainsi, en donnant compétence à la Cour pénale internationale, le traité était incompatible avec la Constitution. Mais le Conseil, alla plus loin en considérant que la Haute Cour avait compétence exclusive pour connaître de tous les actes du chef de l'État, y compris ceux commis antérieurement à son mandat (un crime de guerre, par exemple…) : qu'« *au surplus, pendant la durée de ses fonctions, sa responsabilité pénale ne peut être mise en cause que devant la Haute Cour de justice selon les modalités fixées par le même article* » (Cons. const., décis. n° 98-408 DC, 22 janv. 1999, *Traité portant statut de la Cour pénale internationale*). Le débat constitutionnel porta donc sur la formulation : « *au surplus* » représentait-il une incise, un *obiter dictum*, ou était-il le « *soutien nécessaire* » de la décision ? Le Conseil constitutionnel dut alors, de façon exceptionnelle, par un communiqué de presse, faire valoir son interprétation : « *Le statut pénal du président de la République, s'agissant d'actes antérieurs à ses fonctions ou détachables de celles-ci, réserve pendant la durée de son mandat la possibilité de poursuites devant la Haute Cour de justice. Le statut pénal du président de la République ne confère donc pas une "immunité pénale", mais un privilège de juridiction pendant la durée du mandat* ». En toute hypothèse, par le jeu des recours, la solution pratique du problème devait revenir à la Cour de cassation.

La décision de la Cour de cassation du 10 octobre 2001 : un raisonnement fondé sur la nature des actes

Sur le plan juridique, il n'est pas mince de constater que la Cour de cassation a clairement écarté, et à raison, l'autorité de chose jugée de la décision du Conseil constitutionnel considérant que cette autorité ne valait que dans le cadre de la question qui lui était posée, soit la compatibilité du traité instituant la Cour pénale internationale à la Constitution : « *Mais attendu que, si l'autorité des décisions du Conseil constitutionnel s'attache non seulement au dispositif, mais aussi aux motifs qui en sont le soutien nécessaire, ces décisions ne s'imposent aux pouvoirs publics et aux autorités administratives et juridictionnelles qu'en ce qui concerne le texte soumis à l'examen du Conseil ; qu'en l'espèce, la décision du 22 janvier 1999 n'a statué que sur la possibilité de déférer le président de la République à la Cour pénale internationale pour y répondre des crimes de la compétence de cette Cour ; qu'il appartient, dès lors, aux juridictions de l'ordre judiciaire de déterminer si le président de la République peut être entendu en qualité de témoin ou être poursuivi devant elles pour y répondre de toute autre infraction commise en dehors de l'exercice de ses fonctions* » (Cass. plén. 10 oct. 2001, *Michel Breisacher*, arrêt n° 481).

Le raisonnement de la Cour de cassation est d'abord fondé sur la nature des actes : elle considère que seuls les actes rattachables aux fonctions sont redevables de la Haute Cour, adoptant donc clairement la lecture cohérente, et non séparée, de l'article 68 de la Constitution. La Cour de cassation pose ainsi en préalable à sa décision « *qu'en vertu du principe constitutionnel de l'égalité des citoyens devant la loi, l'immunité instituée au profit du président de la République par l'article 68 de la Constitution ne s'applique qu'aux actes qu'il a accomplis dans l'exercice de ses fonctions et que, pour le surplus, il est placé dans la même situation que tous les citoyens et relève des juridictions pénales de droit commun* ». Rejetant donc le privilège de juridiction retenu par le Conseil constitutionnel, et appuyant sa démonstration sur un tout autre raisonnement, la Cour accorde en fin de compte au chef de l'État une inviolabilité pénale, qui aboutit néanmoins au même résultat : le président de la République n'est pas, durant son mandat, redevable des juridictions de droit commun. En effet, pour déroger au principe constitutionnel d'égalité devant la loi, la Cour se fonde sur le principe de continuité de l'État dont a la charge son chef directement élu au suffrage universel, qui doit assurer le fonctionnement régulier des pouvoirs publics : « *Attendu que, rapproché de l'article 3 et du titre II de la Constitution, l'article 68 doit être interprété en ce sens qu'étant élu directement par le peuple pour assurer, notamment, le fonctionnement régulier des pouvoirs publics ainsi que la continuité de l'État, le président de la République ne peut, pendant la durée de son mandat, être entendu comme témoin assisté, ni être mis en examen, cité ou renvoyé pour une infraction quelconque devant une juridiction pénale de droit commun ; qu'il n'est pas davantage soumis à l'obligation de comparaître en tant que témoin prévue par l'article 101 du Code de procédure pénale, dès lors que cette obligation est assortie par l'article 109 dudit Code d'une mesure de contrainte par la force publique et qu'elle est pénalement sanctionnée* ». Aussi, pendant la durée de son mandat, le président ne peut être mis en examen, cité ou renvoyé devant une juridiction pénale de droit commun, ni être entendu comme témoin assisté, ni soumis à l'obligation de comparaître en tant que témoin : pour les actes détachables des fonctions (et donc non redevables de la Haute Cour), les poursuites ne peuvent être exercées qu'après la fin de son mandat : « la Haute Cour de justice n'étant compétente que pour connaître des actes de haute trahison du président de la République commis dans l'exercice de ses fonctions, les poursuites pour tous les autres actes devant les juridictions pénales de droit commun ne peuvent être exercées pendant la durée du mandat présidentiel, la prescription de l'action publique étant alors suspendue ». Cette prescription de l'action publique (en l'espèce de trois ans) était tout l'enjeu de l'affaire : à l'issue du mandat présidentiel de Jacques Chirac, les faits qui lui étaient reprochés auraient été prescrits. La réponse était satisfaisante et rendait inutile une révision : pourtant, un projet inspiré par les travaux de la commission Avril a finalement vu le jour.

Les principes d'irresponsabilité et d'inviolabilité du président de la République consacrés par le nouvel article 67

199 Le Constituant de 2007 a distingué deux situations :

– le président de la République, pour les actes qu'il accomplit en cette qualité est irresponsable ; il n'a à en répondre ni pendant, ni après son mandat, sous deux réserves : d'une part, en vertu de l'article 53-2, en cas de génocide ou de crime contre l'humanité, afin de permettre l'exercice de la compétence de la Cour pénale internationale ; d'autre part, en cas de *« manquement à ses devoirs manifestement incompatibles avec l'exercice de son mandat »* comme le prévoit, dans sa nouvelle rédaction, l'article 68 de la Constitution ;

– pour les actes détachables du mandat – commis avant le mandat ou ne présentant pas de lien direct avec celui-ci – le président bénéficie de l'inviolabilité : il ne peut être l'objet d'aucune action devant une juridiction ou une administration pendant la durée du mandat. En revanche, cette immunité cesse avec ses fonctions et le chef de l'État relève alors du droit commun. C'est pourquoi M. Chirac a été mis en examen le 21 novembre 2007, pour « détournement de fonds publics » à propos de l'affaire des chargés de mission de la ville de Paris.

Cette révision confère au président non seulement une inviolabilité pénale mais aussi civile durant son mandat. Elle conduit par exemple à ce que le président de la République ne puisse divorcer, au cours de son mandat, sinon par « consentement mutuel », autrement dit par une seule procédure de divorce ne mettant en cause aucune des parties. Il est fort probable qu'un contentieux élevé devant la Cour européenne des droits de l'homme soulignerait que cette immunité est manifestement contraire au droit au procès équitable consacré par l'article 6 de la CEDH. Ubuesque.

Section 2
Une mise en jeu exceptionnelle de la responsabilité du chef de l'État (Const., art. 68)

Article 68 de la Constitution
« *Le président de la République ne peut être destitué qu'en cas de manquement à ses devoirs manifestement incompatible avec l'exercice de son mandat. La destitution est prononcée par le Parlement constitué en Haute Cour.*
La proposition de réunion de la Haute Cour adoptée par une des assemblées du Parlement est aussitôt transmise à l'autre qui se prononce dans les quinze jours.
La Haute Cour est présidée par le président de l'Assemblée nationale. Elle statue dans un délai d'un mois, à bulletins secrets, sur la destitution. Sa décision est d'effet immédiat.
Les décisions prises en application du présent article le sont à la majorité des deux tiers des membres composant l'assemblée concernée ou la Haute Cour. Toute délégation de vote est interdite. Seuls sont recensés les votes favorables à la proposition de réunion de la Haute Cour ou à la destitution.
Une loi organique fixe les conditions d'application du présent article. »

La nouvelle procédure de destitution

200 La nouvelle procédure ne reprend pas la notion de haute trahison.

La nature des actes (Const., art. 68, al. 1er)

Désormais, la responsabilité du chef de l'État peut être mise en cause en cas de « *manquement à ses devoirs manifestement incompatible avec l'exercice de son mandat.* ». Cette notion ne lasse pas d'étonner. On substitue en effet une incrimination indéfinie – la « haute trahison » – par une autre tout aussi vague, dès lors que le contenu est de toute façon discrétionnairement décidé par le Parlement sur des bases incertaines, voire, comme on le verra arbitraires. L'article 68 substitue, par ailleurs, à une procédure de mise en accusation une procédure de destitution fondée sur une appréciation politique de la nature du manquement reproché au chef de l'État. Enfin, la destitution ne peut être décidée que par le Parlement, seul le représentant du peuple souverain pouvant apprécier les manquements dont serait responsable une autorité issue du suffrage universel.

La procédure suivie (Const., art. 68, al. 2 et suiv.)

La procédure de destitution peut indifféremment être déclenchée par l'Assemblée nationale ou par le Sénat par l'adoption d'une proposition de réunion de la Haute Cour qui doit être aussitôt transmise à l'autre assemblée. Celle-ci dispose d'un délai de 15 jours pour se prononcer. Une assemblée qui n'adopterait pas la proposition transmise par l'autre mettrait fin à la procédure. La loi organique du 24 novembre 2014 précise que la proposition de résolution signée par au moins un dixième des membres de l'assemblée devant laquelle elle est déposée, doit être motivée par la justification des motifs susceptibles de caractériser le « manquement » précité.

En vertu de la loi organique précitée, la proposition une fois signée par 1/10e des parlementaires de l'Assemblée concernée, est transmise pour examen à son Bureau :

« Si le Bureau constate que ces conditions sont réunies, la proposition de résolution est envoyée pour examen à la commission permanente compétente en matière de lois constitutionnelles, qui conclut à son adoption ou à son rejet. Sans préjudice des dispositions de l'article 48 de la Constitution, la proposition de résolution est inscrite à l'ordre du jour de l'assemblée au plus tard le treizième jour suivant les conclusions de la commission. Le vote intervient au plus tard le quinzième jour ».

Si elle est adoptée en termes identiques par les chambres, la Haute Cour, réunion de l'Assemblée nationale et du Sénat, présidée par le président de l'Assemblée nationale, doit statuer dans un délai d'un mois à bulletin secret sur la destitution. Ce délai permet certes de ne pas laisser perdurer une situation de crise préjudiciable à la stabilité des institutions mais laisse-t-il au chef de l'État le temps de se défendre ? Et en vertu du nouvel article 68 « *Les décisions prises en application du présent article le sont à la majorité des deux tiers des membres composant l'assemblée concernée ou la Haute Cour. Toute délégation de vote est interdite. Seuls sont recensés les votes favorables à la proposition de réunion de la Haute Cour ou à la destitution* ». La décision est d'effet immédiat

La loi organique détaille également la composition du bureau de la Haute Cour (vingt-deux membres désignés par le bureau de l'Assemblée nationale et du Sénat) et la tenue des débats : ils sont publics et, en dehors des membres de la Haute Cour, seul le président de la République peut y prendre part. Le Conseil constitutionnel, qui a eu à connaître de cette loi, a déclaré non conformes, entre autres, les dispositions qui interdisaient à chaque député ou sénateur d'être signataire de plus d'une proposition de résolution durant un même mandat présidentiel et celles qui réservaient au Premier ministre la possibilité de participer aux débats devant la Haute Cour (Cons. const., décis. n° 2014-703 DC, 19 nov. 2014, *Loi organique portant application de l'article 68 de la Constitution*).

C'est la difficulté la plus sérieuse : comment démontrer qu'il y a eu, si l'on peut dire, manifestement un « manquement », alors que le président ne peut précisément pas faire l'objet d'un acte d'information, d'instruction ou de poursuite ? Une enquête de presse ou une rumeur ? C'est si vrai qu'un député, M. Pierre Lellouche, le 7 novembre 2016, a ouvert à la signature de l'ensemble de ses collègues de l'Assemblée nationale, une proposition de Résolution visant à la destitution du président de la République pour « violation du secret défense » à la suite... de la parution d'un livre de deux journalistes reproduisant des propos de M. François Hollande (*Gérard Davet, Fabrice Lhomme, « Un président ne devrait pas dire çà... », Éditions Stock, octobre 2016*). Une fois signée par 58 députés, celle-ci a été transmise au Bureau de l'Assemblée nationale qui, lors de la réunion du 23 novembre 2016, a conclu à son irrecevabilité au regard des articles 1 et 2 de la loi organique de 2014.

Heureusement, la révision n'a pas retenu la proposition de la commission Avril faisant que la seule décision de réunir la Haute

Cour emportait empêchement du président, quitte à ce qu'il soit « acquitté » ensuite... Pour autant, en cas de destitution au cours d'un deuxième mandat, l'ancien président ne pourra pas même tenter de laver l'affront...

Et, sauf à ce que le chef de l'État, conscient de ses « manquements » prenne les devants en démissionnant, les conditions de vote (majorité des deux-tiers) rendent la procédure en réalité inapplicable, sans doute heureusement (imagine-t-on simplement son usage pendant la crise de l'automne 1962, ce contre le général de Gaulle ?). En réalité, en reprenant ce dernier exemple, on imagine aussi le pire. Faute de majorité qualifiée mais des votes dépassant 50 % sans atteindre le seuil fatidique, cette procédure risque de déstabiliser la fonction présidentielle.

Les pistes de réforme

201 Cette révision de convenance votée dans la précipitation et contre laquelle des personnalités, comme Édouard Balladur ou Robert Badinter, se sont élevées, est aussi inutile que dangereuse et suscité des propositions de réforme.

La proposition Mamère

La première est celle d'une proposition de loi constitutionnelle de Noël Mamère, frappée au coin du bon sens (rapp. Noël Mamère, « *La proposition de loi constitutionnelle établissant la responsabilité civile et pénale du président de la République pour les actes commis antérieurement à sa prise de fonction ou détachables de celle-ci, et supprimant la Cour de justice de la République* », n° 3817). Ce projet demeure protecteur de la fonction : « *Le président de la République ne pourra être appelé à témoigner devant toute juridiction, ni faire l'objet d'actes d'information, d'instruction ou de poursuite qu'après un avis public et motivé d'une commission de filtrage, composée de membres – nommés pour cinq ans – du Conseil d'État, de la Cour des comptes et de la Cour de cassation et présidée par le premier président de cette dernière ; en second lieu, en cas de crimes ou délits, le président de la République ne pourra faire l'objet d'une arrestation ou de toute autre mesure privative de liberté qu'avec l'autorisation de l'Assemblée nationale statuant à la majorité absolue de ces membres »*. Il est toutefois précisé qu'une telle autorisation parlementaire n'est pas requise en cas de crime ou délit flagrant ou de condamnation définitive. « *En cas d'arrestation ou de mesure privative de liberté autorisée par l'Assemblée nationale, il reviendra alors au Conseil constitutionnel de constater, en application des 4ᵉ et 5ᵉ alinéas de l'article 7 de la Constitution, l'empêchement provisoire ou définitif du chef de l'État* » (rapp. préc., p. 3). Pour les actes rattachables, irresponsable politiquement, le chef de l'État demeure justiciable de la Haute Cour.

La proposition Jospin

L'autre piste de réforme est celle de la commission Jospin, le président François Hollande s'étant engagé à réformer le statut pénal du chef de l'État. La commission propose de maintenir l'immunité fonctionnelle dont bénéficie le chef de l'État pour les actes accomplis en cette qualité, sous réserve de la possibilité, « *en cas de manquement à ses devoirs manifestement incompatible avec l'exercice de son mandat* », d'une destitution prononcée par le Parlement, qu'il n'y aurait plus lieu de constituer en « Haute Cour », mais de réunir en « Congrès », afin d'affirmer clairement le caractère politique, et non juridictionnel, de la procédure de destitution. En revanche, « *la Commission préconise de mettre fin à l'inviolabilité pénale du président de la République : celui-ci doit pouvoir être poursuivi et jugé au cours de son mandat pour tous les actes qu'il n'a pas accomplis en qualité de chef de l'État. Il est également proposé de mettre fin à son inviolabilité civile. Cette application du droit commun devrait toutefois s'accompagner de règles de compétence et de procédure particulières. Au pénal, il est notamment proposé de prévoir les règles suivantes : une phase d'examen préalable des requêtes par une commission supérieure chargée d'écarter les actions qui entrent dans le champ de l'immunité fonctionnelle ainsi que les actions abusives ou manifestement infondées ; la compétence exclusive du tribunal de grande instance de Paris ; un recours systématique à l'instruction préparatoire ; une collégialité renforcée au stade de l'instruction et pour les formations de jugement ; une interdiction de principe des mesures de contrainte. Au civil, une phase d'examen préalable des requêtes est également préconisée* ». Le projet de loi présenté au Conseil des ministres le 13 mars 2013 se limite au statut civil du chef de l'État et prévoit que le président de la République pourrait donc faire l'objet d'une action dans les conditions du droit commun, mais après autorisation de la commission des requêtes mentionnée à l'article 68-1 de la Constitution. Faute d'obtenir la majorité nécessaire au Congrès, le gouvernement a abandonné ce projet.

La troisième piste aurait été de ne rien faire.

Bibliographie

Sur la distinction entre responsabilité politique et responsabilité pénale

BARANGER (D.), LE DIVELLEC (A.), « Régime parlementaire », in Troper (M.), Chagnollaud (D.) *Traité international de droit constitutionnel*, Dalloz, 2012, t. 2, p. 159-193.

Sur le statut pénal du chef de l'État

BEAUD (D.), « Irresponsabilité et immunité du président de la République sous la Ve République », in *Cercle des constitutionnalistes, Les 50 ans de la Constitution*, Litec, 2008.

BOTTINI (F.), *La protection des décideurs publics en droit pénal*, LGDJ, 2008.

CHAGNOLLAUD (D.) (dir.), *Vie publique et responsabilité pénale*, éd. Panthéon-Assas, 2001 ; « La Cour de cassation et la responsabilité pénale du chef de l'État ou les dominos constitutionnels », *RD publ.* 2001. 1613, n° 6 ; « Le président et la doctrine : à propos de la responsabilité pénale du chef de l'État », *RD publ.* 1999. 1669, n° 4.

GENEVOIS (B.), « Le Conseil constitutionnel et le droit pénal international », *RFDA* mars-avr. 1999. 285.

FOYER (J.), « Haute Cour de justice », *Rép. pén.* 1999, n° 34, p. 5.

SCHOETTL (J.-E.), « Commentaire de la décision n° 98-408 DC du 22 janvier 1999 : traité portant statut de la Cour pénale internationale », *AJDA* 1999. 230.

Titre X

De la responsabilité pénale des membres du gouvernement (Const., art. 68-1 à 68-3)

Notons au préalable que la responsabilité civile du ministre peut être engagée pour faute de service devant les juridictions judiciaires ou administratives en application des règles relatives aux fonctionnaires. Par ailleurs, ils sont en droit civilement responsables des conséquences pécuniaires nées des préjudices causés aux contribuables par l'utilisation qu'ils font des deniers publics.

Selon l'ancien article 68 de la Constitution de 1958, « *les membres du gouvernement sont pénalement responsables des actes accomplis dans l'exercice de leurs fonctions et qualifiés de "crimes ou délits" au moment où ils ont été commis. La procédure (de la Haute Cour) leur est applicable ainsi qu'à leurs complices dans le cas de complot contre la sûreté de l'État* ». La juridiction de jugement compétente était donc la Haute Cour de justice, la saisine de cette juridiction ayant lieu par un acte d'accusation voté en termes identiques, au scrutin public, par la majorité absolue des membres composant l'une et l'autre chambre. Elle était aussi compétente pour juger le chef de l'État.

Au moins jusqu'en 1993, la compétence de la Haute Cour était en fait exclusive pour les actes commis par les ministres dans l'exercice de leurs fonctions, conformément à un arrêt de la Cour de cassation en date du 14 mars 1963 : les ministres ne pouvaient pas être cités au pénal devant les juridictions de droit commun pour les actes en question, même s'ils se rattachaient de manière lointaine à l'exercice des fonctions. La Cour de cassation infirmait donc la lecture de l'article 68, limitant la compétence de la Haute Cour à l'égard des ministres au seul cas de complot contre la sûreté de l'État, et rejetait toute distinction liée à la nature des infractions criminelles ou délictuelles, notamment selon un critère de gravité (Cass. 14 mars 1963, *Frey c. Blignières*). Cette jurisprudence fut confirmée en 1984 et 1986 et les particuliers, comme le ministère public, étaient donc privés de la possibilité de mettre en mouvement l'action publique. On a certes vu plusieurs propositions de résolutions adoptées par le Parlement, mais aucun ministre ne fut jugé devant la Haute Cour, les conditions de mise en accusation étant strictes (dix procédures inabouties entre 1980 et 1992). En pratique, les ministres bénéficiaient ainsi d'une immunité pénale résultant du choix discrétionnaire du Parlement et de la compétence exclusive de la Haute Cour.

Au moment où il était envisagé de traduire trois anciens membres du gouvernement, dont un ancien Premier ministre, M. Laurent Fabius, dans l'affaire du sang contaminé, le chef de l'État, François Mitterrand, dans un souci de clarification mais aussi d'apaisement de l'opinion, proposait le 9 novembre 1992 la réforme de la Haute Cour de justice.

Et les suggestions du comité Vedel en 1993 devaient très largement l'inspirer. Sa réflexion fut fondée sur quelques idées simples. Outre l'argument astucieux mais juste selon lequel la mise en accusation dans le système d'alors emportait une certaine présomption de responsabilité pénale contraire à la Déclaration des droits de l'homme et au principe d'égalité devant la loi, le comité constatait également que le privilège de juridiction devenait en fait une immunité pénale pour les ministres. Il s'agissait donc de faciliter leur mise en cause pénale tout en leur octroyant des garanties judiciaires, en évitant bien sûr tout harcèlement processuel à leur encontre. De cette réflexion devait naître la Cour de justice de la République dans un contexte, dans les années 1990, de pénalisation croissante de la vie publique, des préfets aux maires, sans compter, sous réserve de transposer le droit pénal des affaires au droit de l'État, les chefs d'entreprise. Il conduit ainsi à la démission de ministres impliqués dans des « affaires », avant d'avoir été jugés (v. ss 44, Titre II).

Section 1
La nature des actes (Const., art. 68-1)

> **Article 68-1 de la Constitution**
> « *Les membres du gouvernement sont pénalement responsables des actes accomplis dans l'exercice de leurs fonctions et qualifiés crimes ou délits au moment où ils ont été commis.*
> *Ils sont jugés par la Cour de justice de la République.*
> *La Cour de justice de la République est liée par la définition des crimes et délits ainsi que par la détermination des peines telles qu'elles résultent de la loi.* »

202 La Cour de justice de la République permet en principe de préserver les ministres de poursuites pénales inconsidérées devant le juge ordinaire, dès lors que les actes en cause sont rattachables aux fonctions. Ainsi, quand la Cour de cassation, dans un arrêt du 27 juillet 1995, a distingué « *les actes commis dans l'exercice de ses fonctions (c'est-à-dire) ceux qui ont un rapport direct avec la conduite des affaires de l'État [...]* » et les « *comportements concernant la vie privée ou, les mandats électifs locaux* », elle a donné tout son sens à la nécessaire protection des responsables de l'État dans l'exercice de leur mission d'intérêt général. Puis, dans une décision du 13 décembre 2000, elle a précisé la notion de « dans l'exercice de leurs fonctions » : « *Attendu que, selon ce texte, la compétence de la Cour de justice de la République est limitée aux actes constituant des crimes ou délits commis par des ministres dans l'exercice de leurs fonctions et qui ont un rapport direct avec la conduite des affaires de l'État, relevant de leurs attri-*

butions ; qu'elle ne s'étend pas aux faits commis à l'occasion de l'exercice d'une activité ministérielle ».

Après quoi, s'agissant de la première catégorie d'actes, de quel droit la CJR aurait-elle à juger des actes relevant par nature de la responsabilité exclusivement politique d'un ministre ? La question s'est posée en 1993. On pourrait penser que son caractère constitutionnel la prédispose justement à cette mission. S'il est possible de juger d'une « criminalité gouvernante » (corruption, trafic d'influence, etc.) imputable d'ailleurs à tous les fonctionnaires publics, comment peut-on réellement évaluer l'activité politique « ordinaire » des ministres en fonction des normes pénales existantes ? Il est en effet délicat de qualifier pénalement des actes « politiques » : s'agit-il d'actes réellement commis ou suffit-il de s'abstenir d'agir pour être coupable par négligence ou manque de « précaution » ? À quel degré juger l'action d'un ministre et celui-ci est-il responsable du fait d'autrui ? Les juges ne risquent-ils pas de porter un jugement en opportunité sans toujours connaître la réalité politico-administrative ? En clair, le mot « acte » doit-il être défini en fonction des travaux préparatoires ou en vertu de la Constitution ?

Lors du procès de l'affaire du sang contaminé, selon le procureur général près de la Cour de cassation, M. Burgelin, partisan d'une interprétation étroite, les travaux préparatoires – *stricto sensu* – viseraient « *les infractions par commission et non pas tant les infractions par omission* ». Une interprétation plus large s'impose-t-elle au contraire en droit constitutionnel ? La Constitution indique que « *les membres du gouvernement sont pénalement responsables des actes accomplis dans l'exercice de leurs fonctions et qualifiés de crimes ou délits ainsi que par la détermination des peines telles qu'elles résultent de la loi* », soit par commission ou par omission. Dans sa décision du 9 mars 1999, la CJR indique : « *Mais attendu que la responsabilité politique – à en supposer la notion, les critères et la mise en œuvre précisément définis, ce qui n'est pas de la compétence de la Cour –, n'est pas exclusive ni de la responsabilité civile et administrative de l'État, ni de la responsabilité pénale. Qu'en effet, les dispositions de l'article 68-1 de la Constitution, applicables en l'espèce, consacrent expressément l'autonomie de la responsabilité pénale des membres du gouvernement en cas de crimes ou de délits commis dans l'exercice de leurs fonctions, sans faire de distinction entre les infractions intentionnelles et les infractions non intentionnelles »*. Cependant, si dans l'affaire du sang contaminé, la commission d'instruction est parfois allée trop loin, en surestimant à tort la connaissance que les acteurs avaient des faits en cause, le jugement définitif contrebalance ces excès. Les trois anciens ministres ont comparu en février et mars 1999 devant la Cour de justice de la République pour homicides involontaires. Le 9 mars 1999, le chef du gouvernement, Laurent Fabius, du fait des délégations de compétences consenties aux autres ministres, le ministre des Affaires sociales, Georgina Dufoix, du même fait de délégations consenties à son secrétaire d'État à la santé ont été relaxés, la CJR soulignant que l'action du Premier ministre *« a contribué à accélérer les processus décisionnels »*. Par contre, Edmond Hervé, secrétaire d'État à la santé ayant agi de sa propre initiative, a été condamné pour manquement à une obligation de sécurité ou de prudence, mais dispensé de peine, au motif qu'il avait été *« soumis, avant jugement, à des appréciations souvent excessives »*...

Section 2

La Cour de justice de la République (Const., art. 68-2)

Article 68-2 de la Constitution

« La Cour de justice de la République comprend quinze juges : douze parlementaires élus, en leur sein et en nombre égal, par l'Assemblée nationale et par le Sénat après chaque renouvellement général ou partiel de ces assemblées et trois magistrats du siège à la Cour de cassation, dont l'un préside la Cour de justice de la République.

Toute personne qui se prétend lésée par un crime ou un délit commis par un membre du gouvernement dans l'exercice de ses fonctions peut porter plainte auprès d'une commission des requêtes.

Cette commission ordonne soit le classement de la procédure, soit sa transmission au procureur général près la Cour de cassation aux fins de saisine de la Cour de justice de la République.

> *Le procureur général près la Cour de cassation peut aussi saisir d'office la Cour de justice de la République sur avis conforme de la commission des requêtes.*
> *Une loi organique détermine les conditions d'application du présent article.* »

Sa composition et la procédure suivie devant la Cour

203 La composition et la procédure devant la Cour ont été précisées par la loi organique n° 93-1252 du 23 novembre 1993. Elle est composée à parts égales de six députés et six sénateurs auxquels sont adjoints, c'est la nouveauté par rapport à l'ancienne Haute Cour, de trois magistrats hors hiérarchie du siège de la Cour de cassation – dont l'un préside la Cour – ce qui tempère un peu la connotation très politique de l'ensemble.

Une commission des requêtes composée exclusivement de magistrats des ordres judiciaire et administratif filtre les plaintes et apprécie l'opportunité des poursuites ; ses décisions sont insusceptibles de recours ;

– la commission d'instruction composée de magistrats de la Cour de cassation élus par leurs pairs procède à l'instruction par tout moyen, qualifie ou requalifie les faits. Elle décide ou non de la saisine de la Cour de justice de la République. Ses arrêts sont susceptibles d'un pourvoi en cassation ouvert seulement aux membres du gouvernement ;

– la Cour de justice, tout en établissant un compromis, rompt avec la conception de la Haute Cour, juridiction pénale de nature constitutionnelle obéissant à des règles de saisine et de compétence exorbitantes du droit commun. Le Parlement perd, au profit du ministère public et des particuliers, la mise en accusation, mais une commission filtre les requêtes. La commission d'instruction fait collégialement fonction de juge d'instruction. La composition de la juridiction est particulière compte tenu de la spécificité des poursuites engagées. Un filtre juridictionnel est prévu mais la procédure se rapproche du droit commun. Aucune constitution de partie civile n'est cependant recevable, les plaignants pouvant agir au civil.

Une compétence en principe exclusive ?

204 La compétence de la CJR dont les arrêts sont susceptibles d'un pourvoi en cassation, est *ratione personae* et donc exclusive pour juger les membres du gouvernement pour les actes visés au premier alinéa de l'article 68-1. L'article 68-2 définit les modes de saisine de la Cour après transmission de la commission des requêtes d'une procédure suivie sur la plainte d'une personne se prétendant lésée par un acte d'un membre du gouvernement. Et l'article 13 de la loi organique du 23 novembre 1993 indique que « *la plainte portée auprès de la commission des requêtes (...) doit contenir le nom du membre du gouvernement visé par cette plain*te ». Par suite, ces dispositions d'ordre public excluent implicitement mais nécessairement les modes de mise en mouvement de l'action publique de droit commun. Cette incompétence des juridictions autre que la Cour de justice de la République s'étend en principe à tous les actes d'instruction et de jugement visant un membre du gouvernement relatifs à un crime ou un délit prétendument commis dans l'exercice des fonctions et les entache de nullité (Cour de cassation, 9 juillet 1984). Il est donc singulier, dans le cadre de la procédure actuelle, qu'un ancien Premier ministre comme Édouard Balladur voit son dossier renvoyé devant la CJR et qu'au mépris de sa compétence exclusive, une juridiction d'instruction ait mené une information dans une même affaire sans qu'à aucun moment, il n'ait été entendu par elle et donc en mesure de se défendre et sans qu'il ait eu accès audit dossier, sinon par médias interposés qui ont eu connaissance de ces pièces. Le principe d'égalité des armes et notamment le principe du contradictoire, c'est-à-dire en réalité les droits constitutionnels de la défense, sont paradoxalement méconnus.

Les affaires jugées par la CJR et son avenir

205 Ne risquait-on pas de voir la Cour de justice encombrée de plaintes ? De sa création à la fin de 2012, la commission des requêtes a reçu 1 124 plaintes de particuliers et en a examiné 1 115, dont 1 082 ont fait l'objet d'un classement sans suite (97 % des plaintes examinées) et 33 d'une transmission au ministère

public aux fins de saisine de la commission d'instruction ; au cours de la même période, la commission a rendu six avis conformes sur des saisines d'office du procureur général. En tout état de cause, depuis l'affaire du sang contaminé, la CJR n'a pas croulé sous les dossiers qu'elle prend le temps d'examiner avec une lenteur assez étonnante. Depuis 1999 ont été poursuivis Ségolène Royal, attaquée en diffamation par deux enseignants du lycée Thiers de Marseille et relaxée, Michel Gillibert, secrétaire d'État aux handicapés entre 1988 et 1993, condamné le 7 juillet 2004 pour escroquerie au préjudice de l'État, soit dix années après la commission des faits. Charles Pasqua, condamné en 2010 à une année de prison avec sursis, pour une seule des trois affaires évoquées, condamnation confirmée par la Cour de cassation. En 2013, la Cour a placé Christine Lagarde sous le statut de témoin assisté dans l'affaire *Tapie* pour être jugée le lundi 19 décembre 2016 « coupable de négligence » et dispensée de peine tandis que le volet escroquerie de cette affaire sera jugé plus tard par un tribunal correctionnel. En 2014, la commission des requêtes de la Cour de la justice de la République a été saisie par le procureur général près la Cour de cassation au sujet de l'affaire *Karachi*. Enfin, la même année, la CJR a rendu un non-lieu dans l'affaire de l'hippodrome de Compiègne concernant M. Éric Woerth.

D'autres systèmes que celui de la Cour de justice de la République sont concevables, comme celui de la IIIᵉ République, donnant la faculté au Parlement de soustraire la compétence d'une affaire à la procédure de droit commun, en pratique à titre exceptionnel. Et, une fois cette procédure « rodée », elle pourrait avec le temps céder la place à la compétence exclusive des tribunaux ordinaires. Dans cet esprit, la commission Jospin a proposé en 2012 de supprimer la Cour de justice de la République pour les ministres tout en maintenant un mécanisme de filtre, destiné à prévenir la multiplication des procédures abusives : « *ainsi, un ministre ne pourra faire l'objet d'actes d'information, d'instruction ou de poursuite qu'après un avis public et motivé d'une commission de filtrage, composée de membres – nommés pour cinq ans – du Conseil d'État, de la Cour des comptes et de la Cour de cassation et présidée par le premier président de cette dernière* ».

Le projet de loi constitutionnel adopté par le Conseil des ministres le 13 mars 2013 souhaitait supprimer la Cour de justice de la République. Aux termes du projet, les ministres devaient être jugés par les juridictions pénales de droit commun, y compris pour les actes accomplis dans l'exercice de leurs fonctions, après autorisation préalable de la commission des requêtes. Le jugement de ces affaires devait, quant à lui, être confié aux juridictions parisiennes compétentes, composées d'au moins trois juges. Comme les autres révisions constitutionnelles prévues en 2013 et après, le gouvernement a abandonné le projet, faute d'obtenir une majorité des 3/5e au Congrès.

Le 3 juillet 2017, devant le Congrès, le président Macron s'est engagé à supprimer la CJR.

Section 3
Une application rétroactive (Const., art. 68-3)

> **Article 68-3 de la Constitution (issu de la révision du 27 juillet 1993)**
> *« Les dispositions du présent titre sont applicables aux faits commis avant son entrée en vigueur. »*

206 Les origines de la réforme de 1993 et de la création de la Cour de justice de la République (CJR) sont à rechercher dans l'inefficacité de la précédente Haute Cour : les lenteurs procédurales conjuguées au jeu subtil des incriminations retenues (la qualification de non-assistance à personne en danger avait été préférée à celle d'homicide involontaire) avaient conduit la commission d'instruction de la Haute Cour, le 5 février 1993, dans l'affaire du sang contaminé, à rendre naturellement un non-lieu en constatant la prescription de l'action publique quant aux délits concernés. En conséquence, il a fallu réviser la Constitution pour être en mesure de juger les membres du gouvernement cités dans cette affaire. Cette exception au principe constitutionnel de non-rétroactivité des lois pénales ne pouvait ainsi être consacrée que par le pouvoir constituant qui est souverain.

Bibliographie

BEAUD (O.), *Le sang contaminé. Essai critique sur la criminalisation de la responsabilité des gouvernants*, Paris, PUF, 1999.

DEGOFFE (M.), « La responsabilité pénale du ministre du fait de son administration », *RD publ.* 1998. 433.

Titre XI

Le Conseil économique, social et environnemental (Const., art. 69 à 71)

Comment représenter la « société » dans toute sa diversité au sein des institutions de la République ? La question n'a jamais été pleinement résolue, mais le Conseil économique, social et environnemental y contribue. Il est l'héritier du Conseil national économique (CNE), composé de syndicalistes ouvriers, patronaux, agricoles et associations, créé en 1925 par le gouvernement du Cartel des gauches, auquel a succédé le Conseil économique de la IVe République, institué par l'article 25 de Constitution. Enfin, dans la Constitution de 1958, une institution similaire a vu le jour : le Conseil économique et social (CES). Le général de Gaulle avait souhaité, en 1969, fondre le CES avec le Sénat par référendum, ce qui fut un échec qui le conduisit à la démission.

Article 69 de la Constitution

« Le Conseil économique, social et environnemental, saisi par le gouvernement, donne son avis sur les projets de loi, d'ordonnance ou de décret ainsi que sur les propositions de loi qui lui sont soumis.

Un membre du Conseil économique, social et environnemental peut être désigné par celui-ci pour exposer devant les assemblées parlementaires l'avis du conseil sur les projets ou propositions qui lui ont été soumis.

Le Conseil économique, social et environnemental peut être saisi par voie de pétition dans les conditions fixées par une loi organique. Après examen de la pétition, il fait connaître au gouvernement et au Parlement les suites qu'il propose d'y donner. »

Article 70 de la Constitution

« *Le Conseil économique, social et environnemental peut être consulté par le gouvernement et le Parlement sur tout problème de caractère économique, social ou environnemental. Le gouvernement peut également le consulter sur les projets de loi de programmation définissant les orientations pluriannuelles des finances publiques. Tout plan ou tout projet de loi de programmation à caractère économique, social ou environnemental lui est soumis pour avis.* »

207 Le Conseil économique et social – et environnemental est une assemblée constitutionnelle consultative placée auprès des pouvoirs publics, discrète mais influente. Par la représentation des principales activités économiques et sociales, le Conseil favorise la collaboration des différentes catégories professionnelles entre elles et assure leur participation à la politique économique et sociale du gouvernement par la voie du conseil. Il examine et suggère les adaptations économiques ou sociales rendues notamment nécessaires par les techniques nouvelles. La révision constitutionnelle du 23 juillet 2008 a engagé une réforme de cette institution, qui s'est poursuivie par le vote de la loi organique du 28 juin 2010 réactualisant sa composition et son rôle élargi à l'environnement, loi qui fut pour l'essentiel déclarée conforme à la Constitution (Cons. const., décis. 24 juin 2010, n° 2010-608 DC). Outre les demandes d'avis du gouvernement, la réforme a ouvert la possibilité pour les citoyens de saisir le CESE par voie de pétition de toute question à caractère économique, social et environnemental. Ainsi, une pétition demandant l'avis du CESE sur le coût économique et social de l'autisme a été déposée en 2012 et a été transformée en saisine parlementaire du Conseil par le président de l'Assemblée nationale, avant d'avoir atteint le seuil des 500 000 signatures. En février 2013, une pétition demandant l'avis du CESE sur l'ouverture du mariage aux couples de même sexe qui avait pourtant atteint le seuil des 500 000 signatures, n'a pas été déclarée recevable par le Bureau du CESE dès lors qu'il s'agissait d'un projet de loi en cours de discussion. Depuis lors et sans lien avec ce qui précède, aucun projet de pétition n'a vu le jour. Le

3 juillet 2017, devant le Congrès, le président Macron a annoncé revoir le droit de pétition afin que l'expression directe des citoyens soit mieux prise en compte.

> **Article 71 de la Constitution**
> *« La composition du Conseil économique, social et environnemental, dont le nombre de membres ne peut excéder 233, et ses règles de fonctionnement sont fixées par une loi organique. »*

La composition a été quelque peu modifiée par la loi organique de juin 2010 issue de la révision constitutionnelle du 23 juillet 2008 : afin d'améliorer sa représentativité, les nouvelles dispositions instituent la nomination de nouvelles « personnalités qualifiées » issues des milieux culturels, scientifiques, sportifs, de l'action en faveur des personnes handicapées, ainsi que des personnes représentant les jeunes et les étudiants ; elles favorisent également la parité entre les hommes et les femmes. Le nombre de mandats consécutifs est limité à deux et l'âge minimum est abaissé de 25 à 18 ans. Le 3 juillet 2017, devant le Congrès réuni à Versailles, le président Macron a annoncé vouloir réduire d'un tiers les membres du Conseil (comme pour l'Assemblée nationale et le Sénat) et revoir de fond en comble les règles de sa représentativité.

Bibliographie

PINON (S.), « Le Conseil économique, social et environnemental : entre évolution et révolution », *Dr. adm.* 7 juill. 2010, p. 14-18.

RENOUX (T.), « Quelle place pour le Conseil économique, social et environnemental ? », *LPA* 19 déc. 2008, p. 114.

TITRE XI BIS

LE DÉFENSEUR DES DROITS (CONST., ART. 71-1)

Article 71-1 de la Constitution

« Le Défenseur des droits veille au respect des droits et libertés par les administrations de l'État, les collectivités territoriales, les établissements publics, ainsi que par tout organisme investi d'une mission de service public, ou à l'égard duquel la loi organique lui attribue des compétences.

Il peut être saisi, dans les conditions prévues par la loi organique, par toute personne s'estimant lésée par le fonctionnement d'un service public ou d'un organisme visé au 1er alinéa. Il peut se saisir d'office.

La loi organique définit les attributions et les modalités d'intervention du Défenseur des droits. Elle détermine les conditions dans lesquelles il peut être assisté par un collège pour l'exercice de certaines de ses attributions.

Le Défenseur des droits est nommé par le président de la République pour un mandat de six ans non renouvelable, après application de la procédure prévue au dernier alinéa de l'article 13. Ses fonctions sont incompatibles avec celles de membre du gouvernement et de membre du Parlement. Les autres incompatibilités sont fixées par la loi organique.

Le Défenseur des droits rend compte de son activité au président de la République et au Parlement. »

208 Le comité Balladur, s'inspirant de l'exemple espagnol du Défenseur du peuple, avait proposé de consacrer un titre spécifique de la Constitution à un Défenseur des droits fondamentaux, désigné à la majorité des 3/5es par l'Assemblée nationale et qui se substituerait, dans un souci d'efficacité, à l'ensemble des autorités administratives indépendantes dans ce domaine. De cette ambition, n'est demeuré que le souci de coordination entre des instances parallèles et dont les compétences se chevauchaient.

Autorité constitutionnelle indépendante, le Défenseur des droits des citoyens est nommé par le président de la République conformément à la nouvelle procédure de l'article 13. Il peut être saisi, tout comme l'ancien Médiateur de la République, par toute personne s'estimant lésée par le fonctionnement d'un service public. Inscrit dans la Constitution depuis le 23 juillet 2008 et institué par la loi organique et la loi ordinaire du 29 mars 2011, le Défenseur des droits regroupe les missions du Médiateur de la République, du Défenseur des enfants, de la Haute Autorité de lutte contre les discriminations et pour l'égalité (HALDE) et de la Commission nationale de déontologie de la sécurité (CNDS).

Bibliographie

CHEVALLIER (J), « Le Défenseur des droits », *Revue française d'administration publique*, ENA, décembre 2011, n° 5.

TITRE XII

Des collectivités territoriales (Const., art. 72 à 75-1)

L'article 1er de la Constitution mentionne que « *La France est une République indivisible, laïque, démocratique et sociale. Elle assure l'égalité devant la loi de tous les citoyens sans distinction d'origine, de race ou de religion. Elle respecte toutes les croyances* ». Cet article a été complété par la phrase suivante lors de la révision de 2003 : « *Son organisation est décentralisée* ». Cette affirmation du principe de la décentralisation a certes une portée essentiellement symbolique, mais elle vient conforter, sans mettre en cause l'indivisibilité de la République. Le principe de la libre administration des collectivités territoriales, qui est au cœur des dispositions des articles 72, 72-1 et 72-2 bénéficie d'un regain de prestige du fait des précisions et garanties formelles, notamment sur le plan financier, qui lui sont apportés par la Constitution, en particulier suite à la révision de 2003. Mais cela ne changer en réalité pas grand-chose sur le plan pratique dans la mesure où l'article 34 de la Constitution donne compétence au législateur pour déterminer les principes fondamentaux de la libre administration des collectivités territoriales, leurs compétences et leurs ressources, sous le contrôle souvent bienveillant du Conseil constitutionnel.

L'organisation actuelle des collectivités territoriales françaises résulte de trois grandes réformes majeures que l'on appelle communément « actes de la décentralisation ». Le premier, l'acte fondateur, regroupe les lois des 2 mars et 22 juillet 1982, ainsi que la loi du 7 janvier 1983 : la tutelle du préfet sur les collectivités territoriales est supprimée, ces dernières obtiennent un exécutif propre et, enfin, est adoptée une clé de répartition des compétences entre elles et l'État. Vient ensuite la révision constitutionnelle du 28 mars 2003 précitée, « l'acte II », qui conforte le principe de libre administration des collectivités territoriales et en tire diverses conséquences que nous détaillerons par la suite, tout en conférant au Sénat une priorité d'examen des projets de loi relatifs aux collectivités (art. 39) : cette révision fut complétée par la loi du 13 août 2004 relative aux libertés et responsabilités locales. Enfin, ont été votées entre 2013 et 2015 plusieurs mesures législatives qui esquissent les contours d'un troisième acte de la décentralisation : la loi du 17 mai 2013 réforme les modes de scrutin des élections locales, renomme les anciens « conseils généraux » en « conseils départementaux » (les élections cantonales devenant les élections départementales) et prévoit un redécoupage des cantons ; la loi du 27 janvier 2014 instaure des collectivités « chefs de file » dans certaines matières (la région pour le développement économique, le département pour l'action sociale, la commune pour la mobilité durable, etc.) et crée, en outre, un statut nouveau pour les métropoles de plus de 400 000 habitants (la métropole du « Grand Paris », celle d'Aix-Marseille-Provence, etc.). La loi du 16 janvier 2015 relative à la délimitation des régions prévoit, quant à elle, une refonte globale de la carte territoriale : à compter du 1er janvier 2016, 13 régions prendront la place des 22 actuelles. Enfin, le projet de loi portant nouvelle organisation territoriale de la République (NOTRe), adopté en deuxième lecture par l'Assemblée nationale le 2 juillet 2015, clarifie l'ensemble des compétences des différentes collectivités. Quant à l'échelon départemental, sa suppression, longtemps débattue, appelle une révision constitutionnelle de l'article 72 et ne semble donc pas envisageable dans l'immédiat – le président Hollande ayant toutefois précisé qu'une telle suppression pourrait intervenir d'ici 2020 si une majorité au Congrès se dessine.

Section 1

La libre administration des collectivités territoriales (Const., art. 72)

> **Article 72 de la Constitution**
> « *Les collectivités territoriales de la République sont les communes, les départements, les régions, les collectivités à statut particulier et les collectivités d'outre-mer régies par l'article 74. Toute autre collectivité territoriale est créée par la loi, le cas échéant en lieu et place d'une ou de plusieurs collectivités mentionnées au présent alinéa.*
> *Les collectivités territoriales ont vocation à prendre les décisions pour l'ensemble des compétences qui peuvent le mieux être mises en œuvre à leur échelon.*
> *Dans les conditions prévues par la loi, ces collectivités s'administrent librement par des conseils élus et disposent d'un pouvoir réglementaire pour l'exercice de leurs compétences.*
> *Dans les conditions prévues par la loi organique, et sauf lorsque sont en cause les conditions essentielles d'exercice d'une liberté publique ou d'un droit constitutionnellement garanti, les collectivités territoriales ou leurs groupements peuvent, lorsque, selon le cas, la loi ou le règlement l'a prévu, déroger, à titre expérimental et pour un objet et une durée limités, aux dispositions législatives ou réglementaires qui régissent l'exercice de leurs compétences.*
> *Aucune collectivité territoriale ne peut exercer une tutelle sur une autre. Cependant, lorsque l'exercice d'une compétence nécessite le concours de plusieurs collectivités territoriales, la loi peut autoriser l'une d'entre elles ou un de leurs groupements à organiser les modalités de leur action commune.*
> *Dans les collectivités territoriales de la République, le représentant de l'État, représentant de chacun des membres du gouvernement, a la charge des intérêts nationaux, du contrôle administratif et du respect des lois.* »

209 Les lois de décentralisation des 2 mars et 22 juillet 1982 ont conféré aux départements et aux régions un exécutif propre, en lieu et place de l'exécutif préfectoral. Ces lois ont ainsi supprimé la tutelle du préfet sur les actes des collectivités territoriales ; ce dernier n'annule plus de lui-même les actes en question mais peut cependant saisir le juge administratif pour contester leur légalité (déféré préfectoral). Enfin, les collectivités territoriales ont une compétence générale et des compétences spéciales transférées par l'État. La révision constitutionnelle de 2003 – assez confuse – poursuit ce mouvement et pose au préalable dans la Constitution le principe de l'organisation décentralisée de la République, tout en redéfinissant la liste des catégories de collectivités territoriales.

À l'article 34 de la Constitution, le mot « locales » a été remplacé, depuis 2003, par « territoriales ». La Constitution employait tantôt le terme de « collectivités territoriales » (Const. art. 24 et 72) ou « collectivités locales » (art. 34). Tranchant la querelle sémantique qui agitait la doctrine, le Conseil constitutionnel, dans ses décisions du 25 février 1982, a utilisé indifféremment les deux termes, équivalents donc juridiquement. Le constituant a alors pris soin d'harmoniser les termes. Aux communes, départements, la Constitution ajoute les régions et les collectivités à statut particulier et substitue les collectivités d'outre-mer régies par l'article 74 aux territoires d'outre-mer.

Le Conseil constitutionnel dans sa décision du 25 février 1982 a admis que le législateur puisse créer de nouvelles catégories de collectivités territoriales ne comprenant qu'une seule unité, de même qu'au sujet de la Corse, il a permis au législateur de créer « *une nouvelle catégorie de collectivité territoriale, même ne comprenant qu'une unité, et la doter d'un statut spécifique* » (Cons. const., décis. 9 mai 1991 préc.). Mais ces collectivités créées par la loi comme les régions ou les collectivités à statut particulier pouvaient être supprimées de la même façon. C'est pourquoi le constituant s'est attaché à ce qu'elles disposent désormais d'un statut constitutionnellement garanti. De même, il est désormais clairement possible que le législateur puisse créer une catégorie de collectivité ne comportant qu'une unité, dénommée « *collectivité à statut particulier* ». Celle-ci peut se voir transférer désormais les attributions exercées par les collectivités citées par cet article, et en outre se substituer à l'une ou l'autre de ces collectivités.

Cependant, la révision n'a pas consacré comme collectivité territoriale à part entière les établissements publics de coopération intercommunale dotés d'une fiscalité propre. Ces établissements ne disposent en effet ni d'une clause générale de compétence, ni de conseils élus au suffrage universel.

Le principe de libre administration et ses limites (Const., art. 72, al. 1er) et le respect du principe d'indivisibilité de la République

210 En 1979, à propos de la Nouvelle-Calédonie, le Conseil constitutionnel reconnaît pour la première fois le principe de libre administration des collectivités territoriales de l'article 72 de la Constitution (Cons. const., décis. n° 79-104 DC, 23 mai 1979, *Loi modifiant les modes d'élection de l'Assemblée territoriale et du Conseil de gouvernement du territoire de la Nouvelle-Calédonie*). Il en a par la suite précisé le sens et le contenu rappelant cependant souvent que « *si les collectivités territoriales s'administrent librement en vertu de l'article 72 de la Constitution, chacune d'elles le fait dans les conditions prévues par la loi* » (Cons. const., décis. n° 2012-660 DC du 17 janvier 2013).

L'affirmation du principe

Ce principe fonde donc en premier lieu la compétence du législateur mais la limite dans une bien moindre mesure. Sur la base de l'article 34 et du 2e alinéa de l'article 72 dans lesquels ce principe apparaît, il appartient au législateur, et non au pouvoir réglementaire, de fixer les conditions et les garanties de la libre administration locale. Sont donc de la compétence de la loi la définition des ressources, le statut des personnels et les compétences respectives de l'État et des collectivités territoriales (Const. Const. décis. n° 83-168 DC, 20 janv. 1984, *Loi portant dispositions statutaires relatives à la fonction publique territoriale*). Le principe de libre administration lui interdit par exemple d'instituer une tutelle d'une collectivité sur une autre (Cons. const., décis. n° 2001-454 DC, 17 janv. 2002, *Loi relative à la Corse*). Il l'oblige à créer des collectivités disposant d'attributions effectives (Cons. const., décis. n° 85-196 DC, 8 août 1985, *Loi sur l'évolution de la Nouvelle-Calédonie*). Le législateur peut imposer des contraintes aux collectivités territoriales, sous réserve « *qu'elles ne méconnaissent pas leur compétence propre [...], qu'elles n'entravent pas leur libre administration et qu'elles soient définies de façon suffisamment précise quant à leur objet et à leur portée* » (Cons. const., décis. n° 90-274 DC, 29 mai 1990, *Loi visant à la mise en œuvre du droit au logement*). Ces contraintes doivent selon un considérant désormais classique « *[répondre] à des exigences constitutionnelles ou [concourir] à des fins d'intérêt général* » (Cons. const., décis. n° 2000-435 DC, 7 déc. 2000, *Loi d'orientation pour l'outre-mer*).

Les rares sanctions des atteintes au principe

Le Conseil a, en fait, fort rarement constaté des atteintes au principe de libre administration. Par exemple, il a déclaré contraire à ce principe des dispositions qui ôtaient aux collectivités territoriales le droit de se prononcer librement sur les créations et suppressions d'emplois, de même que celui de procéder aussi librement à la nomination de leurs agents (Cons. const., décis. 20 janv. 1984 préc.). Il a aussi notamment censuré une disposition prévoyant que les prorogations de la durée des délégations de service public ne pourraient atteindre qu'un tiers de la durée initialement prévue, créant ainsi une « *contrainte excessive pour les collectivités territoriales* » ou la possibilité pour le représentant de l'État de provoquer la suspension des actes des collectivités territoriales pendant trois mois (Cons. const., décis. n° 92-316 DC, 20 janv. 1993, *Loi relative à la prévention de la corruption et à la transparence de la vie économique et des procédures publiques*). Il a censuré une disposition imposant la publicité des séances des commissions permanentes des conseils régionaux, cette question devant relever du règlement intérieur des assemblées délibérantes (Cons. const., décis. n° 98-407 DC, 14 janv. 1999, *Loi relative au mode d'élection des conseillers régionaux et des conseillers à l'Assemblée de Corse et au fonctionnement des Conseils régionaux*).

Enfin, le Conseil constitutionnel a estimé que le dispositif de remplacement des conseillers départementaux prévu dans le texte initial de la loi du 17 mai 2013, pouvant aboutir à la vacance de plusieurs sièges, conduisait « *à ce que le fonctionnement normal du conseil départemental soit affecté dans des conditions remettant en cause l'exercice de la libre administration des collectivités territoriales et le principe selon lequel elles s'administrent librement par des conseils élus* » (Cons. const., décis. n° 2013-667 DC, 16 mai 2013, *Loi relative à l'élection des conseillers départementaux, des conseillers municipaux et des conseillers communautaires, et modifiant le calendrier électoral*). C'est ce dernier principe qui est pour le Conseil constitutionnel le principal fondement de celui de libre administration et le mieux protégé. Ainsi, opère-t-il un contrôle sourcilleux sur les motifs d'intérêt général qui conduisent à modifier le calendrier électoral (idem). En tout état de cause, l'examen du juge constitutionnel se limite généralement à un contrôle restreint, où ne sont censurées que les atteintes disproportionnées.

Le respect de l'indivisibilité de la République et de l'égalité devant la loi

Comme on l'a noté à propos de la Corse, le principe d'indivisibilité de la République exclut la reconnaissance de tout pouvoir normatif autonome aux collectivités territoriales : « *en ouvrant au législateur, fût-ce à titre expérimental, dérogatoire et limité dans le temps, la possibilité d'autoriser la collectivité territoriale de Corse à prendre des mesures relevant du domaine de la loi, la loi qui lui était déférée (était) intervenue dans un domaine qui ne relève que de la Constitution* » (Cons. const., décis. 17 janv. 2002 préc.). Le principe d'indivisibilité de la République exclut toute faculté d'auto-organisation des collectivités territoriales. Associé au principe de l'unité du peuple français, celui d'indivisibilité de la République s'oppose comme on l'a vu à l'existence d'un « *peuple corse, composante du peuple français* » (Cons. const., décis. 9 mai 1991 préc.).

Le principe d'égalité des citoyens devant la loi implique que les conditions d'exercice d'une liberté publique doivent être les mêmes sur l'ensemble du territoire et qu'elles ne peuvent donc dépendre des décisions des collectivités territoriales (Cons. const., décis. n° 84-185 DC, 18 janv. 1985, *Loi modifiant et complétant la loi n° 83-663 du 22 juillet 1983 et portant dispositions diverses relatives aux rapports entre l'État et les collectivités territoriales* ; décis. n° 93-329 DC, 13 janv. 1994, *Loi relative aux conditions de l'aide aux investissements des établissements d'enseignement privés par les collectivités territoriales* ; décis. 17 janv. 2002 préc.).

Le principe de subsidiarité (Const., art. 72, al. 2)

211 Cette règle en droit communautaire est fixée à l'article 5 du traité sur l'Union européenne. La Communauté européenne n'intervient que « *si et dans la mesure où les objectifs de l'action envisagée ne peuvent être réalisés de manière suffisante par les États membres et peuvent donc, en raison des dimensions et des effets de l'action envisagée, être mieux réalisés au niveau communautaire* ». En fait, cette règle, issue du droit canon et visant à protéger les collectivités inférieures des collectivités supérieures, trouve aussi sa source dans la loi fondamentale allemande : la compétence s'exerce à l'échelon le plus bas, sauf s'il existe un intérêt, en termes d'efficacité de l'action publique, à ce que la compétence soit mise en œuvre à l'échelon plus élevé.

Son contenu

À la suite de la loi de 1982, la répartition des compétences entre collectivités a été effectuée par les lois des 7 janvier et 22 juillet 1983. Elles opèrent des transferts de « blocs de compétences » : la commune gère les services de proximité, le département ceux relevant de la solidarité, la région s'attache au long terme notamment en matière de développement économique.

En pratique, l'exercice des compétences suppose souvent l'intervention de plusieurs niveaux de collectivités et la pratique des financements croisés. Ce schéma a donc été brouillé. En outre, les collectivités parfois en méconnaissance de la clef de répartition posée en 1983 sont intervenues en matière économique et sociale. C'est pourquoi il fallait trouver un fondement plus souple à la répartition des compétences.

Sa portée

Dans le cadre de l'organisation décentralisée de la République, le principe énoncé à l'article 72, alinéa 2, vise à favoriser la proximité dans la prise de décision tout autant que l'efficacité. Il s'agit d'une « vocation » pour les collectivités et non d'un droit qui aurait pu donner un contentieux abondant. Plutôt que de laisser entendre l'affirmation implicite du principe de subsidiarité, il eût mieux valu parler de recherche de l'adéquation dans l'exercice d'une compétence, dès lors que l'intention du constituant est d'instituer une « *une ligne de partage, dans le domaine administratif, entre l'action des services de l'État et celle des collectivités territoriales* ». Il s'agit, pourrait-on dire, d'une sorte d'objectif à valeur constitutionnelle implicite, à charge donc pour le législateur de rechercher le niveau le plus adéquat pour l'exercice d'une compétence.

L'expérimentation au niveau local comme la reconnaissance du pouvoir réglementaire aux collectivités territoriales donne les moyens de réaliser en pratique cette idée traduite implicitement, et pour la première fois, dans la loi sur l'archéologie préventive du 1er août 2003.

La consécration du pouvoir réglementaire des collectivités territoriales (Const., art. 72, al. 3)

212 Le pouvoir réglementaire énoncé à l'article 72, alinéa 3, consiste dans l'édiction de normes générales et impersonnelles qui ne sont pas arrêtées sous la forme législative. Comme l'a rappelé le Conseil constitutionnel, dans sa décision du 17 janvier 2002 sur la loi relative à la Corse, le pouvoir réglementaire local n'est qu'un pouvoir résiduel : il ne peut s'exercer en dehors du cadre des compétences qui lui sont dévolues par la loi, celles-ci n'ayant « *ni pour objet, ni pour effet de mettre en cause le pouvoir réglementaire d'exécution des lois que l'article 21 de la Constitution attribue au Premier ministre, sous réserve des pouvoirs reconnus au président de la République par l'article 13 de la Constitution* ».

Le pouvoir réglementaire des collectivités territoriales désormais reconnu par la Constitution n'en demeure pas moins subordonné et encadré, ses conditions d'exercice restant délimitées par le juge constitutionnel comme par le juge administratif. Ainsi, ce pouvoir réglementaire « *ne pourra s'exercer que dans la mesure où la loi l'a prévu et pour la seule mise en œuvre des attributions que les collectivités tiennent de la loi* » (exposé des motifs). Il n'est donc en aucun cas un pouvoir concurrent du pouvoir général exercé par le Premier ministre. Cependant, cette consécration est aussi une invitation faite au législateur à lui donner sa mesure pleine et entière.

Le droit à l'expérimentation (Const., art. 72, al. 4)

213 Le nouveau 4e alinéa de l'article 72 de la Constitution donne à la notion d'expérimentation une définition conforme à celle retenue par la jurisprudence antérieure du Conseil constitutionnel, soit une dérogation au droit commun, limitée dans le temps (et le cas échéant dans l'espace), en vue d'apprécier la pertinence d'une norme nouvelle dans la perspective de sa généralisation, celle-ci ne pouvant être décidée qu'après qu'on a dûment évalué les résultats de l'expérience ainsi conduite (Cons. const., décis. n° 93-322 DC, 28 juill. 1993, *Loi relative aux établissements publics à caractère scientifique, culturel et professionnel*).

Le principe

Le Conseil constitutionnel avait posé deux conditions générales à sa mise en œuvre : la première est que seul le législateur peut décider de ces expérimentations ; la seconde est que la loi doit concilier le respect du principe d'égalité (et des autres principes de valeur constitutionnelle) et la poursuite d'un objectif d'intérêt général (qui justifie donc la dérogation au principe d'égalité) qui constitue l'objet de la loi. Le législateur doit préciser le cadre de cette expérimentation (durée et champ spatial de l'expérimentation), cas dans lesquels elle peut être menée, évaluation de ses résultats, méthode de l'évaluation. Le juge constitutionnel exerce un contrôle strict du respect de ces principes (v. notamment décis. n° 93-333 DC, 21 janv. 1994, préc.).

Cependant, comme on l'a noté, le Conseil constitutionnel a censuré les dispositions rendant possible l'habilitation de la collectivité territoriale de Corse à procéder à des expérimentations comportant des dérogations aux dispositions législatives en vigueur, le législateur intervenant dans un domaine relevant de la Constitution et d'elle seule. C'est pourquoi les dispositions trouvent désormais, de façon générale, un fondement constitutionnel.

Ses limites

Le nouvel alinéa de l'article 37 de la Constitution précise que la loi ou le règlement peuvent comporter des dispositions à caractère expérimental, l'objet et la durée de cette expérimentation devant être limités.

Cette rédaction consacre sur ce point la jurisprudence tant constitutionnelle qu'administrative et l'expérimentation s'opère toujours sous le contrôle du juge. Si l'inscription du principe dans la Constitution invite le juge à le concilier de façon plus souple avec le principe d'égalité, ce dernier doit veiller en particulier à ce que la durée de l'expérimentation soit raisonnable et qu'elle soit compatible avec les règles qui organisent les compétences des autorités étatiques. Mais l'alinéa 4 de l'article 72 autorise désormais l'expérimentation dans des domaines relevant de la compétence législative, ce que le Conseil constitutionnel n'avait pas autorisé.

Le domaine et l'encadrement du droit à l'expérimentation

Les collectivités peuvent déroger « *aux dispositions législatives ou réglementaires qui régissent l'exercice de leurs compétences* ». Le texte permet donc à une collectivité d'exercer une compétence qui relevait d'une autre – en dérogeant donc aux règles de répartition des compétences – mais d'exercer aussi l'intégralité d'une compétence, qu'elle soit normalement dévolue à la loi ou au règlement.

On peut résumer comme suit les dispositifs visant à encadrer le droit à l'expérimentation :

– l'initiative en revient aux collectivités territoriales ;

– il appartient à la loi ou au règlement, au cas par cas, de l'autoriser ;

– les collectivités territoriales ne pourront être habilitées à déroger à des dispositions touchant aux libertés publiques, conformément, comme on l'a vu, à la jurisprudence du Conseil constitutionnel. Il en va de même des droits constitutionnellement garantis ;

– à son terme, le législateur ou le gouvernement évalue l'expérimentation et décide de la généraliser, de la renouveler ou d'y mettre fin. Le droit commun redevient dans ce cas la norme ;

– si une expérimentation paraît positive pour une collectivité territoriale, mais non transposable dans d'autres, (on pense par exemple à la Corse), la question peut se régler par leur transformation en collectivité à statut particulier. Elle pourra ainsi exercer de façon permanente des compétences relevant habituellement du domaine de la loi ou du règlement.

Une loi organique met en œuvre ces principes et a été déclarée conforme à la Constitution par le Conseil constitutionnel (Cons. const., décis. n° 2003-478 DC, 30 juill. 2003, *Loi organique relative à l'expérimentation par les collectivités territoriales*).

L'interdiction de la tutelle d'une collectivité territoriale sur une autre et la notion de chef de file (Const., art. 72, al. 5)

214 Tout en consacrant la jurisprudence du Conseil constitutionnel interdisant toute tutelle d'une collectivité territoriale sur une autre, l'article 72, alinéa 5, permet implicitement mais nécessairement à la loi de confier à une collectivité territoriale un rôle de « chef de file » pour la mise en œuvre de compétences croisées : c'est à cette collectivité que revient le soin d'organiser les modalités de l'action commune. La notion de collectivité « chef de file » n'est pas nommée et existe toujours implicitement depuis la loi du 27 février 2002 relative à la démocratie de proximité, qui confie ce rôle à la région en matière d'aides aux entreprises.

La loi du 27 janvier 2014 met effectivement en place des collectivités chefs de file dans différentes matières : la région hérite ainsi, entre autres, du développement économique, des aides aux entreprises (comme précédemment), des transports et de la protection de la biodiversité ; les départements ont quant à eux l'action sociale, l'autonomie des personnes et la solidarité des territoires ; à charge, enfin, pour la commune, d'organiser la mobilité durable, les services publics de proximité, l'aménagement de l'espace et le développement local.

La clarification du rôle du représentant de l'État (Const. art. 72, al. 6)

215 La Constitution reprend de façon solennelle la formule du décret du 10 mai 1982 précisant que « *(le préfet) est dépositaire de l'autorité de l'État dans le département. Délégué du gouvernement, il est*

le représentant direct du Premier ministre et de chacun des ministres. Il dirige sous leur autorité les services des administrations civiles de l'État». Il conforte ainsi le rôle du préfet dans une République dont l'organisation est décentralisée mais qui demeure une et indivisible.

SECTION 2
DÉCENTRALISATION ET DÉMOCRATIE LOCALE (CONST., ART. 72-1)

Article 72-1 de la Constitution

« La loi fixe les conditions dans lesquelles les électeurs de chaque collectivité territoriale peuvent, par l'exercice du droit de pétition, demander l'inscription à l'ordre du jour de l'assemblée délibérante de cette collectivité d'une question relevant de sa compétence.

Dans les conditions prévues par la loi organique, les projets de délibération ou d'acte relevant de la compétence d'une collectivité territoriale peuvent, à son initiative, être soumis, par la voie du référendum, à la décision des électeurs de cette collectivité.

Lorsqu'il est envisagé de créer une collectivité territoriale dotée d'un statut particulier ou de modifier son organisation, il peut être décidé par la loi de consulter les électeurs inscrits dans les collectivités intéressées. La modification des limites des collectivités territoriales peut également donner lieu à la consultation des électeurs dans les conditions prévues par la loi. »

Le droit de pétition (Const., art. 72-1, al. 1er)

216 Par cet alinéa est ainsi instauré un droit de pétition par lequel les électeurs peuvent, dans les conditions fixées par la loi, demander l'inscription à l'ordre du jour d'une assemblée locale d'une question relevant de sa compétence. Ce droit existe dans la plupart des pays européens. Les électeurs de chaque collectivité territoriale sont concernés au niveau de la commune, du département, de la région. Le texte prévoit que 20 % des inscrits sur les listes électorales dans les communes et 10 % dans les départements et les régions peuvent être à l'origine de ces pétitions.

Le référendum local décisionnel (Const., art. 72-1, al. 2) et la consultation référendaire locale (Const., art 72-1, al. 3)

217 C'est la loi du 6 février 1992 modifiée par la loi du 4 février 1995 qui a, pour la première fois, autorisé les maires à organiser des consultations des habitants de leurs communes pour connaître leur avis concernant les affaires de la compétence de celle-ci. Plusieurs référendums ont pu donner lieu à des contentieux. À cette occasion, le juge administratif a souvent rappelé l'évidence selon laquelle cette consultation devait porter sur des questions relevant bien de la compétence. Ainsi, le tracé d'une autoroute (CE, 16 déc. 1994), le maintien d'une population de réfugiés du Surinam sur le territoire d'une commune de Guyane (CE, 16 nov. 1994, *Cne d'Awala-Yalimpo*) ou encore les équilibres de peuplement dans les attributions de logements HLM (CE, 21 juin 2000, *Cne de Charvieux-Chagneux*) n'en relèvent pas.

Jusqu'alors strictement encadré et purement consultatif, le référendum local devient décisionnel dans l'article 72-1, alinéa 2 : les conseils élus des collectivités territoriales peuvent donc désormais soumettre des projets de délibération ou des actes relevant de leur compétence à la décision des électeurs, dans les conditions fixées par la loi organique. Mais, l'initiative populaire en la matière a été finalement exclue, ce qui limite la portée du texte. Par ailleurs, le seuil de participation à partir duquel le référendum a une valeur décisionnelle a été fixé à 50 % des inscrits par la loi organique du 1er août 2003, déclarée par ailleurs conforme à la Constitution par le Conseil constitutionnel (Cons. const., décis. no 2003-482 DC, 30 juill. 2003, *Loi organique relative au référendum local*).

Quant à l'article 72-1, alinéa 3, une procédure de consultation des électeurs lorsqu'est envisagée la création d'une collectivité territoriale dotée d'un statut particulier ou la modification de son organisation, la consultation étant décidée par la loi (on pense évidemment à la Corse s'agissant du référendum de juillet 2003). De même, est prévue la possibilité de consulter les électeurs sur la modification des limites des collectivités territoriales, dans les conditions aussi prévues par la loi. Mais le résultat ne lie pas en droit le législateur.

Section 3

L'affirmation de l'autonomie financière des collectivités territoriales (Const., art. 72-2)

> **Article 72-2 de la Constitution**
> *« Les collectivités territoriales bénéficient de ressources dont elles peuvent disposer librement dans les conditions fixées par la loi.*
> *Elles peuvent recevoir tout ou partie du produit des impositions de toutes natures. La loi peut les autoriser à en fixer l'assiette et le taux dans les limites qu'elle détermine.*
> *Les recettes fiscales et les autres ressources propres des collectivités territoriales représentent, pour chaque catégorie de collectivités, une part déterminante de l'ensemble de leurs ressources. La loi organique fixe les conditions dans lesquelles cette règle est mise en œuvre.*
> *Tout transfert de compétences entre l'État et les collectivités territoriales s'accompagne de l'attribution de ressources équivalentes à celles qui étaient consacrées à leur exercice. Toute création ou extension de compétences ayant pour conséquence d'augmenter les dépenses des collectivités territoriales est accompagnée de ressources déterminées par la loi.*
> *La loi prévoit des dispositifs de péréquation destinés à favoriser l'égalité entre les collectivités territoriales. »*

Dans un contexte de dégradation de l'autonomie financière des collectivités territoriales, la révision constitutionnelle de 2003 en a posé les fondements constitutionnels mais sa mise en œuvre étant de la compétence du législateur, elle demeure fragile.

La libre disposition de leurs ressources (Const., art. 72-2, al. 1er)

218 L'article 72-2, alinéa 1er consacre le principe de liberté d'utilisation des ressources – et non celui de les déterminer – et le cadre législatif dans lequel il devra nécessairement s'exercer. Il n'exclut pas le maintien de dépenses obligatoires à la charge des collectivités territoriales.

La gestion des ressources et la fixation du taux et de l'assiette (Const., art. 72-2, al. 2)

219 L'article 72-2, alinéa 2, renvoie naturellement à l'article 34 de la Constitution qui confie à la loi le soin de fixer les règles concernant l'assiette, le taux et les modalités de recouvrement des impositions de toutes natures. Le Conseil constitutionnel n'en a pas moins admis que « le législateur peut déterminer les limites à l'intérieur desquelles une collectivité territoriale peut être habilitée à fixer elle-même le taux d'une imposition établie en vue de pourvoir à ses dépenses » (Cons. const., décis. n° 90-277 DC, 25 juill. 1990, Loi relative à la révision générale des évaluations des immeubles retenus pour la détermination des bases des impôts directs locaux). Cette disposition consacre donc simplement au niveau constitutionnel cette faculté, le législateur, c'est-à-dire le gouvernement étant peu tenté de laisser aux collectivités le soin de modifier les taux précités et à partager le produit des impôts de l'État.

La part des ressources locales (Const., art. 72-2, al. 3).

220 La définition juridique est complexe...

La notion de « ressources propres »

Il s'agit des ressources pour l'utilisation desquelles les collectivités territoriales disposent d'une certaine maîtrise (recettes de fiscalité directe et indirecte, ainsi que des produits du domaine et des produits d'exploitation) à l'exclusion des dotations, subventions et compensations budgétaires de l'État.

La notion de « part déterminante »

Un débat confus a eu lieu sur la question de savoir s'il n'aurait pas mieux valu parler de « part prépondérante » – et donc majoritaire : or, cette formule assurant l'obligation de garantir, pour chaque catégorie de collectivités territoriales, des ressources propres excédant la moitié des ressources globales était contraire à celui consacré par la révision de péréquation destinée à compenser les inégalités entre collectivités territoriales. Par ailleurs, si la notion de « part prépondérante » avait été retenue, elle pouvait supposer que le poids de la fiscalité locale soit plus important que l'apport des dotations de l'État. Or l'état de la fiscalité locale ne correspondait pas à cette situation. C'est pourquoi le Conseil constitutionnel a invité le législateur, en vue de l'établissement d'une loi organique à venir sur l'autonomie financière des collectivités territoriales, à ce que les règles relatives aux ressources propres de celles-ci soient « fixées avec précision » (Cons. const., décis. n° 2003-489 DC, 29 déc. 2003, Loi de finances pour 2004). Tel est l'objet de la loi organique relative à l'autonomie financière des collectivités territoriales qui prend, comme on l'a noté, l'année 2003 comme valeur de référence. (Cons. const., décis. n° 2004-500 DC, 29 juillet 2004). Dans cette décision, le Conseil a pris soin de noter que : « *Considérant qu'en prévoyant que le rapport transmis par le gouvernement présentera, pour chaque catégorie de collectivités, non seulement la part des ressources propres dans l'ensemble des ressources mais également ses « modalités de calcul », le législateur organique a nécessairement voulu que le Parlement soit mis à même de connaître cette part pour chaque collectivité territoriale et d'évaluer ainsi sa capacité de libre administration ; Considérant, en outre, que ces dispositions s'entendent sans préjudice de la possibilité pour le Conseil constitutionnel de censurer, le cas échéant, des actes législatifs ayant pour effet de porter atteinte au caractère déterminant de la part des ressources propres d'une catégorie de collectivités territoriales* ». On attend toujours cette censure...

Le principe de compensation en cas de transfert de compétences (Const., art. 72-2, al. 4)

221 Le principe défini à l'article 72-2 alinéa 4, selon lequel tout transfert de compétences entre l'État et les collectivités territoriales devait s'accompagner de l'attribution de ressources équivalentes à celles qui étaient consacrées à leur exercice, était déjà inscrit dans la loi et semble constituer le principal apport de la révision de 2003. Il est consacré et précisé par la Constitution, alors que la jurisprudence du Conseil constitutionnel était sur ce point restrictive, ce qui fut notamment le cas au cours de l'examen de la loi relative à la prise en charge de la perte d'autonomie des personnes âgées et à l'allocation personnalisée d'autonomie : le Conseil constitutionnel, dans sa décision du 18 juillet 2001, n'avait ainsi pas jugé que ces dispositions entravaient la libre administration des collectivités territoriales (ici les départements) dès lors que ces collectivités disposaient d'un budget prenant déjà en charge une grande partie des dépenses rendues obligatoires par la loi (la prestation spécifique dépendance, en l'occurrence) et qu'en outre le législateur avait prévu un mécanisme de compensation. Or, cette extension de compétences a provoqué une dérive des finances locales que l'État n'a pas prise en charge intégralement. C'est pourquoi le constituant a pris soin de préciser que non seulement toute création mais aussi toute « extension » de compétences ayant pour conséquence d'augmenter les dépenses des collectivités territoriales devront être accompagnées de ressources déterminées par la loi. Et le Conseil constitutionnel au regard des nouvelles dispositions constitutionnelles a jugé que « *la compensation financière d'une compétence transférée ne devait pas se dégrader dans le temps* » (Cons. const., décis. n° 2003-489 DC, 29 déc. 2003, préc.). Il appartiendra donc à l'État de maintenir un niveau de ressources équivalent à celui qu'il consacrait à l'exercice de cette compétence avant son transfert. Par la même décision, le Conseil constitutionnel a indiqué que le mandat imparti par l'article 72-2 de la Constitution au législateur organique consiste à « *définir les ressources propres des collectivités territoriales* » et à « *déterminer, pour chaque catégorie de collectivités territoriales, la part minimale que les recettes fiscales et les autres ressources propres doivent représenter dans l'ensemble de leurs ressources* ». Et par sa décision n° 2004-500 DC du 29 juillet 2004 (*Loi organique relative à l'autonomie financière des collectivités territoriales*) le Conseil a validé pour l'essentiel la loi organique relative à l'autonomie financière des collectivités territoriales appelée à mettre en œuvre la règle énoncée au 3e alinéa de l'article 72-2. Dès lors, pour chaque catégorie de collectivités, la part des ressources propres ne peut être inférieure au niveau constaté au titre de l'année 2003 ce qui n'empêche pas du fait des transferts de compétence de voir s'alourdir les charges financières des collectivités, comme, par exemple, les dépenses sociales des départements en constante augmentation. De plus, si l'on peut dire, l'obligation de compensation ne concerne que les charges supportées par l'État constatées à la date du transfert (Cons. const., décis.

n° 2004-509 DC du 13 janvier 2005) et ne concerne pas les créations ou extensions de compétences à caractère obligatoire, le législateur devant simplement prévoir des ressources dont il fixe le niveau (Cons. const., décis. n° 2004-509 DC du 13 janvier 2005). A fortiori, pour les compétences simplement facultatives, aucune création de ressources n'est exigée (idem). Enfin et surtout, dans la simple mesure ou les traités européens ne distinguent pas entre les finances de l'État et celles des collectivités territoriales, les contraintes qui résultent du déficit public concernent ces dernières sans qu'elles puissent apparaître comme contraire au principe de libre administration des collectivités territoriales (Cons. const., décis. n° 2012-653 DC du 9 août 2012 sur le traité sur la stabilité, la coordination et la gouvernance au sein de l'Union européenne).

Le principe de péréquation financière entre collectivités territoriales (Const., art. 72-2, al. 5)

222 L'article 72-2 alinéa 5 s'inspire de la formulation du dernier alinéa de l'article 3 de la Constitution, issue de la loi constitutionnelle du 8 juillet 1999, aux termes duquel « *la loi favorise l'égal accès des femmes et des hommes aux mandats électoraux et fonctions électives* ». Le principe de péréquation est donc un objectif et le législateur se voit fixer non une obligation de résultat, mais de moyens ayant pour objet d'atténuer les disparités entre les territoires. Et, s'il n'est pas fait référence aux « *catégories de collectivités territoriales* », c'est notamment pour préserver les mécanismes de solidarité à caractère géographique (comme ceux existants en Ile-de-France). C'est pourquoi le Conseil constitutionnel a jugé que le dernier alinéa de l'article 72-2 « *qui a pour but de concilier le principe de liberté avec celui d'égalité par l'instauration de mécanismes de péréquation financière, n'impose pas que chaque type de ressources fasse l'objet d'une péréquation* » (Cons. const., décis. n° 2003-474, 17 juill. 2003, préc.)

Mais dans la mesure où il a pour but de favoriser la conciliation entre les principes constitutionnels de libre administration et d'égalité, il est aussi une contrainte pour les collectivités les plus aisées – ou les mieux gérées – qui sont ainsi dépossédées d'une partie de leurs ressources par des règles décidées par l'État. C'est pourquoi le Conseil constitutionnel a considéré « *qu'il est loisible au législateur de mettre en œuvre une péréquation financière entre ces collectivités en les regroupant par catégories, dès lors que la définition de celles-ci repose sur des critères objectifs et rationnels ; que cette péréquation peut corriger non seulement les inégalités affectant les ressources, mais également les inégalités relatives aux charges ; qu'elle peut être mise en œuvre par une dotation de l'État ou grâce à un fonds alimenté par des ressources des collectivités territoriales ; que les règles fixées par la loi sur le fondement du dernier alinéa de l'article 72-2 de la Constitution ne doivent pas restreindre les ressources des collectivités territoriales au point de dénaturer le principe de libre administration de ces collectivités, tel qu'il est défini par l'article 72 de la Constitution* » (Cons. const., déc. no 2012-255/265 QPC du 29 juin 2012). Cela ne mange pas de pain...

Section 4
Le nouveau statut de l'outre-mer (Const., art. 72-3, 72-4, 73, 74)

Le cadre juridique de l'outre-mer avait beaucoup vieilli et était devenu fort complexe et contradictoire. Faisant disparaître la catégorie des territoires d'outre-mer (dont seules les Terres australes et antarctiques françaises continuaient à relever), la révision institue une nouvelle classification des collectivités territoriales d'outre-mer. Elle tend en outre à autoriser l'élaboration de statuts permettant de prendre en compte la diversité des situations et des aspirations de ces collectivités. La Constitution définit ainsi deux catégories juridiques inscrites respectivement à l'article 73 et de l'article 74 ; chacune de ces catégories relève d'un régime juridique distinct. Enfin, le texte offre une plus grande liberté de choix aux populations en les associant aux évolutions statutaires.

§ 1. La reconnaissance au sein du peuple français des populations d'outre-mer (Const., art. 72-3)

Article 72-3 de la Constitution
« La République reconnaît, au sein du peuple français, les populations d'outre-mer, dans un idéal commun de liberté, d'égalité et de fraternité.
La Guadeloupe, la Guyane, la Martinique, La Réunion, Mayotte, Saint Barthélemy, Saint-Martin, Saint-Pierre-et-Miquelon, les îles Wallis et Futuna et la Polynésie française sont régis par l'article 73 pour les départements et les régions d'outre-mer, et pour les collectivités territoriales créées en application du dernier alinéa de l'article 73, et par l'article 74 pour les autres collectivités.
Le statut de la Nouvelle-Calédonie est régi par le titre XIII.
La loi détermine le régime législatif et l'organisation particulière des Terres australes et antarctiques françaises et de Clipperton. »

223 Désormais, en vertu de l'article 72-3 : « *La République reconnaît, au sein du peuple français, les populations d'outre-mer, dans un idéal commun de liberté, d'égalité et de fraternité* ». Ainsi, le constituant contourne la décision du Conseil constitutionnel du 9 mai 1991 relative à la Corse, dans laquelle il distinguait le peuple français des peuples d'outre-mer, résout la difficulté, marque la pleine insertion des populations concernées dans la République et prend en compte le vieillissement du cadre juridique de l'outre-mer. Le nouvel article 72-3 définit une seule catégorie de départements et régions d'outre-mer et leur attribue le régime juridique fixé à l'article 73 de la Constitution. Sont également soumises au même régime les collectivités territoriales créées en application du dernier alinéa de l'article 73. Enfin, les anciens territoires d'outre-mer et d'autres collectivités à statut particulier relèvent, quant à eux, du régime fixé à l'article 74.

§ 2. Le consentement des électeurs à un changement de statut (Const., art. 72-4)

Article 72-4 de la Constitution

« Aucun changement, pour tout ou partie de l'une des collectivités mentionnées au deuxième alinéa de l'article 72-3, de l'un vers l'autre des régimes prévus par les articles 73 et 74, ne peut intervenir sans que le consentement des électeurs de la collectivité ou de la partie de collectivité intéressée ait été préalablement recueilli dans les conditions prévues à l'alinéa suivant. Ce changement de régime est décidé par une loi organique.

Le président de la République, sur proposition du gouvernement pendant la durée des sessions ou sur proposition conjointe des deux assemblées, publiées au Journal officiel, peut décider de consulter les électeurs d'une collectivité territoriale située outre-mer sur une question relative à son organisation, à ses compétences ou à son régime législatif. Lorsque la consultation porte sur un changement prévu à l'alinéa précédent et est organisée sur proposition du gouvernement, celui-ci fait, devant chaque assemblée, une déclaration qui est suivie d'un débat. »

224 La révision constitutionnelle permet, sauf pour la Nouvelle-Calédonie, la possibilité d'une évolution statutaire de ces collectivités – l'alinéa 2 du Préambule et l'article 53 visant la libre détermination des peuples. L'adoption d'une loi organique, ainsi que le consentement des électeurs de la collectivité concernée, sont désormais exigés. De même, le Parlement ne pourra pas passer outre à un refus d'évolution mais pourra s'abstenir de le proposer. Aucun changement de statut ne peut avoir donc lieu sans le consentement des électeurs de la collectivité intéressée, ce qui suppose un droit de veto. Au contraire, le même article prévoit un référendum consultatif sur l'organisation ou les compétences de la collectivité. Cette procédure a été utilisée pour la première fois aux Antilles en décembre 2003. Les électeurs de la Martinique ont rejeté la transformation de leur département d'outre-mer en une collectivité d'outre-mer régie par l'article 74 de la Constitution, dotée d'une organisation particulière tenant compte de ses intérêts propres au sein de la République. Ils ont cependant approuvé la création d'une collectivité unique exerçant les compétences dévolues au département et à la région tout en demeurant régis par l'article 73 de la Constitution. Les électeurs de Guyane ont fait les mêmes choix.

§ 3. Les possibilités d'adaptation des départements et des régions d'outre-mer et les collectivités d'outre-mer (Const., art. 73)

Article 73 de la Constitution

« Dans les départements et les régions d'outre-mer, les lois et règlements sont applicables de plein droit. Ils peuvent faire l'objet d'adaptations tenant aux caractéristiques et contraintes particulières de ces collectivités.

Ces adaptations peuvent être décidées par ces collectivités dans les matières où s'exercent leurs compétences et si elles y ont été habilitées, selon le cas, par la loi ou par le règlement.

Par dérogation au 1er alinéa et pour tenir compte de leurs spécificités, les collectivités régies par le présent article peuvent être habilitées, selon le cas, par la loi ou par le règlement, à fixer elles-mêmes les règles applicables sur leur territoire, dans un nombre limité de matières pouvant relever du domaine de la loi ou du règlement.

Ces règles ne peuvent porter sur la nationalité, les droits civiques, les garanties des libertés publiques, l'état et la capacité des personnes, l'organisation de la justice, le droit pénal, la procédure pénale, la politique étrangère, la défense, la sécurité et l'ordre publics, la monnaie, le crédit et les changes, ainsi que le droit électoral. Cette énumération pourra être précisée et complétée par une loi organique.

La disposition prévue aux deux précédents alinéas n'est pas applicable au département et à la région de La Réunion.

Les habilitations prévues aux 2e et 3e alinéas sont décidées, à la demande de la collectivité concernée, dans les conditions et sous les réserves prévues par une loi organique. Elles ne peuvent intervenir lorsque sont en cause les conditions essentielles d'exercice d'une liberté publique ou d'un droit constitutionnellement garanti.

La création par la loi d'une collectivité se substituant à un département et une région d'outre-mer ou l'institution d'une assemblée délibérante unique pour ces deux collectivités ne peut intervenir sans qu'ait été recueilli, selon les formes prévues au second alinéa de l'article 72-4, le consentement des électeurs inscrits dans le ressort de ces collectivités. »

225 L'article 73 fixe le régime applicable aux départements et régions d'outre-mer (Guadeloupe, La Réunion et, depuis 2011, Mayotte) ainsi qu'aux collectivités uniques visées au dernier alinéa (la Guyane et la Martinique, depuis la loi du 27 juillet 2011). Pour ces collectivités, le principe de l'assimilation législative demeure, c'est-à-dire l'applicabilité de plein droit des lois et règlements.

Mais les possibilités d'adaptation des lois et règlements sont désormais pensées par rapport aux « *caractéristiques et contraintes particulières* » des départements et régions d'outre-mer, ce par référence à l'article 299-2 du traité d'Amsterdam. Celui-ci ouvre en effet des possibilités d'adaptation plus importantes que l'ancien article 73 et fait référence à leur « *situation particulière* ». Il est désormais possible de confier à ces collectivités, sur habilitation législative, un pouvoir d'adaptation des dispositions législatives et réglementaires dans leurs domaines de compétences, à l'exception de La Réunion qui demeure en quelque sorte un département d'outre-mer au sens ancien. De même est-il possible de transférer à ces collectivités – à l'exclusion des matières régaliennes de l'État – un véritable pouvoir normatif.

§ 4. Les « collectivités d'outre-mer » (Const., art. 74)

Article 74 de la Constitution

« Les collectivités d'outre-mer régies par le présent article ont un statut qui tient compte des intérêts propres de chacune d'elles au sein de la République.

Ce statut est défini par une loi organique, adoptée après avis de l'assemblée délibérante, qui fixe :

- les conditions dans lesquelles les lois et règlements y sont applicables ;

- les compétences de cette collectivité ; sous réserve de celles déjà exercées par elle, le transfert de compétences de l'État ne peut porter sur les matières énumérées au 4e alinéa de l'article 73, précisées et complétées, le cas échéant, par la loi organique ;

- les règles d'organisation et de fonctionnement des institutions de la collectivité et le régime électoral de son assemblée délibérante ;

- les conditions dans lesquelles ses institutions sont consultées sur les projets et propositions de loi et les projets d'ordonnance ou de décret comportant des dispositions particulières à la collectivité, ainsi que sur la ratification ou l'approbation d'engagements internationaux conclus dans les matières relevant de sa compétence.

La loi organique peut également déterminer, pour celles de ces collectivités qui sont dotées de l'autonomie, les conditions dans lesquelles :

- le Conseil d'État exerce un contrôle juridictionnel spécifique sur certaines catégories d'actes de l'assemblée délibérante intervenant au titre des compétences qu'elle exerce dans le domaine de la loi ;

> *- l'assemblée délibérante peut modifier une loi promulguée postérieurement à l'entrée en vigueur du statut de la collectivité, lorsque le Conseil constitutionnel, saisi notamment par les autorités de la collectivité, a constaté que la loi était intervenue dans le domaine de compétence de cette collectivité ;*
> *- des mesures justifiées par les nécessités locales peuvent être prises par la collectivité en faveur de sa population, en matière d'accès à l'emploi, de droit d'établissement pour l'exercice d'une activité professionnelle ou de protection du patrimoine foncier ;*
> *- la collectivité peut participer, sous le contrôle de l'État, à l'exercice des compétences qu'il conserve, dans le respect des garanties accordées sur l'ensemble du territoire national pour l'exercice des libertés publiques.*
> *Les autres modalités de l'organisation particulière des collectivités relevant du présent article sont définies et modifiées par la loi après consultation de leur assemblée délibérante. »*

Une nouvelle catégorie juridique

226 Cet article consacre une nouvelle catégorie juridique, celle des « collectivités d'outre-mer » qui se substitue à celle des territoires d'outre-mer. Entrent dans ce groupe : la Polynésie française et les îles Wallis-et-Futuna, en tant qu'anciens territoires d'outre-mer, les collectivités de Saint-Barthélémy et de Saint-Martin, détachées de la Guadeloupe en 2007, et Saint-Pierre-et-Miquelon. À la suite du référendum du 29 mars 2009, Mayotte quitte cette catégorie pour obtenir, en 2011, le statut de département d'outre-mer.

Cette classification a l'avantage de réunir dans un même cadre les collectivités régies, totalement ou partiellement, par le principe de la spécialité législative. Elles ont aussi en commun d'exercer des compétences propres qui leur sont dévolues par leur loi statutaire et leur permettent d'intervenir dans des matières qui, en métropole, relèvent du domaine de la loi.

Des statuts « sur mesure »

227 Le nouvel article 74 permet d'élaborer des statuts « sur mesure » en fonction des spécificités et des aspirations de chaque collectivité d'outre-mer. Une Constitution a aussi pour mission d'organiser la contingence.

Comme c'était déjà le cas pour les territoires d'outre-mer, la définition et la modification de leur statut relèvent de la loi organique.

Pour Saint-Pierre-et-Miquelon, il s'agit d'une nouveauté puisqu'elle était régie jusqu'à présent par une loi simple. La loi organique garantit aux lois statutaires une certaine stabilité et tient compte du fait que ces collectivités exercent un pouvoir normatif dans des matières qui, en métropole, relèvent du domaine de la loi.

L'article 74 énonce ensuite deux types de mentions qui figureront dans la loi organique statutaire pour chaque collectivité.

Les mentions obligatoires concernent :

– la définition du régime législatif applicable ;

– les compétences de la collectivité (sous réserve des matières régaliennes non transférables) ;

– les règles d'organisation et de fonctionnement institutionnelles et le régime électoral de l'assemblée délibérante ;

– les conditions de consultation de la collectivité sur les projets de textes législatifs ou réglementaires la concernant et sur la ratification ou l'approbation d'engagements internationaux conclus dans des matières relevant de sa compétence ;

– puis un second groupe de mentions réservées aux collectivités d'outre-mer ayant atteint un certain degré d'autonomie.

Pour les collectivités ayant atteint un certain degré l'autonomie, il est prévu que la loi organique statutaire comprenne également les mentions suivantes :

– les conditions d'exercice d'un contrôle juridictionnel spécifique sur certains actes de la collectivité intervenus dans des matières relevant en métropole du domaine de la loi ;

– une procédure de « déclassement » par le Conseil constitutionnel de dispositions législatives empiétant sur les compétences de la collectivité ;

– les conditions d'adoption par la collectivité de mesures préférentielles en faveur de sa population en matière d'accès à l'emploi, de droit d'établissement et de protection du patrimoine foncier ;

– les conditions dans lesquelles l'État peut associer la collectivité à l'exercice des compétences qu'il conserve.

Ce nouveau cadre, qui s'applique à chacune des collectivités d'outre-mer, répond en particulier aux aspirations de la Polynésie française, le projet de loi constitutionnelle adopté pour ce seul territoire en 1999, par les deux chambres, n'ayant pas été soumis au Congrès du Parlement.

§ 5. Les ordonnances en matière d'adaptation (Const., art. 74-1)

> **Article 74-1 de la Constitution**
> *« Dans les collectivités d'outre-mer visées à l'article 74 et en Nouvelle-Calédonie, le gouvernement peut, par ordonnances, dans les matières qui demeurent de la compétence de l'État, étendre, avec les adaptations nécessaires, les dispositions de nature législative en vigueur en métropole ou adapter les dispositions de nature législative en vigueur à l'organisation particulière de la collectivité concernée, sous réserve que la loi n'ait pas expressément exclu, pour les dispositions en cause, le recours à cette procédure.*
> *Les ordonnances sont prises en conseil des ministres après avis des assemblées délibérantes intéressées et du Conseil d'État. Elles entrent en vigueur dès leur publication. Elles deviennent caduques en l'absence de ratification par le Parlement dans le délai de 18 mois suivant cette publication. »*

228 L'article 74-1 modifié permet au gouvernement de procéder, par ordonnances, dans les collectivités d'outre-mer régies par l'article 74 de la Constitution et en Nouvelle-Calédonie, à l'adaptation des dispositions législatives en vigueur à l'organisation particulière de la collectivité intéressée.

§ 6. La reconnaissance d'un statut personnel (Const., art. 75)

> **Article 75 de la Constitution**
> *« Les citoyens de la République qui n'ont pas le statut civil de droit commun, seul visé à l'article 34, conservent leur statut personnel tant qu'ils n'y ont pas renoncé. »*

229 Dans les collectivités d'outre-mer, les citoyens peuvent conserver leur statut « personnel » et donc dérogatoire au droit commun, comme en matière de famille et de propriété, dans la mesure où ils ne heurtent pas les principes de la République. Il en va ainsi du droit coutumier à Wallis ou, antérieurement à son changement de statut, du droit musulman à Mayotte. Saisi de la loi de programme pour l'outre-mer définitivement adoptée par le Parlement le 30 juin 2003, le Conseil constitutionnel, par sa décision n° 2003-474 DC du 17 juillet 2003, a notamment jugé qu'en abolissant la polygamie et la répudiation pour les Mahorais de droit civil local atteignant l'âge requis pour se marier au 1er janvier 2005, le législateur n'avait pas méconnu l'article 75 de la Constitution.

§ 7. Les langues régionales (Const., art. 75-1)

> **Article 75-1 de la Constitution**
> *« Les langues régionales appartiennent au patrimoine de la France. »*

230 Initialement inscrite à l'article 1er de la Constitution dans le projet de loi constitutionnelle qui devait aboutir à la révision 23 juillet 2008, soit sur le même plan que la constitutionnalisation de la langue française... C'est pourquoi, elle atterrit dans le titre XII sans décevoir complètement ses partisans devant se contenter de cet ersatz faute de ratification de la Charte européenne des langues régionales. Cette disposition, selon les termes même de son rapporteur à l'Assemblée nationale, avait pour objet de « *marquer l'attachement de la France à ce patrimoine sans pour autant créer un droit pour les particuliers d'exiger de la part des administrations l'usage d'une autre langue que le français ou des droits spécifiques pour des groupes* ». Par conséquent, le juge constitutionnel ne pouvait que déduire tant de la lettre de l'article 75-1 de la Constitution que des travaux parlementaires ayant précédé son adoption que celui-ci n'institue ni un droit ni une liberté et ne pouvait donc utilement être invoqué à l'appui d'une QPC (Cons. const., décis. n° 2011-130 QPC du 20 mai 2011, *Mme Cécile L. et autres [Langues régionales]*). Cette disposition rejoint donc celles qui dans la Constitution ont une simple valeur symbolique mais de second rang.

Bibliographie

Sur le statut constitutionnel des collectivités locales

Nouveaux Cah. Cons. const. n° 42, janvier 2014

Sur l'outre-mer, l'unité et l'indivisibilité de la République

Nouveaux Cah. Cons. const. n° 35, avril 2012.

Titre XIII

La Nouvelle-Calédonie (Const., art. 76 et 77)

Article 76 de la Constitution

« Les populations de la Nouvelle-Calédonie sont appelées à se prononcer avant le 31 décembre 1998 sur les dispositions de l'accord signé à Nouméa le 5 mai 1998 et publié le 27 mai 1998 au Journal officiel de la République française.

Sont admises à participer au scrutin les personnes remplissant les conditions fixées à l'article 2 de la loi n° 88-1028 du 9 novembre 1988.

Les mesures nécessaires à l'organisation du scrutin sont prises par décret en Conseil d'État délibéré en conseil des ministres. »

Article 77 de la Constitution

« Après approbation de l'accord lors de la consultation prévue à l'article 76, la loi organique, prise après avis de l'assemblée délibérante de la Nouvelle-Calédonie, détermine, pour assurer l'évolution de la Nouvelle-Calédonie dans le respect des orientations définies par cet accord et selon les modalités nécessaires à sa mise en œuvre :

- les compétences de l'État qui seront transférées, de façon définitive, aux institutions de la Nouvelle-Calédonie, l'échelonnement et les modalités de ces transferts, ainsi que la répartition des charges résultant de ceux-ci ;

- les règles d'organisation et de fonctionnement des institutions de la Nouvelle-Calédonie et notamment les conditions dans lesquelles certaines catégories d'actes de l'assemblée délibérante de la Nouvelle-Calédonie pourront être soumises avant publication au contrôle du Conseil constitutionnel ;

- les règles relatives à la citoyenneté, au régime électoral, à l'emploi et au statut civil coutumier ;

> *- les conditions et les délais dans lesquels les populations intéressées de la Nouvelle-Calédonie seront amenées à se prononcer sur l'accession à la pleine souveraineté.*
> *Les autres mesures nécessaires à la mise en œuvre de l'accord mentionné à l'article 76 sont définies par la loi.*
> *Pour la définition du corps électoral appelé à élire les membres des assemblées délibérantes de la Nouvelle-Calédonie et des provinces, le tableau auquel se réfèrent l'accord mentionné à l'article 76 et les articles 188 et 189 de la loi organique n° 99-209 du 19 mars 1999 relative à la Nouvelle-Calédonie est le tableau dressé à l'occasion du scrutin prévu audit article 76 et comprenant les personnes non admises à y participer.* »

231 La Nouvelle-Calédonie est régie de façon autonome par le titre XIII, dont les articles 76 et 77 forment, en quelque sorte, une constitution dans la Constitution : dès lors que la souveraineté est « partagée » entre la République française et la Nouvelle-Calédonie, leurs rapports sont ceux qu'entretient un État fédéral avec un État fédéré...

Dotée d'un statut de territoire d'outre-mer depuis 1946, confirmé en 1958, la Nouvelle-Calédonie connaît cependant, dans les années 80, divers conflits opposant indépendantistes (Front de libération national Kanak) et anti-indépendantistes (Rassemblement pour la Calédonie dans la République), qui devaient aboutir en 1988, sous le patronage du gouvernement, aux accords de Matignon, prévoyant un scrutin d'autodétermination avant 1998. Ces accords furent l'objet d'un référendum national le 6 novembre 1988. Mais en 1998, dans le cadre de l'accord de Nouméa, les parties ont préféré que l'échéance soit retardée et que la Nouvelle-Calédonie bénéficie, dans l'attente d'une éventuelle indépendance devant intervenir entre 2014 et 2018, d'une autonomie plus large. Cet accord nécessitait d'être approuvé par la population de Nouvelle-Calédonie. C'est pourquoi la loi constitutionnelle du 20 juillet 1998 fait l'objet d'un titre spécial dans la Constitution : pour pallier l'inconstitutionnalité du dispositif de consultation (restriction du corps électoral aux seuls néo-calédoniens), l'article 76 de la Constitution, élevant l'article 2 de la loi du 9 novembre 1988 à un rang constitutionnel, prévoyait ainsi que les populations de la Nouvelle-Calédonie étaient appelées à se prononcer avant le 31 décembre 1998 sur l'accord de Nouméa. Le Conseil constitutionnel, dans le cadre de la vérification de la loi organique prise en application de l'article 77, a précisé le contenu de ces dispositions en 1999.

L'article 77 de la Constitution octroie à la Nouvelle-Calédonie un régime dérogatoire au droit constitutionnel de la République. Ce régime est mis en œuvre par une loi organique précisant notamment les matières dans lesquelles interviennent les « lois du pays », sous le contrôle du Conseil constitutionnel (saisi par le haut-commissaire, le président ou 18 des 54 membres du Congrès, les présidents des assemblées des trois provinces). En réalité, le statut de la Nouvelle-Calédonie relève de deux lois, l'une ordinaire, l'autre organique, prises en application de l'article 77. Dans ses deux décisions du 15 mars, n° 99-409 DC (*Loi relative à la Nouvelle-Calédonie*) et n° 99-410 DC (*Loi organique relative à la Nouvelle-Calédonie*), le Conseil constitutionnel a procédé à l'examen de ces lois, en étendant son contrôle, au vu du changement de circonstances de droit résultant de l'accord de Nouméa, aux dispositions qui se bornaient pourtant à reprendre celles de la loi référendaire du 9 novembre 1988 et celles des lois organiques qu'il avait déjà déclarées conformes à la Constitution.

Ces deux lois dérogent à plusieurs règles ou principes de valeur constitutionnelle, notamment en ce qui concerne l'exercice des droits politiques et l'accès à l'emploi local. Le Conseil constitutionnel a rappelé que, sous réserve des prescriptions des articles 7, 16 et 89 de la Constitution, le pouvoir constituant, qui est souverain, peut introduire dans la Constitution « *des dispositions nouvelles qui, dans les cas qu'elles visent, dérogent à des règles ou principes de valeur constitutionnelle, ces dérogations pouvant n'être qu'implicites* ». Il a toutefois précisé que « *de telles dérogations ne sauraient intervenir que dans la mesure strictement nécessaire à la mise en œuvre de l'accord* ». Elles sont d'interprétation stricte, tout particulièrement en matière de « discriminations » à l'emploi, de droit d'établissement ou de filiation. Enfin, le Conseil a censuré la définition du corps électoral telle qu'elle résultait de la loi organique, ce qui a contraint le constituant à ajouter, en 2007, un dernier alinéa à l'article 77, pour en donner une définition fidèle à l'esprit du législateur organique.

Enfin, saisi le 20 février 2014, par la Cour de cassation d'une question prioritaire de constitutionnalité posée par la Province Sud de Nouvelle-Calédonie, le Conseil constitutionnel a notamment jugé qu'il n'y avait pas lieu pour lui de connaître de dispositions de la loi n° 88-1028 du 9 novembre 1988 adoptée par voie de référendum le 6 novembre 1988. (Cons. const., décis. n° 2014-392 QPC du 25 avril 2014, *Province Sud de Nouvelle-Calédonie*). Les dispositions législatives adoptées par le peuple français par la voie du référendum constituent l'expression directe de la souveraineté nationale. Aucune disposition de la Constitution, ou d'une loi organique prise sur son fondement, ne donne compétence au Conseil constitutionnel pour apprécier la conformité aux droits et libertés que la Constitution garantit de telles dispositions législatives.

Bibliographie

CHAUCHAT (M.), « La citoyenneté calédonienne », *Cah. Cons. const.* févr. 2008, n° 23.

FABERON (J.-Y.), « Nouvelle-Calédonie et Constitution : la révision constitutionnelle du 20 juillet 1998 », *RD publ.* 1999. 113.

FABERON (J.-Y.), « La nouvelle donne institutionnelle en Nouvelle-Calédonie », *RFDC* 1999, n° 38, p. 345.

TITRE XIV

La francophonie et les accords d'association (Const., art. 87 et 88)

Article 87 de la Constitution
« La République participe au développement de la solidarité et de la coopération entre les États et les peuples ayant le français en partage. »
Article 88 de la Constitution
« La République peut conclure des accords avec des États qui désirent s'associer à elle pour développer leurs civilisations. »

232 Ce titre introduit par la révision constitutionnelle du 23 juillet 2008 soulève peu de commentaires. L'article 87 souligne de façon symbolique l'attachement de la France à la francophonie. L'article 88 originel de la Constitution de 1958 était destiné aux pays qui, après avoir acquis l'indépendance, auraient souhaité conserver des liens étroits avec la France et été rédigé comme suit : « *La République ou la Communauté peut conclure des accords avec des États qui désirent s'associer à elle pour développer leurs civilisations* ». Il a été modifié par la révision constitutionnelle du 4 août 1995 qui supprime la mention à la « Communauté », créée en 1958 et qui prenait la suite de l'Union française en vue d'associer à la France ses anciennes colonies. Sa nouvelle version rappelle implicitement mais nécessairement les liens qui l'unissent avec celles-ci même après leur indépendance et la faculté de conserver des liens avec la France. Il préserve aussi l'avenir dans le cas où un territoire d'outre mer s'en séparerait comme la Nouvelle-Calédonie.

Titre XV

De l'Union européenne (Const., art. 88-1 à 88-7)

On a déjà retracé dans le premier volume l'histoire de la construction européenne et au titre VI consacré aux traités et accords internationaux précisé les différentes révisions constitutionnelles issues de celles-ci, suite aux décisions du Conseil constitutionnel, saisi au titre de l'article 54, constatant l'incompatibilité de certaines dispositions des traités européens avec la Constitution. Rappelons que le titre XV a été créé à l'issue de l'adoption du traité de Maastricht par la loi constitutionnelle du 25 juin 1992, ajoutant les articles 88-1 à 88-4 à la Constitution. Il en est allé de même de l'adjonction d'un nouvel alinéa à l'article 88-2 avec la loi constitutionnelle du 25 janvier 1999 issue du traité d'Amsterdam. La loi constitutionnelle du 1er mars 2005 a pour sa part ajouté un article 88-5 relatif à l'adhésion des nouveaux États membres à l'Union européenne. Enfin, le titre XV a été profondément modifié par la révision constitutionnelle du 4 février 2008 liée au traité de Lisbonne : les articles 88-1 à 88-4 ont été modifiés et deux nouveaux articles (Const. 88-6 et 88-7) ont été ajoutés. L'intitulé du titre est changé, l'Union européenne se substituant à la Communauté européenne. L'ensemble de ces dispositions permet en général d'assurer un meilleur contrôle du Parlement français, en particulier grâce au vote de résolutions (Const. art. 88-4 et 88-7), tandis que sa compétence en matière d'élargissement s'exerce désormais dans le cadre d'une procédure spécifique instituée par la révision constitutionnelle du 23 juillet 2008 (modification de l'art. 88-5). Ces révisions constitutionnelles successives permettent des transferts de souveraineté maîtrisés et non une clause « générale » de délégation comme en Allemagne fédérale, en vertu de l'article 23 de sa Constitution : « *Pour l'édification d'une Europe unie, la République fédérale d'Allemagne concourt au développement de l'Union européenne qui est attachée aux principes fédératifs, sociaux, d'État de droit et de démocratie ainsi qu'au principe de subsidiarité et qui garantit une protection des droits fondamentaux substantiellement comparable à celle de la présente Loi fondamentale* ». En réalité, c'est la Cour constitutionnelle qui veille en pratique à ce que le noyau dur intangible de l'identité constitutionnelle de l'Allemagne, garantie par l'article 23 alinéa 1 combiné à l'article 79 alinéa 3 soit bien été respecté. Cet exemple souligne que, même dans un pays profondément attaché à la construction européenne, l'appartenance à l'Union ne saurait devenir une norme supra-constitutionnelle liant pour l'avenir les générations futures. D'ailleurs, le retrait du Royaume-Uni de l'Union européenne (communément appelé « Brexit ») par le référendum du 23 juin 2016 souligne en creux le caractère vain de cette idée. Bien qu'en droit consultatif comme l'a rappelé la Haute Cour de justice le 9 novembre 2016 – puisque le Parlement doit le ratifier et dans l'attente de la décision de la Cour Suprême, cette question de procédure n'enlève rien à la souveraineté populaire.

Sur le plan constitutionnel, le cœur du dispositif du titre XV réside principalement dans l'article 88-1, qui donne un fondement constitutionnel à l'appartenance de la France à l'Union européenne. L'article 88-2 concerne quant à lui les règles relatives au mandat européen. L'article 88-3, même s'il a pour objet le droit de vote et d'éligibilité aux élections municipales qui ne peut être accordé qu'aux seuls citoyens de l'Union résidant en France, traite en creux d'un sujet connexe, à savoir la condition de réciprocité des traités (v. aussi Const., art. 55).

SECTION 1
L'ANCRAGE CONSTITUTIONNEL DE L'APPARTENANCE DE LA RÉPUBLIQUE FRANÇAISE À L'UNION EUROPÉENNE (CONST., ART. 88-1)

> **Article 88-1 de la Constitution**
> *« La République participe à l'Union européenne constituée d'États qui ont choisi librement d'exercer en commun certaines de leurs compétences en vertu du traité sur l'Union européenne et du traité sur le fonctionnement de l'Union européenne, tels qu'ils résultent du traité signé à Lisbonne le 13 décembre 2007. »*

La suprématie de la Constitution confrontée au droit de l'Union européenne

233 Comme on l'a vu en étudiant l'article 54, elle est doublement garantie. D'une part, tout traité contraire au texte fondamental appelle sa révision. D'autre part, la suprématie (relative, en réalité) du droit européen ne résulte pas des textes de l'Union européenne eux-mêmes mais de la Constitution en application de l'article 88-1. Elle ne peut être fondée que sur cet ancrage constitutionnel tandis qu'aucune règle européenne ne saurait aller à l'encontre d'« *une règle ou d'un principe inhérent à l'identité constitutionnelle de la France, sauf à ce que le constituant y ait consenti* » (Cons. const., décis. n° 2006-540 DC, 27 juill. 2006). La condition de réciprocité prévue à l'article 55 (réciprocité de la mise en œuvre et non-réciprocité de l'engagement) ne vaut pas cependant en matière d'engagements européens (art. 88-3).

Le droit de l'Union européenne

Rappelons que le droit de l'Union présente deux caractéristiques : les traités sont d'applicabilité immédiate, il est dans certaines conditions d'effet direct et il prévaut en principe sur le droit national (principe de primauté). Quant au droit dérivé directement applicable, il s'agit des normes qui dérivent du droit originaire pour développer et mettre en œuvre les actes unilatéraux adoptés par les institutions européennes qui sont d'effet direct. Ainsi, les règlements sont définis à l'article 288, al. 2 TFUE, applicables directement dans les États membres, dès leur publication au Journal officiel des Communautés, comme par exemple l'appellation des produits agricoles. Enfin, le droit dérivé transposable concerne principalement les directives « *La directive lie tout État membre destinataire quant au résultat à atteindre, tout en laissant aux instances nationales la compétence quant à la forme et aux moyens* », elles imposent un résultat à atteindre, en laissant l'État libre du choix de ses moyens pour y parvenir (article 288, alinéa 3, TFUE). Les directives ne sont pas directement applicables et doivent donc être transposées dans l'ordre juridique interne dans un délai raisonnable (au moyen d'une loi, d'un règlement). Toutefois, les actes nationaux de transposition ne sont pas des actes de réception des directives. Dès leur publication, les États ne doivent prendre aucune mesure contraire, ni même laisser subsister les textes pouvant apparaître incompatibles avec les objectifs de la directive transposée (CE, 3 févr. 1989, *Alitalia*). Sous certaines conditions, les directives sont dotées de l'effet direct à l'expiration du délai de transposition. Dans ce cas, elles créent des droits pour les particuliers qui peuvent les invoquer devant les juridictions nationales en l'absence de normes nationales de transpositions ou pour contester des normes nationales (de transposition) qui les méconnaissent. Il s'agit aussi des décisions-cadres (v. art. 88-2) et singulièrement celles relatives à la coopération policière et judiciaire en matière pénale.

La Cour de justice de l'Union dénie aux juridictions nationales, y compris constitutionnelles, le pouvoir de déclarer invalides des actes de droit dérivé. Ainsi, dans l'arrêt *Simmenthal* du 9 mars 1978 précité, la CJCE juge que « *le juge national chargé d'appliquer, dans le cadre de sa compétence, les dispositions du droit communautaire, a l'obligation d'assurer le plein effet de ces normes en laissant au besoin inappliquée, de sa propre autorité, toute disposition contraire de la législation nationale, même postérieure, sans qu'il ait à demander ou à attendre l'élimination préa-*

lable de celle-ci par voie législative ou par tout autre procédé constitutionnel ».

La transposition des directives européennes résulte non du droit de l'Union mais d'une exigence constitutionnelle

L'article 55 de la Constitution française dispose que les traités régulièrement ratifiés ont une autorité supérieure à celle des lois, le Conseil constitutionnel a jugé, depuis 1975, qu'il ne lui appartient pas, lorsqu'il est saisi d'un recours tendant à apprécier la constitutionnalité d'une loi, « *d'examiner la conformité de cette loi aux stipulations d'un traité ou d'un accord international* » (Cons. const., décis. n° 74-54 DC, 15 janv. 1975). Cette jurisprudence, qui est toujours en vigueur, s'appliquait à l'origine tant aux traités internationaux qu'au droit communautaire, y compris à l'hypothèse d'une loi de transposition d'une directive. Le Conseil constitutionnel, tirant la conclusion logique de la révision de 1992 et de son article 88-1, a dégagé la jurisprudence suivante dans plusieurs décisions à compter de l'été 2004.

La révision constitutionnelle de 1992 en permettant la ratification du traité de Maastricht, a donné un fondement constitutionnel spécifique à la construction européenne, soit l'article 88-1. Le Conseil constitutionnel en a déduit, dans une décision du 10 juin 2004 que « *Considérant qu'aux termes de l'article 88-1 de la Constitution : "La République participe aux Communautés européennes et à l'Union européenne, constituées d'États qui ont choisi librement, en vertu des traités qui les ont instituées, d'exercer en commun certaines de leurs compétences" ; qu'ainsi, la transposition en droit interne d'une directive communautaire résulte d'une exigence constitutionnelle à laquelle il ne pourrait être fait obstacle qu'en raison d'une disposition expresse contraire de la Constitution ; qu'en l'absence d'une telle disposition, il n'appartient qu'au juge communautaire, saisi le cas échéant à titre préjudiciel, de contrôler le respect par une directive communautaire tant des compétences définies par les traités que des droits fondamentaux garantis par l'article 6 du Traité sur l'Union européenne* » (Cons. const., décis. n° 2004-496 DC, 10 juin 2004, *Loi pour la confiance dans l'économie numérique*). Cette notion d'« exigence constitutionnelle » se retrouve dans plusieurs décisions postérieures (*Cons. const. déc. n° 2004- 497 DC du 1er juillet 2004, Loi relative aux communications électroniques et aux services de communication audiovisuelle, cons. 18 ; n° 2004-498 DC, cons. 4 ; n° 2004-499 DC du 29 juillet 2004, Loi relative à la protection des personnes physiques à l'égard des traitements de données à caractère personnel et modifiant la loi n° 78-17 du 6 janvier 1978 relative à l'informatique, aux fichiers et aux libertés, cons. 7 ; n° 2006-540 DC, cons. 17 ; n° 2006-543 DC, cons. 4 ; n° 2008- 564 DC, cons. 42. Sous une autre rédaction le principe est repris dans la décision, n° 2006-535 DC, cons. 28).* Il convient d'ajouter que, Cependant, dans le cadre du contrôle de constitutionnalité *a posteriori*, l'exigence constitutionnelle de transposition des directives n'est pas au nombre des droits et libertés invocables par les requérants (Cons. const., décis. n° 2010-79 QPC).

Le raisonnement d'ensemble du Conseil constitutionnel est le suivant :

– Si le Conseil censurait une disposition législative tirant les conséquences nécessaires d'une directive, il ferait non seulement obstacle à la transposition en temps de celle-ci (sauf à imaginer une révision constitutionnelle) mais ouvrirait aussi une « *crise inédite* » (Jean-Éric Schoettl). Comme le fait remarquer ainsi le secrétaire général du Conseil constitutionnel de l'époque, une telle censure d'une disposition législative « recopiant » une directive risquerait de demeurer platonique, puisqu'en vertu de la jurisprudence *Francovich c. Italie* du 19 novembre 1991, dûment appliquée par nos juridictions nationales. Le Conseil se déclare donc incompétent pour connaître de la conformité à la Constitution de dispositions législatives « *qui se bornent à tirer les conséquences nécessaires des dispositions inconditionnelles et précises* » d'une directive sont d'effet direct en droit interne une fois expiré le délai de transposition. Si le Conseil constitutionnel tire les conclusions logiques de la révision constitutionnelle et reconnaît la primauté du juge communautaire, seul chargé de faire appliquer les principes communs aux États membres, cela ne vaut que s'agissant des dispositions inconditionnelles et précises d'une directive. Mais, dès lors que ce type d'acte dérivé laisse une marge d'adaptation à la loi, le Conseil constitutionnel retrouve sa compétence.

– Il appartient donc au Conseil constitutionnel, saisi d'une loi ayant pour objet de transposer en droit interne une directive, de veiller au respect de cette exigence constitutionnelle de transposition. Or, la Constitution lui fait obligation de statuer dans le délai d'un mois, ce qui lui interdit de saisir la Cour de justice de l'Union européenne d'une question préjudicielle (une juridiction peut lui demander de préciser un point d'interprétation du droit de l'Union, la réponse de la Cour liant la juridiction nationale par l'interprétation donnée). C'est pourquoi le Conseil constitutionnel opère ce contrôle minimum, en quelque sorte, et ne saurait déclarer contraire à l'article 88-1 « *qu'une disposition législative manifestement incompatible avec la directive qu'elle a pour objet de transposer* ». En réalité, en exerçant son contrôle de ce que l'on pourrait appeler l'« *erreur de transposition manifeste* » en constatant ainsi une contrariété manifeste, il exerce un contrôle certes minimum voire un peu jésuite mais un véritable contrôle tout de même... Cette démarche de style judoka est encore plus nette dans sa décision n° 2006-540 DC du 27 juillet 2006. La loi en question, dans son titre Ier, traduit en droit interne les dispositions de la directive n° 2001/29/CE du Parlement européen et du Conseil du 22 mai 2001 : le Conseil a vérifié, d'office, la question du respect des droits de propriété intellectuelle ; la référence faite au « droit d'auteur » par l'article 13 doit s'entendre comme renvoyant non seulement au droit d'auteur *stricto sensu*, mais également aux droits voisins du droit d'auteur. Ce n'est que sous cette réserve qu'il a jugé que cette disposition n'était pas manifestement incompatible avec la directive du 22 mai 2001.

Dans sa décision n° 2010-605 DC du 12 mai 2010, *Loi relative à l'ouverture à la concurrence et à la régulation du secteur des jeux d'argent en ligne et de hasard en ligne*, déjà étudiée au titre VII, le Conseil constitutionnel a ainsi synthétisé sa jurisprudence :

« *Considérant qu'aux termes de l'article 88-1 de la Constitution* : "La République participe à l'Union européenne constituée d'États qui ont choisi librement d'exercer en commun certaines de leurs compétences en vertu du traité sur l'Union européenne et du traité sur le fonctionnement de l'Union européenne, tels qu'ils résultent du traité signé à Lisbonne le 13 décembre 2007" ; *qu'ainsi, la transposition en droit interne d'une directive communautaire résulte d'une exigence constitutionnelle ;*

« Considérant qu'il appartient au Conseil constitutionnel, saisi dans les conditions prévues par l'article 61 de la Constitution d'une loi ayant pour objet de transposer en droit interne une directive communautaire, de veiller au respect de cette exigence ; que, toutefois, le contrôle qu'il exerce à cet effet est soumis à une double limite ; qu'en premier lieu, la transposition d'une directive ne saurait aller à l'encontre d'une règle ou d'un principe inhérent à l'identité constitutionnelle de la France, sauf à ce que le constituant y ait consenti ; qu'en second lieu, devant statuer avant la promulgation de la loi dans le délai prévu par l'article 61 de la Constitution, le Conseil constitutionnel ne peut saisir la Cour de justice de l'Union européenne sur le fondement de l'article 267 du traité sur le fonctionnement de l'Union européenne ; qu'en conséquence, il ne saurait déclarer non conforme à l'article 88-1 de la Constitution qu'une disposition législative manifestement incompatible avec la directive qu'elle a pour objet de transposer ; qu'en tout état de cause, il appartient aux juridictions administratives et judiciaires d'exercer le contrôle de compatibilité de la loi au regard des engagements européens de la France et, le cas échéant, de saisir la Cour de justice de l'Union européenne à titre préjudiciel ».

– Reste l'hypothèse dans laquelle, à l'occasion de sa transposition en droit interne, le législateur national entend appliquer le même traitement aux situations régies par la directive et à celles qui échappent à son champ d'application. Le Conseil constitutionnel devait-il pour la première fois, opérer un contrôle, même d'incompatibilité manifeste, d'un texte législatif au regard du droit communautaire alors même que ce texte intervient hors du champ directement régi par le droit de l'Union européenne et, de ce fait, étendre les effets de la directive au-delà de son champ d'application, conférant ainsi une immunité d'ensemble à la loi au regard de la Constitution ? Confronté pour la première fois à cette difficulté, ce n'est pas la solution qu'il a retenue (Cons.

const., décis. n° 2015-726 DC du 29 décembre 2015, Loi de finances rectificative pour 2015). Il a choisi simplement de dissocier son contrôle : s'il ne peut en principe contrôler la loi de transposition qu'au regard des exigences de l'article 88-1 de la Constitution, il lui revient en revanche de contrôler cette même loi au regard des autres exigences constitutionnelles dès lors qu'elle fixe également une règle qui trouve à s'appliquer aux situations internes, hors du champ d'application de la directive...

La réserve de l'« identité constitutionnelle de la France »

Le Conseil dans sa décision précitée du 27 juillet 2006 par ailleurs, réservé l'hypothèse où les dispositions européennes en cause seraient contraires à une règle ou à un principe « *inhérent à l'identité constitutionnelle de la France* », soit un principe « *crucial et distinctif [...], essentiel à la République* » selon la formule de Pierre Mazeaud dans ses vœux du 3 janvier 2005, soit par exemple le principe de laïcité, d'égalité ou simplement de souveraineté. Cette réserve remplaçant la référence à une disposition expresse contraire de la Constitution utilisée en 2004 (2004-496 DC préc., cons. 7). Depuis lors, le Conseil a fait référence à cette notion à trois reprises : le 30 novembre 2006 dans sa décision relative au secteur de l'énergie (Cons. const. n° 2006-543 DC, 30 novembre 2006), dans celle du 19 juin 2008 relative aux OGM (Cons. const. n° 2008-564 DC, 19 juin 2008) et celle du 12 mai 2010 dans sa décision relative aux jeux de hasard (Cons. const. n° 2010-605 DC, 12 mai 2010). Cette réserve des principes constitutionnels fondamentaux propres à la France rejoint l'inspiration de la jurisprudence *Solange* (« tant que ») de la Cour constitutionnelle allemande.

Une jurisprudence confortée par le Conseil d'État : l'arrêt *Arcelor* du 8 février 2007

234 Par cet arrêt vraiment chinois pour les étudiants et même aussi pour les initiés de la jurisprudence dudit Conseil, la haute juridiction indique comment le juge administratif assure la conciliation – et non la primauté – entre la suprématie de la Constitution dans l'ordre juridique interne et les exigences liées à la participation

de la France à l'Union européenne en vertu de la Constitution : « *Considérant que si, aux termes de l'article 55 de la Constitution, les traités ou accords régulièrement ratifiés ou approuvés ont, dès leur publication, une autorité supérieure à celle des lois, sous réserve, pour chaque accord ou traité, de son application par l'autre partie* », la suprématie ainsi conférée aux engagements internationaux ne saurait s'imposer, dans l'ordre interne, aux principes et dispositions à valeur constitutionnelle. Au regard des dispositions de l'article 88-1 de la Constitution, selon lesquelles « *la République participe aux Communautés européennes et à l'Union européenne, constituées d'États qui ont choisi librement, en vertu des traités qui les ont instituées, d'exercer en commun certaines de leurs compétences* », la transposition des directives découle d'une obligation constitutionnelle. Ainsi, le Conseil d'État est appelé à exercer le contrôle de constitutionnalité des actes réglementaires assurant directement cette transposition.

Afin de s'assurer de la constitutionnalité du décret, le juge doit procéder en deux temps. Il doit d'abord rechercher si les principes constitutionnels dont la méconnaissance est invoquée ont un équivalent dans l'ordre juridique communautaire, c'est-à-dire si le droit ou la liberté en cause sont effectivement et efficacement protégés par les traités et principes généraux du droit communautaire. Trois cas de figure s'offrent alors :

Dans le cas où les règles et principes constitutionnels invoqués à l'encontre de l'acte réglementaire de transposition, trouvent un équivalent effectif dans des règles ou principes communautaires de même « nature » et de même « portée », le contrôle de constitutionnalité de cet acte réglementaire sera effectué en fonction de ces règles ou principes communautaires.

Dans le cas où il y a bien équivalence des principes mais qu'il existe une difficulté ou un doute sérieux au regard de la protection effective des principes constitutionnels, le juge administratif saisit la CJUE par un renvoi préjudiciel. Cette procédure permet à une juridiction nationale d'interroger la Cour de justice de l'Union européenne sur l'interprétation ou la validité du droit communautaire dans le cadre d'un litige dont cette juridiction est saisie. C'est ce qu'a fait le Conseil d'État dans l'affaire *Arcelor* avant de rendre sa décision définitive. Et dans une décision du 16 décembre 2008, la CJUE répond à la question préjudicielle posée par le Conseil d'État et considère qu'il n'y a pas eu violation du principe d'égalité lors de la transposition de la directive sur le système d'échange de quotas d'émission de gaz à effet de serre.

Dans le cas, où il n'a aucune équivalence entre les principes constitutionnels et communautaires, il revient au juge administratif d'examiner directement la constitutionnalité des dispositions réglementaires contestées sous réserve que l'acte administratif n'ait pas été pris en application d'une loi (théorie de l'écran législatif) dont le contrôle de constitutionnalité appartient au seul Conseil constitutionnel.

Un raisonnement parallèle suivi par d'autres cours constitutionnelles européennes

235 Il s'agit des cours constitutionnelles d'Allemagne fédérale, d'Italie et d'Espagne.

La Cour constitutionnelle d'Allemagne fédérale

Cette jurisprudence du Conseil constitutionnel français est, dans un style différent, celle de la Cour constitutionnelle d'Allemagne en 1974 – dont il s'inspire – dans l'affaire *Internationale Handelsgesellschaft*, plus connue sous le nom *Solange I* – qui signifie en allemand « aussi longtemps que » et renvoie aux premiers mots de la décision. La Cour s'est déclarée compétente pour contrôler la conformité du droit communautaire avec les droits fondamentaux allemands tant que le droit communautaire n'assurerait pas un niveau de protection des droits fondamentaux équivalent à celui du droit allemand. Elle a considéré que les garanties des droits fondamentaux assurées par la loi fondamentale prévaudraient sur le droit communautaire en territoire allemand. Puis, dans sa décision du 22 octobre 1986, *Wünsche Handelsgesellschaft* (*Solange II*), elle a pu préciser que la protection des droits fondamentaux était en général assurée au niveau communautaire de façon effective et adéquate. La Cour constitutionnelle n'a cependant pas renoncé à sa compétence d'examen de la législation communautaire même si elle ne l'exerce plus pour le moment.

De même, elle maintient sa jurisprudence affirmée dans l'affaire *Brunner c. Traité sur l'Union européenne* (la période de transition, qui avait rendu nécessaire l'arrêt de 1974, fut déclarée terminée). Bien qu'il puisse y avoir incompatibilité entre le droit communautaire et les droits fondamentaux nationaux, la garantie des droits fondamentaux apportée par la loi fondamentale ne prévaut plus. La Cour a réaffirmé cette position dans une décision du 12 octobre 1996, *Brunner c. Traité sur l'Union européenne*, également connue sous la dénomination de décision *Maastricht* : « *Les normes émanant de l'autorité publique spécifique d'une organisation supranationale distincte du pouvoir d'État des États membres peuvent également affecter les individus protégés par les droits fondamentaux en Allemagne. De telles normes affectent donc les garanties assurées par la Loi fondamentale ainsi que les responsabilités de la Cour constitutionnelle fédérale, qui comprennent la protection des droits fondamentaux en Allemagne, et pas seulement par rapport aux institutions gouvernementales allemandes* ». Et dans une décision du 13 mars 2007 relative à une loi de transposition d'une directive, la Cour constitutionnelle allemande a repris la solution de la décision « Solange II » du 22 octobre 1986. Elle se refuse de contrôler la directive au regard de la Loi fondamentale aussi longtemps que les Communautés européennes assurent, de manière générale une protection équivalente des droits fondamentaux tout en s'assurant que le Parlement choisisse des modalités de transposition conformes aux règles constitutionnelles compte tenu de l'obligation de respecter la directive. Ainsi, la Cour a élargi son droit de contrôle juridictionnel – potentiel – à l'application du droit communautaire en Allemagne en général. Et dans son arrêt du 30 juin 2009, consacré à la compatibilité du traité de Lisbonne avec la loi fondamentale, elle dit toujours assurer le « *contrôle du respect de l'identité constitutionnelle* », soit les principes intangibles de l'État de droit.

La Cour constitutionnelle d'Italie

Elle a adopté une position similaire : par ses arrêts *Frontini* de 1973 et *Granital* du 8 juin 1984, elle a consacré la suprématie de la Constitution et des droits fondamentaux en tant que normes suprêmes de référence, sur les règles du droit communautaire. Cependant, par deux décisions du 24 octobre 2007, elle a jugé que les traités internationaux – en particulier la Convention européenne des droits de l'homme - constitueraient, au regard du contrôle de constitutionnalité, des « normes interposées » (*norma interposta*) dont l'application et l'interprétation doivent être menées en cohérence avec les normes constitutionnelles ce qui se rapproche en réalité de la jurisprudence du Conseil constitutionnel.

Le Tribunal constitutionnel espagnol

La déclaration rendue le 13 décembre 2004 par le Tribunal constitutionnel espagnol (DTC n° 1/2004), s'agissant de la conformité du traité constitutionnel avec la Constitution espagnole, adopte une position proche de la Cour allemande et repose sur le raisonnement suivant : la Constitution espagnole contient des limites matérielles à l'intégration qui sont également inscrites au sein du traité constitutionnel. Leur violation impliquerait par voie de conséquence immédiatement une violation du traité constitutionnel lui-même : « *Mais, surtout, il apparaît que les compétences dont l'exercice est transféré à l'Union européenne ne pourraient pas, sans enfreindre le traité lui-même, servir de fondement pour la production de normes communautaires dont le contenu serait contraire aux valeurs, principes ou droits fondamentaux de notre Constitution.* » La suprématie de la Constitution est ainsi, ce faisant, compatible avec des régimes d'application qui octroient une préférence pour appliquer des normes d'un ordre juridique différent de l'ordre juridique national à chaque fois que la Constitution le prévoit, ce qui est le cas avec l'article 93. En définitive, la Constitution a accepté, en vertu de cet article 93, la primauté du droit de l'Union dans le domaine d'application de ce droit conformément à ce qu'affirme expressément l'article I-6 du traité. Le Tribunal espagnol arrive à la même solution que le Conseil constitutionnel français (Cons. const., décis. n° 2004-505 DC, 19 nov. 2004, consid. 13) : « *Considérant que, si l'article I-1 du traité substitue aux organisations établies par les traités antérieurs une organisation unique, l'Union européenne, dotée en vertu de l'article I-7 de la personnalité juridique, il ressort de l'ensemble des stipulations de ce traité, et notamment du rapprochement de ses articles I-5 et I-6, qu'il ne modifie ni la nature de l'Union européenne, ni la portée du principe de primauté du droit de l'Union telle qu'elle résulte, ainsi que l'a jugé le Conseil constitutionnel par ses décisions susvisées, de l'article 88-1 de la Constitution ; que, dès lors, l'article I-6 du traité soumis à l'examen du Conseil n'implique pas de révision de la Constitution* ».

Section 2
Les règles relatives au mandat européen et la transposition des décisions-cadres (Const., art. 88-2)

> **Article 88-2 de la Constitution**
> *« La loi fixe les règles relatives au mandat d'arrêt européen en application des actes pris par les institutions de l'Union européenne. ».*

236 Le Premier ministre a saisi le Conseil d'État d'une demande d'avis sur la question de savoir si la transposition en droit français de la décision-cadre sur le mandat d'arrêt européen (il ne s'agit pas d'un traité qui aurait été soumis en vertu de l'article 54, au Conseil constitutionnel), serait susceptible d'être contraire à la Constitution. Une décision-cadre est un instrument institué dans le cadre de la coopération policière et judiciaire en matière pénale de l'Union européenne, qui permet au Conseil de l'Union européenne statuant à l'unanimité d'agir « *aux fins du rapprochement des dispositions législatives et réglementaires des États membres* » : « *Les décisions-cadres lient les États membres quant au résultat à atteindre, tout en laissant aux instances nationales la compétence quant à la forme et aux moyens. Elles ne peuvent entraîner d'effet direct* » (ancien article 34 du Traité sur l'Union européenne abrogé par le traité de Lisbonne). L'avis rendu par le Conseil d'État le

26 septembre 2002 conclut globalement à la conformité de la décision-cadre à la Constitution avec une réserve de taille : la décision-cadre ne paraît pas assurer le respect du principe, lui-même de valeur constitutionnelle, « *selon lequel l'État doit se réserver le droit de refuser l'extradition pour les infractions qu'il considère comme des infractions à caractère politique* » (CE, avis, 26 sept. 2002, citant CE, avis, 9 nov. 1995). Le gouvernement a donc choisi de déposer, le 14 novembre 2002, un projet de loi constitutionnelle tendant à compléter l'article 88-2 de la Constitution afin de permettre la transposition de la décision-cadre. Plus récemment, le Conseil constitutionnel a considéré que l'interprétation d'une décision-cadre du 13 juin 2002 relative au mandat d'arrêt européen pouvait rendre nécessaire la saisine pour la première fois dans son histoire, à titre préjudiciel, de la CJUE, pour lui permettre d'exercer le contrôle de conformité à la Constitution d'une loi qui en assurait la mise en œuvre (Cons. const., décis. n° 2013-314 QPC, 4 avr. 2013, *M. Jérémy F.*). Celle-ci est en effet compétente pour fixer l'interprétation du droit de l'Union et le Conseil n'avait pas à se substituer à elle en ce domaine. Par un arrêt du 30 mai 2013, la CJUE a jugé que cette décision-cadre ne s'oppose pas à ce que les États membres prévoient un recours suspendant l'exécution de la décision de l'autorité judiciaire. Au regard de cette interprétation, le Conseil constitutionnel a pu déduire, dans sa décision n° 2013-314 QPC du 14 juin 2013, qu'en prévoyant que la décision de la chambre de l'instruction est rendue « sans recours », le quatrième alinéa de l'article 695-46 du Code de procédure pénale ne découle pas nécessairement des actes pris par les institutions de l'Union européenne relatifs au mandat d'arrêt européen. Le Conseil a jugé qu'en privant les parties de la possibilité de former un recours en cassation contre l'arrêt de la chambre de l'instruction, les dispositions contestées du Code de procédure pénale apportent une restriction injustifiée au droit à exercer un recours juridictionnel effectif.

Section 3
La réserve de réciprocité n'a pas lieu d'être en matière européenne (Const., art. 88-3)

Article 88-3 de la Constitution
« Sous réserve de réciprocité et selon les modalités prévues par le Traité sur l'Union européenne signé le 7 février 1992, le droit de vote et d'éligibilité aux élections municipales peut être accordé aux seuls citoyens de l'Union résidant en France. Ces citoyens ne peuvent exercer les fonctions de maire ou d'adjoint ni participer à la désignation des électeurs sénatoriaux et à l'élection des sénateurs. Une loi organique votée dans les mêmes termes par les deux assemblées détermine les conditions d'application du présent article. »

237 Rappelons que cet article résulte de la révision du 25 juin 1992 et de la décision n° 92-308 DC du 9 avril 1992, *Maastricht I*, le Conseil constitutionnel ayant considéré que parmi les clauses contraires à la Constitution figurait celle relative à la citoyenneté européenne (l'article 8 B stipulant qu'il est « *institué une citoyenneté de l'Union* » et précisant qu'est citoyen de l'Union toute personne ayant la nationalité d'un État membre). Le droit de vote et d'éligibilité aux élections municipales peut être accordé aux seuls citoyens de l'Union résidant en France, ces derniers ne pouvant cependant exercer les fonctions de maire ou d'adjoint ni participer à la désignation des électeurs sénatoriaux et à l'élection des sénateurs qui participe directement à l'exercice de la souveraineté nationale.

La décision n° 98-400 DC du 20 mai 1998 (*Loi organique déterminant les conditions d'application de l'article 88-3*) est intéressante en ce qu'elle précise la portée de la réserve de réciprocité posée par l'article 88-3 : s'agissait-il de la reprise de la réserve de réciprocité au stade de l'engagement posée par le 15e alinéa du Préambule de la Constitution de 1946, ou bien d'une condition de réciprocité au stade de la mise en œuvre, en vertu de laquelle la France n'accorderait alors aux ressortissants des différents États membres que des droits équivalents à ceux accordés par ces mêmes États aux ressortissants français sur leur propre territoire ? Le Conseil constitutionnel a tranché en faveur de la première solution et considéré que « *le dernier instrument de ratification du traité sur l'Union européenne du 7 février 1992 dont est issu l'article 8 B du traité instituant la Communauté européenne [ayant] été déposé le 13 octobre 1993, il [était ainsi] satisfait à l'exigence de réciprocité prescrite tant par l'article 88-3 de la Constitution que par le 15e alinéa du Préambule de 1946* ». Mais, il a ajouté « *qu'en cas de manquement d'un État membre aux obligations qui découlent du paragraphe 1 de l'article 8 B précité il appartiendrait à la France de saisir la Cour de justice, sur le fondement de l'article 170 du traité instituant la Communauté européenne* ». Le droit communautaire échappe ainsi en principe à la règle de réciprocité posée à l'article 55.

SECTION 4
LE CONTRÔLE PARLEMENTAIRE SUR LES ACTES EUROPÉENS (CONST., ART. 88-4, 88-6 ET 88-7)

Ce contrôle prend trois formes : les résolutions européennes, le contrôle de subsidiarité, le droit d'opposition.

§ 1. Les résolutions européennes (Const., art. 88-4)

Article 88-4 de la Constitution
« Le gouvernement soumet à l'Assemblée nationale et au Sénat, dès leur transmission au Conseil de l'Union européenne, les projets d'actes législatifs européens et les autres projets ou propositions d'actes de l'Union européenne.
Selon des modalités fixées par le règlement de chaque assemblée, des résolutions européennes peuvent être adoptées, le cas échéant en dehors des sessions, sur les projets ou propositions mentionnés au 1er alinéa, ainsi que sur tout document émanant d'une institution de l'Union européenne.

> *Au sein de chaque assemblée parlementaire est instituée une commission chargée des affaires européennes.* »

L'ancienne version issue de la révision de 1992

238 En vertu de l'article 88-4 de la Constitution dans sa version issue de la révision de 1992, le gouvernement soumet au Parlement les propositions d'actes communautaires comportant des dispositions de nature législative. Mais c'est au gouvernement d'apprécier si ces actes relèvent de cette catégorie, aidé par les avis du Conseil d'État (en tout état de cause, cette procédure n'interrompt pas celle suivie à Bruxelles). Les propositions d'actes sélectionnées sont distribuées dans chaque assemblée par le truchement des délégations parlementaires pour l'Union européenne.

Les résolutions peuvent émaner soit des commissions permanentes, qui font rapport des propositions d'actes communautaires, soit d'un débat en séance publique. À l'Assemblée nationale, la délégation peut présenter aussi des résolutions. Ce vote n'est qu'une indication pour le gouvernement, une recommandation dépourvue de force obligatoire.

Il reste que les délais de transmission des actes sont parfois trop longs. La Grande-Bretagne et le Danemark invoquent au niveau européen la « *réserve d'examen parlementaire* » pour éviter ce travers et s'opposent à l'examen du texte tant que le Parlement n'a pas donné son avis qui est cependant à double tranchant. Si la réserve est en principe un outil diplomatique au service du gouvernement qui peut ainsi évoquer non seulement la réserve d'examen pour retarder l'adoption d'un texte communautaire mais, à la suite de cet examen, les réserves – tout court – du Parlement sur ce texte, il peut aussi se trouver dans une position inverse : le Parlement se trouvant favorable à un texte que le gouvernement ne souhaite pas voir adopter. La France ne connaît pas, ni hier, ni aujourd'hui, la pratique du « mandat de négociation » qui lie le gouvernement à la position exprimée par le Parlement.

Par ailleurs le suivi des avis par le gouvernement n'est pas de droit. Mais, il en tient en fait largement compte, ou du moins dit qu'il le fait... Enfin, le champ de l'article 88-4 ne couvrait que l'activité communautaire *stricto sensu.* Mais le gouvernement depuis 1995 transmet au Parlement les propositions d'actes entrant dans le domaine de la politique étrangère et de la sécurité commune et des affaires intérieures et judiciaires. Et s'agissant de la définition du domaine des actes transmis, la révision constitutionnelle de janvier 1999 confère la faculté au gouvernement de transmettre « *les autres projets ou propositions d'actes* » européens.

Le renforcement du suivi par le nouvel article 88-4 issu de la révision constitutionnelle de 2008

239 Pour améliorer l'organisation et le champ du suivi des questions européennes dans le respect des principes de la Vᵉ République, le nouvel article 88-4 facilite la transmission des documents européens au Parlement : ce ne sont plus seulement les projets ou propositions d'actes européens de nature législative triés par le Conseil d'État – en vertu de la distinction entre domaine de la loi et du règlement – que le gouvernement devra transmettre au Parlement, mais tous les projets ou propositions d'actes européens, sachant que le traité de Lisbonne introduit la notion d'« *actes législatifs européens* ». Quant aux documents « *émanant d'une institution de l'Union européenne* » qui ne sont plus mentionnés, ils sont désormais transmis directement aux parlements nationaux par l'Union européenne. Le champ des projets et propositions d'actes européens étant élargi, celui des résolutions l'est, par suite, également – étant précisé que pourront faire l'objet de résolutions tous les documents « *émanant d'une institution de l'Union européenne* ». Ces résolutions n'ont cependant aucun effet juridique contraignant.

Enfin est consacré au rang constitutionnel l'organe chargé dans chacune des assemblées de suivre plus spécialement les questions liées à l'Union européenne, aux côtés des commissions permanentes comme c'est le cas dans les autres pays la composant. La commission des affaires européennes procède à l'examen de l'ensemble des projets et propositions d'actes européens que le gouvernement soumet au Parlement en application de l'article 88-4 de la Constitution et peut soumettre aussi des résolutions.

§ 2. Le contrôle de subsidiarité (Const., art. 88-6)

Article 88-6 de la Constitution

« L'Assemblée nationale ou le Sénat peuvent émettre un avis motivé sur la conformité d'un projet d'acte législatif européen au principe de subsidiarité. L'avis est adressé par le président de l'assemblée concernée aux présidents du Parlement européen, du Conseil et de la Commission européenne. Le gouvernement en est informé.

Chaque assemblée peut former un recours devant la Cour de justice de l'Union européenne contre un acte législatif européen pour violation du principe de subsidiarité. Ce recours est transmis à la Cour de justice de l'Union européenne par le gouvernement.

À cette fin, des résolutions peuvent être adoptées, le cas échéant en dehors des sessions, selon des modalités d'initiative et de discussion fixées par le règlement de chaque assemblée. À la demande de 60 députés ou de 60 sénateurs, le recours est de droit. »

240 Les articles 88-6 et 88-7 ont été introduits conformément à la décision du Conseil constitutionnel n° 2007-560 DC du 20 décembre 2007 pour assurer la mise en œuvre des stipulations du traité de Lisbonne reconnaissant certaines prérogatives aux parlements nationaux. Les règlements des Assemblées ont été modifiés en conséquence, le Conseil constitutionnel les ayant déclarés conformes à la Constitution, tant celui de l'Assemblée nationale (Cons. const., décis. n° 2009-581 DC, 25 juin 2009) que celui du Sénat (Cons. const., décis. n° 2010-621 DC, 13 janv. 2011).

L'article 88-6 de la Constitution définit les modalités de mise en œuvre en France du contrôle de la subsidiarité confié par le traité de Lisbonne aux parlements nationaux. Le principe de subsidiarité est consacré par l'article 5 du traité sur l'UE et vise à déterminer le niveau d'intervention le plus pertinent dans les domaines de compétences partagées entre l'UE et les États membres. La procédure est la même que celle des résolutions européennes de l'article 88-4 qu'on vient d'étudier. Les projets d'actes dénoncés par la moitié des parlements nationaux peuvent être rejetés, dès la première lecture et à la majorité simple, par le Conseil de l'Union européenne ou par le Parlement européen. De même, des résolutions peuvent être adoptées en vue de former, dans les deux mois qui suivent la publication des actes concernés, des recours devant la Cour de justice de l'Union européenne pour violation du principe de subsidiarité. En application du dernier alinéa de l'article 88-6 de la Constitution, ce recours est de droit lorsqu'il est formé par au moins 60 députés ou 60 sénateurs, à l'image de la saisine du Conseil constitutionnel. Ont ainsi été institués ce qu'on a appelé familièrement :

– en amont, un « carton jaune », en vertu duquel le Parlement français peut émettre un avis motivé sur la conformité d'un projet d'acte législatif européen au principe de subsidiarité ;

– en aval, un « carton rouge », en vertu duquel le Parlement peut présenter un recours devant la Cour de justice de l'Union européenne (CJUE) s'il estime que le principe de subsidiarité n'a pas été respecté, ce recours prenant la forme d'une résolution transmise au gouvernement, lequel saisit la Cour.

§ 3. Le droit d'opposition (Const., art. 88-7)

Article 88-7 de la Constitution

« Par le vote d'une motion adoptée en termes identiques par l'Assemblée nationale et le Sénat, le Parlement peut s'opposer à une modification des règles d'adoption d'actes de l'Union européenne dans les cas prévus, au titre de la révision simplifiée des traités ou de la coopération judiciaire civile, par le traité sur l'Union européenne et le traité sur le fonctionnement de l'Union européenne, tels qu'ils résultent du traité signé à Lisbonne le 13 décembre 2007. »

241 L'article 88-7 a pour objet de permettre l'application en droit français du droit d'opposition reconnu aux parlements nationaux par l'article 48 du traité sur l'Union européenne et l'article 81 du traité sur le fonctionnement de l'Union européenne. Ce droit d'opposition du Parlement français intervient dans deux hypothèses :

– la modification des règles d'adoption d'actes « au titre de la révision simplifiée des traités ». L'article 48 du traité sur l'Union européenne prévoit en effet, à côté de la procédure de révision « ordinaire » des traités européens, deux procédures de révision « simplifiée » ne comportant pas la réunion d'une conférence intergouvernementale. L'une de ces procédures, couramment appelée « clause passerelle », confère expressément un droit d'opposition aux parlements des États membres ;

– la modification des règles d'adoption des actes relevant de la « coopération judiciaire civile ».

L'article 88-7 a retenu la procédure du vote « *d'une motion adoptée en termes identiques par l'Assemblée nationale et le Sénat* », c'est-à-dire une procédure analogue à celle qui a été instituée pour permettre aux deux assemblées de soumettre un projet de loi au référendum en application de l'article 11 de la Constitution ; cette procédure exclut la possibilité de tout amendement. La motion, si elle a une portée politique, n'a pas, comme la résolution, de valeur juridique.

Section 5

L'obligation de soumettre à référendum toute nouvelle adhésion à l'Union européenne : un article de circonstance (Const., art. 88-5)

Article 88-5 de la Constitution

« *Tout projet de loi autorisant la ratification d'un traité relatif à l'adhésion d'un État à l'Union européenne est soumis au référendum par le président de la République.*

Toutefois, par le vote d'une motion adoptée en termes identiques par chaque assemblée à la majorité des 3/5es, le Parlement peut autoriser l'adoption du projet de loi selon la procédure prévue au 3e alinéa de l'article 89. »

242 La révision constitutionnelle du 23 juillet 2008 a supprimé les dispositions du titre XV de la Constitution, issues de la révision constitutionnelle du 1er mars 2005 qui avait créé un article 88-5 ainsi rédigé : « *Tout projet de loi autorisant la ratification d'un traité relatif à l'adhésion d'un État à l'Union européenne et aux Communautés européennes est soumis au référendum par le président de la République* ». Il rendant obligatoire la consultation des Français par référendum lors de l'adhésion d'un nouvel État à l'Union européenne, visant en réalité la Turquie sans épargner, de facto, d'autres pays comme la Norvège ou l'Islande ! Il pouvait sembler en plus étrange d'imposer un référendum obligatoire dans ce cas mais de le laisser facultatif pour une révision du texte fondamental en vertu de l'article 89, qui laisse toute latitude au chef de l'État d'emprunter la voie du Congrès. La révision constitutionnelle du 23 juillet 2008 revient donc sur cette révision de pure circonstance : un compromis intelligent a été trouvé par la commission Balladur pour réécrire cet article ou plutôt le compléter afin de se concilier les faveurs du Sénat. Le nouveau deuxième alinéa permet aux assemblées de donner au président de la République la possibilité d'opter pour une ratification par le Parlement réuni en Congrès par décret contresigné par le Premier ministre, selon une procédure parallèle à celle de l'article 89. Ainsi, par exception à la règle du référendum automatique posée au 1er alinéa, le Parlement pourra autoriser l'adoption du projet de loi de ratification selon la procédure définie au 3e alinéa de l'article 89 de la Constitution, applicable aux projets de révision. À cette fin, il appartiendrait à chaque assemblée d'adopter une motion en termes identiques à la majorité des 3/5e des suffrages exprimés. Le président de la République pourrait alors – et même y être incité – soumettre le projet de loi au Parlement réuni en Congrès, où le texte devrait réunir la des 3/5e pour être approuvé. L'article 88-5 n'est pas applicable aux adhésions faisant suite à une conférence intergouvernementale dont la convocation a été décidée par le Conseil européen avant le 1er juillet 2004, soit la Croatie.

Bibliographie

COMBACAU (J), SUR (S), *Droit international public*, LGDJ, 2016, 838 p.

CONSEIL CONSTITUTIONNEL, *LPA* 9 juill. 2004, n° 137 ; « La Constitution française ne peut pas être révisée par voie de directives, Après la décision n° 2004-505 du 19 novembre 2004, Traité établissant une Constitution pour l'Europe », *D.* 2005. 100, n° 2.

GENEVOIS (B.), « Le Conseil constitutionnel et la primauté du droit communautaire », *RFDA* 2005. 239.

MAGNON (X.), « La singularisation attendue du droit communautaire au sein de la jurisprudence *IVG*. Brèves réflexions sur la décision du Conseil constitutionnel n° 2006-535 DC, 30 mars 2006, *CPE* », Europe 2006, n° 6, p. 4 ; « La directive communautaire comme paramètre du contrôle de constitutionnalité des lois : une exception d'interprétation stricte à la jurisprudence *IVG* », *D.* 2006. Chron. 2878.

TITRE XVI

LA RÉVISION DE LA CONSTITUTION (CONST., ART. 89)

Article 89 de la Constitution

« L'initiative de la révision de la Constitution appartient concurremment au président de la République sur proposition du Premier ministre et aux membres du Parlement.

Le projet ou la proposition de révision doit être examiné dans les conditions de délai fixées au 3e alinéa de l'article 42 et voté par les deux assemblées en termes identiques. La révision est définitive après avoir été approuvée par référendum.

Toutefois, le projet de révision n'est pas présenté au référendum lorsque le président de la République décide de le soumettre au Parlement convoqué en Congrès ; dans ce cas, le projet de révision n'est approuvé que s'il réunit la majorité des 3/5es des suffrages exprimés. Le bureau du Congrès est celui de l'Assemblée nationale.

Aucune procédure de révision ne peut être engagée ou poursuivie lorsqu'il est porté atteinte à l'intégrité du territoire.

La forme républicaine du gouvernement ne peut faire l'objet d'une révision. »

243 Au vu du droit et des procédures de révision de la Constitution de 1958, la Ve République appartient à la catégorie des constitutions « rigides » : elle prévoit une procédure spéciale de révision à l'article 89, exorbitante de la procédure législative de droit commun. Si le général de Gaulle a utilisé, de façon contestée, la voie de l'article 11 pour mener à bien une révision constitutionnelle, seul l'article 89, en droit, fixe les termes de la procédure à suivre et limite son domaine d'application. Cette limitation pose, en creux, la question de la supra-constitutionnalité : certaines normes du texte fondamental sont-elles intangibles ?

SECTION 1
LA VOIE NORMALE DE L'ARTICLE 89

Les circonstances de la révision

244 À la lumière de l'expérience de la Seconde Guerre mondiale, l'article 94 de la Constitution de 1946 interdisait toute révision en cas d'occupation totale ou partielle du territoire métropolitain, disposition reprise dans sa lettre dans la Constitution de 1958 (et élargie à l'ensemble du territoire national, dont l'outre-mer). En outre, il ne peut être procédé à une révision pendant l'intérim du président de la République (art. 7 de la Constitution).

La décision du Conseil constitutionnel du 2 septembre 1992 (Cons. Const. décis. 92-312 DC du 2 septembre 1992) a ajouté qu'il ne peut y avoir de révision de la Constitution lorsque le président de la République fait usage de l'article 16 de la Constitution alors l'intégrité du territoire est menacée, et, plus largement lorsque « *le fonctionnement régulier des pouvoirs publics constitutionnels est interrompu* », ce qui est conforme aux travaux préparatoires.

L'objet de la révision : les limites matérielles au pouvoir de révision

245 S'agissant de l'objet des révisions, la loi constitutionnelle du 14 août 1884 disposait que « *la forme républicaine du gouvernement ne peut faire l'objet d'une révision* », voulant ainsi s'opposer à toute tentative de restauration monarchique Comme le rappelle Bruno Genevois : « *Dans son Préambule, la Constitution du 4 novembre 1848 entendait déjà que la République devienne la forme "définitive" du gouvernement de la France. L'idée a été*

*reprise sous la IIIe République avec l'article 2 de la loi constitutionnelle du 14 août 1884 qui comportait, non seulement la disposition figurant présentement à l'article 89 mais aussi une autre disposition frappant d'inéligibilité à la présidence de la République les membres des familles ayant régné sur la France. L'examen des débats montre qu'il s'agissait d'empêcher tout rétablissement ultérieur de la Monarchie (*Cf. *Recueil Duvergier 1884 p. 249) sans que le constituant ait cherché à définir les valeurs de la République. La Constitution du 27 octobre 1946 est restée fidèle à cet héritage (*Cf. *Article 95 de la Constitution)* ». Cette disposition, reprise ainsi en 1946, est maintenue dans l'article 89, alinéa 4, de la Constitution de 1958. Quelle est la valeur contraignante de cette limitation ? En vertu d'une doctrine constante et ancienne, on peut considérer qu'il convient de procéder en deux temps. Il suffit de changer ou d'abroger l'article interdisant la révision puis de procéder à la révision voulue : le pouvoir constituant institué est ainsi libéré de la contrainte que représenterait cette limitation. Cette double révision permet en outre « *de ménager un temps de réflexion supplémentaire au pouvoir constituant* » (B. Genevois), permettant, ce faisant, d'écarter l'idée d'un détournement de procédure. Le pouvoir constituant originaire ne peut en effet totalement lier le pouvoir constituant dérivé et donc se lier lui-même.

Ainsi, pour les principes explicites, c'est-à-dire contenus dans la Constitution et auxquels elle interdit formellement de porter atteinte, la question se pose donc différemment selon leur nature et leur contenu. Faut-il néanmoins, comme le pensait une partie de la doctrine, considérer que la « forme *républicaine du gouvernement* » est intangible comme une série de principes fondamentaux « implicites » déduits de ceux consacrés par le Préambule de 1946 ? Ce raisonnement est idiot puisqu'il existe des monarchies démocratiques et des Républiques autoritaires et qu'en somme, on peut garder la forme républicaine en la vidant de son sens ou l'inverse. Il paraît cependant peu imaginable, sauf à changer de régime, qu'on puisse procéder à la révision « négative » des textes fondateurs de ces droits et libertés, à savoir la Déclaration des droits de l'homme de 1789 et le Préambule de 1946. À mesure, en effet, que se développe le contrôle de constitutionnalité, apparaissent donc moins des principes « supra-constitutionnels », que des principes politiquement intangibles, car exprimant une légitimité supérieure à la Constitution.

Ainsi, tout en affirmant que le pouvoir constituant est souverain, le Conseil constitutionnel, dans sa décision du 2 septembre 1992 (n° 93-312 DC, *Traité sur l'Union européenne, dite Maastricht II*), a néanmoins fait la réserve des circonstances dans lesquelles la révision de la Constitution ne peut intervenir, ces réserves étant expressément prévues par le texte de 1958. De même a-t-il fait la réserve de l'interdiction de porter atteinte à la forme républicaine du gouvernement, mais cette décision a été rendue à propos d'un traité en application de l'article 54 de la Constitution.

> *« Considérant que sous réserve, d'une part, des limitations touchant aux périodes au cours desquelles une révision de la Constitution ne peut pas être engagée ou poursuivie, qui résultent des articles 7, 16 et 89, alinéa 4, du texte constitutionnel et, d'autre part, du respect des prescriptions du 5e alinéa de l'article 89 en vertu desquelles "la forme républicaine du gouvernement ne peut faire l'objet d'une révision", le pouvoir constituant est souverain ; qu'il lui est loisible d'abroger, de modifier ou de compléter des dispositions de valeur constitutionnelle dans la forme qu'il estime appropriée ; qu'ainsi rien ne s'oppose à ce qu'il introduise dans le texte de la Constitution des dispositions nouvelles qui, dans le cas qu'elles visent, dérogent à une règle ou à un principe de valeur constitutionnelle ; que cette dérogation peut être aussi bien expresse qu'implicite ».*
> Cons. const., décis. n° 92-312 DC, 2 sept. 1992, *Traité sur l'Union européenne (dite Maastricht II).*

Respectueux de la souveraineté du peuple, le Conseil constitutionnel a voulu rappeler qu'il ne dispose que d'une compétence strictement délimitée par la Constitution, s'agissant d'apprécier la conformité des lois organiques et des lois ordinaires et non des lois constitutionnelles elles-mêmes. De plus, le Conseil a exclu à nouveau explicitement une telle compétence quelques semaines plus tard dans sa décision 92-313 DC du 23 septembre 1992, dite « Maastricht III » : « *Considérant que l'article 61 de la Constitution donne au Conseil constitutionnel mission d'apprécier la conformité à la Constitution des lois organiques et des lois ordinaires qui, respectivement, doivent ou peuvent être soumises à son examen...* ».

Le Conseil constitutionnel, dans sa décision n° 2003-469 DC du 26 mars 2003 (*Révision constitutionnelle relative à l'organisation décentralisée de la République*), a définitivement fermé la porte à la reconnaissance de principes « supra-constitutionnels » : « *Considérant que l'article 61 de la Constitution donne au Conseil constitutionnel mission d'apprécier la conformité à la Constitution des lois organiques et, lorsqu'elles lui sont déférées dans les conditions fixées par cet article, des lois ordinaires ; que le Conseil constitutionnel ne tient ni de l'article 61, ni de l'article 89, ni d'aucune autre disposition de la Constitution le pouvoir de statuer sur une révision constitutionnelle* ».

Ainsi, contrairement aux Cour constitutionnelles allemande ou italienne, il a ainsi rappelé de façon éclatante qu'il ne lui appartenait pas de vérifier la conformité à la Constitution d'une révision constitutionnelle. Le Conseil constitutionnel est un pouvoir constitué. Il exerce un contrôle légitime sur le Parlement, autre pouvoir constitué. En cas de conflit, c'est le pouvoir constituant qui tranche par référendum ou par la voie du Congrès. Le Conseil constitutionnel, pouvoir constitué, ne saurait s'arroger le pouvoir constituant. Le souverain, c'est le peuple. En tout état de cause, comme le rappelait l'article 28 de la Déclaration des droits de l'Homme et du Citoyen du 24 juin 1793 : « *Un peuple a toujours le droit de revoir, de réformer et de changer sa Constitution. Une génération ne peut assujettir à ses lois les générations futures* ». Et dans la folle hypothèse ou le Constituant voudrait mettre à bas les principes démocratiques en voulant réviser leurs fondements, le droit du peuple à résistance à l'oppression – qui est un droit constitutionnel – serait le seul rempart.

L'initiative de la révision appartient, soit au président de la République, sur proposition du Premier ministre, soit aux membres du Parlement. Dans le premier cas, il s'agit d'un projet de loi constitutionnelle, dans le second, d'une proposition de loi constitutionnelle. Toutes les révisions constitutionnelles réalisées selon la procédure de l'article 89 depuis 1958 ont toutes eu pour origine un projet de loi constitutionnelle. Les projets de loi constitutionnelle ne sont pas accompagnés d'une étude d'impact, par dérogation à la règle établie par la loi organique du 15 avril 2009.

On comprend bien qu'une telle étude serait difficile à réaliser. Mais, elle serait rétroactivement et intellectuellement stimulante : quelles conséquences pourraient avoir l'institution du quinquennat ?

Le président de la République dispose du pouvoir d'initiative en matière constitutionnelle sous la forme d'un décret contresigné par le Premier ministre. Il apparaît en temps ordinaire comme le véritable inspirateur, tandis qu'en période de cohabitation son accord est rendu nécessaire comme ce fut le cas pour les lois constitutionnelles du 25 novembre 1993 s'agissant du droit d'asile (art. 53-1), du 25 janvier 1999 sur la reconnaissance de la compétence de la Cour pénale internationale (art. 53-2), du 2 octobre 2000 instituant le quinquennat (art. 6). Dans ce dernier cas d'ailleurs, cette réforme avait pour origine une proposition parlementaire de Valéry Giscard d'Estaing.

En outre, rappelons que l'article 7 écarte la possibilité de recourir à la procédure de révision prévue par l'article 89 en cas de vacance de la présidence de la République. Le droit d'initiative en matière de révision constitutionnelle ne peut en effet être exercé par le président par intérim.

L'examen des projets ou propositions de loi constitutionnelle

246 À défaut de constitution d'une commission spéciale qui n'a jamais été réunie, les projets ou propositions sont renvoyés à la commission des lois de chaque assemblée, d'autres commissions pouvant se saisir pour avis (par exemple, s'agissant du projet qui a abouti à la révision du 25 juin 1992, la commission des affaires étrangères et la commission des finances de l'Assemblée nationale se sont saisies pour avis). La discussion d'un projet de loi constitutionnelle, émanant donc de l'exécutif, porte sur le texte initial du projet ou, en navette, sur le texte transmis par l'autre assemblée et non sur le texte adopté par la commission. En matière de droit d'amendement, l'article 40 de la Constitution n'est pas opposable. Pour le reste, il n'existe aucune irrecevabilité spéciale, les amendements « hors sujet » pouvant être écartés lors de la discussion

comme lors de procédure législative ordinaire. Celle-ci s'applique quant aux délais, soit six semaines entre le dépôt du projet ou de la proposition de loi et sa discussion en séance mais sans possibilité pour le gouvernement d'engager une procédure accélérée et de quatre semaines entre la transmission du texte par la première assemblée saisie et sa discussion devant la seconde. Enfin, la procédure du temps législatif programmé ne peut être utilisée pour cette discussion.

Le droit de veto du Sénat

247 La navette se poursuit donc jusqu'à ce que le texte soit voté dans les mêmes termes par les deux assemblées qui ont, en matière constitutionnelle, les mêmes pouvoirs. À la différence de ce qui est prévu dans le cadre de la procédure législative ordinaire, même si la Constitution est muette sur ce point, il est traditionnellement admis que le gouvernement ne peut interrompre la navette en demandant la réunion d'une commission mixte paritaire (art. 45 de la Constitution). Bien évidemment, le gouvernement ne peut demander à l'Assemblée nationale de statuer définitivement dans la mesure où il est dans cette procédure, à égalité avec le Sénat, ni, a fortiori, engager sa responsabilité sur le texte ou utiliser la procédure du vote bloqué.

Deux voies s'offrent au Sénat pour s'opposer à la révision. Le premier est le droit d'amendement pour tenter d'infléchir le texte. Le second est la question préalable pour que le texte soit rejeté quitte à ce qu'il soit rediscuté éventuellement devant l'Assemblée nationale. Il est d'ailleurs possible de combiner les deux méthodes. Le Sénat a ainsi opposé pour la première fois la question préalable le 8 août 1984 au projet d'extension aux libertés publiques du champ de l'article 11. L'Assemblée nationale, le 23 août, l'adopte en première lecture ; le Sénat le rejette en deuxième lecture le 5 septembre. Ce qui conduit *in fine* le gouvernement à abandonner le projet comme en 2016 s'agissant de la déchéance de nationalité. Et, en octobre 2015, le vote d'une question préalable à l'encontre du projet de loi constitutionnelle autorisant la ratification de la Charte européenne des langues régionales ou minoritaires a mis fin de même à la discussion.

Par suite, le Sénat dispose d'un droit de veto sur la révision. Il l'a d'ailleurs plusieurs fois mis en œuvre. Le général de Gaulle était passé outre en 1962 et 1969 en soumettant directement le projet de révision au référendum de l'article 11 (v. ss 259 s.). Le comité consultatif pour la révision de la Constitution présidé par le doyen Vedel avait proposé, en vain, en 1993, que « *lorsque le projet ou la proposition n'est pas voté en termes identiques après deux lectures par chaque assemblée, le président de la République peut soumettre au référendum le texte adopté à la majorité des 3/5es exprimés par l'une ou l'autre des assemblées* ». Cette solution permettrait au Sénat d'apparaître non plus seulement comme une institution de « blocage », mais d'être aussi une force de proposition. Quoiqu'elle eût conforté sa légitimité, il s'y est cependant toujours refusé.

La faculté du président de la République de ne pas donner suite à la révision

248 Le président de la République opère non seulement le choix de la procédure de ratification de la révision mais aussi son moment : après que les assemblées aient voté le projet de modification des dates de sessions parlementaires il a fallu attendre trois ans avant que le Congrès soit convoqué en 1963 pour adopter. La pratique lui a surtout conféré le droit de ne pas donner suite à un projet voté par les deux assemblées. Le président Pompidou a ainsi annoncé le 24 octobre 1973 que, n'étant tenu par aucun délai, il n'envisage pas de saisir immédiatement le Congrès sur le projet visant à instituer le quinquennat. Le président Giscard d'Estaing fit de même en 1974 quant à la réforme de la suppléance parlementaire en 1974. Le président, en 2000, après avoir d'ailleurs différé la réunion du Congrès en 1998 et 1999 (réforme du Conseil supérieur de la magistrature), abrogea purement et simplement le décret le convoquant. Notons qu'alors, en période de cohabitation, le Premier ministre Lionel Jospin a accepté de contresigner ce décret accréditant ainsi l'interprétation d'une décision souveraine du président qui s'est imposée au fil du temps. Le comité Balladur a proposé, sans succès, de revenir sur cette pratique en organisant

un référendum obligatoire, passé six mois. Néanmoins, le vote par les deux assemblées d'un projet de révision, même en cas de renouvellement, demeure acquis. Piètre consolation.

La voie « normale » du référendum est devenue l'exception, la voie du Congrès, la règle

249 L'adoption définitive du projet ou de la proposition de loi constitutionnelle est subordonnée à son approbation, soit par référendum, soit par un vote à la majorité des 3/5es des suffrages exprimés des deux chambres du Parlement réunies en Congrès à Versailles. Dans l'esprit des constituants, le recours au référendum en cas de révision constitutionnelle devait être la règle : « *le référendum est la voie normale de révision* », affirmait Michel Debré devant le comité consultatif constitutionnel en 1958... Pourtant, il ne fut mis en œuvre qu'une seule fois : le 24 septembre 2000 pour la réforme du quinquennat, avec un succès très faible en termes de participation (près de 70 % d'abstentions), alors que cette procédure, dans les autres démocraties, est finalement la plus courante. Une des causes essentielles de son déclin fut le choix de Georges Pompidou, en octobre 1973, de ne pas soumettre au référendum la loi constitutionnelle relative au quinquennat en imposant – malgré lui – l'interprétation selon laquelle le chef de l'État doit choisir le risque minimum : soit la majorité des 3/5es est acquise et le référendum ne s'impose pas, soit elle n'est pas sûre mais le référendum est politiquement dangereux... En réalité, gravement malade – il devait mourir quelques mois plus tard –, il n'avait pas souhaité engager cette épreuve. On peut se demander, dans certains cas, si certaines révisions constitutionnelles ne sont pas en fait des « actes constituants », c'est-à-dire nécessitant l'intervention du peuple, d'autant que le référendum était pensé en 1958, répétons-le, comme la voie normale de révision. Plus concrètement, la question s'est posée suite au traité de Maastricht en 1992 adopté par la procédure « allégée » (le Congrès). En d'autres termes, « *la souveraineté nationale attribue au peuple et à lui seul le droit de déterminer son destin politique, tandis qu'il commande aux gouvernants représentatifs de ne pas aliéner la*

souveraineté du peuple sans son commandement » (Olivier Beaud). Cette thèse, décalée, se heurte cependant à la fois, en droit, au partage du pouvoir constituant entre le peuple et ses représentants et, sur le plan politique, à la ratification populaire préalable du traité de Maastricht par référendum. Même si elle ne s'y réfère pas directement, elle n'en est pas moins fondée sur le plan de l'intention du constituant. Il demeure que le choix du président de la République entre les deux voies, référendum ou Congrès, est souverain. D'ailleurs, le président Mitterrand avait indiqué qu'en cas de refus du Parlement d'adopter le projet de loi de révision constitutionnelle préalable à la ratification du traité de Maastricht par la voie de l'article 89, celui-ci ouvrait la voie à la révision par la voie de l'article 11.

L'adoption définitive par la voie du Congrès

250 « *Toutefois, le projet de révision n'est pas présenté au référendum lorsque le président de la République décide de le soumettre au Parlement convoqué en Congrès* ». Le Congrès, dont le Bureau est celui de l'Assemblée nationale, se réunit à Versailles sur convocation par décret du président de la République soumis à contreseing. Le règlement du Bureau comme celui des deux assemblées, est soumis obligatoirement au contrôle du Conseil constitutionnel (Cons. const., décis. n° 63-24 DC du 20 décembre 1963, Règlement du Congrès).

Ayant pour seule mission d'approuver le texte adopté par les deux assemblées, en lieu et place du peuple souverain, le Congrès ne peut évidemment le modifier. Ses débats sont donc limités à une explication de vote présentée par chaque groupe politique de l'Assemblée et du Sénat. Puis intervient le vote qui a lieu soit par appel nominal à la tribune soit, depuis la modification du Règlement du 28 juin 1999, selon d'autres modalités fixées par le Bureau du Congrès. En cas d'adoption de la révision, la loi constitutionnelle est promulguée par le président de la République.

Incidemment, on notera que l'article 88-5 de la Constitution renvoie à l'article 89 s'agissant de l'adhésion d'un nouvel État à l'Union européenne à la voie du Congrès afin d'éviter le référendum.

Les révisions la voie de l'article 89 ayant échoué

251 Leur échec tient le plus souvent à l'opposition du Sénat qui dispose d'un droit de veto lors du vote des deux assemblées. Il tient aussi de l'incertitude qui pèse, après le vote concordant des deux chambres, sur l'existence d'une majorité des 3/5e au Congrès conduisant au retrait du projet par le président de la République, à l'exception de celui de réforme du Conseil supérieur de la magistrature retirée par le président Chirac en 2000, finalement en désaccord avec le texte proposé par le gouvernement Jospin. Enfin, on n'a pas indiqué dans cette liste les projets non-inscrits à l'ordre du jour du Parlement.

1973	Durée du mandat présidentiel (repris dans la loi constitutionnelle du 2 octobre 2000) : pas de majorité prévisible au Congrès
1974	Retour des anciens ministres à leur mandat de parlementaire (repris dans la loi constitutionnelle du 23 juillet 2008) : pas de majorité prévisible
1984	Extension du champ du référendum de l'article 11 pour l'étendre aux garanties fondamentales des libertés publiques : rejet par le Sénat
1990	Exception d'inconstitutionnalité : rejet par le Sénat (repris dans la loi constitutionnelle du 23 juillet 2008)
1991	Extension du champ du référendum de l'article 11 pour l'étendre aux garanties fondamentales des libertés publiques : rejet par le Sénat
2000	Conseil supérieur de la magistrature : votée en période de cohabitation par les deux assemblées, la convocation du Congrès par le chef de l'État a été annulée. Était aussi prévu un projet relatif à la Polynésie française, de même reporté, et finalement voté en 2007
2006	Élargissement des pouvoirs du Parlement : adopté par le Parlement, non inscrite à l'ordre du jour du Sénat

2011	« Règle d'or budgétaire » : adopté par les deux assemblées
2015	Ratification de la Charte européenne des langues régionales ou minoritaires : rejet par le Sénat
2016	– Réforme du Conseil supérieur de la magistrature : pas de majorité prévisible au Congrès – Projet de loi constitutionnelle « de protection de la nation » insère un nouvel article 36-1 relatif à l'état d'urgence et modifie l'article 34 afin que la loi puisse fixer les règles de déchéance de nationalité. : rejet par le Sénat qui s'en tient à la version initiale du gouvernement modifiée par l'Assemblée nationale.

Les révisions adoptées par la voie de l'article 89

252 Les révisions adoptées par la voie de l'article 89 sont les suivantes :

1. Loi constitutionnelle no 60-525 du 4 juin 1960 : modification des dispositions relatives à la Communauté de l'ancien Titre XII de la Constitution (adoptée par la voie de l'article 85, par dérogation à l'article 89).
2. Loi constitutionnelle no 63-1327 du 30 décembre 1963 : dates d'ouverture et de clôture de la seconde session ordinaire du Parlement.
3. Loi constitutionnelle no 74-904 du 29 octobre 1974 : possibilité pour 60 députés ou 60 sénateurs de déférer une loi au Conseil constitutionnel.
4. Loi constitutionnelle no 76-527 du 18 juin 1976 : intérim de la présidence de la République.
5. Loi constitutionnelle no 92-554 du 25 juin 1992 : dispositions permettant de ratifier le traité de Maastricht (Union économique et monétaire, vote des ressortissants européens aux élections municipales, politique commune des visas) ; dispositions relatives à la langue française, aux lois organiques relatives aux TOM et aux résolutions parlementaires sur les actes communautaires.

6. Loi constitutionnelle no 93-952 du 27 juillet 1993 : responsabilité pénale des ministres (Cour de justice de la République).
7. Loi constitutionnelle no 93-1256 du 25 novembre 1993 : droit d'asile (afin de contrer l'interprétation, pour la première fois, d'une décision du Conseil constitutionnel).
8. Loi constitutionnelle no 95-880 du 4 août 1995 : portant extension du champ d'application du référendum, instituant une session parlementaire ordinaire unique, modifiant le régime de l'inviolabilité parlementaire et abrogeant les dispositions relatives à la Communauté et les dispositions transitoires.
9. Loi constitutionnelle no 96-138 du 22 février 1996 : loi de financement de la sécurité sociale.
10. Loi constitutionnelle no 98-610 du 20 juillet 1998 : avenir de la Nouvelle-Calédonie.
11. Loi constitutionnelle no 99-49 du 25 janvier 1999 : dispositions permettant de ratifier le traité d'Amsterdam.
12. Loi constitutionnelle no 99-568 du 8 juillet 1999 : Cour pénale internationale.
13. Loi constitutionnelle no 99-569 du 8 juillet 1999 : mesures propres à favoriser l'égalité entre les femmes et les hommes.
14. Loi constitutionnelle no 2000-964 du 2 octobre 2000 : réduction à cinq ans de la durée du mandat du président de la République.
15. Loi constitutionnelle no 2003-267 du 25 mars 2003 : mandat d'arrêt européen.
16. Loi constitutionnelle no 2003-276 du 28 mars 2003 : organisation décentralisée de la République.
17. Loi constitutionnelle no 2005-204 du 1er mars 2005 : dispositions permettant de ratifier le traité établissant une Constitution pour l'Europe et rédaction visant à tenir compte de son entrée en vigueur. Mais la ratification du traité établissant une constitution pour l'Europe soumise par le président de la République, à référendum le 29 mai 2005 a été rejetée, rendant pour la première fois, une révision constitutionnelle caduque.

18. Loi constitutionnelle no 2005-205 du 1er mars 2005 : Charte de l'environnement.
19. Loi constitutionnelle no 2007-237 du 23 février 2007 : corps électoral de la Nouvelle-Calédonie.
20. Loi constitutionnelle no 2007-238 du 23 février 2007 : responsabilité du président de la République (Haute Cour).
21. Loi constitutionnelle no 2007-239 du 23 février 2007 : interdiction de la peine de mort.
22. Loi constitutionnelle no 2008-103 du 4 février 2008 modifiant le titre XV de la Constitution : dispositions permettant de ratifier le traité de Lisbonne et rédaction visant à tenir compte de son entrée en vigueur.
23. Loi constitutionnelle no 2008-724 du 23 juillet 2008 de modernisation des institutions de la Ve République : réforme d'ensemble des institutions.

Le sens des révisions constitutionnelles et des projets de révision

253 Toutes les révisions, sauf celle du 6 novembre 1962 adoptée par la voie de l'article 11, l'ont été en vertu de l'article 89 de la Constitution, soit plus d'une vingtaine contre une cinquantaine environ en Allemagne fédérale. Une seule a concerné le Préambule de la Constitution (Charte de l'environnement du 1er mars 2005). Et des 92 articles initiaux, du texte de 1958, seulement 30 sont demeurés intacts. On notera simplement que l'accélération de leur nombre depuis les années 90 est due en particulier à l'approfondissement de la construction européenne, ou à d'autres engagements internationaux. Il s'agit aussi de contrer la jurisprudence du Conseil constitutionnel (comme en 1993 s'agissant du droit d'asile) ou plus simplement de la surmonter (en 1999 sur la question de la parité). Pour le reste, les révisions traduisent de nouveaux équilibres quant à la décentralisation et à l'outre-mer, sans compter avec la réforme même des institutions de la Ve République. La justice au sens large, souvent au cœur du débat public y occupe

une place significative qu'il s'agisse du Conseil supérieur de la magistrature (1993 et 2008), de la responsabilité pénale des ministres (en 1993), ou du statut pénal du chef de l'État (en 2007), et indirectement par la limitation de l'inviolabilité parlementaire (1995). Le mode de saisine Conseil constitutionnel est aussi au cœur des débats, qu'ils conduisent à un échec (1991) ou à de véritables succès (1974 et 2008). Le statut du chef de l'État, outre pénal, a conduit à plusieurs réformes concernant son élection qu'il s'agisse de questions techniques (1976) ou de sa durée (2000). S'agissant des réformes d'ensemble des institutions, on notera que le président de la République, par souci de présenter un texte plus ou moins consensuel, a fait appel à des commissions de réflexion composées de façon pluraliste de politiques, d'universitaires et de magistrats pour élaborer un premier projet – et non directement au Parlement (comité Vedel en 1993, comité Balladur en 2007, commission Jospin en 2012) ce qui a suscité sans doute la création à l'Assemblée nationale d'une nouvelle commission de réflexion (commission Bartolone en 2015).

L'échec des révisions est aussi significatif. Celles inabouties ont trouvé finalement une issue constitutionnelle même si elles ne sont pas toujours identiques au projet abandonné (réforme du CSM, saisine du Conseil constitutionnel *a posteriori*, quinquennat) et parfois remise encore en chantier (CSM en 2016). D'autres n'ont pas, de façon probablement définitive, trouvé de conclusion (élargissement du champ du référendum aux libertés publiques, ratification de la Charte des langues régionales, déchéance de nationalité, etc.). Enfin, la qualité de la rédaction des révisions s'est dégradée comme en témoigne la révision sur l'organisation décentralisée de la République au contenu lâche et parfois confus sans compter avec les boursouflures de la Charte de l'environnement.

Section 2
Le contournement de l'article 89, la procédure contestée de l'article 11

L'usage de l'article 11

254 Avant la révision constitutionnelle de 1995, l'article 11 énonçait que « *Le président de la République, sur proposition du gouvernement pendant la durée des sessions ou sur proposition conjointe des deux assemblées, publiées au* Journal officiel, *peut soumettre au référendum tout projet de loi portant sur l'organisation des pouvoirs publics [...] ou tendant à autoriser la ratification d'un traité qui, sans être contraire à la Constitution, aurait des incidences sur le fonctionnement des institutions* ».

C'est en 1962, à l'occasion du projet de révision relatif à l'élection du président de la République au suffrage universel proposé par le général de Gaulle, que fut pour la première fois utilisée, avec succès, cette procédure. C'est afin de contourner le veto du Sénat, institué par la procédure de l'article 89, que le chef de l'État décida de recourir directement au référendum, engageant sa responsabilité sur le texte. En 1969, il fit de même s'agissant d'un projet de révision créant les régions et transformant le Sénat – évidemment hostile – en chambre socioprofessionnelle, mais l'échec du référendum devait entraîner sa démission le 27 avril.

Les arguments en présence

255 La thèse dominante à l'époque dans la doctrine quasi unanime et peu suspecte dans son ensemble de séduction intellectuelle vis-à-vis du gaullisme, fut celle de l'inconstitutionnalité. De Gaulle disparu et, le mythe aidant, elle est aujourd'hui dans un état à peu près inverse, considérant au fond, que l'adhésion populaire à cette procédure aurait purgé le « vice » initial...

Une procédure concurrente

L'article 89 constitue à lui seul le titre XI de la Constitution d'alors intitulé « de la révision » ; il ne renvoie nullement à l'article 11 – et réciproquement – il est donc exclusif. En somme, pourquoi le constituant se serait-il donné la peine de prévoir un titre spécial consacré à la révision ? En 1962, c'est le professeur Lampué qui, dans la *Revue du droit public*, présenta l'argumentation la plus sérieuse en faveur de la constitutionnalité de la procédure.

Le premier argument tient au terme de « projet de loi » qui peut signifier loi ordinaire, organique mais aussi loi constitutionnelle. Ce raisonnement, en quelque sorte par l'absurde, veut simplement démontrer qu'en présence d'une disposition obscure, l'interprète est en droit de lui donner son plein effet : dès lors, l'article permet d'adopter toutes les lois, quelle que soit leur nature. Le deuxième argument lié au précédent est que l'article 11 est une procédure spéciale de révision des lois, alors qu'il existe les procédures « normales » de révision des lois ordinaires (Const., art. 45), organiques (Const., art. 46) et constitutionnelles (Const., art. 89). Et, à l'instar des articles 45 et 46 de la Constitution, l'article 89 ne précise pas qu'il joue de manière concurrente à l'article 11 qui y déroge implicitement. Enfin, était plaidé le fait que l'article 11 distingue clairement l'adoption des traités « contraires à la Constitution » qui doivent n'être ratifiés qu'après révision de la Constitution, des lois d'organisation des pouvoirs publics pour lesquelles cette réserve n'est pas faite : elles peuvent donc être « contraires » à la Constitution, c'est-à-dire la réviser.

On peut objecter en premier lieu à cette argumentation que l'idée d'une dérogation « implicite » opérée au bénéfice de l'article 11 est contredite par l'ancien article 85 qui prévoyait, pour les territoires d'outre-mer, deux procédures de révision constitutionnelle par dérogation – explicite – à l'article 89 : « *Par dérogation à la procédure prévue à l'article 89, les dispositions du présent titre qui concernent le fonctionnement des institutions communes sont révisées par des lois votées dans les mêmes termes par le Parlement de la République et par le Sénat de la Communauté. Les dispositions du présent titre peuvent être également révisées par accords conclus entre tous les États de la Commu-*

nauté ; les dispositions nouvelles sont mises en vigueur dans les conditions requises par la Constitution de chaque État ». En second lieu l'expression générique « projet de loi », sans précision, s'applique normalement aux lois ordinaires et organiques, non aux lois constitutionnelles puisque l'article 89 n'emploie pas cette expression mais celle de « projet de révision ». On ajoutera que la loi constitutionnelle du 25 février 1875 parfois invoquée par d'autres auteurs portait certes précisément l'intitulé de « loi relative à l'organisation des pouvoirs publics ». Cependant, les textes sur les pouvoirs publics ne sont pas obligatoirement adoptés dans la forme constitutionnelle mais aussi législative. Enfin, en admettant la dualité de procédure, le constituant aurait ainsi dispensé la procédure « parallèle » de l'article 11 des limites à la révision ; on pourrait certes soutenir que la souveraineté du peuple n'en connaît pas dans l'absolu. Mais ces limites procédurales sont aussi protectrices de l'expression libre de sa volonté dans la mesure où le peuple souverain lorsqu'il exerce le pouvoir constituant originaire est censé avoir accepté de se soumettre aux limitations qu'il a acceptées.

La thèse de la coutume

Cette thèse fut défendue par le doyen Vedel, en 1968, arguant, à la veille du référendum de 1969, que l'« inconstitutionnalité » de la procédure était désormais couverte par la coutume formée à l'occasion du référendum de 1962, approuvé par le peuple français et les acteurs politiques (les principaux opposants du général de Gaulle sur cette question – dont François Mitterrand – s'étant présentés à l'élection présidentielle de 1965 en reconnaissant ainsi implicitement la validité de la procédure). Il reste cependant contestable qu'une coutume puisse se former contre le texte écrit (*contra legem*, v. tome 1) et l'échec du référendum de 1969 fait en outre tomber, de l'avis même du Doyen, un de ses éléments constitutifs : la durée. Cependant, dans un entretien accordé à la revue *Pouvoirs*, François Mitterrand a admis en 1988, *a posteriori*, que « *l'usage établi et approuvé par le peuple* » autorisait l'utilisation de l'article 11.

Une controverse atténuée

256 Notons au préalable que le Conseil d'État, le 1er octobre 1962, donnait un avis négatif sur le recours à l'article 11. Il réitéra cette position dans son arrêt *Sarran* du 30 octobre 1998 dans un *obiter dictum* : « *Il ressort de ces dispositions que seuls les référendums par lesquels le peuple français exerce sa souveraineté soit en matière législative dans les cas prévus par l'article 11 soit en matière constitutionnelle comme le prévoit l'article 89 sont soumis au contrôle du Conseil constitutionnel.* »

L'incompétence du Conseil constitutionnel

Le Conseil constitutionnel, saisi en 1962, se déclara incompétent, refusant de contrôler la constitutionnalité des lois adoptées par référendum. Sa compétence étant strictement délimitée par la Constitution, le Conseil, « organe régulateur des pouvoirs publics », ne saurait contrôler les lois constituant l'expression directe de la souveraineté nationale (Cons. const., décis. n° 62-20 DC, 6 nov. 1962, *Loi relative à l'élection du président de la République au suffrage universel direct, adoptée par le référendum du 28 octobre 1962*). Par la suite, le Conseil constitutionnel, saisi d'un recours en inconstitutionnalité dirigé contre la loi autorisant la ratification du traité de Maastricht, s'est déclaré incompétent, considérant qu'« *au regard de l'équilibre des pouvoirs établi par la Constitution, les lois que celle-ci a entendu viser dans son article 61 sont uniquement les lois votées par le Parlement et non point celles qui, adoptées par le peuple français à la suite d'un référendum contrôlé par le Conseil constitutionnel au titre de l'article 60, constituent l'expression directe de la souveraineté nationale* » (Cons. const., décis. n° 92-313 DC, 23 sept. 1992, *Loi autorisant la ratification du traité sur l'Union européenne*). Dans le cadre du contrôle *a posteriori*, il a confirmé cette jurisprudence et a jugé qu'il n'y avait pas lieu pour lui de connaître de dispositions de la loi n° 88-1028 du 9 novembre 1988 adoptée par voie de référendum le 6 novembre 1988 (Cons. const., décis. n° 2014-392 QPC du 25 avril 2014, *Province Sud de Nouvelle-Calédonie [Loi adoptée par référendum - Droit du travail en Nouvelle-Calédonie]*).

Le monopole d'interprétation du chef de l'État

Ainsi, aucune autorité constitutionnelle n'est encore en mesure de juger de la constitutionnalité de cette procédure, ce qui a sans doute accentué la polémique, à l'époque, autour de son usage. Le chef de l'État demeure encore aujourd'hui maître, sur ce point, de l'interprétation de l'article.

En tout état de cause, en l'absence de sanction juridique de l'« inconstitutionnalité » présumée de l'usage de l'article 11 – sauf mise en jeu de la responsabilité du président dans le cadre de l'article 67 –, et nonobstant qu'en vertu de l'article 3 de la Constitution « *la souveraineté nationale appartient au peuple français qui l'exerce par la voie de ses représentants et celle du référendum* », l'interprétation du général de Gaulle s'impose et souligne que le droit constitutionnel demeure un droit de nature politique.

Les propositions de réforme

Rappelons que le comité consultatif pour la révision de la Constitution, présidé par le doyen Vedel, avait proposé en 1993, s'agissant de la révision de la Constitution, la possibilité de lever le veto du Sénat à une majorité qualifiée (« *Lorsque le projet ou la proposition de révision a été voté par les deux assemblées en termes identiques, la révision est définitive après avoir été approuvée par référendum. Lorsque, le projet ou la proposition n'a pas été voté en termes identiques après deux lectures par chaque assemblée, le président de la République peut soumettre au référendum le texte adopté à la majorité des 3/5es des suffrages exprimés par l'une ou l'autre des assemblées* »). S'agissant cette fois de l'article 11, le comité avait proposé d'une part d'élargir le champ du référendum « *aux garanties fondamentales des libertés publiques* », d'autre part l'institution d'un contrôle de constitutionnalité préalable de son objet par le Conseil constitutionnel – ce qui aurait exclu qu'il puisse être utilisé pour réviser la Constitution.

La révision constitutionnelle du 4 août 1995 n'a pas retenu ces principes et modifie sur deux points l'article 11. D'une part, elle élargit son champ d'application aux réformes relatives « *à la politique économique et sociale de la nation et aux services publics qui y concourent* ». D'autre part, le gouvernement – pour les projets de révision –, avant que le chef de l'État n'ait pris sa décision, doit faire une déclaration devant chaque chambre suivie d'un débat (sans vote). Cette révision écarte donc les libertés publiques en même temps qu'elle vise un domaine très large – et flou – concerné par les principes et règles de valeur constitutionnelle qui pourraient ainsi être remis en cause. La révision constitutionnelle du 23 juillet 2008 a élargi le champ de l'article 11 aux questions environnementales et institué un référendum d'initiative conjointe, mais le débat autour du périmètre législatif demeure, ce qui exclut toute consultation sur une « question de société » (v. Titre II, art. 11).

Bibliographie

CHAGNOLLAUD (D.), « Sherlock Holmes à la poursuite du pouvoir constituant, Après la décision n° 2003-469 DC du Conseil constitutionnel du 26 mars 2003 », *LPA* 20 oct. 2003, n° 209.

GENEVOIS (B.), « Les limites juridiques à l'intervention du pouvoir constituant », *RFDA* 1998, n° 5, p. 909.

LAMPUÉ (P.), « Le mode d'élection du président de la République et la procédure de l'article 11 », *RDP* 1962, p. 931 sq.

ANNEXES

§ 1. Le Préambule de la Constitution de 1958

On renverra pour chacun de ces textes à nos observations générales (v. ss 169 s.).

> **Préambule**
> *« Le peuple français proclame solennellement son attachement aux Droits de l'homme et aux principes de la souveraineté nationale tels qu'ils ont été définis par la Déclaration de 1789, confirmée et complétée par le préambule de la Constitution de 1946, ainsi qu'aux droits et devoirs définis dans la Charte de l'environnement de 2004.*
> *En vertu de ces principes et de celui de la libre détermination des peuples, la République offre aux territoires d'outre-mer qui manifestent la volonté d'y adhérer des institutions nouvelles fondées sur l'idéal commun de liberté, d'égalité et de fraternité et conçues en vue de leur évolution démocratique. »*

§ 2. La Déclaration des droits de l'homme et du citoyen (1789)

> *« Les représentants du peuple français, constitués en Assemblée nationale, considérant que l'ignorance, l'oubli ou le mépris des droits de l'homme sont*

> *les seules causes des malheurs publics et de la corruption des gouvernements, ont résolu d'exposer, dans une Déclaration solennelle, les droits naturels, inaliénables et sacrés de l'homme, afin que cette Déclaration, constamment présente à tous les membres du corps social, leur rappelle sans cesse leurs droits et leurs devoirs ; afin que les actes du pouvoir législatif, et ceux du pouvoir exécutif pouvant être à chaque instant comparés avec le but de toute institution politique, en soient plus respectés ; afin que les réclamations des citoyens, fondées désormais sur des principes simples et incontestables, tournent toujours au maintien de la Constitution, et au bonheur de tous. En conséquence, l'Assemblée nationale reconnaît et déclare, en présence et sous les auspices de l'Être Suprême, les droits suivants de l'homme et du citoyen.* »
> Déclaration des droits de l'homme et du citoyen.

La liberté et l'égalité

> **Article I :** « *Les hommes naissent et demeurent libres et égaux en droits. Les distinctions sociales ne peuvent être fondées que sur l'utilité commune.* »

257 Cet article général et générique pose le principe de la liberté et de l'égalité que l'on retrouve dans d'autres articles de la Déclaration. Par exemple, une distinction opérée de façon disproportionnée par rapport à l'utilité commune méconnaît la Constitution.

Les droits naturels et imprescriptibles de l'homme : liberté, propriété, sûreté et résistance à l'oppression

> **Article II :** « *Le but de toute association politique est la conservation des droits naturels et imprescriptibles de l'Homme. Ces droits sont la liberté, la propriété, la sûreté et la résistance à l'oppression.* »

258 Ces droits sont détaillés dans les autres articles de la Déclaration. Le recours par le Conseil constitutionnel à l'article 2 est rare et vise en particulier la question du commencement de la vie et celle du respect de la vie privée.

Le droit à la vie et la question de son commencement. « *Considérant que la loi déférée au Conseil constitutionnel n'admet qu'il soit porté atteinte au principe du respect de tout être humain dès le commencement de la vie, rappelé dans son article 1er, qu'en cas de nécessité et selon les conditions et limitations qu'elle définit* » (Cons. const., décis. n° 74-54 DC, 15 janv. 1975). Par ce considérant, le Conseil constitutionnel n'a pas pour autant reconnu de valeur constitutionnelle au droit à la vie dès la fécondation. Il existe cependant « *un droit à la vie de la personne humaine* » de valeur constitutionnelle qui se déduit notamment des « *droits naturels et imprescriptibles de l'Homme* » mentionnés à l'article 2 de la Déclaration de 1789, et notamment de la « sûreté », et aussi du 11e alinéa du Préambule de 1946 (« *La Nation garantit à tous, notamment à l'enfant [...] la protection de la santé* » ; v. Préambule de 1946). Quand commence-t-elle ? Avant la naissance ? La question n'a jamais été tranchée par le Conseil en l'absence de norme constitutionnelle explicite de référence. Il appartient donc au seul Parlement de dire quel est le seuil, au cours de la gestation, au-delà duquel il y a « *personne humaine* ».

Le droit au respect de la vie privée. Selon le Conseil constitutionnel, la liberté proclamée par l'article 2 de la Déclaration des droits de l'homme et du citoyen de 1789 implique le droit au respect de la vie privée (Cons. const., décis. n° 99-416 DC, 23 juill. 1999, *Loi portant création d'une couverture maladie universelle*). Il protège l'individu contre les intrusions au sein de la sphère intime de chacun (traitements de données à caractère personnel) et s'entend de la protection du secret médical, du secret fiscal ou du secret professionnel. Ce droit doit cependant être concilié avec la prévention des atteintes à l'ordre public ou la recherche des auteurs d'infractions (inviolabilité du domicile et d'interception des correspondances ; de vidéosurveillance, etc.). En l'état actuel de la jurisprudence, le droit au respect de la vie privée n'implique pas un droit d'accès aux origines, la Cour européenne des droits de l'homme ayant considéré ici que la France a fait légitimement usage « *d'une certaine marge d'appréciation pour décider des mesures propres à assurer la reconnaissance des droits garantis par la Convention à toute personne relevant de leur juridiction* » (CEDH 13 févr. 2003, n° 42326/98, *Odièvre c. France*).

La souveraineté nationale

> **Article III :** « *Le principe de toute Souveraineté réside essentiellement dans la Nation. Nul corps, nul individu ne peut exercer d'autorité qui n'en émane expressément.* »

259 On renverra à nos développements consacrés à ce thème. Le statut constitutionnel de la souveraineté nationale est réaffirmé en particulier à l'article 3 de la Constitution du 4 octobre 1958 et consacré par la jurisprudence du Conseil constitutionnel, s'agissant notamment des conditions essentielles d'exercice de la souveraineté nationale.

Le principe de liberté et ses corollaires

> **Article IV :** « *La liberté consiste à pouvoir faire tout ce qui ne nuit pas à autrui : ainsi, l'exercice des droits naturels de chaque homme n'a de bornes que celles qui assurent aux autres membres de la Société la jouissance de ces mêmes droits. Ces bornes ne peuvent être déterminées que par la Loi.* »

260 De la liberté de principe rattachée à l'article 4, le Conseil constitutionnel a déduit en particulier la valeur constitutionnelle de la liberté d'aller et de venir, de la liberté de mariage, de la liberté d'entreprendre, de la liberté contractuelle et du droit au maintien des conventions légales conclues ainsi que le principe de responsabilité.

La liberté d'aller et de venir

Dans sa décision n° 2005-532 DC du 19 janvier 2006 dite *Lutte contre le terrorisme*, le Conseil constitutionnel ne regarde plus la liberté d'aller et de venir comme une composante de la liberté individuelle en la rattachant, pour la première fois, aux articles 2 et 4 de la Déclaration des droits de l'homme et du citoyen de 1789, en écho tardif à la position du Tribunal des conflits dans sa célèbre décision *Eucat* du 9 juin 1986.

La liberté de mariage

La liberté du mariage est une des composantes de la liberté personnelle au titre des articles 2 et 4 de la Déclaration de 1789. Le législateur peut cependant prévoir des mesures de nature à lutter contre son détournement à d'autres fins, ainsi du mariage forcé (Cons. const., décis. n° 93-325 DC, 13 août 1993, *Maîtrise de l'immigration*).

La liberté d'entreprendre

Le Conseil constitutionnel affirme par un considérant traditionnel que « *la liberté d'entreprendre découle de l'article 4 de la Déclara-*

tion de 1789 ; qu'il est toutefois loisible au législateur d'apporter à cette liberté des limitations liées à des exigences constitutionnelles ou justifiées par l'intérêt général, à la condition qu'il n'en résulte pas d'atteintes disproportionnées au regard de l'objectif poursuivi » (Cons. const., décis. n° 2000-439 DC, 16 janv. 2001, *Loi relative à l'archéologie préventive*). Il reconnaît cependant une importante marge d'appréciation au législateur, le contrôle opéré se limitant le plus souvent à un contrôle de la disproportion manifeste au regard de l'intérêt général poursuivi (Cons. const., décis. n° 99-423 DC, 13 janv. 2000).

Liberté contractuelle et maintien de l'économie des conventions légalement conclues

Après avoir pendant longtemps dénié toute valeur constitutionnelle à la liberté contractuelle, le Conseil l'a consacrée (Cons. const., décis. n° 2008-568 DC, 7 août 2008, *Loi portant rénovation de la démocratie sociale et réforme du temps de travail*) en le rattachant à l'article 4 de la DDH mais uniquement pour les contrats de droit privé : le législateur doit justifier d'un motif d'intérêt général suffisant pour porter atteinte aux contrats légalement conclus sauf à méconnaître les exigences résultant de cet article mais aussi de l'article 16 de cette Déclaration.

Principe de responsabilité et de réparation

Le Conseil constitutionnel a considéré par sa décision du 22 octobre 1982 que « *nul n'ayant le droit de nuire à autrui, en principe tout fait quelconque de l'homme, qui cause à autrui un dommage, oblige celui par la faute duquel il est arrivé, à le réparer* » (Cons. const., décis. n° 82-144 DC, 22 oct. 1982, *Loi relative au développement des institutions représentatives du personnel*), conférant ainsi une portée constitutionnelle à l'article 1382 du Code civil. Il a aussi jugé que « *l'affirmation de la faculté d'agir en responsabilité met en œuvre l'exigence constitutionnelle posée par l'article 4 de la Déclaration de 1789, dont il résulte que tout fait quelconque de l'homme qui cause à autrui un dommage oblige celui par la faute duquel il est arrivé à le réparer* » (Cons. const., décis. n° 99-419 DC, 9 nov. 1999, *Loi relative au Pacs*). Cette protection constitutionnelle ne vaut qu'en matière de responsabilité pour faute. Pour autant, ce principe « *ne fait pas obstacle à ce que, en certaines matières, pour un motif d'intérêt général, le législateur aménage les conditions dans lesquelles la responsabilité peut être engagée* » (Cons. const., décis. n° 2005-522 DC, 22 juill. 2005 *Loi de sauvegarde des entreprises*). Plus récemment, il a apporté à cette règle une importante exception : si le législateur peut, pour un motif d'intérêt général, prévoir des exclusions ou limitations au principe de responsabilité, c'est à la « *condition qu'il n'en résulte une atteinte disproportionnée ni aux droits des victimes d'actes fautifs ni au droit à un recours juridictionnel effectif qui découle de l'article 16 de la Déclaration de 1789* » (Cons. const., décis. n° 2010-2 QPC, 11 juin 2010, *Vivianne L.*).

Le rôle de la loi

> **Article V** : « *La Loi n'a le droit de défendre que les actions nuisibles à la Société. Tout ce qui n'est pas défendu par la Loi ne peut être empêché, et nul ne peut être contraint à faire ce qu'elle n'ordonne pas.* »

261 De portée très générale, cet article n'a fait l'objet d'aucune décision significative du Conseil constitutionnel, ni été invoqué de façon spécifique par lui. Il a cependant écarté son application, au nom de la protection de l'ordre public, dans sa décision relative à la loi interdisant la dissimulation de visage dans l'espace public (Cons. const., décis. n° 2010-613 DC, 7 oct. 2010).

La loi expression de la volonté générale, le principe d'égalité

> **Article VI** : « *La Loi est l'expression de la volonté générale. Tous les Citoyens ont droit de concourir personnellement, ou par leurs Représentants, à sa formation. Elle doit être la même pour tous, soit qu'elle protège, soit qu'elle punisse. Tous les Citoyens étant égaux à ses yeux, sont également admissibles à toutes dignités, places et emplois publics, selon leur capacité, et sans autre distinction que celle de leurs vertus et de leurs talents* » (v. aussi Const., art. 1er).

262 Cet article comprend deux éléments distincts : la loi expression de la volonté générale et le principe d'égalité.

Le principe premier fonde notamment, avec l'article 3 de la Constitution, les exigences de clarté et de sincérité du débat parlementaire, on renverra sur ces points à nos observations précédentes (v. ss 21).

Le principe d'égalité

Cette question a déjà été étudiée précédemment, notamment, quant aux sources. On indiquera ici que des développements du principe :

Égalité devant le suffrage. Ce principe, dont découlent l'universalité et l'égalité du suffrage, relève de plusieurs normes constitutionnelles, en particulier de l'article 3 de la Constitution qui traite aussi des conditions de l'électorat et auquel on renverra (v. Const., titre I, art. 3).

Égalité des droits entre l'homme et la femme. Cette question relève également de plusieurs normes constitutionnelles de référence et on renverra à l'étude l'article 1er de la Constitution, s'agissant de sa dimension politique. L'article 1er de la Déclaration des droits de l'homme et du citoyen de 1789 dispose que : « *Les hommes naissent et demeurent libres et égaux en droits. Les distinctions sociales ne peuvent être fondées que sur l'utilité commune* » tandis qu'aux termes de son article 6, la loi « *doit être la même pour tous, soit qu'elle protège, soit qu'elle punisse. Tous les Citoyens étant égaux à ses yeux sont également admissibles à toutes dignités, places et emplois publics, selon leur capacité, et sans autre distinction que celle de leurs vertus et de leurs talents* ». Le 3e alinéa du Préambule de la Constitution du 27 octobre 1946 proclame que « *La loi garantit à la femme, dans tous les domaines, des droits égaux à ceux de l'homme* ». Enfin, en vertu de l'article 1er de la Constitution, la République assure l'égalité devant la loi de tous les citoyens sans distinction d'origine, le sexe, la race ou la religion. Il a fallu donc une dérogation constitutionnelle expresse pour permettre de favoriser la parité.

Égalité devant la justice. Le Conseil constitutionnel considère que le principe d'égalité devant la justice « *est inclus dans le principe d'égalité devant la loi proclamé dans la Déclaration des Droits de l'homme de 1789 et solennellement réaffirmé par le préambule* *de la Constitution* » (v. aussi Const., art. XVI ; décis. n° 75-56 DC, 23 juill. 1975). Le principe d'égalité suppose un égal accès à la justice (Cons. const., décis. n° 84-183 DC, 18 janv. 1985, *Redressement et liquidation judiciaires*). Il « *fait obstacle à ce que des citoyens se trouvant dans des conditions semblables et poursuivis pour les mêmes infractions soient jugés par des juridictions composées selon des règles différentes* ». Le « *droit d'exercer un recours effectif devant une juridiction* » est de même garanti (Cons. const., décis. n° 96-373 DC, 9 avr. 1996, *Autonomie de la Polynésie française I*) et « *découle* » de l'article 16 de la Déclaration des droits de l'homme et du citoyen (Cons. const., décis. n° 2000-437 DC, 19 déc. 2000, *Loi de financement de la sécurité sociale pour 2001*). L'égalité des justiciables devant le jugement suppose enfin que soient garanties l'indépendance et l'impartialité du tribunal (Cons. const., décis. n° 2001-445 DC, 19 juin 2001, *Conseil supérieur de la magistrature, Rec. Cons. const.* 2001, p. 63 et 20 févr. 2003, n° 2003-466 DC, *Juges de proximité*), ce en écho à l'article 6, § 1 de la Convention européenne des droits de l'homme, qui garantit à chacun « *le droit à ce que sa cause soit entendue équitablement* ». Le Conseil constitutionnel fait droit aux « *exigences constitutionnelles relatives au respect des droits de la défense et à l'existence d'une procédure juste et équitable, garantissant l'équilibre des droits des parties* » (Cons. const. décis. n° 98-408 DC, 22 janv. 1999, *Cour pénale internationale, Rec. Cons. const.* 1999, p. 29). Le principe d'égalité a aussi comme corollaire celui de gratuité de la justice, en droit national comme en droit européen.

Égalité devant la loi pénale. « *Le principe d'égalité devant la loi pénale, tel qu'il résulte de l'article 6 de la Déclaration des droits de l'homme et du citoyen de 1789, ne fait pas obstacle à ce qu'une différenciation soit opérée par la loi pénale entre agissements de nature différente* » (Cons. const., décis. n° 2010-612 DC, 5 août 2010). Par exemple, les crimes de guerre et les crimes contre l'humanité sont de nature différente : en portant de 10 à 30 ans le délai de prescription de l'action publique pour les crimes de guerre, alors que les crimes contre l'humanité sont imprescriptibles (C. pén., art. 213-5), le législateur n'a pas méconnu le principe d'égalité.

Égalité fiscale. Le principe d'égalité devant l'impôt comporte deux aspects : d'une part, le principe d'égalité devant la loi fiscale (Déclaration 1789, art. VI) et, d'autre part, le principe d'égalité devant les charges publiques apprécié au regard de la faculté contributive de chacun, ne pouvant ainsi revêtir un caractère confiscatoire (Déclaration 1789, art. XIII). Sur le principe d'égalité devant la loi garanti par l'article 6 de la Déclaration de 1789, le Conseil constitutionnel juge de façon constante « *que, d'une part, le principe ainsi énoncé n'interdit pas au législateur de mettre à la charge d'une ou plusieurs catégories socioprofessionnelles déterminées une certaine aide à une ou à plusieurs autres catégories socioprofessionnelles ; que, d'autre part, en vertu de l'article 34 de la Constitution, il appartient au législateur de déterminer, dans le respect des principes constitutionnels et compte tenu des caractéristiques de chaque impôt, les règles selon lesquelles doivent être appréciées les facultés contributives ; qu'en particulier, pour assurer le respect du principe d'égalité, il doit fonder son appréciation sur des critères objectifs et rationnels en fonction des buts qu'il se propose ; que, pour l'application du principe d'égalité devant l'impôt, la situation des redevables s'apprécie au regard de chaque imposition prise isolément ; que, dans chaque cas, le législateur doit, pour se conformer au principe d'égalité devant les charges publiques, fonder son appréciation sur des critères objectifs et rationnels ; que cette appréciation ne doit cependant pas entraîner de rupture caractérisée de l'égalité devant les charges publiques* » (pour une application, décis. n° 2011-148/154 QPC, 22 juill. 2011, *Bruno L. et a., Journée de solidarité*). Ainsi, en soumettant à une contribution exceptionnelle de solidarité les revenus des personnes physiques, sans tenir compte de l'existence du foyer fiscal, comme pour l'imposition de l'ensemble du revenu à l'impôt sur le revenu et la contribution exceptionnelle prévue à l'article 223 *sexies* du Code général des impôts, le législateur a méconnu l'exigence de prise en compte de facultés contributives. Ainsi, il a méconnu le principe d'égalité devant les charges publiques (Cons. const., décis. n° 2012-662 DC, 29 déc. 2012, *Loi de finances pour 2013*).

Égale admissibilité aux emplois publics. Le Conseil constitutionnel juge que « *le principe de l'égal accès des citoyens aux emplois publics, proclamé par l'article 6 de la Déclaration de 1789, impose que, dans les nominations de fonctionnaires, il ne soit tenu compte que de la capacité, des vertus et des talents* » (Cons. const., décis. n° 85-204 DC, 16 janv. 1986, *Loi portant diverses dispositions d'ordre social*, cons. 7 ; n° 82- 153 DC, 14 janv. 1983, *Loi relative au statut général des fonctionnaires*). Il en va de même de l'égalité de traitement dans le déroulement de la carrière des fonctionnaires d'un même corps (Cons. const., décis. n° 76-67 DC, 15 juill. 1976, *Statut général des fonctionnaires*).

Le principe de légalité des peines et des délits, le principe de nécessité des peines, le principe de la non-rétroactivité des peines, le respect des droits de la défense

> **Article VII** : « *Nul homme ne peut être accusé, arrêté, ni détenu que dans les cas déterminés par la Loi, et selon les formes qu'elle a prescrites. Ceux qui sollicitent, expédient, exécutent ou font exécuter des ordres arbitraires, doivent être punis ; mais tout Citoyen appelé ou saisi en vertu de la Loi doit obéir à l'instant : il se rend coupable par la résistance* ».

263 Si le Conseil constitutionnel a parfois rattaché le principe de légalité à l'article 7 de la Déclaration (Cons. const., décis. n° 98-408 DC, 22 janv. 1999), il le rattache principalement à l'article 8. Quant aux droits de la défense, ils sont rattachés principalement à l'article 16.

Le principe de légalité des peines et des délits

> **Article VIII** : « *La Loi ne doit établir que des peines strictement et évidemment nécessaires, et nul ne peut être puni qu'en vertu d'une Loi établie et promulguée antérieurement au délit, et légalement appliquée* ».

264 Selon une jurisprudence constante, le Conseil constitutionnel juge que « *le législateur tient de l'article 34 de la Constitution, ainsi que du principe de légalité des délits et des peines qui résulte de l'article 8 de la Déclaration des droits de l'homme et du citoyen de 1789, l'obligation de fixer lui-même le champ d'application de* *la loi pénale et de définir les crimes et délits en termes suffisamment clairs et précis* » (récemment, Cons. const. décis. n° 2012-240 QPC, 4 mai 2012). Il ne fait pas de doute que la matière pénale est à titre principal, sinon exclusif, du ressort du législateur, tandis que les contraventions, notamment, ressortissent du domaine réglementaire. Enfin, le corollaire du principe de légalité des peines est celui de clarté et de précision de la loi – l'intelligibilité – qui vaut pour toutes les lois de la République, mais ici avec une particulière acuité.

Le principe de nécessité des peines. L'article 8 de la Déclaration des droits de l'homme et du citoyen de 1789 dispose que « *la loi ne doit établir que des peines strictement et évidemment nécessaires* » mais il n'appartient pas au Conseil constitutionnel « *de substituer sa propre appréciation à celle du législateur en ce qui concerne la nécessité des peines attachées aux infractions définies par celui-ci* », dès lors que la loi n'est pas « *manifestement contraire* » à l'article 8 de la Déclaration. À l'inverse, l'obligation faite au législateur en vertu de l'article 8 « *de définir les infractions en termes suffisamment clairs et précis pour exclure l'arbitraire* » est assujettie à un contrôle normal (Cons. const., décis. n° 80-127 DC, 19 et 20 janv. 1981). À l'image du principe de non-rétroactivité, le principe de nécessité n'est pas étroitement cantonné au champ pénal, *stricto sensu*, mais vaut au-delà des peines prononcées par les juridictions répressives. Il vaut ainsi pour toute sanction ayant le caractère de punition (Cons. const., décis. n° 87-237 DC, 30 déc. 1987) et s'étend à la période de sûreté qui « *bien que relative à l'exécution de la peine, n'en relève pas moins de la décision de la juridiction de jugement qui, dans les conditions déterminées par la loi, peut en faire varier la durée en même temps qu'elle se prononce sur la culpabilité du prévenu ou de l'accusé* » (Cons. const., décis. 3 sept. 1986, n° 86-215 ; 20 janv. 1994, n° 93-334 DC). Enfin, le Conseil a donné valeur constitutionnelle au principe d'individualisation des peines qui « *découle de l'article 8 de la Déclaration des droits de l'homme et du citoyen de 1789* » (Cons. const., décis. n° 99-410 DC, 15 mars 1999).

La non-rétroactivité de la loi pénale. L'article 8 de la Déclaration de 1789 veut que « *les dispositions pénales (...) ne peuvent* *s'appliquer qu'aux faits commis après la date de promulgation de la loi* » (Cons. const., décis. n° 96-387 DC, 21 janv. 1997). Il s'applique uniquement aux peines et sanctions ayant le caractère d'une punition, non au champ de l'exécution des peines, sauf exception. Il symbolise à lui seul la finalité du principe de légalité pénale dont il est le corollaire : la règle pénale doit être prévisible et accessible afin d'exclure l'arbitraire dans la répression, qu'il s'agisse du prononcé des peines ou de la recherche des auteurs d'infractions.

Le principe vaut pour les autorités de nature non judiciaire comme les autorités indépendantes. Elles ne peuvent prononcer une sanction privative de liberté (Cons. const., décis. n° 89-260 DC, 28 juill. 1989, *Sécurité et transparence du marché financier*). Mais le Conseil constitutionnel est allé encore plus loin en 2009 au sujet de la loi sur la diffusion et la protection de la création sur Internet : la commission de protection des droits de la Hadopi était dotée de pouvoirs de sanction l'habilitant à restreindre ou à empêcher l'accès à Internet à des titulaires d'abonnement. Ces pouvoirs pouvaient donc conduire à restreindre l'exercice, par toute personne, de son droit de s'exprimer et de communiquer librement. Dans ces conditions, le législateur ne pouvait, quelles que soient les garanties encadrant le prononcé des sanctions, confier de tels pouvoirs à une autorité administrative dans le but de protéger les titulaires du droit d'auteur. Ces pouvoirs ne peuvent incomber qu'au juge : « *eu égard à la nature de la liberté garantie par l'article 11 de la Déclaration de 1789, le législateur ne pouvait, quelles que soient les garanties encadrant le prononcé des sanctions, confier de tels pouvoirs à une autorité administrative dans le but de protéger les droits des titulaires du droit d'auteur et des droits voisins* » (Cons. const., décis. n° 2009-580 DC, 10 juin 2009, *Diffusion et protection de la création sur Internet*).

Toutefois, le Conseil a conféré valeur constitutionnelle au principe de rétroactivité *in mitius*, en se fondant sur l'article 8 de la DDH (Cons. const., décis. n° 80-127 DC, 20 janvier 1981, *Sécurité et liberté*), tout en précisant par la suite sa jurisprudence : « *sauf à ce que la répression antérieure plus sévère soit inhérente aux règles auxquelles la loi nouvelle s'est substituée, le principe de nécessité des peines implique que la loi pénale plus douce soit rendue immédiatement applicable aux infractions commises avant son entrée en vigueur et n'ayant pas donné lieu à des condamnations passées en force de chose jugée* » (Cons. const., décis. n° 2010-74 QPC, 3 décembre 2010, *Rétroactivité de la loi pénale plus douce*).

La présomption d'innocence

> **Article IX** : « *Tout homme étant présumé innocent jusqu'à ce qu'il ait été déclaré coupable, s'il est jugé indispensable de l'arrêter, toute rigueur qui ne serait pas nécessaire pour s'assurer de sa personne doit être sévèrement réprimée par la loi* ».

265 De cet article, il résulte que la loi ne saurait, en principe, instituer de présomption de culpabilité en matière répressive. Cette question recouvre plus largement celle du caractère personnel et intentionnel de la faute : « *des articles 8 et 9 de la Déclaration des droits de l'homme et du citoyen (un principe) selon lequel nul n'est punissable que de son propre fait* » (Cons. const., décis. n° 98-411 DC, 16 juin 1999, *Loi portant diverses mesures relatives à la sécurité routière et aux infractions sur les agents des exploitants de réseau de transport public de voyageurs*). Pour autant, le Conseil constitutionnel considère que « *toutefois, à titre exceptionnel, de telles présomptions peuvent être établies, notamment en matière contraventionnelle, dès lors qu'elles ne revêtent pas de caractère irréfragable, qu'est assuré le respect des droits de la défense et que les faits induisent raisonnablement la vraisemblance de l'imputabilité* » (*ibid.*). Relèvent du domaine répressif toutes les sanctions, même non pénales, qui ont le caractère d'une punition. Dans le même esprit d'ouverture, la procédure dite de « plaider coupable » est constitutionnelle (*ibid.*). À l'inverse, dans sa récente décision du 10 juin 2009 (Cons. const., décis. n° 2009-580 DC, *Diffusion et protection de la création sur Internet*), il s'est montré plus sévère. Aux termes de la loi déférée, seul le titulaire du contrat d'abonnement à Internet pouvait faire l'objet des sanctions instituées. Pour s'exonérer, il lui incombait de produire des éléments de nature à établir que l'atteinte portée au droit d'auteur procédait de la fraude d'un tiers. En méconnaissance de l'article 9, selon le Conseil, la loi instituait ainsi, en opérant un renversement de la charge de la preuve, une présomption de culpabilité pouvant conduire à prononcer contre l'abonné des sanctions privatives ou restrictives du droit à s'exprimer et à communiquer librement.

La liberté d'opinion et de conscience

> **Article X** : « *Nul ne doit être inquiété pour ses opinions, même religieuses, pourvu que leur manifestation ne trouble pas l'ordre public établi par la loi* ».

266 Cet article très « balancé », ce qui rend son utilisation malaisée, est à rapprocher de l'alinéa 5 du Préambule de 1946 en tant qu'il interdit toute discrimination. Le Conseil a reconnu la liberté de conscience comme principe fondamental reconnu par les lois de la République : « *Considérant, d'autre part, qu'aux termes de l'article 10 de la Déclaration des droits de l'homme et du citoyen de 1789 "Nul ne doit être inquiété pour ses opinions, même religieuses, pourvu que leur manifestation ne trouble pas l'ordre public établi par la loi" ; que le Préambule de la Constitution de 1946 rappelle que "Nul ne peut être lésé dans son travail ou son emploi en raison de ses origines, de ses opinions ou de ses croyances" ; que la liberté de conscience doit donc être regardée comme l'un des principes fondamentaux reconnus par les lois de la République* » (Cons. const., décis. n° 77-87 DC, 23 nov. 1977, *Liberté de l'enseignement*). Il a donné lieu à une jurisprudence peu abondante, ou simplement aboutissant sur son fondement propre à une censure, d'autant qu'il est aussi à rapprocher, outre du Préambule de 1946, de la liberté d'expression consacrée par l'article 11 de la DDH qui la nourrit principalement.

La liberté de communication et la liberté d'expression

> **Article XI** : « *La libre communication des pensées et des opinions est un des droits les plus précieux de l'Homme : tout citoyen peut donc parler, écrire, imprimer librement, sauf à répondre de l'abus de cette liberté dans les cas déterminés par la loi* ».

267 La liberté de communication consiste dans la liberté de diffuser des idées ou des opinions, tandis que la liberté d'expression consiste dans le fait de les émettre. La nuance est importante pour distinguer les moyens de la diffusion et de la réception (la communication) et le contenu du message (l'opinion), même si ces éléments sont peu dissociables en pratique.

La liberté de communication. Le principe de la protection constitutionnelle de la liberté de communication a été affirmé pour la première fois dans la décision n° 82-141 DC du 27 juillet 1982, relative à la loi sur la communication audiovisuelle sur le fondement de l'article 11 de la DDH : « *il appartient au législateur de concilier, en l'état actuel des techniques et de leur maîtrise, l'exercice de la liberté de communication telle qu'elle résulte de l'article 11 de la Déclaration des droits de l'homme, avec, d'une part, les contraintes techniques inhérentes aux moyens de la communication audiovisuelle, et, d'autre part, les objectifs de valeur constitutionnelle que sont la sauvegarde de l'ordre public, le respect de la liberté d'autrui et la préservation du caractère pluraliste des courants d'expression socioculturels auquel ces modes de communication, par leur influence considérable, sont susceptibles de porter atteinte* ». Cette liberté n'est cependant ni générale ni absolue, et elle ne peut exister que dans le cadre d'une réglementation instituée par la loi. Ainsi, dans la décision n° 86-217 DC du 18 septembre 1986, sur la loi relative à la liberté de communication, il a précisé qu'il « *est loisible au législateur de soumettre le secteur privé de la communication audiovisuelle à un régime d'autorisation administrative, sous réserve d'assurer la garantie des objectifs à valeur constitutionnelle avec lesquels cette liberté doit être conciliée* ». Sur le fondement de la liberté de la communication, le Conseil constitutionnel a dégagé le droit à la communication ou à l'information en vertu duquel les récepteurs doivent être à même de disposer librement d'informations et de programmes. De ce droit accordé aux récepteurs des informations ou des messages découle l'obligation de garantir le pluralisme qui s'impose au législateur, à ceux qui exercent la liberté et à ceux qui surveillent son exercice : « *le pluralisme des courants d'expression socioculturels est en lui-même un objectif à valeur constitu-*

tionnelle ; que le respect de ce pluralisme est une des conditions de la démocratie » (Cons. const., décis. n° 86-217 DC, 18 sept. 1986). Cette jurisprudence a été consacrée par la révision constitutionnelle du 23 juillet 2008 : l'expression pluraliste des opinions a été inscrite à l'alinéa 3 de l'article 4 de la Constitution et prolongée par un ajout à l'article 34, élargissant la compétence du législateur devant désormais « *fixer les règles concernant la liberté, le pluralisme et l'indépendance des médias* ». Cet ajout est sans doute superflu sur le plan constitutionnel, mais loin d'être inutile sur le plan administratif : tout simplement parce qu'elle a permis au juge administratif de fonder, en l'absence de « loi-écran » (le juge administratif ne peut vérifier la constitutionnalité d'un acte réglementaire conforme à une loi), de contrôler la constitutionnalité d'un acte réglementaire sur le fondement du nouvel article 34-1, comme en témoigne la jurisprudence du Conseil d'État, tant dans un arrêt de 2009 – « *les interventions du président de la République doivent désormais être prise en compte dans "l'appréciation du respect du pluralisme politique par les médias audiovisuels"* » (8 avr. 2009, *Hollande et Mathus*) –, que dans un arrêt du 11 février 2010 (*Mme B.*) par lequel Conseil d'État annule la lettre de la ministre de la Culture enjoignant la société France Télévisions de supprimer toute publicité entre 22 heures et 6 heures : « *Que l'indépendance des médias, faisant partie des éléments ajoutés à l'article 34 C, rend ainsi le législateur compétent en ce domaine, et exclu toute intervention du pouvoir exécutif en ce domaine, aucune disposition législative ne limitant la commercialisation des espaces publicitaires à la disposition de France télévision. Les nouvelles règles de commercialisation des espaces publicitaires affectent la garantie des ressources de la société, lesquelles constituent un élément essentiel pour assurer la réalisation des missions de service public* ».

La jurisprudence du Conseil a enfin concerné les dispositions législatives relatives aux médias, à la presse et à l'audiovisuel, le citoyen étant récepteur d'information. Compte tenu du rôle que joue Internet dans l'accès à celle-ci, la protection constitutionnelle de la liberté de communication et d'expression s'applique également à lui (Cons. const., décis. 10 juin 2009, n° 2009-580 DC).

La liberté d'expression. La protection constitutionnelle de la liberté d'expression se fonde aussi sur l'article 11 de la Déclaration de 1789. Le Conseil constitutionnel ajoute qu'il s'agit là d'une liberté fondamentale qui est, suivant un considérant de principe, « *d'autant plus précieuse que son exercice est une condition de la démocratie et l'une des garanties du respect des autres droits et libertés* » et « *que les atteintes portées à l'exercice de cette liberté doivent être nécessaires, adaptées et proportionnées à l'objectif poursuivi* », rejoignant ainsi la jurisprudence de la Cour européenne des droits de l'homme. En effet, la liberté d'expression, au sens de la Convention, comporte des droits et des responsabilités et peut-être soumise à des limitations prévues par la loi, mais ces limitations doivent viser un des buts légitimes limitativement énumérés à la fin de l'article 10 de la CEDH : « *Toute personne a droit à la liberté d'expression. Ce droit comprend la liberté d'opinion et la liberté de recevoir ou de communiquer des informations ou des idées sans qu'il puisse y avoir ingérence d'autorités publiques et sans considération de frontière. Le présent article n'empêche pas les États de soumettre les entreprises de radiodiffusion, de cinéma ou de télévision à un régime d'autorisations* ».

La nécessité d'une force publique

> **Article XII** : « *La garantie des droits de l'Homme et du Citoyen nécessite une force publique : cette force est donc instituée pour l'avantage de tous, et non pour l'utilité particulière de ceux auxquels elle est confiée* ».

268 Cet article est à rapprocher de l'article 16 et trouve son prolongement dans l'article 13. La force publique doit être entendue comme l'ensemble des services de l'État, civils et militaires, qui sont chargés du maintien de l'ordre, de la sécurité et de l'exécution des lois. Ce recours à la contrainte est inhérent à l'État de droit et son emploi doit être proportionné au trouble à l'ordre public. Pour autant, cet article en tant que tel, n'est pas le support de décisions significatives du Conseil constitutionnel.

Égalité devant les charges publiques et devant l'impôt

> **Article XIII** : « *Pour l'entretien de la force publique, et pour les dépenses d'administration, une contribution commune est indispensable : elle doit être également répartie entre tous les citoyens, en raison de leurs facultés* ».

269 Le Conseil constitutionnel se fonde tant sur les exigences de l'article 13 de la Déclaration de 1789 relatives à l'égalité devant l'impôt que sur les dispositions de l'article 34 de la Constitution qui fonde la compétence du législateur en matière fiscale pour en déduire le considérant de principe suivant : « *que, conformément à l'article 34 de la Constitution, il appartient au législateur de déterminer, dans le respect des principes constitutionnels et compte tenu des caractéristiques de chaque impôt, les règles selon lesquelles doivent être appréciées les facultés contributives des redevables* » (Cons. const., décis. 30 déc. 1981, n° 81-133 DC, *Loi de finances pour 1982*). Le Conseil s'assure que l'imposition qu'il examine prend en compte la faculté contributive des contribuables de telle sorte qu'elle n'ait pas un caractère confiscatoire : « *Considérant qu'aux termes de l'article 13 de la Déclaration de 1789 : "Pour l'entretien de la force publique, et pour les dépenses d'administration, une contribution commune est indispensable : elle doit être également répartie entre tous les citoyens, en raison de leurs facultés" ; que cette exigence ne serait pas respectée si l'impôt revêtait un caractère confiscatoire ou faisait peser sur une catégorie de contribuables une charge excessive au regard de leurs facultés contributives ; qu'en vertu de l'article 34 de la Constitution, il appartient au législateur de déterminer, dans le respect des principes constitutionnels et compte tenu des caractéristiques de chaque impôt, les règles selon lesquelles doivent être appréciées les facultés contributives ; qu'en particulier, pour assurer le respect du principe d'égalité, il doit fonder son appréciation sur des critères objectifs et rationnels en fonction des buts qu'il se propose ; que cette appréciation ne doit cependant pas entraîner de rupture caractérisée de l'égalité devant les charges publiques* » (Cons. const., décis. n° 2012-662 DC, 29 déc. 2012, *Loi de finances pour 2013*).

Nécessité de l'impôt et consentement à celui-ci

> **Article XIV** : « *Tous les Citoyens ont le droit de constater, par eux-mêmes ou par leurs représentants, la nécessité de la contribution publique, de la consentir librement, d'en suivre l'emploi et d'en déterminer la quotité, l'assiette, le recouvrement et la durée* ».

270 La nécessité de l'impôt fait peu l'objet de décisions du Conseil constitutionnel, qui s'appuie en la matière sur l'article 13 de la Déclaration. Il en va autrement du consentement à la contribution publique, puisque cette prérogative du Parlement est intrinsèquement liée à la fondation de la démocratie. Pour autant, le Conseil constitutionnel l'analyse comme un droit garanti par la Constitution, non au bénéfice des citoyens, mais au bénéfice des parlementaires, ce qui est étonnant. Ainsi, il considère que le principe du consentement à l'impôt, proclamé par l'article 14 de la Déclaration de 1789, est respecté dès lors que le Parlement a été clairement informé des motifs des dispositions fiscales et y a librement consenti par son vote (Cons. const., décis. n° 2001-453 DC, 18 déc. 2001, *Loi de financement de la sécurité sociale pour 2002*). Prolongement de la règle de compétence fixée à son article 34 « *les dispositions de l'article XIV sont mises en œuvre par l'article 34 de la Constitution et n'instituent pas un droit ou une liberté qui puisse être invoqué, à l'occasion d'une instance devant une juridiction à l'appui d'une question prioritaire de constitutionnalité sur le fondement de l'article 61-1 de la Constitution* » (Cons. const., décis. n° 2010-5 QPC, 18 juin 2010, *Snc, Kimberly Clark*). Cet article est aussi conjointement invoqué avec l'article 15 par le Conseil constitutionnel pour justifier le principe de sincérité des lois de règlement et l'exigence constitutionnelle de bon emploi des deniers publics.

Le principe de sincérité des lois de finances et l'exigence constitutionnelle de bon emploi des deniers publics

> **Article XV** : « *La société a le droit de demander compte à tout agent public de son administration* ».

271 Très peu utilisé par la jurisprudence du Conseil constitutionnel, cet article fonde néanmoins le principe de sincérité budgétaire dégagé pour les lois de finances (Cons. const., décis. n° 93-320 DC 21 juin 1993) et les lois de financement de la sécurité sociale (n° 99-422 DC, 21 déc. 1999) avant qu'il ne soit expressément consacré par la loi organique du 1er août 2001 relative aux lois de finances (LOLF) et la loi organique n° 2005-881 du 2 août 2005 relative aux lois de financement de la sécurité sociale. Il découle de l'article 15 mais aussi de l'article 14 : le bon emploi des deniers publics est une exigence constitutionnelle (Cons. const., décis. n° 2009-575 DC, 12 févr. 2009, *Loi pour l'accélération des programmes de construction et d'investissement publics et privés*).

La garantie des droits et la séparation des pouvoirs

> **Article XVI** : « *Toute société dans laquelle la garantie des droits n'est pas assurée, ni la séparation des pouvoirs déterminée, n'a point de Constitution* ».

272 Cette formule signifie simplement *a contrario* que « *Le despotisme du gouvernement selon les caprices se définit donc par l'absence de séparation des pouvoirs, c'est-à-dire le système dans lequel celui qui exécute la loi peut aussi la faire ou la refaire, selon les circonstances. Le despotisme n'est pas seulement un système dans lequel il y a un despote unique et le régime dans lequel on serait soumis à une multitude de juges qui feraient autre chose qu'appliquer les lois serait, selon cette conception un régime despotique* » (Michel Troper). Si le Conseil constitutionnel prend appui de plus en plus largement sur cet article, assez commode par sa généralité, il convient de distinguer ses deux aspects, l'un tenant à la séparation des pouvoirs, entendue comme une répartition des compétences entre les organes constitutionnels, et l'autre tenant à la garantie des droits, sur laquelle on insistera tout particulièrement, même si l'un est le corollaire de l'autre, étant les deux facettes du même État de droit.

La séparation des pouvoirs

La répartition des compétences normatives entre le président de la République, le gouvernement et le Parlement. La séparation des pouvoirs s'entend comme la répartition des compétences normatives entre le gouvernement et le Parlement : « *Considérant qu'aux termes de l'article 16 de la Déclaration de 1789 : "Toute société dans laquelle la garantie des droits n'est pas assurée, ni la séparation des pouvoirs déterminée, n'a point de Constitution" ; que la Constitution attribue au gouvernement, d'une part, et au Parlement, d'autre part, des compétences qui leur sont propres* » (Cons. const., décis. n° 2009-577 DC, 3 mars 2009 *Loi relative à la communication audiovisuelle et au nouveau service public de la télévision*). Sur le fondement des articles 16 de la Déclaration et 5 de la Constitution, le Conseil constitutionnel a jugé, dans la décision n° 2011-192 QPC du 10 novembre 2011, que « *le principe de la séparation des pouvoirs s'applique à l'égard du président de la République et du gouvernement* ».

La compétence du législateur . Le Conseil constitutionnel veille à ce que le législateur ne prenne pas des dispositions portant atteinte à la séparation des pouvoirs. Il a ainsi censuré, dans la décision n° 2009-577 DC du 3 mars 2009, une disposition législative instituant un droit de veto du Parlement sur la révocation des présidents des sociétés de programme, ce qui empiétait sur les prérogatives du pouvoir exécutif. De même, dans sa décision n° 2009-579 DC du 9 avril 2009, le Conseil constitutionnel a censuré l'injonction faite au gouvernement d'informer le Parlement sur les orientations principales et le délai prévisionnel de publication des dispositions réglementaires qu'il doit prendre. Cette disposition méconnaissait ainsi « *le principe de séparation des compétences du pouvoir législatif et du pouvoir réglementaire* ». Enfin, au nom de la séparation des pouvoirs, il a censuré les dispositions législatives par lesquelles le Parlement fixait le traitement du président de la République et du Premier ministre (Cons. const., décis. n° 2012-654 DC, 9 août 2012, *Loi de finances rectificative pour 2012*).

Séparation entre le pouvoir juridictionnel et le pouvoir exécutif. Toute décision de justice a force exécutoire. Si la force publique est requise, elle doit prêter main-forte à cette exécution. Ainsi une disposition qui conditionne cette exécution à l'accomplissement de diligences de l'administration est contraire à la Constitution

« *Considérant que toute décision de justice a force exécutoire ; qu'ainsi, tout jugement peut donner lieu à une exécution forcée, la force publique devant, si elle y est requise, prêter main-forte à cette exécution ; qu'une telle règle est le corollaire du principe de la séparation des pouvoirs énoncé à l'article 16 de la Déclaration des droits de l'homme et du citoyen* » (Cons. const., décis. n° 98-403 DC, 29 juill. 1998, *Loi d'orientation relative à la lutte contre les exclusions*).

L'autonomie financière des pouvoirs publics. La séparation des pouvoirs implique le respect de l'autonomie financière des pouvoirs publics : « *qu'une mission spécifique regroupe les crédits des pouvoirs publics, chacun d'entre eux faisant l'objet d'une ou plusieurs dotations* » ; que ce dispositif assure la sauvegarde du principe d'autonomie financière des pouvoirs publics concernés, lequel relève du respect de la séparation des pouvoirs (Cons. const., décis. n° 2001-448 DC, 25 juill. 2001, *Loi organique relative aux lois de finances*) ainsi que « *la règle selon laquelle les pouvoirs publics constitutionnels déterminent eux-mêmes les crédits nécessaires à leur fonctionnement* » (Cons. const., décis. n° 2001-456 DC, 27 déc. 2001).

L'autonomie des assemblées. Ce principe leur garantit l'exercice de leur mission constitutionnelle, en toute indépendance (v. notamment décis. n° 2011-129 QPC, 13 mai 2011).

L'indépendance des juridictions administratives et judiciaires. Du principe de séparation des pouvoirs, le Conseil constitutionnel a déduit l'indépendance des juridictions administratives – dont la Cour des comptes – et judiciaires (Cons. const., décis. n° 80-119 DC, 22 juill. 1980, *Loi portant validation d'actes administratifs*), consacrée par un considérant de principe « *que l'article 16 de la Déclaration de 1789 et l'article 64 de la Constitution garantissent l'indépendance des juridictions ainsi que le caractère spécifique de leurs fonctions, sur lesquelles ne peuvent empiéter ni le législateur, ni le gouvernement, non plus qu'aucune autorité administrative* » (Cons. const., décis. n° 2008-562 DC, 21 févr. 2008, *Loi relative à la rétention de sûreté et à la déclaration d'irresponsabilité pénale pour cause de trouble mental*). Au préalable, c'est en vertu de la « *conception française de la séparation des pouvoirs* » qu'est rangée au nombre des principes fondamentaux reconnus par les lois de la République, la compétence exclusive de la juridiction administrative pour connaître « *des décisions prises, dans l'exercice des prérogatives de puissance publique, par les autorités exerçant le pouvoir exécutif, leurs agents, les collectivités territoriales de la République ou les organismes publics placés sous leur autorité ou leur contrôle* » (Cons. const., décis. n° 86-224 DC, 23 janv. 1987). Cette indépendance vaut évidemment pour la juridiction constitutionnelle (Cons. const., décis. n° 2008-566 DC, 9 juill. 2008, *Loi organique relative aux archives du Conseil constitutionnel*). Enfin, le Conseil constitutionnel utilise par ailleurs la séparation des pouvoirs pour s'assurer que l'autorité judiciaire peut accomplir sa mission. Il censure une loi de validation qui porte atteinte à ce principe et au droit à un recours juridictionnel effectif (Cons. const., décis. n° 2010-100 QPC, 11 févr. 2011, *Alban Salim B., Concession du Stade de France*).

La garantie des droits

Sans être exhaustif, elle englobe aujourd'hui, notamment sous l'influence de la jurisprudence de la Cour européenne des droits de l'homme, un ensemble très large de droits et libertés, déduits par la jurisprudence du Conseil constitutionnel : le droit à un recours effectif, les droits de la défense (Cons. const., décis. n° 2006-535 DC, 30 mars 2006, *Loi pour l'égalité des chances*), le droit à procès équitable (Cons. const., décis. n° 2006-540 DC, 27 juill. 2006, *Loi relative au droit d'auteur et aux droits voisins dans la société de l'information*), l'impartialité et l'indépendance des juridictions (Cons. const., décis. n° 2006-545 DC, 28 déc. 2006, *Loi pour le développement de la participation et de l'actionnariat salarié et portant diverses dispositions d'ordre économique et social*).

Le droit à un recours juridictionnel effectif. Il a été consacré dans plusieurs décisions depuis 1996, en particulier dans la décision n° 99-416 DC du 23 juillet 1999, aux termes de laquelle il ne doit pas « *être porté d'atteintes substantielles au droit des personnes intéressées d'exercer un recours effectif devant une juridiction* ».

Droits de la défense et procès équitable. Le principe du respect des droits de la défense, corollaire du droit au recours juridictionnel, a d'abord été considéré par le Conseil constitutionnel comme un principe fondamental reconnu par les lois de la République (Cons. const., décis. n° 76-70 DC, 2 déc. 1976), le procès équitable étant une garantie du respect des droits de la défense. Ce principe est aussi, rappelons-le, inspiré de la jurisprudence de la Cour européenne des droits de l'Homme relative au droit à un procès équitable et à l'égalité des armes. Dans cet esprit et afin de lui trouver un fondement constitutionnel, il a été rattaché explicitement à l'article 16 de la DDH en 2006 (Cons. const., décis. n° 2006-535, 30 mars 2006, *Loi pour l'égalité des chances*).

Garantie des droits et lois de validation.

L'article 16 de la Déclaration fonde le contrôle du Conseil constitutionnel en matière de validation législative : « *La validation législative tend à soustraire au risque d'annulation par le juge un acte ou une série d'actes qui sont généralement des actes administratifs. Elle a pour caractéristique d'avoir une portée rétroactive, ce qui la rend suspecte de porter atteinte à la sécurité juridique et a conduit le Conseil constitutionnel à définir un ensemble de critères à l'aune desquels la mesure de validation est appréciée. La jurisprudence du juge constitutionnel, et encore davantage celles du Conseil d'État et de la Cour de cassation, influencées par la jurisprudence de la Cour européenne des droits de l'homme, ont évolué dans le sens d'une plus grande fermeté* » (*Rapport du service des études juridiques*, Sénat, 2006). Elle doit être motivée par un intérêt général suffisant et respecter les décisions de justice ayant force de chose jugée. Par une décision n° 99-422 DC du 21 décembre 1999, il a adapté sa jurisprudence dans le sens de celle de la CESDH, en estimant que « *si le législateur peut, dans un but d'intérêt général suffisant valider un acte dont le juge administratif est saisi, afin de prévenir les difficultés qui pourraient naître de son annulation, c'est à la condition de définir strictement la portée de cette validation, eu égard à ses effets sur le contrôle de la juridiction saisie ; qu'une telle validation ne saurait avoir pour effet, sous peine de méconnaître le principe de la séparation des pouvoirs et le droit à un recours juridictionnel effectif, qui découlent de l'article 16 de la Déclaration des droits de l'homme et du citoyen, d'interdire tout contrôle juridic-*

tionnel de l'acte validé quelle que soit l'illégalité invoquée par les requérants ». Le Conseil constitutionnel, comme la Cour européenne des droits de l'homme, exerce depuis lors un contrôle de proportionnalité entre l'intérêt général invoqué à l'appui de la validation et l'atteinte portée au droit au recours et au principe de la séparation des pouvoirs. Dans sa décision n° 2013-366 QPC du 14 février 2014, le Conseil constitutionnel a modifié son considérant de principe sur le contrôle des lois de validation, qui reste fondé sur l'article 16 de la Déclaration de 1789, remplaçant la référence à un « *intérêt général suffisant* » par la référence à l'exigence que l'atteinte aux droits des personnes résultant de la loi de validation soit justifiée par un « *motif impérieux d'intérêt général* ». Ainsi, le contrôle des lois de validation qu'il assure sur le fondement de l'article 16 de la Déclaration de 1789 a la même portée que le contrôle assuré sur le fondement des exigences qui résultent de la CESDH.

Garantie des droits et lois modifiant les situations acquises ou en cours

Le Conseil a jugé qu'« *il est à tout moment loisible au législateur, statuant dans le domaine de sa compétence, de modifier des textes antérieurs ou d'abroger ceux-ci en leur substituant, le cas échéant, d'autres dispositions ; que, ce faisant, il ne saurait toutefois priver de garanties légales des exigences constitutionnelles ; qu'en particulier, il méconnaîtrait la garantie des droits proclamée par l'article 16 de la Déclaration de 1789 s'il portait aux situations légalement acquises une atteinte qui ne soit justifiée par un motif d'intérêt général suffisant* » (Cons. const., décis. n° 2010-2 QPC, 11 juin 2010, *Viviane L.* ; v. aussi art. IV). Dans le même esprit, le législateur ne saurait porter aux contrats légalement conclus une atteinte qui ne soit justifiée par un motif d'intérêt général suffisant sans méconnaître les exigences résultant des articles 4 et 16 de la Déclaration de 1789 ainsi que celles relatives, s'agissant de la participation des travailleurs, à la détermination collective de leurs conditions de travail, du 8e alinéa du Préambule de la Constitution de 1946 (Cons. const., décis. n° 2002-465 DC, 13 janv. 2003, *Loi relative aux salaires, au temps de travail et au développement de l'emploi*).

Le droit de propriété

> **Article XVII** : « *La propriété étant un droit inviolable et sacré, nul ne peut en être privé, si ce n'est lorsque la nécessité publique, légalement constatée, l'exige évidemment, et sous la condition d'une juste et préalable indemnité* » (v. aussi Préambule 1946, al. 9).

273 Le droit de propriété trouve ses racines dans la Déclaration des droits de l'homme et du citoyen (art. 2 et 17) et a été consacré par le Conseil constitutionnel (Cons. const., décis. nº 81-132 DC, 16 janv. 1982, *Nationalisations*). S'appuyant sur l'article 2 de la Déclaration – et pas seulement sur son article 17 – le Conseil constitutionnel l'a placé « *au nombre des droits naturels et imprescriptibles de l'Homme dont la conservation constitue l'un des buts de la société politique* » (avec la liberté, la sûreté et la résistance à l'oppression). Autrement dit : « *Considérant que la propriété figure au nombre des droits de l'homme consacrés par les articles 2 et 17 de la Déclaration de 1789 ; qu'aux termes de son article 17 : "La propriété étant un droit inviolable et sacré, nul ne peut en être privé, si ce n'est lorsque la nécessité publique, légalement constatée, l'exige évidemment, et sous la condition d'une juste et préalable indemnité" ; qu'en l'absence de privation du droit de propriété, il résulte néanmoins de l'article 2 de la Déclaration de 1789 que les limites apportées à son exercice doivent être justifiées par un motif d'intérêt général et proportionnées à l'objectif poursuivi* » (Cons. const., décis. nº 2010-60 QPC, 12 nov. 2010, *Pierre B.*, mur mitoyen ; nº 2011-172 QPC, 23 sept. 2011, *Époux L. et a., [accès aux propriétés privées pour l'étude des projets de travaux publics]*). Le contrôle opéré par le Conseil se fonde ainsi sur les articles 17 et 2 de la Déclaration de 1789 : sur le premier, en cas de privation ou de dénaturation du droit de propriété ; et sur le second, en l'absence d'une telle privation, lorsque sont apportées des limites à l'exercice de ce droit (création d'une servitude par exemple) dans le cadre d'un contrôle restreint tendant... vers le contrôle normal comme semble l'indiquer le considérant précité.

§ 3. Le Préambule de 1946

Le droit à la dignité de la personne humaine, principe à valeur constitutionnelle déduit du préambule

> *« Au lendemain de la victoire remportée par les peuples libres sur les régimes qui ont tenté d'asservir et de dégrader la personne humaine, le peuple français proclame à nouveau que tout être humain, sans distinction de race, de religion ni de croyance, possède des droits inaliénables et sacrés (...). »*

274 La notion de dignité humaine est consacrée par Déclaration universelle des droits de l'homme du 10 décembre 1948 (art. 1er, 22 et 23). S'appuyant sur l'article 3 de la Convention EDH, la Cour européenne des droits de l'homme indique que l'être humain a droit à la dignité et que l'on ne peut le soumettre à des actes de torture ou de barbarie (CEDH 27 août 1992, *Tomasi c. France*). Le Pacte international des droits civils et politiques, signé à New York en 1966, qui reprend son préambule, la consacre à son article 10. Le Conseil d'État, dans un arrêt célèbre, a approuvé l'interdiction d'un spectacle de lancer de nain au motif : « *que l'attraction de "lancer de nains", consistant à faire lancer un nain par des spectateurs, conduit à utiliser comme un projectile une personne affectée d'un handicap physique et présentée comme telle. Une attraction de ce type a été regardée comme portant atteinte, par son objet même, à la dignité de la personne humaine* » (CE, 27 oct. 1995, *Cne de Morsang-sur-Orge*).

À l'occasion du contrôle des lois sur la bioéthique qui lui avaient été déférées en 1994, le Conseil constitutionnel s'est fondé sur la première phrase du préambule de 1946 pour trouver un rattachement textuel au droit à la dignité : « *Considérant que le Préambule de la Constitution de 1946 a réaffirmé et proclamé des droits, libertés et principes constitutionnels en soulignant d'emblée que : "Au lendemain de la victoire remportée par les peuples libres sur les régimes qui ont tenté d'asservir et de dégrader la personne humaine, le peuple français proclame à nouveau que tout être humain, sans distinction de race, de religion ni de croyance, possède des droits inaliénables et sacrés" ; qu'il en ressort que la sau-*

vegarde de la dignité de la personne humaine contre toute forme d'asservissement et de dégradation est un principe à valeur constitutionnelle » (Cons. const., décis. n° 94-343/344 DC, 27 juill. 1994, *Loi relative au respect du corps humain et loi relative au don et à l'utilisation des éléments et produits du corps humain, à l'assistance médicale à la procréation et au diagnostic prénatal*). Le droit à la dignité, inhérent à la personne humaine, est fondé sur la première ligne du 1er alinéa du Préambule de 1946. Il consiste dans l'interdiction de toute forme de dégradation et d'asservissement de l'être humain. En 2009, le Conseil l'a réaffirmé dans les termes suivants : « *Considérant, d'une part, que le Préambule de la Constitution de 1946 a réaffirmé que tout être humain, sans distinction de race, de religion ni de croyance, possède des droits inaliénables et sacrés ; que la sauvegarde de la dignité de la personne contre toute forme d'asservissement et de dégradation est au nombre de ces droits et constitue un principe à valeur constitutionnelle* » (Cons. const., décis. n° 2009-593 DC, 19 nov. 2009, *Loi pénitentiaire*).

Il ne reconnaît cependant pas la même valeur à d'autres principes fondamentaux qui en sont le corollaire et qui, considérés dans leur nature législative, ne sont pas absolus, mais mettent simplement en œuvre le principe de dignité : « *Considérant que lesdites lois énoncent un ensemble de principes au nombre desquels figurent la primauté de la personne humaine, le respect de l'être humain dès le commencement de sa vie, l'inviolabilité, l'intégrité et l'absence de caractère patrimonial du corps humain ainsi que l'intégrité de l'espèce humaine ; que les principes ainsi affirmés tendent à assurer le respect du principe constitutionnel de sauvegarde de la dignité de la personne humaine ; Considérant que l'ensemble des dispositions de ces lois mettent en œuvre, en les conciliant et sans en méconnaître la portée, les normes à valeur constitutionnelle applicables* ».

Le droit pour toute personne à disposer d'un logement décent. Le Conseil a étendu la portée du droit à la dignité au droit à disposer d'un logement décent : « *qu'il ressort également du Préambule de la Constitution de 1946 que la sauvegarde de la dignité de la personne humaine contre toute forme de dégradation* *est un principe à valeur constitutionnelle ; Considérant qu'il résulte de ces principes que la possibilité pour toute personne de disposer d'un logement décent est un objectif de valeur constitutionnelle* ».

Les principes fondamentaux reconnus par les lois de la République (PFRLR). « *[Le peuple français] réaffirme solennellement les droits et les libertés de l'homme et du citoyen consacrés par la Déclaration des droits de 1789 et les principes fondamentaux reconnus par les lois de la République* ». On renverra à nos observations s'agissant de leur condition d'existence :

Les principes particulièrement nécessaires à notre temps

> **Alinéa 2** : « *[Le peuple français] proclame, en outre, comme particulièrement nécessaires à notre temps, les principes politiques, économiques et sociaux ci-après* ».

275 À la différence des principes fondamentaux reconnus pas les lois de la République, il s'agit de principes écrits et qui ne sont donc pas « découverts » par le Conseil constitutionnel. Certains peuvent être qualifiés de « politiques » ; à l'exception, d'une part, de celui énoncé à l'alinéa 3 disposant que « *la loi garantit à la femme, dans tous les domaines, des droits égaux à ceux de l'homme* » (alinéa qui ne fait qu'appliquer aux rapports hommes/femmes le principe général d'égalité déjà affirmé dans la Déclaration de 1789) et, d'autre part, de ceux se rapportant à l'organisation de l'ancienne Union française (al. 16 à 18) et aux relations extérieures de la France : droit d'asile (al. 4) ; engagement de la République de se conformer aux règles du droit public international et le principe du non-recours à la force contre la liberté d'un peuple (al. 14) (Cons. const. décis. n° 75-59 DC, 30 déc. 1975, *Autodétermination des Comores*) ; consentement, sous réserve de réciprocité, aux limitations de souveraineté nécessaires à l'organisation et à la défense de la paix (al. 15).

L'égalité de droits entre l'homme et la femme

> **Alinéa 3** : « *La loi garantit à la femme, dans tous les domaines, des droits égaux à ceux de l'homme* » (v. DDH, art. VI et Const., art. 3).

276 Cet alinéa signifie simplement que les droits de l'homme sont ceux de l'être humain en général et non ceux des seules personnes de sexe masculin. Sans se fonder sur le Préambule de 1946, le Conseil a considéré que « *le principe constitutionnel d'égalité entre les sexes s'impose au pouvoir réglementaire sans qu'il soit besoin pour le législateur d'en rappeler l'existence* » (Cons. const., décis. n° 97-388 DC, 20 mars 1997, *Plans d'épargne retraite*). Pour autant, lorsqu'il se fonde – très rarement – sur cet alinéa, c'est pour renvoyer à l'article 6 de la DDH (Cons. const., décis. n° 2006-533 DC, 16 mars 2006, *Loi relative à l'égalité salariale entre les femmes et les hommes*).

Le droit d'asile

> **Alinéa 4** : « *Tout homme persécuté en raison de son action en faveur de la liberté a droit d'asile sur les territoires de la République* ».

277 Par sa décision du 13 août 1993, le Conseil confère un caractère justiciable au droit d'asile et relève l'inconstitutionnalité de certaines dispositions de la loi mettant en œuvre la Convention Schengen. Le gouvernement avait souhaité introduire dans l'ordonnance du 2 novembre 1945 une disposition interdisant aux demandeurs d'asile, dont la demande incombe à un autre État, de saisir l'Office français de protection des réfugiés et apatrides d'une demande de reconnaissance de la qualité de réfugié. Le Conseil constitutionnel a estimé, d'une part, « *qu'en privant ainsi les étrangers concernés de faire valoir leur droit, le législateur a méconnu les principes de valeur constitutionnelle* » et, d'autre part, que « *la détermination d'un autre État responsable du traitement d'une demande d'asile en vertu d'une convention internationale n'est admissible que si cette convention réserve le droit de la France d'assurer, même dans ce cas, le traitement d'une demande d'asile en application des dispositions propres de son droit national, le 4e alinéa du Préambule de la Constitution de 1946 [faisant]* *obligation aux autorités administratives et judiciaires françaises de procéder à l'examen de la situation des demandeurs d'asile qui relèvent de cet alinéa* » (Cons. const., décis. n° 93-325 DC, 13 août 1993). Cette décision a suscité à l'époque une vive polémique conduisant à la révision constitutionnelle du 25 novembre 1993 (v. Const., titre VI, art. 53-1). Le Conseil constitutionnel a ainsi donné un contenu au droit d'asile dont la valeur constitutionnelle avait été consacrée par ses décisions n° 79-109 DC du 9 janvier 1980 et n° 80-116 DC du 17 juillet 1980. Dans sa décision de 1993, il précise ainsi « *qu'aucun principe non plus qu'aucune règle de valeur constitutionnelle n'assure aux étrangers des droits de caractère général et absolu d'accès et de séjour sur le territoire national ; que les conditions de leur entrée et de leur séjour peuvent être restreintes par des mesures de police administrative conférant à l'autorité publique des pouvoirs étendus et reposant sur des règles spécifiques ; que le législateur peut ainsi mettre en œuvre les objectifs d'intérêt général qu'il s'assigne ; que dans ce cadre juridique, les étrangers se trouvent placés dans une situation différente de celle des nationaux ; que l'appréciation de la constitutionnalité des dispositions que le législateur estime devoir prendre ne saurait être tirée de la comparaison entre les dispositions de lois successives ou de la conformité de la loi avec les stipulations de conventions internationales mais résulte de la confrontation de celle-ci avec les seules exigences de caractère constitutionnel ; 3. Considérant toutefois que si le législateur peut prendre à l'égard des étrangers des dispositions spécifiques, il lui appartient de respecter les libertés et droits fondamentaux de valeur constitutionnelle reconnus à tous ceux qui résident sur le territoire de la République ; que s'ils doivent être conciliés avec la sauvegarde de l'ordre public qui constitue un objectif de valeur constitutionnelle, figurent parmi ces droits et libertés, la liberté individuelle et la sûreté, notamment la liberté d'aller et venir, la liberté du mariage, le droit de mener une vie familiale normale ; qu'en outre les étrangers jouissent des droits à la protection sociale, dès lors qu'ils résident de manière stable et régulière sur le territoire français ; qu'ils doivent bénéficier de l'exercice de recours assurant la garantie de ces droits et libertés ; 4. Considérant en outre que les étrangers peuvent se prévaloir d'un droit qui est propre à certains d'entre eux, reconnu par le 4e alinéa du Préambule de la Constitution de 1946 auquel le peuple français a proclamé solennellement son attachement, selon lequel tout homme persécuté en raison de son action en faveur de la liberté a droit d'asile sur les territoires de la République* » (Cons. const., décis., n° 93-325 DC, 13 août 1993 *Loi relative à la maîtrise de l'immigration et aux conditions d'entrée, d'accueil et de séjour des étrangers en France*). Cette exigence ne saurait être privée de garanties légales (Cons. const., décis. n° 97-389 DC, 22 avr. 1997, *Loi portant diverses dispositions relatives à l'immigration*).

Le droit à l'emploi

> **Alinéa 5** : « *Chacun a le devoir de travailler et le droit d'obtenir un emploi. Nul ne peut être lésé, dans son travail ou son emploi, en raison de ses origines, de ses opinions ou de ses croyances* ».

278 De la première partie de l'alinéa 5, le Conseil constitutionnel a déduit qu'il appartient au législateur, en vertu de l'article 34 de la Constitution, de déterminer les principes fondamentaux du droit du travail, c'est-à-dire, selon une formule constante, « *de poser les règles propres à assurer au mieux le droit pour chacun d'obtenir un emploi en vue de permettre l'exercice de ce droit au plus grand nombre possible d'intéressés* » (Cons. const., décis. n° 83-156 DC 28 mai 1983), Le Conseil a également jugé que le droit au reclassement de salariés licenciés découlait directement du droit de chacun d'obtenir un emploi (Cons. const., décis. n° 2004-509 DC, 13 janv. 2005).

Pour autant, le législateur disposant d'un très large pouvoir d'appréciation, le Conseil constitutionnel n'exerce qu'un contrôle restreint, celui du contrôle de l'erreur manifeste d'appréciation, dans la mesure où dans ce domaine « *le Conseil constitutionnel n'a pas un pouvoir général d'appréciation et de décision identique à celui du Parlement* » (Cons. const., décis. n° 98-401 DC, 10 juin 1998, *Loi d'orientation et d'incitation relative à la réduction du temps de travail*). Quant à la seconde partie de l'alinéa relatif au principe de non-discrimination, le Conseil constitutionnel en fait très rarement usage, préférant s'appuyer en la matière sur le principe d'égalité de l'article 6 de la DDH, dont l'article 10 de la même Déclaration fait application.

Le droit syndical

> **Alinéa 6** : « *Tout homme peut défendre ses droits et ses intérêts par l'action syndicale et adhérer au syndicat de son choix* ».

279 En vertu d'une jurisprudence constante, le Conseil constitutionnel juge qu'il incombe au législateur de déterminer, dans le respect des principes énoncés ci-dessus, les modalités de la mise en œuvre du droit syndical (Cons. const., décis. n° 2004-494 DC, 29 avr. 2004, *Loi relative à la formation professionnelle tout au long de la vie et au dialogue social*). La liberté syndicale est protégée dans sa dimension individuelle : de cet alinéa découle la liberté d'adhérer, ou non, à un syndicat (Cons. const., décis. n° 83-162 DC, 19 et 20 juill. 1983). Dans sa dimension collective, elle concerne en particulier les modalités du droit de grève – le rôle des syndicats peut aller jusqu'au monopole de déclenchement des grèves (Cons. const., décis. n° 2007-556 DC, 16 août 2007, *Loi sur le dialogue social et la continuité du service public dans les transports terrestres réguliers de voyageurs*) –, la protection accordée aux délégués syndicaux mais aussi celle de la représentativité exigée des syndicats et des seuils de représentation. Dans ce domaine sensible, le Conseil constitutionnel veille, dans l'esprit de la jurisprudence sur le respect du pluralisme des courants d'idées et d'opinions en matière électorale, à ce que l'atteinte à la liberté syndicale ne soit pas « *manifestement excessive au regard de l'objectif recherché* » (Cons. const., décis. n° 2007-559 DC, 6 déc. 2007, *Loi organique tendant à renforcer la stabilité des institutions et la transparence de la vie politique en Polynésie française* ; v. aussi, récemment, décis. n° 2010-63/63/65 QPC, 12 nov. 2010, *Fédération nationale CFTC de syndicats de la métallurgie*).

Le droit de grève

> **Alinéa 7** : « *Le droit de grève s'exerce dans le cadre des lois qui le réglementent* ».

280 Le Conseil a posé de manière générale que le législateur peut apporter des « limites » au droit de grève, par un considérant de principe : « *Considérant qu'aux termes du Préambule de la Constitution du 27 octobre 1946, confirmé par celui de la Constitution du 4 octobre 1958 : "Le droit de grève s'exerce dans le cadre des lois qui le réglementent" ; qu'en édictant cette disposition les constituants ont entendu marquer que le droit de grève est un principe de valeur constitutionnelle, mais qu'il a des limites et ont habilité le législateur à tracer celles-ci en opérant la conciliation nécessaire entre la défense des intérêts professionnels, dont la grève est un moyen, et la sauvegarde de l'intérêt général auquel la grève peut être de nature à porter atteinte ; que, notamment en ce qui concerne les services publics, la reconnaissance du droit de grève ne saurait avoir pour effet de faire obstacle au pouvoir du législateur d'apporter à ce droit les limitations nécessaires en vue d'assurer la continuité du service public qui, tout comme le droit de grève, a le caractère d'un principe de valeur constitutionnelle* » (Cons. const., décis. n° 79-105 DC, 25 juill. 1979 ; n° 86-217 DC, 18 sept. 1986 ; n° 87-230 DC, 28 juill. 1987). Il admet de même que la loi peut aller « *jusqu'à l'interdiction du droit de grève aux agents dont la présence est indispensable pour assurer le fonctionnement des éléments du service (public) dont l'interruption porterait atteinte aux besoins essentiels du pays* » (*ibid.*). Le considérant de principe s'inspire de la décision *Dehaene* du Conseil d'État (CE, ass., 7 juill. 1950) mais pose en outre le principe de la compétence du législateur pour déterminer le cadre de ces limitations sous peine d'incompétence négative (Cons. const., décis. n° 79-105 DC, 25 juill. 1979).

Le droit de grève doit pouvoir être concilié avec d'autres principes constitutionnels comme la continuité du service public, la protection de la santé et de la sécurité des personnes et des biens mais aussi le principe d'égalité que le législateur ne saurait méconnaître (Cons. const., décis. n° 80-117 DC, 22 juill. 1980).

Cette conciliation s'opère aussi pour les conséquences du droit de grève (Cons. const., décis. n° 82-144 DC, 22 oct. 1982), singulièrement pécuniaires (Cons. const., décis. n° 77-83 DC, 20 juill. 1977) et, ici encore, pour la compétence du législateur, qui doit « *définir les conditions d'exercice du droit de grève et tracer la limite séparant les actes et les comportements qui constituent un exercice licite de ce droit des actions et comportements qui en constitueraient un usage abusif* » (Cons. const., décis. n° 87-230 DC, 28 juill. 1987).

Le droit à la participation

> **Alinéa 8** : « *Tout travailleur participe, par l'intermédiaire de ses délégués, à la détermination collective des conditions de travail ainsi qu'à la gestion des entreprises* ».

281 Le principe de participation réserve une large marge d'appréciation au législateur, car bien que les dispositions de l'alinéa 8 ne se réfèrent pas à la loi, « *l'article 34 de la Constitution range dans le domaine de la loi la détermination des principes fondamentaux du droit du travail et du droit syndical ; qu'ainsi c'est au législateur qu'il revient de déterminer, dans le respect des principes qui sont énoncés au 8e alinéa du Préambule, les conditions de leur mise en œuvre, ce qu'il a fait dans le cas de l'espèce* » (Cons. const., décis. n° 77-79 DC, 5 juill. 1977, *Loi portant diverses dispositions en faveur de l'emploi des jeunes et complétant la loi n° 75-574 du 4 juillet 1975 tendant à la généralisation de la sécurité sociale*), le contrôle exercé par le Conseil constitutionnel étant celui de l'erreur manifeste d'appréciation. La notion de « travailleur » doit s'entendre au sens large et comprend également les personnels soumis à un régime de droit public (Cons. const., décis. n° 2010-91 QPC, 28 janv. 2011, *Fédération nationale CGT des personnels des organismes sociaux*). Quant au droit de participer à la gestion des entreprises, il implique seulement que l'employeur informe et consulte le comité d'entreprise ou, à défaut, les délégués du personnel (Cons. const., décis. n° 2007-555 DC, 16 août 2007, *Loi en faveur du travail, de l'emploi et du pouvoir d'achat*).

Les nationalisations et les privatisations

> **Alinéa 9** : « *Tout bien, toute entreprise, dont l'exploitation a ou acquiert les caractères d'un service public national ou d'un monopole de fait, doit devenir la propriété de la collectivité* ».

282 Les principes essentiels ont été fixés pour les nationalisations par la décision du 16 janvier 1982 (n° 81-132 DC, *Loi de nationalisation*) et pour les privatisations par celle du 26 juin 1986 (n° 86-207 DC, *Loi autorisant le gouvernement à prendre diverses mesures d'ordre économique et social*). Le contrôle du Conseil est ici limité à l'erreur manifeste d'appréciation (contrôle restreint) et la compétence, celle du législateur qui, dans le cas des privatisations peut définir des règles dont l'application incombera aux autorités ou organes désignés par lui (Cons. const., décis. n° 96-375 DC, 9 avr. 1996, *Loi portant diverses dispositions d'ordre économique et financier*).

La nationalisation. Elle implique « *que le transfert de propriété d'une entreprise résulte d'une décision de la puissance publique à laquelle le ou les propriétaires sont obligés de se plier* » (Cons. const., décis., n° 83-167 DC, 19 janv. 1984). À l'inverse, la privatisation résulte d'un transfert de propriété au secteur privé, la participation de l'État dans cette entreprise cessant d'être majoritaire (Cons. const., décis. n° 96-375 DC, 9 avr. 1996). Dans sa décision du 16 janvier 1982, le Conseil constitutionnel a considéré que les dispositions du 9e alinéa du Préambule de la Constitution de 1946 devaient être conciliées avec les articles 2 (le principe d'égalité particulier à la détermination des biens nationalisés et la différence de traitement ainsi opérée) et 17 de la Déclaration des droits de l'homme et du citoyen relatifs au droit de propriété. Ce dernier ne joue qu'en cas de privation de ce droit (expropriation ou dépossession) ou dans le cas de sa dénaturation, en vertu d'une nécessité publique, imposant alors une « *juste et préalable indemnité* » (ainsi par exemple de la méthode de calcul de la valeur d'échange des actions créant des différences injustifiées de traitement).

La privatisation. En vertu de l'alinéa 9 du Préambule de la Constitution, selon la décision précitée des 25-26 juin 1986, « *la Constitution s'oppose à ce que des biens ou des entreprises faisant* *partie de patrimoines publics soient cédés à des personnes poursuivant des fins d'intérêt privé pour des prix inférieurs à leur valeur*». Cette règle «*découle du principe d'égalité*» mais «*ne trouve pas moins un fondement dans les dispositions de la Déclaration des droits de l'homme de 1789 relatives au droit de propriété et à la protection qui lui est due*» et «*cette protection ne concerne pas seulement la propriété privée des particuliers mais aussi, à un titre égal, la propriété de l'État et des autres personnes publiques*». Est interdite la privatisation d'un bien ou d'une entreprise qui aurait le caractère d'un service public national au sens du Préambule de la Constitution de 1946 : «*Au lieu de se référer à un critère matériel qui aurait consisté à qualifier un service public de national à partir du moment où il sert les intérêts de la Nation, la jurisprudence a adopté un critère organique conduisant à identifier le service national à un opérateur unique, tel est l'apport de la décision n° 543 DC du 30 novembre 2006 relative à Gaz de France*» (Bruno Genevois). Par suite, les services publics constitutionnels ne se limitent pas aux seuls services publics constitutionnels «par nature» mais recouvrent tous les «*services publics nationaux*». Le Conseil constitutionnel distingue les services publics «*constitutionnels*» (les fonctions régaliennes de l'État liées au principe de souveraineté nationale) et les autres, créés par la loi. Pour les premiers, une révision constitutionnelle s'impose à l'évidence. Pour les seconds, le législateur doit leur avoir fait perdre au préalable leur caractère de service public (Cons. const., décis. n° 96-380 DC, 23 juill. 1996, *Loi relative à l'entreprise nationale France-Télécom*). L'interdiction de privatiser vaut enfin pour un bien ou une entreprise qui aurait le caractère d'un monopole de fait : «*la notion de monopole de fait visée dans le 9e alinéa du Préambule doit s'entendre compte tenu de l'ensemble du marché à l'intérieur duquel s'exercent les activités des entreprises ainsi que de la concurrence qu'elles affrontent dans ce marché de la part de l'ensemble des autres entreprises ; on ne saurait prendre en compte les positions privilégiées que telle ou telle entreprise détient momentanément ou à l'égard d'une production qui ne représente qu'une partie de ses activités*» (Cons. const., décis. 25-26 juin 1986 préc.). La même décision fait figurer la préservation de l'indépendance nationale au nombre des principes à respecter lors d'une privatisation.

Le droit de mener une vie familiale normale

> **Alinéa 10** : « *La Nation assure à l'individu et à la famille les conditions nécessaires à leur développement* ».

283 Le Conseil a jugé qu'« *il résulte de ces dispositions que les étrangers dont la résidence en France est stable et régulière ont, comme les nationaux, le droit de mener une vie familiale normale* » (Cons. const., décis. n° 93-325 DC, 13 août 1993 ; n° 2003-484 DC, 20 nov. 2003). De même, il a considéré que le repos dominical constituait l'une des garanties légales du 10e alinéa du Préambule de 1946 (Cons. const., décis. n° 2009-588 DC, 6 août 2009). Pour autant, la jurisprudence du Conseil, qui vise principalement le fait pour les membres d'une même famille de vivre ensemble, résulte du 10e alinéa du Préambule de la Constitution de 1946, dont le Conseil propose une interprétation stricte. Il a considéré récemment que l'article 365 du Code civil, empêchant que par la voie de l'adoption simple un enfant mineur puisse voir établi un deuxième lien de filiation à l'égard du concubin ou du partenaire de sa mère, « *ne fait aucunement obstacle à la liberté du parent d'un enfant mineur de vivre en concubinage ou de conclure un PACS* » (Cons. const., décis. n° 2010-39 QPC, 6 oct. 2010, *Isabelle D. et Isabelle B., Adoption au sein d'un couple non marié*). De même, le Conseil a jugé que « le *droit de mener une vie familiale normale n'implique pas le droit de se marier pour les couples de même sexe* » (Cons. const., décis. n° 2010-92 QPC, 28 janv. 2011, *Corinne C. et a., Interdiction du mariage entre personnes de même sexe*).

Le droit à la protection sociale

> **Alinéa 11** : « *Elle garantit à tous, notamment à l'enfant, à la mère et aux vieux travailleurs, la protection de la santé, la sécurité matérielle, le repos et les loisirs. Tout être humain qui, en raison de son âge, de son état physique ou mental, de la situation économique, se trouve dans l'incapacité de travailler a le droit d'obtenir de la collectivité des moyens convenables d'existence* ».

284 Le Conseil constitutionnel considère traditionnellement en la matière qu'il « *incombe, tant au législateur qu'au gouvernement, conformément à leurs compétences respectives, de déterminer dans le respect des principes proclamés par le onzième alinéa du Préambule de la Constitution de 1946, les modalités de leur mise en œuvre* » (Cons. const., décis. n° 86-225 DC, 23 janv. 1987, *Loi portant diverses mesures d'ordre social*). Le Conseil constitutionnel a également déduit du 11e alinéa du Préambule de 1946 un droit à la protection de la santé, de nature à justifier l'interdiction de la publicité directe ou indirecte en faveur du tabac (Cons. const., décis. n° 90-283 DC, 8 janv. 1991). Dans cet esprit, le droit au repos des salariés est aussi un élément de la protection de leur santé (Cons. const., décis. n° 2002-465 DC, 13 janv. 2003). Le législateur dispose d'une grande marge dans la mise en œuvre de ces principes qui concernent implicitement mais nécessairement le droit à la protection sociale, dont la politique familiale (Cons. const., décis. n° 97-393 DC, 18 déc. 1997) et la politique de solidarité nationale en faveur des travailleurs retraités (Cons. const., décis. n° 2003-483 DC, 14 août 2003), etc.

La solidarité devant les calamités nationales

> **Alinéa 12** : « *La Nation proclame la solidarité et l'égalité de tous les Français devant les charges qui résultent des calamités nationales* ».

285 En l'absence de jurisprudence véritablement pertinente le concernant, nous nous permettons de l'écarter des présents développements.

L'égal accès à l'instruction, à la formation professionnelle et à la culture ; l'enseignement public, gratuit et laïque

> **Alinéa 13** : « *La Nation garantit l'égal accès de l'enfant et de l'adulte à l'instruction, à la formation professionnelle et à la culture. L'organisation de l'enseignement public gratuit et laïque à tous les degrés est un devoir de l'État* ».

286 Ici encore, s'agissant des objectifs économiques et sociaux à valeur constitutionnelle fixés par le Préambule de 1946, le législateur n'en est pas moins libre des moyens employés pour les poursuivre (Cons. const., décis. n° 97-393 DC, 18 déc. 1997, préc.). Et si ces principes ne sauraient être privés de « garanties légales », le Conseil constitutionnel n'a jamais prononcé d'invalidation sur le fondement de l'alinéa 11.

La République française et le droit public international

> **Alinéa 14** : « *La République française, fidèle à ses traditions, se conforme aux règles du droit public international. Elle n'entreprendra aucune guerre dans des vues de conquête et n'emploiera jamais ses forces contre la liberté d'aucun peuple* ».

287 Longtemps, le Conseil constitutionnel a hésité à donner une claire valeur constitutionnelle à ces dispositions. Il s'y est finalement résolu en déduisant de cet alinéa, la constitutionnalisation de principes généraux du droit international, tout particulièrement la règle *pacta sunt servanda* qui implique que « *tout traité en vigueur lie les parties et doit être exécuté par elles de bonne foi* » (Cons. const., décis. 9 avr. 1992, n° 92-308 DC, dite *Maastricht I*). Cette jurisprudence a été confirmée dans la décision n° 98-408 DC du 22 janvier 1999, s'agissant du Traité portant statut de la Cour pénale internationale : « *Considérant qu'il résulte de ces textes de valeur constitutionnelle que le respect de la souveraineté nationale ne fait pas obstacle à ce que, sur le fondement des dispositions précitées du préambule de la Constitution de 1946, la France puisse conclure des engagements internationaux en vue de favoriser la paix et la sécurité du monde et d'assurer le respect des principes généraux du droit public international* ».

Les limitations de souveraineté, sous réserve de réciprocité

> **Alinéa 15** : « *Sous réserve de réciprocité, la France consent aux limitations de souveraineté nécessaires à l'organisation et à la défense de la paix.* »

288 Le 15e alinéa de la Constitution de 1946 pose la réserve de réciprocité au stade de la conclusion. Lorsqu'il est saisi de la conformité d'un traité à la Constitution, le Conseil constitutionnel vérifie formellement le respect de cette réserve de réciprocité au stade de l'engagement international : « *les engagements contenus dans les dispositions soumises à l'examen du Conseil constitutionnel – il s'agissait du traité signé à Luxembourg le 22 avril 1970 portant modification de certaines dispositions budgétaires des traités instituant les communautés européennes – ne prennent effet qu'après le dépôt du dernier instrument de ratification et qu'ils ont donc le caractère d'engagements réciproques* » (Cons. const., décis. n° 70-39 DC, 19 juin 1970). Il en a fait de même dans la décision n° 92-308 DC du 9 avril 1992 relative au Traité sur l'Union européenne (dite *Maastricht I*). Au contraire, en vertu de l'article 55 de la Constitution qui soumet la supériorité du traité sur la loi à une réserve de réciprocité au stade de l'application, le Conseil exerce un contrôle approfondi.

L'Union française

> **Alinéas 16** : « *La France forme avec les peuples d'outre-mer une Union fondée sur l'égalité des droits et des devoirs, sans distinction de race ni de religion* ».
> **Alinéa 17** : « *L'Union française est composée de nations et de peuples qui mettent en commun ou coordonnent leurs ressources et leurs efforts pour développer leurs civilisations respectives, accroître leur bien-être et assurer leur sécurité* ».
> **Alinéa 18** : « *Fidèle à sa mission traditionnelle, la France entend conduire les peuples dont elle a pris la charge à la liberté de s'administrer eux-mêmes et de gérer démocratiquement leurs propres affaires ; écartant tout système de colonisation fondé sur l'arbitraire, elle garantit à tous l'égal accès aux fonctions publiques et l'exercice individuel ou collectif des droits et libertés proclamés ou confirmés ci-dessus* ».

289 Ces dispositions relatives à la défunte Union française n'ont plus qu'une signification historique et n'ont fait l'objet d'aucune décision particulière du Conseil constitutionnel.

§ 4. La Charte de l'environnement de 2004

> *« Le peuple français,*
> *Considérant :*
> *Que les ressources et les équilibres naturels ont conditionné l'émergence de l'humanité ;*
> *Que l'avenir et l'existence même de l'humanité sont indissociables de son milieu naturel ;*
> *Que l'environnement est le patrimoine commun des êtres humains ;*
> *Que l'homme exerce une influence croissante sur les conditions de la vie et sur sa propre évolution ;*
> *Que la diversité biologique, l'épanouissement de la personne et le progrès des sociétés humaines sont affectés par certains modes de consommation ou de production et par l'exploitation excessive des ressources naturelles ;*
> *Que la préservation de l'environnement doit être recherchée au même titre que les autres intérêts fondamentaux de la Nation ;*
> *Qu'afin d'assurer un développement durable, les choix destinés à répondre aux besoins du présent ne doivent pas compromettre la capacité des générations futures et des autres peuples à satisfaire leurs propres besoins.*
> *Proclame ».*

290 À cet exposé des motifs, le constituant n'a pas voulu donner de portée normative particulière. Toutefois, dans une récente décision du 7 mai 2014, le Conseil constitutionnel a conféré une valeur constitutionnelle à ces alinéas, en précisant néanmoins qu'« *aucun d'eux n'institue un droit ou une liberté que la Constitution garantit ; qu'ils ne peuvent être invoqués à l'appui d'une question prioritaire de constitutionnalité* » (Cons. const., décis. n° 2014-394 QPC, 7 mai 2014, *Plantations en limite de propriétés privées*).

Droit de chacun de vivre dans un environnement équilibré et respectueux de la santé et participation à la préservation et à l'amélioration de l'environnement

> **Article 1er** : « *Chacun a le droit de vivre dans un environnement équilibré et respectueux de la santé* ».
> **Article 2** : « *Toute personne a le devoir de prendre part à la préservation et à l'amélioration de l'environnement* ».

291 La décision du n° 2011-116 QPC du 8 avril 2011, *Michel Z. et a.* (*Troubles du voisinage et environnement*) permet de préciser la portée de ces deux articles de façon nouvelle. D'une part, en 2011 le Conseil a estimé pour la première fois que « *le respect des droits et devoirs énoncés en termes généraux* » par les articles 1er et 2 de la Charte implique que « *chacun est tenu à une* **obligation de vigilance** *à l'égard des atteintes à l'environnement qui pourraient résulter de son activité* ». D'autre part, les droits et devoirs énoncés par les articles 1er et 2 de la Charte s'imposent « *à l'ensemble des personnes* » et non seulement, comme l'avait admis la décision précitée du 19 juin 2008, « *aux pouvoirs publics et aux autorités administratives dans leur domaine de compétence respectif* ». Par suite, faute d'intermédiation par la loi, ils ont un « effet horizontal » c'est-à-dire qu'ils peuvent être invoqués dans les rapports entre particuliers (alors que l'« effet vertical » ne joue, rappelons-le, qu'entre les particuliers et l'État). Cette obligation de vigilance constitue une obligation de moyens à la source d'une action en responsabilité pour faute de l'auteur des dommages. L'obligation de réparer, qui peut en résulter, est à distinguer de celle de « *contribuer à la réparation des dommages* » figurant à l'article 4 de la Charte. Cet effet « horizontal » n'interdit pas conformément au principe de responsabilité issu de l'article IV de la DDH que le législateur puisse « *définir les conditions dans lesquelles une action en responsabilité peut être engagée sur le fondement de la violation de cette obligation* » de vigilance, tout en rappelant qu'il ne saurait toutefois « *dans l'exercice de cette compétence, restreindre le droit d'agir en responsabilité dans des conditions qui en dénaturent la portée* ». Le Conseil constitutionnel reconnaît ainsi dans ce domaine une large marge d'appréciation au législateur.

Devoir de prévention et de limitation des atteintes à l'environnement et réparation des dommages causés à l'environnement

> **Article 3** : « *Toute personne doit, dans les conditions définies par la loi, prévenir les atteintes qu'elle est susceptible de porter à l'environnement ou, à défaut, en limiter les conséquences* ».
> **Article 4** : « *Toute personne doit contribuer à la réparation des dommages qu'elle cause à l'environnement, dans les conditions définies par la loi* ».

292 Le Conseil exclut, à l'inverse des deux précédents articles précités de la Charte, l'applicabilité directe de ces articles qui nécessitent

l'intervention du législateur. Dans sa fameuse jurisprudence relative à la contribution carbone (Cons. const., décis. n° 2009-599 DC, 29 déc. 2009, *Loi de finances pour 2010*), il considère en outre que si le principe d'égalité n'impose pas un traitement uniforme de toutes les entreprises, ménages et administrations, l'article 4 ajoute une exigence supplémentaire à ce principe. Or, les exemptions prévues par la loi de finances conduisaient à ce que 93 % des émissions industrielles de dioxyde de carbone soient totalement exonérées de la contribution carbone. Par suite, les régimes d'exemption totale institués sont contraires à l'objectif de lutte contre le réchauffement climatique et créent une rupture caractérisée de l'égalité devant les charges publiques.

Le principe de précaution

> **Article 5** : « *Lorsque la réalisation d'un dommage, bien qu'incertaine en l'état des connaissances scientifiques, pourrait affecter de manière grave et irréversible l'environnement, les autorités publiques veillent, par application du principe de précaution et dans leur domaine d'attribution, à la mise en œuvre de procédures d'évaluation des risques et à l'adoption de mesures provisoires et proportionnées afin de parer à la réalisation du dommage* ».

293 Le principe de précaution s'est construit progressivement en France avant de revêtir une valeur constitutionnelle : tout en se développant au niveau européen, il fut d'abord inscrit dans la législation française par la loi « Barnier » du 2 février 1995, avant d'être codifié à l'article L. 110-1 du Code de l'environnement, qui le consacre comme un des principes fondamentaux de la protection de l'environnement. Mais c'est par la loi constitutionnelle du 1er mars 2005, instaurant la Charte de l'environnement, qu'il fut intégré au bloc de constitutionnalité. Afin de ne pas porter atteinte à la recherche et à l'innovation, le constituant a posé trois conditions nécessaires à la mise en œuvre du principe de précaution : un risque incertain doit exister en l'état des connaissances scientifiques (dans le cas inverse s'applique le principe de prévention) ; ce risque doit être relatif à un dommage à l'environnement ; ce dommage doit être grave et irréversible. Pèsent dès lors sur les autorités publiques deux obligations, celle d'évaluer les risques afin de clarifier les éventuelles incertitudes, et celle

d'adopter des mesures provisoires et proportionnées à ces risques éventuels.

Dans sa jurisprudence, le Conseil constitutionnel a précisé la portée du principe de précaution : il s'impose directement, sans l'aide d'une loi, aux pouvoirs publics et aux autorités administratives dans leurs domaines de compétences (Cons. const., décis. n° 2008-564 DC, du 19 juin 2008, *Loi relative aux OGM*). Dans le cadre du contrôle prévu à l'article 61 de la Constitution, le Conseil a de même précisé qu'il lui échoit de s'assurer que les textes qui lui sont déférés ne méconnaissent pas le principe de précaution et que le législateur a bel et bien organisé les conditions procédurales de sa mise en œuvre par les autorités publiques. Toutefois, il se refuse à considérer que ce principe serait une norme constitutionnelle à l'aune de laquelle pourraient être contrôlées des dispositions législatives instaurant des mesures qui ne sont pas « *provisoires* » (Cons. const., décis. n° 2014-694 DC, 28 mai 2014). Ainsi, au sujet de l'interdiction pérenne de l'exploitation du gaz de schiste et de la fracturation hydraulique, il a jugé que le grief tiré de la méconnaissance du principe de précaution était « *en tout état de cause inopérant* », sans préciser si ce principe est effectivement un droit, ou une liberté, garanti par la Constitution (Cons. const., décis. n° 2013-346 QPC, 11 octobre 2010).

Quant au juge administratif, il vérifie les conditions de mise en œuvre et opère un contrôle de l'erreur manifeste d'appréciation des mesures prises par les autorités publiques. En revanche, le juge judiciaire semble s'éloigner quelque peu de la volonté modérée du constituant et tend à confondre le principe de prévention inscrit à l'article 3 de la Charte avec le principe de précaution : la Cour d'appel de Versailles a pu ainsi juger, au sujet de l'implantation d'une antenne de téléphonie mobile, que l'impossibilité de prouver l'absence de risque pouvait créer un trouble anormal de voisinage pour les riverains (4 février 2009) ; de même, la Cour d'appel de Colmar a estimé que les autorités publiques avaient commis une erreur manifeste d'appréciation concernant le risque relatif à l'expérimentation en plein champ de plants de vigne génétiquement modifiés et a relaxé la cinquantaine de personnes qui les avaient arrachés. Ainsi, comme nous l'avions démontré en son temps, tout autant que norme juridique au contenu défini, le principe de précaution peut être pensé comme un standard de jugement aux effets latents bien supérieurs à la force normative de sa définition supposée.

La promotion du développement durable

> **Article 6** : « *Les politiques publiques doivent promouvoir un développement durable. À cet effet, elles concilient la protection et la mise en valeur de l'environnement, le développement économique et le progrès social* ».

294 Dans sa décision n° 2005-514 DC du 28 avril 2005 précitée, le Conseil constitutionnel a reconnu, comme il le fait pour les principes économiques et sociaux du Préambule de 1946, que le principe de conciliation posé par cet article 6 a valeur constitutionnelle et « *qu'il appartient au législateur de déterminer, dans le respect du principe de conciliation posé par ces dispositions, les modalités de sa mise en œuvre* ».

Droits d'accès aux informations relatives à l'environnementet participation à l'élaboration des décisions publiques ayant une incidence sur l'environnement

> **Article 7** : « *Toute personne a le droit, dans les conditions et les limites définies par la loi, d'accéder aux informations relatives à l'environnement détenues par les autorités publiques et de participer à l'élaboration des décisions publiques ayant une incidence sur l'environnement* ».

295 Le Conseil a fait application de cet article dans sa décision précitée n° 2008-564 DC du 19 juin 2008. Il a considéré que « *ces dispositions, comme l'ensemble des droits et devoirs définis dans la Charte de l'environnement, ont valeur constitutionnelle* » et qu'il ressortait « *de leurs termes mêmes qu'il n'appartient qu'au législateur de préciser "les conditions et les limites" dans lesquelles doit s'exercer le droit de toute personne à accéder aux informations relatives à l'environnement détenues par les autorités publiques* » et que « *ne relèvent du pouvoir réglementaire que les mesures d'application des conditions et limites fixées par le législateur* ».

Dans sa décision n° 2011-183/184 QPC du 14 octobre 2011 (*Association France nature environnement*), le Conseil a jugé que les dispositions de l'article 7 de la Charte de l'environnement «*figurent au nombre des droits et libertés que la Constitution garantit*», et peuvent être invoquées à l'appui d'une QPC (v. Chap. 7). Il a, en outre, rappelé la compétence du législateur pour définir le cadre dans lequel les principes définis par cet article doivent être mis en œuvre. Or, en matière d'OGM, en se bornant à renvoyer de manière générale au pouvoir réglementaire le soin de fixer la liste des informations qui ne peuvent en aucun cas demeurer confidentielles, le législateur a, eu égard à l'atteinte portée aux secrets protégés, méconnu l'étendue de sa compétence.

Les articles 8 à 10

> **Article 8** : « *L'éducation et la formation à l'environnement doivent contribuer à l'exercice des droits et devoirs définis par la présente Charte* ».
> **Article 9** : « *La recherche et l'innovation doivent apporter leur concours à la préservation et à la mise en valeur de l'environnement* ».
> **Article 10** : « *La présente Charte inspire l'action européenne et internationale de la France* ».

296 Ces trois derniers articles n'ont pas été jusqu'à maintenant invoqués dans le cadre d'un recours devant le Conseil constitutionnel et n'ont par suite donné lieu à aucune jurisprudence.

Bibliographie

Généralités

Andriantsimbazovina (J.), « La conception des libertés par le Conseil constitutionnel et par la Cour européenne des droits de l'homme », *Nouveaux Cah. Cons. const.* juill. 2011, n° 32, dossier « Convention européenne des droits de l'homme ».

Bioy (X.), *Droits fondamentaux et libertés publiques*, LGDJ, 2011 ; « Le préambule comparé », in *La France face à la Charte des droits fondamentaux de l'Union*, dir. L. Burgorgue-Larsen, Bruylant, coll. « Credho », 2005, t. 8, p. 91.

Goesel-Le Bihan (V.), « Le contrôle de proportionnalité exercé par le Conseil constitutionnel », *Cah. Cons. const.* juin 2007, n° 22, dossier « Le réalisme en droit constitutionnel ».

Meindl (T.) *La notion de droit fondamental dans les jurisprudences et doctrines constitutionnelles françaises et allemandes*, LGDJ, 2003, p. 219.

Merland (G.), *L'intérêt général dans la jurisprudence du Conseil constitutionnel*, LGDJ, 2004.

Renoux (T.), de Villiers (M.), *Code constitutionnel*, Litec, 2011.

Veil (S.), *Redécouvrir la Constitution, Rapport du comité*, Doc. fr., 2008.

Sur la DDH

AYNES (L.), « Le contrat, loi des parties », *Cah. Cons. const.* mars 2005, n° 17, dossier « Loi et contrat ».

CHAGNOLLAUD (D.), « Droit constitutionnel et droit pénal : sur un couple uni », *in Code pénal et Code d'instruction criminelle, Livre du Bicentenaire*, Université Panthéon-Assas, Dalloz, 2010.

CANIVET (G.), « Le juge judiciaire dans la jurisprudence du Conseil constitutionnel », *Cah. Cons. const.* juin 2004, n° 16, dossier « Le Conseil constitutionnel et les diverses branches du droit ».

DEUMIER (P.), GOUT (O.), « La constitutionnalisation de la responsabilité civile », *Cah. Cons. const.* mars 2011, n° 31, dossier « Le droit des biens et des obligations ».

FATIN-ROUGE STÉFANINI (M.), « Secret de la vie privée et Constitution », rapport présenté lors de la XIVe table ronde internationale sur la justice constitutionnelle, *AIJC* 2000, PUAM-Economica, 2001.

FOUQUET (O.), « Le Conseil constitutionnel et le principe d'égalité devant l'impôt », *Nouveaux Cah. Cons. const.* Oct. 2011, n° 33, dossier « Le Conseil constitutionnel et l'impôt ».

GAHDOUN (P.-Y.), « Le Conseil constitutionnel et le contrat », *Cah. Cons. const.* mars 2011, n° 31, dossier « Le droit des biens et des obligations ».

JENNEQUIN (A.), « Le contrôle de compatibilité avec la Constitution en matière de droit pénal » (note sous Conseil constitutionnel, 9 août 2007, loi renforçant la lutte contre la récidive des majeurs et des mineurs), *AJDA* 2008. 594.

MONTGOLFIER (J.-F.), « Le Conseil constitutionnel et la propriété privée des personnes privées », *Cah. Cons. const.* mars 2011, n° 31, dossier « Le droit des biens et des obligations ».

PELLISSIER (G.), *Le principe d'égalité en droit public*, LGDJ, 1996.

PELLOUX (R.), « Vrais et faux droits de l'homme, problèmes de définition et de classification », *RD publ.* 1981. 54.

Sur le Préambule de 1946 et les PFRLR

BORGETTO (M.), *La notion de fraternité en droit public français, Le passé, le présent et l'avenir de la solidarité*, LGDJ, 1993 ; « Le juge et les droits sociaux », *RDSS* 2010. 791.

Bioy (X.), *Le concept de personne humaine en droit public. Recherche sur le sujet des droits fondamentaux*, Dalloz, coll. « Nouvelle bibliothèque de thèses », 2003.

Camaji (L.), « La justiciabilité du droit à la sécurité sociale : éléments de droit français », *RDSS* 2010. 847.

Champeil-Desplats (V.), *Les principes fondamentaux reconnus par les lois de la République. Principes constitutionnels et justification dans les discours juridiques*, Economica-PUAM, 2001.

Dutheillet de Lamothe (O.), « Les normes constitutionnelles en matière sociale », *Cah. Cons. const.* oct. 2010, n° 29.

Gay (L.), *Les « droits-créances constitutionnels »*, Bruylant, 2007 ; « Les droits sociaux constitutionnels en France : particularisme ou normalisation », in *Les droits sociaux fondamentaux*, Bruylant, 2006.

Genevois (B.), *L'entreprise et le droit constitutionnel*, colloque CREDA 26 mai 2010.

Lecucq (O.), « La loi du 20 novembre 2007 relative à la maîtrise de l'immigration, à l'intégration et à l'asile, et sa constitutionnalité », *AJDA* 2008. 141.

Prétot (X.), « Les bases constitutionnelles du droit social », *Dr soc.* 1991, n° 3, p. 194.

Santulli (C.), « Loi relative à la maîtrise de l'immigration, à l'intégration et à l'asile » (note sous Conseil constitutionnel, 15 novembre 2007), in « Jurisprudence française en matière de droit international public », dir. J. Matringe et C. Santulli, *RGDIP* 2008, t. 112, n° 1, p. 201.

Les objectifs de valeur constitutionnelle

Montalivet (P. de), « Les objectifs de valeur constitutionnelle », *Cah. Cons. const.* juin 2006, n° 20.

Sur la Charte de l'environnement

Brosset (E.), « Le législateur, la Charte constitutionnelle de l'environnement et le droit communautaire devant le Conseil constitutionnel (Observations sur la loi relative aux OGM. À propos de la décision du Conseil constitutionnel n° 2008-564DC du 19 juin 2008) », *RD publ.* 2009. 1181.

CHAGNOLLAUD (D.), « Le principe de précaution est-il soluble dans la loi ? À propos de l'article 5 de la Charte de l'environnement », *D.* 2004. 1103.

FONBAUSTIER (L.), « Environnement et pacte écologique – Remarques sur la philosophie d'un nouveau "droit à" », *Cah. Cons. const.* janv. 2004, n° 15, dossier « Constitution et environnement ».

INDEX

Les chiffres renvoient aux numéros de paragraphes

A

B

C

D

E

F

G

H

I

L

M

S

T

TABLE DES MATIÈRES

Photocomposition Nord Compo
59650 Villeneuve d'Ascq

716995 (I) OSB - P 60g NOR (CDR)
Achevé d'imprimer en août 2017
N° 2607369S - Dépôt légal : septembre 2017
Imprimé en France par Jouve
1 rue du Docteur Sauvé, 53100 Mayenne